股票市场是有经验的人获得很多的钱,有钱的人获得很多经验的地方。
——美国著名炒股家朱尔

了解上市公司，**掌握**股市行情
破译财富密码，**成为**股市赢家

股市炼金术
大全集

赵涛 吴晶◎编著

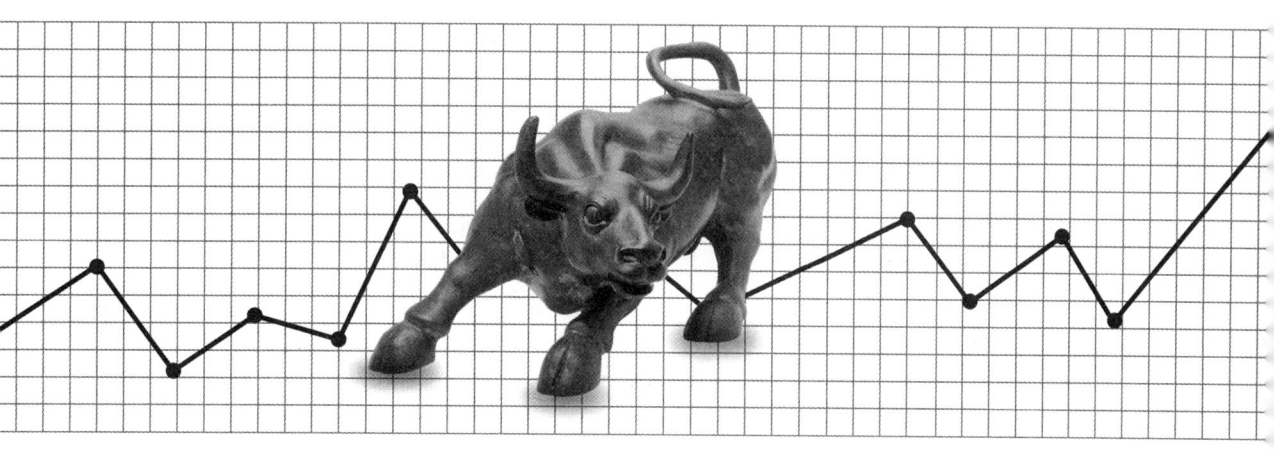

立信会计出版社
LIXIN ACCOUNTING PUBLISHING HOUSE

图书在版编目（CIP）数据

股市炼金术大全集/赵涛，吴晶编著.—上海：
立信会计出版社，2011.5

（超值金版）

ISBN 978-7-5429-2857-3

Ⅰ.①股… Ⅱ.①赵… ②吴… Ⅲ.①股票投资—基本知识 Ⅳ.①F830.91

中国版本图书馆CIP数据核字（2011）第061871号

策划编辑　蔡伟莉
责任编辑　蔡伟莉
封面设计　李爱雪

股市炼金术大全集

出版发行	立信会计出版社		
地　　址	上海市中山西路2230号	邮政编码	200235
电　　话	（021）64411389	传　　真	（021）64411325
网　　址	www.lixinaph.com	电子邮箱	lxaph@sh163.net
网上书店	www.shlx.net	电　　话	（021）64411071
经　　销	各地新华书店		
印　　刷	北京柯蓝博泰印务有限公司		
开　　本	787毫米×1092毫米	1/16	
印　　张	26.75		
字　　数	638千字		
版　　次	2011年5月第1版		
印　　次	2019年3月第5次		
书　　号	ISBN 978-7-5429-2857-3/F		
定　　价	58.00元		

如有印订差错，请与本社联系调换

目　录

第1篇　选股炼金术——给你一双"火眼金睛"

第1章　选股如选美 ··· 2
　　选股有原则 ··· 2
　　选股要选明星股 ··· 3
　　选股看股性 ··· 4
　　选股八依据 ··· 5

第2章　从基本面选股 ······································· 7
　　选择竞争优势股 ··· 7
　　选择垄断背景股 ··· 8
　　选择朝阳行业股 ··· 9
　　从管理团队选股 ··· 9
　　从公司利润选股 ··· 10
　　从财务状况选股 ··· 11
　　从股东变化选股 ··· 12
　　观察大股东选股 ··· 12
　　从业务扩展选股 ··· 13
　　从扭亏能力选股 ··· 14
　　观察公司重大事件选股 ··································· 15
　　从市盈率选股 ··· 17

第3章　抓题材,选热点 ····································· 19
　　利用题材选股 ··· 19
　　利用人民币升值选股 ····································· 20

利用资产重组选股 ·· 21
利用滨海开发区概念选股 ·· 23
利用高配送概念选股 ·· 24
利用油价波动选股 ··· 26
分析热点选股 ·· 27
选主流热点龙头股 ··· 28
选龙头股的步骤和方法 ··· 29
选热点股的方法 ··· 29
判断热点的持续性 ··· 30
判断热点的聚散性 ··· 32

第4章 根据大盘行情选股 ·· 34

在强市选啥股 ·· 34
在行情启动时选股 ··· 35
在飙升行情中选股 ··· 36
在慢牛市选啥股 ··· 37
在主升浪中选啥股 ··· 38
在牛市选啥股 ·· 39
在筑底行情中选啥股 ·· 40
在暴跌市选啥股 ··· 41
在弱市选啥股 ·· 42
在熊市选啥股 ·· 42
在调整结束时选啥股 ·· 44
在反弹行情中选啥股 ·· 45
在横盘行情中选啥股 ·· 46
在行情异动时选啥股 ·· 47

第5章 板块选股要甄别 ·· 49

在煤炭板块选啥股 ··· 49
在地产板块选啥股 ··· 51
在钢铁板块选啥股 ··· 51
在石化板块选啥股 ··· 52
在旅游板块选啥股 ··· 53
在酿酒板块选啥股 ··· 53

在有色板块选啥股	54
在农业板块选啥股	55
在3G板块选啥股	56
在电力板块选啥股	56
在机械板块选啥股	57
在传媒板块选啥股	58
在建材板块选啥股	58
在汽车板块选啥股	60
在金融板块选啥股	60
在ST板块选啥股	62

第6章 技术面选股有技巧 …… 64

"头肩底"形态选股	64
"潜伏底"形态选股	65
"双重底"形态选股	67
"圆弧底"形态选股	68
V形反转选股	70
三角形反转选股	72
缺口形态选股	72
矩形形态选股	74
菱形形态选股	76
周K线月K线形态选股	77
"平台起飞"形态选股	77
"立竿见影"形态选股	78
"石破天惊"形态选股	79
"天马行空"形态选股	80
"波段买点"形态选股	81
"大浪淘沙"形态选股	81
"顶天立地"形态选股	82
"突出重围"形态选股	83
"绝地反击"形态选股	84

第7章 选股要注重细节 …… 85

| 货比三家来选股 | 85 |

选股在精不在多	86
割肉"选股不可取	87
选股要杀回马枪	87
选股前多分析	88
选股不妨专一点	89
选股配置要合理	89
选股要适应市场变化	90
选股多选活跃股	91
选股要远离股评	91
选股不听马路消息	92
事发突然不需慌	92
如何识别垃圾股	93
跟着基金走	94
寻找明星股共性	94
选蓝筹股之道	95
黑马股的特点	96
如何选出黑马	98
选准强势股的技巧	99
选股要选高成长股	99
主力偏爱小盘股	100
热门股投资策略	101
从异动股中选黑马	102

第2篇 短线炼金术——短线高手是怎样炼成的

第8章 短线交易前的准备 ········ 104

盘点短线交易风险	104
设定短线交易原则	105
资金管理有要求	106
严格遵守纪律	107
提高心理素质	107
先用小资金训练	108

选择合适的环境和时机 ………………………………… 109
建立自己的交易操作系统 ……………………………… 110
避开 15 大心理误区 …………………………………… 111
避开 15 大交易误区 …………………………………… 113
做好交易计划 …………………………………………… 116
写好交易日志 …………………………………………… 116
树立正确财富观念 ……………………………………… 117
培养良好心态 …………………………………………… 118
训练 12 种素质 ………………………………………… 119
排解短线交易压力 ……………………………………… 122
了解影响获利的因素 …………………………………… 122
明确交易策略 …………………………………………… 124
培养交易风格 …………………………………………… 125
作完整的技术分析 ……………………………………… 125
读懂江恩守则 24 条 …………………………………… 126
注重资金管理 …………………………………………… 127
理顺资金管理 3 个方面 ………………………………… 128

第9章 开盘短线交易及盯盘技巧 ……………………… 131
开盘短线交易 4 阶段 …………………………………… 131
开盘概念板块分析 ……………………………………… 131
开盘 K 线分析 …………………………………………… 132
开盘数据分析 …………………………………………… 133
分析主力资金性质 ……………………………………… 134
开盘短线交易寻规律 …………………………………… 135
超级大户可做一回超级短庄 …………………………… 137
如何快速看盘 …………………………………………… 138
短线盯盘技巧 …………………………………………… 140
短线如何看大盘 ………………………………………… 141
短线如何看个股 ………………………………………… 142
尾市盯盘技巧 …………………………………………… 144
总结短线买入点 ………………………………………… 146
总结短线卖出点 ………………………………………… 147

第10章 顺势淘金，顺时介入 ... 149

  牛市短线选股策略 ... 149
  熊市逆市淘金策略 ... 150
  暴跌之下有机会 ... 151
  抢反弹有讲究 ... 153
  调整行情中淘金策略 ... 153
  平衡市道中淘金策略 ... 154
  震荡行情中淘金策略 ... 155
  短线追涨有技巧 ... 157
  短线必选时 ... 157
  短线入场前的判断 ... 158
  短线离场前的判断 ... 159
  买在收市前 ... 160
  抓住股价回档机会 ... 160
  除权前后多关注 ... 161
  避开黑色星期一 ... 162
  岁末年初机会多 ... 162
  短线套牢有应对 ... 163

第11章 拉升行情不踏空 ... 164

  判断底部启动行情 ... 164
  判断初升行情 ... 165
  判断主升行情 ... 166
  判断上涨行情的真假 ... 166
  判断突破是否有效 ... 167
  判断上涨气势强弱 ... 168
  判断股价持续长短 ... 169
  判断走势是否极端 ... 170
  拉升阶段坐轿策略 ... 171
  区分拉升和试盘 ... 172
  区分初升和主升 ... 173
  区分拉升和诱多 ... 174
  把握拉升K线特征 ... 174

把握拉升分时走势图特征 ·········· 175
把握拉升指标特征 ················ 176
把握拉升波浪特征 ················ 177
把握拉升直线形态特征 ············ 177
把握拉升价量关系特征 ············ 179
把握拉升速度特征 ················ 180
把握拉升涨停板盘口特征 ·········· 180
分析缩量和放量涨停 ·············· 181
分析打开涨停板 ·················· 182
涨停又开板如何应对 ·············· 184
关注涨停板的机会和风险 ·········· 185
如何抓住拉高型涨停 ·············· 187

第12章 出货行情早逃顶 ·········· 190

分析出货见顶征兆 ················ 190
分析主力高位派发手段 ············ 192
分析主力中位派发手段 ············ 192
分析主力低位派发手段 ············ 194
分析见顶日K线盘口特点 ·········· 195
分析出货分时走势图盘口特点 ······ 195
分析见顶价量关系 ················ 197
人气狂热多警惕 ·················· 199
天量见天价 ······················ 200
快速回落要离场 ·················· 201
分析出货时指标特点 ·············· 202
分析出货时K线组合特点 ·········· 202
如何判断圆弧顶 ·················· 203
如何判断潜伏顶 ·················· 203
如何判断尖顶 ···················· 204
如何判断双重顶 ·················· 205
如何判断倒N顶 ·················· 205
如何判断变异三重顶 ·············· 205
如何判断头肩顶 ·················· 206

| 如何卖个短线好价钱 | 207 |
| 追求短线交易的最高境界 | 208 |

第3篇 波段操作炼金术——判别股价波动的大势

第13章 寻找上升浪 ... 210

- 一山连两谷,右浪介入 ... 210
- 芙蓉出水,低位介入 ... 211
- 重锤坠地,掀起波浪 ... 212
- 均线烘托,上升浪开始 ... 213
- 寻找浪底支撑位 ... 214
- 寻找稳健的盘升浪 ... 215
- 果断介入拉升主浪 ... 216
- 重视30度角的上升浪 ... 217
- 骑稳45度角的上升浪 ... 217
- 警惕60度角的上升浪 ... 218

第14章 介入反弹浪 ... 220

- 积极介入强势反弹浪 ... 220
- 抢入井喷反弹浪 ... 221
- 弱势反弹浪谨慎操作 ... 222
- 疲软反弹浪果断离场 ... 223
- 出货反弹浪先走一步 ... 224
- 在支撑价位抢反弹 ... 224
- 政策性反弹快进快出 ... 225
- 超跌反弹浪力度大 ... 226
- 分析反弹浪时空特点 ... 227
- 判断反弹浪强弱 ... 227
- 强浪必须抓紧追 ... 228
- 回调完毕必起浪 ... 229
- 量能增大浪长久 ... 230
- 涨跌有序浪更高 ... 231

第15章 识别浪潮中的骗线形态 ········ 233

识破假1浪 ········ 233
识破假2浪 ········ 234
识破假3浪 ········ 234
识破假4浪 ········ 235
识破假5浪 ········ 236
识破假A浪 ········ 237
识破假B浪 ········ 238
识破假C浪 ········ 238
识别假位置信号 ········ 239
识别假方向信号 ········ 240
识别假突破信号 ········ 241
识别假交叉信号 ········ 242
浪顶大阳需卖出 ········ 243
浪底大阴可买入 ········ 244
警惕浪顶假红三兵 ········ 245
山腰浪假三只乌鸦不要怕 ········ 245
下坡浪假早晨之星是诱多 ········ 246
假黄昏之星是洗盘 ········ 247
假身怀六甲仍需观望 ········ 248
假乌云盖顶仍有涨 ········ 249
假跳空缺口快见顶 ········ 250

第16章 判断上升浪的K线组合 ········ 251

四浪洗盘后期高 ········ 251
仙人指路后有浪 ········ 252
串阳介入踏主浪 ········ 253
串阴洗盘不必恐惧 ········ 253
蚂蚁上树多参与 ········ 254
月季花开献主浪 ········ 255
缩量阴线主力在 ········ 256
海底捞月股价升 ········ 257
一阳探底机会多 ········ 258

跳空低开见浪底 ⋯⋯⋯⋯⋯⋯⋯⋯⋯⋯⋯⋯⋯⋯⋯⋯⋯⋯⋯ 259
阳包阴底部企稳 ⋯⋯⋯⋯⋯⋯⋯⋯⋯⋯⋯⋯⋯⋯⋯⋯⋯⋯⋯ 260
空方力竭做多后市 ⋯⋯⋯⋯⋯⋯⋯⋯⋯⋯⋯⋯⋯⋯⋯⋯⋯⋯ 261
双蹄并进踏升浪 ⋯⋯⋯⋯⋯⋯⋯⋯⋯⋯⋯⋯⋯⋯⋯⋯⋯⋯⋯ 262
主浪打来步步高 ⋯⋯⋯⋯⋯⋯⋯⋯⋯⋯⋯⋯⋯⋯⋯⋯⋯⋯⋯ 263
四阳并列转势在即 ⋯⋯⋯⋯⋯⋯⋯⋯⋯⋯⋯⋯⋯⋯⋯⋯⋯⋯ 264
上升浪前震仓多 ⋯⋯⋯⋯⋯⋯⋯⋯⋯⋯⋯⋯⋯⋯⋯⋯⋯⋯⋯ 265
八阳报春后浪多 ⋯⋯⋯⋯⋯⋯⋯⋯⋯⋯⋯⋯⋯⋯⋯⋯⋯⋯⋯ 266
紧抓主浪攻击形态 ⋯⋯⋯⋯⋯⋯⋯⋯⋯⋯⋯⋯⋯⋯⋯⋯⋯⋯ 266
大浪来前有预告 ⋯⋯⋯⋯⋯⋯⋯⋯⋯⋯⋯⋯⋯⋯⋯⋯⋯⋯⋯ 267
均线互换打开浪潮空间 ⋯⋯⋯⋯⋯⋯⋯⋯⋯⋯⋯⋯⋯⋯⋯⋯ 268
回踩均线是低吸良机 ⋯⋯⋯⋯⋯⋯⋯⋯⋯⋯⋯⋯⋯⋯⋯⋯⋯ 269
经过震仓才见彩虹 ⋯⋯⋯⋯⋯⋯⋯⋯⋯⋯⋯⋯⋯⋯⋯⋯⋯⋯ 270
浪底捞金针 ⋯⋯⋯⋯⋯⋯⋯⋯⋯⋯⋯⋯⋯⋯⋯⋯⋯⋯⋯⋯⋯ 271
巨阳穿均线掀起大浪 ⋯⋯⋯⋯⋯⋯⋯⋯⋯⋯⋯⋯⋯⋯⋯⋯⋯ 272
掌握浪前上攻形态 ⋯⋯⋯⋯⋯⋯⋯⋯⋯⋯⋯⋯⋯⋯⋯⋯⋯⋯ 272
掌握洗盘完毕形态 ⋯⋯⋯⋯⋯⋯⋯⋯⋯⋯⋯⋯⋯⋯⋯⋯⋯⋯ 273
买在起浪点 ⋯⋯⋯⋯⋯⋯⋯⋯⋯⋯⋯⋯⋯⋯⋯⋯⋯⋯⋯⋯⋯ 274
三线推进前途无量 ⋯⋯⋯⋯⋯⋯⋯⋯⋯⋯⋯⋯⋯⋯⋯⋯⋯⋯ 275
关注均线穿插位置 ⋯⋯⋯⋯⋯⋯⋯⋯⋯⋯⋯⋯⋯⋯⋯⋯⋯⋯ 276
关注起浪吹号兵 ⋯⋯⋯⋯⋯⋯⋯⋯⋯⋯⋯⋯⋯⋯⋯⋯⋯⋯⋯ 277
均线交织积蓄强势 ⋯⋯⋯⋯⋯⋯⋯⋯⋯⋯⋯⋯⋯⋯⋯⋯⋯⋯ 278
一阳二阴后浪多 ⋯⋯⋯⋯⋯⋯⋯⋯⋯⋯⋯⋯⋯⋯⋯⋯⋯⋯⋯ 279
空中加油必有新高 ⋯⋯⋯⋯⋯⋯⋯⋯⋯⋯⋯⋯⋯⋯⋯⋯⋯⋯ 280
三剑客预示起浪在即 ⋯⋯⋯⋯⋯⋯⋯⋯⋯⋯⋯⋯⋯⋯⋯⋯⋯ 280
拿稳上升浪中的好股票 ⋯⋯⋯⋯⋯⋯⋯⋯⋯⋯⋯⋯⋯⋯⋯⋯ 281
提防主力暗度陈仓 ⋯⋯⋯⋯⋯⋯⋯⋯⋯⋯⋯⋯⋯⋯⋯⋯⋯⋯ 282
浪子回头金不换 ⋯⋯⋯⋯⋯⋯⋯⋯⋯⋯⋯⋯⋯⋯⋯⋯⋯⋯⋯ 283
反向思维看洗盘 ⋯⋯⋯⋯⋯⋯⋯⋯⋯⋯⋯⋯⋯⋯⋯⋯⋯⋯⋯ 284

第17章 判断下跌浪的K线组合 ⋯⋯⋯⋯⋯⋯⋯⋯⋯⋯⋯⋯ 286

高位一枝独秀要小心 ⋯⋯⋯⋯⋯⋯⋯⋯⋯⋯⋯⋯⋯⋯⋯⋯⋯ 286
股价独上高楼需撤退 ⋯⋯⋯⋯⋯⋯⋯⋯⋯⋯⋯⋯⋯⋯⋯⋯⋯ 287

涨幅过大见好就收	288
一剑封喉造就铁顶	289
一箭穿心暴跌在即	290
谨防主力明修栈道	291
狗急跳墙预示跌浪在即	292
拖泥带水是假洗盘真下跌	293
晨钟暮鼓是虚浪拉升	294
笑里藏刀最后一浪	295
落井下石跌浪来临	296
升浪减弱节外生枝	296
过河拆桥筹码抛出	297
金蝉脱壳主力出逃	298
多空歧见分道扬镳	299
大跌之际突出重围	300
一阴破三线果断离场	301

第4篇 趋势投资炼金术——拜彼得·林奇为师

第18章 寻找沙漠之花 … 305

关注身边小事	305
找准安全边际	306
展开实地调研	307
给目标公司打电话	308
听取专业人士意见	310
阅读财务报表	310
跟着你的嘴投资	312
不盲从理论和预测	**313**
在选股上下工夫	314
寻找沙漠之花	314
挖掘公司的成长业绩	315
观察目标公司员工行为	315
分析市盈率	316
努力避免重大损失	317

进行投资组合 …………………………………… 318
　　相信长期投资 …………………………………… 319
　　耐心是决定因素 ………………………………… 320
　　寻找蓝筹股 ……………………………………… 320
　　不预测短期行情 ………………………………… 322
　　忽视震荡,坚定持有 …………………………… 323
　　设定理性预期 …………………………………… 323
　　利用周期,顺时而动 …………………………… 324

第19章　给自己一个买入的理由 ……………………… 326
　　从公开媒体找信息 ……………………………… 326
　　长期投资组合多元化 …………………………… 326
　　运用逆向思维 …………………………………… 327
　　寻找股价转折点 ………………………………… 328
　　给自己一个买入的理由 ………………………… 329
　　捕捉时机 ………………………………………… 330
　　关注股价的合理性 ……………………………… 331
　　运用鸡尾酒会理论 ……………………………… 333
　　在特定情况下卖出 ……………………………… 334
　　好股未必贵 ……………………………………… 335
　　多做幕后功课 …………………………………… 336
　　投资工具要用活 ………………………………… 336
　　投资与投机相结合 ……………………………… 338
　　坚持自己的买卖标准 …………………………… 339
　　留心身边的金矿 ………………………………… 339
　　在利空下寻宝 …………………………………… 340
　　玩熟周期股票 …………………………………… 341
　　冷看热门股 ……………………………………… 341

第20章　不以买菜心态投资 …………………………… 343
　　不以买菜心态投资 ……………………………… 343
　　选择适合自己的基金 …………………………… 343
　　选准基金公司和基金经理 ……………………… 345
　　透视基金投资方向 ……………………………… 347

把握基金赎回时机 …… 348
投资前想想20条忠告 …… 349
选准困境反转型公司 …… 350
不要因恐慌而割肉 …… 352
不要轻易退出 …… 352
不要盲目抄底 …… 353

第5篇 价值投资炼金术——拜沃伦·巴菲特为师

第21章 投资前先衡量成功因素 …… 357
认识企业的内在价值 …… 357
被低估的股票才值得买 …… 358
站在购买公司的角度考虑问题 …… 358
买入有发展前景企业的股票 …… 362
做符合商业意义的投资 …… 362
关注持续性获利行业 …… 364
投资前先衡量成功因素 …… 365
放长线才能钓大鱼 …… 367
必须耐心再多一点 …… 368
不做轻率投资决定 …… 368
大巧若拙少交易 …… 369
频频换手失误多 …… 370

第22章 长期持有不等于永远持有 …… 372
寻找三类股票 …… 372
长期持有靠恒心 …… 373
长期持有不等于永远持有 …… 374
取前人之长 …… 374
建立自己的交易观 …… 375
充分认识风险 …… 376
不要指望投机暴富 …… 376
摒弃外界干扰 …… 377

忽视短期波动 ·· 378
正确评估企业未来 ······································ 379
不要企图预测市场 ······································ 380
买股票要找买点 ·· 381
学会止损 ·· 383
从错误投资中学习 ······································ 385
买价必须合理 ·· 386

第23章 集中持有优秀公司股票 ························ 387

把鸡蛋放在一个篮子里 ·································· 387
放弃多元化手段 ·· 388
集中持有优秀公司股票 ·································· 388
投资组合保险自欺欺人 ·································· 389
集中投资优秀公司 ······································ 390
抓到好牌下大注 ·· 391
谨慎控制持有数量 ······································ 392
远离几类企业 ·· 393
深入了解企业情况 ······································ 393
不熟不投 ·· 394

第24章 不要害怕短期失利 ···························· 396

理性投资更长久 ·· 396
不因为便宜而买入 ······································ 397
投资前必须深入分析 ···································· 398
分析自己的风险偏好 ···································· 399
保持清醒头脑 ·· 400
跟上形势变化 ·· 400
寻找消费垄断企业 ······································ 401
慎重看待高新技术企业 ·································· 402
理性配置资本 ·· 403
敢于借鸡生蛋 ·· 404
识别股市陷阱 ·· 405
不要害怕短期失利 ······································ 406
远离各种"美丽"消息 ···································· 407

第 1 篇

选股炼金术

——给你一双"火眼金睛"

第1章

选股如选美

选股有原则

股票投资是一种集远见卓识、渊博的专业知识、智慧和实战经验于一体的风险投资。选择股票尤为重要,投资者必须仔细分析,独立研判。

投资者在选股时要遵循一定的原则。

1. 利益原则

利益原则是选择股票的首要原则,投资股票就是为了获得某只股票为自己投入的资金带来的长期回报或者短期价差收益。投资者必须从这一目标出发,克服个人的地域观念或性格偏好,进行投资品种的选择。无论这只股票属于什么板块,什么行业,凡是能够带来丰厚收益的股票就是最佳的投资品种。

2. 现实原则

股票市场变幻莫测。上市公司的情况每年都在发生各种变化,热门股和冷门股的概念也可以因为各种情况出现转换。因此,选择股票主要看投资品种的现实表现,上市公司过去的历史、经营业绩和市场表现只能作为投资参考,而不能作为选择的标准。投资者没有必要抱定一种观念,完全选择自己过去喜爱的投资品种。

3. 短期收益和长期收益兼顾的原则

从取得收益的方式来看,股票上的投资收益有两种:第一种主要是从价格变动中为投资者带来的短期价差收益;第二种是从上市公司和股票市场发展带来的长期投资收益。完全进行短期投机谋取价差收益,有可能错过一些具有长期投资价值的品种;相反,如果全部从长期收益角度进行投资,则有可能错过市场上非常有利的投资机会。因此,投资者选股的时候,应该兼顾这两种投资方式,以便最大限度地增加自己的投资利润。

4. 相对安全原则

股票市场中所有的股票都具有一定的风险,要想寻求绝对安全的股票是不现实的。但是,投资者还是可以通过精心选择,来回避那些风险太大的投资品种。对广大中小投资者来说,在没有确切消息的情况下,一般不要参与问题股的炒作,应该选择相对安全的股票作为投资对象,避开有严重问题的上市公司。比如:

(1)有严重诉讼事件纠纷、公司财产被法院查封的上市公司。

(2)连续几年出现严重亏损、债务缠身、资不抵债、即将破产的上市公司。

(3)弄虚作假、编造虚假业绩骗取上市资格、配股、增发的上市公司。

(4)编造虚假中报和年报误导投资者的上市公司。

(5) 有严重违规行为、被管理层通报批评的上市公司。

(6) 被中国证监会列入摘牌行列的特别处理公司。

上述公司和一般被特别处理(ST)的上市公司不同,它们不完全是经济效益差,往往有严重的经营和管理方面的问题,投资这些股票有可能受牵连而蒙受经济上的重大损失。

参与炒作这些股票的投资者,在这些上市公司通过资产重组获得生机之后有可能获得较好的收益。但是,如果这些上市公司在这方面的尝试失败,最终就会被中国证监会摘牌,停止交易,投资者所投入的资金也面临着血本无归的危险。总体上看,这些股票的风险太大,广大中小投资者对此要有清醒的认识。

选股要选明星股

投身风云变幻的股市遇到的首要问题,就是如何选择股票。选中一只好的股票,并在合适的时机买入,无疑将令你获得丰厚的利润。

那么,什么样的股票才是好股票?什么样的股票才能带来丰厚的利润呢?现在的明星股和具有明星股潜力的黑马股、成长股等都是你的首要选择。

美国著名投资大师巴菲特将其选股策略概括为"寻找超级明星股"。"我们始终在寻找那些业务清晰易懂、业绩持续优异、由能力非凡并且为股东着想的管理层来经营的大公司。这种目标公司并不能充分保证我们投资盈利(我们不仅要在合理的价格上买入,而且我们买入的公司的未来业绩还要与我们的估计相符),但是这种投资方法——寻找超级明星股——给我们提供了走向真正成功的唯一机会。"

具体而言,巴菲特认为符合10个选股准则的股票才是他心目中十全十美的超级明星股。

1. 超级长期稳定业务

"经验表明,盈利能力最好的企业,经常是那些现在的经营方式与5年前甚至10年前相比几乎完全相同的企业"。

2. 超级经济特许权

"城堡似的坚不可摧的经济特许权正是企业持续取得超额利润的关键所在。"一项经济特许权的形成,来自于具有以下特征的产品或服务:①它是顾客需要或者希望得到的;②被顾客认定为找不到类似的替代品;③不受价格上的管制。以上三个特点的存在,将会体现为一个公司能够对其所提供的产品与服务进行主动提价,从而赚取更高的资本报酬率。"

3. 超级持续竞争优势

"对于投资者来说,关键不是确定某个产业对社会的影响力有多大,或者这个产业将会增长多少,而是要确定所选择企业的竞争优势,更重要的是这种优势的持续性。那些所提供的产品或服务具有很强竞争优势的企业能为投资者带来满意的回报。"

4. 超级明星经理人

"我们持续受惠于这些所持股公司的超凡出众的经理人。他们品德高尚、能力出众、始终为股东着想,我们投资这些公司所取得的非凡投资回报,恰恰反映了这些经理人非凡的个人品质。"

5. 超级资本配置能力

"我们从来不看什么公司战略规划,我们关注而且非常深入分析的是公司资本配置决策的历史记录。一旦成为CEO,他们需要承担新的责任,他们必须进行资本配置决策,这是一项至关重要的工作。"

6. 超级产品盈利能力

"真正能够让你投资赚大钱的公司,大部分都有相对偏高的利润率,通常它们在业内有最高的利润率。"

7. 超级权益资本盈利能力

"对公司经营管理业绩的最佳衡量标准是,能否取得较高的权益资本收益率,而不是每股收益的增加。"

8. 超级留存收益盈利能力

"在这个巨大的股票拍卖场中,我们的工作是选择具有如下经济特性的企业:每1美元的留存收益最终能够转化为至少1美元的市场价值。"

9. 超级内在价值

"内在价值尽管模糊难辨却至关重要,它是评估投资和企业的相对吸引力的唯一合理标准。……内在价值可以简单地定义为:它是一家企业在其存续期间可以产生的现金流量的贴现值。"

10. 超级安全边际

"我们在买入价格上坚持留有一个安全边际。如果我们计算出一只普通股的价值仅仅略高于它的价格,那么我们不会对买入它产生兴趣。我们相信这种安全边际准则——本·格雷厄姆尤其强调这一点——是投资成功的基石。"

黑马股、成长股等股票虽然现在不被人看好、不被人推崇,但是将来会成为众人关注的明星股,投资这种后来者居上的股票无疑也是明智之举。其实,选股的过程就是投资价值发现的过程,一个好的选股者就是一个好的投资价值发现者。发现超级明星股既需要正确的方法和工具,也需要耐心和等待。一旦找到了心仪许久的珍宝,就要果断地拥有它,因为它来之不易。

选股看股性

股性也就是股票的个性,市场上通常用一定时期内一只股票股价的波动特性来衡量该股股性是否活跃。一般来说,股性取决于企业经营状况、分红派息方式、股本结构、题材是否丰富、二级市场供求程度以及地域特性等方面的因素。

(1)从企业的经营状况看,可分为强势股和弱势股。所谓强势股,即气势超过一般的股票。在一段时期经营业绩优良的个股必然是强势股。当大势处于跌势时,强势股往往跌幅甚微,甚至持稳不坠;当大势处于盘整阶段时,强势股能保持坚挺;当大盘处于升势时,强势股上涨冲击力总是最强的,而弱势股则恰恰相反。可见,选股要选强势股。

(2)从分红派息方式看,如果一个公司既有较强的股本扩张能力,盈利又能跟上股本扩张的速度,则投资者不仅可以获得股价波动的利润,而且能获得稳定的投资收益。一般来说,从资本公积、税后利润等财务指标能判断股票的配送潜力。但每个公司在分红派息上有不同的方式:有些公司虽有盈利,却吝于派息,或派息但不愿送红股;有些公司虽少盈利,却大肆分红,分光吃光;有些公司比较稳健,分红派息适中,以保证公司长期的成长性。因此,分红派息特性对一个公司股价的影响非常重要。我们在选股时,要分析公司分红派息的特性。

(3)从股本结构看,流通盘的大小对股性的影响非常大。一般来说,小盘股有利于主力庄家控盘,筹码收集时间也相对短一些。在多头市场下,小盘绩优股尤其受到主力青睐,在这种情况下,主力进出也比较容易。而对于大盘股来说,如果业绩不佳,长期无主力资金光顾,则可能造成股性呆滞,即使偶尔有较好的表现,也不过是主力调控大盘指数的工具,不宜做中长期投资。

在中国股市中,上市公司的地域性非常明显。川股、湘股、京股等都是股市中投资者熟悉的地域概念。西藏、新疆等边远地区的股票股性一般也比较活跃。有些股票经常在跌市中最先见底,升市中最先见顶;有些股票则仅在大盘涨升末段稍有表现,这就是股票的股性。我们如果能够捉摸到每一种股票的不同特征,那么,在选股中获胜的把握就会高一些。

当然,一只股票的股性并非一成不变的。一只股性很活的股票,有可能因为主力重仓持有而长期居高不下,股性因主力无法出局而变得呆滞,对于这类股票,投资者应敬而远之。

选股八依据

市场上有千万种股票,任何一个投资者即使有雄厚的资金,也不可能同时购买市场上的所有股票。如何选择风险小、收益大的股票进行投资,实在是一件难事。对于资金数量不多的小额投资者而言,在眼花缭乱的大量股票中选择好投资对象,就更为不易。正因为如此,便有"选股如选美"的感叹。但是,选股并非毫无策略可言,下述方法可谓选股之真谛。

1. 根据公司业绩选股

公司业绩是股票价格变动的根本力量。公司业绩优良,其股票价格必将稳步持续上升;反之,则会下降。因此,长线投资者应主要考虑公司业绩进行选股。衡量公司业绩的最主要指标是每股盈利及其增长率。根据我国公司的现状,一般认为每股税后盈利0.8元以上且年增长率在25%以上者,具有长期投资价值。

2. 根据经济周期选股

不同行业的公司股票在经济周期的不同阶段,其市场表现大不一样。有的公司对经济周期变动的影响极为敏感,经济繁荣时,公司业务发展很快,盈利也极为丰厚;反之,经济衰退时,其业绩也明显下降。另一类公司受经济繁荣或衰退的影响则不大,繁荣时期,其盈利不会大幅上升,衰退时期亦无明显减少,甚至还可能更好。因此,在经济繁荣时期,投资者最好选择前一类股票;而在经济不景气或衰退时,最好选择后一类股票。

3. 根据每股净资产值选股

每股净资产值即股票的"含金量",它是股票的内在价值,是公司即期资产中真正属于股东的且有实物或现金形式存在的权益,它是股票价格变动的内在支配力量。通常情况下,每股净资产值必须高于每股票面值,但通常低于股票市价,因为市价总是包含了投资者的预期。在市价一定的情况下,每股净资产值越高的股票越具有投资价值。因此,投资者应选择每股净资产值高的股票进行投资。如果市价低于每股净资产值,其投资价值极高。当然,净资产值低而市价也低的股票,也可适当选择。

4. 根据股票市盈率选股

市盈率是一个综合性指标,长线投资者可以从中看出股票投资的翻本期,短线投资者则可从中观察到股票价格的高低。一般来说,应选择市盈率较低的股票。但市盈率长期偏低的股票未必值得选择,因为它可能是不活跃、不被大多数投资者看好的股票,而市场永远是由大众行为决定的,因此,其价格也很难攀升。至于市盈率究竟在何种水平的股票值得选择,并无绝对标准。从我国目前经济发展和企业成长状况来看,市盈率在20左右不算高。

5. 根据股票的市场表现选股

股票的净资产是股票市场表现的基础,但两者并非完全对应,即净资产值高的股票,其市价不一定都有良好的表现,相同或相近净资产值的股票,其市价可能有较大差异。因此,对短线投资者而言,市场价格如何变动,即其波动幅度大不大,上升空间广不广,亦是选股的重要依据。一般来说,短线操作者最好选择那些短期内有较大上升空间或市价波动幅度大的股票,这些股票提供的短期获利机会较大。

6. 根据个人情况选股

大多数投资者常对某些股票有所偏好,这可能是因为对这类股票的公司业务较熟悉,或是对这类股票的个性较易驾驭,或是操作起来得心应手,等等。根据个人情况选股时,要全面考虑自己的资金、风险、心理、时间、知识等方面的承受能力。比如,有的股票经常大起大落、变动无常,就不宜于在上述方面承受能力不强的投资者选择。

7. 根据股价涨幅超前与否选股

通常同一行业中最好的两三只股票会有强劲的走势,而其他的股票则步履维艰。前者被称为"领导股",后者便是所谓的"同情股"。"领导股"也是涨幅超前股,是投资者应选择的对象。如何发现这些"领导股"呢?一个简易的方法是股票相对价格强度测定法。所谓"相对价格强度",是指某种股票在一定时期内涨价幅度与同期的股价指数或其他股票的涨幅度的比值。通常认为,相对价格强度在80以上的股票极具选择价值。

8. 根据多头市场的四段行情选股

多头市场的行情走势通常可分为四段行情:

第一段行情为股价急升行情,整个市场的升幅极大,通常占整个多头行情的50%。在这段行情内,大多数股票从空头市场过度压抑的水准下反弹时,几乎所有的股票都会上涨。在这期间可以试进高风险股票。当空头市场转向,公司破产的威胁减少,这类股票会回复到较正常的水准,其升幅将有优良的表现。

第二段行情也是相当有利的,股价指数的升幅超出整个多头行情的25%。通常,在这段行情中,成长股开始有好的表现。投资者普遍看出经济发展的未来美景,并且寻找参与成长的方式。在这种投资气候里,成长股会更快地升高价位,此时的绩优成长股走势也相当好,其可能涨幅比股价指数还要高。因此,在这一段行情内,最好选择成长股的绩优股。

第三段行情的涨幅明显较小,一般少于整个多头行情的25%,而且只有极有限的股票继续上升。对这段行情的可能策略是:慢慢卖出次等成长股,转移部分资金用于具有在多头市场里维持价位能力的绩优成长股,以及购进那些能在未来经济困境中特别获益的顺应大势的股票。总之,此段行情内必须开始对空头市场作准备。

第四段行情是多头市场即将完结的行情,此时该涨的股票都已涨得差不多,只有绩优成长股以及可在经济困境中获利的少数股票,才可能继续上升。因此,这段行情的选股是最困难的,通常这时应是准备撤离市场的时候。但空头市场究竟何时来临很难确定,故此时全部清盘未必明智,最佳的保障办法是维持某些绩优成长股,而不要空仓。

第2章

从基本面选股

选择竞争优势股

现代社会是一个竞争的社会,在市场经济中,上市公司同样也要在市场竞争中求生存、谋发展。其中有一些公司,凭着自身规模大、实力强、竞争能力优异,利用收买兼并及其他手段形成在市场上的优越地位。

上市公司竞争能力的强弱,与其业务经营情况具有密切的关系。上市公司的竞争能力,往往表现为具有规模优势、产品质量好、经营效率高、技术有创新、熟悉市场情况、注意产品需求动态、营销技巧高明等。投资者投资具有竞争优势的公司自然有很好的回报。巴菲特曾说过:"对于投资者来说,关键不是确定某个产业对社会的影响力有多大,或者这个产业将会增长多少,而是要确定任何所选择的企业的竞争优势,而且更重要的是确定这种优势的持续性。"因为只有长期持续的竞争优势才能为公司创造良好的长期发展前景,也才能成就基业长青的优秀公司。

上市公司在同业中的竞争地位强弱,评定的标准有以下几个方面。

1. 考察年销售额或年收入额

上市公司年销售额的大小,是衡量一个公司在同行业中相对竞争地位高低的一个重要标准,用公司销售额在全行业销售额中的比重来表示,更能反映这种情况。在同行业的激烈竞争中,占总销售额比重较大的公司,一定是竞争能力强大的公司,公司的盈利主要来自销售收入,收入越大,利润越多。所以投资者首先应该选择的是行业中领先的上市公司。

2. 考察销售额或收入额的增长

投资者理想的投资对象,不限于著名的上市公司,还有那些既有相当规模,其销售额又能迅速增长的上市公司,因为能迅速扩张比规模宏大更为重要。高增长的销售额往往带来高增长利润额,由此使公司的股价不断提高,股息不断增加,达到投资者进行股票投资的预期利益。

3. 考察销售额的稳定性

在正常情况下,稳定的销售收入伴之而来的是比较稳定的盈利,如果销售收入时多时少,变动太大,既给上市公司的经营管理带来很大的不利,也使付给股东的股息、红利有无、高低不确定性增加,因此投资者在选择中应充分注意公司的增长稳定性。

选择垄断背景股

资本具有天然的逐利性。社会上哪个行业赚钱,资本就会像潮水般地涌去。例如,出租车行业,由于门槛低,又赚钱,结果都去参与投资。但一个城市的承载量总是有限的,出租车多了,大家都赚不到钱。只有一部分资本退出来,出租车行业才能够又赚到钱。

资本的进进出出,在各个行业的循环,从长期看,各个行业都只能取得社会的平均利润。而垄断却是资本可以得到超额利润的源泉。

在西方发达国家的股市,股价高的股票,有很多是属于技术垄断的范畴。比尔·盖茨的微软是世界计算机软件大王,由于他的技术带动了计算机硬件的普及,从而走进千家万户以及厂矿、企业、机关和学校。有了技术垄断,微软的股价自然就高,比尔·盖茨才能成为世界上最富有的人。

技术垄断的一个最重要的含义,就是不可替代性。其他人不可能通过正常的手段获得其具有核心竞争力的技术。

世界金融投资大师巴菲特买的股票中,大量持有蓝筹股,如可口可乐。可口可乐也是有技术垄断地位的,它的配方是绝对保密的,再加上可口可乐不仅在美国家喻户晓,随着美国电影等文化传媒的宣传,从20世纪60年代开始就走向亚、非、拉国家,向世界扩散。既有技术又有市场的企业发展前景自然就好,企业盈利多了,股票的价格自然也就高了。

股市中的主力资金选择股票,首先考虑的就是技术垄断会对企业发展带来何种前景。

例如,在中国,通信行业的企业有很多家,那为什么中兴通讯的股价就比其他企业的高呢?

这是因为中兴通讯不仅做手机强大,更重要的是其在制造通信设备母机方面,有一个完整的产业链,所以该公司的核心竞争力的技术比其他公司要高得多。当然有了高技术,是否能形成垄断地位,也是很重要的。

投资者从垄断的角度寻找未来明星股的技巧有以下几个方面。

1. 自然资源垄断

景点旅游股拥有不可复制性的特征,因此,黄山旅游等景点旅游股就拥有一定的自主定价权的优势。因为景点资源就是垄断,那么,循此思路推广下去,具备与景点旅游股同样垄断性质的个股,同样具有自主定价能力,同样具备现价介入的机会。比如,高速公路是不可复制的,有自然资源的特征,如果主力资金能够拥有持续收购这些垄断资产能力的高速公路股,无疑较具投资机会。例如,粤高速、深圳高速等个股。

对水能资源拥有开发权的个股,无疑也是垄断资源,因为水能资源也是不可复制的,甚至是开发一块,少一块。所以,它也具有投资机会。

2. 技术垄断

类似于中科三环、云南白药、片仔癀等这样的技术垄断,此类个股在某一产品领域具有较强的技术垄断性,也具有核心竞争力,其业绩增长也是确实稳定的。

山西汾酒、贵州茅台等也具有一定的技术与资源等合二为一的垄断性质,此类个股较具有投资机会。例如,贵州茅台在2006年从40多元上涨到百元高价,其中重要的原因之一就是其具有一定的垄断性。

选择朝阳行业股

上市公司的行业分为以下三种:朝阳行业、夕阳行业和中性行业。朝阳行业和中性行业则被市场看作是有发展前途的,而对于夕阳行业,市场则是不看好的,这些公司一上市,其股价就会出现跌势。然而,对于朝阳行业的上市公司,市场则会特别看好其发展前景,而其股票在二级市场上亦会有不俗的表现——股价不断走强。因此,选择朝阳行业的公司进行投资是理性投资者的最佳抉择。

但是,市场永远是变化的。即便是朝阳行业的公司,也可能因为经营不善而出现亏损,导致其股票被打压。因此,选择朝阳行业的公司进行投资,应关注公司的成长性。近几年的证券市场上发生的一系列问题,更加说明了这一点的重要性。比如,有些公司上市时还可以,但上市半年后即宣告亏损;有些公司上市几年,业务发展正常,但随着行业发展的饱和,公司业绩亦逐渐滑坡,最终成为亏损公司;有些通过包装,"拉郎配"上市,不久即宣布破产;更有一些上市公司长期欺骗投资者,并以绩优股自居,被市场揭穿后,即告破产的公司,等等。这些事例说明,投资者在选择股票投资时,一定要慎之又慎。

夕阳行业的上市公司,也可能因某些原因而变成朝阳行业公司,彻底改变公司的行业属性和形象。通常这类公司会进行资产重组或行业扩张收购等。在证券市场上,要把夕阳行业的公司转变为朝阳行业的公司,只有通过重组才能完成,这一类型的上市公司有煤矿、纺织等公司。

一些夕阳行业的公司,也会因为国家的政策扶持或经历收购重组,而改头换面、脱胎换骨。对这一类的股票,投资者也应该加以重视。比如煤业,是很典型的夕阳行业,但是煤业作为资源型的产业,不但受到全球性资源紧缺的影响,而且也受到国家政策的保护。从2006年开始,全世界的原油价不断上涨,很多行业特别是那些用油量大的生产型企业,将面临大的冲击,甚至有倒闭的危险。为了挽救世界性灾难的来临,"以煤代油"将会越来越受到世界各国重视,从而使属于夕阳行业的煤业得以转型。

从行业的属性看,夕阳行业的上市公司很难有大的成长性,相反,每年走下坡路的趋势则非常明显,而它们的股票同样会受到市场的打压。但是,从近几年上市的公司看,即便是夕阳行业的公司,其股票上市后仍受到市场的大力追捧,其中最重要的原因就是,公司行业出现新的转变,即公司经过重组。还有一点需要注意的是,在证券市场上,收购重组对象往往就是这些夕阳行业的上市公司。

对于上市的夕阳行业的公司来说,为了更好地发挥证券市场的再融资功能,使公司在同行业中立于不败之地,转变行业属性是夕阳行业公司的必由之路。因此,对于广大投资者来说,选择夕阳行业的上市公司应特别注意这样的问题。

从管理团队选股

巴菲特曾经说过:"在进行控股收购和买入股票时,我们想要购买的目标公司不仅要业务优秀,还要有非凡出众、聪明能干、受人敬爱的领导者。"因为伟人才能成就伟业。

上市公司对各种资源进行计划、组织、实施和控制以达到其既定目标,与公司高层管理者的能力有密切关系。公司经营管理者在管理活动中起着主导性、决定性的作用,他们是企业的神经中枢,负责企业一切重大经营管理事项的决策。如果他们不优秀、素质不高,他们所经营的企业也不会是优秀的企业,投资者也不会有机会获得良好的投资回报。对公司管理者的素质和能力进行考察,是选择股票时需要加以关注的。投资者应了解以下三个方面的情况:

第一,考察管理层经营管理工作的活力。管理层群体是否富于竞争意识和充满活力,关键看其是否有强烈的从事经营管理工作的愿望,群体中每个人是否有影响他人的愿望,是否有与下属人员共同努力取得成果的愿望。

第二,考察管理层的沟通协调能力。管理的艺术恰恰在于沟通协调。融洽的关系是协同作战的前提条件。这种沟通不仅局限于公司内部,也包括对公司外部的各种顾客、供应商、政府部门以及社团的沟通等。

第三,考察管理层经营管理的专业能力。投资者应关注的专业能力是公司管理层的整体专业能力,且管理层的知识结构要合理,生产、销售、财务等各方面都不能偏废。

例如,青岛海尔公司的总裁张瑞敏就是一位国内难得的优秀的经营管理人才,在他的领导下,公司已经成功打入并占有国际市场,业绩稳定并向世界500强进军。

从公司利润选股

对于一个公司来说,赚钱就是硬道理。

股票发行公司的盈利水准是影响股票市场价格的主要因素之一。由于股票价值是未来各期股息收益的折现值,而股息又来自公司利润,因此,利润的增减变动就成为影响股票价值以及股票价格的最本质因素。在一般情况下,公司的盈利水准上升,其所发行股票的市场价格也将上升;反之,公司的盈利水平下降,其股票的市场价格也将下跌。因此,现在欧美的证券市场,多以盈利为标准衡量高低。

通常的情况是,股票价格的变化往往是在公司盈利的变动之前发生,其变动的幅度也大于公司盈利的变动幅度,原因在于股票投资者的心理预期。由于投资者非常关注股票的预期收益,而股票发行公司盈利水准的上升或下降往往事前会有一些征兆,故一旦公司具有盈利下降的迹象,投资者就会出售股票,造成股票市场价格下降。反过来,如果迹象显示公司盈利将会上升,势必有更多的投资者购买股票,使股票价格上升。因此,投资者必须关心公司的盈利,并对公司有关盈利的情况进行分析。其具体分析可从以下三个方面展开:

(1)由于公司的盈利额是收入减去支出总额而得出的,在核算公司的盈利时,要把那些一次性影响盈利增减的因素除去,对于使盈利额临时增加或减少的部分进行调整,以便正确地估计公司的正常盈利。

(2)对公司的盈利能力,可以从各个不同的角度进行衡量,如公司产品销售利润率是否明显高于同行业竞争对手;净资产收益率是否明显高于同行业竞争对手;公司留存收益盈利能力是否强大。

(3)对公司盈利前景的预测是盈利能力分析的重要一环,因为投资者感兴趣的是投资以后企业的盈利前景,也就是我们通常所说的"买股票是买未来"。公司历史的盈利指标只能提供历史的资料,并不能完全保证公司将来的盈利,因为公司的未来收益不仅取决于公司内部经营管理的改善和变化,还取决于公司外部市场条件以及其他条件的变化。事实上,准确地估计公司未来盈利前景是一件十分困难的事情,即使是专家也同样如此。

尽管大的咨询公司雇佣各方面专家,建立复杂的统计学模型,采用回归分析方法试图预测将来的发展前景,但实际效果并不尽如人意。对中小投资者而言,若能适当关注各类信息,积累经验,挑选自己熟悉的股票,采用比较简单的经验方法,也能准确地预测未来变化。在这方面,主营业务利润率和经营活动现金流量为投资者提供了一个相对可靠的预测基础。

从财务状况选股

现代公司大都负债经营以扩大生产规模,利用债务的税收抵免效应和财务杠杆作用增加公司股东价值,但如果债务管理失策,财务状况欠佳,不仅影响公司的正常生产经营,严重的还会导致公司破产。因此,股票投资者除了要研究公司的盈利能力和经营管理水平外,还要适当关注公司的财务状况。部分上市公司由于替关联公司进行债务担保,由此产生的债务纠纷甚至影响到公司的正常生产经营,投资者不可不察。

判断股票发行公司的财务状况和经营成果可以运用差额分析法。

差额分析法是股票投资者进行财力分析的具体方法之一,也叫绝对分析法,即以数字之间的差额大小予以分析。它通过分析财务报表中有关科目绝对数值的大小差额,据以判断股票发行公司的财务状况。

在财务分析中,主要是分析下列数值的大小:

净值=股东权益-资本总资产-总负债

营运资金=流动资产-流动负债

速动资产=流动资产-存货=库存现金+银行存款+应收账款+应收票据+有价证券销售

毛利=销售收入-销售成本

营业纯利=销售毛利-营业费用=销售收入-(销售成本+营业费用)

税前盈利=营业纯利+营业外收入-营业外支出

税后盈利=税前盈利-所得税=本年净收益

通过对上述数值的差额分析,中长线投资者可以获得对一个公司财务状况和经营效益的初步认识。

此外,投资者还可通过各种表格资料对比个股的股价,选择具有中长期投资价值的股票。

如下图,2008年年末南京高科(600064)在熊市中长期下跌后其股价最低时竟跌至8.03元。而从个股资料中可以看到该股的净资产为14.12元。表明该股被低估,已具有中长线投资价值,此后半年多股价迅速回升至28元左右。

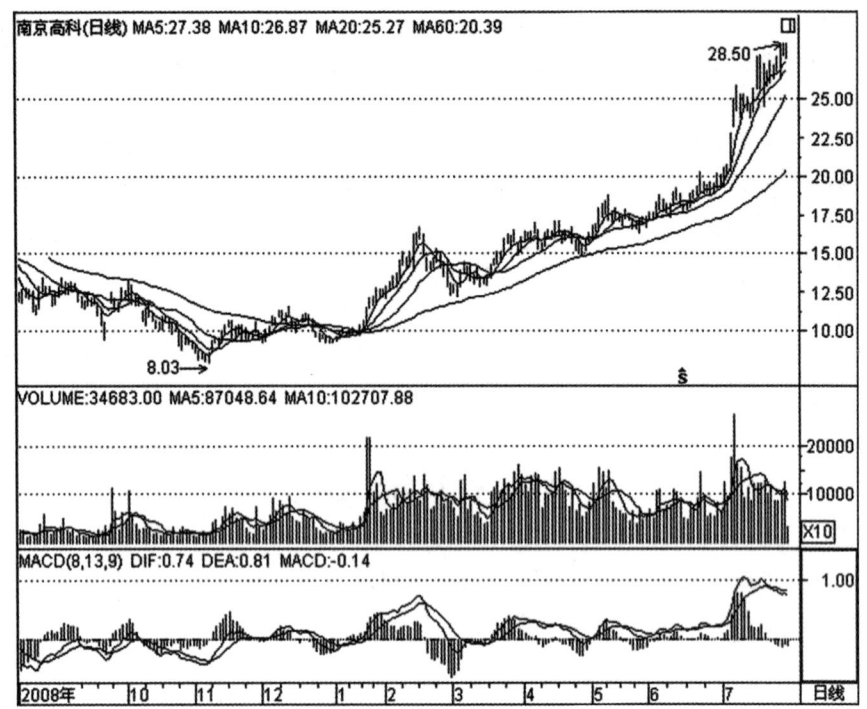

从股东变化选股

公司大股东的更换通常意味着公司经营范围和经营方式的改变,特别是在中国现有的市场条件下,大股东的更换往往成为市场炒作的导火索。尤其是当庄家知道散户投资者会关注股东变化情况来了解市场动向时,更会采用使用多个账户,制造股东人数增加、筹码分散的假象,以此来掩护庄家悄悄建仓。因此,我们必须学会用"道高一尺,魔高一丈"的办法来对付市场庄家,这样选股才可能立于不败之地。

这个"道高一尺,魔高一丈"的办法就是悉心观察个股的前10名股东持股情况,看看里面有什么变化,有什么文章可做。因为是前10名,他们的资料就比较难以隐蔽,投资者完全可以从中来发现庄家的动向。

上市公司的年报、中报、配股或增发后的股份变动公告均会公布前10大股东的持股情况,有少数公司在发生股权转让时也会公布新的10大股东持股情况。

我国有不少公司除了前几名,或者第一名大股东所持的股票是非流通股外,其余均为流通股股东,计算这些流通股股东的持股合计数量占总流通盘的比例,也可以让我们大致推测筹码的集中程度。一般来说,前10大股东所占的流通股比率呈显著增加趋势,说明筹码在迅速集中,演变成强庄股的可能性就很大,将来这类股票涨幅就比较可观。

观察大股东选股

大多数上市公司之所以陷入困境,连续多年处于亏损,是因为控股股东对上市公司的疯狂掠夺,肆意侵犯上市公司的合法权益,最终使中小投资者的利益也受到损害。控股股东惯用的伎俩主要有分红派现、圈钱等,初涉股市的投资者很容易被这些股东的灰暗伎俩套住。控股股东掏空上市公司的黑招主要有以下几种。

1. 强逼上市公司担保

大股东想方设法榨取上市公司有价值的资源,利用上市公司为自己牟取私利,不放过任何一次机会,全然不管流通股股东的利益。

除了直接占用上市公司的资金,跟上市公司进行关联交易外,大股东还经常强行让上市公司给其担保,向银行贷款。

如果按照正常的商业规则来进行的话,担保也无可厚非,可是上市公司与大股东之间的这种担保是一种地位不对等的担保,这种担保是否能保障上市公司的利益就很令人生疑了。

2. 质押股权贷款

股权贷款和股票贷款是获得现金的两种绝佳途径。大股东似乎对上市公司的持续经营毫不关心,对企业管理也毫不关心,只是对现金有着一种特别的爱好,如饥似渴地想尽方法去获得现金,也不管自己能不能驾驭如此大规模的资金,也不管自己投资的项目盈利前景如何。只要有机会获得现金,就绝不会放弃,即使潜在的风险特别大,他们也不在乎。

3. 不公平的关联交易

从侵犯上市公司利益的各种手法来看,大多是通过关联交易来达到目的的。关联交易一般是指母公司(控股股东)与上市公司(子公司)之间发生的资金往来、费用分担、业务来往和资产购销等活动。关联交易之所以深受大股东的喜欢,是因为这种操作可以避开外人的眼光,以部分权益的损失便可换取百分之百的收益。关联交易事实上成了大股东占用上市公司资源的一个主要的黑色途径。

4. 现金变成了货物

大股东准备归还上市公司的资金时,会在归还问题上又玩许多新花招。大股东经常拿一些东西来抵债,而且该货物的价格却由大股东单方面来确定,也不管你要不要这种资产,也不管这种资产是不是垃圾资产。除了资产的价值是否等值,还存在资产是不是符合上市公司的战略发展方向的问题。

因此,在选股过程中,要认真瞄准上市公司的即时情况,深刻掌握它们的内部情况,识透控股股东的把戏,以防被套牢。

5. 强行占用上市公司的资源

大股东缺钱时,会将贪婪的目光投向上市公司。在他们的眼里,上市公司就是一个取之不尽的宝藏。上市公司刚刚上了市,或者刚配完了股,手头得到了一笔巨大的现金,这正是大股东所渴望的。他们死死盯住这些钱不放,于是就开始想歪招,利用手中的控股权把上市公司的现金强行占用。

从业务扩展选股

是否选择该公司的股票,最主要的标准是看其业务扩张能力,如果一家公司的业务发展连续呈上升状态,表明该公司是一家管理好、业绩好的公司。一家业务扩张能力很强的公司,它的业务在同类中将处于绝对竞争优势,甚至是处于垄断地位,因此,其业绩将呈现良性的、持续的上升态势。相应的,该上市公司的股票也将有不错的表现。

在证券市场上,众多投资者看好的一般都是以业绩为主的股票。其实,有一些公司可能因为刚开始投资,还没有回报,所以导致当年难有利润,这样就导致付出多,而收入少,当年业绩出现亏损。但公司一旦到了发展和成熟期,新利润即不断增长。因此,对这一类的上市公司应采取"放长线钓大鱼"的投资理念,在公司因投资而未产出时,就应该看好并付诸行动进行投资。其实,庄家可能这时候也会趁机杀入。市场中的一部分人会借公司亏损,打压其股票,而机构庄家则会反其道而行之。

比如,深万科就是一只典型的优质股票,每一年都在上涨,如果按当时的发行价1元计算,到现在每股翻了300多倍。如下图,这是万科A(000002)自上市后长达15年的走势。由此可以看出,选择一家好的上市公司,最好的投资方法就是长期投资。

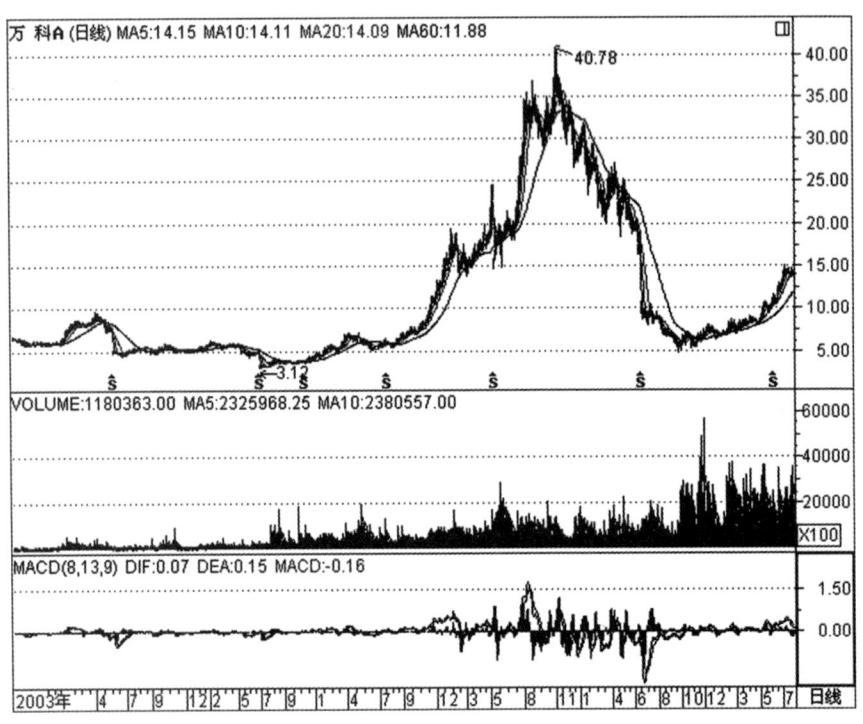

从扭亏能力选股

市场形象对一家上市公司来说极为重要,而衡量一家上市公司的市场形象的重要标志就是"盈和亏"。如果连续多年盈利,市场就会把其定位为"绩优股";如果连续多年亏损,市场就会把其定位为"垃圾股"。

因此,上市公司为了维护其在二级市场上的形象,会极力争取利润。但是,任何上市公司都不能保证本公司只盈不亏,因为有太多不确定因素在影响着公司的发展,公司也不可能摆脱环境的影响。因此,盈利和亏损都属正常现象。不过,对于证券市场中的投资者来说,选择亏损的上市公司投资,所冒的风险太大,而选择盈利的上市公司投资,将是明智的。但事实并不像人们想象的那样,买入盈利股,不见得就涨,而买入亏损股也不见得就跌。相反,那些有扭亏能力的上市公司,特别是一些通过资产重组来改头换面的公司,会被投资者视为"宝贝",而备受青睐。

亏损的上市公司,一旦扭亏,特别是那些带有"ST"帽子的公司,其股价将会形成大幅上升,甚至往往是成倍上升趋势。因此,在证券投资中,一定要有冒险精神(其实,本来投资证券就是风险工作),正所谓"富贵险中求",这样,所投资的资产才会快速增长。例如,2001年年底到2002年,深沪两市中,个股升幅最大的几乎都是一些带有重组概念的和扭亏公司的股票。而在2006年的股改中,所有的ST股票都想重组后股改,这就给本来将面临倒闭的ST公司带来很大的生存机会。

观察公司重大事件选股

就像股市是一个喧闹躁动的海洋一样,企业的经营也不是风平浪静的,一个上市公司总是要伴随着各种突发的、影响重大的事件而成长的。企业中常见的重大事件有以下几种。

1. 公司订立重大合同

该合同可能对公司的资产、负债、权益和经营成果中的一项或多项产生显著影响。

在合同中,最常见的是关于产品或劳务的销售合同。在企业生产经营中,最重要的是要保证所生产的产品或提供的劳务有销路,如果其产品或劳务没有销路,再先进的工艺设备、再科学的生产组织等都将付之东流。而销售合同的订立,就保证了在今后一段时间里产品或劳务的销路,保障了营业收入的取得,使企业的生产、销售能够延续,从而保障企业的生存与发展。如某些上市公司,常常披露本公司的销售合同已经预订到了其后的两年时间,就有力地说明该企业所提供的产品是处于供不应求的状态,投资者也就有理由相信企业在未来的两年里,其生存不会发生问题。

2. 股东大会及决议

按照规定,股东大会每年至少得召开一次。在股东大会上,一般要重新选举董事会成员和监事会成员,这些高级管理人员的变动,必将影响到公司的经营风格和管理水平。而股东大会的有关决议,如对董事会的授权、对投资项目的改变、有关增资扩股和利润分配方案等,也将影响到公司投资者的切身利益。

3. 公司的经营政策或者经营项目发生的重大变化

毫无疑问,公司经营政策、经营方式及经营项目的重大变化都将影响到公司今后的经营业绩,甚至影响到公司的生存与发展。

4. 公司发生重大的投资行为或者购置金额较大的长期资产的行为

公司所发生的重大投资行为,或者购置金额较大的长期资产的行为,将影响到股东权益的变化,倘若投资失败,还会减少公司的净资产,使每股股票的净资产降低。在过去的几年里,一些上市公司经营不佳,相当部分都是其投资不合理或者盲目投资造成的。

5. 公司发生重大债务

一般来说,企业在经营中都需要经常举债,以保障资金的周转,虽然有些公司从来不举债,但灵活地运用借债来加速公司的资金周转是企业经营中的一项重要技巧。但若公司的债务过多,使其资产负债率居高不下,接近甚至达到100%,公司就会面临破产的危险,所以对于公司所发生的重大债务,投资者一定要密切注意。

6. 公司资产遭受重大损失

在企业的经营中,有两类事件容易导致公司的资产遭受损失,一类是天灾,一类是人祸。天灾是一些不可抗拒的自然力量,如洪水暴发、地震,等等;人祸主要是投资的失误、在生产中人为的操作失误,等等。

在公司的资产遭受损失时,一是要研究遭受损失的财产与公司的净资产相比占有多大的分量,对每股净资产的影响有多大;二是其对未来企业经营管理的影响,是否对生产有影响,企业能在多长的时间范围内恢复生产,从而对未来年份的经营效益作出合理的预测。

7. 公司未能归还到期重大债务的违约情况

在债务到期时,公司未能归还重大债务,说明公司的资金周转出现困难,进而可能影响到企业的经营。如某百货商场以营业场所作抵押借贷了大量的资金,但由于到期不能履行债务,金融机构向法院提出诉讼,要求将百货商场的场地予以拍卖;百货商场由于丧失了营业场所,营业不能继续,最终破产倒闭。

8. 新颁布的法律、法规、政策、规章等,可能对公司的经营有显著影响

公司的经营除了受经营水平、经营环境等的影响外,相关的法律、法规也将对公司运营产生影响。如为了环境保护,国家规定一些低档次、小规模的造纸厂必须在指定的期限内停产或增加污水处理装置,这势必增加造纸企业的生产成本或直接影响造纸企业的生存。如国家赋予外商投资企业"国民待遇",与此同时,所有企业将在所得税方面一视同仁,任何企业不得有所特殊。那么,目前部分上市公司所享受的15%所得税税率优惠将会被取消,在利润总额相同的情况下,净利润就会减少。

9. 持有公司5%以上发行在外的普通股的股东,其持有的该股票的增减变化达到该种股票发行在外总额的2%以上

按照中国证券监督管理委员会的规定,当持有5%以上发行在外的普通股票的增减变化达到该种股票发行在外总额的2%以上时,意味着公司的大股东增加或减持公司股份。若是增加持股,可能有收购事件发生,而减持公司股份,就可能使大股东的结构发生变化,从而影响董事会的组成。

10. 公司生产经营环境发生重大变化

公司的经营环境发生重大变化后,将对公司的经营产生影响。又如公司搬迁到开发区或转移到开发区注册,它将使公司享受所得税优惠,从而影响公司的税后利润留存。如公司所在地通讯、交通等条件的改善,可加快经营信息的沟通、缩短原材料和产品的运输时间,从而有利于公司提高经营水平。

11. 董事长、30%以上的董事发生变动或总经理发生变更

当董事长或30%以上的董事发生变动或总经理发生变更时,就意味着公司的高级管理及决策层发生了变化,公司的经营方针等可能受之影响而产生变化。

12. 公司章程、注册资本和注册地址的变更

公司的章程、注册资本及地址的变更说明公司的经营实力、经营方式或经营环境发生了变化。

13. 涉及公司的重大诉讼事件

涉及公司的重大诉讼事件,有可能影响到公司的生存和发展。如某上市公司在上市前曾有两笔贷款担保已进入诉讼阶段,但上市公司认为按情理自己不应该成为被告而未向股东通报。结果官司败诉后被判对贷款负连带赔偿责任,因被担保者不能履行还款义务,该上市公司将负责代被担保者偿付贷款本息近4 000万元,从而使该上市公司的股东遭受重大损失。

14. 公司进入清算、破产状态

公司进入清算、破产状态,说明公司的经营已经终结,这绝对是投资者应该关注的。

15. 公司发行债券或股票的行为

公司对外发行了债券或股票,在募集了资金、增强了公司的经营实力的同时,也使公司的资产负债结构、股本结构发生变化,从而将影响公司的经营。

16. 公司营业用主要资产的抵押、出售或者报废资产超过总资产的30%

公司营业用的资产抵押、出售或者报废等行为都将影响到公司生产经营的正常进行。

17. 公司的合并或者分立

公司与其他公司合并或公司自身分立,将影响到公司的财产分割、经营方式等,从而影响到公司的生存与进一步发展。

公司发生的这些重大事件将对公司的经营管理产生深远的影响,从而使上市公司的经营业绩发生变化。股票市场是一个投机盛行的市场,上市公司所发生的每一重大事件都将成为股票炒作的题材,成为股价涨跌的导火索。

可以说,上市公司的重大事件肯定孕育着"黑马"。

从市盈率选股

市盈率是一种股价评价标准,是股票价格与企业每股税后利润的比率,其计算公式为:股价/每股税后利润。根据市盈率来选股,也是一种最普通的选股法。

一般来说,应该选择市盈率较低的股票。但究竟市盈率处在何种水平算低,何种水平算高,至今都没有一个绝对的标准。中国上市公司股票的市盈率一般在30~50倍左右的范围内波动,一般来说,30倍以下是低风险区,50倍以上是高风险区。

从投资价值的角度分析,假如我们把一年期的银行存款利率作为无风险收益率,那么在股市中高于这一收益率的收益水平就是我们可以接受的。低于这一市盈率水平的股票,就可以认为价值被低估,具备了投资价值。例如,我们以一年期银行存款利率为3.78%所对应的市盈率26.5倍,作为判断股票投资价值的标准,低于这一市盈率水平的股票,就可以认为价值被低估,具备了投资价值。然而,如果仅从这一角度去考虑问题,我们必然要犯错误,因为市盈率受一些因素的影响很大。

首先,市盈率水平与公司所处行业密切相关。例如,科技股的市盈率往往比传统产业如钢铁板块高,但是这也往往容易产生泡沫。

其次,市盈率还受股本大小和股价高低的影响。一般来说,股本越小的股票越受青睐,其市场定位和市盈率越高。

此外,公司的成长与否,对市盈率有重大影响。一个对未来有良好预期的个股,其股价自然就高。公司未来前景越好,成长性越高,市盈率水平就越高。

那么如何衡量这一因素呢,我们在此引入动态市盈率的概念,从市盈率的公式可以看出,市盈率是股价与每股收益的比值,每股收益的变化使市盈率向相反方向变化,由每股收益的不同，我们可以计算出三种市盈率，即市盈率I、市盈率II、市盈率III。

市盈率I=考察期股价/上年度每股收益

市盈率II=考察期股价/中期每股收益×2

市盈率III=考察期股价/预期本年每股收益

市盈率I是基于假设企业考察期每股收益与上年每股收益相同，而上年每股收益实际上不能真实地反映企业当前的实际经营情况和获利能力，因此该市盈率不能真实地反映实际市盈率水平，其作用也就大打折扣。例如，一只市盈率I为100倍的股票，若其利润增长1倍，则实际市盈率就降到50倍了；反之，一只市盈率I仅20倍的股票，若其盈利能力大幅滑坡，则其市盈率就大大提高了。中期业绩公布后，许多人用市盈率II来选择股票，缺陷也是明显的，公司上半年的收益不等于全年的收益，有时还差距很大。由于企业的未来每股收益较难预测，不确定因素太多，市盈率III很可能与实际情况有很大出入，但是无论如何，它是人们经过综合分析公司的情况得出的结论，具有很大的参考价值。当然，将以上三种市盈率指标结合起来考虑更全面。

第3章

抓题材，选热点

利用题材选股

证券市场上，题材丰富、有想象力的股票其股性最活跃，因此把握个股股性首先就要理解题材，并自觉利用题材选择股票。

综观中国股市，题材与概念可谓五花八门，异彩纷呈。最早的当属"浦东概念"。这是1993年3月，适逢金桥上市，"浦东概念"使这只股票在几周之内从9元涨到36元。同年10月，宝安在延中股票上创造出"三无"板块的"举牌"题材，使延中从9元涨至40元。1995年，主力将"举牌"题材翻新的"并购"题材，让北旅、鞍山合成、鞍山一工、广华等股票大捞了一把，做足了行情。题材与概念的魔力由此可见一斑。此后，题材、概念的发掘一发而不可收。什么"配送题材"、"并购题材"、"重组题材"、"资产置换题材"、"民族概念"、"高科技概念"、"西部概念"、"新经济概念"、"名校概念"、"网络概念"、"纳米概念"、"奥运概念"、"海西概念"、"甲型流感疫苗概念"，等等，纷至沓来，不一而足。

各种各样的题材虽然离不开想象、渲染和夸张，但真正有生命力的题材，经得起市场考验的题材是国家政策、市场观念的反映。题材要有号召力，题材本身的想象力和一定的时间跨度是必不可少的，只有这样的题材才具有举足轻重的号召力。题材的想象力体现在股价的上升空间上，丰富的想象力能够让市场主力将股价推到新台阶，时间跨度能够使主力从容派发筹码。前者符合市场意愿，后者配合主力行动，缺一不可。

中国证券市场上每一次发行方式的改革、每一个金融品种的开发、创新都体现了当时管理层的某种意图和目的，而在中国新兴股市中，政策对股市的影响相当大。管理层在推出新的发行方式、新的金融品种之前，必然会进行充分的论证，一旦推出，成功的概率极大，甚至只许成功不许失败，随着政策宣传力度的加大，有关的券商、上市公司自然对管理层推出的新政策高度重视，全力贯彻，这从客观上为"第一必炒"提供了条件。从1993年沪市第一只权证的疯狂炒作、1998年4月第一批规范性投资基金开元、金泰的发行、上市，1999年第一只规范性可转换南化转债、丝绸转债的发行上市，到第一只采用法人配售与上网发行结合，引入战略投资者概念的新股首钢股份的发行，无不给敢于吃"螃蟹"的投资者以丰厚的回报，至于其他内容的"第一必炒"规律特征更是十分明显：1995年2月西藏历史上第一只新股西藏明珠上市后一连4个月的炒作、1997年珠宝首饰第一股达尔曼、1996年第一只黄金题材股内蒙宏峰上市初的炒作、第一只石油股石油大明的炒作等更是给投资者留下了深刻的印象。至于2001年深圳中小板的推出，特别是其中第一批上市的新股，也必然受到市场主力的高度关注。而在沪市上市的新股，如果也具备了独特的题材，同样也会被市场主力炒作一番。可以预见的是2009年推出的创业板也必然成为炙手可热的题材。

利用人民币升值选股

人民币升值可能对部分上市公司的经营业绩及财务数据产生直接的影响。这种影响主要分为两种情况：

第一种情况是由于记账货币的原因导致的账面数据变动。比如说，若人民币升值，则以美元表示的每股净资产、每股利润等均会上涨，从而改善财务数据状况。

第二种情况涉及上市公司的进出口成本变动。若人民币升值，则以人民币计算的进口成本会下降；出口品外币价格不变的情况下，以本币计算的收入也会减少（或者直接导致外国需求减少）。这两种情况自然会给相关板块带来各种机会。

作为人民币升值概念受益程度较大的板块主要有以下几种。

1. 银行股

从过去国际资本市场投资经验看，当本币升值时，意味着银行持有大量债权的价值上升，相对其他国家银行而言，我国银行资产和负债净额较高，在业绩或其他要素不变的情况下，单单人民币升值这一因素，就能够提升国内银行的资产价格。所以，银行股的投资吸引力将会大幅度上升。

2. 航空股

人民币升值使得航空股的航空燃油开支将大幅降低。航空公司大都通过购买飞机拥有庞大的美元外债，人民币升值将为航空股带来巨额的汇兑收益。因此，航空股可以算是人民币升值概念的最大受益者之一。

3. 地产股

土地资源的不可复制性、百姓购买力的上升以及人民币升值的预期，都构成了房地产板块良好的发展势头。尽管会有调控影响业绩，但作为A股市场上的房地产上市公司来说，基本都是行业龙头，除了本身具有较强的抗风险能力以外，实际上还可以利用政策的调控进行行业内整合和并购，以进一步巩固自己的实力。而房地产业流动性较好，因而成为重点的选择方向之一。

4. 钢铁股

我国钢铁业铁矿石进口比例为40%左右，铁矿石涨价增加了钢铁行业的生产成本。人民币升值使得企业成本下降，再加上钢铁一直未有大幅增长，整个行业的平均动态市盈率很低，其价值明显低估。

5. 造纸股

造纸业中优质纸浆大量依赖进口，而纸浆就占了造纸业70%的成本，人民币升值使得一些进口依赖程度大的造纸业和纸包装业受益。

需要注意的是人民币升值还会带来不利影响和投资风险。依赖出口的行业，如纺织业会因为人民币升值而提高劳动力成本，即便是该行业的龙头也感到压力较大。此外还有汽车股，人民币升值将会使进口汽车的价格下降，从而影响国产汽车的销量，这对本来就缺乏技术竞争力的汽车行业来说是不小的负面影响，对这些行业的股票要注意回避风险。

总之，在人民币升值背景下，投资者在选股的时候要注意区别对待，顺应市场的趋势。

重点关注含H股的蓝筹股和升值受益概念股,对于受到升值影响大的行业股票要及早回避。

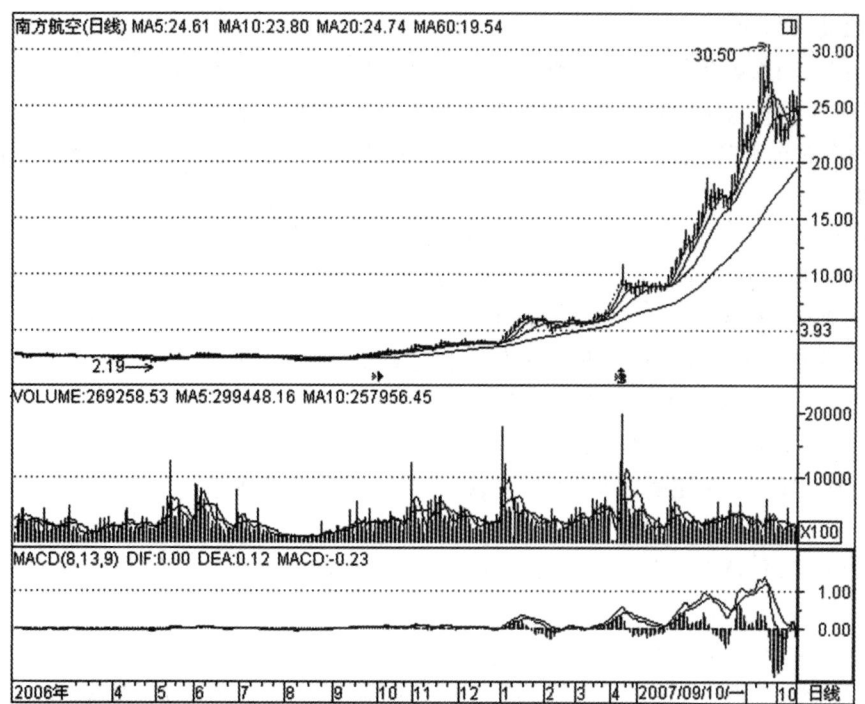

还要注意投资的策略,人民币升值虽然会使很多行业的上市公司受益,但投资者必须了解的是,受益并不表示立即上涨,市场行情往往是波动式发展的,热点是不断轮换的。升值概念股具有上涨的潜力,但具体到哪个板块或哪只股票则是有较大区别的,有的板块先涨,有的板块后涨;有的受益股涨幅大,有的受益股涨幅小,这些都是不一样的。因此,投资升值概念股必须紧跟市场资金流向,把握住热点才能获利。最佳的做法是对这些板块都关注,但不固定投资某一板块的股票,平时在每个板块中选两三只龙头股备用,等哪个行业成为热点,并且有增量资金积极介入时,再买进那个板块的股票,这样才能做到有的放矢。

如上图,2007年在人民币升值的影响下,南方航空(600029)走出了1年涨10倍的行情。

利用资产重组选股

收购兼并、资产重组是现代企业发展的必然要求,也是世界股市的潮流。通过并购重组,实现优势互补,强强联合,可以壮大企业规模,扩大市场份额,提高企业竞争实力。

重组股是股票市场中最重要的组成部分,也可以说是股市中长盛不衰的题材。在重组股中常常会诞生出明星"黑马"来。但是,因为它的范围比较大,数量也比较多,所以有时难免会产生一些良莠不齐的现象。

一些投资者在选股时应该重点关注下面几种重组股,以免造成失误:

(1)在上市公司公布的年报中,应注意观察前10大股东的排列构成。对于第一大股东持股比例较低的,前几大股东持股比例比较接近的股票,需要重点关注,这类股票重组的可能性会比较大。

(2)关注小盘的重组类个股。一般来说,小盘股重组的成本比较低,也比较容易被重组,而且便于庄家控盘和拉抬股价。在市场上,更容易受主流资金的垂青,一旦被主力选中,上升速度之快可想而知。

(3)关注因为国有股权的转让而给上市公司带来资金重组机遇的个股。

(4)要关注低价位的重组类个股。特别是在熊市中曾经严重超跌,而目前却涨幅不大的个股。以前有过涨幅翻番行情的重组股,大都是从股价较低时崛起的,这是在历史上都曾经出现过的现象。

(5)关注那些业绩差、年度收益最多只能是微利的重组股。如果是一些亏损的或者是即将被特殊处理的就更好。上市公司越是亏损或者是面临着被特别处理及退市等原因时,重组压力就越大,上市公司也就越容易被重组。

我们在重点关注以上几种重组股的同时,还要掌握重组股的规律。那么重组股都具备哪些规律呢?下面几个方面告诉了投资者最好的答案:

(1)经营上陷入困境的公司最易成为重组的对象。

(2)股权转让是重组的前奏。新股东以转让股权的方式成为第一大股东,表明重组已经开始。

(3)第一波行情不宜介入。第一波行情往往是知道内情的人入场抢筹码所致,随后必然会出现一次急跌洗盘的过程。

(4)第一波行情冲高之后急跌,伴随着基本面的利空消息,如公布亏损累累的报表等,这是最后的利空,公司往往将各种潜亏全部计提,也因此出现最后一跌,成为参与的最佳时机。

投资者在选择重组股时还要特别把握以下几点:

(1)具有壳资源的价值是重组的前提。总股本和流通盘偏小,资产质量相对较好,债务包袱不过于沉重,重组起来才相对容易。

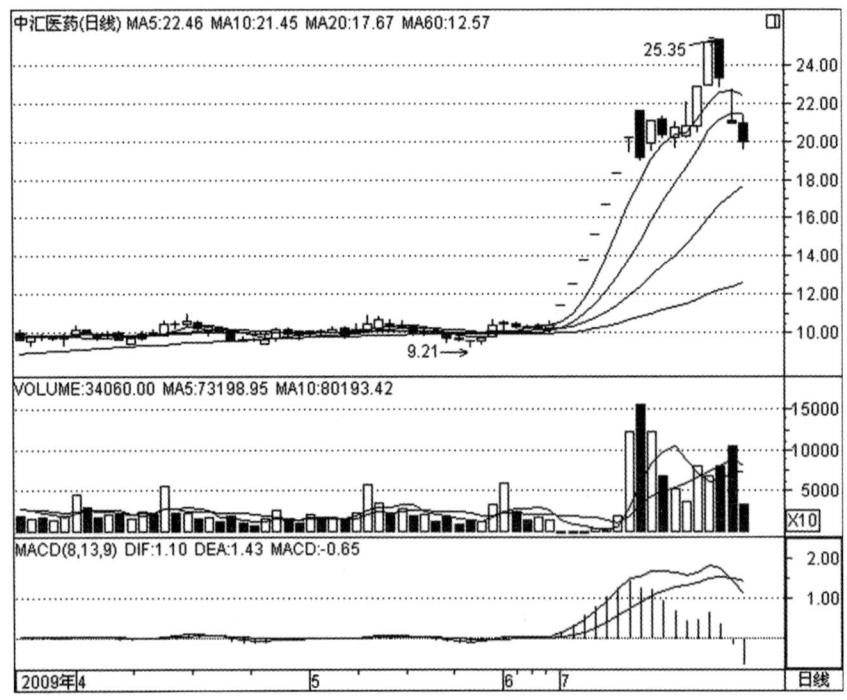

(2)公司情况不断恶化,股价不断大幅下跌并创新低时,上市公司才有重组的愿望和动力,重组方才有利可图,庄家才会吸纳到足够的低廉筹码。

(3)重组方的实力、重组项目的含金量将决定股价后市的上升空间和潜力,非实质性的重组只是为了配合二级市场短炒一把,后市潜力不大。

(4)股价处于低位。

(5)随着公司上市变得容易后,退出机制真正发挥效力的时候,上市公司壳资源的价值将不断降低,"咸鱼"将会变得越来越臭,这时候黑马可能会更大.但不小心也可能会踩上一匹死马。

如上页图,中汇医药(000809)在铁岭财京借壳重组的消息影响下,快速实现了翻倍。

利用滨海开发区概念选股

对于滨海开发概念个股的投资机会,可以从产业政策和业绩成长两个方面来深度挖掘。

(1)从产业政策来看:首先,金融企业、金融业务、金融市场和金融开放等方面的重大改革,原则上可安排在天津滨海新区先行先试。可在产业投资基金、创业风险投资、金融业综合经营、多种所有制金融企业、外汇管理政策、离岸金融业务等方面进行改革试验。其次,中央政府给予滨海新区高新技术企业15%的所得税税率,实际上已经相当于深圳特区和上海浦东新区的政策待遇,这是很多地方所不具备的优势。

(2)根据区域发展规律,对基础设施的投资是一个区域经济起步最为基本的因素。因此,与基础设施投资相关的行业可望率先获益,随后就是相关行业或企业对机场、港口、物流和商业服务的需求,最后是一些工业行业在新的基础设施和服务行业的支持下获得较大的发展。从受益的先后看,它们是依次往后推移的。

从20世纪90年代浦东概念股的炒作过程来看,最先启动的是外高桥,因为浦东开发刚开始时只是以港口为主,港口的发展带来了外贸的发展。外高桥的上涨当时带动了陆家嘴和金桥等房地产股的启动。最后逐渐扩展到传媒及公用事业板块中的东方明珠和凌桥股份,显示出人们对经济发展带来的相关需求的关注。

从以上两个方面分析综合来看,首先,基础设施和港口类是最值得重点关注的对象;其次,地产、商业和公用事业板块;最后,才轮到园区内工业及高科技企业。

结合该市场热点、资金追捧方面以及未来公司成长潜力,该板块的以下相关股票值得重点关注。

代码	名称	主营业务	投资亮点
600717	天津港	港口装卸	新区开发必将带来更为庞大的业务需求
000652	泰达股份	房地产	大股东泰达集团实力雄厚
000695	滨海能源	电力热力供应	滨海新区唯一一家热电供应企业
000897	津滨发展	房地产	滨海新区有大量土地与房产项目
000965	天水股份	水泥、房地产	天津最大水泥企业,受益滨海开发
600082	海泰发展	开发区综合经营	土地储备充足
600322	天房发展	房地产	项目储备充足,业绩大幅增长有望
000836	鑫茂科技	光通信、计算机	受大股东支持,2006年盈利有保障
000537	广宇发展	房地产	后续项目储备充足

利用高配送概念选股

高送转概念股,在中国股市中是长盛不衰的炒作题材,曾经造就了许多股价翻几倍的大黑马。在1996年前,坐庄最重要的题材是分配方案,有10送10或转10题材的个股会大幅向上,如早期的中国嘉陵、四川长虹、深科技、东大阿派、深发展等。那时跟庄前就要判断哪些股有高送转机会,庄家建仓一般在业绩公布前,等利好消息公布后便派发,股民摸清庄股这个脾性,就操作自如。

即使是现在每年的年报和中报披露期间,都会有一些上市公司推出高比例送转股方案,因为高比例送转股可以降低上市公司的股价,打开个股的炒作空间。所以,这些推出高送转的公司也往往会受到市场资金的热烈追捧,并会出现飙升走势。如南京中达(600074)、北方国际(000065)等,隆源双登(000835)凭借10送10方案,在9个交易日创造涨幅近60%的惊人表现。

综上所述,在基金等主力资金积极建仓和业绩大幅增长及大分红方案作用下,成就了2004年最大涨幅的超级牛股。

这一切,都显示出高送转股中蕴藏着巨大的机遇。如果投资在上市公司公布年报前,能及早识别和介入这类个股,往往可以取得丰厚的利润。

1. 高送转股的识别方法

通过识别上市公司的特征就可以识别高送转股。容易推出高比例送转股方案的上市公司,主要有以下特征:

(1)上市公司的业绩优良,并且净资产值高;投资高送转必须要重点关注上市公司的盈利能力及成长性,毕竟良好的业绩是抢权、填权的内在因素和根本动力。从历史上公布高送转的上市公司来看,其每股收益高于0.2元占绝大多数。一般来说,如果每股收益高于0.2元,主营业务增长率达到50%以上,也确实有投资关注的必要。

(2)上市公司有充足的资本公积金和丰厚的滚存未分配利润。

(3)在上市公司近年来的分配情况方面存在以下一些特征:

①该股属于上市时间不足两年的次新股;

②最近两年尚未实施过增发、配股等融资方案;

③最近两年没有分配过红利,未分配利润处在不断滚存中的上市公司;

④该上市公司最近两年尚未进行过高比例送转。

(4)在股本结构和特点方面,通常股本扩张能力强的上市公司流通股本和总股本都比较小,上市公司总股本一般小于1.5亿股,流通股本一般小于6 000万股。

(5)上市公司有急于融资的需求。由于受增发门槛提高和配股比例的限制,一些净资产值高、业绩非常优秀的上市公司,为了考虑日后能更多地融资,往往会积极地实施高送转方案,为将来更大规模的融资提供便利条件。

2. 高送转股的买卖技巧

(1)买入技巧。在买入技巧方面要注意:对真正有参与价值的高送转股,应待其回调后逢低介入,要注意观察短线指标是否调整到位。

有些老股票经过多次送转以后,不仅复权价往往高得惊人,而且今后缺乏继续大比例送转的能力,这样的高送转题材往往成了主力出货的良机。

而流通盘较小且首次分配的次新股有再次继续送转的潜力,容易被主力长期运作,是适宜投资的品种。所以,在高送转股中尽量选择上市之后第一次高送转的股票。

有的投资者认为股东人数的急剧减少,意味着个股中暗流已经涌动,表示大牛股即将脱颖而出,但实际结果并非如此,越是股东人数急剧减少的股票,越是暗藏风险,往往表明主力资金已经进入个股中。如果这时一旦推出高送转题材,主力资金会乘机出逃。相反,有些主力资金介入不深的股票,在公布高送转题材后,股价常常会出现急速拉升。因此,后一种股票更加适合投资买进。

为了把风险降到最低,投资者应尽量提前挖掘有高送转潜力的个股。高送转个股的行情往往表现为送配方案公布之前就提前启动,因此,提前挖掘有高送转潜力的个股,有望获得更高收益。而且这时股价往往不高,投资风险很小。

(2)卖出技巧。在卖出技巧方面要注意:上市公司未公布高送转方案,股价就已经大幅飙升的,一旦公布具体的高送转股方案时,投资者要谨防"利好出尽是利空",要坚决地逢高卖出。

当上市公司公布高送转股方案时,如果个股涨幅不大、股价不高,未来还有扬升潜力,投资者可以等到除权前后时,再择机卖出。

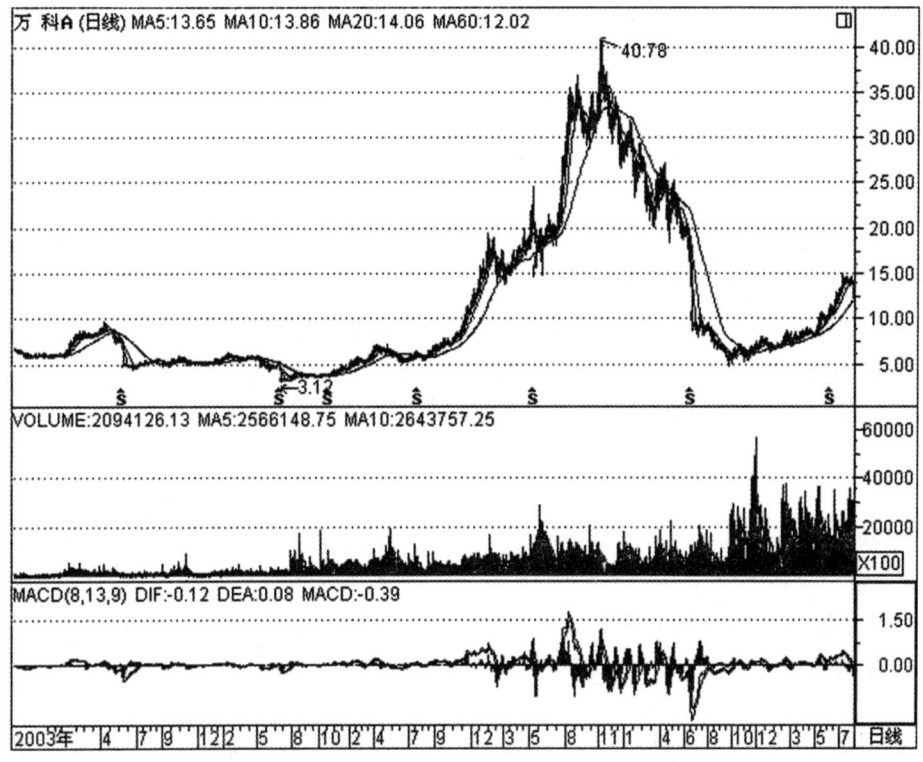

如上图,万科A(000002)在历次分红送股后都能实现填权,这样的优质高配送股是我们在选股是应纳入视野的。

利用油价波动选股

国家发改委 2009 年 7 月 28 日通知,从 7 月 29 日零时起,国内汽、柴油价格每吨降低 220 元,相当于每升降低 0.16 元和 0.19 元。从实行新的成品油定价机制以来,我国经历了 6 次油价调整,其中 3 次下降,3 次调高。

油价的上涨对上市公司业绩将会产生一定不利影响,除了一部分天然气、煤炭、石化类公司,其余大多数的上市公司将面临程度不同的冲击。概括而言:一方面对下游企业将会带来沉重的成本压力;另一方面上游企业也将会获得溢价收益。因此,投资者可以从上游企业和新能源股中把握投资机会。

煤炭业能从油价上涨中获取一些收益,但总体来看,受益的程度非常有限。在我国的能源消费中,煤占能源消费总量的60%之多,而且,煤炭和石油都属于重要的基础能源,在一定程度上是可以相互替代的。随着国际油价不断上涨,市场对煤炭的依赖度自然会上升。但是,由于我国目前的煤炭行业本来就处于供不应求的状态中,再加上现在全国致力于关停小煤矿,所以无论油价如何上涨,煤炭的产量很难再大幅增加了。

油价上涨对于石油类上市公司而言,主要看企业是处于整个产业链的哪一个阶段。石油行业分为上游、中游和下游,上游从事的业务包括原油、天然气的勘探、开发,中游主要是油气的存储与运输,下游则涵盖炼油、化工、天然气加工等流程型业务及加油站零售等产品配送、销售型业务。相对来说,处于上游的企业将会从中受益,而处于下游的企业由于无法转嫁成本的上涨则有可能会受害。比如石油生产企业可以受益,而单纯从事炼油的企业则会造成亏损。

不过在具体的投资过程中,我们还要注意理论和实际的差异性。从理论上说,处于上游的产油业公司应该在油价上涨中受益,但是具体到上市公司则有些具体的实际情况。目前沪深股市中的原油开采类公司大多数油田开采时间过长,储量降低,销售收入存在着下降的预期,并且其原油开采成本加大,从而导致了毛利率逐年下降的趋势。因此市场原油的提价与这些上游企业的业绩提升没有直接的关系。

还有些大型的企业,不是处于产业链的哪一段,而是横跨上、中、下游整个产业链,这样的企业也有一定的抵抗力。大型企业不仅不惧怕油价上涨,反而可以从中受益。比如中国石化的产业链就比较长,从进口原油到炼油,再到售油的这些环节全部包括,这样一来,企业内部上下游之间成本可以迅速转嫁和大幅降低。如果是单纯经营炼油业务的企业,在面临油价上涨的时候就很被动了,因为它将直接应对原油高成本的压力。如果情况特别糟糕的时候,炼油企业甚至可能要面对没油可炼的尴尬境地。

事实上,炼油业还不是受影响最严重的企业,虽然中油化建等炼油类公司的业绩与油价有密切关系,但成品油价格的多次上调对公司业绩还是有所帮助的。成品油价格与国际市场接轨,这将有助于炼油公司业绩的好转。其实,受油价上涨影响较严重的是石油化纤类公司,以及更下游的纺织行业。油价上涨还会对航空股和汽车股影响较大。

油价上涨势必会刺激替代能源产业的发展,从全球的能源发展趋势来看,石油将逐渐会被新能源所替代,这些能源包括生物质能、水能、太阳能、风能、地热能、海洋能、氢能等,能源资源十分广泛。目前中国进入工业实用阶段的石油替代能源有水煤浆、甲醇、二甲醚、乙醇、玉米酒精、天然气等。在油价上涨的背景下,这些行业的发展前景较好。当然,油价还会有起起落落,但总的看来,油价保持较高价格运行将是一个基本态势。

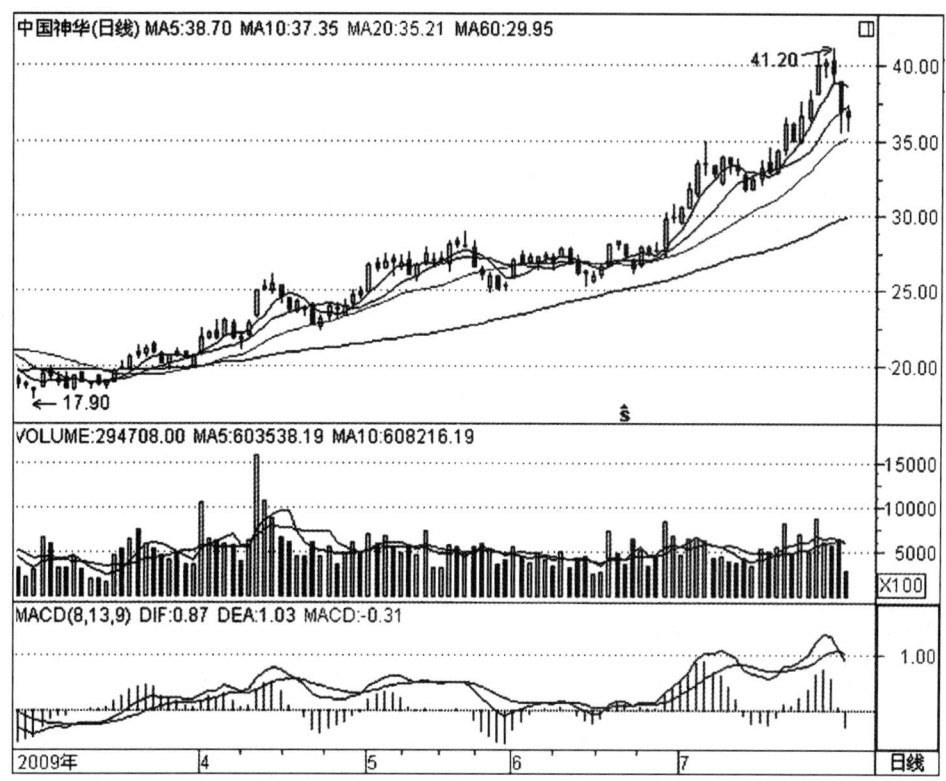

如上图,在石油价格从140美元跌到30美元后,又从30美元上升到70美元,石油价格的上涨带动其他能源价格,如煤炭价格的上涨,所以中国神华(601088)也从17元迅速上升到41元。

分析热点选股

每一轮行情中都有热点产生,龙头股与热点是息息相关的。市场热点是龙头股的诞生地,而龙头股一飞冲天的走势又引发热点炒作行情得以深化。市场在变化中发展,热点在市场的变化中交替更迭。以逐利为目标的投机资金与投资资金,也伴随着市场热点的变换而获取最大收益。投资者必须透过现象看本质,抓住市场热点,把握热点板块中的龙头股。

世界上任何事物都有生命周期,股市也不例外。大盘行情、个股走势、黑马题材、公司业绩、热点板块等皆有周而复始的轮回历程。对于投资者来说,如果了解股市的生命周期理论,依照股市的生命周期来确定投资方式、投资方向和投资时机,也就等于抓住了赚钱的机会,就能在股市的生命周期中游刃有余,获利丰厚。

热点也是具有生命周期的,从绝对股价的高低而言,幼儿期的股价是最低的,如果投资者此时介入,在热点兴起后将获利最丰厚,但是热点在幼儿期时生命力也是最脆弱的,由于有多种不确定因素,有时即使有增量资金介入,也并不能保证该股一定有良好涨势。真正有生命力,也是最适合介入的阶段是热点的成长期。这一阶段股价上升最快,受外界因素干扰最少,也是最容易获利的阶段。

但是,很多投资者对成长期的热点股心存顾虑。因为,很多投资者在选择热点股时,最关心的是该股已经涨了多少,如果涨了很多,就不愿追涨。这其实是一种典型的投资误区。选择热点股最重要的不是看该股以前涨多少,关键是要看其以后还能涨多少。而研判个股未来的涨幅,需要分析该股曾经是否有过蓄势的过程,蓄势越充分的个股,涨升潜力也越大。分析个股的蓄势情况要注意该股在启动前是否有构筑长期底部过程,是否有筹码收集过程,指标是否曾经处于长期超卖的钝化状况中,成交量是否有不规则放大迹象,等等。

例如,目前的股改题材股就是最重要的主流热点。在2007年回暖行情的启动和发展过程中,股改是促进股市上涨的核心因素,由于绝大部分没有实施股改的个股都存在一个含权对价预期,因此随着股改的全面铺开,股市中将形成个股轮涨的格局。从生命周期理论来理解,前两批的试点行情可以看作是股改题材热点的幼儿期,随着股改的全面铺开,这一热点将进入快速成长期,而在此期间介入的投资者将有望获取丰厚的回报。

选主流热点龙头股

投资股市不需要每时每刻地操作买卖,关键是要冷静观察,力争及早发现热点所在,特别是发现主流热点和热点中的龙头,因为只有抓住主流热点中的强势股,才能达到获利稳健、迅速和最大化的效果。在发掘市场主流热点的时候,可以根据以下一些因素进行研判:

一是价格。主要观察K线形态、走势、涨幅、涨速等因素。一般来说,走势稳健、涨幅领先于大盘的个股,最容易成为主流热点;还可以通过公布的统计数字分析,如在涨幅排名、量比排名中连续出现,也可能成为热点。

二是成交量。注意观察个股是否出现放量现象,如果热点股的成交量在日K线图中显示比低点成倍放大,并保持相对均衡状态,则成为市场热点的可能性将明显增大。

三是市场影响力。影响力越大的热点,资金凝聚力也往往越大,行情的爆发力也越强。

四是板块效应。所谓"孤掌难鸣",同一板块的个股表现会产生相互影响,板块间的呼应作用不可轻视。

五是资金流向与资金性质。不同资金性质制造的热点会形成不同的市场效果,如跟游资运作的热点时要短线操作,而跟基金运作的热点则应以中线操作为主。

六是关注媒体相关报道,如突出报道某行业或领域发生的新变化。对于新政策的指导意义也需要重点研究。要注意的是,这些信息必须是最新的。

在投资主流热点时,如何寻找其中的龙头股呢?龙头股往往会对板块的涨跌起到示范作用,而板块中的其他股票则独立性较差,受龙头股的影响较大,表现也逊色于大盘。

一些流通盘相对较大、成交换手极为活跃、期间上涨下跌领先其他同类个股的,成为龙头品种的可能性较大,应重点观察,寻找理想的投资机会;即使热点出现回落,主力由于对龙头股介入程度较深,一时也难以抽身而出,会采用不断振荡的手法出货,给介入的投资者以保全资本出逃的机会。

即使投资市场主流热点,也要注意获利了解。热点板块的运作对多头的能量损耗较大,因此,运作时间已久的板块继续上涨需要一个重新蓄积或损耗的过程,一旦涨幅过大,后继能量无法跟进,主流热点也会出现停顿;龙头品种在主力的大幅拉抬之下吸引了大量短线资金的介入,在分时走势上往往显得极为流畅,而到了高位以后,短线资金的获利退出与主力出货使股价的波动呈现出不规则性,在成交量上也呈突然放大或缩小;如果跟涨的个股出现分化严重,将使板块效应大为降低,提示板块热点正处于加速消退的过程中,此时投资者需要注意转换投资目标。

选龙头股的步骤和方法

众所周知,获利的最佳途径就是紧跟主流热点,追逐热点龙头。下面介绍一种简单、实用的办法,帮助大家找到真正的龙头。

第一步:先判断大盘。

条件一:大盘处于暴跌后期,之前最好经过长期下跌。

条件二:大盘处于盘整阶段后期。

条件三:大盘处于连续震荡上升途中或者上升轨道中出现的第一次的、快速的、大幅的回调。

条件四:大盘月KDJ、周KDJ最好不要在高位向下死叉即可。

条件五:大盘以一根放量光头中长阳线突破盘整阶段或短期下降趋势线。

只有符合上述大盘条件的热点龙头才有操作价值。

第二步:看对大盘之后,然后在众多板块中判断出主流热点板块。

条件一:通过技术分析判断哪个板块控盘程度最高,图表走势最好。

条件二:领涨板块在启动初期,有政策倾斜利好出台或媒体集中报道某些政策或经济生活热点。

第三步:判断热点龙头和买入时机。

在热点中判断龙头股的方法在前面已讲,这里不再赘述。

买入时机:在次日开盘价位左右买入领涨龙头。

第四步:卖出时机。

条件一:该板块中涨幅靠后的股票在涨幅方面开始超越龙头股。

条件二:以前没有上涨的一线股或三线股开始补涨。

条件三:如果有多个主流资金同在市场运作,那么一旦最大主流资金的龙头高台跳水,其他的领涨龙头全部要卖,因为小主力要听从大主力。

条件四:从技术上看,当天不能强势涨停或30~60分钟KDJ在高位死叉就清仓出局。

选热点股的方法

股市中获利的最佳途径就是紧跟热点,追逐龙头。直接选取市场中的热点板块和个股作为候选股,然后密切观察和分析。市场中的热点多种多样,选择热点股时需要鉴别。下面是采用"釜底抽薪"法选热点股的标准。

1. 选择热点股时要考虑到自身特点

热点有多种类型:有持续时间仅仅几天的短线热点,这类热点适合于短线高手参与,擅长于短线操作的投资者可以在建立完善的风险控制机制和经过周密的准备前提下选择该类热点股。还有持续时间更短的盘中热点,这类股票由于受意外消息影响,股价在盘中一度能迅速拔高上涨,但昙花一现后随即在盘中回落。此类热点股只适合那些已经持有该股的投资者卖出,而不适宜买进。

还有伴随着一轮波段行情的兴起而兴起,伴随着波段行情衰落而消失,具有很强的阶段性特征的热点,这类阶段性热点比较适合于擅长中线波段操作的投资者选择。

最值得关注的是贯穿整轮行情始终的市场主流热点,主流热点适合于所有的投资者选择,是不容错失的机会。

2. 要选"龙头型"热点,回避"蛇尾型"热点

所谓"龙头型"热点是指那些先于大盘企稳、先于大盘放量、先于大盘启动、涨幅较大、引领市场行情的热点股,选择这类热点股往往有较多的投资机会和丰厚的获利空间。而"蛇尾型"热点是指那些后于大盘放量、后于大盘启动的补涨股,当它们启动之时往往是一轮行情见顶之日,所以,投资者不宜选择后者。

3. 关注热点的资金凝聚力

同样是热点股,但对市场资金的吸引力是不同的。股价的运动最终需要依赖资金的推动,有较大资金凝聚力的热点更有上涨潜力。

4. 关注热点的市场号召力

以金融股和玻璃股为例,这两个板块中的股票数量都不多,而且都比较活跃。但是,它们对整个市场的影响力是完全不同的,玻璃股形成热点时往往只能自拉自唱,不能在市场中形成合力作用。而金融股一旦活跃起来后,对整个市场将产生较大影响力,有时甚至能够带动起一轮行情,投资者在选择热点股时绝对不能轻视类似金融股这样有强大市场号召力的板块。

判断热点的持续性

热点的出现是龙头股诞生的基础条件。但热点的持续性是不一样的,有的连续表现,有的仅是昙花一现,一旦表现后很快便偃旗息鼓。热点的持续性不仅影响到板块行情,也会影响龙头股的市场表现,并进而影响到投资者的获利情况。

在个股方面,热点的持续性对于投资者选择投资策略和追涨龙头股的操作有一定影响。在大盘平衡市中,市场热点的持续性不佳,此时针对龙头股进行波段操作就显得尤为重要。

在大势行情方面,如果板块热点的持续性比较短时,往往说明后市没有大行情。因为热点持续性较差时,将使长线资金难有获利空间,大资金就会保持场外观望姿态,而短线投机资金对于整体行情的上涨贡献不大。

因此,投资者有必要加强对热点持续性的分析,可从以下几个方面研判。

1. 观察热点是否具有持久的生命力

捕捉热点不是指在市场中看到哪只股涨停了,或放出巨量就追哪只,那样极有可能被

一些短线流动性强的坐庄资金所蒙蔽。近年来,市场中流行一种"涨停板敢死队"的短线操盘模式,就是利用投资者喜欢盲目追热点的心理,实施短线快速坐庄。这种热点常常昙花一现,没有持久的生命力。而有生命力的热点,虽然也会反反复复,但会始终贯穿于整轮行情中,不断地推动股指的上升。

2. 观察热点处于哪个阶段

市场热点的兴衰过程大致可以分为四个阶段:酝酿期、爆发期、成熟期和衰退期。从绝对股价的高低而言,酝酿期的股价是最低的,如果热点兴起后将获利最丰厚,但是热点在酝酿期时生命力也是最脆弱的,由于有多种不确定因素,有时即使有增量资金介入,也并不能保证该股一定有良好涨势。真正有生命力,也是最适合介入的阶段是热点的爆发期。这一阶段股价上升最快,受外界因素干扰最少,也是最容易获利的阶段。

3. 观察热点启动前是否有蓄势过程

很多投资者在追涨热点时,最关心该股已经涨了多少,如果涨了很多,就不愿追涨。这是一种投资误区,追涨热点重要的不是看该股以前涨多少,关键是要看其以后还能涨多少。而研判个股未来的涨幅,需要分析该股曾经是否有过蓄势的过程,蓄势越充分的个股,涨升潜力也越大。

分析个股的蓄势情况要注意该股在启动前是否有构筑长期底部的过程,是否有筹码收集的过程,指标要处于长期超卖的钝化状况中,成交量要有不规则放大迹象等。

4. 观察热点的板块效应

所谓"孤掌难鸣",单一个股的热点往往缺乏长久生命力,而同一板块的相互扶持,共同发展,才会形成有长久生命力的热点板块,并且对市场产生一定的影响力和号召力。而其中的部分个股也会得到主流资金的积极关照成为市场瞩目的龙头股,持有这类个股的投资者往往能轻松取得超越指数涨幅的收益。

5. 观察热点对大盘是否具有领导作用

通过热点对整体大盘的领导能力进行研判。最简单的方法是观察热点对大盘的号召力,如果热点板块启动之后,能够迅速带动大盘放量上涨,市场反应积极,说明热点具有实质性内涵,其出现的时机也是正当其时,是行情发展所需的,对于这类热点可以积极参与;反之,如果热点板块启动之后,大盘反应冷淡,并且没有出现相应的上涨,则说明这种热点缺乏市场领导力,在参与的时候需谨慎。

研判大盘的市场反应,还应注意:一是大盘的上涨必须放量,无量上涨的,往往持续性也不强;二是在长期的熊市中,由于市场形成的看空惯性思维没有立即转变回来,所以,热点产生初期,对大盘的带动效应并不明显,往往热点已连涨2~3日,市场才苏醒过来,这时需要参考其他条件综合考虑。

6. 观察热点对同类板块是否具有领导作用

通过热点对同板块的号召力来研判热点的持续性。主力资金发动行情是有备而来的,事先会仔细研究大盘所处环境、同板块股票的上涨潜力。在拉升的过程中,也非常在意同板块股票的反应。如果反应积极,跟风热烈,可能会继续拉升;反之,如果市场反应不积极,一般不会孤军深入;增加投机风险。板块股票响应程度如何,关键还是取决于主力机构的建仓状况、技术状态等。

投资者在观察板块响应程度的同时,应重点研究其中有多少股票从技术上看具备连续走强的条件。当同类板块中具备连续上涨条件的股票寥寥无几时,还是谨慎为妙。

7. 观察热点启动的次数

在主力资金建仓初期的一段时间内,比如1~3个月内,某些板块的股票可能会多次表现,但多数无功而返。反复表现的板块股票,应该引起我们的充分重视,这往往是行情即将产生的信号。当主力通过反复振荡,吸足筹码后,真正的行情即会来临。判断震荡吸筹的方法,是看股票的底部是否抬高。底部逐渐抬高,成交量逐渐放大,技术上逐渐向好,此时再启动,可信度较高。

8. 观察龙头股的阻力位

热门板块的产生固然是适应了行情的需要,但龙头股的激发作用也不可小视。一般规律是,如果龙头股上档无明显的阻力,板块股票的跟风会相对积极;反之,当龙头股上档有明显的阻力时,即便其执意突破,但其他市场主力从谨慎性原则出发,也不会跟风太紧密。市场跟风的弱势效应,反过来也会阻碍龙头股行情的深入发展。

9. 从历史角度分析

部分板块由于受到行业发展限制等一系列长期不变的因素影响,使得这些板块在股价的历史走势中往往显露出类似的情况。这需要从该板块的历史表现进行研判,对于热点的持续性较差,经常昙花一现或每轮行情中都涨幅不大的板块要注意回避。

判断热点的聚散性

中国古代杰出经济学家计然曾经说过:"论其有余不足,则知贵贱。"

这里的"有余"就是"供过于求",这里的"不足",就是"供不应求"。这段话的意思是:怎样才能知道哪些货物会涨价和哪些会跌价呢?只要看这些货物的数量多少,或者说要看哪些过剩和哪些不足就可以知道其价格涨跌的情况。这正是商品经济条件下的价值规律。即使在两千年后的证券市场,这一规律仍在延续着。

当市场容量较小,外围资金充足时,由于股票"供不应求",因此,股价就会上涨。当市场不断扩容,而外围资金不能保持同步放大时,由于股票相对于资金的"供过于求",股价就会回落。国外的成熟股市经过多年的扩容后,市场容量过于庞大,有些个股长年累月乏人问津,甚至有的个股股价竟然沉沦为只有1元钱。这就是有余和不足造成的贵贱之分。

在一轮涨升行情中,也能体现出这一规律,升市中往往只有少数主流热点可以涨幅居前,即使是热点板块中的个股,在行情发展到一定阶段后也会出现分化走势。这是因为在一轮行情中,市场主流资金往往会选择某一热点进行集中突破,投资者也纷纷跟风买进热点股。所以,少数热点类个股,相对于资金面是处于供不应求之中,因而股价会涨幅居前;而其余大多数个股相对于资金面是供过于求的,因而涨幅会落后。

所以,当行情处于涨升阶段的初期时,市场热点会比较集中,增量资金会聚集于一点,使得龙头板块个股大幅飙升,从而带动市场人气,吸引更多的增量资金,推动行情进一步向纵深发展。

当涨升行情进入末期后,会出现一种鲜明的特征,就是热点的大面积扩散。热点的大面积扩散从表面上看似乎有一番繁荣景象,但在这欣欣向荣的背后往往潜伏着一个盛宴过后谁来买单的问题。

因为热点的扩散会导致资金面出现分散局面,个股相对于资金而言供过于求,股价就会失去资金的推动力。而且由于热点的大面积扩散,使得热点转换速度加快,热点的启动杂乱无章,导致一些冷门板块也粉墨登场,演绎着补涨行情。投资者很难在这些昙花一现的热点中获利,市场增量资金也逐渐失去投资方向感,大盘将难以保持稳定的持续性上涨行情。

综上所述,热点的聚散效应反映了资金的集中和分散状况,并预示着股市未来的行情趋势。投资者根据股票与资金的供求关系,可以了解个股的局部机会以及大势的必然发展方向。

第4章

根据大盘行情选股

在强市选啥股

股市永远都不寂寞。在股市行情的运行中,强市中可以赚钱,弱市中也照样能赚到钱。因为不管是弱市还是强市,市场总能找到热点,各种概念和题材都会应运而生,关键在于如何选股和操作。相比较而言,熊市的热点炒作只宜短炒,不宜长线投资,获利空间也比较有限。而牛市赚钱的几率更大,操作更容易,失误的可能性更小。

许多投资者往往是在强市来临时才开始选股,在激烈的市场变化中,他们往往由于没有做好充分准备,结果总是比市场慢半拍。

其实,在强市中准确把握个股机会的前提条件是需要在强市来临之前及早做好选股的准备。充分了解上市公司,积极挑选股票,才可以避免追涨杀跌,疲于奔命,才能在强市行情中应对自如。

所以,投资者要在强市来临之前对股票进行大量的鉴别和挑选,从中选择可以介入的候选股票,建立自己的"股票池"。等到强市来临时再根据市场热点的分布来选择具体的投资目标。

那么,在强市行情中,哪些个股具备股价翻番的潜力呢?通过对股市中历年来涨幅较大的"黑马"进行统计汇总分析,可以发现股价能实现翻番或大涨行情的个股,主要具有以下一些特征。

1. 业绩有明显改善

相对于业绩始终比较优良的绩优股而言,原来业绩较差,在经过重组或开发新品种、转换经营方向等过程后,业绩有翻天覆地般变化的上市公司有更大的涨升空间。

2. 启动价位比较低

具有翻番潜力的个股,其启动价往往比较低,一般在3~8元区间内。启动价较低通常由两方面原因造成:一是个股由于盘子较大、缺乏炒作题材、股性不活跃等原因,不受大多数投资者欢迎,市场反应冷淡,导致股价偏低;二是主力选中该股后,为了能在低位建仓,故意大肆打压,造成个股严重超跌,股价明显偏低。股价偏低几乎是所有实现翻番"黑马"的共同特征之一。

3. 有丰富的潜在题材

股价容易翻番的个股大多有实质性的潜在题材作为动力,如资产重组、外资参控股、并购、高比例送转等。但是,中国股市历来有见利好出货的习惯,因此,投资者如果发现个股涨幅巨大,而原有的潜在题材也逐渐明朗化,转变为现实题材,需要注意提防主力借利好出货。

4. 有市场主流资金入驻其中

那些不理会大盘涨跌起落,始终保持强者恒强走势的"黑马",一般是因为有具备雄厚实力的市场主流资金入驻其中,而且主流资金是属于进入时间不长的新庄。从股价走势上可以看出,这些个股在启动前都曾经历过一段时间的潜伏期,期间成交量有明显增大迹象,筹码分布逐渐趋于集中。当主流资金得以充分建仓后,一旦时机成熟,股价往往能拔地而起,涨幅惊人。

股价易翻番的超级"黑马",除了具有以上的共同特征以外,还有一些个性的特征,比如,在股市低迷市道上市的次新股,由于定位偏低,当进入强市阶段后,股价往往会出现强劲走势。

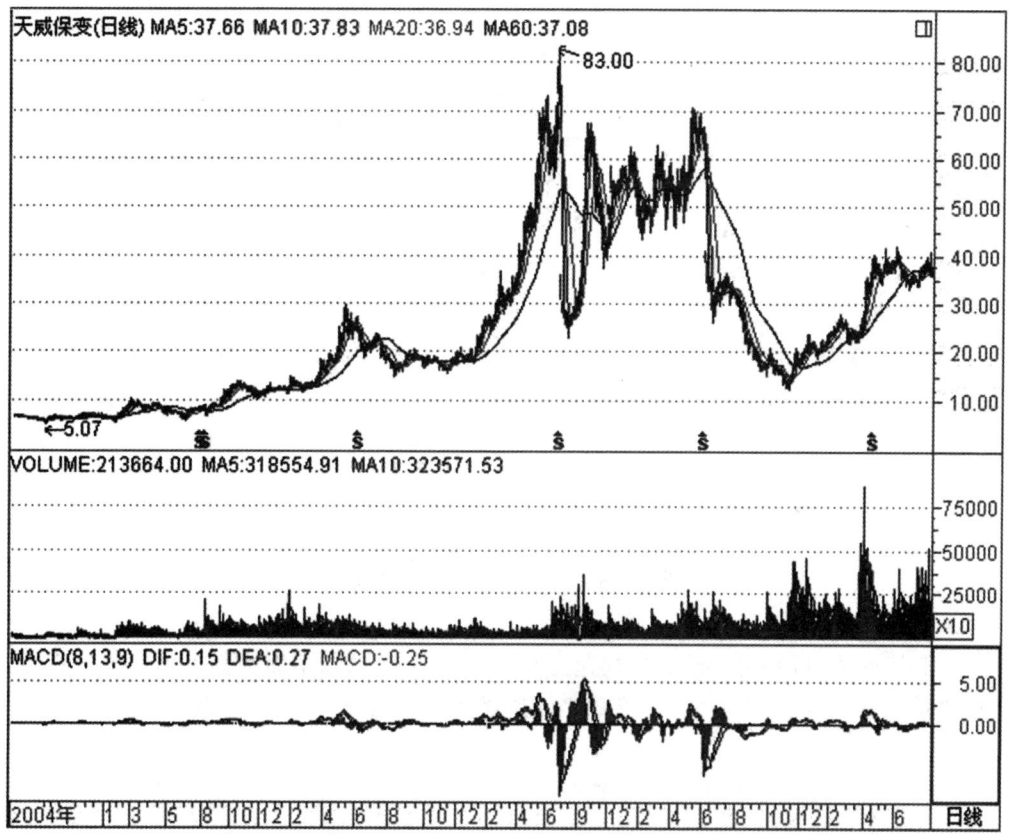

如上图,天威保变(600550)因有央企入驻重组题材,启动价位又足够低,主力入驻后经过长时间吸筹、洗盘,最终从5~6元上升到83元,成为2007年最耀眼的明星股之一。

在行情启动时选股

在大势刚刚走好之际,怎样才能跑赢大势是每位投资者都关心的问题。如果投资者希望取得超越大盘涨幅的盈利,首先要考虑的问题就是如何选股。

随着沪深股市的持续不断扩容,上市公司的数量在不断增加,目前的股市已经不可能再出现股市开创初期那种齐涨齐跌的局面,有的强势股即使在波段行情中也可能有翻番的表现,而弱势股即使在牛市行情中也有可能让投资者亏损。所以,投资者必须及时转换投资理念,学习和应用适合新市场环境的选股技巧,才能取得超越大盘的稳定收益。

1. 选择有主流资金介入的个股

投资者在选股时要注意选择有主流资金介入的个股,这些资金必须是属于新流入的资金,对于一些长期被套的老资金入驻个股要坚决回避,投资者需要通过成交量加以鉴别。在一轮行情中,有新资金介入的股票涨升的速度往往会超越大盘的上涨速度,从而为买入这类股票的投资者带来丰厚利润。

2. 选股时要紧随市场热点

上升行情中如果要取得优秀的成绩,必须要抓住"领头羊"及其连带的热门股票,只有选择这类股票才是取得超越大盘收益的基础。但是,在实际操作中要注意控制风险,不要盲目追高,要采用趋势操作方式。并且要随时保持警惕,谨慎持股,一旦发现操作失误或个股基本面发生重大变化时,应及时退出,重新选择。

3. 有套牢股票的投资者更要注意细心选股

在行情刚刚由弱转强的时候,很多投资者是处于套牢状态的。这些投资者常见的思维误区是:选股仅仅是有空仓资金的投资者需要掌握的技巧,重仓深度套牢的就可以不用选股了。

其实,有套牢股票的投资者,更要注意细心选股。这类投资者要根据市场环境和热点的不断转换,及时更新投资组合。将一些股性不活跃、盘子较大,缺乏题材和想象空间的个股适时卖出,选择一些有新庄入驻、未来有可能演化成主流的板块和"领头羊"的个股逢低吸纳。只有把握时机,积极选股和换股,更好地组合自己的持股结构,才能取得跑赢大势的收益。

在飙升行情中选股

"涨时重势,跌时重质"。在快速上涨行情中,个股的基本面分析不再是最重要的,选股要重视三大效应:板块效应、资金效应和题材效应,要选择上涨趋势明显的强势股和龙头股。

在快速上涨行情的初期,绝大多数股票都会轮番上涨,但是随着行情的进一步深化,强势股就会逐渐脱颖而出,持有强势股的投资者的收益也会超越大盘的涨幅。

对于强势股的投资有两种方法:一种是在涨升行情初期根据板块、资金、题材三大效应进行选择;另一种是如果在行情初期选股不当,也可以在涨升中期针对逐渐明朗化的强势股进行换股操作。

在快速上涨行情发生时,投资者要从盘面分析中重点关注和追涨以下类型的个股:

(1) 属于市场中领涨板块的龙头股。

(2) 成交量明显放大,市场资金重点追捧的个股。

(3) 涨幅靠前的个股,特别是涨幅在第一榜的个股。

(4) 开盘后能够率先上涨,并且快速封上涨停的个股,甚至连续出现第二个涨停的强势股。

投资者不仅在买入股票的时候要重点选择这类个股,即使在快速上涨行情发展到一定阶段时,也要注意这些强势个股的动向。因为强势股的反应异常灵敏,当这些强势股涨升乏力、出现滞涨时,投资者应提高警惕,此时往往预示着井喷行情即将结束,投资者要注意把握时机卖出股票,获利了结。

由于快速上涨行情中最主要的参与手段是追涨,因而对于追涨的投资策略,投资者应该重视。因此,当进入快速上涨行情后,投资者要大胆地采用追涨的操作方式。追涨操作时不能完全拘泥于业绩、成长性、市盈率等进行投资,而是要结合上涨的趋势来选股。追涨操作必须要制订周密的投资计划,选择更有盈利机会的个股,并且采用适宜的投资技巧。

如下图,太行水泥(600553)在2008年11月底股市的复苏行情中表现得极为强势,同时受政府投资4万亿元拉动经济的影响,水泥板块飙升,该股就是水泥板块的领头羊。在这种快速上涨行情中,投资者要大胆地采用追涨操作。

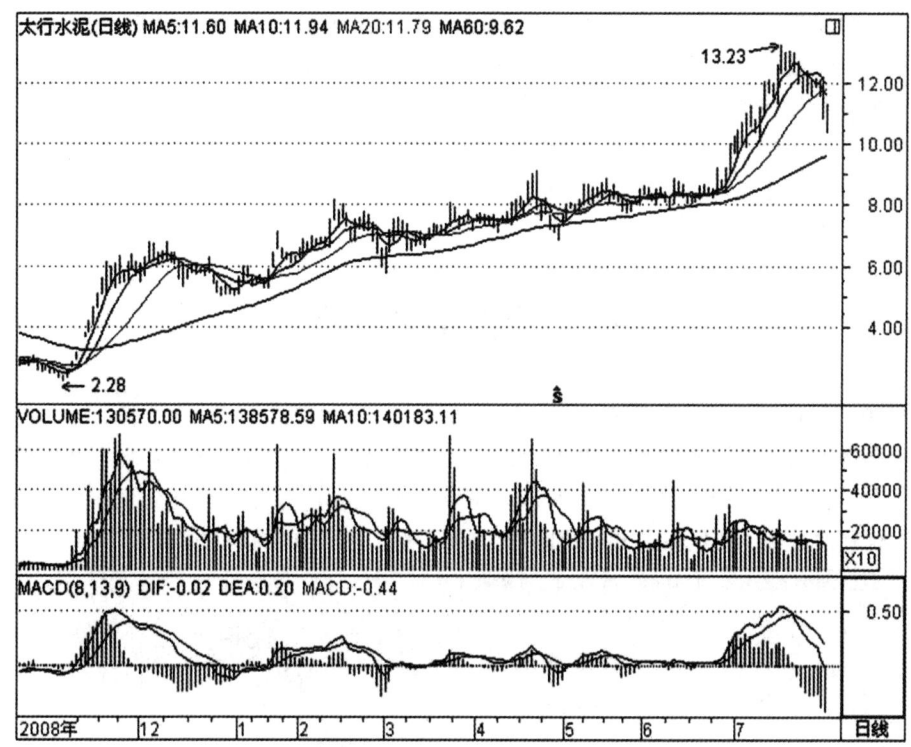

在慢牛市选啥股

1. 选择运行于上升通道的个股

在缓慢上涨行情中获利,最重要的是掌握个股箱体运动的特性,测算股价运行的上下轨道,这需要依据上升趋势线和布林线指标加以研判。

(1)在走势图上,将个股每次调整的低点联结,画出上升趋势的下轨线;再将个股每次反弹的高点联结,画出该股上升趋势的上轨线。

(2)当个股股价调整时触及布林线的中轨线并获得支撑,同时该价位接近上升趋势的下轨线时,可以积极地选择买入时机;当个股股价反弹到上升趋势的上轨线附近时,如果股价同时触及布林线的上轨线并遇到阻力,投资者可以卖出。

2. 关注成交量

选股时要注意成交量的变化,关注在底部成交量温和放大的个股。在涨升初期,成交量应伴随着股价的盘升逐渐放大,当上涨至前期密集成交区之时,在较大成交量的配合下应能顺利冲过。这类有量配合的个股是盘升行情中最佳选择对象。

3. 关注均线系统

选择均线系统已呈多头排列的股票。个股的5日、10日、20日、30日等多条移动平均线均向上运行,如果均线系统仍处于不断下跌的个股,不予考虑。这是因为在大盘走强时,个股的均线系统仍不能摆脱疲弱格局的,通常有两种情况:一种是该股为市场主流资金不感兴趣的弱势股;另一种是前期曾有过较大涨幅,目前刚刚转入调整阶段的个股。

4. 关注大势走向

投资个股要重视大势。大盘运行平稳,成交量保持均衡的,说明持股者心态平稳,股市的上涨趋势仍然可以延续,投资者可以积极选股参与盘升行情。

5. 坚定持股信心

越是缓慢盘升的行情,越是考验投资者的耐心,这时需要坚定持股信心。相反,股市出现快速飙升,投资者则要果断卖出,及时获利了结。

在主升浪中选啥股

1. 主升浪行情中的选股原则

主升浪行情中选股的原则是:出奇制胜。随着股市的不断扩容,存量资金不能始终保持同步放大,股市已经从开创初期的那种股盲都可以赚钱的年代,逐渐演化到现在仅有极少数人可以获利的时期。即使在主升浪行情中,如果不善于选股,也同样难以获取丰厚的利润。

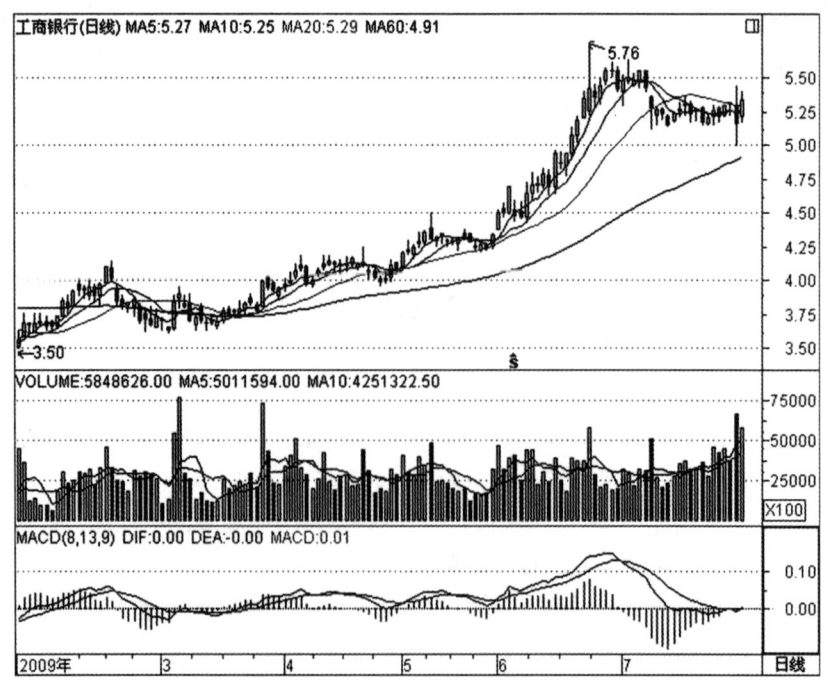

2. 主升浪行情中的个股运行规律

(1)热点个股的崛起往往出人意料,又在情理之中。

(2)行情热点的兴衰始终没有摆脱蓝筹这条行情主线。

(3)符合行情主线的个股,往往维持着强者恒强;而不符合行情主线的个股,往往表现出弱者愈弱的"马太效应"。

在选股中需要出奇制胜,对于一些符合行情主线,但目前表现不是很理想的个股,不妨趁其股价不高时,先主动买进。相对于疲于奔命地追逐已经涨高的热点,这种人弃我取、出奇制胜的选股原则,获利更加丰厚,安全系数更高。

例如,在2009年5~6月份的蓝筹股行情中,金融板块由于2008年年底受美国次贷危机的影响,表现较差,不被大多数投资者看好。但此后却能够异军突起,这是因为金融股也属于蓝筹主线上的一个环节,该板块的启动出人意料,又在情理之中。最典型的就是上页图被誉为"大象"的工商银行(601398),带领大盘走出逼空行情。

在牛市选啥股

牛市和强市一样都是上涨行情,区别在于牛市行情的规模更大,持续时间更长,上涨的股票数量更多,投资者获利更加容易。

牛市中由于大部分个股都在上涨,因此获利难度不大,但要获取超过大盘的涨幅,则要精心选股才能获取更好的收益。

1. 选择龙头股

龙头股是股市的灵魂和核心,牛市中的龙头股更能起到带领大盘冲锋陷阵的作用,往往在整个牛市中一直向上不回头。一旦龙头股涨势乏力,也许牛市就快到了尽头。投资者只要跟定"龙头",一般均可收获不菲,而且风险较小。这一选股思路简单易行,尤其对散户投资者来说,可操作性强。

2. 选择强势股

每一轮行情中都有热点产生,强势股与热点是息息相关的。市场热点是强势股的诞生地,而强势股一飞冲天的走势又引发热点炒作行情的深化。市场在变化中发展,热点在市场的变化中交替更迭。以逐利为目标的投机资金与投资资金,也伴随着市场热点的变换而获取最大收益。投资者必须透过现象看本质,抓住市场热点,把握热点板块中的强势股。

在热点中选出强势股是一种行之有效、获利丰厚的方法,因为热点聚集主力的资金,决定着市场运行方向。而投资强势股就要先找准方向,要把握好市场方向就要找准市场热点。

除了是市场热点之外,强势股一般还有以下几个特点:

(1)介入机构的资金实力强大。

(2)公司基本面情况有重大变化或情况良好。

(3)社会公众对该股评价甚高。

(4)该股在拉升前有一段较长的蓄势过程。

在筑底行情中选啥股

股市经过一段时间的快速下跌后，会进入筑底行情阶段。筑底行情走势往往震荡反复，这时投资者必须要耐心等待，采用顺应市场趋势的投资理念；在战略上不盲目斩仓，也不急于抄底；在战术上可以用部分资金参与波段操作，在心态上要克服急躁心理，坚定持股信心。

1. 投资者要有耐心

在这种反复筑底阶段中，行情走势往往不够理想，市场中获利机会稀少，获利空间不大。因此，投资者必须要有耐心，细心选择顺应未来行情主流的板块和个股，趁筑底阶段股价不高时买入，并耐心持有。也可以用少量资金积极参与筑底阶段的波段行情，逢下跌时要敢于逢低吸纳，遇反弹上冲时要坚决逢高减磅。既不要畏惧市场的外在走势，也不要过度看多。

2. 辨别真正的突破性上涨行情

在大盘筑底过程中，会有多次脉冲式上涨行情，但真正的突破性上涨行情只有一次。识别上涨行情是否属于突破性质的最重要依据是股价波动幅度和成交量，当波动幅度和量能均不断收缩达到临界点时，所爆发的快速上涨行情属于突破性上涨行情，这时投资者可适当追涨强势股。

3. 稳定心态至关重要

大盘处于筑底阶段时往往走势疲软，投资者的心态比较脆弱，大盘刚一下跌就认为后市下跌空间巨大，慌慌张张地止损割肉。大盘稍有起色时又以为大行情来临，忙着追涨龙头股，往往几个来回下来，不仅资金严重缩水，而且心态更是一蹶不振。

在行情筑底过程中稳定心态至关重要。所谓"万丈高楼平地起"，股市中的上涨行情如同是建筑一栋高楼，这座楼能搭建多高，很大程度将取决于其地基的坚实程度。一轮较有力度的上涨行情，往往需要经过一个持续时间较长、反复构筑、不断震荡夯实的筑底阶段。因此，筑底行情是股市发展的必然过程。有效的筑底往往需要有一定的时间过程，筑底时间的长短取决于做空能量的消耗状况和市场中是否存有大量不确定因素。筑底时间的适当延长不仅有助于夯实底部，使未来行情更有爆发力，也为投资者逢低买入潜力股提供了便利条件。但是，长时间的反复徘徊走势容易给投资者造成心理压力。这时候，投资者必须要克服急躁心理，坚定持股信心，耐心等待行情好转。

4. 选股的主要对象

筑底行情中选股的最大优势在于投资风险远远小于投资收益，选股的主要对象是：

(1) 严重超跌。

(2) 个股做空动能明显不足。

(3) 在筑底过程中有温和放量的态势。

这类个股介入风险相对较小，并且具有较多的中长线机会，特别是已经脱离原来下降通道，目前经过反复筑底的个股，更具有投资价值。

筑底的过程往往比较复杂，在经历了长期深幅下跌之后，无论是大盘还是个股都很难在一次探底中完成底部的构筑。这就决定了投资者在筑底行情中不宜过早地买进。需要将选股环节与买入环节脱离开,选股之后要耐心等待买进的时机。

筑底行情中选择股票,在数量上要少而精。否则,在趋势尚未完全转好的震荡筑底行情中,如果持股种类过多过杂,一旦遭遇突发行情,将会严重影响投资者的应变效率,容易出现失误。

在暴跌市选啥股

暴跌行情是一种整体呈现出无抵抗下跌的形势。在这种快速下跌走势中,投资者最关心的是两个问题:一是股市还要跌到什么时候?什么位置?二是应该如何在大跌行情中规避风险或减少损失?

1. 非理性的快速下跌不会长久

对于股市暴跌行情的具体下跌空间,没有人知道股指会跌到什么位置。但是,这种非理性的快速下跌是不可能持续长久的。

因此,在这种市场境况下,仓位较重的投资者不要轻易斩仓。暴跌是投资者最容易恐慌的时候,这时不计成本地盲目斩仓绝对不是好方法。即使对持有的股票感到不满意,也要等到它反弹时再止损,因为非理性下跌的背后往往会很快出现强劲反弹行情。

仓位较轻的投资者不要急于抄底,因为在非理性下跌末期,往往几天的跌幅就能赶上平时几周的跌幅,投资者如果过早介入,就可能导致资金市值快速大幅缩水。投资者不要担心踏空,如果大盘持续走弱,即使在低位买进也一样面临较大风险。

2. 下跌也要选股

很多人认为选股是上涨行情中的事情,下跌了就不用选股了,这是不正确的。在股市中,有跌就有涨,有快跌就有快速反弹,其实这是很自然的规律。市场行情在一轮急跌后也必然会出现一段时间的上涨走势,因此,投资者关注市场资金流向和热点的变化,及早选股是必需的,只有做好准备,才能在其后的反弹或反转行情中把握机会。

在暴跌行情之后,选股要密切关注"四低股票":低价格、低市盈率、低市净率和低流通市值。

(1)低价格:指的股价相对较低,这很容易理解。

(2)低市盈率:市盈率是指用当前每股市场价格除以该公司的每股税后利润。一般来说,市盈率表示该公司需要累积多少年的盈利才能达到目前的市价水平,所以市盈率指标数值越小越好,越小说明投资回收期越短,风险越小,投资价值一般就越高。

(3)低市净率:市净率指的是市价与每股净资产之间的比值,用当前每股市场价格除以该公司的每股净资产,比值越低意味着持股风险越低,股东所拥有的权益也越多,投资价值也越高。

(4)低流通市值:流通市值是指用当前每股市场价格乘以该公司的流通股数。通常,流通市值越低的股票,主力资金炒作时所用的资金越小,拉升越容易,因而在弱市中表现相对较活跃。

在弱市选啥股

在弱市行情中,投资者要重点关注超跌股。近年来,超跌股常常在市场调整的间隙中异军突起,在投资者的不经意间发动涨幅惊人的行情。超跌股的股价因为严重超跌,离底部区域较近,安全性相对较好。而且离套牢密集区较远,上行阻力小,个股做空能量得以大规模释放,一旦大盘企稳,超跌股往往率先止跌反弹,反弹时力度较强。因此,投资者有必要重视超跌股的选股技巧和投资策略。

投资者在选择超跌股时要重点关注以下三类超跌股。

1. 股价遭到刻意打压的超跌股

当一只个股已经到了跌无可跌的境地时,却仍然遭到肆意打压,这时做空的动力来自何方?空方的动机何在?这实在值得投资者反思。有时主力资金的刻意打压行为往往能从反面揭示个股的投资价值,从而给投资者提供最佳的建仓时机。对于有主力刻意打压迹象的超跌股,投资者要勇于介入。

2. 低迷市道上市的次新类超跌股

在行情低迷市道上市的次新股,由于缺乏实力资金的关照,往往定位偏低,上市后会因大盘下跌的拖累,使得股价严重超跌。这类个股往往蕴藏着超级"黑马",投资者需要重点关注、积极参与。

3. 关注绩优类超跌股

市场持续下跌中,有些绩优股受市场环境拖累,也一度遭到恐慌盘的抛售,使得股价严重背离投资价值或投机价值,这类超跌股是稳健型投资者最值得关注的优良品种。

投资者在选择超跌股时还要注意回避以下三类高风险的超跌股:

(1)问题类超跌股。例如,董事长神秘失踪的啤酒花,股价连续跌停中成交仅数十手,深陷其中的投资者根本没有出逃的机会,这类个股即使超跌,也不宜买入。

(2)业绩大幅滑坡造成的超跌股。特别是一些原本业绩优良的上市公司,由于种种原因,业绩突然大幅滑落、亏损数额过大的超跌股,投资者不宜投资。

(3)庄家入驻时间过长的老庄股。这类股常常会因为资金链断裂以及庄家获利极为丰厚等原因出现大幅跳水行情,股价往往是超跌之后还能继续下跌,对于这类超跌股,稳健的投资者应该回避。

此外,还有一类成为市场风险和机遇聚焦点的超跌股,就是绩差类超跌股,如各种戴帽戴星的ST类股,这类个股因为业绩较差,面临着停市摘牌等不确定因素,存在一定风险。但这类个股往往和市场主流热点之间形成跷跷板走势,因而具有丰富的短线获利机会。这类超跌股短线虽然能快速上涨,但行情持续性不强,不具备市场号召力,难以形成主流强势板块,投资者在参与时一定要注意以短线操作为主,快进快出,注意控制风险。

在熊市选啥股

熊市和弱市是一样的,都是下跌行情,只是熊市行情的下跌幅度更大,持续时间更长,下跌的股票数量更多,投资者普遍陷入套牢和亏损境地。

熊市中选股的难度要远远大于牛市及盘整市道时,因为大盘在不断下跌,大部分个股的走势也是逐级向下,只有极少数个股逆势上扬。但由于目前股票数量众多,每家上市公司面临的发展前景和消息都不同,因此,即使在熊市中仍然会有牛股出现。

在熊市行情中,最值得关注的潜力个股品种有三类:低定位次新股、跌幅较深的绩优股和先锋型股票。

1. 低定位次新股

因为市场行情低迷,股市存量资金严重匮乏,加上新股发行提速等因素,使新股上市首日涨幅也日渐减小,有时能够从100%左右的涨幅下降到新股上市仅有10%~30%的涨幅。新股的低定位孕育着投资机遇,在降低一级市场利润的同时,也为未来发动行情提供了涨升空间。

2. 跌幅较深的绩优股

所谓"涨时重势,跌时重质",在熊市末期或刚刚向牛市转化期间,选股时要关注个股业绩是否优良,是否具有成长性等基本面因素。对于有业绩支撑,在刚刚公布的中报中有良好的分配方案的个股要重点关注。对于受"见利好就出货"的固化思维影响而遭到投资者抛售的绩优股,如果确认其具有投资价值或投机价值,而且价格已经远远背离其价值的,要果断介入,中长线持有。

3. 先锋型股票

从个股动向分析,当大盘处于底部区域时,要特别关注个股中的先锋型股票,对于此类先于大盘企稳、先于大盘启动、先于大盘放量的个股要密切跟踪观察。由于这类个股中往往隐藏着市场主流资金,而且其中的主力由于种种原因对市场未来趋势变化会有敏锐的"感觉",所以,未来行情中的主流热点往往会在这类股票中崛起。

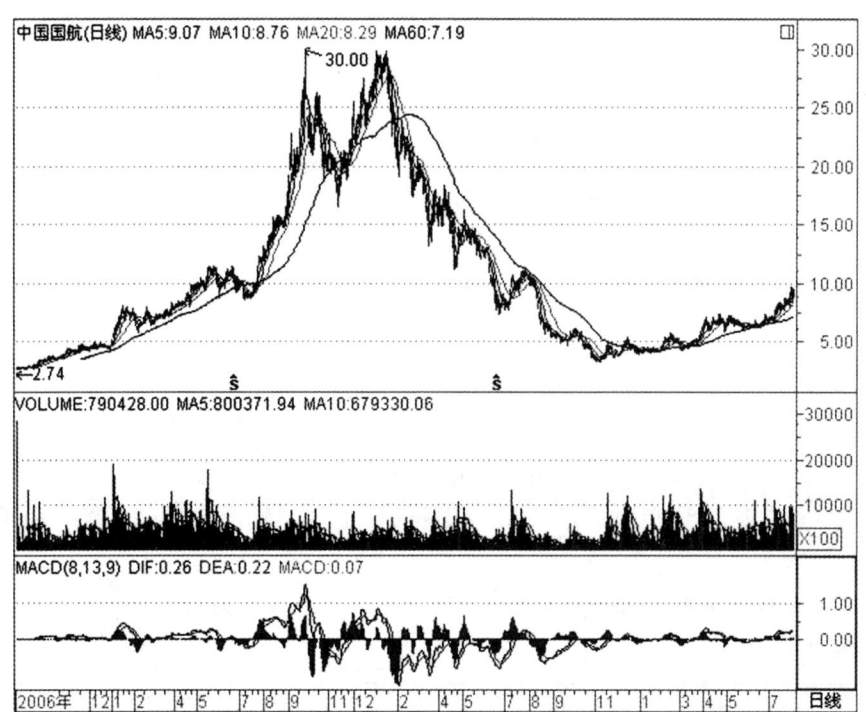

在操作中要注意采用快进快出、短线出击的方式,在熊市中不要采用长线投资,因为这样操作的系统性风险很高。熊市中真正能长期抗跌或上涨的品种比较少,热点持续性差或难以形成板块效应。因此,对热点板块、热点股票要展开快进快出的操作,这样既可以减少持股时间,也可以获得一定的收益。

投资实例:如上图,2006年8月18日上市的中国国航发行价是2.8元,上市后竟然跌破发行价,最低达到2.74元,成为当年唯一跌破发行价的新股。但此后该股走出持续上升行情,1年后股价达到30多元,过低的定位最终引发了中国国航的长期慢牛行情。

在调整结束时选啥股

股市中的每一轮调整都孕育着新一轮行情,只有在调整结束时积极选股,在趋势转好时及时买入,才能避免在随后的上涨行情中追涨杀跌、疲于奔命。

1. 在调整结束之前做好选股准备

股市的大起大落,犹如大浪淘沙,拂去泡沫,滤去沉沙,才见真金。有些"领头羊"个股和强势板块往往在大盘调整时更容易识别。

投资者需要早做准备,及时研判在下一轮行情中到底哪些个股可以成为龙头股和领军板块,以便在行情再次启动之际,能够迅速介入,准备迎接新一轮行情的到来。

2. 在调整结束时确定选股方向

当大盘结束强势调整,市场整体趋势转暖时,投资者需要依据当前的市场环境,关注近来走势强于大盘,未来有可能成为领涨类个股的市场热点,择机介入。重点选择涨势强盛个

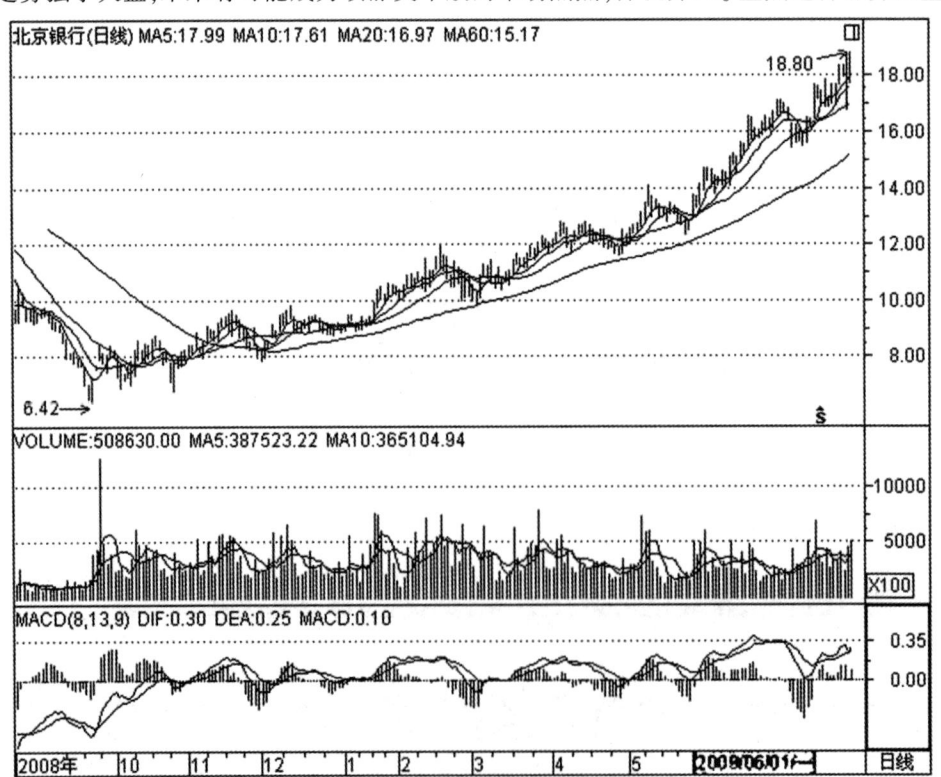

股、次新股，特别是在大盘调整阶段上市的、定位较低的次新股。

选股时投资者还要根据调整市的特点选择一些绩优蓝筹股，因为有许多投资价值和投机价值俱佳的个股在牛市中往往是高处不胜寒，而在调整市中却常常有非常低廉的价格呈现，出现很好的介入时机，投资者不应忽视这种机会的存在。

如上图，大盘在经历了2008年大跌后在2008年11月调整结束，而北京银行(601169)提前在9~10月就探底企稳。在大盘从1664翻倍到3328时，该股已经从6元跃上18元。

在反弹行情中选啥股

反弹行情中选股十分重要，在反弹行情中投资者要重点关注以下几种股票。

1. 超跌类个股

投资者可以关注一些严重超跌股。这类个股股价跌幅较深，但是基本面情况较好，股价的实际下跌动力并不强，只是因为受到大势疲弱的影响，导致个股如同是被压紧的弹簧一样潜伏在低价区。这类个股所积蓄的反弹动能十分强烈，往往能爆发出强劲的上涨行情。

但是，值得注意的是超跌股按照其下跌形态的不同，可以分为两种：一种是股价短期快速、连续性暴跌形成的超跌股，另一种是经过长期缓慢盘跌逐渐形成的超跌股。通常暴跌形成的超跌股所产生的反弹行情远远强于盘跌形成的超跌股所产生的反弹行情，因此，在选股时要重点选择前一种超跌股。

2. 无量下跌股

一些业绩优良、价值严重被低估的个股在几乎不存在抛盘压力的情况下仍然无量持续性下跌，其原因主要是有庄家刻意打压或受大盘极度低迷拖累，一旦大势企稳反弹，前期曾经无量下跌的个股往往表现得弹性十足，使选中该类个股的投资者获利相对轻松。

3. 定位偏低的次新股

由于行情的影响，部分上市时间不长的次新股，没有受到主力资金的关照，股价没有得到充分炒作，造成上市次新股整体定位偏低，给后市行情的发展留出了空间。此外，次新股没有多少上档套牢盘，也减轻了其上升阻力。因此，一旦大盘出现反弹行情，次新股就成为主流资金积极参与的品种。

4. 领先反弹的个股

投资者宜选择那些先于大盘企稳、先于大盘反弹的个股介入。这样，当整体趋势走强时，该类个股往往已有波段盈利垫底，无论将来行情是大还是小，也无论是反弹还是反转，投资者都可以应对自如。但在参与这类个股炒作时，关键是及早操作，往往在大盘处于下跌趋势中就要选股，在大盘企稳时就要介入，而当大盘走高后，投资者可以根据对大势研判的结果选择卖出的时机。

5. 活跃的小盘股

投资者必须明确参与反弹行情是一种短线炒作行为，而不是一种长线行为。选股时要重点关注个股的短线投机价值，而非投资价值。因此，尽量不要选择具有投资价值但股性迟钝的蓝筹类个股或低价的大盘指标股，要注意选择流通盘较小、股性活跃的投机类个股。

如下图，维维股份(600300)在5.30行情中暴跌，属于短期内超跌个股，如同是被压紧的弹簧一样在8元的低价区。所积蓄的反弹动能十分强烈,在随后的几个交易日内爆发出强劲的上涨行情,拉出11根阳线,从最低的7.56元上升到10.58元。

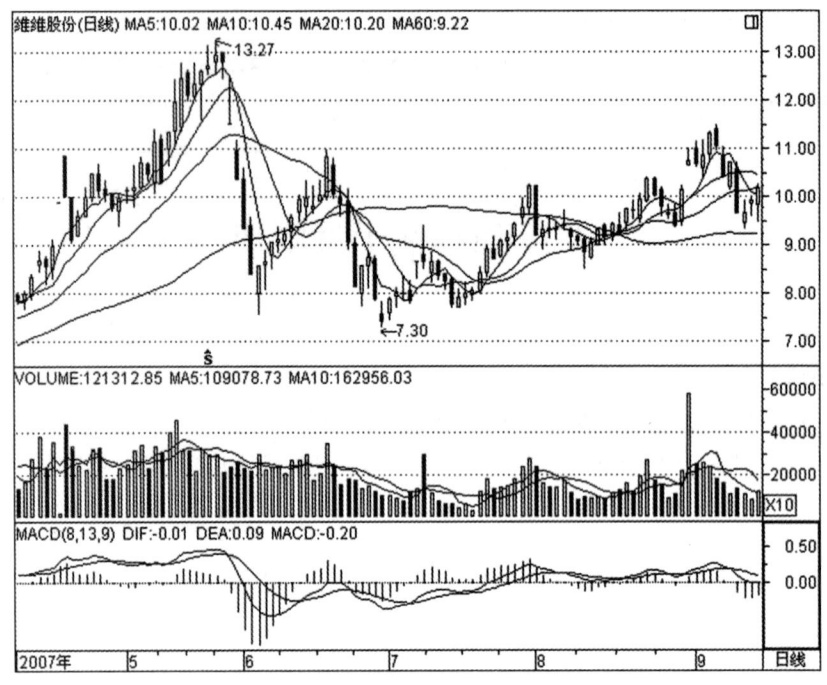

在横盘行情中选啥股

平衡市是指大盘指数运行趋势没有上涨或下跌的趋势,而是呈现出水平方向运动;有时大盘在两条平行的区间内反复震荡,如所形成的箱体运动等。这时投资者要紧扣热点,转变选股思路,并做好以下几个方面的准备。

1. 选实质性题材股

一些实质性题材股往往会得到新资金的青睐,并伴随着成交量的持续放大反复走强。这从侧面反映出市场主力资金的择股标准已经发生了重大的变化,长期以来形成的价值投资理念正在被市场重新赋予新的认识,上市公司的成长性正成为主力资金选择建仓品种时的重要参考依据。

2. 选股不要偏离业绩主线

业绩增长预期成为影响平衡市场走势的重要因素。近年来,观察平衡市中走强的品种,很大部分都是具有良好中报或年报业绩预期的品种。

虽然在平衡市中热点此起彼伏,板块轮动似乎杂乱无章,但其中始终围绕着一条主线,那就是"业绩"主线。所以,投资者在选股中要紧紧地把握这条行情主线,对于业绩较好的个股,不妨乘其股价不高时主动买进,这种方法更加有效、安全,获利也更丰厚。

3. 不要盲目追涨价值高估的蓝筹股

蓝筹股是近年来市场的投资焦点,但蓝筹股的范畴较大,包含的个股较多。投资者必须对该板块加以细分。在近年来的蓝筹股行情中,部分蓝筹股的股价上升过快,有的个股在短期内股价实现翻番,有的市盈率已经过高。

蓝筹股行情发展的根本在于其投资价值的发现,一旦出现价值高估的现象,就会失去继续涨升的根本动力。所以,在中继型震荡行情中蓝筹股出现分化,部分价值高估的蓝筹股出现回落是必然的现象,投资者在选择蓝筹股时要仔细鉴别,不要盲目追涨。

4. 不要贪图边缘化个股的便宜

与蓝筹股的火爆行情形成鲜明对比的是,部分庄股和即将退市的ST类个股却一跌再跌,有些个股早已严重超跌,股价屡屡创出新低,但每一次短暂企稳后,又会面临新的一轮抛盘。这表明投资者的理念已经趋于成熟,股市也正在向成熟化发展。市场的价格体系正在发生根本性变化,结构性调整将进一步深化,股价的两极分化现象将日益突出。因此,千万不能贪图一时的便宜,对于正在边缘化的个股(包括庄股、即将退市的ST类个股、绩差股等)要以回避为上。

5. 平衡市中根据不同的操作方式选股

(1)波段操作。平衡市中套利的最主要形式就是高抛低吸的波段操作,至于高低的标准要参考三种技术指标,分别是布林线指标、中轴线指标和箱体运动的箱顶和箱底位置。

当股指跌穿中轴线指标,到达箱底位置并且获得布林线的下轨线支撑时,投资者可以分批逐步建仓;当股指穿越中轴线指标,到达箱顶位置遭遇到布林线的上轨线时,投资者应该果断地一次性卖出。

对于波段操作的选股,主要选择在筑底阶段有放量现象,箱体运动规律较明显的个股。

(2)长线持有。虽然大盘表现出明显的箱体运动规律,但是小部分强势股却依然维持其强劲走势:大盘涨,这类个股领涨;大盘跌,这类个股也能保持强势。手中持有这类强势股的投资者应该抛开大盘箱体运动的影响,以轻指数、重个股的态度长线持有。

对于长线持有的选股,投资者千万不能选择有庄家长期入驻的抗跌股,而是要重点选择有投资价值、符合市场潮流的绩优蓝筹类个股。

(3)继续等待。平衡市中的箱体运动不是股市唯一的选择,突破将是最终的结果。无论大盘向哪个方向突破,都将产生一定的爆发力和新的市场热点。稳健的投资者可以采用等待的方法,耐心地等待市场做出选择,然后再根据当时的市场情况进行选股操作。

在行情异动时选啥股

所谓异动股,是指与大盘走势不同的另类个股。例如,大盘跌,异动股逆市飘红;大盘涨,异动股却走出自己的独立行情。异动股属于特殊个股,或量异动,或价异动。异动股风险较大,但收益也较多。

每周每日甚至每时都有异动股,这其中有不少是游资的短线杰作,真正从中产生的中长线的"黑马"并不多,多数股票只不过是昙花一现。

个股股价出现大幅上涨的过程中常常有各种各样的异动,在异动股中选股的方法如下:

(1) 量为价先,先见量,后见价。如果股票在低价圈内频频放量,就要引起重视,将其列入自选股范畴。

（2）结合盘中热点及其转换趋势，如果不属于前期被过度热炒过的个股，可以视为新资金入驻。

（3）对其基本面进行分析，了解其所有信息，从中挖掘主力可能借题发挥的题材。

（4）一般来说，中小盘股异动股行情比较火爆，因为一旦大资金控盘，其拉抬相对较为轻松，所以投资异动股尽量选择小盘股。

（5）从介入时间上讲，不要奢望买到最低价，待其一浪升起，开始强势回调缩量企稳后，并且显露出即将再次上涨的时候介入。

（6）从走势上讲，强势回调阶段上涨放量，下跌缩量，有时日K线显得股价十分疲弱，使投资者产生恐惧念头，但只要均线组合是强势形态，投资者就可打消顾虑。

（7）持续放量是关键，但量能也不能单日放得过大。可关注换手率，只有具备成交活跃的换手率，股价才能持续走强。

（8）异动股与大盘的关系既有吻合之处，又能跑赢大盘。可是，一旦到了异动股演变成加速上涨的明星股时，往往就是主力派发之时。

第5章

板块选股要甄别

在煤炭板块选啥股

煤炭价格的上升使煤炭股成为市场的关注焦点,煤炭价格持续上涨对煤炭类上市公司的股价也起到了明显的支撑作用。2009年的上半年,全国煤炭主产省动力煤、炼焦煤、化肥用煤平均出厂价格分别为309.4元/吨、587.8元/吨和543.5元/吨,分别比去年同期上涨5.13%、7.42%和7.52%。国内煤炭价格在8月份,继续出现不同煤种的价格走势分化趋势,在8~9月上旬,炼焦煤价格上涨约3元/吨,并且炼焦煤仍然有进一步提价的趋势;无烟动力煤在8~9月上旬有小幅上涨。进入10月以来,煤炭涨价的趋势再次明确显现,不仅是焦煤,动力煤价格也节节攀升。据太原煤炭交易市场提供的数据显示,随着煤炭消费高峰的到来,煤炭出矿价格、重点集散地以及主要消费地区的煤炭交易价格上涨明显。大同地区优质动力煤价格又上涨了15元/吨,达到了295元/吨;在上海及宁波港发热量为5 500大卡/千克优质动力煤的提货价格比前月上涨达20元左右,达到了580~590元/吨;而在煤炭交易更加活跃的广州地区,该煤种价格更达到了610~620元/吨的历史高位。

多品种煤炭的价格上涨,主要原因在于:市场供求两旺、小煤窑关闭、煤炭限产、煤炭生产成本增加、季节因素以及市场追涨心态等因素的影响,导致了煤价的继续攀升。而且从当前煤炭生产供求情况分析,2009年年底前煤炭价格将继续上涨,展望明年,煤炭价格也与今年年底前状况相似,仍将有上涨的趋势。

煤炭价格上涨受到了政府及市场的双重作用,其中煤炭的供求两旺是煤价上涨的主因,政府颁布的政策法规同时起到推波助澜的作用。政策性增支因素带来的成本上升并没有迅速向下游传导,短期内不利于煤炭企业发展,长远看来有利于加快淘汰落后产能和推进行业内部整合。

目前下游煤炭消费行业的快速发展对于煤炭的需求旺盛,中国煤炭需求主要来自于电力、建材、冶金、化工四大行业,占国内煤炭总需求的80%以上。国内四大耗煤行业在当前中国宏观经济高速增长的拉动下,经济发展态势良好,主要产品的产量快速增长,生产量累计同比均保持着10%以上的高速增长率。相关下游行业的快速增长,特别是火力发电量的增长,在很大程度上支撑着国内煤炭市场需求的快速增长。2009年1~8月,由于火力发电、冶金、建材、焦炭等行业的增长仍然保持了较快水平,同比增幅都在15%以上,远高于同期煤炭产量的增幅,因而对于煤炭的价格走势产生了一定的推动作用。

小煤窑关闭也是影响煤价的重要因素之一。因此,有关关闭小煤窑的进展情况值得密切关注。随着小煤矿被关闭数量的增加,全国违规生产或者非法生产的煤炭产量将越来少,这在一定程度上将会减少煤炭的供给。小煤矿关闭工作的不断推进,这将会对煤炭市场价格的高位攀升产生积极作用。

焦炭行业步入景气周期的迹象非常明显,在价格连续上涨的同时,焦炭产能扩张势头较猛。在可预见的一两年内,钢铁行业仍将保持高速发展,这直接推动对焦炭的需求。在焦炭供给方面,由于独立炼焦企业在2005~2006年均举步维艰,行业处在亏损边缘,2005~2006年新投产的焦炭产能较少,加之目前国务院发布的《节能减排综合性工作方案》,提出"十一五"期间我国将淘汰4.3米以下小焦炉产能8 000万吨,焦炭供给仍将维持一定的偏紧度。

国家发改委、国家质检总局下发了《关于进一步加强煤炭质量管理工作的通知》,指出要继续推进煤炭价格形成机制改革,坚持和完善以质论价、优质优价、同质同价原则,预计此政策将支撑后期优质动力煤和精煤价格继续小幅走高。

此外,上市公司正积极收购资产或延伸煤炭产业链以获得发展空间,这也为煤炭股带来一定的投资机会。

1. 煤炭股的投资风险

在关注煤炭投资优势的同时,也不能忽视市场中的一些不利因素。从2008年第4季度和2009年第1季度的市场分析,煤炭类股票的投资风险主要来自于以下几个方面:

(1)国家推出抑制经济发展过热的强硬措施。

(2)煤炭产能的潜在过剩。

(3)H股中煤炭业巨头的回归将打破现有资金配置结构。

(4)目前的煤炭股估值已高。国内煤炭行业2007~2008年度的平均市盈率水平已经达到50.90倍和41.40倍,远远高于香港市场的37.20倍和30.37倍的平均市盈率水平,以及国外市场19.60倍和14.65倍的平均市盈率水平。港股直通车正式实行后,不排除有部分资金会选择香港市场的煤炭类上市公司。

(5)随着行业整合力度加大,一些购并方案在计划和实施中,可能会有延迟和误差,因而会给公司的业绩造成不确定的影响。

对于这些风险,投资者必须保持清醒的认识和重视。

2. 煤炭股的投资策略

在投资煤炭股时,建议投资者关注以下几个方面:

(1) 注意选择煤炭类上市公司中市盈率水平较低的公司,如四川圣达、金牛能源、兰花科创、山西焦化等。其中,具有相对估值优势的兰花科创值得投资者重点关注。

(2) 关注机制灵活的公司,如神火股份。由于产业链的延伸,机制灵活的公司能够保持较高的增长。

(3) 关注煤电运一体化的上市公司,如刚刚回归中国A股市场的巨头中国神华,该公司具有独一无二的经营模式,即煤炭、电力、铁路、港口一体化联营。

a.铁路和港口组成的一体化运输网络,突破了传统的煤炭运输"瓶颈"制约,节约了成本,为公司煤炭的生产和销售提供了充分保障。

b.公司受益于煤炭、电力一体化所产生的协同效应。公司电力业务为煤炭业务提供了稳定、增长的市场;公司电力业务可以从煤炭业务获得品质优良、供应稳定的煤炭,因而其燃煤储备充足且稳定,可确保电力稳定持续生产。

(4) 关注受益于价格上涨的煤炭企业,价格上涨必将带来盈利能力回升。经过三次提价以后,目前焦炭生产企业的盈利水平正进一步好转,山西焦化、安泰集团都将受益于此。

(5) 关注有资产注入预期的煤炭类上市公司。煤炭企业受到政府限产的情况较为普遍,因此,煤炭类上市公司的业绩提升除了依靠煤价上涨以外,便是整合外部资源。控股股东的资产注入是帮助上市公司增强盈利能力的捷径。投资者可以关注资产注入预期比较强烈的中国神华、潞安环能、西山煤电、平煤天安等。

在具体的操作策略上,要注意时机的把握,由于目前煤炭板块整体估值水平不低,盲目追涨是不可取的。投资者可以在大盘和个股调整期间,逢低吸纳业绩比较确定且有资产注入预期的优势品种。

在地产板块选啥股

在供给短缺的背景下,短期内房价上涨局面难以改变。未来两年地产行业仍处于高景气时期,地产类上市公司业绩也有望继续保持高增长。长期而言,地产股仍是投资者重要的配置品种,特别是人民币长期升值趋势不变,地产股股价充分调整之后,板块更具估值优势。

但是,对地产股的投资必须重视风险。从一系列调控政策信号可以看出,政府对目前房价的过高涨幅已经难以容忍,防范房地产金融风险意识越来越强。虽然多年调控无效,令购房者、地产商对政策很"麻木",但投资者应以谨慎的态度投资。

房价与地产股的价格是联动的。如果房价上涨放缓或者出现下跌,必将连累地产股。不过,地产股价格走势和地价、房屋造价、终端销售价密不可分,而政府对房地产的调控一直在持续,但"屡调屡失控"。因此,对于地产股要区别对待。

房地产的流动性与股市的流动性完全不一样。股价提前透支了房地产企业的发展预期,本身不具有稳定性。房价虽然猛涨,但流动性不够,买卖不活跃,换手率严重不足。万科等地产开发类上市公司必须背负房子卖不出去、政策随时变动以及央行不断加息等种种可能出现的不利,因此,投资地产股有一定的风险。

另外,房地产经营(租赁)类公司有一定的抗风险能力。这些企业签合同最少半年,中间很少出现变动,房价涨了,租金不会马上涨,即便政策干扰让房价跌了,租金也不会少。如果地产股下跌,对益民商业这类依靠收租金过日子的公司是利好,因为更多的资金会流入,会把这类公司的股价抬高。

综上所述,对于地产股,投资者在长线看好的同时,不应忽视短期风险。在对房地产开发类上市公司保持谨慎的同时,适当关注房地产经营类上市公司。在参与投资的过程中,要注意控制仓位,因为在紧缩政策当头和加息预期的情况下,投资者应回避该敏感时期;而且随着港股直通车的开通,部分投资者更愿意选择估值更低的H股地产公司。

在钢铁板块选啥股

在铁矿石持续涨价的背景下,部分钢铁股却能持续上涨,这是什么原因?投资者应该如何把握其中的机会呢?

1. 关注以高端产品为主的钢铁上市公司

众所周知,作为钢材生产的重要原料,铁矿石往往占到成本的30%~40%,铁矿石涨价对很多钢铁公司来说也就意味着成本的大幅上涨,进而会对整个钢铁行业的盈利能力和业绩产生影响。不过,价格因素对不同的上市公司影响需要区别对待。那些产品结构优化,以高端产品为主的钢铁上市公司(如宝钢、鞍钢、武钢、太钢等),由于其产品附加值高、成本控制和转嫁能力强,铁矿石涨价对其影响并不大,投资价值仍然比较突出且安全边际较高;而以低附加值产品为主的钢铁上市公司,铁矿石涨价对其影响较大,未来的投资价值具有较大的不确定性,风险也相对较大。

2. 关注铁矿石自给率较高的公司

铁矿石自给率较高的公司在原料价格波动中优势明显,能有效地抵御价格波动的风险,维持较高的利润。如鞍钢股份目前铁矿石自给程度高达80%,唐钢股份也有类似特征,而西宁特钢则拥有青海、甘肃、内蒙古三省区的铁矿,此类上市公司在铁矿石价格上涨趋势下可高度关注。

3. 关注拥有铁矿石资源的公司

拥有铁矿石资源的企业将成为钢铁板块的主要投资机会,这也是处于成本上升阴影下的钢铁板块为何表现良好的原因。这些企业并没有随铁矿石价格的相关消息而全线调整,部分公司股价甚至不降反升。钢铁股表现强势,某种程度上反而正是由于铁矿石的涨价。因为铁矿石作为一种资源,其价格不断上涨,使那些拥有铁矿石的上市公司成为受益者之一。这些公司的估值由此可以不采用钢铁公司的标准,而是用资源股的估值水平衡量(类似有色金属或者煤炭),而获得了大幅提升的机会,其股价也因此获得了新的上涨空间。

一方面,资料显示,宝钢股份、首钢股份、鞍钢股份、武钢股份等都已经成功参股或控股海外铁矿石企业;另一方面,行业内的并购重组、资产注入概念也由此增多。部分行业龙头企业采取一些并购的策略来快速解决资源"瓶颈"。目前市场上不断出现的钢铁行业重组洗牌的传闻,事实上正是围绕资源展开的。此外,部分铁矿石资源保留在集团公司的上市公司,未来还存在大股东注入资源的良好预期。因此,随着铁矿石价格的继续上涨,相关的矿石企业以及具有自产铁矿石能力的钢铁企业都有望获得一次重新估值的机会。对此,投资者可以适当关注。

在石化板块选啥股

2009年国际石油价格从140多美元暴跌到30美元,开采行业由于受油价下滑影响,盈利可能下滑,但盈利仍将处于较高水平。中国的炼油行业预计将步入复苏,2009年有望扭亏步入正常盈利状态,化工行业景气度小幅下降。中国炼油行业值得重新纳入视野。

中国石化(600028),该股是二级市场上蓝筹类龙头股,也是我国石化行业内的龙头公司。短期来看,由于成品油价格调整滞后,原油价格上升,直接给公司炼油业务带来巨大压力,但从长期来看,炼油业务由于政策原因导致亏损的这种扭曲状态不可能持久,被压抑的盈利潜力最终会释放出来。并且,中国政府已实质性出台新的成品油定价机制,剩下的应该仅是时间而已,而且政府推出新成品油定价机制的可能性较大。另外,人民币升值将部分缓解公司炼油业务的压力(公司每年支出超过400亿美元购买原油),所得税并轨也将利好于中石化。中国石化长期价值来自于拥有13亿人口国家的62%成品油市场份额,并且这个国家的人民正在快速消费汽车、航空等耗油的升级消费品,中国石化完善的销售网络和体系及这种体系相当程度的排他性特征能够维持公司在中国成品油销售市场的竞争优势。

在旅游板块选啥股

每当"十一"、"春节"黄金周来临时,旅游类上市公司将面临巨大的商业机会。二级市场中的旅游板块也具有一定的投资机会,值得投资者深入挖掘。

从行业背景分析,旅游业已经成为我国第三产业中最具活力与潜力的新兴产业,以及国民经济中新的增长点。随着整个消费升级概念的不断深入人心,人们将会不断地向更高生活水平看齐,旅游市场的发展前景十分广阔。

1. 旅游股分类

(1)景点旅游股,有黄山旅游、峨眉山等。

(2)旅游服务股,有中青旅、首旅股份等。

(3)酒店类个股,有锦江股份、华天酒店等。

2. 旅游股的投资策略

在这三类个股中,投资者需要重点关注景点类旅游股,主要原因是其享有较高的定价权,可以通过提高门票的方式获得稳定的高额收益,而统计数据表明门票涨价对游客人数并没有产生负面影响。因此,坐地生财、垄断资源的景点旅游股将更有望从旅游业的快速发展中受益。

对大多数产品而言,提价往往意味着自取灭亡,因为提价等于拱手让出市场给竞争对手。但具有垄断资源的公司却有"自主定价能力",其仅凭提价就能轻轻松松地赚更多的钱。旅游景点行业由于其资源的垄断性,具有"自主定价能力",在旅游行业中具有独特的优势,可以分享游客增长带来的经济效益。

上市公司中,丽江旅游、首旅股份等上市公司有景区业务或景区内的配套服务业务,但拥有大景点门票收费权的上市公司只有两家:黄山旅游和峨眉山,它们享有较高的定价权,能最大限度地分享旅游行业高速增长带来的成果。

拥有景点经营权特别是景点门票收费权的企业将是身价倍增,长期来看,景区游客规模、门票价格、毛利率均呈上升趋势,业绩增长具有持续性。因此,在投资操作上,要将黄山旅游、峨眉山等景点类旅游股列入投资的重点。

在酿酒板块选啥股

1. 关注生产低酒精度饮料的上市公司

不同酒种的增长速度有明显区别。这种增长速度的差异,体现出消费者对低酒精度饮料的需求增加的趋势。行业内有句俗话:"贫穷喝白酒,小康喝啤酒,富裕喝红酒。"这句话基本形象地阐述了随着收入水平的不断提高,不同酒种之间的替代关系,同时也说明低酒精度饮料将逐渐成为市场投资重点。

2. 关注酒类上市公司业绩

酿酒股的市场表现与其业绩关联度较强。通过对酒类板块主要上市公司的分析,可以发现其中的规律:酿酒板块的股价走势可以说与上市公司年报和半年报业绩关联度很大,尤其是对股价表现与业绩表现同样不佳的啤酒板块而言。

3. 酒类龙头企业

从发达市场来看,酒类龙头企业一直是比较好的投资品种。与国际巨头相比,中国酒类龙头企业的成长前景无疑更为广阔。已经建立起竞争优势与市场地位的龙头企业的成长,具备了较好的可持续性与稳定性。相对而言,龙头型上市公司更值得看好,它们分别是:葡萄酒的张裕A、白酒类的贵州茅台、啤酒类的青岛啤酒和黄酒类古越龙山等。

(1)葡萄酒龙头企业。国内葡萄酒龙头企业是张裕、王朝与长城等,这些公司的行业地位稳固。其中,作为上市公司的张裕A一直是该板块领涨的龙头股。在2005年大盘疲软格局下,该股连创新高,值得投资者重视。

沪深两市中其余三只葡萄酒板块个股分别是通葡股份、莫高股份与新天国际。它们具有的共同特征是:

a.它们都是超跌低价股,具有良好的价格优势和反弹活力。

b.它们的总股本相对不大,股价总市值偏小,由于2005年下半年以后,市场开始重新流行炒作小盘股,从而促进了葡萄酒个股的走强。

当股市处于上涨趋势时或者该板块整体启动时,投资者可以选择葡萄酒的龙头股张裕A。当股市处于超跌反弹阶段或者游资乘机短线介入时,投资者可以选择通葡股份、莫高股份与新天国际。

(2)白酒龙头企业。"买白酒要买高档品",这是投资白酒股的核心原则。白酒要改变"平民化"的形象,必须向"贵族化"方向发展,这需要企业具有一定的规模优势、技术优势和品牌优势,从而在"贵族化"的高档品中争取更多的定价能力和获取丰厚的收益。

白酒龙头企业是贵州茅台、五粮液、泸州老窖、山西汾酒等。从几家白酒企业情况看,高档酒所占销售比例越高,公司的盈利能力也相应越强。调整产品结构,向高端化发展,近年来越发为白酒生产企业所重视。因此,投资者在白酒行业中选潜力股时,要重点投资向高档化发展的酿酒公司。

(3)啤酒龙头企业。

a.分析大资金的介入情况。投资啤酒股关键是要重视机构投资者的持仓变化,目前啤酒行业显现出来的长期投资价值已为国内外主流机构所认同。

b.选择股价偏低的时期介入。低廉价格往往会吸引各类市场资金持续流入该板块,从而再次激发市场对该板块的投资热情。

c.根据投资风格选择投资品种。长线投资者可以选择燕京啤酒、青岛啤酒这样的龙头企业,而追求短期高回报的投资者则可选择惠泉啤酒、重庆啤酒这一类有望高成长的企业。

在有色板块选啥股

对于有色金属股的投资,除了要关注国际金属价格的变化以外,还要注意以下几个投资要点。

1. 投资有色金属股需要区别对待

沪深两市属于有色金属板块的个股有30多只，如果按行业划分大致可以分为铜、镍、铝、锡、铅、锌、黄金等几个板块。由于有色金属板块的容量相对较大，而且国际市场中各金属品种的表现也有所不同，反映到沪深股市中来，各类有色金属板块个股的表现必然有所差异，因此，投资者在选股时需要区别对待。

2. 关注具有多重题材的有色股

从市场行情研判，具有多重题材与概念的个股，有更多的机会和良好的抗跌性。例如，江西铜业同时属于有色金属和蓝筹股两个板块，该股既具有H股概念，同时又具有全国最大电解铜基地的概念。此外，该股还有资产注入、资源股龙头和整体上市等多重题材。

3. 关注价格调整到位的有色股

一味追涨并不是最佳投资方法。选择那些股价调整到位的有色金属股，往往更有中长线投资价值。

4. 关注资源垄断性有色股

我国巨大的金属消费量不断提升金属价格。例如，中金黄金（600489）是我国最大的黄金生产企业，年加工生产标准黄金约占全国黄金年产量的10%，属于资源垄断性行业。

5. 关注有大资金介入的有色股

短线投资者可以关注有色股中最先涨停或者量能大幅放开的品种；长线投资者可以关注上市公司十大股东和基金季报中显露出来的机构建仓信息。例如，山东黄金（600547）从上市开始即有超级主力建仓，而基金及社保基金等都是其前十大股东。

6. 关注有色金属类公司的能耗与环保状况

有色金属行业属于高能耗、高污染的产业。虽然由于其产品的必需性使行业前景毋庸置疑，但是行业发展将越来越多地受到能源和环保要求的约束。未来行业内的大型设备技术先进、单位能耗低、环保设备齐备的企业将受到重点支持，而小型分散、设备落后、能耗高、污染严重的产能将受到越来越严格的限制或强制淘汰。另外，有色企业的环保治理费用将增加。因此，未来的投资机会将更多地出现在资源型、一体化、设备技术先进、能耗低的公司。

在农业板块选啥股

农业是我国政府重点扶植的产业，政府把农业放到了重中之重的地位。但由于农业基础薄弱，上市公司良莠不齐，因而农业板块一直没有像样的行情。从未来发展来看，部分农业上市公司面临较好的发展机遇。

1. 农业高科技面临发展机遇

农业要改变现状，离不开高科技的支持。在中国股市，既有"杂交水稻之父"袁隆平领衔的隆平高科（000998），又有"杂交玉米之父"李登海领衔的登海种业（002041）。这两位在中国农业界被誉为"南袁北李"的著名专家，必定能在急需高科技的农业中大展宏图，他们控股的上市公司也将成为市场的重心。

2. 农产品期货上涨带来的机遇

国际期货市场上有色金属价格已经涨得非常高，国际游资需要寻找下一个投资对象。

当农产品能转化为能源时,农产品就不单是生活资料,而成了能源的替代物。从新能源发展来看,乙醇汽油无疑是汽油很好的替代品种。乙醇汽油的发展必定对其生产原料的需求大增。世界最大的产糖国巴西用糖合成乙醇汽油,而我国用玉米合成乙醇汽油。随着替代能源的消耗量日益增长,生产原料价格也开始出现大幅上涨。糖和玉米的价格都出现了较大幅度上涨。随着价格的上涨,相关上市公司也将获得不菲的收益。

3. 战略资源带来的机遇

粮食等农产品有其刚性的需求,中国人多地少的现状决定了粮食等可作为战略资源,相关上市公司如北大荒等面临较好的发展机遇。

在3G板块选啥股

我国"十一五"计划将信息产业化作为未来5年的重点投资发展行业,明确指出要加快突破通信产业关键技术空心化的进程。

值得注意的是,在具体的投资中还需要区别对待。由于3G的高收益预期,很多公司都想从中分一杯羹,都加大了对3G的投资。但3G前期的投资要求很高,只有真正运行后才能带来可观的收益,所以一些资本实力弱的公司根本无法维持如此大的投入,一旦资金供给不足,前期投资难以收回,难免会影响公司的业绩,其行情也会受到影响。因此,建议投资者要规避这类公司,并重点关注以下几类公司。

1. 投资3G板块要按照顺序

3G牌照的发放,从网络设备制造、内容供应、内容集成、服务供应、网络运营一直到终端应用软件和终端制造,都将从中受益。但从产业增长顺序分析,发放3G牌照最先推动的是3G设备制造类上市公司,由于大规模网络设施的投入建设,这类公司的业务将获得快速增长。因此,对于3G概念的投资,首先需要关注3G设备制造类上市公司。

2. 拥有3G核心标准的公司

这类公司拥有自己的知识产权、行业的核心技术,有一定的垄断性,发展前景可观。如大唐电信,就拥有自主知识产权的TD—SCDMA标准,具有大规模的组网功能,一旦3G发牌实施,公司肯定是最大的受益者。所以,对这类公司要重点关注。

3. 3G网络运营商和设备供应商

3G的发展要靠运营商来推广服务,一旦3G牌照发放,运营商之间会产生激烈的竞争,可能会引起行业的整合,有一定的并购机会。此外,那些能自主生产核心设备的供应商如中兴通讯,也值得关注。

在3G启动越来越明朗化的背景下,3G板块会有良好的发展机遇。但投资者不必急于短线追高,而应从中线关注3G板块,获取稳健收益。

在电力板块选啥股

在电力股的投资操作方面,电力行业的上市公司数量较多,在沪深两市的上市公司中占有相当大比例。整个电力板块主要包括火电、热电、水电和油电等,其他还有垃圾发电、太阳能发电、风电类等,虽然目前的发展规模还很有限,但产业前景值得看好。

1. 从成本的角度分析

水电的成本相对低廉,业绩前景较好,也更有投资价值。火电次之,因为其煤炭价格一直处于较高水平,造成火电成本居高不下,调价对火电类企业是利好。油电的业绩前景相对较差。

2. 从电力企业的规模角度分析

由于电力企业具有明显的规模经济效益,规模大的公司明显比规模较小的公司好。例如,在每股收益方面排名靠前的电力类上市公司的规模均较大,综合实力排名也靠前,这类电力股的成长性值得看好。

3. 从地域分布的角度分析

由于沿海地区电力需求增长较快,这些地区的电力企业的盈利空间相对较大。

4. 区别对待电力上市公司

在选择电力上市公司时,必须区别对待。重点关注水电、火电企业,不要介入油电类的夕阳型上市公司。关注底部形态坚实、业绩稳定的电力上市公司,关注沿海地区的电力上市公司。此外,那些控股股东实力雄厚、行业地位突出、有一定规模优势的公司,具有更大的投资价值。

在机械板块选啥股

目前机械行业公司的最新PB为6.47倍,2009年预测PE为34倍。相比国际机械公司20倍以内的PE,结合考虑我国机械行业公司的成长性,目前机械行业重点上市公司的估值总体处于合理区间,建议对机械行业的龙头公司重点关注。

1. 沈阳机床(000410)

中国最大的机床制造商,中国数控机床产业仍处于发展周期的起步阶段,随着中国发展成为世界工厂以及政府对机械制造行业逐步升级,预计未来10~15年数控机床将以年均20%~25%的速度快速增长。沈阳机床是我国振兴数控机床产业的最大受益者,最有希望成为具有国际竞争力的中国机床企业。

预计从2009年下半年起,沈阳数控机床园区全部投产后可形成超过100亿元的产值,公司的产能将逐步释放出来,2009年沈阳机床将得到返税约4 000万元增值税,同时,按照相关规定,公司收到的退税款将免征所得税。

2. 沪东重机(600150)

公司是中国目前生产规模最大、技术开发能力最强的船用中、低速大功率柴油机生产基地,主要为国内外著名造船企业提供世界上先进的船用柴油机产品,国内市场占有率达65%,具有很明显的垄断优势和较强的议价能力;另外,国家将重点扶持三大造船基地和三大造机厂,不再审批新的造机企业,这确保了公司在行业中的垄断地位。公司大股东中船集团,是我国最大的造船骨干集团,为了实现2010年进入世界造船"三强"的目标,将重点扶持沪东重机等配套企业的发展,国家相关政策对行业进入者的限制。保证了公司长期的稳定发展。

在传媒板块选啥股

2009年传媒行业核心投资主题依然是数字电视用户增长和传统媒体的资产整合。

随着数字电视用户的高速增长和ARPU的提高,我国主要有线网络运营上市公司在未来几年有望持续高速增长,推荐歌华有线(600037)和广电网络(600831)。

传统媒体中具有垄断地位的强势企业集团公司整体上市、收购新媒体资产等将有效提高传统媒体企业盈利水平,打开新的成长空间。

1. 歌华有线(600037)

北京数字电视转换进入高速成长期。歌华有线是中国最大的有线电视运营商,也是北京唯一的有线电视运营商。随着2008年奥运会的临近,北京数字电视转换将会加速发展,公司将会充分受益于数字电视用户的大幅增长和ARPU的有效提升。

尽管公司目前还未提价,但是考虑到其他数字电视试点城市都已经大幅提价,同时北京也是人均娱乐消费最高的城市,提价将最迟在2010年推行。数字转换后,深圳和杭州等地运营商主营业务收入都出现了大幅增长,随着数字电视转换的进行,歌华有线的业绩也会出现持续高速增长。

从收费、服务质量、目标市场、国家政策、技术应用和转换成本等方面分析,IPTV和DBS在未来几年内很难对歌华形成威胁,而更多地起补充作用,歌华的垄断地位仍将维持。

2. 广电网络(600831)

增发收购打开成长之门。公司是国内唯一拥有全省网络的有线电视运营商。陕西省拥有318万户有线电视用户,而目前数字电视用户基数还非常低。根据陕西省政府规划,陕西省2009~2010年分别完成130万户和150万户的数字电视转化任务,数字电视的高速增长将推动业绩的持续增长。公司数字电视收费标准相比模拟电视提高了70%左右,能抵消机顶盒带来的成本增加。

3. 博瑞传播(600880)

博瑞传播的资产注入是一个值得期待的题材。成都传媒集团是传统媒体中的强势企业,旗下《成都商报》是成都地区发行量最大的报章媒体。公司拥有一个积极进取的管理团队,确定了以传统媒体经营业务为核心,大力发展和开拓新兴媒体内容服务的发展战略。公司推出的股权激励方案使其未来几年的增长目标明确。

在国家推动文化产业规模化、集约化、专业化的大背景下,博瑞传播有望成为其实际控制人整合旗下优质资产的平台,考虑到公司管理层进取心很强,成都广电的电视媒体广告、有线网络以及成都日报报业集团的其他经营性业务都存在注入上市公司的可能。

在建材板块选啥股

建材是典型的周期型、投资拉动型行业,与宏观经济的周期和固定资产投资的波动密切相关。

宏观经济增长趋缓,未来几年维持平稳增长的态势,固定资产投资增速因经济增长方式转型的渐进性还会维持相对高位,同时固定资产投资内部结构的变化(工业性投资减缓,基建投资保持旺盛)有利于拉动对建材的消费需求。

1. 冀东水泥(000401)

2007~2009年,公司每年的熟料产能增长在200万吨左右;每年水泥与熟料的合计销量增长在300万~400万吨。

公司努力开拓的"三北"市场均面临水泥需求的高速增长,特别是天津滨海新区建设和河北曹妃甸工程,为华北地区的水泥需求创造了较大成长空间。有机构预测,上述两大工程将创造水泥需求1 000万吨左右。随着需求增长,东北、西北和华北地区的水泥价格有望上涨。

2008年以后,公司的余热发电项目投产,公司的电力成本将进一步下降。预计未来3年净利润年均增长率将超过50%。

2. 北新建材(000786)

公司战略正在从"有限多元化"向"做大做强板材业"转变,产品逐步向纸面石膏板、矿棉吸音板集中。预计到2009年,公司的纸面石膏板产能将达到10亿平方米,成为亚洲最大的纸面石膏板生产厂商。

公司正在尝试用脱硫石膏替代天然石膏。这样的原材料替代不仅能够大大降低生产成本,还能有效利用废气来生产环保建材,是国家产业政策大力扶持的。

3. 南玻A(000012)

事业典型的周期性行业中的优势企业之一,目前公司正处于新一轮的高成长期,作为利润增长点的中空玻璃,最近几年公司在该领域的市场占有率已经从30%上升到50%左右;另一个成长领域太阳能玻璃也展现出巨大的发展空间,这种成长并不是由于行业景气度全面上升所致,而是公司产业升级、产品结构调整所带来的更为稳定、更为持久的高成长。

4. 海螺水泥(600585)

海螺水泥既是国内最大的水泥生产企业,也是国内能耗最低的水泥生产企业,海螺水泥的能耗比国内其他的新型干法水泥生产企业低10%以上,这主要得益于其生产线单线规模大的缘故(国际经验表明,单线规模每增加1 000T/D,能耗可下降2.5%~4%)。公司新建的新型干法线的产能都在5 000T/D加以上,公司目前拥有5 000T/D以上熟料生产线20条,在世界已有的7条万吨级熟料生产线中,公司拥有3条。

此外,目前海螺水泥对于降低能耗比较有力的举措是拟建低温余热发电项目,该项目2005年下半年投建,2006年中期部分投产,2007年中期全部投产,海螺90%以上的生产线都已配上余热发电系统,该项目年总发电量在12亿度左右,发电成本比目前海螺的采购电价节约0.4元左右,年节约成本5亿元左右。

5. 天山股份(000877)

天山股份是新疆乃至西部地区最大的水泥生产企业,公司的生产设备大部分是新型干法水泥生产线,公司在新疆的市场份额超过50%,对新疆水泥市场的价格具有一定的控制力。随着"十一五"规划的开局及西部大开发步伐的加快,基础设施建设力度的加大将拉动对水泥的需求,公司无疑将成为最大的受益者之一。

在汽车板块选啥股

中国汽车市场发展前景广阔,有望持续10年以上的快速增长。随着中国经济快速稳定发展和收入水平的提高,汽车普及率将在未来15年逐步提高到发达国家水平,按保守的预计,2020年国内私家乘用车的保有量将增长7倍,达到1.2亿辆。

国际竞争力提升驱动自主品牌快速发展。与发达国家的技术水平差距不断缩小,中国汽车产业的国际竞争力不断提升,自主品牌汽车的崛起正在改变中国市场的竞争格局,未来5~10年将深刻改变国际汽车市场,中国自主品牌汽车有望超越韩国,成为与日、欧、美竞争的第四极。

1. 宇通客车(600066)

受益于单体且民营控股,公司管理链条非常扁平化;品牌单一,集中在中高端;主业长期稳定发展,近年净利年复合增长率20%左右。从上述特征看,宇通更像酒类中的"茅台",有长期增长的价值。

2. 长安汽车(000625)

汽车龙头,行业开始转暖,估值偏低,由于轿车业务大幅增长,自主品牌蓄势亮剑,微车业务探底回升,2007年开始,开发费用将可以资本化并可以在所得税前予以抵扣,该政策将对公司业绩有明显的提升。

在金融板块选啥股

目前沪深两市金融股,分为银行股、券商股、信托股和保险股四类。

(1)银行股:华夏银行(600015)、招商银行(600036)、深发展(000001)、民生银行(600016)、浦发银行(600000)、中国银行(601988)、工商银行(601398)、建设银行(601939)等。

(2)券商股:宏源证券(000562)、中信证券(600030)等。

(3)信托股:陕国投(000563)、安信信托(600816)等。

(4)保险股:中国平安(601318)、中国人寿(601628)等。

1. 金融股的投资机会

金融股在市场中的权重较大,其对市场的影响也变得举足轻重。截至2007年11月初,金融股在上证指数中的权重达到29.83%,对于上证指数的影响是非常明显的。而在金融中,银行板块的比重最大,也因此成为市场中最重要的龙头板块之一,对市场整体趋势的作用将不言而喻。因此,投资者无论是否买进银行股,都需要密切关注该板块的动向。

至于券商股,一般在市场回暖背景下,选择券商股才是明智之举。因为牛市行情中券商将成为最大的受益者,不仅公司的业绩会大幅提升,还会吸引大量的资金介入。

信托股重整之后,同时具有两个市场融资和开展业务的能力,与同行业的其他公司相比具有很明显的优势,公司估值的潜力也会更高。

2. 金融股的投资策略

(1)银行股的投资策略。投资银行股时需要关注国有银行上市的影响,关注加息和利率变化的影响,央行加息有助于银行股的业绩增长;关注人民币升值的影响,这也会在一定程度上对银行股产生利多影响。另外,市场因素和银行类上市公司的基本面状况等对该板块也会产生重要影响。投资者还需要注意的是,对银行股的选择不能一味追求低价,投资者应该更关注增量资金的介入情况以及股价的发展趋势等市场因素。

(2)信托股的投资策略。投资信托股时需要注意,目前的信托类上市公司由于处于转型和过渡期,经营业绩并不是很好,但毫无疑问,信托类上市公司目前处于经营谷底回升的初期,其业绩处于一个转折的拐点阶段,信托股未来的高盈利能力为市场提供了想象的题材和可预期的投资机会。由于同属金融板块,所以介入信托股时机要考虑银行股的市场影响以及信托股的市场表现,观察其上涨过程中量价配合是否较为理想。

(3)券商股的投资策略。投资券商股时需要注意,业绩是根本,股市行情的走好使得这类公司的业绩也将会逐渐转好。而业绩上的优良表现,将是支撑券商股长期走强的根本因素。券商股属于袖珍型的板块,只要消息面上稍有异动,股价就会迅速反映出来,这种特性有利于投资者短线操作。券商股的爆发力较强,在利好配合下往往能形成强劲上涨走势。金融股的数量较少,彼此之间存在较强的联动性,在分析券商股时,需要关注整个金融板块的动向,这样才更有利于对券商股机会的把握。

(4)保险股的投资策略。投资保险股需要注意,频繁而急剧的利率上升将使寿险保单的吸引力下降,中国人寿和平安人寿未来的保费收入增长将面临很大的挑战。

对于寿险公司来说,升息是一把"双刃剑"。一方面升息能提升寿险公司的投资收益;另一方面也将使寿险保单的销售变得困难,尤其是在利率上升幅度很大、频率很快的时候。

中国人寿和平安寿险目前的主要产品(传统、分红和万能)都正在享受很高的利差益,这正是它们利润的主要来源。但是这些险种的吸引力将随着一年期定期存款利率的快速上升而下降。除非定价利率或结算利率能够被快速提升,而定价利率或结算利率的提升将意味着利差益的萎缩,因为快速而持续地提升长期投资收益率将是很困难的。这也是为什么寿险公司通常害怕利率的急剧上升的原因,因为利率上升将迫使其提高定价利率或结算利率,而它们的上升幅度往往超过投资收益率的上升幅度。

面对急剧上升的利率,寿险公司的选择通常有两个:一是迅速提升定价利率和结算利率以保持产品的吸引力;二是推销投资联结保险。两个选择其实都很可能降低保单的利润率,因为投连险基本没有利差益(只有大约2%的保单管理费收入),而其他险种的利差益很可能被挤压。

如果定价利率由目前的2.50%上升到3.50%,中国人寿和平安寿险的新业务价值有可能大幅降低20%~30%,因为它们目前产品的准备金的提取和新业务价值的计算非常依赖于定价利率。

中国人寿和平安寿险为保持其产品的吸引力,将不得不牺牲一部分利差益,或转向销售利润率较低的投连险,新业务价值利润率将会降低,因而中短期股价应该有压力。但就长期而言,利润率的降低应能促进保费收入的快速增加(事实上,由于2.50%的定价利率过低,中国寿险业在过去几年的发展速度偏低),从而弥补利润率的降低。但定价利率的问题将是未来一段时间的一个很大的不确定性。

从长期投资角度而言,寿险行业值得引起投资者的高度重视。实践表明,寿险上升周期可维持数十年,初始阶段可实现超高速增长。美国寿险从20世纪40年代开始步入快速增长期,直至21世纪步入平稳增长阶段,历时60年;日本寿险从20世纪60年代快速起步,至90年代基本达到饱和,历时30年。我国寿险行业尚属起步阶段,快速增长的朝阳期有望在不久的将来得到演绎。以成长期保费收入对GDP弹性1~2的国际历史经验为依据,中国未来5年寿险保费收入复合增长率为15%。中国人寿和中国平安短期内受益于加息周期和投资渠道的逐步放开,长期受益于承保上升的长周期,可谓主业稳健与投资弹性兼备,是长线投资的优良品种。

在ST板块选啥股

综观中国股市,并购重组题材历来就是催生ST股上涨的重要因素之一。随着市场的规范发展,很多优质公司趋向于选择A股市场融资,希望能够在市场情况较好的背景下上市。因此,有不少公司在排队IPO发行,但一方面是竞争激烈,另一方面等候上市遥遥无期。这时,ST板块的良好壳资源价值就体现出来,部分待上市的优质公司完全可以通过注入资产来实现变相上市,以解等待发行之苦。并且,此举还能获得政策上的扶持,由此ST公司便成为了理想的并购概念板块,值得市场期待。如前期走强的ST多佳(600086)等股票的强劲上涨行情,都是由于这一原因。所以可以肯定的是,ST板块后市还将面临更多的表现机会。

在ST板块的选股方面,需要注意以下几点。

1. 不可忽视风险

对于一些被过度炒作过的ST股,股价已经超出它的合理估值范围,投资者要规避风险。回避价格偏高的ST股,关注低价位的个股。部分前期下跌幅度大、在底部盘整时间长、换手充分的ST股值得重视。一旦采取重组措施,股价将快速上涨,从而为投资者带来巨大的获利机会。

2. 结合股改选择ST股

注意选择那些实现股改相对较容易,有望以直接支付对价的形式完成股改的公司。对于以重组方式来设法改善目前所存在的缺陷,最终完成对价支付的公司,要了解其是否置入了优质资产,是否真正提升了ST公司的资产质量。至于一些股改难度颇大,如大股东占用资金严重的企业等,投资者需要谨慎。

3. 关注ST股是否具有实质性重组题材

在重组股炒作氛围正浓的情况下,只有具备实质性重组才能吸引机构资金的大举介入,并推动股价的持续性上涨。如果没有实质性的重组,股价的上涨将缺乏持续性,行情也将会昙花一现。

在ST股中捕捉"黑马"还需要注意以下要点:

(1) 流通股本越小越好。

(2) 买新不买旧。由于首度亏损,公司的经营状况只是恶化,还没有到比较难挽救的地步,因而从这个意义上说,其壳资源价值要高于老ST公司。同时,老ST公司由于已经经过一段时间的重组,资产重组进入了实质性的阶段,股价也相应地对其作出了反映,上升空间明显受到了限制。

(3) 充分重视地方政府的支持力度。

(4)大股东的实力和背景直接决定了重组的成败。大股东作为上市公司最大的权利行使者,也是最大的风险承担者,从某种程度上讲,ST板块重组的迫切性就是大股东重组的需要,很多资产重组要依赖大股东来完成,大股东的实力和背景也就显得异常重要。

第6章

技术面选股有技巧

"头肩底"形态选股

"头肩底"形态在底部形态分析中占有相当重要的地位,一个真正完善有效的形态形成之后,能量是相当巨大的。能够正确认识到"头肩底"形态并及时介入的投资者,获利是相当丰厚的。

"头肩底"形态特征:

(1)股价经过长期下跌,成交量相对减少,接着出现反弹(次级上升),成交量没有显著增加,形成左肩。

(2)然后股价第二次下跌,其价格低于左肩的最低价,而其成交量在下跌过程中未减少,甚至增多,在低价盘旋时成交量则迅速萎缩,然后一口气回升至越过左肩底价价位,成交量迅速增加,大于形成左肩的成交量,形成头部。

(3)股价第三次下跌,成交量很明显地小于左肩和头,当股价跌至左肩低点附近并止跌(即未能创出新低),随后,股价反转向上,形成右肩。

(4)由左肩高点至右肩画一条连线,谓之颈线。最后,股价在巨量的推动下,一举突破颈线,当收盘价突破幅度超过3%以上时为有效突破,"头肩底"形态成立。

(5)突破之后通常有回抽,伴随成交量明显萎缩,回抽在颈线上方自然止跌;然后再次上扬。

股价长期下跌之后,出现一次反弹,说明买方已初具抵抗能力。由于下跌趋势并未改变,所以股价二次下跌。第二次下跌创出新低并出现恐慌性抛售,同时很快回升,反映出下跌能量已充分释放。第三次下跌未能达到头部低点即获支撑并回升,说明买方力量已占上风,趋势已有发生逆转的倾向。当两次反弹形成的高点连线(即颈线)被放量突破后,显示多方已控制大局,向上趋势确立。

利用"头肩底"寻找明星股时要注意以下几种技巧:

(1)"头肩顶"和"头肩底"的形状差不多,主要的区别在于成交量方面。

(2)当"头肩底"颈线突破时,就是一个真正的买入信号,虽然股价和最低点比较,已上升一段幅度,但升势只是刚刚开始,尚未买入的投资者应该继续追入。其最少升幅的量度方法是从头部的最低点画一条垂直线相交于颈线,然后在右肩突破颈线的一点开始,向上量度出同样的高度,所量出的价格就是该股将会上升的最小幅度。

当颈线阻力突破时,必须要有成交量激增的配合,否则这可能是一个错误的突破。不过,如果在突破后成交逐渐增加,形态也可确认。

(3)一般来说,"头肩底"形态较为平坦,因此需要较长的时间来完成。

(4)在升破颈线后可能会出现暂时性的回跌,但回跌不应低于颈线。如果回跌低于颈线,又或是股价在颈线水平回落,没法突破颈线阻力,而且还跌低于头部,这可能是一个失败的"头肩底"形态。

(5)"头肩底"是极具预测威力的形态之一,一旦获得确认,升幅大多会多于其最少升幅的。

如下图,皖维高新(600063)在2008年10月6日走出反弹高点,在K线图上形成"头肩底"的左肩,11月5日探底,在K线图上形成"头肩底"的头部。2008年12月9日走出反弹高点,在K线图上形成"头肩底"的右肩,形成一个完整的"头肩底"形态,此后该股逐步上扬,升幅达到300%以上。

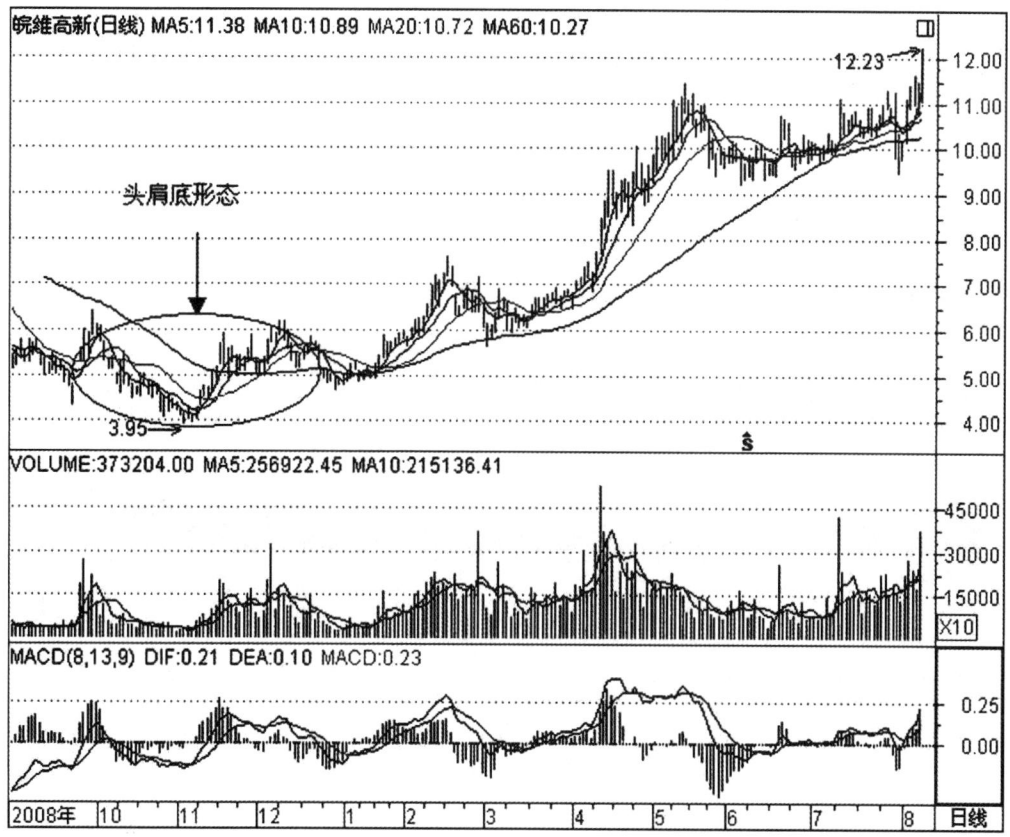

"潜伏底"形态选股

股价在一个极狭窄的范围内横向移动,每日股价的波幅很小,且成交量亦十分稀疏,仿佛冬眠时潜伏在底部的蛇,这种形态称之为潜伏底。通常潜伏底的时间比较长,但是其突破后产生的成交量的激增和股价的暴涨也是惊人的,所以股谚说:潜伏底,横有多长,竖有多高。

潜伏底大多出现在市场疲弱之时或一些股本小的冷门股上。由于这些股票流通量少，而且公司不注意宣传，前景模糊，结果受到投资者的忽视，稀少的买卖使股票的供应十分平衡。持有股票的人找不到急于沽售的理由，有意买进的也找不到急于买入的理由，于是股价就在一个狭窄的区域里一天天地移动，既没有上升的趋势，也没有下跌的迹象，表现令人感到沉闷，就像是处于冬眠时期的蛇虫，潜伏不动。最后，该股突然出现不寻常的大量成交，原因可能是受到某些突如其来的消息，例如，公司盈利大增、分红前景好等的刺激，股价快速脱离潜伏底，大幅上扬。在潜伏底中，先知先觉的投资者在潜伏形成期间不断做收集性买入，当形态突破后，未来的上升趋势将会强而有力，而且股价的升幅甚大。所以，当潜伏底明显向上突破时，值得投资者马上跟进，跟进这些股票利润十分可观，风险却很低。

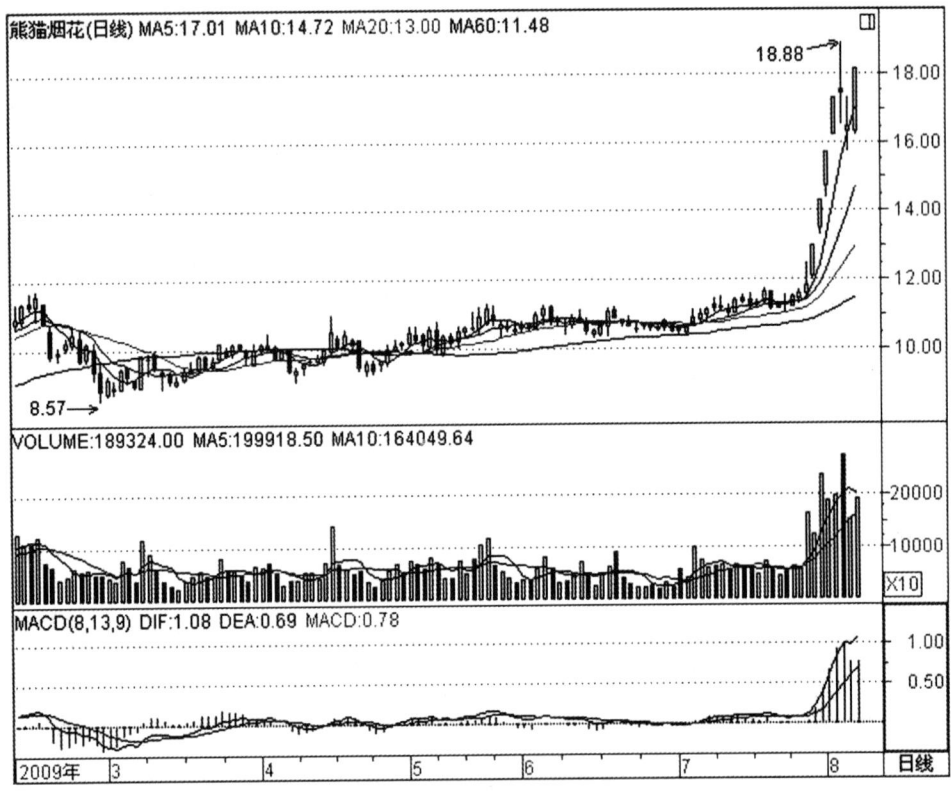

通常潜伏底的投资要点包括以下三种情况：

(1)潜伏底形成时间较长。

(2)投资者必须在长期性底部出现明显突破时方可跟进。突破的特征是成交量激增。

(3)在突破后的上升途中，必须继续维持高成交量。

如下图，熊猫烟花(600599)在2009年3月至7月底的长时间内窄幅横盘，而同期大盘从2100点上升到3400点，升幅超过60%，熊猫烟花的众多散户一般很难承受如此沉闷的个股行情从而纷纷抛出。而庄家通过这种长期的潜伏底吸纳了大量筹码，终于在8月初拔地而起，成为耀眼明星。

"双重底"形态选股

一只股票上升到某一价格水平时,出现较大成交量,股价随之下跌,成交量开始减少。接着股价又升至与前一个价格几乎相等的顶点,成交量再次随之增加却不能达到上一个高峰,接着第二次下跌,股价的移动轨迹就像一个"M"字。这就是双重顶,又称"M"头走势。

股价持续下跌一段时间后,出现了技术性反弹,但回升时间幅度不大,然后又出现下跌,当跌至上次低点时却获得支撑,再一次回升,这次回升时成交量要大于前次反弹时的成交量。股价在这段时间的移动轨迹就像一个"W"字,这就是双重底,又称"W"底走势。

无论是"双重顶"还是"双重底",都必须突破颈线(双头的颈线是第一次从高峰回落的最低点;双底的颈线就是第一次从低点反弹的最高点),形态才算完成。

股价持续上升为投资者带来了相当丰厚的利润,于是他们卖出,这一股卖出力量令上升的行情转为下跌。当股价回落到某一水平,吸引了短期投资者的兴趣,另外较早前卖出获利的投资者也可能在这一水平位置再次买入补回,于是行情开始回复上升。但与此同时,对该股信心不足的投资者会因觉得错过了在第一次高点出货的机会而马上在此出货,加上在低水平获利回补的投资者也同样在这一水平位置再度卖出,强大的卖出压力令股价再次下跌。由于两次高点都受阻而回,令投资者感到该股无法再继续上升(至少短期该是如此)。假如越来越多的投资者卖出,令股价跌破上次回落的低点(即颈线),于是整个双头形态便告完成。

双底走势的情形则完全相反。股价持续的下跌令持股的投资者觉得股价太低而惜售,而另一些投资者则因为新低价的吸引尝试买入,加之前期做空者也在低位回补,于是股价呈现回升态势。当上升至某水平时,短线投机买入者获利吐出,那些在跌市中持货的也趁回升时沽出,因此股价又再一次下挫。但对后市充满信心的投资者觉得他们错过了上次低点买入的良机。所以这次股价回落到上次低点时便立即跟进。当越来越多的投资者买入时,求多供少的力量便推动股价扬升,而且还突破上次回升的高点(即颈线),扭转了过去下跌的趋势,新的上升开始了。

双头或双底形态是一个转向形态。当出现双头时,即表示股价的升势已经终结;当出现双底时,即表示跌势告一段落。通常这些形态出现在长期性趋势的顶部或底部,所以当双头形成时,我们可以肯定双头的最高点就是该股的顶点;而双底的最低点就是该股的底部了。

当双头颈线被跌破,就是一个可靠的出货信号;而双底的颈线被冲破,则是一个入货的信号。

应对双重底和双重顶的策略如下:

(1)双头的两个最高点并不一定在同一水平,两者相差少于3%是可接受的。通常来说,第二个头可能较第一个头高出一些,原因是看好的力量企图推动股价继续上升,可是却没法使股价上升超过3%的差距。一般双底的第二个底点都较第一个底点稍高,原因是先知先觉的投资者在第二次回落时已开始买入,令股价没法再次跌回上次的低点。

(2)双头最少跌幅的量度方法,是由颈线开始计起,至少会再下跌从双头最高点至颈线之间的差价距离。双底最少涨幅的量度方法也是一样,双底的最低点和颈线之间的距离,是股价突破颈线后至少会升高的长度。

(3)形成第一个头部(或底部)时,其回落的低点约是最高点的10%~20%(底部回升的幅度也相当)。

(4)双重顶(底)不一定都是反转信号,有时也会是整理形态,这要视两个波谷的时间差决定。通常两个高点(或两个低点)形成的时间相隔超过一个月。

(5)双头的两个高峰都有明显的高成交量。这两个高峰的成交量同样尖锐和突出,但第二个头部较第一个头部的成交显著为少,反映出市场的购买力量已在转弱。双底第二个底部成交量十分低沉,但在突破颈线时,必须得到成交量激增的配合方可确认。双头跌破颈线时,不需成交量的上升也应该信赖。

(6)通常突破颈线后,会出现短暂的反方向移动,称之为反抽,双底只要反抽不低于颈线(双头之反抽则不能高于颈线),形态依然有效。

(7)一般来说,双头或双底的升跌幅度都较量度出来的最小升跌幅为大。

如下图,惠泉啤酒(600573)股价经过2008年熊市的长时间下跌后,在2008年10月13日到达最低点4.07元,此后出现了技术性反弹,但回升时间幅度不大,10月31日最高价5.26元,然后又出现下跌,当跌至上次低点时却获得支撑,再一次回升,这次回升时成交量要大于前次反弹时的成交量。股价在这段时间的移动轨迹形成一个标准的双重底,此后逐步攀高。

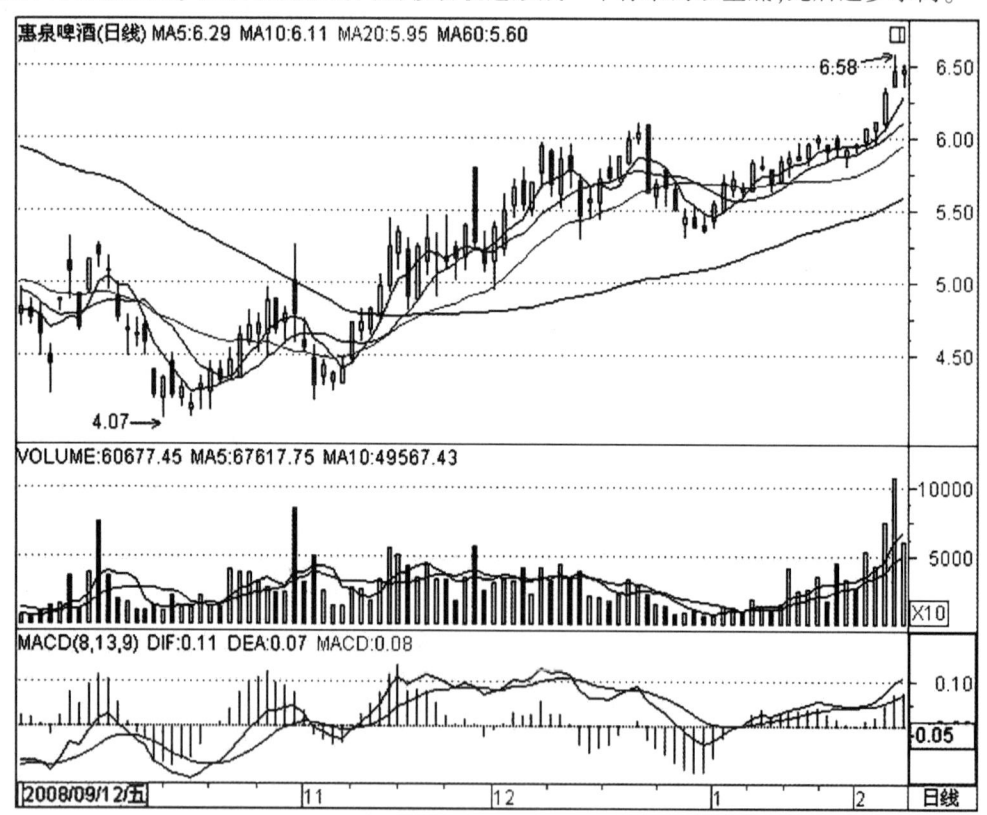

"圆弧底"形态选股

圆弧底是指股价位于低价区时,K线的均价连线呈圆弧形的底部形态。这种形态的形成原因,是由于有部分做多资金正在少量逐级温和建仓造成的,其内涵是股价已经探明阶段性底部的支撑位。它理论上的涨幅通常是最低价到颈线位间涨幅的一倍。

圆弧底的形态具有以下特征：

(1)股价处于低价区。

(2)股价变动简单且连续,先是缓缓下滑,而后缓缓上升,K线连线呈圆弧形。

(3)成交量变化与股价变化相同,先是逐步减少,伴随股价回升,成交量也逐步增加,同样呈圆弧形。

(4)耗时较长。

(5)"圆弧底"形成末期,股价迅速上扬形成突破,成交量也显著放大,股价涨升迅猛,往往很少回档整理。

一般来说,圆弧底形态形成之前,一些主力资金发现了市场未来将有可能具备某种投资价值,此时股价处于一个相对稳定的价格区域内。而为了能吸纳到更多、更便宜的筹码,这些主力资金便有计划地利用前期控制的筹码进行刻意地打压,并击穿市场中的重要支撑位置,使市场形成一种空头的气氛。正是由于重要支撑位的跌破,市场受到止损行为的影响,成交量在形态形成之初出现了剧烈的放大,此时主力并不会有意进行护盘,因而股价也不会出现较大的反弹,反而只是在震荡中市场的重心逐步下移,使投资者越补仓越被套,个股中几乎没有赚钱的机会。在经过相当长的时间来磨灭投资者的信心后,投资者参与投资该股的兴趣逐渐减小,成交量也从开始的放大逐步萎缩。参与的人越少,股价更是向下寻找底部的位置,正是这种循环导致股价不断下跌,离场的人越来越多。此时主力也已完成了初步的吸纳过程。当股价调整到一个相对低的位置时,市场中的惜售心理已非常浓厚,股价下跌的动力越来越弱,当成交量开始保持在一个相对稳定的萎缩状态,主力无法再吸纳到更多的筹码时,这时候一般意味着一个巨大的升势即将开始,投资者可在成交量放大时做买进动作。

在圆弧底的翘边上买入股票,需要注意的是：

(1)要寻找构筑圆弧底时间相对较长的个股,因为时间越长,底部基础越扎实,日后下跌的可能性越小。

(2)要寻找圆弧底的右翘边还在低价区的个股,免得在股价已经大幅涨高以后容易出现调整走势。

(3)要在低价区、股价刚刚在右翘边上买入,也还是要在靠近30日均线时下单买入,尽可能买到相对低价。

圆弧底的最佳买入时机是在圆弧底右边往上微微翘起的时候。

历史多次证明,在圆弧底构筑成功之后,其股价一般都沿着翘涨的惯性不断地往上冲,直至出现暴涨。在其右边往上翘涨的过程中,一般有好几个交易日,每天的K线不是大涨的长阳线,涨、跌幅也都很小,整体呈现温和上涨、温和放量态势。在此期间,任何价位和任何时刻买进都是正确的。

这是因为大、中型圆弧底的构筑时间都很长,是在成年累月的走势中形成的,而且大多在行情的最底部,有的甚至是在历史的大底部形成的,并且这个圆弧底是告别最低位后才往上走的,即形成翘边形态的时期。这就排除了再次大跌的可能性,是风险较小而机会较大的时期。

圆弧底的操作策略如下：

(1)圆弧底是易于确认和非常坚实与可靠的底部反转形态,一旦个股左半部完成后股价出现小幅爬升,成交量温和放大形成右半部圆形时便是中线分批买入时机,股价放量向上突破时是非常明确的买入信号,其突破后的上涨往往是快速而有力的。因此可见,在圆弧底末期应是最佳买入时机。

(2)圆弧底重要的特征就是股价在大幅下跌之后,在构筑底部的过程中,股价和成交量的变化均呈现圆弧状且完成的时间较长。

(3)由于圆弧底易于辨认,有时太好的圆弧底反而被主力利用来出货形成骗线。像某些个股除权后在获利丰厚的情况下,庄家就是利用漂亮的圆弧底来吸引投资者。因此,如果公认的圆弧底久攻不能突破或突破后很快走弱,特别是股价跌破圆弧底的最低价时仍应止损出局观望。

如下图,江苏通润(002150)在2008年下半年大幅下跌之后,在构筑底部的过程中,股价和成交量的变化均呈现圆弧状,且完成的时间较长,成交量温和放大形成右半部圆形,此时便是中线分批买入时机。该股从6.1元启动,9个月内涨幅超过100%,大大跑赢大盘。

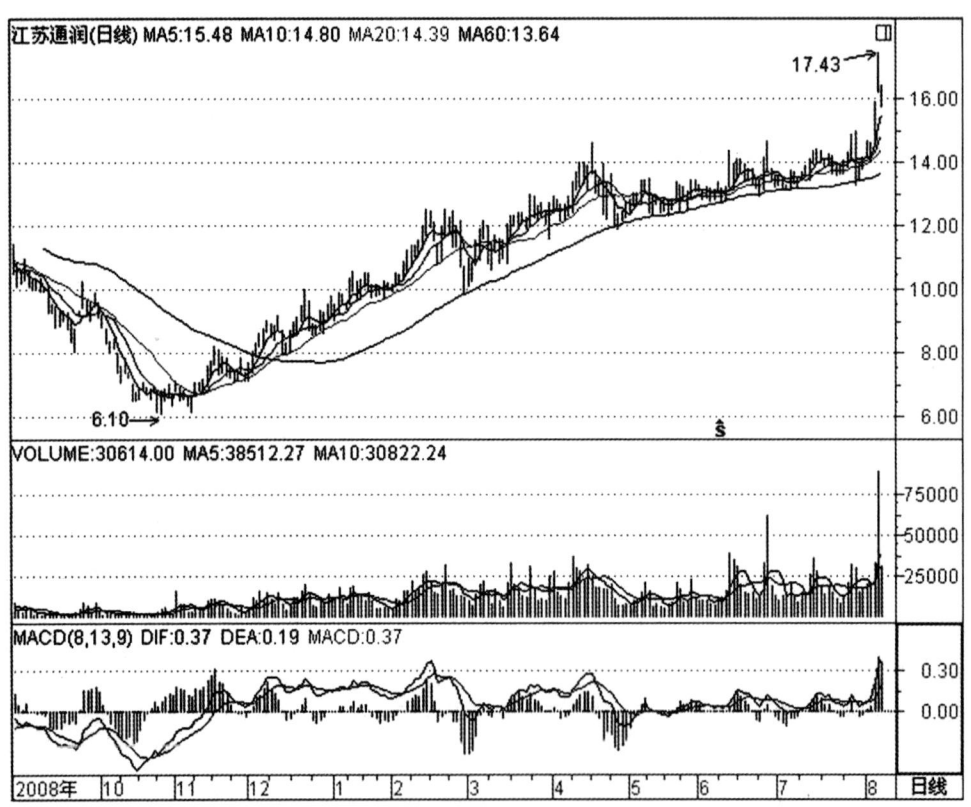

V形反转选股

V形底形态,是指股价先一路下跌,随后股价一路攀升,底部为尖底,在图形上就像英文字母V一样。其形成时间最短,是研制最困难、参与风险最大的一种形态。但是这种形态爆发力强,可在短期内获取暴利,它的产生原因是市场受利空打击或其他意外情况影响造成恐慌性抛售,引起股价超跌,从而产生报复性的反转行情。

股价在下跌趋势中,由于市场看空的气氛使得股价下挫的速度越来越快,最后出现恐慌性杀跌,空头得到极度宣泄之后,股价走势出现了戏剧性的变化,股价触底后便一路上扬,这样就产生了V形走势。股价在上涨趋势中,由于市场看好的气氛使得买盘强劲增多,股价上涨的速度越来越快,最后出现宣泄式暴涨,多头得到极度宣泄之后,便出现了危机,短线客见股价上涨乏力便会反手做空,这种现象越演越烈,股价走势也出现了戏剧性的变化,股价触顶后便一路下跌,这样就产生了倒V形走势。

V形底的投资策略为:V形底最佳买点是低位放量跌不下去回升初期,或是放量大阳的转势时。

在操作中需要把握以下投资要点:

(1)股价涨幅,一般来讲,短期内上涨幅度越大、动力越强,出现V形反转的可能性也越强,超过4%以上的巨阳或巨阴往往成为很好的配合证据。

(2)成交量放大,正V形反转在转势时成交量要明显放大,价量配合好,尤其转势前后交投的放大,实际上是最后一批杀跌盘的涌出和实力资金接盘造成的。

(3)依托均线,均线具有显著的判断趋势运行的功能,投资者需要结合短中长期的均线进行研判。如果股价突破均线系统以后,中短期均线能够迅速转向,将有利于股价的进一步上升。

如上图,建投能源(000600)在2008年下半年市场看空的气氛使得股价前期下挫的速度越来越快,最后出现恐慌性杀跌,空头得到极度宣泄之后,于2008年10月29日探底到3.5元,股价触底后便一路上扬,股价在上涨趋势中,由于市场看好的气氛使得买盘强劲增多,股价上涨的速度越来越快,最后出现宣泄式暴涨,这样就产生了V形走势。

三角形反转选股

常见的三角形反转图形有对称三角形、上升三角形和下降三角形。

在股价形成对称三角形的过程中，由于买卖双方势均力敌，并对股价的变化持观望态度，其成交量一般会比较低，但是一旦突破上斜边并产生上涨的反转行情之后，成交量将会增大。

在某价格水平呈现出相当强大的卖压，价格从低点回升到该水平便告回落，但市场的购买力良好，价格未回至上次低点即告弹升，此情形持续令价格承受着一条阻力水平线波动日渐收窄。若把每一个短期波动高点连接起来，可画出一条水平阻力线。每一个短期波动低点则可相连出另一条向上倾斜的线，这就是"上升三角形"。

在上升三角形的反转形态中，买盘的力量逐渐加强，虽然最高价没有突破性水平上限，但最低价已日趋上升。一旦股价突破三角形的上边，并有较大的成交量与之配合，这就预示着股价会出现突破性的上升行情，股民可以买进。

在下降三角形的反转形态中，卖盘的力量逐渐加强，虽然最低价没有突破水平下限，但最高价已日趋下降。在买卖双方争持的过程中，成交量不大，即使突破了下跌的底价，成交量也不会大量增加，只是在刚突破底价的一段短时间内有所增加，并马上减弱。否则的话，如有大量成交量的支撑，股价就有可能出现反弹。因此，如果股价一旦突破了下跌的底价，投资者应抓住时机卖出。

缺口形态选股

缺口是K线图中所出现的一种特殊形态，它是指当天的最低成交价比前一个交易日的最高价还要高或者当天的最高成交价比上一交易日最低价还要低，造成相邻两根K线之间有一个空间，这个空间内无交易。

但要注意，相邻的两根K线，虽然实体部分有缺口，但如果有上下影线相连，就不是缺口，只是跳空现象。

缺口分普通缺口、突破缺口、持续性缺口与消耗性缺口等四种。从缺口发生的部位大小可以预测走势的强弱，确定是突破还是已到趋势的尽头，它是研判各种形态最有力的辅助材料。

某些个股经过一段时间箱形整理后，受消息面的利好影响或庄家的人为炒作行为向上突破，形成突破缺口，或在缓慢上涨过程中，突然加速上涨，形成突破缺口，这有可能标志着一个新的上升浪的开始，此时酝酿着极好的短线选股机会，有些个股甚至还蕴藏着中线机会。

（1）普通缺口：是指没有特殊形态或特殊功能的缺口，它可以出现在任何走势形态之中。但在更多的情况下出现在波动范围不大的整理形态中，出现缺口后，也未导致股价突破形态上升或下降，短期内走势仍是盘局，3天内缺口很快被回补。因此给投资者的短线操作带来了一个简便的机会：即当向上方向的普通缺口出现之后，在缺口上方的相对高点应抛出股票，然后待普通缺口封闭之后再买回股票；当向下方向的普通缺口出现之后，在缺口下方的相对低点应买入股票，然后待普通缺口封闭之后再卖出股票。这种操作方法的前提是必须判明缺口是否为普通缺口，而且股票价格的涨跌必须有一定的幅度，才能采取这种高抛低吸的策略。

(2)突破缺口：突破缺口是指股票价格向某一方向急速运动，远离原有形态所形成的缺口。突破缺口的特点是蕴含着极强的动能，打破原有的平衡格局，股价脱离整理或成交密集区，至少不在3天内甚至一个时期不被封闭；股价变动剧烈，向上时成交量明显增大，向下时却不一定；其出现后，一般都会再出现持续性缺口和消耗性缺口的形态。突破缺口的分析意义极大，它一般预示着行情走势将要发生重大的变化，而且这种变化趋势将沿着突破方向发展。比如，向上的突破缺口，若突破时成交量明显增大，且缺口未被封闭，则这种突破形成的缺口是真突破缺口，一旦确认之后，无论价位的升跌情况如何，投资者都可大胆买入；反之，向下的突破缺口被确认后，应立即止损。

(3)持续缺口：是在股票价格向某一方向有效突破之后，由于运动急速而在途中出现的缺口，又称为"中途跳空缺口"，重要特征是没有密集成交形态的伴随。持续性缺口一般在短期内不被回补，有助涨助跌的作用，特殊的时候会产生2~3个。因此，投资者可在向上运动的持续性缺口附近买入股票或者在向下运动的持续性缺口附近卖出股票，而不必担心是否会套牢或者踏空。持续性缺口具有以下特点：是一种二次形态的缺口，它只能伴随突破缺口的出现而出现，因此其比较容易辨别；能衡量股票价格未来的变动方向和变动距离，持续性缺口标志着行情趋势加速和接近行情的中点，即未来升跌幅度很可能会达到该缺口与突破缺口的距离那么长；一般都不会被封闭；具有较强的支撑和阻力效能，而且在日后仍旧能够得到体现。

(4)消耗缺口：出现在一个运行趋势的末端，股价做最后的冲刺，与此同时往往有恐慌性抛售或消耗性的上升，缺口一般很快被回补，市场原有的趋势发生逆转。判断的最简单方法就是考察缺口是否会在短期内封闭，若封闭则形态可确立。由于此时行情已接近尾声，一旦出现消耗性缺口应及时卖出股票，而在下跌趋势中出现消耗性缺口时应买入股票。

消耗缺口是行情尾声和终点的标志，判断最好的依据是缺口发生当天或隔天成交量放出剧烈的天量，随后不能维持或扩大，这是与持续缺口最大的区别。

从突破缺口到衰竭缺口实际上反映的是市场股价多空趋势，由产生到强盛再到消亡的过程，因此它们是按次序出现的。对于个股而言，热门股的分析意义和效果比较肯定，但在冷门股或全控盘庄股中，缺口分析的意义虽不可忽视，但较难作为判断股价趋势的指标，因为冷门全控盘庄股较少出现多空争斗情况，走势往往出现一边倒，完全由庄家控制。

缺口往往是在外界突发因素刺激下，由于多空双方的冲动情绪造成的，事后经过市场时间对刺激因素的逐步消化，以及买卖双方理智的逐渐恢复，理论上缺口都会出现回补现象，一般而言，缺口若不被下一个次级行情封闭，则有可能由下一个中级行情回补，时间若更长，将由下一个原始趋势所封闭。

如下图，焦作万方(000612)在7月15日拉出涨停板，次日高开7%左右，形成巨大突破性缺口，在3天内未被封闭；股价变动剧烈，向上时成交量明显增大，说明该股蕴含着极强的动能,打破原有的平衡格局,行情走势将要发生重大的变化。

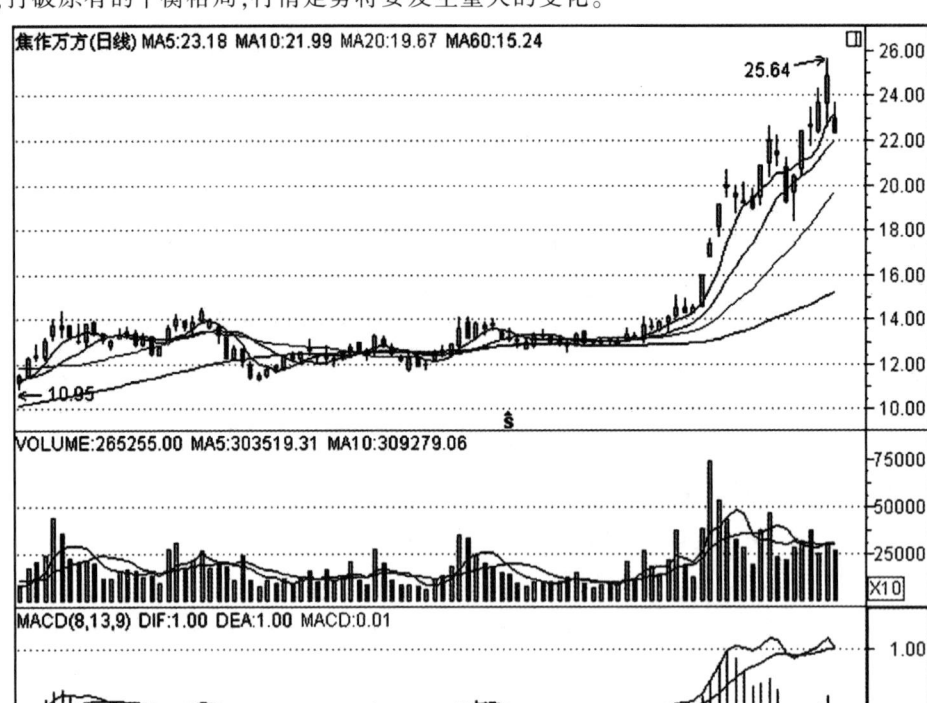

矩形形态选股

　　矩形是股价由一连串在两条水平的上下界线之间变动而成的形态。股价在其范围之内出现上下。价格上升到某水平时遇上阻力,掉头回落,但很快便获得支持而回升,可是回升到上次同一高点时再一次受阻,而挫落到上次低点时则再得到支持。这些短期高点和低点分别以直线连接起来,便可以绘出一条通道,这通道既非上倾,亦非下降,而是平行发展,这就是矩形形态。

　　矩形为冲突均衡整理形态,是多空双方实力相当的斗争结果,多空双方的力量在箱体范围间完全达到均衡状态,在这段运动期间谁也占不了上风。看多的一方认为其回落价位是很理想的买入点,于是股价每回落到该水平即买入,形成了一条水平的支撑线,但另一批看空的投资者对股价上行缺乏信心,认为股价难以升越其箱体上轨,于是股价回升至该价位水平便即沽售,形成一条平行的压力线。所以当股价回升一定高度时,一批对后市缺乏信心的投资者退出;而当股价回落到一定价位时,一批憧憬着未来前景的投资者买进,由于多空双方实力相当,于是股价就来回在这一段区域内波动。当然有时也是主力庄家控制幅度,进行吸货出货的结果。

　　矩形研判的要点:

　　(1)与其他形态不同的是,矩形整理形态是短线投资者最喜欢的一种形态。当矩形形态初步形成后,投资者可利用矩形形态下有支撑线、上有压力线的特点,在矩形的下界线附近买入,在矩形上界线附近抛出,来回做短线操作。但是,在做这种短线操作时要注意两点:一是矩形的上下界线相距要较远；二是一旦矩形形成有效突破则需要审慎决策，即在上升趋势中，矩形带量向上突破盘局时，则要坚决捂股待涨，而在下降趋势中，矩形向下突破时，则要尽快止损离场。

（2）矩形形态在大多数场合中是以整理形态出现的，但有些情况下，矩形也可以作为反转形态出现，这需要投资者区别对待。当矩形是整理形态时，矩形有效突破后，股价会按照原有的趋势运行；当矩形是反转形态时，矩形有效突破后，股价会按照相反的趋势运行。

（3）一般情况下，判断矩形是整理形态还是突破形态的依据之一是股价已有的涨跌幅。当股价从底部上涨到30%~50%或从高位下跌30%~50%左右时，可以视为整理形态；而当股价从底部上涨和高位下跌的幅度超过80%以后出现的矩形形态，大多数是矩形反转形态。

（4）矩形的有效突破主要是以股价的收盘价为准。在上升趋势中，当股价的收盘价突破了矩形上边的压力线，有一定的涨幅（一般为超出矩形整理形态最高点的3%左右），同时伴随成交量放大的情况，视为矩形的有效向上突破；在下降趋势中，当股价的收盘价跌破了矩形下边的支撑线、有明显的跌幅（一般为低出矩形整理形态的3%左右），成交量有一定的放大的情况，视为矩形的有效向下突破。

（5）在上升趋势中，当股价向上突破矩形形态上边的压力线，形成矩形整理形态的有效向上突破后，通常意味着市场上一条重要的压力线被突破，大量新的买盘将进场，股价将开始一轮新的上涨行情，这时投资者应持股待涨或逢低吸纳；在下降趋势中，当股价向下跌破矩形形态下边的支撑线，形成矩形整理形态的有效向下突破后，通常意味着市场上一条重要的支撑线被突破，大量卖盘将涌出，股价将开始一轮新的下跌行情，这时投资者应持币观望或尽快抛出股票。

（6）矩形整理形态还应参照均线理论一起研判，这样可以减少研判的失误。

首先，在上升趋势中，矩形整理的位置与长期均线的位置有很大的关联。如果上升矩形整理形态是出现在股价突破了长期均线（如200日均线等）的上方附近时，则矩形形态向上突破的力度比较强，涨幅也相当可观；如果上升矩形整理形态是出现在股价长期均线上方较远的地方时，则矩形形态向上突破后的力度和高度将有限；如果上升矩形整理形态是出现在股价长期均线下方附近时，股价的有效突破，不仅要突破矩形形态上方的压力线，而且还要向上突破长期均线，这样才是股价的真正向上突破；如果上升矩形整理形态是出现在离长期均线很远的下方时，股价突破后的高度和空间也比较有限，而且股价在到达长期均线附近时将面临较强的压力。

其次，在下降趋势中，矩形整理的位置与长期均线的位置也有很大的关联。如果下降矩形整理形态是出现在长期均线上方附近时，矩形向下有效突破的标志，是以是否跌破长期均线为准，即股价即使跌破矩形下边线但没有跌破长期均线，矩形的向下突破还不能确认，但如果股价既跌破矩形的支撑线又跌破长期均线，则矩形向下突破为有效突破，而且股价向下突破后的力度和空间将非常大；如果下降矩形整理形态是出现在长期均线上方较远的地方时，矩形形态的突破是以股价跌破矩形支撑线为主，但股价突破后的力度和空间不大，当股价跌到长期均线附近时，将获得较强的支撑；如果下降矩形整理形态是出现在长期均线下方时，矩形形态的突破也是以股价跌破矩形支撑线为主，股价下跌的空间和力度比较大。

如下图，八一钢铁（600581）在2009年1月从4.9元的低点跃上7元的平台后，价格上升到9元时遇上阻力，掉头回落，但很快在6.5元附近便获得支持而回升，可是回升到9元时再一次受阻,而挫落到6.5元时则再得到支持。这就是典型的矩形整理形态。直到5月上旬,该股放量突破矩形上沿,步入上升通道。

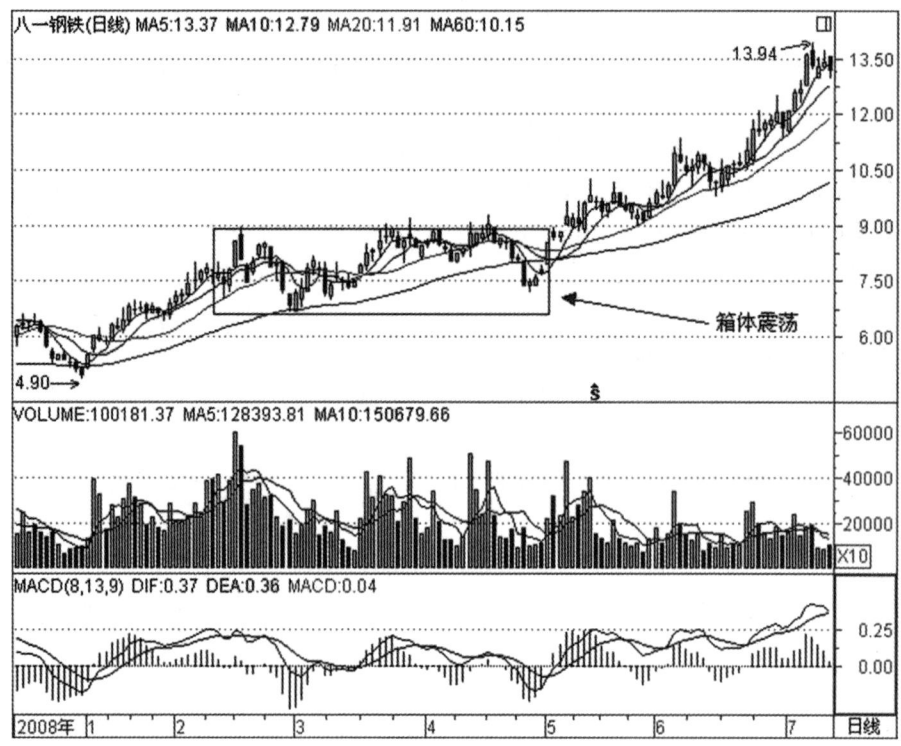

菱形形态选股

菱形的形态犹如钻石,其颈线为V字状。成交量如同三角形,渐次减少。菱形实际是喇叭形和对称三角形的结合。左半部和喇叭形一样,第二个上升点较前一个高,回落低点也较前一个为低,当第三次回升时,高点却不能升越第二个高点水平,接着的下跌回落点却又较上一个回落点为高,股价的波动从不断地向外扩散转为向内收窄,右半部的变化类似于对称三角形。

当股价越升越高之际,投资者显得冲动和失去理智,因此价格波动增大,成交也大量增加,但很快地,投资情绪渐渐冷静下来,成交减少,股价波幅收窄,市场从高涨的投资意愿转为观望,投资者等待市场进一步的变化再做新的投资决定。

根据菱形寻找明星股就要注意以下几个要点:

(1)菱形很少为底部反转,通常它在中级下跌前的顶部或大量成交的顶点出现,是个转向形态。

(2)当菱形右下方跌破后,就是一个卖出信号;但如果股价向上突破右方阻力,而且成交量激增,那就是一个买入信号。

(3)其最小跌幅的量度方法是从股价向下跌破菱形右下线开始,量度出形态内最高点和最低点的垂直距离,这一距离就是未来股价将会下跌的最小幅度。

周K线月K线形态选股

周K线及月K线属中线指标。周K线或月K线连续收阳的股票,成为大黑马牛股的可能性极大,尤其是在弱势中(中期调整的后期)周K线或月K线若能够连续收阳线,则一旦大盘企稳反转,该类股票最有可能成为大牛股。

周K线及月K线的运用应注意以下几点:

(1)弱势从低位连续收阳线的股票,应高度重视。

(2)较强股票周K线或月K线的数量往往符合斐波那奇序数,即1、2、3、5、8、13、21、34周等,也即连收阳线时,第1周、第2周、第3周、第5周、第8周、第13周、第21周、第34周等应引起重视,该时间窗容易面临调整(短期调整或见顶)。

对于走势较强的新股,在第3周及连收5周阳线后最容易收周阴线,因此可以考虑短期避险。

如果一只股票既符合弱势盘年线原理,又符合弱势连收周阳线原理,则未来走成大牛股的可能性极大。

(3)一般来说,连续收小周阳线不要急于出货,这往往是庄家的建仓动作,该种股票在见顶之前往往要连拉几根大的周阳线。

"平台起飞"形态选股

"平台起飞"K线组合形态是指当个股或大盘在底部区域经过充分的蓄势整理之后,终于爆发向上突破行情。在形态上显示先是有一个横盘整理的过程,然后成功突破并展开新一

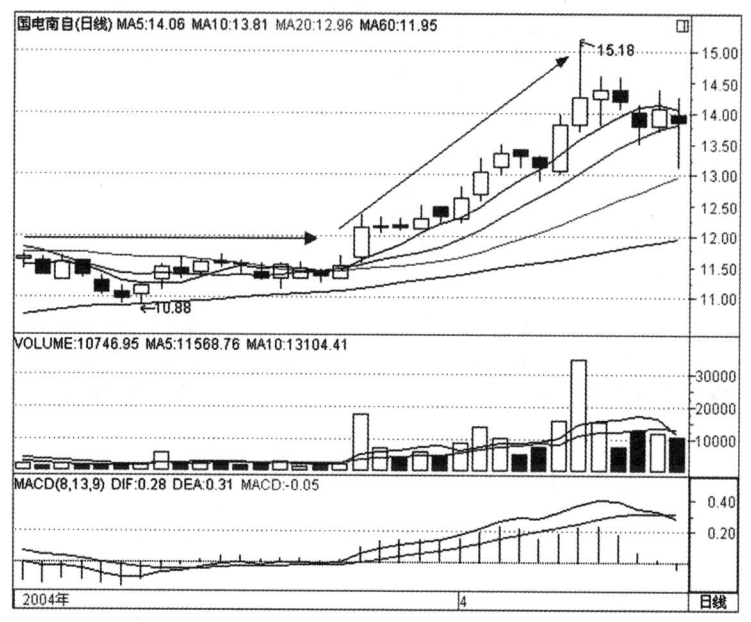

轮上升行情。技术特征有：

（1）在一段时间内，股价保持不愠不火的横盘走势，每天以小阴小阳线运行。

（2）当整理行情运行一个阶段后突然出现快速上涨走势，通常是以中阳线或长阳线展开行情。

（3）在股价突破的同时，成交量也迅速放大。

如上图，国电南自（600268）在2004年3月形成一段横盘走势，3月25日，该股突然发力上攻。研判这种K线的关键在于突破时的分析。不仅要注意量价关系，还要注意突破时的阳线不能依赖尾盘拉升，而要在盘中稳健上行。例如，国电南自在突破当日的走势时呈现出稳健推升态势。

值得注意的是，有时在一轮上升行情中不止出现一次"平台起飞"，而是有多次机会。

"立竿见影"形态选股

立竿见影这个成语的含义是指在阳光下将竿子竖起来，立即就能见到影子，比喻立刻见到功效。股市中的"立竿见影"K线组合形态往往能发挥出立即见效的投资结果。

"立竿见影"K线组合形态是通过将K线与收敛三角形结合起来进行研判的一种形态。收敛三角形通常表示投资者对于个股比较缺乏信心和趋于犹豫，投资行为更加谨慎，观望心理占据上风。这时如果股价能形成有力突破，将极大地增强投资者的信心，从而引发新一轮行情的诞生。

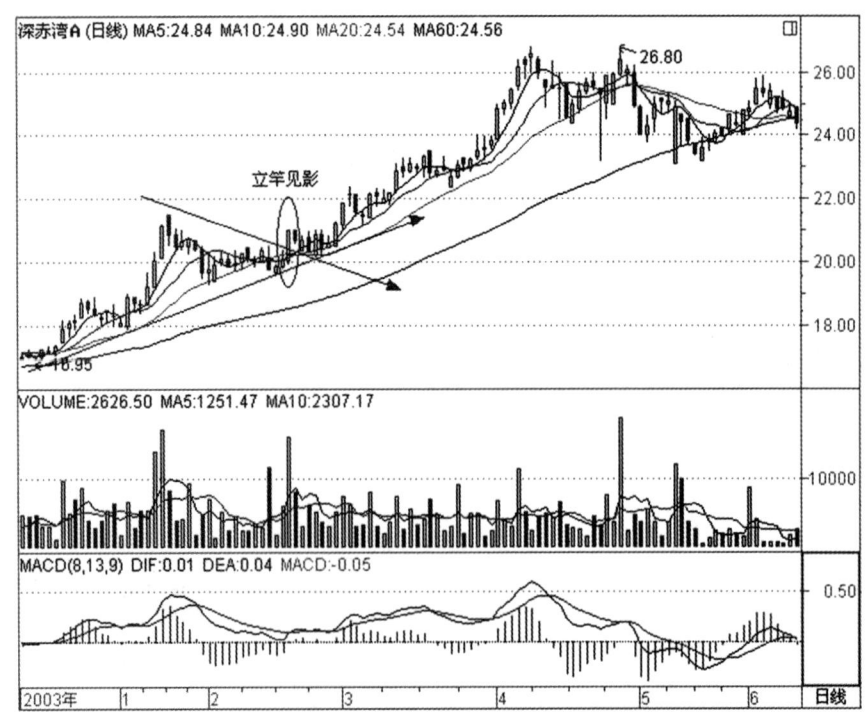

1. "立竿见影"的技术特征

(1)个股股价走出收敛三角形,即反弹高点不断下移、下跌低点不断抬高。从技术上分析收敛三角形至少需要四个转折点,即在一段时间内至少应形成两个高点、两个低点,因为每条直线都需要两个点来加以确定。通过高点和高点、低点和低点的联结可以得到两条聚拢的直线。上面直线向下倾斜,对股价具有压力作用;下面直线向上倾斜,对股价具有支撑作用。

(2)当股价运行到接近收敛三角形顶端位置时,出现一根阳线成功突破上边线,该K线即为"立竿见影"K线组合形态。

(3)在个股或大盘走出该K线的同时,成交量必须同时放大,这样才能说明其突破力度和有效性。

2. 投资实例

(1)如上图,深赤湾A(000022)在2004年年初形成收敛三角形,该股在2月18日向上突破走出"立竿见影"K线组合形态,成交量也同步有效放大,证明该K线组合形态的有效性,此后该股出现连续上涨行情。

(2)收敛三角形规模的大小往往会影响到"立竿见影"K线组合形态的实际功效的大小。一般由数月时间构筑的收敛三角形效果最好,此时出现该K线组合形态时往往会展开有力的上涨行情。

"石破天惊"形态选股

"石破天惊"K线组合形态是K线与菱形形态的组合运用。菱形又称为钻石形,是发散三角形、收敛三角形、头肩顶的综合体。当出现向上突破性质的K线时,个股会出现一段涨升行情。

1. 技术特征

(1)大盘或个股走出菱形形态。该形态的左半部和发散三角形形态一样,其市场的含义也相同,第二个上升点较前一个高,回落低点亦较前一个为低,当第三次回升时,高点却不能升越第二个高点水平,接着的下跌回落点却又比上一次的回落点低,股价的波动从不断地向外扩散转为向内收窄;右半部和收敛三角形一样,从而最终形成菱形形态。

(2)当股价或指数运行到接近菱形尾端,即接近右侧收敛三角形顶端位置时,出现一根阳线成功突破上边线,该K线即为"石破天惊"K线组合形态。

(3)在形成菱形过程中,成交量前半部分与发散三角形一样,具有高而不规则趋于放大的成交量;后半部与收敛三角形一样,成交量趋于逐步萎缩。当出现"石破天惊"K线组合形态时,需要成交量保持同步放大,方能证明突破的有效性。

2. 投资实例

(1)2004年10~11月,上证指数走出菱形形态,11月10日大盘以一根中阳线迅速突破菱形,形成"石破天惊"K线组合形态。

出现"石破天惊"K线组合形态后,其理论涨幅由突破点开始计算,能达到该形态中最大的垂直差价。一般来说,价格运动的实际距离比这一段最小量幅长。

(2)上证指数在2004年年初形成菱形形态,当2004年3月10日出现该K线组合形态后,指数随后的上涨幅度达到理论涨幅。

相对而言,菱形的构筑时间越长、规模越大,则出现"石破天惊"K线组合后的涨幅也相应越大。

"天马行空"形态选股

"天马行空"K线组合形态是上涨阳线与箱体形态的组合运用。

矩形是一种典型的整理形态,股价或股指在两条平行直线之间上下波动,既不能向上突破阻力线,也不会跌破支撑线,这种震荡会持续一个阶段,震荡行情中短期高点和低点分别以直线相连。箱体的形成是因为市场处于多空平衡中的一场拉锯式行情,股价向上会遭受沉重抛压,向下又获得各种支撑,造成股价陷入跌不深也涨不高的僵局中。

箱体中的僵局是暂时性的,其突破将是一种必然的结果。在突破之前的箱体整理中,市场的买卖热情会逐渐下降,成交量会出现一定程度的萎缩。当市场逐渐转为平静后,突破性行情会迅速爆发出来,而突破箱体的那根阳线就是"天马行空"K线组合形态。

技术特征

(1) 个股或大盘走势为箱体形态,一段时间内股价或股指在两条平行直线之间上下波动。

(2) 某日一根上涨阳线突破箱体的上边,即为"天马行空"K线组合形态。

(3) 突破时,成交量同时明显放大。

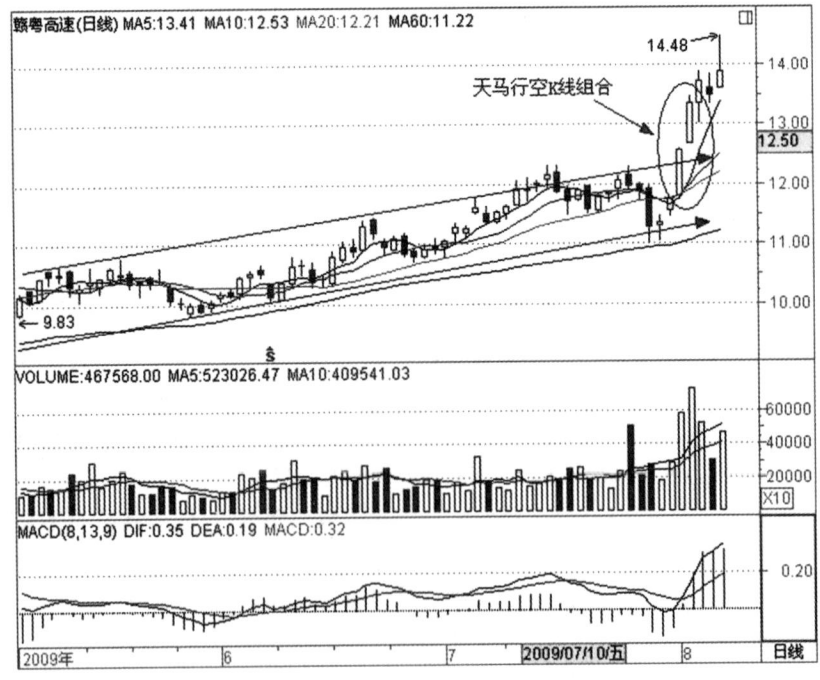

如上图,赣粤高速(600269)从2009年5月开始在9.83~12元形成了波动幅度仅20%的矩形整理区域,期间曾有多次向上接近箱体高点,但都是蓄势而不发,2009年8月4日终于一举向上突破矩形区域形成"天马行空"K线组合形态。随后,该股展开强势上涨行情,最高升至14.48元。

"波段买点"形态选股

波段买点K线组合是一种与技术指标结合起来分析的K线形态，专门用于波段操作中的买进信号。

技术特征

(1)最近几日的K线触及布林线的下轨线。

(2)股价成功摆脱布林线下轨线束缚，走出脱离下轨线的阳线，阳线实体不能过小，一般要求至少达到2%以上。

(3)布林线的运行比较平稳或者处于震荡向上走势中。

(4)布林线的上下轨线保持一定的宽度，因为过窄的布林带容易引发变盘行情，而且投资获利的空间有限，不利于波段操作。

如下图，兰花科创在2004年的9月14日和2005年的1月12日分别走出"波段买点"K线形态，给投资者提供了良好的买入时机。

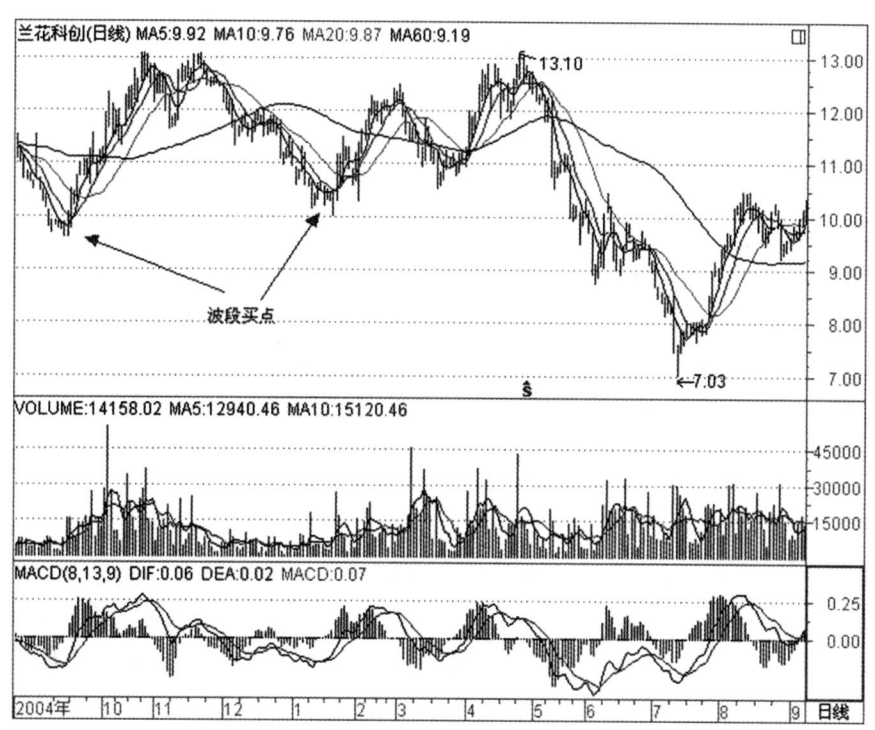

"大浪淘沙"形态选股

"淘"表示用水冲洗、去掉杂质，在大浪中洗净沙石，运用在股市中表示经受住考验、筛选的优质股票和行情。所谓"大浪淘沙始见金"，"大浪淘沙"K线组合形态通过对常态行情的过滤,显露出已经出现突破走势的个股介入机会。

该K线组合形态是K线与主图指标布林带结合起来运用的形态。布林线指标由约翰·布林先生创造,布林线利用统计原理,求出股价的标准差及其信赖区间,从而确定股价的波动范围及未来走势,利用波带显示股价的安全高低价位,因而也被称为布林带。其上下限范围不固定,随股价的波动而变化。当K线经过强势整理之后迅速突破布林带上轨线,将形成"大浪淘沙"K线组合形态。

1. 技术特征

(1)K线要连续在布林带中轨的上方运行,这一过程至少需要保持9天,期间每根K线的最低价不能低于布林带中轨。

(2)一根阳线突然向上突破布林带上轨线,该阳线实体相对较长,股价涨幅较大,从而形成"大浪淘沙"K线组合形态。

(3)在形成突破之前,布林带的带宽呈现出收窄现象为好。

(4)当布林带的波带向上移动时出现该K线组合形态的效果较好。

(5)当走势图上出现该K线组合形态时,投资者可以结合成交量的表现情况,选择适当时机介入。

2. 注意要点

运用"大浪淘沙"K线组合形态时最需要注意的是不能过度追高,当股价已经大幅上涨70%或1倍以上时,投资者介入不仅获利空间有限,而且具有一定风险。有时股价上涨虽然不到1倍,但涨速过快时也不宜追涨。

"顶天立地"形态选股

当股市处于剧烈宽幅震荡行情中时,或者上市公司遇到突发消息时,个股会表现出剧烈震荡走势,有些个股在某一交易日内出现振幅极为巨大的阳线,有时最低价能够接近跌停板,而当天最高价却接近涨停。其中,K线实体的涨幅超过10%,这种K线形态被称为极度长阳线,出现极度长阳线的个股中将有相当一部分会在后市行情中出现急速飙升的走势。

1. 极度长阳线与普通的大阳线之间的区别

普通大阳线的K线实体较长,上下影线都很短,一般要求收盘价大于开盘价5%即可;而极度长阳线的K线实体远远长于大阳线,收盘价大于开盘价10%,如果加上上下影线,全天振幅接近20%。极度长阳线在形态上处于向下接近跌停板位置,向上顶着涨停板的位置,所以称为"顶天立地"K线。个股一旦出现这种走势后极易形成"黑马"。

极度长阳线与极度长阴线成为一种特殊的投资技巧,都是1996年实行涨跌停板制度的结果,在此之前沪深股市的股价波动剧烈,极度长阳线与极度长阴线出现的频率较多。实行涨跌停板制度,这两种K线出现极度长的次数减少,但市场指示意义更强。

2. 极度长阳线中容易出"黑马"的理论依据

股价在盘中的剧烈宽幅震荡,不是普通散户投资者可以做到的,往往是股价遇到利空消息而严重超跌之际,主力充分利用投资者的恐慌心理趁机将股价打到跌停板附近,然后再大肆"吃"进散户的恐慌抛盘。由于主力建仓迫切,常常将散户的抛盘一路通吃到涨停,表现在K线形态上就是振幅巨大的阳线。

3. 极度长阳线在实际应用中的技术要点

(1)极度长阳线形态特征要求个股前期走势是处于下跌状态中,股价在当天的盘中振幅要达到18%以上,并且在尾市收盘时股价是上涨的。

(2)对于确有重大实质性利空消息的,目前跌幅不深的或者目前的下跌幅度仍不足以完全释放利空影响的个股,投资者在参与时要谨慎小心。即使该股盘中出现极度长阳线的走势,投资者也应以回避为上,如ST康达尔。

(3)对于前期曾经有过大幅拉升,目前股价仍处于相对高位的个股,当盘中出现极度长阳线走势时,投资者坚决不要参与。因为极度长阳线是主力为了完成迫切建仓需要,而不惜暴露坐庄迹象的无奈之举。如果股价已被拉高后,庄家仍用极度长阳线显露其坐庄迹象,其用意就十分可疑了,投资者要谨防庄家利用该走势作为拉高出货手段,如上海梅林。

(4)发行新股上市首日和暂停上市公司恢复上市首日不适宜运用极度长阳线的投资技巧。因为根据管理层出台的规定,这两类股票交易不设涨跌幅限制,所以,首日交易中振幅通常都比较大,有的个股振幅远远超过20%,对此类个股运用极度长阳线K线组合形态的分析方法是没有实际意义的。

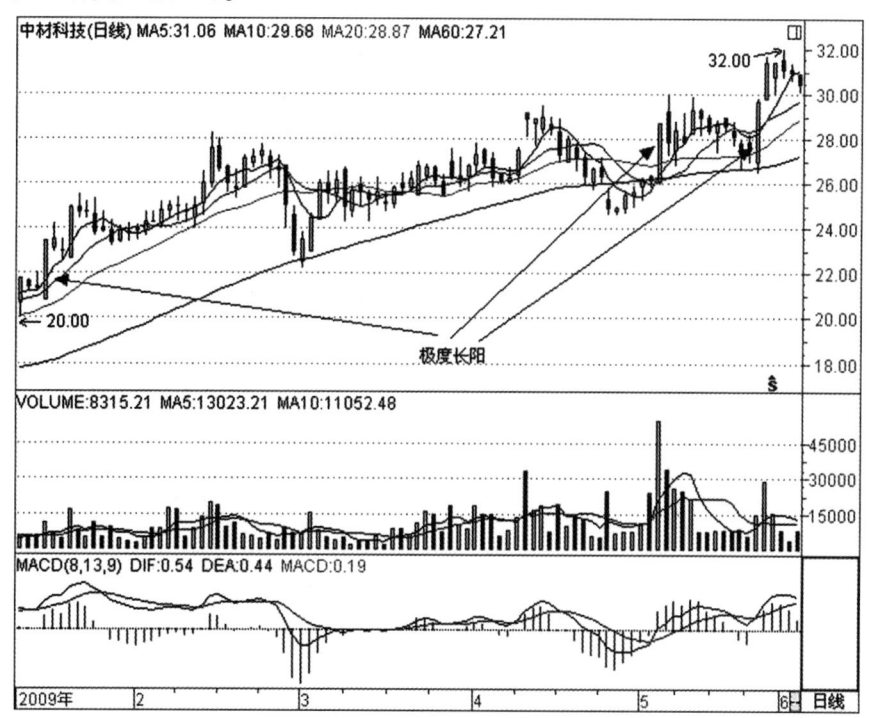

如上图,中材科技(002080)于2009年1月9日、5月6日、5月25日均被大笔买单拉起,在气势汹涌的买盘推动下,股价涨势如虹,并最终以涨停报收,随后该股股价不断跃上台阶,短短几个月内,该股就从最低价1月9日的21元上涨到8月初的32元,涨幅超过50%。

"突出重围"形态选股

"突出重围"K线则是一根K线对所有长短期均线的突破,这种K线的转势信号非常明显。

1. 技术特征

(1)"突出重围"K线是指一根K线同时突破10条均线,这10条均线包括5日、10日、20日、30日、40日、60日、90日、120日、180日和240日均线。"突出重围"K线的开盘价位小于10条均线,而收盘价位大于10条均线。

(2)"突出重围"K线形成时的成交量有所放大。

(3)"突出重围"K线使得部分均线出现转向。

2. 应用法则

"突出重围"K线是一种强势突破的K线形态,预示股价将出现大幅上涨行情,因此,在出现该K线形态后,投资者可以积极买进。

"绝地反击"形态选股

"绝地反击"K线是一种短线买进的信号,形容当大盘出现深幅下跌时,使得短期做空能量得到释放,个股或大盘积聚了新的做多力量,从而引发强劲反弹行情。

1. 技术特征

(1)股价创出最近3个月的新低,具体的要求是最近5天的最低价必须是最近3个月(一般是66个交易日)以来的最低价。

(2)出现光头K线,即收盘价等于全天最高价,当日的涨幅要超过3%。

(3)成交量要随着股价的上涨出现同步放大。

(4)K线对刚刚上市的新股无效,因为新股交易的时间还不到3个月,不能满足K线的技术要求。

2. 应用法则

出现"绝地反击"K线组合形态后,投资者可以短线参与反弹行情,但是这种K线对股价的长期运行趋势没有明确的指示意义,因此,投资者短线获利后,要及时获利了结。

第7章

选股要注重细节

货比三家来选股

彼得·林奇曾讲过一些投资者,说他们在购买卫生纸、洗衣粉和灯泡时,反复比较产品的性能、厂家和价格,而在寻找明星股时,却异常的马虎,往往听信传媒的推荐,甚至道听途说便匆忙入市,其结果往往使人大失所望。人们常说炒股"入慢出快",我们主张在寻找明星股时更要"货比三家",怎样做到"货比三家"呢?

1. 相似市场看行业

这里所说的"相似市场",不仅是指牛市熊市这些大市,也是指股市运行到什么阶段,更包含发动某次市场行情的"动因"、表式和内容。"看行业"即是看一波行情的热门板块、领涨板块。作为投资者,就要在股市中眼观六路,耳听八方,看到一波行情新起或将起,就要及时抓住这些领头的行业,积极参与,踏好节拍,选择好那些热门板块的个股,才有望获得丰厚的回报。

2. 相似行业看真假

社会上假货很多,也反映到股市中来。1997年时,股票市场曾兴起过"科技股",某些质差、亏损的企业,以为把自己上市的股票冠以"××科技",股价就会上去。其实,其科技成分极少,股价亦未因此大幅上升。进入2000年"网络年"就不同了,一段时间几乎天天有"触网"公告,至2000年4月26日,深沪两市已有约200家"网络股",在庄家刻意拉提下,个股因"触网"而大幅飙升。鱼目混珠,其实真正的网络股有多少?有人说真正的网络股只有"综艺股份"一家。便是这一家,也因发行上市过程中弄虚作假,受到中国证券监督管理委员会的行政处罚。

科技股、网络股有真假,"触网"的程度也多少有区分,在当今剧烈竞争的市场中,网络股肯定进行两极分化,这需要我们很好地甄别。据专家介绍,目前在中国,有线网、网络设备和网络软件、ISP、ISP和EC(电子商务)这些"触网"公司中,能赚钱的和具有良好发展前景的只有"有线网",其余都不同程度地面临着困境,业绩难望近年内有大幅提升,加上市场竞争激烈,这些公司将严重分化,甚至将被淘汰出局。

3. 同行业中看业绩

同为一个行业,由于规模、人才、技术、管理等水平不同,而导致业绩千差万别。有了业绩支撑,主力才有底气敢冲敢拉。

4. 相近业绩看盘子

在相同行业、相近业绩的上市公司中,进一步比较它们的总股本,尤其是流通盘的大小，在目前增量资金来源仍不丰富的情况下，有十分现实的意义。试想，对于有好几亿流通盘的股票，没有大资金、大机构是炒不动的，而对于只有几千万流通股，特别是三五千万以下的股票，"微型股"，对比那些相近业绩的大盘股，往往有惊人的升幅。即因盘子小，不需要动用较大的资金便容易炒动。同时，由于流通盘小，当业绩好时，存在较多的送配题材，具有较大的想象空间，使股价大幅飙升。因此，相近业绩看盘子，甚或只抓住流通盘小这一条，在当前选股中也十分重要。

5. 相似盘子看价格

炒股除了题材之外，就要着重看价格。一只股票，价格已升得很高，其上升空间在类比的情况下比较小，风险相对增大，而价格比较低的个股，尤其处于底部区域的个股，上升空间比较大，风险也相对小一些。行业相似，业绩相近，流通盘差不多，不考虑题材因素，首选价格低的股票。而题材，一是看有无问题，二是看是否去发掘问题。在当前这个以投机为主的市场里。所谓题材，往往是庄家编造出来的。

6. 相近价格看庄家

从某个角度讲，每一只股票都有庄家，只是庄家有大小、强弱之分，炒作的手法有凶狠和平稳之别，反映在股票上便有强庄股与弱庄股。选股当然选强庄股，尤其在相近价格下，选取强庄，选取稳健的庄家，不仅容易赚钱，赚得多，也赚得放心。

以上各点，近乎层层剥笋，但只有一个思路，即选股要十分慎重，多方比较，才能选上好股，立于不败之地。具体操作时，当然要分清主次，按照不同情况，各有所侧重，不搞一刀切，不搞形式主义。

选股在精不在多

很多股民在自行寻找明星股时，常常没有自己的主见，盲目听取他人意见，于是，跟着其他朋友抢进和追涨，会不自觉或不经意地买了一大堆股票，内容涵盖各项产业，琳琅满目好像在开杂货店。往往在看盘或注意自己持股的价格波动时，不免要看左又看右，瞻前又顾后，其中几只幸运赚到钱，有几只打平不赚不赔，还有些赔钱货，等到全部结算下来，搞不好没啥输赢，自己内心却忽喜忽悲，因为有的个股上涨，有的下跌，搞得自己很疲惫。

当然，若真的又看上了另一只股票时，那就得强迫自己要有所取舍，而不是没有限制一直买下去。这样的好处是你会借此随时检视自己的持股内容和目前的盈亏，对于个股价量表现，以及基本面的变化也照顾得来。再者，也会因此作出汰弱留强的动作，这样持股内容会比较灵活，也具有基金经理人布局的概念。只要有这种观念，基本上，你已踏出成功的第一步了。

在汰弱留强的过程中要注意，股票看重的是成长性，所以有时重质不重价。公司由很烂变成普通坏，或是普通好，这种转机股的股价会有所反应，但原则上最好手上的股票都是积极成长型，因为转机股的股价表现，会有一定的反应幅度，较难倍数成长。

总之，选股无需太多，也不要单恋一枝花。另外，公司的经营状况和未来发展的潜力会比价格的高低来得更为重要。所以一只股票100元不一定算贵，15元也不能算便宜，诉诸基本面的良莠、获利好坏和未来前景，才是研判个别股价孰高孰低的最佳利器。

"割肉"选股不可取

投资者中有很多人喜欢"割肉"。"割肉者"并不是自己不怕亏钱,而是迫不得已,他们之所以"割肉"原因有二:一是出于"永世不得翻身"的恐慌心理;二是受别人"割肉"我也"割肉"的"羊群效应"的影响。"割肉者"有两种思维:一种是看见自己所买的股票一时没有起色,便赔钱出局,去追买其他的股票;另一种是止损出局,在低位介入。第一种思维的出发点是"割肉"的损失能在其他股票上夺回来;第二种思维的出发点是低位介入的股票以后的涨幅能够弥补先前的损失。一次"割肉"无所谓,但频繁地"割肉",价差损失加上手续费,会使资金遭受严重损失,甚至使本金损耗殆尽。"割肉"跟止损不一样,止损是预先设定止损价位,跌破该价位就出局,目的是减少损失,保全本金。

最糟糕的"割肉者"是在股票下跌一段时间,甚至处于底部的时候,由于耐不住性子而"割肉"。其结果往往是,原先"割肉"的股票后来不仅没有继续下跌,反而上涨了很多,原来该股票的下跌仅仅是上升途中的一次回调。一些股民的股票被套牢后就是不"割肉",守仓一两年的都有,其结果是忍住了煎熬,保全了本金,最后获取了较高的收益。

所以,建议广大投资者最好不要轻易"割肉",投资者在"割肉"前要考虑清楚:
(1)目前大盘是否已经变坏?
(2)自己的股票是否已经处于高位,主力是否有逃跑的迹象?
(3)自己的股票在目前价位上是否超过了其真实价值?

如果以上答案都是否定的,则不必为大盘暂时的下跌而惊慌失措,对自己看准的股票,更要采取"捂"和"分批建仓"的方法,中长期持有,不达目标利润不罢休。

选股要杀回马枪

在寻找明星股的时候,投资者应该对上市公司的经营状况和盈利能力予以必要的了解。但这种了解并不能完全取代投资这些股票的实际操作。很多投资者都会遇到这种情况,自己所选择的股票,本来各方面都把握得很好,但就是赚不了钱。这些问题一直困扰着我们,其实,这是因为,一个上市公司的基本面和其股票的市场表面两者之间会出现一定的脱节现象。这在国际和国内股票市场屡见不鲜。要避免这种情况,最简单的方法就是选择自己熟悉的股票进行买卖。

如何选择自己熟悉的股票进行买卖呢?其中最简单、最实用的投资方法就是:把自己卖出的股票再买回来。具体操作方法是:投资者如果在某种股票上获得了较好的收益,在相对高价卖出股票之后,然后把资金进行一段时间的冻结,等待这只股票的价格再次下跌,当其价格下跌到卖出价的30%~50%之后或者下跌不动时,再把这只股票买回来。然后再等待价格上涨,如此反复操作,1年下来,即使只操作1~2次,至少也有30%~50%的收入。这种收益相当可观,投资者完全可以不管其他股票表现得如何精彩,只对那些经常给自己带来收益的"老朋友"进行投资。

这种方法真真正正地使很多投资者受益。在股票市场上有一些收入稳定的投资者，他们很少去购买那些热得发烫的股票，常常就是终年只操作一两只股票，这种投资方法非常适合那些不能较好地掌握投机技巧，又不能花费大量时间研究上市公司情况的投资者。

此种投资方法有以下几种好处：

(1)避免购入自己不熟悉的股票，尤其是那些表面上条件较好，但因为种种原因在市场上总是表现欠佳的股票。

(2)由于把资金集中在这些股票上进行反复高卖低买，可以较好地掌握股价变动的节奏，可以减少股票价格变动带来的不利影响。

(3)这些股票前期的市场表现已经证明其投资价值和市场炒作规律，长期进行操作，会加深对其价格变动规律的认识。操作时间越久，越是得心应手，投资收益自然会不断增加。

但要注意的是，就像世界上没有绝对性的东西一样，股票市场是一个不断变化的资本市场，投资者不能把任何一条投资经验当成教条奉行，任何过分的迷信都可能导致投资失败，遭受巨大损失。

选股前多分析

为了少受外界各种消息以及传言的干扰，投资者在寻找明星股时应遵循一个很重要的原则：多做分析，少去现场。

股市是一种"群众性的运动"，它的气氛效应很难抗拒。在股市活跃之时，市场上几乎人人都在买进，互相讨论的也是什么样的股票和什么价买进才保证追得上行情，人人都怕买不到，再加上几个起哄看热闹的，你不可能不热血沸腾而作出非理智的投资。在股市低迷之时则正相反，市场上冷冷清清，有少部分人凑到柜台前，手中都是抛单，人人害怕还要跌，互相议论的都是还会跌多少。这种冷清的场面自然会使你万念俱灰，陷入不能自拔的失望心境。

试想，在一种狂热的气氛中，即使你理智地感觉到，但在你行动之时身旁股友的半句话被你听到了："……看来还会涨几天。""嗯，至少明天没问题。"这时你就会想：再看一看。看了一会儿，隔壁大户室过来一个人神秘地说一句："听说是上面有个什么会议，有一些利好消息要出来。"这时你又会想：多亏我等了这一会儿，我还知道有这个好消息呢，不卖了。结果第二天直线暴跌，一次赚钱机会竟演变成"割肉放血"，就因几句"耳边风"的影响。这种现象在股市中比比皆是，没有一点虚构和夸张的成分，确实是股市中常见的现象。

从大量事例中我们不难看出：交易现场的气氛影响太大了，足以打乱你的计划和决心，使你盲目地、不由自主地跟着作出错误的选择和决定。所以，要"少去现场"。

少去现场并不是让你忘了投资股票这件事，而是必须私下仔细分析学习，苦练硬功。把感兴趣的股票和大势的资料拿来认真分析，也要买几本股票知识书籍仔细研读，学习理论，增加对于股市规律性的认识……总之，需要你做的事情很多，要把分析工作放在私下，对交易场所要像商店一样对待，不想买东西尽量少去，这就是"运筹帷幄之中，决胜千里之外"的道理。

选股不妨专一点

成功的投资者告诉我们,如果要寻找到明星股,我们在投资股票时就要做到相对"专一",忌见异思迁。投资股票"专一"有以下几种好处:

第一,降低成本。做少数几种股票和同时做多种股票相比,无疑前者将能节省更多的"车马费",而后者除了为证券商打工外,自己所获无几。

第二,合理动用资金,减少投资风险。若同时做多种股票,则"贪多嚼不烂",资金调度就会捉襟见肘,力不从心。做某一只股票,资金相对宽裕,一旦被套,可调后续资金入场,采用"摊平法"解套。

第三,精力集中,减少失误。手中抱有多种股票者容易分散精力,顾此失彼。有行情时手忙脚乱,若忙中出错则会造成不必要的损失。若专做一两只股票则无此虞。

第四,情况熟悉,便于操作。俗话说"熟能生巧",专做某一两只股票,时间久了,对其走势、股性了如指掌,何时进何时抛心中有数,自然就会胜多败少。而且,在操作过程中还不时能有新的发现。

选股配置要合理

众所周知,股民在寻找明星股的过程中会遇到很多风险。每个投资者都希望最大化地规避风险,而规避分散风险的一般策略是分散投资,即"不要将所有鸡蛋放在同一个篮子",具体的策略运用有以下几个方面。

1. 购买不同行业的股票

不同行业的公司因受经济、政策以及其他方面种种因素作用和影响的程度及后果不同,因而它们的经营业绩及受之影响的股票市价也不一样。购买不同行业的股票便可分散因受行业因素影响而带来的投资风险。

2. 购买不同公司的股票

公司业绩优良,分派红利丰厚,其股票的市场价格就会有良好的表现,投资者获取市场差价的机会就多,所获收益也就越多。但是,如果公司经营不善甚至亏损或破产,就必然会给投资者带来巨大损失。当投资者无法保证自己所购股票的公司业绩优良、分派红利丰厚时,分散风险的办法就是多购买几家公司的股票,以达到一家亏损其余补偿的效果,从而使总体风险降低。

3. 在不同的股市循环周期和经济运行周期内购买股票

股市循环周期即牛市和熊市的交替出现,它与经济周期有密切的关联性,但有时又不完全一致。在两个不同周期内的不同阶段购买股票,有利于分散受周期因素影响而形成的投资风险。

4. 购买不同种类的股票

购买不同种类的股票,有利于在不同股票之间谋求较小的风险和较大的收益。

但是,需要指出的是,分散投资要量力而行,因为分散风险是有限度的,过分分散投资,在损失收益的同时也未必能使风险消解掉,因为投资的分散与风险的分散并非总是成正比,投资分散到一定程度,继续分散对分散风险的作用就微乎其微;而且,过分分散的投资,会增加投资管理的困难和分析研究的工作量,如果管理不善,顾此失彼,还可能增大投资风险。因此,分散投资必须量力而行。

5. 购买不同区域和不同证券交易所的上市股票

公司的经营业绩和股票价格不仅会受到宏观即全国乃至全球政治经济气候的影响,还会受到各个地理区域的基础因素的影响;同时,由于不同证券交易所在运作及形象等方面的差异,相同业绩的股票在不同交易所的价格表现会有所不同。

因此,要将风险降至最低程度,就有必要对不同地域的公司进行投资和在不同的交易所进行操作。

6. 均衡持有保守型股票和进取型股票

保守型股票比较稳健但收益往往偏低,进取型股票的收益较大但风险也高。维持这两种性质股票的均衡性,既可降低投资的总体风险,又有机会谋求较多的收益。

选股要适应市场变化

股民在投资明星股时要"灵活多变",以适应市场的变化。

1. 上涨

股市上涨期虽然满盘飘红,但各个股之间的涨幅都有很大差异。在一轮上涨行情中,那些热门股、绩优股的涨幅往往强于大盘。

2. 中长线

中长线投资,应选择那些具有成长性且无政策性风险的股票。如沪市的公共事业股。此类行业为经济建设的"瓶颈",是国家重点扶持项目,"倾斜政策"将使其长期受惠,因而这类股票应是中长线投资者的首选对象。

3. 短线

短线投资以跑差价为主,则可选择那些上下振幅大、弹性好的热门股来操作。这类股一般具有两重性:一是业绩较差,回报较低,这就决定了它们在下跌时跌幅深于大盘;二是由于其行业、地理位置上的优势,使它们在涨势中涨幅超过大盘,升涨之快实为罕见。振动这么强烈的股票,差价可观,自然是短线客眼中的"财神"了。

4. 小资金

对于散户来说,由于资金少,不能大进大出,应以薄利多销为主,其操作对象应以低价股与基金为主。尤其是基金,由于其价位低和手续费成本低而受到中小散户们的青睐。低价位股中要选择那些盘子较小、股性较活的个股。

5. 大资金

若资金较大,可选择那些盘子适中、成交量大、流通性好的个股来操作。盘子小、流通性差的个股易进难出,很不方便。"适者生存",选股也是同理。选对股者招财进宝,选错股者破财丢钱。市场千变万化,墨守成规是没有出路的。

选股多选活跃股

股性活跃的品种往往可以为投资者带来丰厚的收益。但是,股票的活跃度并不能完全证明这个股票就是明星股。因为,一般而言,不仅建仓初期的股票活跃度高,在主力出货阶段的个股也往往表现出明显的活跃度,如盘中股价大起大落、成交量异常放大等。投资者关键要识别个股是处于建仓初期的活跃股,还是处于主力出货阶段的活跃股。具体如何识别有投资价值的活跃股,可以从以下几个方面着手。

1. 每日振幅

投资者可以将个股的每日振幅作为衡量股票活跃度的首要标准。当某只个股的日振幅接近或超过10%时,我们就认定该股为目标股票,即活跃股。但这只是初选条件,还需要关注其他两个条件。

2. 短线指标

个股的随机指标KDJ中的D值要小于20,移动成本分布的获利盘比例要低于10%。

这个条件是为了确认活跃股是否处于相对历史低位而设立的。虽然,有些资金链断裂的个股主力一样会在股价较低时不计成本地出逃,但是,这种现象出现的几率并不大。较低的股价可以使投资者最大限度地降低投资风险。

3. 当日涨幅

个股当天的股价绝对涨幅至少要大于3%,同时股价要向上穿越7日移动平均线。

这个条件是为了证明该股的上升行情是否已经启动而设立的。因为只有处于上攻过程中的股票,才会给投资者带来最快速的短线收益。

选股要远离股评

很多股票投资者在寻找明星股的过程中具有以下几种弱点:

(1)所掌握的资讯少之又少,即使那些公开的资讯也不能清楚地了解。

(2)分析能力有限,无法对股票的将来走势进行准确的预测。

这些方面的不足使投资者没有信心对股市进行独立的判断和预测,于是开始希望外界某种神奇力量能够给自己指明方向,选到好股。最后,他们把目光集中于股评家。

毋庸置疑,股评家的专业素质和投资赚钱能力的确位列一流水平,远远高于普通投资者。问题是有些投资者对股评家产生了某种崇拜的情绪,迷信股评所荐股票和所做的后市预测。不管其观点对不对,所选股票符不符合自己,也不管当前位置是不是买入的好时机,便盲目欣然买入,到头来很多时候都是惨败而归。这类投资者错就错在太迷信股评。其实股评家并非神圣,他们有着下面几种致命的弱点:

(1)没有远见,急功近利,喜欢追涨。

(2)目光只集中在强势股上,对其他股票置之不理。有些股票股价早已涨上了天,庄家随时有可能出货,这类股票极不适合一般投资者,但一些股评家照推不误。

(3)推荐股票往往是一推了之,没有后续的"售后服务",而股市时局瞬息万变,多空转势随时都可能突变。投资者根本无法获得股评家的及时通告,当初买入的时候也没搞清楚股评家选股的真实依据,更重要的是股评家没有预先告诉投资者未来放弃该股票的条件,而投资者自己也没有主见。这种只知进、不知出的选股方法是很危险的。

(4)股评家的观点都是以公开的形式发表,必然会引起庄家的注意,庄家有时便有意利用股评,与股评反身操盘,或同向借势操盘。

以上种种因素给投资者以警示;万万不可迷信股评推荐。

事实上,股评家所推荐股票见报之时,往往不是最佳的买入时机。

选股不听马路消息

股票投资者对于各种现象应有敏锐的观察能力和高度的敏感性,各种消息不能闭塞。从事选股的人都有体会,如果能够事先获取各种重要信息,在投资大众尚未知晓之前,首先作出投资决策,往往会因此而先找到明星股并大获收益。但有时稍有不慎也会步入误区。

股市是瞬息万变、不可捉摸的,因此,各种小道消息、预测甚至谣言充斥股市是很正常的。而一般小投资者特别是初当股民者,由于对股市行情没有太大把握,自然对各种消息特别敏感,一有风吹草动就会贸然作出买进或卖出的投资决策,因此往往吃亏。发生这种现象的原因有:各种消息本身具有不确定性。更可怕的是如果市场传闻是某些人刻意制造的,那么盲目听信的人必将成为牺牲品,即使某条消息后来被证明是真实的,也应想到,对于一般的投资大众而言,这条消息已失去价值。通常一些重大消息对于股市的影响大多在事前形成,而中小投资者却无法证实其可靠性,等该消息被证实时,即使股市有一定波动,也会很快平静下来;除非一些突发性的有持久影响的事件,如中央银行决定大幅度调整利率,利率上升,通货紧缩、市场游资减少、股票需求量下降、对股价大势不利,这时选股者应对投资决策作相应的变动,认真地想一下再动手。

事发突然不需慌

投资者常常会碰到这样的情况,一轮下跌行情跌幅甚巨,且跌期较长,完全具备了技术上超跌反弹的要求,此时犹如一堆干柴,就缺一颗星星之火,一旦具备条件马上就会燃成燎原大火,消息面、基本面或政策面一旦促使行情启动,此时行情的上涨相当猛烈。历史上"5·19"行情、"6·24"行情都是如此。市场中常会有一些突发的消息,当这些突发消息来临时,我们应该如何寻找明星股是摆在每个投资者面前的课题。就此我们进行一下分析,当突发消息来临时,投资者应遵循的原则有以下四点:

(1)封涨停板单量占流通量百分比大的股优先。

(2)在大盘跌势后期成交量大、换手率高的个股。

(3)最早放量冲上涨停板之股。

(4)前期跌幅甚大的超跌板块或个股。

在这种情况下,有些投资者抱着空头思路不敢追涨,在成交量巨放的情况下,认为放量是行情头部特征,从而使其错过了第1天买进的最好时机,而在传媒和消息一片叫好的情况下在第2天不该买股时买了股票。众所周知,前期不断逢低买入的抄底盘在大盘封杀涨停时惜售,而到了第2天这些获利盘会大量涌出,市场的强势将大打折扣。

一般来说,在利好消息来临时,下述个股原则上不能买入:

(1)涨停板时封杀单量偏少的个股需慎重。

(2)全线涨停的情况下,未封杀涨停或下跌的个股绝对不能买。

(3)前期抗跌的庄股慎买。

(4)涨停时间靠后的个股慎买。

当行情已经走强后突发利好消息,则选股就更应谨慎,此时应遵循以下原则:

(1)如果确认行情强势,且决意做短线的话,则应选择换手率高,并在大盘震荡下跌时抗跌的强势股。

(2)应在突发好消息刚被人知道的第一时间买入成交量放大的强势股。

(3)如果利好消息突然在开盘前广为公布,则应以先挂高抛售为主。

(4)当开盘后应仔细观察:大盘高开多少点?个股能否大涨?涨停板的股票比例有多少?盘面成交量放大多少?等等,以确认市场处于强势还是弱势。

如何识别垃圾股

业绩既差又无增长前景的股票称为垃圾股。之所以称之为垃圾股,就是因为它们像垃圾一样被投资者所抛弃。识别垃圾股并不难,如果有哪些个股出现如下情况,就可以判断它是垃圾股:

(1)产品无竞争力,市场份额小。

(2)行业前景不佳。

(3)年净资产收益率不到5%。

(4)平均每股收益不到0.10元。

垃圾股一般价格较低,所以有很多新股民和一些水平较低的机构也涉足其中,但往往不但不能获利,而且还会赔了夫人又折兵,损失惨重。在任何股票市场中,垃圾股都是名声最坏的也是众多投资者不愿接触的,因为它们的市场表现正好与绩优股相反,"涨时涨得少,跌时跌得快"。下面这两个实例可以很明确地说明这一点。

1996年12月2日,由于政策面的干预,沪、深股市以近乎垂直的角度大跌,平均跌幅在25%左右,而绝大多数垃圾股都有40%以上的跌幅,而同期的绩优股平均跌幅仅在15%左右。在1999年5月19日的上涨行情中,大部分绩优股都在一个多月的时间内上涨了60%~100%,有很多创出新高,而同时垃圾股则原地踏步或略有上升,可想而知,持有垃圾股的股民损失多么惨重。

但不乏有人说,垃圾股有时上涨的幅度也很惊人,这是为什么呢?的确,有的时候,如1996年10~12月上旬,垃圾股也鸡犬升天,但正如大家有目共睹的,除了真正有盈利增长题材的以外,都是主力庄家非理性的恶性炒作的结果。由于垃圾股价位较低,庄家用相对较少的资金就可以控盘,可以随心所欲地拉高价位,并散布一些利好传闻。当投机欲望强的散户们跟风追进时,庄家背地里早已一点点出货了。当货出得差不多时,股价就会掉下来,最终套住的仍然是散户。能够准确判断庄家动向并及时应对的散户毕竟是少数,所以对于垃圾股,股民最好敬而远之。

跟着基金走

跟随基金思路选明星股是一个明智的选择,但是想要通过这种方法来达到获益的目的,首先必须了解基金的投资理念、操作思路和个股选择等。另外,还要研究上市公司的报表和基金的季度报表,进行多方比较得出结论。对于某一行业或板块的股票,基金为何减持,为何增持?投资者要分析具体的原因,如果仅仅是因为行业景气暂时低落而减持,那么就要防止基金在接下来的时间里突然增持。

例如,五粮液、四川长虹在2008年前三季度被基金连续减持,而四季度却成倍增持。此外在2008年上半年尚不被市场看好的地产、银行股,在四季度纷纷成为基金加仓股。这说明基金减持的股票并非是没有机会的。

还有一个值得重视的现象,季报公布中的基金增仓股,早已高高在上,基金减持的品种早已跌入谷底,如果投资者根据基金的增减情况追涨杀跌,则具有一定的风险。基金季报与基金重仓股的走势具有一定背离特征。

例如,2005年四季度被基金减持的桂冠电力在2006年年初反而走势较好;同样,在2005年三季度被基金大幅减持的招商银行等个股反而在四季度被增持。如此的走势说明基金季报公布的重仓股可以密切关注,但不能盲目跟风。

在这里还需要说明的是由于投资基金持仓组合公告的时间差异,通常在基金组合次季首月中下旬披露组合过程中出现不少投资基金的主动调仓行为,也就是公开信息与实际持仓出现时间差。

例如,2006年4月集中公布的基金组合中,有色金属等资源类个股依旧是很多基金持仓的重点品种,而恰恰是在4月下旬的有色金属类个股的狂热中,不少理智的基金开始有序地撤退。对于这样的信息,我们需要甄别什么样的品种是具有生命力的持续增仓、持仓品种,什么样的品种是部分基金称为"老化"而需要调整的品种,这样才能够做到有备无患。

寻找明星股共性

明星股票,在未被人发现的时候,像沧海遗珠,但到这些公司的潜质显露时,股价往往上升好几倍,甚至几十倍。这就是明星股票的魅力所在,明日之星的股票都有一些共同特色:

(1)股票升值10~20倍。
(2)股票大幅升值期可以维持2年或者2年以上。
(3)股票价格在市场上长期处于"强势"。
(4)市盈率与股价无任何关系。

这些股票早期市盈率都比较高,但获利能力惊人,一年赚几倍甚至几十倍。投资者在这些股票仍然处于孕育期时都愿意付出较高市价去追逐它们。

(5)很多明星股票都是因为时机转变而奠定成功地位的。

如中国香港地区因为人多地少,加上地产开发商的眼光,使这些地产公司利润和股价一升几十倍。电脑市场的庞大需求亦使苹果、IBM等公司变成了"明星"。

这些股票现在已经成了领头羊,能够在这些公司未崛起之前识破它,事后一定会大赚特赚。如何在众多股票中识别明日之星呢?投资者可以从下面符合条件的公司里面去寻找:

(1)这个公司有广阔的市场前景。

(2)这些公司现在只是小规模公司,但增长迅速。

(3)公司尚未被多数人认识和熟悉,虽然公司有人听过,但却不知这家公司的内在结构、潜质、经营手法、生意技巧及利润潜力等。

(4)所经营的行业不易受经济循环所影响,不会因为经济衰退而轻易遭淘汰。

(5)在市场流通的股数并不多,大股东往往持有大部分股份,肯定会更加努力地经营公司。

(6)它们都是将公司资金集中在专门市场,出产专门产品,或提供特别的服务,市场上竞争程度不高。

(7)它们的研究与发展部分占公司十分重要的地位,肯花大成本研究,确保公司能够成功。

(8)公司的赚钱能力较强。

(9)股价价码不高,如每股几角钱,或一元几角,一升十倍只不过是几元或十几元。不似十几元一股的股票,要升上一百几十元却十分困难。

要全部符合上述条件,唯一可能的就是高科技股,或者有机会发展庞大市场能力,而且熟悉这家公司的人不太多,以致这些明日之星的公司仍然未大放光芒。至于哪一些真正是明日之星的公司呢?那就要投资者自己去找寻了。这个明日之星的概念只是让我们知道买中这些股票致富可期。至于怎样运用这些原则,仍然要靠投资者的判断力和精明的头脑。

选蓝筹股之道

在股票市场上,投资者把那些在其所属行业内占有重要支配性地位、业绩优良、成交活跃、红利优厚的大公司股票称为"蓝筹股"。"蓝筹"一词源于西方赌场。在西方赌场中,有两种颜色的筹码,其中蓝色筹码最为值钱,红色筹码次之,白色筹码最差。投资者把这些行话套用到股票就有了蓝筹股之称。

目前中国股市的蓝筹股,其意义并不完全等同于世界公认的蓝筹股。只要盘子大、业绩较好,甚或业绩虽不算优但有发展前景的公司股票,都归属到蓝筹股之中。

蓝筹股在股市中无疑是最有影响力和号召力的领头板块了。它作为市场中的一种炒作题材,得到投资者的广泛认同和积极追捧,这是蓝筹股自身特点造成的。

蓝筹股的特点是:投资报酬率相当优厚稳定,股价波幅变动不大,当多头市场来临时,它不会首当其冲而使股价上涨。经常的情况是其他股票已经连续上涨一截,蓝筹股才会缓慢攀升,而当空头市场到来,投机股率先崩溃,其他股票大幅滑落时,蓝筹股往往仍能坚守阵地,不至于在原先的价位上过分滑降。可见,蓝筹股具有良好的抗跌性,并能给投资者带来丰厚的利益,所以常常成为市场所追捧的对象。

对于蓝筹股,投资者也要采用相应的投资策略才能把投资风险降到最低,这些策略

包括:

(1)一旦在较适合的价位上购进蓝筹股后,不宜再频繁出入股市,而应将其作为中长期投资的较好对象。

(2)虽然持有蓝筹股在短期内可能在股票差价上获利不丰,但以这类股票作为投资目标,不论市况如何,都无须为股市涨落提心吊胆。而且一旦机遇来临,也能收益甚丰。

1. 把握绩优蓝筹股的投资技巧

(1)市场整体运行趋势的节奏。当市场趋势向好时,蓝筹股往往会不失时机地表现一番。但由于蓝筹股通常流通盘较大,介入的主流资金规模较大,蓝筹股行情往往具有一定的惯性特征。因此,当大势刚刚出现调整时,蓝筹股往往仍能暂时表现出一定的强势,随着调整行情的进一步发展,蓝筹股也会逐渐转入调整。投资者需要根据蓝筹股的这种惯性特征,在行情转弱过程中,及时果断地获利了结。

(2)蓝筹股整体板块的节奏。因为目前股市中的蓝筹股大多只是绩优股和大盘股,并不是具有长期回报的真正蓝筹股,炒作题材的成分相对较大,其中绝大多数不具有长期持有的投资价值,所以参与蓝筹股行情,采用长时间的只捂不卖的操作方法是非常不明智的。蓝筹股同市场中的其他热点股一样有着涨跌起落,投资者需要根据蓝筹股整体板块的涨跌节奏,进行波段操作。

(3)蓝筹股内部板块轮动的节奏。由于蓝筹股的板块容量较大,目前归属于蓝筹股旗下的个股数量在百只左右,其中已经细分为多个板块,包括钢铁、石化、医药、科技、汽车、金融、能源等。投资者需要借助蓝筹股中不同细分板块的轮动特点,把握蓝筹股内部板块轮动的节奏,顺势而为地在不同板块之间实施套利操作。

2. 在选择介入蓝筹股时需要注意以下投资要点

(1)蓝筹类上市公司的回报情况。真正的蓝筹股不仅要有良好的业绩和回报能力,关键还在于其是否愿意对持股的投资者付出这份回报。如果某家上市公司一味地在市场中圈钱,却不愿付出回报,那么,这样的"蓝筹股"是不值得投资的。

(2)蓝筹股的投机价值。蓝筹股除了要具有业绩优良、市盈率较低、上市公司基本面情况向好等投资价值的特点以外,还要具有一定的投机炒作价值,也就是必须还具有股价偏低、未来有较大上升潜力等特点。

(3)蓝筹股的市场风险。随着股市的逐渐成熟,价值投资的理念已经深入人心,蓝筹股的投资风险也随之浮现出来,一些投资者开始盲目追涨蓝筹股。事实上,价值投资是一个长期的过程,当蓝筹股受到市场过度追捧,股价高企时,就会出现价值高估的风险。因此,即使对于蓝筹股,投资者也需要仔细鉴别、区别对待。

黑马股的特点

黑马股一般来说是指长期被市场冷落、价格较低、成交稀少,但在某段时间却能出人意料走出大幅上扬甚至股价翻几番走势的个股。黑马起初不是股市中的术语,它是指在赛马场上本不被看好的马匹,却能在比赛中让绝大多数人跌破眼镜,出乎意料地成为获胜者。

1. 黑马股应具备的一般条件

(1)股价低,一般不会超过10元钱。较低的股价不仅能够使庄家低成本建仓,而且在拉升的过程中也便于散户的跟进,并为庄家大幅拉高,为实现股价翻番提供了空间。

(2)流通盘不大,这是庄家选择黑马的又一个关键因素。流通盘的大小直接关系到庄家控盘难度的大小,小盘股便于庄家收集筹码实现控盘。

(3)有潜力的冷门股。此类股票一般由于存在经营或行业状况等许多不确定的可变因素,所以在很长的一段时间内受到市场的冷落导致成交不活跃。由于此类股票在投资者心目中形象不佳,所以为庄家吸货建仓提供了极大的便利条件,并常常打得散户措手不及。

上述三个因素的存在仅仅为黑马股的出现提供了一种可能,但是否真正能够在众多的股票中脱颖而出成为市场中的明星,还要考虑到庄家主力的操盘动向,因为只有那些真正被主力暗中青睐并进行炒作的股票,才有可能成为真正的黑马股。

2. 主力炒作黑马股的一些外在表现

(1)尽管庄家在炒作黑马股的时候往往会制造种种假象来迷惑广大投资者,但无论其手法如何高明,其真正的意图最终还是会在成交量上反映出来,所以这也给散户提供了一条捕捉黑马的线索。

黑马股在庄家入驻之前往往看不出有明显的收集筹码的行为,股价往往在底部横盘,而成交量也呈现越来越少。此后股价出现上下震荡,上扬时成交量放大,下跌时成交量萎缩,日K线图上呈现阳线多于阴线,阳线对应的成交量具有明显放大特征,用一条斜线把成交量峰值相连,明显呈上升状,表明庄家已经进入了建仓阶段。经过数月盘整之后,某日突然出现放量横盘,并伴随巨量股价一再拉高,使股价运行在均价以上。如果次日股价跳空高开,且在巨量的伴随下一路上攻,则表明黑马已经冲出牢笼了,而此时正是投资者跟进的一个极好时机。

(2)黑马股是否出现,实际上通过每天收盘后排行榜的分析也可以看出来。这样不仅可以把握住大势的热点所在,而且还能发现由于主动性买盘不断增加而使其活跃在排行榜中,并接连几天一直在不断攀升的个股。这些往往就是投资者梦寐以求的黑马股。

(3)股市中同一板块股票价格的变化往往具有极强的联动效应,这也是投资者寻找黑马股的一个有效途径。其主要表现在当某只股票出现大幅攀升之后,同其含有相同题材的个股也会有所动作,并且该板块中流通股较小的股票往往就是黑马出没的地方。

(4)任何股市行情都不可能摆脱大势而独立进行,所以黑马股的炒作也可从当时的大盘走势中得到一定启示。黑马股往往在启动之前便呈现一定的强势特征,走势要强于大盘的走势,并且个股随着大势的下跌会为黑马的诞生留下足够的上升空间。

(5)在黑马股展开拉升行情之前往往表现出较强的抗跌性,股价以横盘或小幅上扬的方式上穿压力线,而且下降趋势线和形态的颈线几乎同时被突破;成交量会产生明显放大,但较此前最大日成交量少1/3左右,而周ным成交量可能仅相当于最大量的1/2左右,之后会出现再度放量的过程,至少会保持现有的水平;如果上穿时未明显放量或继续上攻时放量过大,股价可能进行短期调整,时间一般为2~3天,很少会超过一周。

(6)投资者在经过认真分析选定黑马之后,便不要轻易被庄家的长期洗盘及市场中散布的各种利空消息所干扰,要对自己充满信心。如果由此股价大幅低开引起广大中小散户抛售,而且股价出现随着成交量的放大在稳步地上扬,则此时投资者应果断跟入。

由于黑马需要经过较长时间的追踪和观察,需要投资者具备较高的看盘技能,所以一旦骑上一匹黑马之后便应抱有一种没有收益绝不罢休的勇气,不要在黑马还没有放蹄飞奔时便被庄家震下马,那时可真就悔之晚矣。

如何选出黑马

股市中常会出现一些能给投资者带来巨大收益的黑马股,黑马股的特征是盘子小、无板块、涨势凶猛,有时一步到位,走势往往大起大落,没有常规性。股民们如何捕捉到这匹"黑马"呢?下面介绍九大绝招。

1. 选择产品售价看涨的公司股票

一个企业的发展前景,在很大程度上要看其产品的社会需求量,如果需求量大于供应量,价格必然会涨,企业的盈余能力也相应提高,同时也会促使企业向更高的方向发展。

2. 选择正在剥离不良资产的公司股票

不良资产是阻碍企业发展的重要绊脚石,如果某家企业正在剥离不良资产,无疑是除掉了身上的一颗"毒瘤",同时还能盘活一定的资金,在业绩上也能提高盈余。

3. 选择利润大幅增长的公司股票

企业由于经营业绩提高,往往相应提高年度利润目标。利润的提高,又会提高股本的扩张及分配能力,从而使股价上涨。这类公司显然发展前景良好。

4. 选择高送配题材的公司股票

股市中有两段行情是常见的,一是抢权行情,二是填权行情,两个行情基本都产生于除权的前后。这两个行情为投资者提供了最大的获利机会。

5. 选择原料成本大幅降低的公司股票

一个企业利润的增加除来自营业收入的增长外,另一渠道便是降低成本。所以,一旦某上市公司刊登原料成本大幅降低的消息时,其盈利必然有较大提高,从而使其股价相应上升。

6. 选择价值被低估的公司股票

股市中有许多板块,但股价却参差不齐,因此我们可通过同类各项指标的比较,发现一些价值在同类中被低估的股票,这种低估是暂时的,日后定会有补涨行情。所以,在被低估时积极吸纳,不失为一种较好的投机方式。

7. 选择一时被冷落的绩优股

市场热点经常转换,好股票也有被冷落的时候。但是金子总是会发光的,好股总会有它显示威力的时候,总会被市场挖掘。所以在绩优股备受冷落之时主动买入,将来定会获得丰厚的利润。

8. 选择公用事业类型的公司

公用事业类型的公司因其特殊的社会需求,通常会受政府部门的政策性保护,市场竞争较少,具有一定的垄断性,所以业绩有一定的保障,投资这类股票风险较小,出现黑马的可能性也较大。

9. 选择国际化知名度高的大公司

国际化知名度高的大公司一般管理体制比较好,经营风险较小,业绩相对稳定。同时该类公司还非常注意其市场形象,遇到股价大幅下挫时会采取措施加以挽救,所以这类股票不易被深套。

选准强势股的技巧

股价长期在底部缩量横盘的个股,成交量突然放大,股价拔地而起,连续大幅扬升,这就是强势股。当股价第一次冲高之后,其回调幅度不跌破涨幅的50%,而成交量已萎缩至启动时最高成交量的10%左右,股价又有掉头向上迹象时,就是最佳买点。

(1)长期横盘或盘跌的个股,在无任何先兆的情况下,股价突然扬升,伴随成交量急剧放大,往往说明个股基本面可能发生重大变化,出现庄家快速拉高建仓的行为。

(2)在庄家吸货阶段过早介入强庄股,等待的时间可能很长,而介入已经启动的个股虽然失去了一小段利润,但大大缩短了等待的时间,提高了资金的利用率。

(3)成交量的大幅萎缩表明跟风盘、解套盘均已基本出局,筹码的锁定性良好。洗盘过程接近尾声,新一轮更大的升浪即将开始。应该注意的是,这种情况也常常发生在前期被套主力的自救行情中,其表现为股价的快速拉高之后,很快又回落到原位甚至跌穿前一波的底部。因此,必须强调股价回档幅度不能跌破涨幅的50%,而股价再度掉头上行。若买入后股价不涨反跌,且跌穿涨幅的50%以上,应立即止损退出。

选股要选高成长股

所谓高成长股,是指迅速发展的公司所发行的具有高回报、高成长性的股票,股票的高成长性主要表现为:公司业绩呈高速增长趋势,公司具备较强的股本扩张能力。上市公司的成长性越好,其股价上涨的可能性也就越大。那么如何准确地找出适合投资的高成长股呢?投资者可以本着以下思路进行:

(1)选择成长型的企业。也就是说要选择朝阳行业,避免夕阳行业。目前,生物工程、电子仪器、网络信息、电脑软硬件以及与提高生活水准相关的工业均属于朝阳行业。

(2)选择总股本较小的公司。公司的股本越小,其成长的期望也就越大。因为股本达到一定规模的公司,要维持一个迅速扩张的速度是很困难的。对于那些总股本只有几千万的公司而言,股本扩张相对容易得多。

(3)选择过去一两年成长性好的股票。高成长的公司,其盈利的增长速度会大大高于其他公司,一般是其他公司的1.5倍以上。

投资高成长股赚取大钱,除了选好股外,还要注意时机的把握,成长股的价格与公司的经营状况存在着密切的联系,所以当经济形势发生变化时,其波动幅度往往会更大。在熊市阶段,成长股的跌幅会更大;而在牛市阶段,其涨幅会大于其他股票甚至成为股市的领头羊。投资者在操作中应注意在牛市的初级阶段买进高成长股,而当股市狂热蔓延时,应卖出持有的股票。由于高成长股的波动幅度大,所以对高成长股的投资比较适合激进型的投资者。

除了绩优股和高成长股外,一些三线股经过市场主力的恶意炒作后,也可能成为高价股。这时,投资者应对这些公司的财务状况及市场情况进行认真的分析,切忌盲目追高,成为无谓的牺牲者。

主力偏爱小盘股

在中国股市,小盘股具有独特的优势,每年都有好几次波段行情;几乎所有创下高价的股票,都是中小盘股,尤以小盘股居多。因此,无论是中长线投资还是短线投资,小盘股始终是首选目标。

小盘股能够在市场上有出众的表现并非偶然。在国外股市,这种小盘股市场价差收益高于大盘股的现象被称为"小公司效应",这已成为股市的一种普遍现象。那么,小盘股具有哪些优势呢?

1. 股本扩张弹性好,获利能力强

小盘股公司一般都有股本扩张的内在要求,有的公司即使业绩不佳,但获得优质资产注入的可能性极大,变数也较大,一旦资产重组成功,能在短期内迅速提升公司业绩。如果公司原来就是行业中的佼佼者,进行资本扩张后,便可迅速扩大生产规模,取得规模效益,增强获利能力,从而给投资者以更高回报。

2. 小盘股适合庄家控盘

小盘股历来是庄家炒作的首选目标,根本的一点就是,流通股本小,易于达到控盘的目的。控盘是庄家进行股价拉升的必要条件,不能实现控盘,就无法拉升股价。我们只要稍加留意就可以发现,凡是庄家爆炒,创下高价的股票无一不是5 000万股以下的小盘股,比如亿安科技等。这类股票由于盘子小,庄家进行炒作时,已达到完全控盘,所以可以随心所欲地拉高股价。

怎样在众多的小盘股中,选出未来市场看好的股票呢?具体来说,选股时应考虑以下几点:

(1)选择价位低的股票。一般而言,价位在10元以下的股票,大多投资者都有"价格低廉"的心理感受,但同时又担心基本面情况不佳或股性不活,感到难以选择;其实小盘低价正是庄家所考虑的首要条件,只要大势走牛,板块轮涨,这类股票最易急剧攀升。因此,投资者在选股时可以予以重点考虑。如果基本面情况较好的个股,价位可提高到15元左右。

(2)选择具有潜在题材概念的股票。题材与概念历来是股票炒作的导火索,也是形成市场热点的一个重要因素,善于发现和捕捉潜在的题材,是选股成功的一大要素,投资者应根据宏观经济背景结合个股的基本面进行综合研判,找寻和挖掘紧随市场热点的题材个股,以提高选股成功的概率。

(3)选择小盘股时不仅要注意个股的股本数量,还要注意该板块整体股本数量的大小。相对而言,板块股本数量小的小盘股,更容易受到投机资金的青睐。

(4)参与小盘股行情时,不要关注指数,重点是关注个股。因为小盘股行情与蓝筹大盘股行情不同。小盘股的涨跌对股指影响不大,在小盘股盛行的市场行情中,指数升幅不大,似乎表现得波澜不兴,可投资者不能忽视其中蕴含的丰富的短线机会。

(5)参与小盘股行情时,应快进快出。小盘股相对容易被控盘,主力资金介入小盘股比较容易,但退出时则较困难,所以,大多数情况下主力资金不愿介入过深,炒作时间也不长,投资者在参与小盘股时应快进快出。

(6)关注小盘股的业绩和送配情况。随着行情的进一步发展,小盘股行情将会出现分化,依赖概念及想象空间炒作的小盘股将会很快沉寂下去,而业绩优良并且有良好配送方案的小盘股,将具有更好的涨升潜力。

热门股投资策略

在股市中摸爬滚打的人都知道,各种上市股票往往此起彼伏。在某一特定的时间内,有某一类股票特别走红,其他股票涨势则相对较弱,但在这一段时间过后,这类股票的地位又被另一种股票所代替。这些在特定时间内走红的股票,往往被人们称之为"热门股"。

与商业相同,股票的买卖也要顺应"时代潮流",才能有所成就。虽说现在是资金剩余的时代,大量资金正流向股票市场,但未必只要是股票便是好的。那么如何选择呢?每一段时间都会形成一群极受人欢迎的热门股,此时只有跟随这些热门股了。

没有永久热门的行业或企业,不是所有快速成长的公司都能生存下来,许多红极一时的热门股后来都销声匿迹了,并被另外的热门股所代替。因此,投资人如果想在股市上炒热门股、赚大钱,必须要具备两个条件:

第一,要善于预测哪一类股票在不久的将来会走红。

第二,要尽可能早而准确地判断现在的热门股是否会退化,何时退化。

这两条实际上是要求投资人善于选择热门股,并且在其即将衰退的时候不失时机地卖掉它。

那么,怎样才能预测是哪一类股票将在不久的将来走红呢?

第一,根据经济循环的规律,判断当前经济总形势是处于衰退期还是成长期。这样,就可确定即将到来的热门股的大致范围。

经济总是处于成长和衰退的不断交替中。经济在衰退到一定阶段的时候,由于人们的消费没有停止,衰退时积压的产品慢慢减少而生产照常运转。生产的运转又给人们提供了相对的就业机会。人们的就业机会多,收入就会相应地增加,社会需求也就日益扩大。需求的扩大又促进了产品的进一步扩大。但是,人们的需求最终还是赶不上生产的扩大,最终会导致产品过剩,从而引起一场新的衰退来临。从经济循环过程的分析中我们可以得到这样的启示:在衰退阶段,尽管各类公司的盈利普遍大降,但消费品部门的情况可能会稍好,热门股就极有可能在消费品部门出现。在经济成长阶段,由于人们竞相扩大生产规模,生产部门的情况可能会更好,因而热门股极有可能在这一部门出现。

应该说明的是,此处的消费部门和生产部门的范围极广,投资人在预测具体哪一种股票是热门股时,还需考虑当时的其他因素。

第二,关注其他投资人的动向。如果其他投资人担心通货膨胀,那么这一忧虑将反映在他们的投资行动上,进而反映到股票价格上。如果大家甚至专家们都在谈论能源问题,认为能源股将会上涨,那么能源股就极有可能成为最近将要走红的股票。如果你能及早看到其他投资人想法的新趋势,预测出他们下一步所担心或热衷的事情,那么你就基本上会预测到热门股。

第三,时常做一些技术分析。投资人在透过上述方法初步确定了哪一类股票将会是热门股时,最好能透过技术分析来验证你的判断是否准确。你应该记录初步选定的那类股票的涨跌家数,是否是上涨家数逐渐地多于下跌家数;也应该记录那类股票价格的上涨幅度,涨幅是否在逐渐增大;还应该计算该股票发行公司的持续成长系数,看看该公司是否具有持续成长潜力。如果上述几项计算的结果能支持你的初步看法,那么,你的选择极有可能是正确无误的。

这里必须着重指出的是,由于现在的热门股终将为其他的热门股所代替,而且,有些热门股主宰股市的时间极短,因此,即使投资人选准了某一热门股,也要在买进这种股票的时候就做好尽快卖出它的心理准备。否则,你不仅不会赚到钱,反而还会吃大亏,因为热门股上涨得快,下跌得也快。

从异动股中选黑马

所谓异动股是指与大盘走势不同的另类个股,如大盘跌,异动股逆市飘红;大盘涨,异动股却走出自己的独立行情。异动股属于特殊个股,或量异动,或价异动。异动股风险较大,但收益也较多。

每周、每日,甚至每时都有异动股,这其中有不少是游资的短线杰作,真正从中产生的中长线的明星股并不多,多数股票只不过是昙花一现。

个股股价出现大幅上涨的过程中常常有各种各样的异动,比如2005年7月以后,在A股市场中出现了一批持续走强并创出阶段新高的品种,典型的如洪都航空(600316)、海螺水泥(600585)、航天机电(600151)等。从其上升过程中,不难发现都出现过低开长阳等多种异动行为。

在异动股中寻找明星股的方法:

(1)量为价先,先见量,后见价。如果股票在低价圈内频频放量,就要引起重视,将其列入自选股范畴。

(2)结合盘中热点及其转换趋势,如果不属于前期被过度热炒过的个股,可以视为新资金入注。

(3)对其基本面进行分析,了解其所有信息,从中挖掘主力可能借题发挥的题材。

(4)一般来说,中小盘股异动股行情比较火爆,因为一旦大资金控盘,其拉抬相对较为轻松,所以投资异动股尽量选择小盘股。

(5)从介入时间上讲,不要奢望买到最低价,待其一浪升起,开始强势回调缩量企稳后,并且显露出即将再次上涨的时候介入。

(6)从走势上讲,强势回调阶段上涨放量,下跌缩量,有时日K线显得股价十分疲弱,使投资者产生恐惧念头,但只要均线组合是强势形态,投资者就可打消顾虑。

(7)持续放量是关键,但量能也不能单日放得过大,可关注换手率,只有具备成交活跃的换手率,股价才能持续走强。

(8)异动股与大盘的关系既有吻合之处,又能跑赢大盘。可是,一旦到了异动股演变成加速上涨的明星股时,往往就是主力派发之时。

第 2 篇

短线炼金术

——短线高手是怎样炼成的

第 8 章

短线交易前的准备

盘点短线交易风险

短线交易者面对每天的涨停板都会心动,对于连续的涨停板更是羡慕不已,但是,一旦真正涉足,则常常亏损累累,不堪重负。要成为一个短线高手就必须对面临的风险有所了解,一般来说,短线交易往往要面临四个方面的风险。

1. 盘中走势陷阱

贪婪与恐惧是绝大多数人的弱点,盘中主力常常会利用短线交易者的贪婪心态,将初拾小惠而又自信满满的短线交易者送进"云端";又常常利用短线交易者的恐惧心理,将胆战心惊而又懵懂无知的短线交易者踢出"电梯"。

只要是短线交易者能够看得到的指标,主力都有做假的机会,包括K线图、成交量、成交笔数、内外盘、委托买卖盘、分时走势图等,都会在主力的股票、资金、信息、技术等绝对优势下,变得扑朔迷离和诡秘难辨。

2. 盘中技术缺失

身在一个随时可能被主力操控的微型趋势中,短线交易者常用的分析技术会受到很大的考验,这同中、长期交易方式是截然不同的。对于中、长期交易方式而言,无论主力在微型趋势里怎么反复,最终股价还是会向既有的方向前进,主力骗得了一时,骗不了一世;而对于短线交易者而言,需要具备四个方面的能力:一是要有极为敏感的信息处理能力;二是要有整体性和连贯性的思考方式;三是要有极为熟练的技术分析水准;四是要有极为丰富的识伪能力。显然,这样的技术要求只有少数勤奋钻研的短线交易者可以具备。

3. 盘中策略欠缺

在中、长期交易方式中,如果短线交易错过了进、出场点,那么以后往往还有机会;可是在短线交易中,往往容不得有丝毫的犹豫;一步错,可能步步错,一招失,可能招招失。有的短线交易者只会买入,不会卖出;或只会持仓,不会止损;这些都不是完善的交易技术体系的体现。盘中短线交易是一个完整而严密的技术体系,在进行盘中短线交易时,短线交易者必须有明确的进场位、出场位、加码位和止损位,以及良好的交易心态和交易素质。没有这种严密的短线交易体系作为保障,短线交易的风险率和失败率将大幅提高。

4. 错过大幅盈利机会

由于短线交易者是冲着股票可以突发猛涨而去的,一旦股价出现了预期中的调整,短线交易者就会抛弃该股而另择机会。但是,短线交易者可能还没有在其他的个股上获得收益,被抛弃的股票却反而快速度过了整理期后开始一路飙升,使短线交易者错失更大的营

利机会。在短线交易者不断进行短线操作时,会遇到赢利、持平、亏损三种局面,再扣除频繁交易所应付出的印花税和交易佣金后,真正能够获取的利润不会太多;但如果在牛市里,至少会有10只股票的年度盈利在500%以上,可见,当牛市来临时,短线操作的策略就会变得不合时宜。

设定短线交易原则

短线交易所累积的收益是令人羡慕的,但是其风险也是巨大的。要想成为一名稳定的短线盈利高手,就必须遵循以下几个原则。

1. 不要频繁操作

美国证券投资家Edwin Lfever曾经说过:有一种十足的傻瓜,他们无时无刻不在犯错;但有一种华尔街傻瓜认为,在任何时候他都必须进行交易。可见,不是什么时候都适合于做短线交易的,即使是在熊市和震荡市,也不是天天都有交易机会。做任何事情,如果想要成功就必须讲究天时、地利、人和,顺势而为,短线交易同样如此。只有当短线交易者所预期的交易环境出现时,只有当市场所提供的机会远大于风险时,才值得短线交易者进场。短线交易的目的是寻求最佳的市场机会,而不是所有的市场机会,这一点,是重中之重。

2. 择股不如择时

"择股不如择时"是股市里的谚语,就是说短线交易者只有看到了某概念的出现、某板块的群起、某资金流的激进等有利时机时,才可顺势而为,入场交易。至于选择什么股票反而是第二位的事,因为只要是能赚钱的低风险机会,往往来自于整个市场或某一板块,而不是来自于某一只股票。所以,做短线交易要有耐心,要能心定神闲地等待介入时刻的到来。做投机的大忌是心浮气躁,瞎猜乱撞,这样会使短线交易者丧失理智,决策失误。但在等待的时间里,短线交易者应随时注意行情变动,时时进行分析思考。

3. 重势而不重价

短线交易必须密切关注趋势,包括大盘趋势和个股走势,而不要过多地关注股票的价格。即使是已经涨得较高的股票,如果综合分析显示其还有继续上攻的能力,那么其作为短线产品仍然可以买进;反之,即使是价格很便宜的股票,如果没有上涨的趋势也不能介入。自然界和股市都遵循"强者恒强、弱者恒弱"的规律。一些股票之所以能维持上涨,是由于"上涨"本身把它的股性激活了,因此只需要很少一点力就可以使其继续走强;而另一些股票之所以不长期上涨,则是因为股性呆滞,缺乏市场人气。

4. 勿把短线变中线

有一些短线交易者,一旦被套就会把短线交易变成中线交易,为的只是不将账面浮动亏损转化为实际亏损,但这种做法很不明智。第一,这是明显违反短线交易原则的做法,一旦违反了第一次就会有第二次,将会形成破坏交易规则的恶性循环;第二,做短线就是看"势",既然人气和资金的"势"都不存在了,那么继续捂股的亏损概率就会很高;第三,如果被套的股票将来可以解套,往往其他个股会在同期上涨更多,因为它们早已把"势"吸引过去了;第四,做短线讲究的是追高建仓,这和做中、长线的逢低吸纳是两码事,这样的追高建仓行为,会导致解套的时间比较长,使本该流动的资金被困死一方。

5. 短线交易不是目的

在证券市场上,常有"长线是金、短线是银"的说法,其实长线既不是金,短线也不是银,它们都是一种获利的方法。用得好,则都是金;用不好,则都是泥。短线交易者不能为了做短线而做短线,要知道,短线交易仅仅是一种获利的方法,而不是我们交易的目的。也就是说,短线交易者要视大盘特定情况展开短线操作,当情况更有利于中线交易时,应选择中线交易的方法;当大盘的获利概率变得非常小或不确定时,短线交易者最好什么也不做,袖手旁观。

资金管理有要求

1. 常识性要求

(1)普通短线交易者的短线交易属于跟风操作,所以资金量不能太大,一般宜在1 000万元以内。

(2)资金使用的原则是大钱分散、小钱集中,即大资金须讲究投资组合,小资金须集中持股。

(3)小资金进、出场方便,可强调明确的进、出场点位,甚至可以要求在当日最低点进场,在当日最高点出场;但大资金则应讲究进、出场的价位区间,不能固执地等待最高点或最低点。

2. 持股的要求

(1)在大盘背景良好的前提下,只有少于500万元的资金且该笔资金有短期盈利要求的时候,才可以考虑一次性满仓操作。否则,都应该采用分批的方式进场。

(2)无论大盘好坏,大于500万元以上的资金量应采用分批或分股的原则进行交易。前者是指看好某只股票后可分批加仓,后者是指可以将剩余资金购买其他股票,以分散风险。但总体原则是必须保留有可以流动的资金,使自己处在进可攻、退可守的主动位置。

(3)即使短线交易者有1亿元的资金,在短线交易的持股上最多也不要超过3只,更多的资金要么活用,要么考虑中线持股。短线交易本就是瞬息万变,超过3只以上的股票,短线交易者很难在盯盘的时候不出差错,何况每天还有那么多涨停的股票在刺激着神经。精心选股,好好看护,是交易获胜的关键,买股票不是开杂货铺。

3. 资金管理要求

(1)建仓的技术原则,包括建仓的时机和买入的数量。

(2)加仓的技术原则,包括加仓的时机和买入的数量。

(3)减仓的技术原则,包括减仓的时机和卖出的数量。

(4)平仓的技术原则,包括平仓的时机和卖掉的数量。

在这四项资金管理原则中,加仓比较有难度。它一般分两种:一种是在行情继续看涨时进行加仓,这是普遍的加仓行为;另一种是在行情有过少许调整后又开始反转向上时进行加仓,这是谨慎的加仓行为。但绝对不允许因为股价急挫或因为股票便宜而进行摊低成本的加仓动作。平仓则更有难度,它也分两种:一种是获利或保本出局,这个比较容易做到;另一种是亏损时的止损平仓,这个的难度比较大,这不仅是心理接受上的难度,更是操作技术上的难度,它与股价目前获利空间与风险大小密切相关,不能一概套用亏损3%就出局的结论。止损在短线交易中很容易发生,更易产生累积的实际亏损。为了避免止损的出现,方法只有一个,就是尽量少出手,但一出手就要准、快、狠。

短线交易者切勿因为自己的资金量少,就忽视资金管理原则。必须记住,这是一种交易原则,一种交易风格,是千百万成功短线交易者在资金管理上的经验。一千个短线交易者在行情的不同阶段所采取的资金管理技术是不同的,这也将导致一千个不同的获利或亏损的结果。所以,即使短线交易者能够准确预测到一些趋势的变化,但如果不能掌握好资金管理的技术,最终的收益盈亏也无法确定。

严格遵守纪律

在几种股票的交易风格中,短线交易最为激烈,如果没有一套有效的纪律盔甲,短线交易者很容易中枪中弹,损失惨重。市场并非总无规律可循,绝大多数短线交易者在股市中失败,往往不是技术的问题,而是自身进、出场的纪律出了问题,或者根本就没有纪律可言。这同很多领域里的成败是一样的道理:智商不决定未来,情商才决定未来,而情商就是对自身的控制。

严格来说,绝大多数短线交易者的失败,都是没有严格按照上述理念、时机、方法而随意进行买卖的结果,盲目、随意、突然、侥幸等现象是失败者的常态;但也有部分短线交易者则亏损在"有法不依,执法不严"的层面上,在进、出场信号出现后仍然犹豫不决,而在进、出场信号未出现前又轻举妄动。作为一名成功的短线交易者,冷静等待大盘、板块、个股、主力四者出现明显可见的交易状态,是其重要的操作基础,而快速交易和资金管理则是决定获利大小的因素。

任何交易都必须是在已有的操作计划和控制中实施的,随意而不规范的操作行为不应该出现在职业短线交易者的身上。该出手的时候快速出手,该出局的时候坚定出局,你慢别人不慢,良机一旦错失,损失必然出现。

提高心理素质

导致短线交易者一再犯下低级错误的原因,往往是短线交易者自身交易心理严重失衡,使交易决策和实施过程处于一种非理性的状态,从而导致交易行为的扭曲变形。理性的交易心理和良好的交易素质,是短线交易成功的重要前提和保证。但是,交易心理控制需要长期的训练过程,也是一个需要掌握方法的过程。

这里先从四个方面提出一些看法,帮助短线交易者清理一些思想上的障碍:

(1)短线交易者要明白,交易者之间较量的已不再是一些细小的技巧,而是其心态和素质的拼比。这意味着短线交易者在进行短线交易时要有"四心":一是机会来临前的耐心;二是机会出现时的细心;三是进场时的决心;四是出局时的狠心。

(2)在股票市场上,看对了不一定能够做对的人比比皆是,而看错了却总能化险为夷、反败为胜的短线交易者则寥寥无几。因此,对于短线交易者来说,能否看对不是最重要的,而能否做对才是生死攸关的大事。

(3)真正的短线交易者只安心赚取自己操作系统中能够到手的钱,而不会贪婪一切个股涨幅,也不会妄图把每一件事都做到最好。凭技术和原则赚钱、不依靠小道消息、杜绝侥幸心理、反思幸运获利、看淡常规获利、审视每次失败,是短线交易者的一贯原则。

(4)一个人的自信往往来自于内心而非外界,更深层次的是来自于内心的原则和遵守原则。同样,衡量短线交易者的标准并非以获利为唯一根据,按正确的市场规律交易并坚定不移地遵守自己的交易准则,是短线交易者的法宝。

先用小资金训练

建议短线交易者拿出3 000元在股市里进行试验。3 000元只能买到100股30元的股票(不含交易成本),但是,很多短线交易的品种往往不超过20元,该金额应该可以满足试验的需要。在试验的阶段,多数短线交易者是要亏损的,即使有盈利也往往不知所然。所以短线交易者一开始不要贪大,等技术稳定了,经验丰富了,再加大筹码不迟。训练方法如下:

(1)训练自己对大盘的分析和感悟能力,看看每日大盘实际走势和自己在盘前、盘中预测的有什么不同。如果对大盘没有80%的正确判断率,介入任何个股的风险都会比较高。

(2)训练自己对消息概念的反应能力和反应速度,以及对板块行情的识别能力和把握能力。板块出现联动是在熊市里操作短线的最小风险时机,而同时又是利润最大的时机。

(3)训练自己进场的速度和质量,将自己实际进场的点位与事后个股的实际走势相比较,找出自己成功或失败的原因并进行全面的、深刻的剖析,做好每场交易的分析记录。

(4)训练自己出场的速度和质量,将自己实际出场的点位与事后个股的实际走势相比较,找出自己成功或失败的原因并进行全面的、深刻的剖析,做好每场交易的分析记录。

(5)观看主力资金在个股上翻云覆雨的动作和手法,设想自己如果是主力,会不会也这样操作,或如果自己是主力将如何操作下一步。常此思维,你就离短线交易者的距离不远了。

(6)必须意识到,你和短线交易者现在始终是一个对立的关系,他要行骗,而你要识骗。如果你始终只能识骗而无法行骗,那么你最多也只能是散户高手,而无法成为短线交易者。

(7)不断进行收盘后的复盘分析,不仅要对自己现在操作和关心的股票进行深刻分析,同时每天还要对沪深两市涨/跌幅前后十名的股票走势进行反复的察看揣摩。

(8)不断进行操作日记的总结,一方面跟踪自己的交易质量,另一方面反馈自己的行为缺陷和盲点思维,以快速提高自己的操作水平和判研能力。

(9)刻苦训练、深刻领悟是成为专业短线交易者的唯一途径,而反复看盘、悟盘、记盘则是达到条件反射般速度的根本。短线交易者必须在快、狠、准上下苦功夫,同时坚守自己的操作理念。

任何短线的高成功率都是来自于严格的系统化训练,短线交易者只有胜过9 999人,才能成为万里挑一的好手。对各种股市规律及投资理念反复思考,对各种经典的股价走势反复记忆并不断对比总结,对主力各类的操盘模式做到了如指掌,等等,是短线交易者必然要经历的过程,这个过程至少是半年。

选择合适的环境和时机

1. 对大盘的要求

不是什么时机都适合进行短线交易,只有当大盘出现以下三种状况时才能展开操作:

(1)大盘处于牛市末期,此时部分主力还非常活跃,大量资金还敢于频繁进出,但要注意防范暴跌的行情。

(2)大盘处于横向盘整时期,此时各种主力都有机会进行拉升的尝试,各类资金也常常处于躁动不安的状态。

(3)熊市中大盘处于大幅下挫(如连跌20%以上)或急跌(如一日内急跌8%)时,往往也是各类游资抢反弹的时机。

除这三种情况之外,当大盘处于牛市上升阶段时,或当大盘处于明确的下降通道时,是不允许做短线交易的。因为前者不划算,后者易亏损。

2. 对行情的要求

即使是大盘处于能够做短线的市场背景下,短线交易也不是天天都可以操作的,当市场氛围不好而跟风不足时,连主力都自身难保,跟风交易就更难获利了。只有当行情环境出现以下三种情况时,才能提高短线交易的成功率:

(1)要能看到政策面和消息面的实质性利好,这在大盘处于盘整市道和熊市时极为重要,一遇政策利好,个股反弹马上开始。

(2)要能看到某一板块的集体启动,这是大资金共同抬升的结果,说明热点集中于某一板块,资金大量涌入某一板块,跟进的风险比较小。

(3)要能看到某个股票突然出现基本面的重大利好,这往往是个股短期内暴走的根本原因,虽然不能够及时参与,但后期还是有少许机会的。

当行情启动的环境不具备时,短线交易往往好看不好用。所以有些时候,等待就是赚钱,因为它省掉了亏损的钱,同时赢得了资金的主动权,保持有随时伺机而动的机会。

3. 对个股的要求

当大盘处于能够做短线的市场中,短线交易的成败就跟个股状态密切相关。从个股技术面来说,短线交易的时机主要有:

(1) 当股价经过长期整理带量大举突破旧高创出新高时(牛市末期及其里面的震荡市);

(2)当股价突破关键阻力位即将大幅拉升时(牛市末期及其里面的震荡市);

(3)当股价即将暴发性突破近期底部的整理平台时(熊市反弹期及其中的震荡市);

(4)当股价运行在明显的上升趋势通道内,且在通道下轨处获得支撑时(熊市反弹期及震荡市);

(5)当股价形成了明确的箱体走势,并有着规律性的低买高卖现象时(熊市反弹期及震荡市);

(6)当股价形成了明确的下降趋势,并因下跌过度而引发强烈反弹时(熊市反弹期及震荡市);

(7)当股价在底部先涨后跌并缩量整理完毕开始爆发性拉升时(熊市反弹期及震荡市)。

其中,(4)和(5)也属于可以做波段交易的个股状态。这样的股票往往不受限于大盘和行情概念,基本上被主力掌控,很难暴涨,但会缓慢上升。介入这样的股票要有耐心。

对于具体的目标个股来说,短线交易者既不要参与个股上升中的调整,也不要放过个股调整中的拉升,这是做短线的基本原则。因此,当好的品种调整完毕时,及时杀回马枪是必要的动作。注意,成功的短线交易并非仅仅是买进能够上涨的股票,而是要买进短期内上涨幅度最大的股票。

建立自己的交易操作系统

"我能给你世上最好的规则,以及研判股票位置的最佳方法,但你还会因为人的因素,也就是你最大的弱点而输掉账户上的钱。你没能遵守规则,你凭希望和恐惧而不是依规则行事。你犹豫迟疑,你失去耐心,你仓促行动,你延误时机。你因此用人性的弱点欺骗自己,然后将损失归咎于市场。永远记住,是你自己的过错而不是市场的行为或市场操纵者的行为导致了你的损失。因此,你要努力遵守规则或避免注定使你失败的投机。"这就是一代股票交易大师江恩几十年前留下的警世恒言,它深刻揭示了交易心理和交易规则对交易成败的影响。

如果说市场分析是短线交易者对客观事件所作的分析,那么短线交易者自身的交易能力无疑成为决定交易成败的主观因素。很多短线交易者把市场分析看得很重要,并在此花费了大量的时间和精力,而事实上,这却是次要的部分。因为市场是"死"的,是被动的,而人这个交易主体才是活的,是变幻莫测的。也就是说,在股市里仅仅看对是不够的,还要做对,而做对,则依赖于短线交易者的交易操作系统。

在交易操作系统中,交易素质是最重要的一部分,它包括交易思想、交易理念、交易心理等,这些"活"的东西最难以识别和驾驭,但它却严重妨碍了短线交易者的识别能力和交易水平,使短线交易者主观地看待市场并随意交易,埋下亏损的祸根。交易规则包括交易策略、交易方法和交易纪律,它是一种经验的升华,是理性交易的操作体系,没有这样一套正确的操作体系,朝三暮四或投机取巧的获利方式,只会使短线交易者陷入更被动的境地。资金管理则包括资金头寸管理和资金风险管理,不同的资金投入方式和出、入场技巧,将导致同样看对的短线交易者却产生巨大的收益差距。

与此同时,大多数短线交易者将交易视为单一的进场行为,认为只要进场正确就一定能够盈利,并在整个交易过程中过于依赖进场这个环节,而忽略了交易过程的其他相关环节。他们没有自己的交易体系,也无法完整地对待自己的整个交易过程,甚至不知道交易究竟有几个环节需要把握。看看下表,短线交易者就知道输家是如何产生的了:

正确的交易操作系统:

	交易时要考虑的问题	科学的处理方案
1	买什么品种?	根据自己一贯的选股标准来确定。
2	什么时候买入?	根据对大盘、板块、个股进行分析来确定。
3	买多少数量?	根据自己的建仓管理标准来确定。
4	怎么买?	根据自己一贯的建仓风格依次买入。

续表

	交易时要考虑的问题	科学的处理方案
5	进场后趋势反向怎么办？	根据自己预先设立的止损点迅速离场。
6	进场后趋势大好怎么办？	根据自己的加仓标准依次加仓。
7	什么时候减仓？	根据自己一贯的止赢条件来执行。
8	减仓多少？	根据自己一贯的止赢标准来执行。
9	什么时候离场？	根据自己一贯的离场条件来执行。
10	意外无法离场怎么办？	根据自己的第二套措施冷静处理。

总体来说，短线交易者想要在市场中持续获利，就必须建立三位一体的交易体系：

(1)技术分析模块：这是交易对象和交易时机的预测系统，着重于研究买卖什么和何时买卖的问题。它包括对大盘的分析，对个股股质的分析，对个股技术面的分析，对个股主力的分析。在这里，最重要的是客观、全面地了解市场。

(2)交易行为模块：这是对短线交易者整个交易行为进行管理的系统，着重于研究如何能够更好地实施买卖行为的问题。包括短线交易者的心理控制、交易策略的实施和交易规则的执行等。在这里，最重要的是坚持整体性和一贯性的原则。

(3)资金管理模块：这是对资金安全性和增值过程进行管理的系统，着重于研究买卖多少的问题。这涉及资金每次出入的比例大小，以及对风险的控制和对盈利的保护等问题。在这里，重要的是坚持合理和谨慎的原则。

避开15大心理误区

他山之石，可以攻玉。短线交易者可以先从别人的失误中节省交易学费，从而顺利进入交易的佳境。下面，先看看别人的失误。

十五大心理误区如下。

1. 认为一夜可以暴富

很多短线交易者本身对股票不感兴趣，也一无所知，但是在牛市的财富效应日趋高涨时，在一日即可暴涨10%甚至100%(新股上市、复牌交易、权证交易)的蛊惑下，却带着一夜暴富的心理冲入股市，其结果可想而知。不熟不做，不懂勿动——这个基本的生意常识一再被短线交易者在投资或投机领域里打破，但无知和冲动总是要付出代价的。

2. 认为赚钱很容易

股市盛传爹爹婆婆也能成为百万富翁的故事，也描述着基金能助你"守株待兔"的传奇。于是很多自以为聪明过人的短线交易者以及根本不思考如何盈利的短线交易者开始涌入股市。股市由此开始涨潮，但潮水总有退的时候，等潮水退却时，不劳而获和自作聪明的短线交易者自然就成了那群"没有穿裤子"的人。这些短线交易者需要想想，别人凭什么输钱给你？

3. 认为炒股就是赌博

持有这样心态的短线交易者往往是不会承认的，甚至于常常自欺欺人。炒股本身也是博弈，它和赌博有必然的联系，但两者还是有本质区别的。赌博可以换牌，但炒股双方的股票是无法替换的;赌博靠的是识别经验和应对技巧,而炒股靠的是对股票供求关系和市场冷热的把握。把炒股当作赌博的人,其赌性、赌行必然违背市场规律,从而招致败北。

4. 急功近利

一个人在涨工资时,只希望一年能涨15%就满足了;在做生意时,只要一年能赚50%就知足了,但在进入股市时,他们却希望能赚到100%以上,这是多么的不切实际。正如我们不可能在两年内成为医生或律师一样,想要在一个领域取得成功,特别是在高手云集的博弈场所获得成功,就必须付出艰辛的努力,同时还需要坚忍不拔的意志。显然,大部分短线交易者都没有这样的思想准备。

5. 依赖别人

股票市场受诸多复杂因素的影响,当短线交易者无法分析或不愿分析时,就必然采取跟随交易的策略,这一点在基金公司也相当普遍。盲目跟风、依赖别人,在看见他人购进某种股票时,也会匆匆买入自己并不了解的股票;而当看到别人抛售某种股票时,也会急急忙忙跟着抛售;他们总是到处打听小道消息并跟随谣言,直至被市场迅速吞没而后悔莫及。

6. 举棋不定

有些短线交易者在进场交易前原本制订了交易计划,但当受到他人意见的影响时,却往往左顾右盼,无法执行交易策略;或是事前根本就不打算进场交易,但看到许多短线交易者纷纷入市时,又经不住这种气氛的诱惑,从而作出了不理智的交易决策;或者干脆在摇摆不定中,眼睁睁看着机会与自己失之交臂,陷入该赢的没得到、不该失去的却失去了的尴尬境地。

7. 自由散漫

人的行为具有很大的随意性和自我性,因此社会必须用法规来约束和协调。但是在股市里,缺乏领导监管和自我约束后,短线交易者往往独来独往,天马行空,平时的自由散漫和率性而为一览无余。面对能制造行情且纪律严明的对手,这种情绪化交易和随意交易所带来的亏损往往是巨大的。用自然的人性去面对诡秘难测、波涛汹涌的股票市场,其后果可想而知。

8. 不敢输

很多短线交易者因为对市场一无所知而毫无持股的底气,一旦股票下跌就开始心神不宁,继续下跌则惶惶不可终日。他们死死捂住早已亏损的股票不放,期待市场出现反转的奇迹。他们不懂得主力撤退和人气溃散的含义,不懂得市场和股票的周期性,更不明白资金自由的重要性。不敢输的心态,只会使短线交易者越陷越深,失去更多、更好的交易机会。

9. 敢输不敢赢

有些短线交易者则与上面的短线交易者恰恰相反,他们敢于斩仓出局,即使接连战败也在所不惜,并自诩深谙"止损"之道。但是,当他们在看到久违的获利时,却往往会迫不及待地要获利了结,生怕这到手的利润又不翼而飞。所以常常是十次交易输了七次、平了两次、而唯一能赢利的这一次又很早地卖出去了。敢输不敢赢的心态,将逐渐消灭短线交易者账户上的所有资金。

10. 推托责任

很多短线交易者在股市赚到钱后,就开始喜形于色,忘乎所以,到处炫耀;遇到挫折困难,则寝食不安,愁眉不展,怨天尤人。这种短线交易者,往往看不到市场的规律,也看不到自身的问题,更不会主动寻求解决之道,而是一味地将失败的缘由归咎于市场、管理层、庄家、股评家等。赢了钱就是自己的本事,输了钱就是市场的问题,这种想法实在幼稚。

11. 贪婪

有利都要,寸步不让,这种贪心的投机者并不少见。他们常常持股待涨,不顾趋势盲目坚持,往往放弃了一次次获利了结的机会;而当价格下跌的时候,又迟迟不肯买进,总是盼望价格跌了再跌。这虽与追涨杀跌的表现形式不同,但同样是短线交易者不能把握机会的表现。这种无止境的欲望,反倒会使本来已经到手的获利全部落空。要知道,树是长不到天上去的。

12. 恐惧

常言道:一朝被蛇咬,十年怕井绳。有些短线交易者经受不住挫折,一次交易赔了钱便对交易产生了恐惧心理,再遇到很好的机会也不敢介入;或者得了恐高症,只要看到股市暴涨或长期高涨,就开始恐惧顶部来临而早早出局,错失一次又一次在回调中的加仓的机会;又或者恐惧熊市的残酷,对多次反弹或反转机会的来临视而不见,总之是轻易"不进油盐"。

13. 迷信

迷信往往是知识不足所造成的,它包括:迷信书籍,尤其是那些片面的经验之谈;迷信信念,尤其是那些尚不符合国情的投资大师的投资理念;迷信专家,实际上很多专家都是纸老虎;迷信基金,实际上基金公司是靠迷信者的供养才能活到今天的;迷信指标,实际上指标只有统计的作用;迷信消息,热衷于消息者往往死于消息;迷信自己,一意孤行的常常失去市场。

14. 懒惰

懒惰是人的通病。一些进入股市的普通职员在工作中碌碌无为,却奢望在股市中吉星高照;一些进入股市的爹爹婆婆整日无所事事,却期望能在股市里鸿运当头;一些进入股市的企业领导者在下班后花天酒地,却妄想他的运气要好于当年买股票的爱因斯坦和丘吉尔。他们似乎不知道,他们的钱即将被比他们勤奋百倍的短线交易者夺走。因懒惰而无知,因无知而亏损,很公平。

15. 不肯认错

很多短线交易者一旦做错了方向,便不能当机立断,壮士断腕;而是心存侥幸,期望市场按他的想象出现转机;或是给自己找市场应该回头,而自己没有错的各种理由;或是盲目乐观,死抗到底,不撞南墙不回头;或是假装视而不见,漠不关心,并自我感觉良好。但无论短线交易者怎么想,错了就是错了,如果你还想在这个市场上活下来,唯一的方法就是立刻认错改正。

避开15大交易误区

1. 没有交易计划

绝大多数短线交易者进入股市的时候,都不会制订交易计划,这使他们无法知道合理的入市资金应该是多少;在后市出现什么状态时,该不该加仓、减仓,加、减的比例是多少;在什么地方设置止损以平仓了结;在什么地方设置止赢以获利了结。面对始终有计划、有目的、有纪律的市场主力,他们的失败也就成为了必然。他们不知道,市场专门修理那些随意交易的人。

2. 非系统性交易

这包括两种常见的情况：一种是按消息交易，即短线交易者到处寻找小道消息进行交易，而不是按市场规律和个股特性进行交易，这种短线交易者的总体特征是不学无术，东打西探；另一种是按预期交易，即以为市场会怎么走而采取行动，并不是顺势而为。江恩有两套技术，一套是测市技术，一套是操作规则。显然，仅凭测市技术是行不通的。

3. 频繁交易

如果短线交易者以1 000元本金起步，一年只进行20次交易，10次全部获利且盈利率为8%，又有10次全部亏损且亏损率为8%，无论如何调整盈、亏的顺序，短线交易者的资金都会减少到938元，还没算交易成本。这就是频繁交易的代价。

4. 满仓操作

对于一个没有资金管理概念或急于提高投资回报的短线交易者，常常会选择满仓操作，即建仓时动用全部的资金，出场时没有减仓的想法，一味地满进满出。他们的理由是：既然看好就该全力投入，既然不看好就该立即抽身。但是事实上，没有人可以准确预测到后市的发展，预测错误和被主力欺骗的比比皆是。而这样的短线交易者也往往不明白，他应该靠复利而非靠暴利来赚钱。

5. 不设止损

很多短线交易者没有主动止损的概念。究其原因，心理上的障碍主要是心存侥幸，一旦建仓以后不设止损，侥幸地希望价格能向自己建仓的方向运动；技术上的障碍是不知道在哪里设置止损的点位，认为很麻烦；认识上的障碍是认为大不了就套住不放，"二十年后还是条好汉"。于是，多数短线交易者在严重套牢后最终斩仓出局，少数短线交易者则被迫降低了资金的使用效率。

6. 不设止盈

很多短线交易者认为，为什么要设止盈，让盈利奔跑不好吗？而实际的结果却是：太多的短线交易者在贪婪的怂恿下，认为"树会长到天上去"，迟迟不愿顺着梯子爬下来，等到主力把梯子抽掉之后，才知道跳下来的代价。实际上，这一切的交易心理主力都非常清楚，怎么可能让散户有机会跑在其前面呢？于是，曾经的盈利成为了纸上富贵，不断的套牢成为了连绵噩梦。

7. 不懂资金管理

这包括两个方面：一方面是很多短线交易者不知道10万元资金、100万元资金、1 000万元资金在操作上的不同之处，因而一视同仁，套用同一种交易策略，最终招致失败；另一方面是短线交易者不懂得资金的运用和调度，尤其是缺乏建仓、增仓、减仓、平仓时的技巧和经验。要知道，即使是对市场有同样的预期，但是懂资金管理和不懂资金管理的短线交易者，其最后的盈、亏差距是很大的。

8. 越跌越蛮干

当股价层层下跌的时候，部分短线交易者通常会出现三种情况。

其一，不分场合和时间赶紧"割肉"，结果可能一割就涨，后悔莫及；

其二，越跌越加仓，期望摊低持仓成本，同时认为自己拿的是优质股，无视熊市的存在，把自己当作是基金必须保持仓位；

其三，认为反弹即将展开，于是匆匆入市去等待反弹的果实，但结果却往往是一动就错、一错就亏。

9. 逆市而为

股市里总会有很多"死多头"或"死空头",他们无视市场的改变,顽固不化地坚持过时的观点,在市场已经悄然启动时不敢入场,在市场进入最后疯狂时不愿出场,在市场进入熊市时继续加仓,在市场明显疲软时赶紧抄底,等等。这些逆市动作,显示出短线交易者在预测技术上的无知和无能,以及自以为资金雄厚的盲目自大。要知道,市场自有其道,谁也不能束缚它的手脚。

10. 离市场太近

人类是感性的动物,难免会随行情的涨跌而产生情绪波动,并进而影响交易行为。离市场太近,人性中原有的"贪、嗔、痴"便容易浮现,便会使人想去"战胜市场",以获取似乎唾手可得的利润。但实际上,股市波浪就像江水一样,你贴得越近,看到的就只有涟漪,而涟漪是杂乱无章的,一波才起就会被另一波打消。短线交易者唯有与市场保持距离,才有机会追寻获利的大浪。

11. 缺乏纪律

缺乏耐心的短线交易者比比皆是,在机会尚不明确的时候,他们匆匆介入;在市场进行调整的时候,他们又急急出局。缺乏纪律的短线交易者更是无处不在,盲目交易、冲动交易、随意交易、糊涂交易……这些没有纪律的短线交易者,最终将自己的资金交给市场蚕食鲸吞。他们不知道,只有一个训练有素的短线交易者,才能在陷阱遍布的博弈市场里化险为夷。

12. 疲劳交易

有些短线交易者持续"战斗"在股市一线,没日没夜地盯盘和分析;有些短线交易者则受不得刺激,患得患失,容易失眠。但他们都仍然带着疲惫继续交易。他们不知道,股市不是工厂,不需要劳动模范,需要的是效率。当短线交易者身心疲惫的时候,记忆力、反应力、感知力、决策力、协调性、敏感性等都会降低,作出失误的交易动作也就在所难免。

13. 不思进取

有些短线交易者看起来比较勤奋,到处找方法、学经验,但实际上,却不愿自己思索交易方式,自己考虑前因后果,而是生搬硬套,囫囵吞枣;又或者,发明了一套盈利模式后就不分时宜地反复使用,自认为可以一劳永逸,万事大吉。股市之所以能持续发展,就是因为它的不可预知性和其自我验证、自我变异的生命活力。跟不上市场节奏的短线交易者,迟早都会被市场淘汰。

14. 无交易风格

每位短线交易者都很难战胜自己的性格,所以每位短线交易者都应根据自己的性格和经验来形成自己的交易风格,这包括自己的预测策略和交易规则,也包括自己的选股标准和进出时机。没有自己的交易风格,就等于没有自己的主见,连主见都没有的短线交易者是无法在市场立足的。这样的短线交易者很难不被市场风暴席卷而去,也很难不丧生在诡秘汹涌、陷阱密布的证券市场。

15. 自身不稳定

短线交易者往往知道市场是不稳定的,其风险也是可以预计的,但短线交易者自身的不稳定性却往往被自己所忽视。如持仓数量的不稳定、资金管理的不稳定、准备的不稳定、操作的不稳定、视角的不稳定、进出的不稳定等。这些不稳定性即使是发生在预测正确的情况下,也难免出现亏损,何况是在多数预测被证明为错误的情形下。自身不稳定因素,是短线交易者的一大致命问题。

做好交易计划

学会开车很容易,但成为职业赛车选手却很困难。做股票投资也一样,成为职业交易员并不简单。迈出的第一步就是要学会订交易计划,它是短线交易者的作战计划和实施框架。交易计划需要事先考虑行情所有的发展可能与相应对策,这可以使短线交易者降低压力,提高信心,并形成自律性的规范动作。而非职业性的短线交易者是没有这套计划的,他们往往无法应对行情发生分歧时或市场突发意外时的变化,并由此输给职业短线交易者。

交易计划的目的,是在充分认识市场状况的前提下,寻找成功率较高的交易机会,并确保实施过程都在自己的掌握之中。它的形成过程如下:

(1)辨认出当前大盘趋势属于基本、次级、短暂趋势里的上涨、盘整还是下跌。

(2)分析当前大盘短期趋势形成的主要因素,并搜集后期影响因素进行趋势的预测。

(3)当大盘趋势开始向有利于自己的预测方向前进时,证明预测可能正确,准备进场。

(4)察看目标个股和大盘趋势之间的关联度,挑选适合的目标股做好进一步分析。

(5)按照自己习惯的短、中、长线交易风格,挑选目标股后考虑何时进场和出场。

(6)分析目标股后期可能出现的涨、盘、跌三种走势,分别做好对应操作和止损准备。

(7)按照既定的价格区间、时间范围、股票数量,买入目标股,同时记录交易日志。

(8)随时保持观察,看目标股是否有异动,对异动情况和周末行情作进一步的评估。

(9)考虑是否要加仓/减仓,或按计划止损,或提高浮动止损点,或止盈出局。

(10)达到预期目标或认为风险增大应止盈出局,同时做好整个交易的总结和评估工作。

需要注意,在交易计划中,最不容易确定的是出局时间,但凡是不能确定出局时间的计划,往往都会出问题。而出局时间和计划的操作成败,都跟短线交易者对行情性质的判断以及操作风格的选择息息相关,如果它们出现了问题,那么交易计划多数是难以成功的。

写好交易日志

美国股票交易大师江恩在晚年的时候只专注于市场统计,他认为,从市场统计数据中寻找股市规律是最有价值的工作。而对于短线交易者本身而言,对自己所操作的股票进行数据统计,则更富有实际的意义。前者的统计是针对于市场,后者的统计是针对于自己,将市场和自己识别并驾驭,是长期盈利的秘诀。

那么短线交易者如何对自己的交易工作进行统计呢?方法就是写交易日志。它可以帮助短线交易者评估自己的操作绩效,认知自己的交易风格和交易优劣,不断完善自己的心理素质和操作规范。但很多短线交易者不愿意动笔记录,而只愿意凭记忆总结,可是人们的记忆往往会有选择性,很难仅凭头脑就记住所有的交易细节并形成操作性的总结。每笔交易都必须记录,确实有些麻烦,但对短线交易者肯定有莫大的好处。交易日志内容参见下表。

交易日志

交易对象	买入了哪只股票。	
股票性质	买入股票的性质。此项可使你知道什么股票适合你的交易风格。	自我分析
交易时间	几点几分买/卖的。此项可使你知道什么时间段最适合你的交易。	自我分析
交易动机	为什么要买/卖。此项可使你知道你的交易动机是否合理。	自我分析
获利目标	你计划的卖出点。有助于掌握你的盈利,且分析你的止盈水平。	自我分析
止损目标	你计划的止损点。有助于控制你的亏损,且分析你的止损水平。	自我分析
资金管理	加仓/减仓的变化。有助于知道你在资金管理上的策略是否合理。	自我分析
盈亏情况	在该股上的盈亏。有助于知道你的成功率和平均获利及亏损金额。	自我分析
持有时间	持有该股的时间。有助于知道你喜欢或适合做多长时间的交易。	自我分析
决策分析	亏损交易的认赔速度是否够快?盈利交易的持有时间是否太长?是否太快出场?是否确实遵守交易规则?是否等待行情折返?等等。	自我分析

EXCEL表具有数据统计的功能,因此"交易日志"适合在EXCEL表里进行编制。通过该表,短线交易者可以挑选出最适合自己交易的个股、行情、机会、时间和操作规则,同时知道自己的操作盈亏水平和心态变化。但是,交易日志如果只是纯粹的记录工作就没有意义了,它需要短线交易者不断翻阅和总结,以分析自己的长处与短处,检讨自己的交易绩效,以增强自己的交易信心。应记住,成功的交易不在于一时的成败,而在于有没有执行一个好的、稳定的交易理念或操作标准。

树立正确财富观念

很多人,之所以在长期的资本争夺中败北,是因为他们没有正确的财富观念,心态无法平稳。事实上,短线交易者从股票市场上能赚到钱,从投资的角度来说,是因为长期看好国家经济的发展,因而投资于具有代表性的高成长性公司;从投机的角度来说,是因为把握了市场平衡的节奏,抓住了其他对手的弱点和软肋。但无论如何,没有一位大师是纯粹为了赚钱的目的而从股市上赚到大钱的,他们的长期获利得益于他们正确的投资(投机)理念,他们的平稳心态则来自于他们正确的财富观念。

巴菲特尽管曾一度是全球最富有的人,但他最终把自己的绝大部分财产捐给了5家慈善基金会,而这些基金从起名到历史都不属于他自己;索罗斯则一方面不放过任何赚钱的机会,另一方面到处捐款、建立慈善基金、参与社会变革,以实现他作为成功的金融投机家和慈善家、社会改革家的多重角色。虽然他们都热衷于自己的投资(投机)事业,但都没有忘记自己对社会应承担的责任。

所以,作为一个短线交易者应该知道,你所做的不过是社会财富的再分配工作,你可以理解为劫富济贫,也可以理解为实践理念,而唯一不能有的观念就是为了赚钱。急功近利、唯利是图的想法将最终使你破产,就像没有信仰的、曾经是世界上最伟大的短线交易者:杰西·利弗莫尔。

400多年前,培根就在他的"论财富"中曾经讲道:"千万不要为了摆阔而追求财富,而应当取之有道、用之有度、施之有乐。通过正当的手段和靠劳动所获得的财富,其步伐是缓慢的"。但是很多短线交易者没有正确的财富观念,而且一开始就急于求成,为自己设置了过高的盈利愿望,使自己在高涨的欲望中不断煎熬,最后亏损累累。

如果短线交易者有10万元的本金,可以先看看下面这张表:

理想投资回报率的总收益

	每10年增长10倍	每10年增长20倍
10年后	100万元	200万元
20年后	1 000万元	4 000万元
30年后	1亿元	8亿元
40年后	10亿元	160亿元
	每年的投资回报率须为25.89%	每年的投资回报率须为34.93%

由上表可见,如果你的计划是每10年增长10倍,那么30年后的资金将达到1亿元,而每年所需的投资回报率仅仅只要25.89%;如果你的计划是每10年增长20倍,那么30年后的资金将达到8亿元,而每年所需的投资回报率也不过是34.93%。既然如此,你还需要每天关心股市的走势吗?还会想抓住所有的涨停板吗?保持一个平和的心态,善用复利的威力,成为亿万富翁只是时间的问题。

现在,你的年度盈利目标是20%还是80%?

培养良好心态

学习投资,先学做人,你的人生态度会如实地反映到你的投资活动中,形成你的投资哲学。一个成功的短线交易者,并不是在交易市场中磨炼自己的心理素质,而是应该在日常生活中将心理素质调整好,再把它拿到交易市场上。著有《投资心理学》的美国范·K·撒普博士认为,短线交易者在日常生活中对于心灵品德的修养极为重要,它包括以下5个方面。

1. 成熟的私生活

这是人性德行的基础。也就是说一个良好的交易人员在家庭私生活方面,首先要符合当地、当时的人伦道德,受到社会和自己的无形监督,做到心胸坦荡。人的一生总会受到一些感情的考验(尤其在小有成就时),它考验着你的道德底线,而能否战胜它并坚持你的道德底线,将是在交易思维产生贪婪、恐惧时能否战胜它们的关键。良好的原则坚持和习惯培养,需要短线交易者在日常生活中对自己心性时时进行反省和磨炼。

2. 积极的态度

人类生存的一种巨大动力就是积极。当一次次失败的打击让你的心灵一次次阵痛时,慢慢的你就会失去斗志了。原因是你太自私、太看重自己的得失,使每次的打击力量因自私而变得更重;最终你将丧失斗志与理智,从而变得无知直到暴仓。这一点也表现在你的品德上:一个在日常生活中寡爱或只爱自己的人是没有真正意义上的积极心态的,也是不会誓不言败、誓不低头的。只有当你内心坦荡无私以后,才会在无形中生出一种积极向上的力量,这种力量往往可以克服诸多困难,直至你看到稳定的盈利成果。在投资市场中,一切良好的心态都是来自日常生活的培养,绝非妙手偶得。

3. 赚钱的动机

有的短线交易者进入证券市场,是认为这里有暴利;有的短线交易者则认为这里符合自己的兴趣爱好;还有的短线交易者则认为这里可以磨炼意志、修炼身心。这就好比同样是盖房子,有的人会认为自己是在堆石头,有的人则知道自己是在盖房子,还有的人却意识到自己是在解决千万人的安居问题。不同的认知观将导致不同人的赚钱能力和最终结果。正如前面所述,如果你赚钱的动机不明确、不积极,赚钱的行为不正确、不高效,那么你很有可能最终败离这个市场,最终的胜利总是属于那些目的明确并能坚持到底的人。

4. 内心冲突的平衡

天下没有精神没问题的人,只是他们心灵的"药匣子"或大或小罢了。"药匣子"小的人,在日常经历的事情超过他的心理(理智)底线时,错乱后的秩序往往无法恢复,而这对于交易却是致命的。所以,成功的短线交易者常常在生活中不断扩大自己"药匣子"的容量,平衡多方矛盾和冲突,使之能承受更多的负载。内心的冲突有情感上的、利益上的、欲望上的和压力上的等,平衡它们最简单的方式就是:心平气和地面对它们、分析它们、理解它们,并作出局部的妥协。

5. 讲求结果的责任

每个人活在社会上,都逃脱不了责任。为人领导、为人父母、为人子女、为人师者……都有相应的责任。责任不是一个过程,而是要看到结果,尤其是在可以物质化的市场经济中,对结果负责更是所有公司和个体的生存必须。在投资市场更是如此,如果你做不到对自己负责,你的钱很快就会被别人拿走。无论你是想修炼身心、提高交易水平,还是赚取投资回报,都必须时刻关注你的每一步投资行为,因为你马上就会看到该行为的结果——本金变少或增多。

训练12种素质

在投资领域,成功并不单纯是一门技巧或学问,而是一种优秀品质的延伸。但这种品质不是与生俱来的,而是慢慢培养出来的。你播下一个行动就能收获一种习惯;播下一个习惯就能收获一种性格;播下一种性格就能收获一种命运。所以,你是你成功的主体,你的素质决定了你的成败。这些重要的素质,需要短线交易者努力掌握和适应,并身体力行。那些不具备优良素质的"成功"短线交易者,只是在投资(投机)生涯没有结束前就离场的幸运儿。命运掌握在短线交易者自己手中,妄想幸运总是降临在自己身上是不现实的,而正确的做法,就是重视并培养自己的交易素质。

大致来说,成功短线交易者的基本素质主要有12个方面。

1. 勤奋

罗杰斯曾经说过:我并不觉得自己聪明,但我确实非常、非常、非常勤奋地工作(一个人做六个人的工作),如果你能非常努力地工作,也很热爱自己的工作,就有成功的可能。可见,勤奋是一切成功的基础,它能使愚钝者变智慧,使贫穷者变殷实,使学生变成大师,等等。在股市里除了要身体力行的实践外,更多的是要用脑思考。勤奋学习、勤奋思考、勤奋悟觉、勤奋实践和勤奋总结等,将使你迈入成功的大道。

2. 自律

证券市场是波澜诡秘、瞬息万变的,没有人可以准确地预知未来,唯有短线交易者以自律的手段驾驭自己,方能找到市场的间隙规律,从冲动型短线交易者或暂时无法制约你的主力手中夺取利润。你不能战胜市场,但你必须战胜自己,否则,失败是无可避免的。自律可以使短线交易者在别人恐惧时仍有勇气买进,也可以使短线交易者在大家贪婪时果断卖出,更可以使短线交易者涤尽浮躁,顺势而为。自律是同人性之恶做斗争的盔甲,尤为重要。

3. 冷静

在股市中,只有戒急戒躁,冷静旁观,才能客观地看待市场,做到不早进,不晚退,顺势而为。不要试图抓住每一次市场机会,没有人能做到这点。也不要妄图卖到最高点,那是可遇不可求的东西。那些中看不中用的短线涨停板,最好让它如过眼云烟。作为冷静的短线交易者,每进行一笔交易,你都应该清楚交易的理由,按照自己的计划去交易。如果你觉得不安心,就不要进行交易。当你的精、气、神、脑均处于一个良好的状态时,你才能把握绝佳的获利机会。

4. 果断

证券市场的每一秒钟内,都有无数的短线交易者在观察、思考、猜测和行动,"羊群效应"、"蝴蝶效应"、"多米诺骨牌效应"等常常发生。如果短线交易者不够果敢,当断不断,就会错失良机,铸成大错。每一位成功者,无不是有魄力、有胆识、能果敢决策之人,果敢的素质在博弈的市场里非常重要。有时候,你甚至慢1/6秒去按键,涨停板就和你失之交臂,而跌停板却接踵而至。但果断是胆大艺高的表现,而不是蛮干草率的行为。

5. 谨慎

在交易中,有很多现象难以一时区分。比如,怕贪婪就自以为是地提前出场,怕恐惧又自作聪明地提前入场,想果断却变成了冲动,想安心却变成了乐观。又或者,赚了钱就开始轻松自满,输了钱又开始紧张不安,市场上蹿下跳觉得很正常,等等。这些情形的出现,基本上都是因为不谨慎的原因。不谨慎不仅是心理控制的问题,而且是缺乏市场阴阳转换概念的表现。谨慎代表着严谨和中性,这是成功短线交易者一贯的品质。除非你真的了解自己在干什么,否则什么也别做。

6. 自信

自信是所有成功者的特质。在社会上没有自信,很难引发别人对你的认同,从而失去机会;在证券市场上没有自信,很难抵抗日常波动的诱惑,从而失去资本。自信来源于一贯正确的市场认知和稳定的获利能力,来源于自己的健康状态和资本实力。但对于刚入市的短线交易者而言,自我心理暗示也有助于提高自信水平,稳定操作情绪。采取自我暗示能够使短线交易者进行自我调节,引发积极的思维,消除紧张、慌乱等不良情绪,使自己进入最佳交易状态。

7. 诚实

为人最忌虚伪和欺骗,在生活中欺骗别人,就会在市场上欺骗自己。在证券市场,短线交易者必须做到绝对诚实,才有可能抹去浮躁和侥幸,找到市场真相和问题本质,发现自身劣根和缺陷,进而加以改进和完善。发现问题、正视问题、知错就改、言行一致,这是短线交易者能够在市场中生存下来的基础。在这个不需要跟人打交道的市场里,你要解决的东西只有"知屏幕"和"行自己",而诚实是唯一使你"知行合一"的桥梁。

8. 谦逊

所谓谦逊就是要敬畏市场,知道自己在自然面前的渺小。在市场中,短线交易者千万不要认为自己了解任何事情。任何价格的决定都依赖于千万短线交易者的实际行动,这些最终都将会反映到市场中。但是何时、何量、何度,没有人可以准确预测。股市里没有绝对的赢家也没有绝对的输家,但骄兵必败是永恒的道理。唯有谦逊的人才会保持平和的心态和警惕的思维,也才会不断充实自己,同时获得广泛的人脉,未雨绸缪地化解危机。

9. 独立

巴菲特曾经说过,他非常感谢他父亲,因为他父亲在他小的时候就教给了他要依靠自己来判断是非的观念;而罗杰斯从来都不重视华尔街的证券分析家,他认为必须独立思考,抛开"羊群心理"。可见,独立思考和行动,是一个人具备完整性思维和独立人格的表现,也是一个人敢于承担责任和承受获利风险的表露,不具备独立自主的个性,难以成就事业。勒庞在他的名著《乌合之众——大众心理研究》之中曾断言:大众是疯狂的,而个体是理智的。

10. 平常心

所谓平常心就是要拥有平和的心态,能自然地看待生活中的人和事,冷静地看待事业中的名和利,轻松地看待股市中的涨和跌。但这不是一蹴而就的事情,跟一个人的经验、阅历、学识和追求大有关联。有一颗平常心,就懂得什么是必然的,什么是偶然的。抓住必然的涨,躲避必然的跌,剩余的时间就是放弃无数个陷阱,等待值得介入的机会。懂得放弃,懂得等待,懂得必然,以一颗平常心来应对客观世界,顺势而为,量力而行,就能获得丰收。

11. 悟性

没有悟性的短线交易者难以步入投资大师的殿堂。悟性来自于思考和体验,只有经过长期的实践经验和理论知识的积累,当由量达到质的临界点时,短线交易者就会产生灵感或悟性,忽然顿悟一些市场规律和真相,明了交易的部分实质和内在机制。所有投资理念的建立,都是来自于短线交易者自身的悟性,这些在实战之后的悟性心得,经过总结、分类、整理、提炼后,就会形成短线交易者长久坚持的交易体系,历经时间检验。

12. 坚持

股市赚钱的秘密首先在于上述良好品质的培养上,很显然,这些都是放之四海皆准的道理,但就是这些简单的道理,这些往往被人们忽视了的简单的东西,却制约着绝大部分短线交易者的发展道路。如果短线交易者明白这些之后即开始了行动,未尝不是件好事,但是如果不能长久地坚持并成为自己的习惯,那么即使是再好的东西,也很难被短线交易者吸收,并进而发挥出应有的功效。"不知"是愚者的表现,"不行"是弱者的表现,只有坚持"知行合一",才能最终得道。

排解短线交易压力

国外研究表明,优秀的交易员通常不会切断交易活动与日常生活之间的关联,这是他们与业余短线交易者的最大差别之一,他们要求整个生活的每个层面都相互支援、彼此协调。可见,健康与压力管理对短线交易者来说非常重要。

压力能够协助交易,也能够妨碍交易,这取决于短线交易者如何应对压力的状况。尼尔·温特劳布认为,下列这些问题可以使短线交易者获知自己身受压力的程度:

(1)你的个人生活是否受到交易经验的影响?
(2)你是否经常想到失败的问题?
(3)你的情绪是否随着交易绩效起伏?
(4)你是否希望完全改变交易系统?
(5)你是否发现自己很难专注?
(6)你是否发现自己很难暂停交易?
(7)你是否忽略自己的交易系统?
(8)别人说话的时候,你是否会充耳不闻?
(9)你是否变得健忘?
(10)你是否总是觉得疲惫、想睡觉?

当短线交易者经常出现上述状况时,就说明其已经感受到来自交易的压力了。那么,如何处理压力或降低压力呢?建议采取以下的方式:

(1)饮食。用餐时间要有规律,同时考虑低热量的饮食,避免刺激性食物和含咖啡因的饮料。

(2)每星期至少运动三次。运动中分泌的物质可降低压力,生理状态好的人也容易应付压力。

(3)学习打坐、练瑜伽或单纯的放松。

(4)记录交易日志,包括目标在内。

(5)建立支援网络,包括朋友与家人。

(6)偶尔做一些其他的事,摆脱例行的生活方式,比如去吃大餐或旅游等等。

(7)每晚至少需要6~8小时的睡眠。如果难以入睡,可以安排9小时的时间进行休息。

(8)从你的交易日志中,寻找压力的来源。比如,交易规模是否太大?管理未平仓的部位是否太多?若是如此,想办法让自己回到"舒适界限"内,降低交易规模或减少未平仓部位的数量。

如同完成任何目标一样,降低压力也需要付出代价。降低压力需要花费时间与耐心,但这也是用来增进你的交易绩效的。注意,你正在作战,对象是那些妨碍交易绩效的东西。

了解影响获利的因素

刚入市的短线交易者往往不知道是谁影响了他的交易,使他的资金源源不断地出现亏

损。其实,影响他获利的因素主要有两个:一个是市场;一个是他自己。

1. 市场是只纸老虎

很多短线交易者认为市场是最重要的,因为自己的交易都要在其中完成,而挑选交易对象也常常要消耗自己的绝大部分时间。所以很多人花了很多精力去研究市场、分析市场、预测市场、跟随市场。但实际上,巴菲特很少研究市场,他只研究他的上市公司价值和前景;而索罗斯则把主要的精力用在了对国际政治局势、国际经济结构、地区金融冲突、地区市场机会等的研究上;林奇则把主要的精力放在了资产配置上,而这跟经济景气周期和资金管理艺术有关联。可见,市场只是成全他们投资理念的舞台,并非他们研究的重点。

没有人可以长期准确地预测股市局部趋势,将大量的时间花在这上面是得不偿失的。也没有庄家可以长期稳定地操作获利,总是希望靠坐庄获利也是不切实际的。市场留给短线交易者的仅仅是需要了解的知识和规律,也就是"知"。这个"知"是意识,是感悟,它只需要短线交易者广泛阅读、勤于思考和勇于实践即可获得。市场是只纸老虎,不需要短线交易者流血流汗,只需要短线交易者阅读和思考,就可以将它收服和驾驭。

对市场的了解,无非是两个方面:一个是对政策面、经济面和资金供给面的了解,这是对大盘趋势的了解;再一个是对个股公司发展、二级市场表现、主力筹码动态等的了解,这是对个股的了解。当然,这种了解是针对初级交易员或短线交易者而言的,即使是巴菲特,在20多岁的时候也经历过这一阶段,这一阶段是回避不了的。

2. 自己是只真老虎

为什么即使面对一样的技术形态和一样的市场消息,不同的短线交易者会有不同的看法和行动呢?实际上,人们对这个世界的了解,是基于这个世界在他眼里投射的部分。每个人的经历和所学所知都是有限的,所以每个人的世界都是残缺的,都是真假难辨的,只是残缺的大小不同、真假的程度不同而已。由此,你自己是怎么看待这个市场的,以及看待方式正确与否,完全取决于你自己的综合知识和判断能力。相比之下,市场是死的,而你才是活的。你只要改变看法,市场可能就不再是原来的市场了,多变的你才是真正的拦路虎。

这只老虎有四条腿。

其一,市场认知。正如上面所述,你要形成全面而系统化的市场认知,才有可能战胜对手,获得超过市场平均收益率的投资回报。你对这个市场的正确认知很重要。如果市场是匹马,你非要认为是头驴而没有意识到你跟大众的差距,这可能是很危险的;但如果市场是匹马,你意识到了而市场大众却都以之为驴,那么市场大众将为他们的错误认知买单。

其二,交易决策。当你有了一定的市场认知后,就会有自己的交易理念,加上你的性格和习惯,就会形成交易决策。市场本身经过了你的过滤,怎么变动都几乎在你的考虑之中,因而市场已不再重要。而基于市场认知之上的交易决策,则如同作战战略和经营战略一样,直接决定了你的成败。愚蠢的、冲动的、不稳定的交易决策,会将你的交易引向亏损和失败。

其三,交易行为。这是一个对交易决策进行执行的过程,似乎很简单。但实际上,几乎所有的工作难点,都不在于决策的形成而在于正确的执行。执行,是一个商业界的难点话题,也是个人理想与现实的差距所在。事实上,很多交易行为往往会受到市场的冲击而发生改变,导致交易决策在犹豫、拖延、冲动、恐惧、反复中无法顺利进行。对某些短线交易者来说,在控制交易行为上所做的努力要远远大于其他环节。

其四,其他人士。有些短线交易者对市场其他人士的指点和小道信息具有免疫的功能,但更多的短线交易者则不具备抵抗诱惑和拒绝偷懒的能力。在当今的信息时代,无人可以隔离信息，几乎也无人敢于隔离信息，真假难辨的信息就像蜜糖一样引诱着无数短线交易者冲向海滩。人们需要信息，但最终多数人也毁于信息，绝大部分没有独立自主能力的短线交易者最终被市场吞没。

对于自己这只真老虎而言，"行"是最关键的，但这个"行"需要有意识的引导或强制性的执行。知易行难，短线交易者需要在此多下工夫。

明确交易策略

简明地讲，交易策略就是在什么阶段该做什么事，如同作战策略，至于如何做则属于战术层面的问题。当交易策略明确后，一旦坚持下去，就会形成交易风格。显然，交易风格只是一种表体，而实际的交易策略则如主动脉一般贯通于整个表体。

在股市里，有很多分析指标和分析工具，如同十八般武器，但无论它们如何厉害，还必须由交易策略来保障实施，方可准确出击，有效制敌。交易策略指导着分析工具往哪里走，又在何时发挥有效的功力，但它本身却是交易理念下的产物。交易理念形同内功心法，保证着交易策略的正确性和可实施性。交易理念是短线交易者在具备了完整的市场观和股市价值观后，所形成的对股市最为纯粹的看法，以及利用股市机能而随之共振的思路。一旦对股市有了本质的了解，短线交易者自然就会形成自己的交易策略和交易方法，在市场中展开博弈。

交易策略往往是唯一的，是用来指导交易的，经得起市场检验的。在进行交易的过程里，将会涉及多方面的问题，而每一个方面都应有相应的交易策略来指导实施。比如：

大盘环境分析策略之一：如果市场资金供应充沛，则牛市不会消退，应持股待涨。

个股股质分析策略之一：绩优股表现稳健，可中线持有；成长股会有动荡，应抓住主升浪。

个股技术分析策略之一：在股价向上突破W底时买入，在股价向下突破M头时卖出。

个股主力分析策略之一：基金重仓的股票有助涨助跌的性质，非待市场转强不可拥有。

市场心理分析策略之一：当市场股评家和媒体一致看好时，若牛市持续已久，应谨慎持股。

交易时机策略之一：当板块集体走弱时，及时介入的风险较小，可有选择性地介入。

尤其值得注意的是，前面多数策略属于分析的结论，并由此引发了交易的策略，但具体在实施的时候，会出现一个交易时机的策略问题，这是每一位短线交易者必然会面对的问题。很多短线交易者把买入过程看得太简单，那是因为多数短线交易者的资金太小，一次交易就可以完成，但对于大资金而言，则会出现最佳交易点、次佳交易点、适合交易点等。这些交易点并非是事后诸葛般点评出来的，而是存在于一个多数会出现的未知时空中。比如，如果短线交易者要在股价中部一个即将突破重要阻力位的地方买入股票，那么就会出现四个买入点，分别是：即将突破点、已经突破点、突破后的回档点、回档后再次突破点。显然，即将突破点为适合交易点，有一定的风险；已经突破点为次佳交易点，风险较小；突破后的回档点不是一个值得的交易点，因为不知道是不是假突破的回归；回档后再次突破点为最佳交易点，值得大量买入，风险更小。当然，也有短线交易者会认为股价越往后风险就越高，但这往往是没考虑趋势全局动因、不重视突破的运动能量而表现出的自然胆怯罢了，多数情况下是不值得忧虑的。在实际交易中，有的短线交易者在上述三个交易点都会买入，而有的则只在一个交易点进行买入，这跟个人的交易风格和对个股的把握程度息息相关。

培养交易风格

短线交易者必须知道,对于今天买进而明天卖出的极短线而言,进、出场的依据是盘感而非其他。普通短线交易者是凭理性分析进行交易的,而极短线交易者则是凭条件反射或本能反应来交易的,进、出场容不得半点犹豫。它是一种身心合一的交易行为,是一种临场捕猎的超高境界。这种模式只适合单独的个体,它需要短线交易者长期的交易经验积累和深厚的技术分析功底,之后即可心无常法,见招拆招。

短线交易的优势就是只追强势股,只随资金流向,势起则进,势弱则退,以最短的持仓时间最大程度的降低所持股票的风险,以积少成多的盈利模式获取弱市中的投资回报。

一般来说,短线交易者的激进型交易风格是:这种短线交易者侧重于短线交易,以短、平、快的方式从中、长线短线交易者手中获得利润,敢于冒险和频繁操作,认为时间越短、风险越小。

激进型短线交易者往往追求高风险、高利润的操作手法,一般是小资金所有者的偏爱。他们敢于追高也敢于探底,常常采用孤注一掷的满仓模式。如果交易时机把握正确,则往往有较大的盈利空间;反之,则容易造成较大的亏损。

作完整的技术分析

很多短线交易者在进行技术分析时,往往理不清头绪,甚至不知道要看多少方面的东西,这显然是学艺不精的结果。下面是一张完整的技术分析清单。

1. 看趋势

看月K线图或通过道氏理论、均线系统,看整个盘面的主要趋势是牛市还是熊市。同时关注趋势线的支撑和压力状况。

2. 看阶段

看周K线图,或通过道氏理论、波浪理论、均线系统,看目前趋势属于牛市或熊市的哪个阶段,及当前次级趋势是回调还是反弹。

3. 看区间

看日K线图,通过趋势线或阶段性的、历史性的、整数位的支撑/压力线,以及百分比回撤线等,看回调或反弹的运行空间有多少。

4. 看均线

看10日均线、30日均线、90日均线甚至250日均线的角度、收敛、交叉、黏合、发散、平行等状况有何微妙的变化。

5. 看K线

形态:看在最近的几个月中,图表上有无典型的"M头"、"W底"、"V顶"、"弧形顶(底)"等中、长期K线形态。

角度:用甘氏线察看K线目前运行的趋势角度,角度代表着股价和时间的辩证关系,也意味着股价运动的冲击力度。

组合:看最近一个波段的K线组合,包括在此时间段内的阴、阳线的数量和连续创新高或创新低的K线数量。

缺口:缺口代表一次飞跃,其重要性胜过短期形态,且具有支撑或压力作用,故要看附近有无缺口。如有,是第几个。

K线:看最近几日的K线有无典型形态,再看K线的相对位置、模样和长短,同时关注大阴、阳线的压力或支撑力。

6. 看技术指标

如对技术指标有兴趣,可观看技术指标的极限区状况,以及交叉和背离的状况,但要注意顺势指标和震荡指标的差异。

7. 看成交量

根据股价所在位置的高低,再根据成交量和价格配合的10种关系,继续判断主力的操作思维,把握趋势制造者的节奏。

8. 看移动成本

主要是研究主力的持仓成本,看主力在低位是否获得了足够的筹码,在高位是否意图转手,个股在中间位是否存在着压力区或支撑区。

9. 看盘口动态

盘口动态包括开盘动态、上午盘动态、下午盘动态、收盘动态,目的是看盘口异动状况,同时结合大盘一起察看异同状况。

注意,在交易的时候,你所处的环境(整体技术情况)与位置(价格的高、中、低位),远超过你站立的姿势。即:在价格形态形成前后的市场发展才是交易成败的关键。

读懂江恩守则24条

江恩留给后人的著作比较多,他的预测技术涵盖了数学、几何学、星相学等方面的知识,而他的交易规则则来自于自己多年的交易经验和市场统计。他认为,短线交易者在市场买卖中遭受损失的原因主要有三点:

(1)在有限资本上过度买卖。

(2)未设置止损点以控制损失。

(3)缺乏市场知识。

上述第三点是江恩认为短线交易者在市场买卖中损失的最重要原因。因此,江恩对所有短线交易者的忠告是:在你赔钱之前,请先细心研究市场。他认为,在入市之前,短线交易者一定要了解的有:

(1)你可能会作出错误的买卖决定。

(2)你必须知道,如何去处理错误。

(3)出入市必须根据一套既定的规则,永不盲目猜测市况发展。

(4)市场条件及时间经常转变,短线交易者必须学习跟随市况转变。

江恩总结45年来在华尔街投资买卖的经验,最后认为规则重于预测。于是写成了"十二条买卖规则"和"二十四条买卖守则"。前者和图形分析紧密关联,后者则是交易的准则和条款。

"二十四条买卖守则"大意如下：

(1) 将你的资本分为10等份,每次入市买卖,损失不超过资本的1/10。

(2) 设下止损位,减少买卖出错时可能造成的损失。

(3) 不可过量买卖。

(4) 不让所持仓位由盈转亏,即:上浮止损点或立即卖掉。

(5) 不逆市而为,市场趋势不明显时,宁可在场外观望。

(6) 入市时要坚决,犹豫不决时不要入市。

(7) 只在活跃的股票中进行买卖,交易清淡的股票不宜操作。

(8) 分散风险,如果资金量大,可交易4~5种股票。

(9) 避免限价出入市,要在市场中买卖。

(10) 如无适当理由就不要平仓,可用止损单来保护你的利润。

(11) 在市场中连战皆胜后,可将部分利润提出,以备不时之需。

(12) 买卖交易切忌只望收息。

(13) 买卖遭遇损失时,切忌加码。谋求拉低成本,可能会积小错而成大错。

(14) 不要因为失去耐心而出市,也不要因为急不可耐而入市。

(15) 避免赢小利而亏大钱。

(16) 入市时设下的止损位,不宜胡乱取消。

(17) 避免出入市过于频繁。

(18) 与趋势保持一致,不应只做单边。

(19) 不要因为价位过低而吸纳,也不要因为价位过高而看空。

(20) 小心在错误的时候加码,即防止假突破。

(21) 挑选小盘股加码做多,挑选大盘股做空。

(22) 永不对冲,即如果有误,立即出局,再等机会。

(23) 如无适当理由,坚持你的买卖策略,无趋势明显变化就不要离场。

(24) 避免在长期的成功或盈利后增加交易。

注重资金管理

很多短线交易者如同难以接受"投机"这个贬义词一样,也往往难以接受"赌徒"这种说法,而实际上,他们的做法却远不如专业赌徒的做法,他们只在乎好听的名声和自以为是的做法。同样是博弈的舞台,很多短线交易者把大量的时间花在了行情的预测上,他们认为,只有"牌"好才能赢,为了寻找"一副好牌",他们往往将过多的精力花在了市场而不是自身上。力求找到最准确的分析方法,力求找到最值得交易的行情,力求找到交易的圣杯……这不仅使他们陷入了茫然不可知的窘境,也使他们失去了更多的市场机会。相反,即使是他们能够找到最值得交易的行情,也往往无法确信那就是最值得交易的行情。再加上复杂易变的交易心理和短暂的行情反复,看对而做不对的情况经常发生。

既然做对比看对更重要,那么如何才能做对呢？做对不在于短线交易者对行情趋势的准确把握程度,而在于其对未来趋势的应变能力,也就是"见招拆招"的能力。这常常涉及短线交易者对风险的评定，对胜率的判断，对市场机会大小的估算，对未来行情的适应能力，以及其在建仓、加仓、减仓、平仓等环节里的经验。简单地说，做对的通用做法就是：没有值得进场的机会坚决不进；有值得进场一试的机会，轻单进场；出现行情判断失误，及时出场；出现重大利润的机会，分批加码；行情趋势停滞不前，立刻减仓；行情趋势明确掉头，马上离场。

上述这些正确的"下注方式"，总结起来就是资金管理，即短线交易者对自己资金在投资方向和投资节奏上的管理。资金管理方法是区别赢家与输家的关键，成功的交易员总是把正确的资金管理方法列为赚钱的头条原则。无论你是什么类型的短线交易者，也无论你是在用什么方式从市场中盈利，如果你不知道如何管理交易资本，是很难在市场中获得长久生存权的。最佳短线交易者并不是那些偶尔赚最多钱的人，而是那些总是赔得最少的人，他们的风险容忍度通常都很低。

即使短线交易者拥有世界上最好的赛车，在长达数月的赛跑中，也不一定可以跑赢一辆平庸的大众汽车——如果后者的驾驶员为人稳重而经验丰富，且非常在意行驶的安全性和平稳性。同理，即使短线交易者有世界上成功概率最高的交易系统，如果不懂得如何有效执行资金管理法则，也最终会在一次很小的失败概率中以破产而告终，如同曾经是华尔街最耀眼的长期资本管理公司。越想快的人越能想出快的方法，但往往容易出事；越是慢的人越看重稳妥的方法，反而能驶到胜利的彼岸。

资金管理方法，是短线交易者应对不确定市场的盔甲，他能增强你抵抗市场风险的能力，获得异于常人的生存时间。好的资金管理方法，可以：

(1)使你注意对高概率机会的把握。
(2)使你能够重拳出击高回报的机会。
(3)使你了解自己能够承受多少风险。
(4)使你能够应对最糟糕的状况。
(5)使你能够处理利润最大化的问题。
(6)使你知道什么方法是最合适的出场方式。
(7)使你能够将亏损降到最低点。
(8)使你能够保住最珍贵的交易资本。
(9)使你能够处理大资金的稳定增值问题。
(10)使你能够避免赌博式的交易心态。

理顺资金管理3个方面

资金管理是对投资资金在投资方向和投资节奏上的管理，如果投资资金仅仅局限于股票市场中的买卖行为，那么将涉及组合、仓位、时机三个方面的管理。当然，短线交易者也可以将资金用于"打新股"、"参与定向增发"等特色交易，但这里不另行阐述。

1. 组合：投入方向

对于大资金而言，集中投向于某一只股票所面临的风险比较巨大，所以必须分散投资，进行组合式投资。所谓组合式投资，就是依据某些市场理论和经验，将资金分别投到多只不同属性的股票当中，或投到不同的交易市场当中，当单一品种、单一市场出现反向运动的时候,以避免出现重大亏损。被短线交易者锁定并介入的多个品种和市场即为投资组合。

投资组合的目的不只是为了盈利,更重要的是为了防止大资金的系统性风险。因为相关性越强的股票,同步反向的风险越大;而越是重仓的单一股票,其反向的风险也越大。组合式投资的原则就是要求短线高手最大限度地降低品种单一的风险,不要"将所有鸡蛋放在一个篮子里",同时也不要对投资对象采用平均主义的做法,而应有侧重、有技术地进行分散投资。

投资组合往往涉及三个层面的内容:

(1)不进行单一品种的投资交易。交易对象可以包括股票、债券、权证等品种。

(2)不进行关联行业的组合投资。比如生产制造业和公用事业的关联度较低,可以同时考虑。

(3)进行多周期的投资组合。交易中应包括长线投资品种和短期交易品种等。

但是在运用投资组合的时候,要注意把握资金分散的尺度。分散是指对非关联交易品种的分散,但它本身也要讲究集中的原则,不能无限制地分散,造成开杂货铺的后果。一般来说,面对千余只股票,短线交易者能够有精力管好的股票数量不会超过9只,这9只股票还有可能涵盖了短、中、长线三种交易风格。但要注意,在漫长的熊市里,对于大资金而言,空仓才是明智之举。

2. 仓位:投入多少

所谓仓位,就是短线交易者在个股上的持股数量或资金投入。仓位往往有两种界定方式:一种是额定仓位,即计划在某股上的持股数量或资金投入总额;另一种是流动仓位,即仓位将有一个从零到部分满额直至全额而后又逐渐减到零的过程,它始终处于一种流动的状态。

对额定仓位的计算比较简单,只需要符合短线交易者一贯的交易风格,并对报酬、风险比进行评估后即可确认;而对于流动仓位的管理则比较复杂,它需要短线交易者严格执行建仓、加仓、减仓、平仓等的管理标准,同时需要短线交易者丰富的交易经验。

对于仓位的管理,最简单的标准就是:风险大而机会大的,持仓数量减少;风险小而机会大的,持仓数量增大;做短线交易的,持仓数量减少;做长线交易的,持仓数量视报酬、风险比而增加;大盘股,持仓数量可以视其他综合条件而增加;小盘股,持仓数量相应减少,除非是坐庄;等等。

具体到策略上,可分三步走:

其一,根据大盘性质来确定入市资金。比如,牛市中使用90%的资金,平衡市中使用50%的资金,熊市中使用30%的资金,等等。

其二,根据交易对象来确定建仓资金。比如对于个股而言,当风险小于收益时可及时介入,甚至加仓;当风险大于收益时不可介入,有股票的应考虑减仓;当风险等于收益时,没必要进场,有股票的可继续持股。

其三,根据短线交易者自身的交易风格来控制仓位。不同的短线交易者有不同的交易风格,自然就会看准不同的交易时机进行建仓、增仓、减仓、平仓等动作。

3. 时机:何时进出

在买卖股票的时候,如果资金量比较大,短线交易者很难一次性交易完所要买卖的股票数量,于是就往往会给自己规定一个交易时间和买卖价格的限制。比如,在购买股票时,短线交易者可预先确定好最佳买入区间、次佳买入区间和适合买入区间,并做好每个价格区间的资金投入准备；而在减仓和平仓的时候，也必须考虑好适合的价格区间和时间段，避免和主力出货相冲突。

事实上，股票市场和股票的运作是有周期的，在什么时段介入什么品种是短线交易者应该具备的经验；而在什么时段进行建仓、加仓、减仓、平仓等，则是技术分析混合市场经验的成果；随同的操作数量，则取决于资金管理的经验。

——组合、仓位和时机，这三个方面常常是牵一发而动全身。当市场风险增大的时候，不仅投资组合会发生变化，品种仓位也必然会作出调整，调整的时机也必然会同步考虑。

第9章

开盘短线交易及盯盘技巧

开盘短线交易4阶段

开盘短线交易的操作是一个流程问题,一般有 4 个阶段:

(1)9:15~9:20,根据政策面、近期热点转换以及今日集合竞价的状况,预测大盘上午和下午的走势,或全天最终是收阴、收阳还是收十字星,多数个股最终还是扭不过大盘的。

(2)9:20~9:25,根据今日集合竞价的状况,预测今日涨/跌幅靠前的板块是哪几个,看有无板块联动的现象,板块的优劣也很重要。

(3)9:25~9:30,按"67+enter"快速浏览涨幅靠前的个股,最好能看到涨幅为2%的位置。如果涨停的股票超过了10个,直接看涨幅为7%以下的股票。

看图时,主要看以下几个方面:

①按"ctrl+r",查看个股所属板块(以通达信软件为例),看究竟是什么板块或概念在启动,这些板块或概念在当日成功启动的概率有多大。

②点击"信息地雷",察看个股当日有无重大信息披露,及时对利好消息作出反应,高位的利好消息尤其要引起警惕。

③看K线图及其均线。

④看右边信息栏里的"流通盘、市盈率、换手率"等数据。

⑤看右边信息栏上方的买卖盘挂单,以及下面的首笔成交记录。

(4)将看好的股票加入到"每日自选股",方便9:30之后再次过滤或快速选择。

记得每天9:15前先清空"每日自选股",避免混淆。

开盘概念板块分析

在进行开盘短线交易时,9:15 的集合竞价行为是很重要的分析要点。集合竞价是多、空双方争战的第一个回合,交易者如果能认真细致地分析集合竞价情况,就可以及早进入状态,感知大盘当天运行的趋势信息,同时发现集合竞价中稍纵即逝的机会。

9:25的时候,所有股票的集合竞价数据已经出来。在9:25~9:30这5分钟里,交易者应就集合竞价的状况,快速看清楚个股六个方面的信息:概念板块、信息雷达、K线图、基本数据、挂盘数据、成交数据。以上顺序是按其重要性来排序的,即概念板块最重要,成交数据最次之。因为盘口的那点小文章,或真或假都抵不过前面的K线趋势或内在属性。下面分别论述。

概念板块看什么?

(1)是什么概念在起作用?该概念新不新?越新越好,新东西无法及时估值,易于炒作。

(2)是否是旧概念的再次活跃?曾经涨幅较大的板块再次活跃,也往往只是短期的反弹行情。

(3)概念有无实质性的意义?所谓实质性意义是指概念能否带来真实的业绩增长,包括重大重组、业绩提升和新市场被发现等。

(4)是主流题材还是非主流题材?是中期题材还是短期题材?不同的题材有不同的寿命。

(5)市场的反应热度如何?如能迅速带动大盘放量上涨,说明热点的出现正当其时,深得人心。

(6)与概念相关的板块质地如何?所谓质地,就是看板块背后的上市公司是否整体具有较好的价值,比如整体的业绩提升、市场前景普遍看好和公司利润普遍不错等。

(7)板块是否具备联动效应和比价效应?不具备联动效应和比价效应的板块,往往很难形成具有重要影响力的领涨板块。

(8)被影响板块是否概念清晰?或历史规律清晰?若不清晰,则市场大众无法及时识别,不易跟风。

(9)被影响板块的股票数量多不多?数量少于10家的,不易于吸引大资金整体介入,行情易夭折。

(10)被影响板块的平均流通盘大不大?平均流通盘太小(如5 000万股以下)或太大(如10亿股以上),都不易吸引市场大资金的兴趣。当然,这是针对熊市而言的。

(11)整体板块是会被基金炒作还是游资炒作?弱市里被基金炒的往往涨幅不大,而被游资炒的则往往短期涨幅惊人。

(12)同板块内的主要股票是否具备连续走强的技术条件?比如领头羊及其同类股票的上档是否有明显的阻力,是否纷纷处在高位等。

开盘K线分析

开盘K线图看什么?

(1)看目前股价趋势是牛市态、牛市回调、高位整理、持续历史新高、还是熊市态、熊市反弹、历史底部整理、持续创历史新低。

(2)看主力现在处于吸货、打压、洗盘、拉升、出货的哪一阶段。

(3)看最近1年的成交量情况,判断主力是否存在、是否出局等。

(4)看近期(如2个月内)的股价涨跌和成交量的情况,具体是继续拉升、平台整理,还是回调后向上。

(5)看昨日K线的形态,以及分时图的现象,还有成交量的配合情况。尤其是看分时图拉升的时间段,同时关注成交是不是很稀疏,千万不要买成交稀疏的股票。

(6)看均线的排列、交叉、黏合、发散等状况。

(7)看今日高开后是否会遇到前期的密集成交区,如是,则继续上涨会遇到较大的

阻力。

(8)看今日持续高开后是否会遇到来自底部获利盘的抛售,如是,则不必急于进场。

(9)总之,值得跟进的股票的K线图往往都没有开在高位,但看上去很有美感或呼之欲出。

在上述第(7)点中,提到了阻力区的问题,这里,就个股阻力区和真空区做进一步的阐述。通常而言,短线交易最重要的两个要素是空间和速度,即个股要能在最短的时间内获得最大的涨幅空间。但是,这两个因素却往往被个股技术面的东西所阻碍。很多原本被看好的个股行情戛然而止,往往是因为其上升趋势遇到了重要的阻力区;而有些行情之所以能够肆无忌惮地快速上涨,则往往是因为其目前处于真空区。可见,是阻力区和真空区这两个因素在阻碍着个股短线的发展。交易者只有深刻地了解阻力区和真空区的概念,才能够对市场的价格运动具有前瞻性的把握,知道何时应该进场,何时应该出场。

(1)阻力区往往包括两个区域:

①密集成交区。在过去的密集成交区,由于累积的换手率大,意味着在一部分交易者出局的时候还有更多的套牢盘存在。因此,哪个区域的历史成交量越大,则股价上升至此区域价位时的阻力就越大。当然,这个区域的有效性跟时间因素密切关联,一般来说,2年内的密集成交区都会对现在的股价构成影响,而且越是近期的密集成交区,对股价现行趋势的影响越大,因为很多该区域的持股者还没有换手。

②波段的顶部与底部。在行情反弹的时候,过去某一段时间所形成的底部往往会成为具有一定影响力的阻力区,到那里就会碰到很多的套牢盘;而过去某一时期重要的阶段性顶部,则更有可能成为现在行情的阻力区,使诸多交易者担心现有行情是否冲得过去。

当个股即将受到这些阻力位压制的时候,交易者要考虑其风险性;而当个股试图突破这些阻力位的时候,交易者则要考虑突破的真实性和有效性。一般而言,对于密集成交区的突破往往会形成有效的突破,而对于重要的波段顶部与底部的突破则往往会形成虚假的突破。因为突破密集成交区时,换手会非常大,没有大量的真金白银是过不了关的。

(2)所谓真空区就是介于上、下两个阻力区之间的区域,具体存在于:

①介于上、下两个密集成交区之间的区域。

②介于波段重要的顶部与底部之间的区域。

③介于密集成交区与波段顶部或底部之间的区域。

当股价运行在真空区时,处于一种阻力较小的状态,因而导致"趋势总是沿着阻力最小的方向加速运动"。比较长的真空区的存在是短线强势股上升的有利条件,也是在操作短线个股时要注意的重点。但是交易者也要明白,加速运行的个股形态通常处于真空区之中,但处于真空区的个股形态却不一定会产生加速运动。因为市场的加速运行是由多种要素决定的,而真空区只是其中的一个要素。

开盘数据分析

1. 基本数据看什么

(1)看流通盘。流通盘最好在5 000万至4亿股之间,太大了,主力操作资金可能不够用。

(2)看市盈率。市盈率指标对于短期爆炒的股票无效,但太高(如300倍以上)或无法显示(因为亏损)的市盈率则会影响股价后期的连续上涨。同时,从市盈率指标中也可以在第一时间分清主力的性质,一般而言,市盈率低于100倍的基本上是基金和机构的持仓品种,大于100倍的、几乎无人过问的品种才轮到被游资爆炒。但要注意,不同的市道其整体市盈率是不同的。

(3)看换手率。首笔成交的换手率低于0.01%或高于2%的都不大理想。

2. 挂盘数据看什么

(1)总体买数多不多?是比总卖单多还是少?总买数超过总卖数至少在目前来看是件好事,但下一步就不一定能仍维持该局面。

(2)买一处是否有大单,给人以强力吃进的感觉?如果有,则能反映出主力吃货的决心或顶盘的用意,但要防止大抛单跑出来。

(3)买三至买五处是否有大单护盘?有护盘往往说明主力有备而来,但也要看主力是真护盘还是假护盘。

(4)是否买盘全为绿色或仅有买一处是红色?大片绿色买单说明今日价格跟不上,可能现在的高涨只是偶尔的一笔大买单行为,也可能是主力在做阴线图,尤其危险。

(5)看买一至买五的价格差距大不大?如果大,说明跟风不积极,后防不坚实。

(6)看相对于流通盘而言,有无巨大的买单(如5%的流通量)出现?巨大买单往往是主力实力的显露,但要防止其撤单。

对于卖盘的看法,反过来也是一样的道理。

3. 成交数据看什么

(1)首笔成交的手数是不是太少?对于流通盘为5 000万股的股票,如果首笔成交没有200手(0.04%的换手率),就不值得重视,最多也只会出现主力吃货而使股价攀升的行情。对于首笔成交只有几十手的个股高开行为,后续结果往往是当日成交稀少,且收阴线(不排除主力刻意做K线的行为)。

(2)首笔成交的手数是不是太多?如果成交手数巨大,比如达到了2%的换手率,那么则意味着多、空双方意见分歧巨大,即使个股当日走强,也常常会因为消耗了太多的多头力量而走向衰败,或因为大量散户的介入而导致后期整理过程的发生。

分析主力资金性质

在做短线的时候,交易者必须能够判断出主力资金的性质,这对于掌握个股后期拉升空间和卖出时机很有帮助。以下是一些交易经验:

(1)市场介入者基本上分为三类:第一类是以基金为代表的国家队,第二类是以游资为代表的民间队,第三类则是散户。他们的性质及特征如下:

①基金为代表的国家队包括公募基金、阳光私募基金、QFII、社保基金、保险资金、信托资金等,其特点是都被管理层严密监控,所持股的走势比较稳重,非大势所不动,属于君子有所为有所不为的那一种情况。这类机构通常只做风险低且有价值的股票,垃圾股和亏损股一概排斥于门外,他们要盈利只有等到牛市来临,他们是牛市里的王者,同时也是熊市里的输家。所以在熊市里,最好不要短线买入基金类机构持仓的品种,除非是有很好的板块概念出现。

②游资由部分私募基金、机构、大户、资深股民构成,在熊市中是纯粹的超级短线爱好者,只要有机会可以利用,他们就会动手操作,往往来去如风。他们的风格是:牛市跟风走,震荡市很活跃,熊市很大胆。他们在牛市里做中线,在震荡市或熊市里做超短线。亏损股或高市盈率股,这些无人敢碰的个股往往就是他们暴炒的对象。他们的方向盘是市场消息和市场心理,而不是股票价值。在熊市或弱市里,如果开局不利,他们往往在第二天就会斩仓出局,心狠手快,纪律鲜明。但有部分私募基金、机构、大户偏好基金的中线风格,他们自诩是做大事的,是人中君子等等,对超级短线不屑一顾。这部分对象的交易风格介于基金和游资之间,所选的品种也介于两者之间。

③散户就是墙头草了,随着基金和游资摆动,没有主导市场的资金、技术和人力,多数是市场的小鱼小肉,不被市场前两大阵营所关注。

(2)在熊市里,基金做短线的机会很少,主要是游资和偏基金风格的机构在做。但在操作手法上,游资和偏基金风格的机构是不同的,主要表现如下:

①游资敢于独家捕捉亏损股或高市盈率股;而偏基金风格的机构则往往会规避这些股票,但由于大多数优质股被基金所盘踞,而大盘股他们又炒不动,所以50~100倍市盈率的股票以及次新股往往是他们选择的目标。

②游资往往游走于个股之间,持仓时间常常在1~15天。在刚开始介入个股的时候,他们是没有筹码的,由于运作周期短,他们往往以快速拉升或涨停板的方式来建仓,所持股票的行情特点是暴涨暴跌;而偏基金风格的机构则不同,他们往往手中有一定的筹码,既可以做中线交易也可以做短线交易,只要形势好,就会拉涨停。

③游资是短期资金,不想失误被套,所以往往只吃盘不护盘,见势不好就会撤,买一位置之后常常无大单;偏基金风格的机构则因为前期收集的筹码较多,在整理完毕后可能会开盘即封死涨停板,杜绝散户介入。如需散户跟风,则往往会在买一位置之后挂大单护盘,向市场显示其积极做多的用意。

④在基金持仓的个股没有出头的时候,通常首笔交易就使个股涨幅超过2%的高开行为,往往是游资和偏基金风格的机构之杰作,但交易者有必要在第一时间区分出究竟是游资临时的介入,还是偏基金风格的机构在突然拉升。前者缺乏筹码,急拉的过程中还会等抛盘,开盘后大家都有机会,但第二天个股可能就会冲高回落;而后者则积累了一定的前期筹码,易于突然拉涨停,且因为主力筹码多所以后期涨幅空间大,介入者可以不慌不忙地出货。

此外,如要分辨他们,还有三点可供参考:其一,如果个股频繁有利好透露,则可能是机构早期就已经介入,游资是不会去抬庄的;其二,如果市盈率在50~100倍以内,则可能是机构的控制品种,轮到游资能哄抢的好股几乎没有;其三,如果盘口买二至买五处有大单守候,可能是机构护盘且做多的体现,也说明其早有筹码,现在需要人来抬庄。

开盘短线交易寻规律

每天早上,股市涨停的身影总是存在,即使是在市场出现近1 000家跌停板时也没有杜绝过。因此,股市每天都可以获利的想法,总在不停地冲击着交易者的头脑,促使其冲动交易和随意交易。但交易者应该知道,市场里聪明的交易者成千上万,会自动修正无风险的获利或暴利现象,早盘可能并不是很好的介入时机。比如,2008年5月,是一个标准的熊市里的震荡期,是一个较好的短线操作时间段。但是经过了1个月的短线数据统计后,其结果却不尽如人意。当月短线统计结果及其操作经验如下:

(1)一字形涨停个股是最有可能连续涨停的,但矛盾在于:这往往是主力很看好的品种,一般交易者很难买得到,轮到交易者买入时,往往已是第二、第三个一字形涨停板之后的事了。但是交易者必须记住,宁可去抢一字形涨停板第一次打开又即将封住的时刻,或者抢几个一字形涨停板之后的第一个高开日的中间时段,也不能在开盘时去抢第二个涨停板或者更后面的涨停板。原因是前两者经过了卸压后再封停,说明主力看得更远;而后者则没有经过卸压就继续封停,等你一旦排上了队,则有可能出现从涨停板到跌停板的现象。如果交易者两天就损失25%以上的资金,其打击无疑是致命的,为了一个10%的涨幅去冒25%的风险,不是明智之举。

(2)高开后的品种相对容易买得到,但矛盾在于:如果主力真的很看好,应该是涨停开盘而不是拉高开盘。对于高开的品种,如果能够在10点前封住涨停板,明天还有继续上涨的希望;如果不能,那么明天获利出局时的利润将很少,甚至于难以获利出局。原因很简单,前者是主力快速吸货或快速吃掉抛盘后直接封涨停板,杜绝了散户的大量跟风,使其第二日拉升的压力较小;而后者则因为进入了大多的散户,导致主力第二日无法快速拉高,需要进行洗盘的整理动作。所以,太晚的涨停板交易者就不要追了,进得去不知道什么时候出得来。除非你看得早,比如在涨幅为6%的时候就已经介入,而后个股恰好能够涨停。但第二天9:35分前要注意获利了结,除非某概念仍在大行其道,或第二日大盘开始转强。

(3)每天高开5%以上的个股中,往往容易出现在开盘1~2分钟内封死涨停板的现象。这常常是主力决心做多的结果,也是诸多超级短线者一致看好的结果,但他们并不是看好该股的内在,而是凭经验一致看好该股目前的技术形态和开盘状态,同时理解出现这样的情况意味着什么。在开盘1分钟内就抢入,完全是一种赌博的行为,因为交易者不是主力,不知道个股会不会马上封住涨停板,而当时又无其他当日走势可参考。但是,如果高开5%的股票属于近期内的首次高开,那么当日开盘后1~2分钟内封住涨停板的可能性是很高的。

(4)至于高开2%~5%的非高位个股,多数为主力试盘或散户抢单的行为,看得见的机会往往不是好机会。如果能够在第一时间追高买进这些股票,那么个股有20%的概率会在10点前涨停,有20%的概率会在10点后涨停,有30%的概率在高位盘整,有30%的概率会最终下跌。以做10次这样的交易来计算,10点前涨停的可能总计有15%的第二日卖出收入,10点后涨停的可能总计有5%的第二日卖出收入,高位盘整的可能总计有-5%的第二日卖出亏损,最终下跌的可能总计有-15%的第二日卖出亏损(即当日亏损7%,第二日低开1%),可见,综合10次的收益几乎为零,这还得要求交易者必须当断则断,毫不手软,否则恐怕总收益将为负值。统计结果也显示,交易者很难判断出哪种股票会出现第四种概率,尤其是要在5分钟内要对近20个品种做唯一选择而开盘买单又如潮水般涌入时;而更有甚者,冲高7%但当日收盘为-2%且第二日低开2%的品种比比皆是,这就更加大了第四种概率的实际风险。交易者可以避免主力对敲的陷阱,可交易者无法排除无数和你一样聪明的大户积极买入的行为,但他们不是市场主力,一旦跟风不足,后果是很严重的。

(5)统计结果还显示,追击高开2%~5%的非高位个股时,只有两种状况的风险比较小。一个是在熊市急跌且大跌后,可以开盘追严重超跌的反弹股,个股主要特征为:严重超跌、价格偏低、流通盘不大、前期成交量萎缩、主力高开拉升。因为市场此时迫切需要"涨停板敢死队"的出现，以解决每天躁动的资金饥渴问题，而此时，由于是游资突然发动行情攻势，主力尚无货源，所以眼疾手快的交易者可以在9:35前获得部分低价筹码。但在熊市的弱势里、明确的下降通道里、预计大盘会跌或局势不明的情况下，跟风会严重不足，此时不宜开盘追击，即使是开盘后某板块集体启动也不行；再一个是当天有重要的、实质性的新闻题材而某板块将同时启动的时刻，也是风险小而盈利高的时间段。除此之外，风险小的恐怕就只有一字形涨停股票了，其余林林总总的高开涨停，多数没有什么价值，除非交易者提前买套。

超级大户可做一回超级短庄

如果交易者想摆脱一些概率的束缚而获得更高的回报，那么就必须成为短期主力，有足够的资金影响短期内的股价。那么交易者如何做短庄呢？以建仓的时间来看，主要有三种方式：第一种是先花一周的时间吸取少量的底部筹码，这需要市场给你足够的时间；第二种是利用一天的时间进行逆市拉升吸筹的动作，这适合于能够准确预测大盘第二日即将转强的状况；第三种是以开盘涨停的方式来吸取筹码，这适合于没有时间提前建仓的突发性行情。

下面以没有时间提前建仓的超跌反弹为例。假设某股流通盘为1.5亿股，现价为9元，已经深跌60%，其中后期两周急跌30%，两周的换手率为10%。如果主力想快速做一波超跌反弹行情，又判断大盘将在明日走强，则可以进行如下的操作：

先通过一天时间的快速封停及打开涨停板的动作，获得4%的筹码，即600万股，所需资金大约为6 000万元；第2天直接用5 000万元资金封死涨停板，然后在中途撤单，两次打开涨停板，把昨日4%的筹码抛掉，最后在11点前封死涨停板。当天的换手率大致为10%，其中散户卖量大致为6%，几乎全部是过去的套牢盘或微利盘；而主力当天又承接了3%的新筹码，大致是在开盘封停时获得了1%的筹码，两次再封停时各得0.5%的筹码，全天其余时间共得1%的筹码，5 000万元封单资金全部用完。

两天内该股上升20%，换手率为14%，但还没有回到急跌前的平台处。前期急跌过程中10%的买入者，因获利出局的大致有7%；因还未到解套位置，又因个股涨势凌厉而大盘好转，会使散户误以为旧庄开始绝地反弹，所以前期套牢盘在这两日内的抛量应该不大，大致为3%；再加上主力抛售的4%，这就是两日14%的换手率的由来。这些解释基本符合股价的运行规律。

因该股第二日上午11时就被大单封死在了涨停板上，且当日换手率为10%，给市场制造了主力仍在积极吸筹的假象，所以只要主力再用500万元资金在第三日进行高开的动作，是比较容易吸引跟风盘的。主力可以在股价急涨到5%的时候分批出货，3%新筹码往往只要在30分钟内就可以抛售完毕，而股价大致也不会跌穿昨日的收盘位。预计当主力出货完毕时，该股的换手率为5%，当日总换手率将超过10%，且股价可能会持续下跌。至于主力用500万元新买入的0.3%的筹码，则可在第四日以略亏的状态出局。

如此经过4日，整个短线坐庄过程结束。主力第一天的筹码盈利为660万元，第2天的筹码盈利为110万元，总计盈利770万元，扣除交易成本：1.15×0.4%≈50(万元)，以及第四日略亏的20万元,主力4天大致的盈利为700万元,投资回报率大致为6%。当然,如果主力在大盘行情转强的时候继续拉高,运作周期达到5天,那么所得的收益可能会更高一些,估计会达到8%。

由此可见,即使是主力做短庄,一周的收益率也不过8%,这还不包括无法顺利出局的风险和遭前期旧主力打压的风险。相反,在一周内看准某个时机,用全部资金跟随大盘股做一次投机性的交易,其收益可能都不止8%。这也是为什么在没有概念爆发的时候,游资爆炒的次数越来越少,而且周期也越来越短的一个重要原因。但是,也会出现部分主力5天获利超过10%的现象,但这往往是操作低价股的原因。因为一周内的股价上升空间是有限的,只有降低资金的占用比例,才能提高资金的投资回报率。

——从这个例子中,交易者可以看到,很多个股的走势其实都已经被主力计算好了,剩下的就是看主力如何用常规的技术法或反常规的技术法来实现了。当然,主力的操作策略往往不止一套,还会有2~3套应急的预防措施,以防止行情与其预测相反。

如何快速看盘

作为一个短线交易者,在开盘后应当抓住重点,快速浏览盘面以下主要内容,以便胸有成竹地排兵布阵。

1. 沪深两市涨幅第一板

所谓涨幅第一板,是指在通达信软件中,按"61+回车键"察看沪市A股涨幅排行榜、按"63+回车键"察看深市A股涨幅排行榜、或按"67+回车键"察看沪深A股涨幅排行榜时,排在电脑屏幕上第一板的个股涨幅数据。它们是当前市场上所有最强势股的云集地,炒短线就是追击这些极端强势股,因为它们代表着资金流的朝向,代表着近期内风险最小的运动趋势。

就2008年熊市震荡期里的状况来看,第一板个股的涨幅体现着如下的规律:

(1)在沪深两市第一板中,如果有20只以上的股票涨停,则说明市场处于超级强势状态,大盘背景为个股的表现提供了良好条件,短线操作的风险小。

(2)在沪深两市第一板中,如果有10只以上的股票涨停,则说明市场处于强势状态,大盘背景为个股的表现提供了一般条件,短线操作要谨慎。

(3)在沪深两市第一板中,如果涨停的股票不超过5只,则说明市场处于弱势状态,大盘背景没有为个股的表现提供有利条件,短线操作应持观望态度。

(4)在沪深两市第一板中,如果只有1~2只股票涨停,则说明市场处于极端弱势状态,大盘背景没有为个股的表现提供操作条件,短线操作应停止。

在看以上数据时,交易者应知道大盘变盘是很容易的,要随时保持警惕。

2. 大盘的趋势方向

大盘和个股是互动的,呈现出互为因果的关系。当个股集体启动时,大盘一般会上涨;当大盘下跌时,一批强势股也会跟着下跌。切不可只盯着大盘的涨跌看,而忽视了板块和指标股的状态。两者一起看,相互比较、相互印证,才是最佳的看盘之道。

(1)大盘趋势波的低点不断上移,而高点也不断上移,黄白两条线处于紧密朝上的走势,且涨幅大于3%,属于单边上扬的超级强势状态,短线操作可坚决展开。

(2)大盘趋势波整体呈现不断上移的趋势,但高、低点偶有重叠,属于典型的震荡上扬行情,短线操作可以视目标股的具体情况而展开。

(3)大盘趋势波围绕着昨日收盘处的水平线做横向波动,高、低点反复重叠,上下振幅不超过1%,属于典型的牛皮市道,短线操作应持观望态度。

(4)大盘趋势波的低点不断下移,而高点也不断下移,黄白两条线处于紧密朝下的走势,属于弱势格局,短线操作应停止。

注意,要关注黄白线的分歧状况,如果它们的差距大于1厘米时,相比于过去的紧密同步就意味着出现了问题。最后,总有一根线会向另一根线靠拢。

3. 个股涨/跌家数对比

个股涨/跌家数是多、空双方争斗的阶段性成果,察看即时的大盘涨/跌家数,可以防范大盘变盘,提前预知大盘下一步的走势变化。

(1)大盘上涨时,上涨家数大于下跌家数,说明大盘上涨自然且真实,意味着大盘强势,短线操作可以积极展开。

(2)大盘上涨时,下跌家数却大于上涨家数,说明有主力在拉抬指标股,意味着大盘假强,短线操作应视目标股小心展开。

(3)大盘下跌时,上涨家数却大于下跌家数,说明有主力在打压指标股,意味着大盘假弱,短线操作应持观望态度,因为不知道大盘最终站在哪一边。

(4)大盘下跌时,下跌家数大于上涨家数,说明大盘下跌自然且真实,意味着大盘弱势,短线操作应停止。

4. 5分钟涨/跌速排名

对于五分钟涨速排名而言,交易者可以发现现在有什么股票正强势攀升,也许正是它们才带动了大盘的"翻红"。但如果仅仅是凌乱的个股形成了上涨的走势,就没有什么太多操作的价值,只有某一个板块中的个股在同一时间都出现在该榜的前列时,才意味着板块可能要整体启动了。一般来说,能够形成真正上涨走势的短线股,往往会驱使整个板块同步上涨。

对于5分钟跌速排名而言,则正好相反,它往往能解释大盘快速"翻绿"的原因,是一个判断大盘的先行指标。

5. 沪深两市跌幅第一板

这是个用来辅助判断大盘趋势的指标。如果跌停的股票多,则大盘处于不利的地位;如果跌停的板块属于曾经的主流板块,则说明过去的主流热点开始集体退潮;如果跌幅深且靠前的都是大盘股,则大盘当日难以有好的表现;如果跌停的数量越来越少,跌幅越来越浅,则说明大盘有好转的迹象。如此等等,不一而举。

6. 今日总金额排名

这也是个用来辅助判断大盘趋势的指标,但他反映出的是大资金的流向。通过这个指标,交易者可以知道当日交易资金最大的个股是哪些,它们同时也代表着一个个板块。如果成交金额巨大且个股呈上涨趋势,说明有增量资金进入该股,同时该板块往往也会有不俗的表现;如果成交金额巨大且个股呈下跌的趋势,说明有大量资金撤离该股,同时该板块往往也会出现同样的迹象。如果该指标中多数成交金额大的股票都呈绿色显示,则意味着大量的资金正在撤离一些个股及板块,而这些成交金额大的个股往往就是指标股,因而大盘当日难以有好的表现。

短线盯盘技巧

1. 多股同列

这是一个最基本的抢短线的看盘方法，它可以将目前沪深A股市场上所有涨幅排在前面的个股逐一以K线图或以分时图的方式显示出来。尤其是在显示分时图的时候，只要屏幕足够大，涨停板何时被打开、一直高位整理的个股何时开始突破等，都会很清楚地展现在我们面前。甚至于成交量都是随图同列的，更有利于把握量价关系，时时监控强势品种。当交易者用鼠标双击某股时，就可以切换到该股的独屏显示状态；按F5键就可以正常切换到K线图状态；按ESC键，又可以退回到多股同列的窗口。

但它也有一个不足的地方，就是目前市面上所有的分析软件都不能够提供时时更新的、按涨幅大小排列的多股同列数据。也就是说，如果交易者现在看到的是12只涨幅靠前的股票，即使是过了30分钟，屏幕上显示的还是这12只股票的即时数据，除非交易者再重新查看一道排序状况，否则后面新冒出来的涨停品种就无法显示出来。在通达信软件中，可先按"67+回车键"，调出沪深A股涨幅排行榜，然后点击排在第一位的股票，当该股显示出其界面后，再按"ctrl+m"即可调出"多股同列"的窗口，新窗口将按照沪深A股涨幅顺序进行排列。至于一个界面显示几只股票，则可以由交易者在主菜单"察看"中的"系统设置—设置1"里进行选择。

如下图，使用多股同列就可以同时观看大盘和3支自选股的走势。

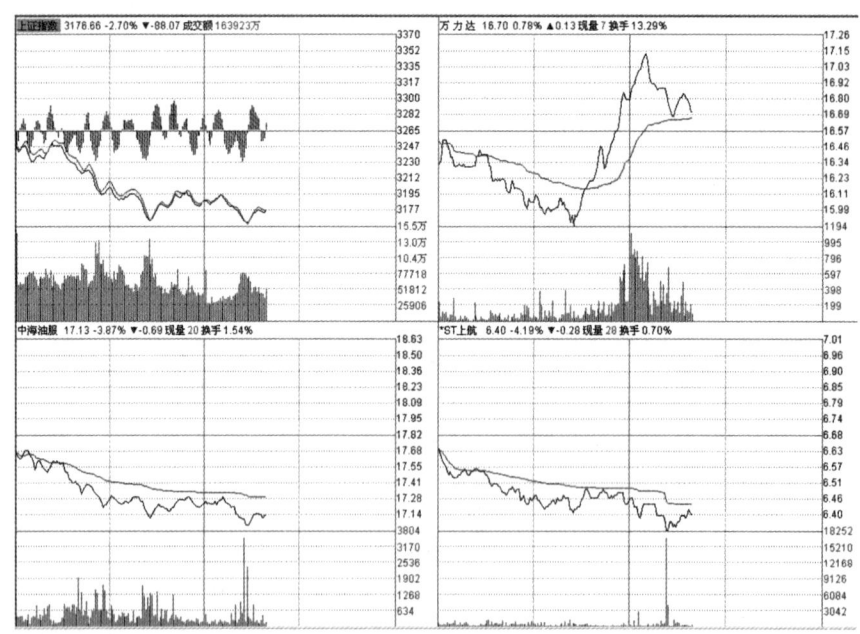

2. 市场雷达

这是一个有点小作用的工具，通过它，软件可以自动、时时地为交易者捕捉到事先确定好搜索条件的股票，并以画面或声音的方式进行报警。左边是市场雷达的设置界面，交易者可以自由进行设定;右边是市场雷达设置好后,系统自动跳出来的报警界面。点右上角的小图标,就会跳出市场雷达的设置窗口。

如下图,按左图设置了市场雷达后,符合雷达搜索条件的个股将及时在右下图中提示出来。

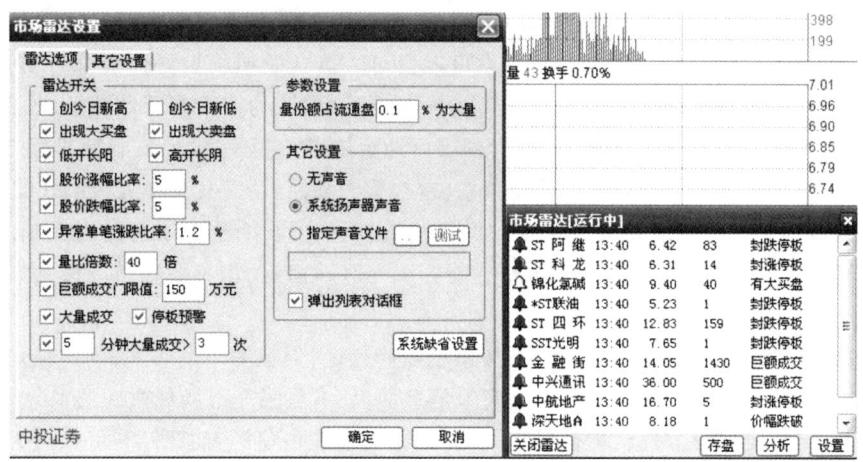

短线如何看大盘

做短线之前,交易者必须先对大盘进行判断。如果大盘走势在今日及明日都预计为不理想状态,那么主力是不会轻易拉停股价的,即使有过涨停也往往容易被打开,所以交易者不要被开盘拉停的现象所迷惑。虽然弱市逞强容易获得筹码也不易吸引跟风,但若主力明、后两日无法出局,则其短期资金必然受限,后期进退两难,也使跟风者难以获利。而且在市场上,总是会出现很多短庄新手,在给自己创造亏损时也在拖累跟风者,交易者对这样的新手应该保持怀疑和警惕。以下是一些大盘走势判断的相关经验,交易者也可以自行总结更多的经验,以形成自己的操作规则。

(1)应该在开盘前就预测大盘当日的几种走势,但不可按预期来行事。只有大盘走出了你预期的走势,说明你早期的判断是对的时候,才值得你进行交易。即使这样可能会错过最佳交易时机,但却保证了资金的安全。

(2)明知大盘很难收阳线,或明知某板块要集体退潮而当日又无实质性利好消息时,即使有指标股托盘,或早盘出现涨多跌少的现象,也最好不要进场,而持仓的则要坚决逢高减仓。

(3)不管大盘涨停的、跌停的有多少,看起来如何喜人、如何吓人,大盘要反转是很容易的。有时,感觉比理性还要重要。但在市场普遍失望的时候,就目前来说,一定要看中国石油、工商银行、中国石化、中国平安的表现,不要因为它们的少数拉升失败就不再相信它们的护盘能力。

(4)在大势向好的时候,盯住开始转弱的指标股;在大势向差的时候,盯住开始转强的指标股。正如阳尽则阴生、阴末则阳起一样。

(5)如果当日沪深A股涨幅排行榜中热点散乱,没有形成板块的联动效应,则大盘往往不会很强势。大资金不进场,说明人气依旧溃散,主力仍作壁上观。

(6)在大盘处于敏感的技术位置时,如出现阶段性顶部的巨量长阴或十字星,或即将面临下面的缺口,或关键的变盘时间之窗出现等等,都要提高警惕,注意空仓回避。

(7)10:00,10:30,11:00,1:30,14:00,14:30这六个整点时刻非常重要,重要性胜过于分时图的形态,进、出的时候都要关注这六个整点时刻。

(8)主力一般有三个进场点:9:30~9:35,主力可能会对全天大盘走势坚定看好而发起攻势(冲高出货除外);10:00~10:30,主力可能会对大盘开始明确看好而展开行动;13:30~14:00,主力可能会对明日大盘走势坚定看好而展开行动,或为明天高开做准备。

(9)关注中午的政策面消息。此时管理层可能会放出一些风声,导致下午开盘拉停的现象很多。此外,尾市的消息面同样值得留意,包括猜测和流言,尤其是在大盘不好的时候。

(10)行政干预可以暂时改变市场的运行轨迹,但不可长期改变市场的内在趋向;而且行政干预往往都是滞后的,你不要希望它能在第一时间出现,也不要在市场极其失望时怀疑它的出现。

(11)在熊市的早期,市场往往是在按市场规律行走;但在熊市的后期,则往往是被政策消息牵着走,此时应把分析的重心移到政策消息面上,不可固守市场规律和技术分析。

(12)股市每天都有机会,即使是再大的"利空",往往也蕴涵着某种"利好",因为上市公司形形色色,一方"利空"可能对另一方来说就是"利好",而资金每天都会进行流转;同理,任何消息也是阴中含阳,阳中带阴,切不可见"利多"就忘乎所以,见"利空"就目无一切。

(13)无论大盘出现或将要出现什么经典图形,都要问自己:如果是真的出现,那么会出现什么状况;如果是假的出现,那么又会是什么状况。尤其是当市场形成了一致的共识时,总有一种力量会偷偷地打破这种局面,扰乱人们的共识。但经典图形的真伪不是一两天可以分得清的,所以稳妥的方式是:及早识别,少量参与,快速决断。

短线如何看个股

每一只股票无论是高开还是低开,都不是随意的。其要么受股票市场的消息影响,要么受上市公司的消息左右,要么受潜在主力的影响控制。所以交易者要关注每一个涨幅在2%以上的股票,这里面有短线的巨大机遇。事实上,有经验的、专注于开盘研究的交易者,往往可以在9:25之后的10秒内,得到一个对某股看好与不看好的判断,其准确率甚至可以高达80%。但是,猜得到今日、猜不到明日却是开盘短线交易的大忌。而实际上,即使是很多主力也看不到明日的个股状况,只有等当日的最终封停时间和成交量等数据都出来后,大家才知道明日个股走势的大致状况——但这对于已经介入的普通交易者而言,显然已经太迟了。所以,做短线交易,仅仅是在9:30之前对个股有较好的判断是不够的,还必须有充分的盘中趋势判断经验和交易经验,这样,才能减少失误的操作,并将即将发生的亏损降低到最小。

以下是在熊市中的一些具体的交易经验,仅供交易者参考:

(1)有大盘做掩护,有板块做基础,个股短线交易的成功率才会比较高。

(2)如当日无重大利好题材,又无大盘将要收大阳的状态,最好是等待。

(3)一只个股出现高涨幅也许是偶然,单一的个股机会也难以把握,但是如果形成了板块集体跟风的状况,则跟进的风险比较小;但也要注意,如果是无概念而群体启动或大势不佳时,全线急挫也会经常发生。

(4)对于某一突发事件引起的大面积涨停,要分清楚哪个板块和突发性事件联系更密切且具有持续性,而哪个板块只是昙花一现。

(5)真正的市场主流板块在启动之前都曾经有过增量资金隐蔽建仓的过程,如果仅仅是受到消息面的刺激,而启动前没有增量资金大举建仓的迹象,那么,这一热点的持续性往往不强。

(6)对于刺激股价迅速上升的各种传闻、消息、题材等,要具体情况具体对待。对于受到朦胧利好消息刺激的个股,在消息没有兑现前可以积极介入;一旦消息兑现时,则需要根据消息的具体内容另行分析。

(7)没有明显的基本面原因而经常出现在涨幅榜上的个股属于长庄股,可以长线跟踪,并配合其他指标寻找短线套利的机会;因基本面原因出现在涨幅榜上的个股,需要深度分析其基本面的实际状况及题材的有效时间。

(8)在当日偏早时间进入涨幅榜并表现稳定的个股有连续上涨的潜力;在当日偏晚时间进入涨幅榜的个股,其连续上涨的潜力相对较弱。

(9)对于强庄股,即使连续拉中阳线也还有机会,包括底部有两个一字形涨停板的股票。这类主力的涨幅目标至少为50%,否则大量筹码不易脱手。

(10)对于爆发性的连拉20%的个股,应该提高警惕;如果涨幅达到了30%,几乎就没有机会了;而对于一字形涨停起来的股票,只要天量不出来,就可以继续坚守。

(11)在熊市和震荡市里,突然急拉且值得跟进的个股,近期多数在底部经过了缩量下挫的整理过程,或正要突破缩量底部平台的颈部,或突然开始挣脱上升通道的均线束缚,仅此三类。

(12)值得跟进的拉升股跟市盈率没什么关系,但流通盘通常在5亿以内;且新品种首笔成交的换手率应在0.01%~0.3%之内,而连续涨停的首笔成交的换手率应在2%以内;同时,新品种的首笔成交涨幅要在5%以上(高位高开除外),而连续涨停的则应在2.5%以上,否则,后续行情易夭折;此外,卖盘中应无巨大的卖单,可以买量多点也可以卖量多点,但买盘不能都为绿色。

(13)大部分高开2%~5%的个股,即使符合一些走高的条件,但如当日无突出概念,则往往属于试盘或做阴K线的情况;多数开盘急冲,而后续连绵下跌。

(14)有些游资启动的个股可能在两个涨停板之后有洗盘的动作,此时应对所属板块有较清醒的认识。同时,若是洗盘,则当日几乎无大卖单出现,且时间不会超过2天,总跌幅不超过10%。

(15)当早盘买的股票不能在当日10时前封住涨停板时,往往说明超短线操作出了问题。这样的股票,要么会马上冲高回落,要么得看大盘的脸色,很少有机会可以在第二天盈利出局。

(16)封停越早的,第二天开盘就越高。一般前3分钟就封死涨停板的,只要当天换手率不大,第二天往往会高开5%;此后到10时之间涨停的股票,只要换手率不大,也往往会在次日高开2%。

(17)涨停日换手率越低的,第二天开盘就越高。对于前日开盘半小时内封停的个股,只要当天的换手率不超过3%,那么第二天往往还有3%以上的出局空间,甚至个股会继续涨停；但一般第二天的开盘涨幅不会超过5%，尤其是最近涨幅已高的品种，如果开盘涨幅超过了5%，就有主力高开出货的嫌疑；如果当天个股换手率超过了7%，第二天几乎没有获利出局的机会，应尽早出局。

（18）相邻趋势波动的表现对当前股性的影响最大，对短线目标个股进行选择时，不仅要关注其一贯的历史表现，更应关注其最近趋势波动的特性。

（19）对于次新股，如果现在不是主力需要快速脱离成本区，其往往也不是做超短线的好品种，它们往往在且拉且整理的过程中攀升，是中线交易的品种。

（20）对于基金扎堆的产品（盘子大、市盈率低、行业好），只适合于事前埋伏，不适合于临时追高，因为这些股票难有涨停的动作，除非遇到突发性事件或重大利好概念。

（21）千万不要买入成交稀疏的高涨幅股票，也不要追高位横盘股票，后期很难顺利出局。

（22）如果开盘涨停的股票超过了10只，就不要在开盘时追进了，可以在10点左右再找好股。只要大盘向好，很多个股在10点后会有出色表现，当日利润空间更大。

（23）大盘暴跌时，要看哪些股票率先见底走稳，哪些股票正在逆市上涨。如果发现这些异常现象，必须分析这意味着什么？资金会不会炒作？这些股票有什么特点？符不符合目前的市场氛围？并在此基础上制定具体的操作策略。

（24）关注复牌后的前期大涨股票。

（25）小盘股（4 000万股流通盘以下）来去如风，不适合追涨。

（26）前期暴跌后的品种不要进，陷阱比较多。

（27）被券商在事后推荐且本身量价关系不理想的，不要进。

（28）尾市勉强收于涨停板的个股不宜追涨。

（29）不要在跌停的当天买入股票，因为当天巨大的做空能量往往没有释放完毕，后期下跌的可能性很大，盲目抄底不值得推崇。

（30）新股不适合做短线。2008年4~5月是标准的熊市里的震荡行情，按传统理念，大量的资金将涌入新股。但是从这两个月新上市的23只股票来看，第二日能获利出局的只有两只，亏损率高达90%以上。新股不适合做短线，一是因为新股上市的目的就是派发，缺少接盘就会下跌；二是因为新股的持有者为专业的"打新股"一族，只要新股上市就必然会获利出局；三是因为主力都不愿意拉高收集筹码，除非是大行情迫在眉睫；四是因为新股往往是在股市繁荣时期发行，市盈率过高，易陷入绵绵跌势之中。同时还要注意的是，由小券商保荐的新股往往在业绩上容易出现变脸的状况，将持股者带入亏损的泥潭。

注意，上述经验有一定的时效性，交易者不可盲目照搬。

尾市盯盘技巧

如果短线交易者在早盘开始进场，会面临3~4个小时的抛盘变数，有时候会眼睁睁地看着自己的盈利变成了越来越多的亏损而无能为力，时间在这时成为了交易者最大的敌人。但是，如果交易者在尾市1分钟内买入，那么所承受的风险就只有1分钟，其变数往往不会很大。于是，尾市交易也成为股市里的一大奇观，但这也是市场现象，所谓存在即为合理。

开盘是序幕,盘中是过程,收盘才是定论。从理论上来说,尾盘是多、空双方拼斗一日的总结,所以收盘指数和收盘价历来被交易者所重视;从实际上来说,尾市的拉升有的是主力一天高位平台整理后开始做多的体现,有的是主力结束一天刻意打压后开始做多的体现,有的则是高位平台整理后被散户抢买的体现,有的则是主力在刻意拉升为明日高开出货做准备,有的则仅仅是主力在刻意做当日的K线图。可见,要想在尾市进行投机性交易,也不是一件容易的事。

但凡事都不会无缘无故地出现,特别是主力的资金不会做莫名其妙的事。通过"尾市短线交易"的统计,尾市短线交易有如下规律(假使大盘当日尾市有拉升的动作或震荡走高的现象):

(1)个股在高位平台进行整理后,于尾市半小时内急拉涨停板。若个股所属板块第二日继续走强或大盘第二日转强,则介入者有机会顺利出局,但盈利多数不高,因为有大量散户跟进。

(2)个股被逐步斜推至高位后在尾市被拉至涨停。如果个股所属板块第二日继续走强或大盘第二日转强,则介入者有机会顺利出局,但盈利多数不高,因为有更多数的散户跟进。

(3)个股在高位进行平台整理后,却在后半场出现急跌,直至最后几分钟才拉回平台位置。这种情况多数属于主力护盘的动作,明日是否上涨还得看大盘的好坏。

(4)个股前半场一直在±2%区间盘整,尾市却突然大幅拔高。这种情况多数是主力行为(散户只会关注5%以上的高位整理股)。如果拔高时间比较提前,说明主力不畏惧抛盘,第二日行情值得期待。

(5)个股前半场一直都在向下整理,跌幅甚至超过了5%,但在尾市开始大幅拔高。这种情况说明主力已经结束洗盘,开始反手做多,但也有可能是散户抄反弹,或是主力为明日继续出货而做K线图。要看下跌的成交量大不大、拉升时间是否提前等,才能知道答案。

(6)个股前半场一直都在-5%以下整理,但在尾市却开始大幅拔高。这种情况说明大量的抛盘已经被消灭,多头开始积极反击,后市有利于多方,第二日行情值得期待。

(7)要特别注意,如果大盘第二日收中阴线,那么前日尾市拉升的个股通常都没有机会盈利出局,鱼龙混杂的东西经不起考验。所以尾市进场的交易者一定要先预测第二日大盘的涨跌状况。

(8)通常在无法预测第二日大盘走势时,或已经预测到大盘第二日走势不好时,大量的短线交易者会在尾市集中出货,如果此时成交量偏大,则次日低开低走的概率较大。

(9)越晚拉升的个股越无操作价值。一者是没有进入的机会,二者是主力的实力很弱,三者可能是主力在做K线图。相反,越早拉升而成交量也同步放大的个股越有价值。

(10)跌势中尾盘常有小幅拉升,涨势中尾盘常有小幅回落,这种修正尾盘的现象无意义。

(11)如果尾市突然有好消息传入股市,应立即开仓买入,且明日可看高一线。但如果收市之后证实是流言,则次日股市多数会大幅下跌,应立即出局。

(12)尾市介入做短线时,要事先做好次日上午出局的准备。只要确定大盘不能收中阳线,只要热点板块无法持续,只要利好消息被证实是流言或无实质性利好的,都应及时出局。

总结短线买入点

总结短线买入点进行短线操作的分析顺序为：

(1)判断大盘当前的波动性质,从而确定是否采用短线交易的方法。

(2)根据盘中热点的集合程度以及板块的跟风状况,确定是否介入。

(3)根据个股K线形态确定介入哪一只股票有更好的报酬/风险比例。

(4)根据个股分时走势图来确定具体进场时机,获取最佳进场位置。

具体在盘中进行交易时,要注意以下的购买时机:

(1)有重要利好消息发布的个股,如果在股价较低时出现首次开盘涨停,只要大盘不是极端弱势,可在9:20竞价购买,一直排到尾市,中途可能可以成交。无量涨停出现后,第一个涨停板多数不是行情结束的时候,而是上涨行情的开始,次日往往还会有一个冲击涨停板的过程。但是如果当日的换手率超过了7%,则第二日情况多数不妙,最好换手率在2%以内。

(2)重点关注高开5%以上的个股,如有重大题材配合、板块集体启动、K线图符合要求等,则很可能在开盘10分钟内就会被封死在涨停板上。下单时,应直接朝涨停价挂单,但实际成交不会那么高,因为低价卖单先报了前面。对于这样的个股,不一定要抢在开盘处买,如果中途有打开涨停板且又有被大力封停的趋势时,是最好的介入点,因为主力通过打开涨停板,洗去了意志不坚定分子,后期涨幅值得期待。但是如果当日的换手率超过了7%,则第二日情况多数不妙,最好换手率在3%以内。

(3)如果在10点前找不到合适的机会进场,那么最好等到13:00~14:45之间进行交易。只要大盘真被看好,大量的游资会在下午将一些高位平台整理的股票直接拉停。又因为此时往往会形成板块群动,所以第二日还有获利出局的机会。但是如果当日的换手率超过了7%,则第二日情况多数不妙,最好换手率在4%以内。

(4)关注底部一字形涨停的股票,分析其连续涨停的根本原因和可能的涨幅空间,分析已上涨的幅度和即将面临的阻力位,同时根据流通盘大小、市盈率、高低价位以及主要的成交营业部,来确定主力的性质,而后伺机在第二个一字形涨停板打开且又即将强势封停的时候介入,或者在高开整理后即将强势封停的时候介入。但要注意,不可抢在开盘处进入;同时,若估计当日成交量大于7%以上,慎入。第三个涨停板最好不要进,宁可等待回调和整理,因为主力若不看好个股就会出现暴跌,若看好个股就必须释放抛盘压力。对于追第三个涨停板有三个条件:即个股当天必须释放压力,同时大抛单不多而成交量不巨大,以及再次封停的时间比较早。

(5)关注近期连续涨幅在20%左右的个股,其后走势往往有三种可能性:其一,短暂换手之后继续快速上涨;其二,做阶段性的横盘整理后再次上行;其三,阶段性的见顶回落。如发现是前两者,则分析其即将面临的阻力位置和主力性质后,待其大力突破的时候介入。这些强势牛股能被主力全力抬举,则必有普通交易者不知道的原因,而他们的巨量资金显然不是用来过把瘾的。至于成交量,则要结合阻力位和前期总成交量来看,看大量的抛盘来自哪里,合不合理。

总结短线卖出点

会买不会卖,终究是一场空。常言也有道:会买的是徒弟,会卖的是师傅。可见,卖出股票也不是一件容易的事,它直接关系到交易者的盈亏问题。一般来说,卖出股票往往会在开盘十分钟内进行,或是在盘中时段进行。

下面简要论述。

1. 开盘十分钟卖出点

如果交易者在当天买进了股票,那么在收盘后就要关注个股当天冲高的时间或涨停的时间、封单的大小、成交量的大小、成交密集区价位、主力性质等状况,同时预测个股继续上涨的幅度、阻力位、大盘明日走势、热点持续情况等事项,做好卖出股票的点位预计和可忍受的最大跌幅。

一般而言,昨日强势上涨的股票会出现以下三种情况:

(1)次日跳空高开。昨日封停比较早且换手率在3%以内的、底部首次大涨股,今日高开5%属于正常状况,对比情况差一点的高开3%也属于正常状况。如果高开后随即有大单买进或略有回调后即有大买单买进,则可持股待涨;但是,如果冲到7%左右或10%时,即有大量抛单倾泻出来,则最好及时出货。因为主力对倒冲高后出货的现象较多,或者主力也不见得顶得住。如果个股高开在7%以上,通常股价马上会下滑,要么是主力高开出货,要么是散户抛压过大。交易者也可先抛出股票,而后看其有无缩量整理并在某支撑位获得支撑后再次大力攀升的过程,如有,再跟进也不迟。

(2)次日平开。如果说高开是主力积极做多,低开是主力暗中洗盘,那么平开则是极其沉闷的行情,它首先透露的是主力没有做多的意图甚至可能没有主力的信号。对于这样的个股,交易者如果判断当日大盘不好,或同板块要回调,则可以选择立即出局;也可以作出止损的准备后持股待变,如果量价关系不理想、盘口显示卖压过大、成交稀疏等状况出现时,则交易者应伺机出局,避免浪费资金时间和在其他个股上的机会。

(3)次日跳空低开。这种现象往往会出现在昨日涨停板被多次打开、成交量过大、涨停封单较小、封停时间太晚等情况的个股上。交易者在熟悉昨日的盘况后,应已经预测到了这样的开盘状况。不看好今日大盘或同板块的交易者,可在第一时间出局;看好的交易者则应提前作出止损位,一旦行情出现计划承受的最大跌幅,则应立即出局。一般而言,仅从技术上来说,如果低开或回落幅度超过了3%,说明个股调整的迹象比较明显;如果早盘低开,经过一段时间回档或窄幅波动之后个股再次放量上攻,则交易者可谨慎持股,因为这可能是主力先洗盘后拉升的动作。

(4)其他卖出经验。交易者在卖出之前,应该先清楚手中股票的阻力位,见此处压力果然大,则应先走为上,哪怕此时只是9:32;特别是对于前期属于拉高涨停的股票,因其还面临获利盘抛售的压力,所以更应该当断则断;如果所买的股票是在10点后拉停的,如果当日的换手率比较大,如果当日的消息无实质性影响,如果第二天高开的阻力比较大,如果前期的获利盘比较多,如果大盘第二日不太理想……那么最理想的卖点就是第二天9:35之前;之后卖出的时候,可以先对全天的成交量进行估算,方法为:开盘10分钟的成交量×24(因为一天交易4小时即240分钟)。如果估算出个股当日成交量异常大,而又迟迟不能封涨停板,则有主力出货的嫌疑,或有多头全部被消耗掉的担忧,短线交易者应及早出局。但需要注意,对于活跃品种而言,其早盘10分钟的成交量一般很大,所以该估算方法往往会偏离实际,可能用开盘10分钟的成交量×8比较适合。

注意,若无特别说明,全书中的"封停"特指"封住涨停板","拉停"特指"拉到涨停板"。

2. 盘中卖出点

经过了前面紧张的几分钟后,后面的卖出行为就要看盘中的分时图了。总体要求是:可以对卖出点作预期,但不可按预期卖出,而要根据盘中实际情况灵活处理。但只能是在行情有利的时候作向上的灵活变动,而在行情不利的时候则要按预期坚决出局。

(1)对于急拉:往往高点后还有更高点,行情一般不会直上直下,常常会有M头出现,第二个头为卖出点。

(2)对于横盘:横盘不是减仓的迹象,但股价一旦带量跌破支撑线或均线,则说明抛盘涌现,为卖出时机。

(3)对于下行:下降通道里的行情是主力做空或减仓的迹象,否则行情应跟随大盘,当其反弹时为卖出时机。

(4)对于跳水:开盘不久就带量下跌、见盘就砸属于跳水行情,赶紧卖出,如果来不及,可等反弹后再卖出。

以上卖出时机是针对当日分时图来进行的,但前提是交易者确定这天应该卖了。

如果交易者没有意料到整理而出现了整理,要坚决出局;如果交易者意料到了整理而且有了一定的心理准备并设置有止损点,那么则可以按计划进行交易。

第 10 章

顺势淘金,顺时介入

牛市短线选股策略

在牛市中,许多投资者认为大的形势已经来临,于是不顾一切地买进股票,认为赚钱是非常简单的事。

但是以下几项有趣的统计却说明尽管牛市业已成立,但疯狂的投资者未必能取得理想的投资绩效。

如果比谁赚得多,股市中已经有太多大喜大悲的案例,有许许多多几年前股市中的风云人物早已经消失在市场中,倒在了牛市形成之前。如果比谁生存的时间长,则意味着生存的时间越长,所获得市场赐予的机会就越多。在牛市中诱惑太多了,2006年是中国股票市场近几年来比较好的一年,很多股民不知道买什么好,买什么不被套。在这里给投资者一些建议,不妨关注一下短线选股的策略。

1. 涨幅要高

涨幅高包括三层互不矛盾的意思:一是绝对涨幅要高,如果股价从底部启动50%以上,进入主升浪应是顺理成章;二是实现阶段突破,能够成功突破前一顶部的股票,理当看好,不能突破或在前一顶部下逡巡,有无功而返的可能;三是创新高,股价创历史新高,说明价值重新发现,价格重新定位,在成交正常的情况下,理应看高一线。

2. 主力资金介入程度要高

并非庄股就好,关键是散户的地位决定了其不可能对公司的基本面研究太深。而主力资金多半研究实力雄厚,其敢于重仓介入的股票,前景看好。散户无法研究公司的基本面,但可以通过K线研究主流资金的进驻程度。

主力浅尝辄止的,我们放弃;主力实力弱小的,我们观赏;主力实力非凡、大举入驻的,才是我们重仓参与的对象。

当然,主力资金介入程度高与控庄股要有区别,如果主力已经将股票做成了新主股,说明风险已经大于收益。

3. 板块呼应度要高

价值投资理念下,主力资金已经从个股挖掘转向行业挖掘。有板块呼应度的股票,说明该行业发展前景较好,属当前热点或潜在热点,有发展潜力。即使是临时性热点,板块呼应度高的特点也决定了被套的可能性不大,因为热点的反复表现,会多次创造解套获利的机会。

熊市逆市淘金策略

在熊市中投资的股民十有八九都会亏,能少亏些就算赢了,更甭提赚钱了。但在如此被动的境况下仍有部分股民在弱市的枪林弹雨中穿梭自如,赚得真金白银。这不禁让一些投资者分外眼红。

熊市中选股的难度要远远大于牛市及盘整市道,因为熊市中大盘在不断下跌,大部分个股的走势也逐级向下,只有极少数个股逆势上扬。要从众多个股中挑选熊市中的牛股,有点像大海里捞针,所以没有一定专业知识和经验的投资者最好还是知难而退。虽然在熊市中选股难度很大,但跌势中仍然有市场机会,仍然有章可循。投资者应把握熊市逆市淘金策略关注大盘走势,了解盘中热点,积极寻找蕴藏着短线投资机会的板块,从中获取暴跌所带来的暴利。

1. 选择基本面情况发生重大变化,业绩有望突升的个股

这类个股,无论在牛市还是熊市,都是受追捧的对象。由于基本面发生了重大好转,必然或早或晚会反映到股市上。当然还要注意介入的时机,不要等股价已经涨上天了再去买进。

2. 选择具有长期良好发展前景的个股

具有良好发展前景的公司,是大多数人选股时追求的目标。这类公司经营稳健、发展前景光明,为许多人所看好,在牛市中股价可能高高在上,业绩被提前预支。然而在熊市中则可能随大盘大幅下跌,尤其是在暴跌时,倒为投资者提供了绝好的买入机会,让其用很低的价格得到一只优质股票。当然选择这类个股应立足于中长线,不能指望短期内即获高额利润。

3. 选择在熊市后期暴跌的个股

在熊市后期,暴跌后空方配量过度释放,导致股价远离平均成本,由于股价有向平均成本靠拢的趋势,远离均线的幅度越大,其回归的可能性和力度也相应越大,因此暴跌之后常常会有较大的反弹,是短线买入的时机。个股的暴跌有时是以大盘的暴跌为背景,这时可选择有庄入驻的股票介入,因为有庄的股票反弹力度较大。个股暴跌的原因主要是突发性因素和庄家出货两种。突发性事件造成的暴跌有可能产生强力反弹,而庄家出货的暴跌则不会反弹。

4. 选择主力机构介入的个股

股市中的主力机构实力强大,非一般中小投资者可比,但是它们也有进出不灵活的弱点,一旦介入一只股,就要持有较长时间,尤其在熊市中,除非认输割肉出局,否则就要利用每次反弹机会,伺机拉升个股。

中小散户只要介入时机合适,成本价在庄家之下或持平,并且不要贪恋过高的利润,则获利的概率还是很大的。

总之要记住,在熊市中选股要关注大盘走势,了解盘中热点,以及政策的转变。

暴跌之下有机会

涨涨跌跌是股市中的一种正常现象,但是有时候因为突发消息的影响或上市公司内部的原因,个股股价会出现快速大幅的下跌。投资者称这种下跌为暴跌行情。处在暴跌中的个股往往使得投资者的资金市值急剧缩水,因而对于暴跌股,投资者常常是谈虎色变,避之唯恐不及,根本不愿研判或投资这类股票。可事实证明暴跌股中蕴含丰富的投资机会,暴跌股在下跌途中会给持股的股民带来大幅亏损,但在其报复性反弹过程中也会为敢于逢低买进的投资者带来丰厚的利润。当市场处于深幅下调、股价加速下跌的环境中时,投资者首先要做到的就是保持清醒的头脑和冷静的意识,不要被暴跌所产生的恐慌气氛所影响,更不能在这个时候乱了方寸,要积极寻找蕴藏着短线投资机会的板块,从中获取暴跌所带来的暴利。

暴跌股的优点如下:

(1)由于暴跌股离套牢密集区较远,上行阻力小,产生反弹时力度较强。

(2)股价因为严重超跌,与底部区域接近,安全性好。

(3)暴跌可以使个股做空动能大规模释放,一旦大盘企稳,此类个股往往率先止跌反弹。

因此,暴跌股是抢反弹时重点优选品种。但投资者在选股时首先要区分暴跌的性质。

(1)如果是大盘暴跌,我们应该重点关注的是以下几类股票:

①对大盘暴跌作出极度反映的个股;

②上升通道依然完整,特立独行的个股;

③有强庄护盘的个股;

④如果大盘处于下降的通道中,则只能选择轻仓股;

⑤如果大盘处于上升通道,则选轻仓股、重仓股、短线股、长线股皆可;

⑥如果大盘出现见底前的最后一次暴跌,则选重仓股、中长线、长线股皆可。

(2)如果是个股暴跌,则应该选择以下几种股票:

①股价处于底部的最后连续暴跌;

②暂时的利空消息所致;

③首次亏损消息所致;

④严重超跌,幅度越大越好;

⑤第一次暴涨后是急速下跌;

⑥第一次放量上涨后的重返旧地。

经验丰富的投资者在暴跌行情中选择严重超跌的有价值的股票。因为此时许多原本是"精品商厦价格"的股票,会在猛然间变成"地摊价格"的股票,并且还有捡到便宜货的时机,此时是赚大钱的时机。

但是,其前提必须是:你在波段顶部、市场一片看好时,能功成身退。这样才能在底部时拥有足够的抄底资金,并且有极好的耐心,相信它今后一定能涨上去。

如以下两图所示,在2009年7月29日的大盘暴跌行情中,002180在盘中顺势下探到60日均线以下,应当能判断到,当日暴跌是大盘对长时间以来上涨后风险的一次集中释放,而

002180相对大盘滞涨,所以002180的盘中暴跌是非理性的,可以作为一个短线买点,在其后3天的反弹中,可以在18元以上卖出,短线交易者能获利20%以上。

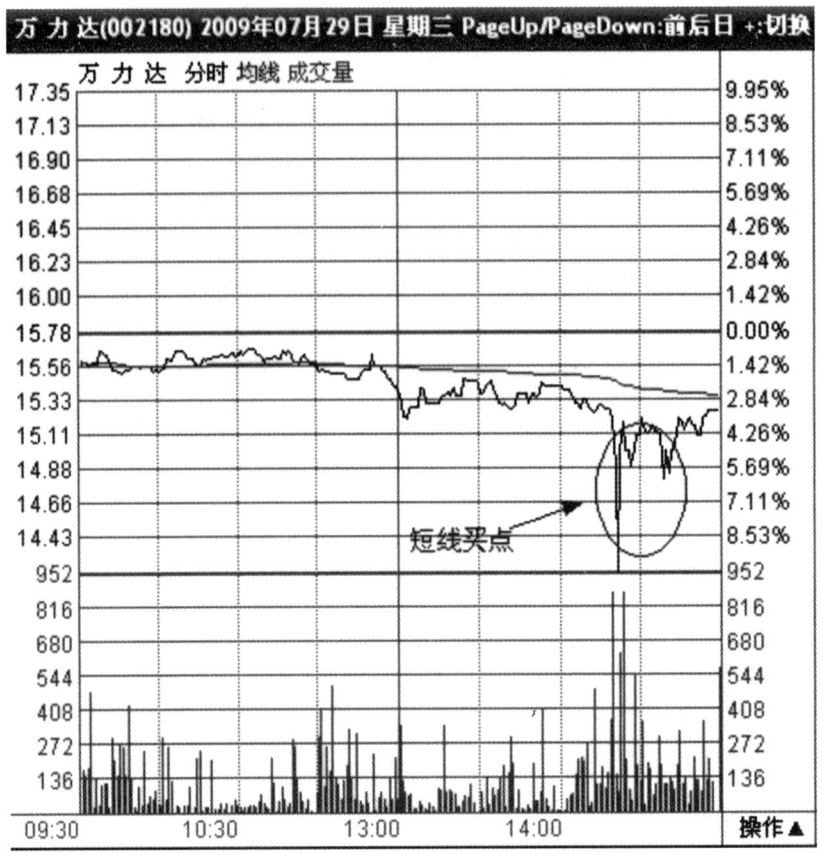

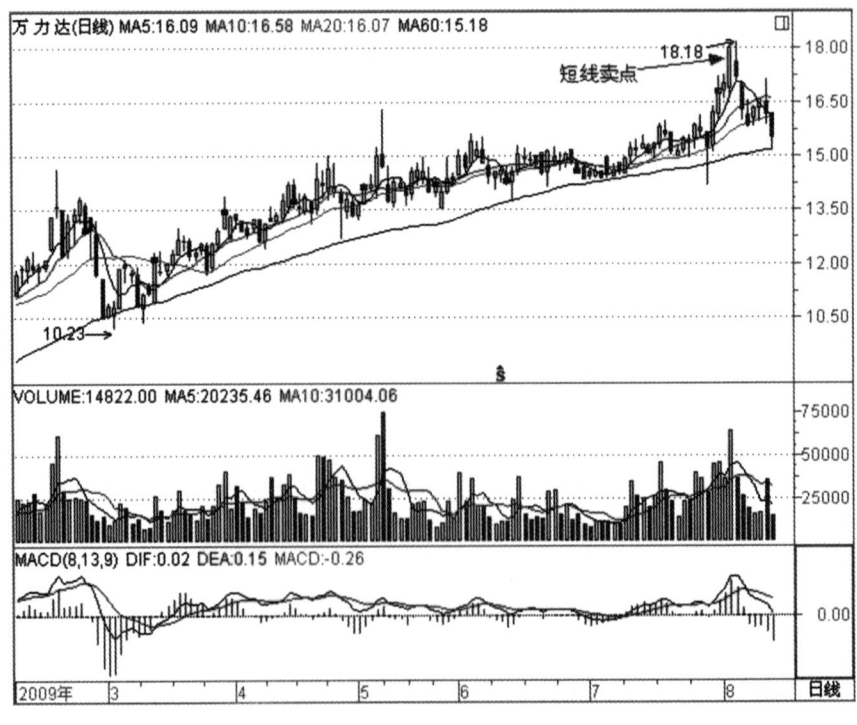

抢反弹有讲究

反弹行情是指形不成上升趋势的上升行情,并且多数是反映下跌过程中的逆市弹升。不少投资者善于抓住反弹行情,屡屡炒到底,但获利却很少,有的甚至赚了指数赔了钱,问题就出在相错了"对象"。做长线投资,毫无疑问应当选择市盈率低、成长性高、风险小的绩优股。但反弹行情是短线投机行情,大多数投资者鞋底抹油,打一枪就开溜,如何选股就很有讲究。

1. 选跌得快、跌幅深的股票

大势不妙,大多数三线股缺乏业绩支撑,持股者心慌气短,往往廉价大抛卖,跌得最惨。

2. 选受利空打击,股价大幅挫落的股票

此类股票,因受利空消息的影响,持股者大量抛售,股价受空方猛烈打压,跌得惨不忍睹。尽管如此,这类股票还是能受到股民青睐,成为弹升最快的股票之一。因此,当利空消息扭曲了股价,而利空影响消除时,为趁低吸纳之良机,股价必将还其本来面目,恢复其合理价位。

3. 选有庄家关照的股票

有些股票由于受庄家关照,不因大市下行而跌落,或跌幅甚微。一遇大市回暖,庄家必会全力拉抬,跟进者众多,反弹必快。但需注意此类股票要及时"下轿",以免成为替罪羔羊。

4. 选有利好传闻但受大市拖累的股票

有的股票有利好传闻本应上涨,但受大市拖累该涨未涨,一旦大市回升,必会脱颖而出。

5. 选新上市的股票

老股票的套牢筹码多,反弹时解套者众,阻力重重。而新上市的股票套牢筹码少,反弹时解套压力小,并常常受到大户和主力机构的关照,往往跑赢大市。

6. 选绝对价位低的三线股

做反弹是一种短期的投机行为,投机炒作选股是不必考虑公司业绩的,并且适合做短线反弹的股票一般都是业绩不太好、价位比较低的三线股。原因很明显,这些投机股价位低,具有波动幅度大、交易手续费低的特点,并且其流通筹码一般相对较小,易于炒作。

调整行情中淘金策略

涨升行情中出现强势调整是很正常的现象。强势调整分为被动性强势调整和主动性强势调整两种。被动性强势调整是指当股指已经抵达严重超买区,并出现明显见顶信号,或已经遭遇某种利空消息后出现的调整;主动性强势调整,是指当股指仅仅是接近超买区,见顶信号不明显,利空消息尚未完全显露时出现的调整。

主动性强势调整中,投资者的选股方向重点是要选择蓄势较充分的个股,这类蓄势充分的潜力股常常能在上升行情中跑得比指数和其他个股快。具体的选股方法有以下五种。

1. 选择上升空间大的个股

选择目前股价涨幅不大,绝对股价不高,但蕴含一定投资价值和投机价值,后市具有一

定上升空间和潜力的个股。

2. 选择业绩优良的个股

通过对财务报表的综合对比,从中选择业绩优良的上市公司,作为重点关注对象。

在选择潜力股过程中,要结合当前市场主流热点的动向,尽量选择和市场热点相近的板块和个股。

而且要尽量选择具有多重概念的个股,以便在热点行情的转换中左右逢源,争取获得最大化的利润。

3. 选择底部形态构筑得比较坚实可靠的个股

要求底部形态的构筑时间较长,具体的形态以圆弧底、头肩底和多重底等较为坚实的形态为主。

4. 选择有明显新增资金介入的个股

特别注意成交量有所放大,但并没有过度放大,尚处于一种温和放量状态中,显示主流资金正在有计划、有步骤地积极建仓的股票。

5. 选择股价前期调整较为充分的个股

股价已经严重超跌的,个股的市场平均成本基本集中在现价附近,股价下跌动能已经完全释放,并在某一重要支撑位探底走稳的个股可以重点关注。

平衡市道中淘金策略

平衡市是指指数运行趋势没有上涨或下跌的趋势,而是呈现出水平方向运动;有时大盘在两条平行线的区间内反复震荡,如所形成的箱体运动等。这时关键是要紧扣热点,转变选股思路,重点有以下几个方面。

1. 选股要选实质性题材股

实质性题材股往往会受到更多人的追捧,并伴随着成交量的持续放大反复走强。

这从一个侧面反映出市场主力资金的择股标准已经发生了重大的变化,长期以来形成的价值投资理念正在被市场赋予新的认识,上市公司成长性正成为主力资金选择建仓品种时的重要参考依据。

2. 选股要以业绩为主线

虽然在平衡市中热点此起彼伏,板块轮动似乎杂乱无章,但其中始终围绕着一条主线,那就是"业绩"主线。所以,投资者在选股时需要紧紧把握这条行情主线,对于业绩较好,但目前表现不是很理想的个股,不妨趁其股价较低时,先主动买进。相对于疲于奔命地追逐已经涨高的热点,这种方法更加有效、安全,获利也更丰厚。

3. 不要盲目追涨价值高估的蓝筹股

蓝筹股是近年来市场的投资焦点,但蓝筹股的范畴较大,包含个股也较多,投资者必须对该板块加以细分。从近几年行情来看,部分蓝筹股的股价上升过快,有的个股甚至在短期内实现翻番。

蓝筹股行情发展的根本在于其投资价值的发现,一旦出现价值高估的现象,就会失去继续涨升的根本动力。所以,在中继型震荡行情中蓝筹股出现分化,部分价值高估的蓝筹股出现回落是必然的现象,投资者在选择蓝筹股时一定要仔细鉴别,不要盲目追涨。

4. 对边缘化个股要敬而远之

与蓝筹股不断发展的行情形成鲜明对比的是,部分庄股和即将退市的ST类个股却一跌再跌,有些个股甚至已经严重超跌,股价屡屡创出新低,但每一次短暂企稳后,又会面临新的一轮抛盘。这表明投资者的理念已经趋于成熟,股市也正在向成熟化发展。市场的价格体系正在发生根本性变化,结构性调整将进一步深化,股价的两极分化现象将日益突出。在此情况下,投资者千万不能贪图一时的便宜,对于正在边缘化的个股,包括庄股、即将退市的ST类个股、绩差股等要以回避为上。

此外,在平衡市中还要根据不同的操作方式进行选股。

1. 波段操作

平衡市中套利的最主要形式就是高抛低吸的波段操作。至于高低的标准要参考布林线指标、中轴线指标和箱体运动的箱顶和箱底位置三种技术指标。

波段操作的选股:主要选择在筑底阶段有放量现象,箱体运动规律较明显的个股。

当股指跌穿中轴线指标,到达箱底位置,并且获得布林线的下轨线支撑时,投资者可以分批逐步建仓;当股指穿越中轴线指标,到达箱顶位置,遭遇到布林线的上轨线时,投资者应该果断地一次性卖出。

2. 长线持有

虽然大盘表现出明显的箱体运动规律,但少部分强势股却依然维持其强劲走势:大盘涨,这类个股领涨;大盘跌,这类个股也能保持强势。手中持有这类强势股的投资者应该抛开大盘箱体运动的影响,以轻指数、重个股的态度长线持有。

长线持有的选股:投资者千万不能选择有庄家长期入驻的抗跌股,而是要重点选择有投资价值,符合市场潮流的绩优蓝筹类个股。

3. 继续等待

平衡市中的箱体运动不是股市唯一的选择,突破将是最终必然的结果。无论大盘向哪个方向突破,都将产生一定的爆发力和新的市场热点。稳健的投资者可以采用等待的方法,耐心等待市场作出选择,然后再根据当时的市场情况进行选股操作。

震荡行情中淘金策略

国际、国内的经济、金融形势变化,股市政策的调整,市场利多、利空的传言与突发事件,千家上市公司每年两次公布财务报表和分配方案,大投资基金、大券商、民营投资机构的多空大搏杀,数千万散户的买进和卖出,贪婪与恐惧等人性弱点造成的追涨杀跌的非理性行为等,都有可能引起股市的震荡。

在震荡股市中,大盘大起大落,时而多方展开猛烈反击,时而空头占据主动,使人不知该如何是好。不过,在大幅震荡中,亏钱的机会与赚钱的机会同时增多,此时超跌股有可能出现反弹,逆市走强股有可能强者恒强,横盘整理股也可能潜伏着"大鳄",这些都为投资者提供了更多的选择。将各类个股细细区分,把握其独特的走势特征,有利于投资者在震荡市中趋利避害。

1. 超跌股可能会反弹

怎样才算"超跌",没有统一的标准。首先,超跌不能以绝对跌幅来判断,一些主力派发前期一直走下降通道的个股虽然累计跌幅巨大,股价不断创出新低,但仍应谨慎参与,此时即使已"超跌":仍有可能继续超跌下去,股价屡创新低说明基本面上和技术面上肯定有问题。其次,最好从近期保持上升趋势、仅仅由于大盘调整而出现较大跌幅的个股中选择,若下跌时量能萎缩,说明出逃的资金量不大,短期反弹的可能性较大。最后,重点关注最先跌至启动位置附近的个股,特别是刚启动不久便跌回原价的次新股。

2. 逆市走强股,风险与机会同在

逆市走强股中,既有勇往直前的强庄股,也有部分刻意诱人上钩再大幅派发的恶庄股,投资者要具备一双慧眼。一般来说,逆市走强的个股,若上涨时成交量过大、拉升过急、形态过于完美,往往陷阱重重,一旦买入很容易深深套住,一些保持缩量上行、进二退一格局的个股则机会多多。

3. 横盘整理股中潜伏"大鳄"

虽然大盘起伏较大,但有些个股却稳坐"钓鱼台",不为所动,这些往往说明主力已充分控盘,仅仅是在等待拉抬的时机,此时即可重点跟踪观察。

面对震荡的股市,投资者应从以下几方面着手:

(1)切莫满仓。投资者切勿在震荡行情中将全部资金投入股市,更不能借钱炒股,否则万一出现大幅震荡,将会让你严重亏空,很多投资者难以承受此种打击。所以应克服短期暴富心理,以投资为重,切勿过度投机。在参与震荡行情前,先不要计划能赚多少,而要先想清楚自己能承受赔多少,准备持股多长时间。若对大盘趋向感到无方向,周围人盈利都很困难,不妨先静观其变。震荡行情中,盈利的期望值不能太高。手中筹码若在短时间内获利10%,万一碰到涨停板,就应果断获利了结,将所获收益先拿到手。若在大盘上涨了一段时间后,手中的若干股票均有5%以上的获利,但大盘却是牛皮市,来回折腾,无明显的突破,不妨先卖出一半。万一行情下跌,这样便有余力加码、赚取差价;若行情续涨,则手中还有一半筹码,可扩大战果。这种办法不失为进退自如的稳妥策略。

(2)紧跟热点,盯住强势。震荡行情中,获利的关键是抓准新的市场热点。从波段底部领涨的热点板块若长期筑底成功,此热点可以追逐,并附带关注相关的板块,但不能去追逐已经筑顶或见顶回落的首期热点板块。当领涨的新的热点板块接近顶部,大盘又滞涨时,此轮上涨行情离结束亦为时不远,应不失时机地退场。在此基础上要抓强势股,尤其要关注的是天天有量、有强主力入驻其中、开盘、盘中和尾盘每每有主力做盘动作的个股,无论是做T+0,还是T+1、T+2,获利的机会都比较多。

(3)控制仓位,分次操作。震荡行情中,控制好仓位显得十分重要。一般情况下,在震荡箱形底部可满仓,在中部宜半仓,在顶部宜1/3仓或空仓,这样会更稳妥。但是不少散户往往是在箱形底部清仓,在箱形中部建仓,而在箱形顶部满仓,以致赢的只是底部的"小头",输的却是顶部的"大头"。

对已领先大盘涨到顶部区域的个股,就先予以了结;对手中有潜力的个股,应耐心等待,坚信早晚要拉升;对即将启动的强势股,可顺势做一把行情;对手中品位不佳的个股,可及时换股,曲线获利。为获取最大效益,持股可一直到股价打破上升趋势线,或10日均线掉头向下时,才获利了结,但是仓位应减为半仓或1/3仓。

震荡行情很难让人捉摸,因为大盘与个股没有一个明显的趋势,投资者要做的就是把握个股震荡的节奏,低吸之后适时高抛。

短线追涨有技巧

主升浪行情属于绝对不可以踏空的行情。股市中不能踏空的投资方式有两种：一种是在大势尚没有启动的阶段中低买；另一种方式就是追涨。追涨操作必须制订周密的投资计划，并且采用适宜的投资技巧。

1. 追涨的选股种类

投资者在主升浪行情中选股需要转变思维，不能完全拘泥于业绩、成长性、市盈率等进行投资，而是要结合上涨的趋势来选股。具体来说，就是要选择更有盈利机会的个股。把握个股独特的走势特征，获得更大的利润。

另外，投资者也不能看到个股放量涨升了就立即追涨，有时候即使个股成交量突然剧烈增长，但如果资金只是属于短线流动性强的投机资金的话，那么，行情往往并不能持久。因此，投资者必须对增量资金进行综合分析，只有在个股的增量资金属于实力雄厚的主流资金时，才可以进行追涨操作。

2. 追涨的资金管理

即使看好后市行情，投资者也不宜采用满仓追涨的方法。稳健的方法是：用半仓追涨，另外半仓根据行情的波动规律，适当地高抛低吸做差价。由于手中已经有半仓筹码，投资者可以变相地实施"T+0"操作，在控制仓位的同时，以滚动操作的方式获取最大化的利润。

3. 追涨的盈利目标

追涨的过程中需要依据市场行情的变化设定盈利目标。设置目标时要考虑到市场的具体环境特征，从市场的实际出发，研判行情的上涨攻击力，并最终确定盈利目标。到达盈利目标位时，要坚决止盈，这是克服贪心和控制过度追涨的重要手段。

4. 追涨的风险控制

由于追涨操作相对风险较大，所以对风险的控制尤为重要，一旦大势出现反复或个股出现滞涨，要保证能立即全身而退。

短线必选时

大量的股战实例一次又一次地展示了这样一个现实：同样持有一只股票，但最终的收益结果却可能大相径庭，这其中一个很关键的问题就在于投资者各自操作时间的不同，因此，为了获利，特别是想要做到与庄共舞，一定要把握好股票买卖的时机。一般来说，以下的时期不宜轻举妄动：

(1)在均线成空头排列时应离场观望。均线呈空头排列，表明整个趋势是往下走，而且目前市场中多数人处于亏钱状态。此时的个股行情持续性差，今天涨停的或许明天便跌停，操作的意义不大。

(2)在大盘震荡整理期间，宜多看少动，震荡市中趋势不明朗，可能向上突破亦可能向下突破，此时不宜打无把握之仗。

（3）参与弱市中的反弹应非常小心。在调整市里亦有反弹,此种机会往往极难把握。调整不充分的个股往往是"下跌、反弹、再下跌"的走势,每一次高点都比上一波高点低,低点却一个比一个低。从历史走势可看出,一轮中级调整,不经过快速下跌,亦即是极具杀伤力的C浪下跌往往并非筑底成功,若仓促抢反弹极易被套。

虽然投资者已经知道,在上述几种情况下不宜介入,可选空间得到了限制,但是在变化莫测的股市中如何选择一个最佳的时机,仍然是一个困扰投资者的难题。其实把握这种时机也并不是可望而不可即的,一般来说可以从以下几个方面的因素进行考虑:当时的股价是否在低价区或具有投资价值;该股底部是否构筑完整;市场是否极度看淡,股价严重超跌;前期是否出现了恐慌性暴跌或长期阴跌;该公司是否有潜在的重大利多消息;是否可能出现股权争夺等因素的存在。上述因素具备得越充分,则投资者越应给予足够的重视。

实际上,除了上述介入股票的时机要好好把握之外,投资者还应对每日竞价交易中的技巧给予足够的重视,因为这不仅是投资者各种策略得以实施的唯一途径,而且会在风云变幻的股市中成为关系到盈利的关键因素。以下将对一个完整交易日中的各种买卖时机作简单的介绍。

集合竞价是每个交易日第一个买卖股票的时机,这也是机构大户借集合竞价高开拉升或减仓、跳空低开打压或进货的黄金时间段。开盘价一般受昨日收盘价影响,若昨日股指、股价处于当日最高价位,次日开盘往往跳空高开;反之,则低开。当然在连续的单边走势后会发生特殊情况,一般情况下开盘后股价立即单边涨停或跌停的情况出现,预示着该股有消息与信心十足的机构猛烈的单边动力,可适当地跟进做多或做空。有许多有经验的投资者常常在9:20左右进入即时成交视窗,一般情况下最先出现的有大手笔竞价成交的个股很可能成为当日的主要做多或做空明星品种,因为一般情况下,大资金的操盘手如在当日有操作计划,都会较早地到证券公司做好准备并较早地做好集合竞价显示出趋向,作为投资者应注意此种股票的短线动向并利用之。另外,如果能够把握住意外的、无原因的大幅高开或大幅低开的机会则是意外之喜。

需要注意的是,如果投资者因预见较大的利多或利空因素参与集合竞价,时间最好应在9:20以前。上午10:00左右将是产生当天集中交易热点的时间,此时昨日尾市走强的品种与部分板块强弱代表股票的强弱度已经显露,而一些职业机构在看清当天消息面的情况后也开始演出,此时市场表现将可能是市场全天表现的缩影,只不过会在涨跌幅度上发生量变。

由于在中午有电台、电视股评的因素存在,13:00开盘时容易造成当天的次(最)高点或次(最)低点,此时很容易操作错误,应多看技术指标,冷静思考。14:30左右就是一天主力做多做空的黄金发力时间段,并且决定一天的最终交易涨跌情况,是短线操作的最佳时机。当然在14:30前主力也会经常制造假象引人上当,投资者可以根据成交量判断。

短线入场前的判断

《孙子兵法》曰:"善战者制敌于未动之先。"从买进股票的时机来看,可以归纳出下列几种"可以进场"的情况。投资者入场前应对作出判断,把握大势,顺时介入。

1. 股价升涨阶段

(1)在上升趋势中,股价稳健发展,没有明显的力竭或反转信号时可买入。

(2)股价久盘不动,但有一天成交量突然放大,而且价格上扬并突破上档阻力关卡,则代表涨势开始发动;确定股市已经回升,这是中、短期投资者进场的最佳时机。

(3)投资人的资金大量涌入股市,致使成交量上升,而且股市利多的消息纷纷出笼,说明股价要上升,此时亦可进场买进,把握短线的淘金机会。

(4)在原始的长期上升趋势中所产生的中期四档趋势已跌至原先涨幅的1/3左右,成交量相对减少时可考虑买进。

2. 股价下跌阶段

(1)经长期下跌,计算本益比,股价已至低价区,预期发行公司在两三个月之内将陆续配息,而且趋势图上股价跌幅已缓和时可考虑买进。

(2)在下跌趋势中,遇到强有力的支撑线,股价未能立即突破而下,且成交量大减时也可考虑买进。

(3)下跌趋势到达末期,进入盘旋整理的时候,就是长期投资者开始买进的时机。

(4)当股市下跌时成交量由大到逐步萎缩,价格也由急剧变动到平稳状态,代表下跌时间已近尾声,投资者可将少量资金分批往下承接,再分批往上获利出逃。

(5)市场充满悲观气氛,利空消息接二连三传出,股价连续几十个跌停板,尤其投资性股票也出现跌停板时,可考虑买进。

短线离场前的判断

股票总是拿在手里是赚不到钱的,紧捂不售不是金科玉律,必须在一定的时间卖掉。可是,什么时间卖才能获得令人满意的利润呢?

根据股市的发展规律,股市始终于升涨阶段和下跌阶段交替运行。

1. 升涨阶段具备以下情形,股票投资者可以卖出

(1)当股价持续上涨一段时日后,在某一价位区间成交量大幅增加,而股价却上下浮动有限时,此时投资者应提高警觉,分批将股票脱手。

(2)股价经长期上升,本益比已至高价圈,股价遇到坚强的阻力线,无法向上突破,而且趋势图上形成重要而明显的反转信号时应立即卖出。

(3)当股价涨势已到末期,上升乏力,形成盘旋整理势态时,长期投资者可逐步酌量获利卖出。

(4)经过长期的上升,股价已有一至三次的中期下跌趋势,计算本益比股价已到高价区,成交量减少,发行公司即将除息、除权或者部分发行公司业已除息、除权时应考虑卖出。

(5)市场充满乐观气氛,利多消息频传,股价大涨,连续上涨几十个涨停板,连冷门股都出现涨停板时应考虑卖出。

2. 股市下跌阶段具备以下情形,股票投资者可以卖出

(1)股价在长期下跌趋势中所产生的中期反弹变动已回涨至前一跌势跌幅的1/3左右,且连续出现几个涨停板,市场交易极为旺盛,成交量逐步增大时应考虑卖出。

(2)当长期下跌中股价稍微反弹一下又开始下滑,且跌破支撑线时,对注重短期利润的投资者来说就该立刻卖出。

(3)在下跌趋势中,股价持续上升,没有明显的力竭或反弹信号时亦应出货观望。

(4)当股价在下跌初期,成交量大增,而价格却急速下滑时,就表示大跌时间的开始,中、短期投资者应该断然出货观望。

买在收市前

对于每一个涉足股市的投资者而言,短期获益是他们所期待的,而且不少投资者在炒股过程中也学到了不少的知识和技能,同时也积累了一些经验。

但在实际的操作过程中,常会受到大盘波动的影响,大多数投资者会以急躁的心态进行操作。即使在大盘进入上升通道中进行积极的操作,也应该选择一个良好的卖点。为了实现短线暴富的目的,必须以一种能够回避当天震荡风险的方法进行操作。

这种操作方法具体表现在选择良好的时机进行短线操作,可在下午收市以前介入正在短线回调的强势股。实际上不管是大盘走牛还是走熊,上午买进的股票风险要远大于下午收盘前买进的股票,这种风险主要与目前实行"T+1"的交易制度有关。而这种制度最大的风险会使投资者上午买入股票到下午就套住5%或10%,如此大的风险常会使投资者设想的利润指标成为泡影。

所以,要想在短期内获益,要想在几年内成为富人,就必须坚持在收市前几分钟买股票。在股市上涨时,可对一些成交量暴增的股票密切关注,在大盘下跌时,对一些逆势上涨的股票可重点加以关注,在下午大盘收市前介入一些强势股,在第二天上午当其上行时,可择机出货,每次应有5%左右的利润可获。

抓住股价回档机会

在股价连续上涨一段时间之后,股民最关心的就是何时回档,回档幅度有多大,他们希望在回档以前卖掉持有的股票。至于未搭上车者,则希望在回档之后好买进。

一般来讲,股价上涨多了,肯定会有回档。这里必有它的原因:

第一,是股价上涨一段时间后必须稍作停顿以便股票换手整理,就如同人跑步,跑了一段之后必须休息一下。

第二,股价连续上涨数日,低价买进的股民必然获利可观,这是"先得为快"的心理驱动,必然也有一些赚钱的人获利了结,因而形成上档卖压,造成行情上涨的阻力。

第三,有些上一档套牢的股民,在股价连续上涨数日之后可能已经够本,或者亏损大大减轻,于是趁机卖出解套,使得卖盘压力沉重。

第四,股票的投资价值随着股价的上升而递减,股民的买进兴趣也随着股价的上升而趋降,因而追涨的力量减弱,使行情上升乏力。

那么股价回档究竟有多深?道·琼斯理论认为,强势市场回1/3,弱势市场回2/3。因此,短线交易者应抓住股价回档的时机,即在股价回档时买进。

除权前后多关注

股份公司经营一段时间后(一般为1年),如果营运正常,产生了利润,就要向股东分配股息和红利。

在分红派息前夕,持有股票的股东一定要密切关注与分红派息有关的四个日期:

(1)股息宣布日,即公司董事会将分红派息的消息公布于众的时间。

(2)派息日,即股息正式发放给股东的日期。

(3)股权登记日,即统计和确认参加本期股息红利分配的股东的日期。

(4)除息日,即不再享有本期股息的日期。

在这四个日期中,最重要的是股权登记日和除息日。由于每日有无数的投资者在股票市场上买进或卖出,公司的股票不断易手,这就意味着公司的股东也在不断变化之中。因此,公司董事会在决定分红派息时,必须明确公布股权登记日,派发股息就以登记日这一天的公司名册为准。凡在这一天的股东名册上记录在案的投资者,公司承认其为股东,有权享受本期派发的股息与红利。如果股票持有者在股权登记日之前没有登记过户,那么其股票出售者的姓名仍保留在股东名册上,这样公司仍承认其为股东,本期股息仍会按照规定分派给股票的出售者而不是现在的持有者。由此可见,购买了股票并不一定就能得到股息红利,只有在股权登记日以前到登记公司办理了登记过户手续,才能获取正常的股息红利收入。

至于除息日的把握,对于投资者也至关重要。由于投资者在除息日当天或以后购买的股票,已无权参加本期的股息红利分配,因此,除息日当天的价格会与除息日前的股价有所变化。一般来讲,除息日当天的股市报价就是除息参考价,也即是除息日前一天的收盘价减去每股股息后的价格。例如:某种股票计划每股派发2元的股息,如除息日前的价格为每股11元,则除息日这天的参考报价应是9元(11-2)。掌握除息日前后股价的这种变化规律,有利于投资者在购股时填报适合的委托价,以有效降低购股成本,减少不必要的损失。

对于有中、长线投资打算的投资者来说,还可趁除息前夕的股价偏低时,买入股票过户,以享受股息收入。出现有时在除息前夕股价偏弱的原因,主要是这时短线投资者较多。因为短线投资者一般倾向于不过户、不收息,故在除息前夕多半设法将股票脱手,甚至价位低一些也在所不惜。因此,有中、长线投资计划的人,如果趁短线投资者回吐的时候入市,既可买到一些相对廉价的股票,又可获取股息收入。至于在除息前夕的哪一具体时间点买入,则是一个十分复杂的技巧问题。一般来讲,在截止过户前,当大市尚未明朗时,短线投资者较多,因而在行将截止过户时,那些不想过户的短线客,就得将所有的股票沽出。越接近过户期,沽出的短线客就越多,故原则上在截止过户前的1~2天,可买到相对适宜价位的股票。但切不可将这种情形绝对化,因为如果大家都看好某种股票,或者是某种股票的派息十分诱人,也可能会出现"抢息"现象,即越接近过户期,购买该种股票的投资者越多。因而,股价的涨升幅度也就越大,投资者必须根据具体情况进行具体分析,以恰当地在分红派息期掌握好买卖火候。

避开黑色星期一

"星期一现象",即星期一的收益率明显比一周中其他日子为低,股市下跌的概率比较大。这是一个全球股市的统计结论,揭示了股票价格波动的一个规律性现象。

"星期一现象"说明股票选时是极为重要的。如果说你花很多时间好不容易买到一个绩优股(你认为是)并持有,一旦股市出现"黑色星期一",你以前所做的努力、所花的成本将付诸东流。由此可见,选股不如选时。

那么,为什么会有"星期一现象"呢?这方面的权威研究资料还不多。一个流行的解释是,周六、周日这两天,投资者会接收到大量的信息,投资者对这些信息的理解和消化容易产生困惑和焦虑,从而导致星期一的卖出行为。也就是说,心理因素起着主导作用。

那么,投资者应该怎样对待"星期一现象"呢?归纳为以下几点。

1. 要善于利用"星期一现象"

这个现象既然存在,就为投资者提供了获利的机会,要善加利用,不能漠视。星期一通常是买入的好时机。有两种买入:一种是战略性投资买入,另一种是战术性投机买入。

2. 买入时要适可而止

利用这一现象进行操作,能赚钱就好,不要指望一次赚很多。一般来说,星期一逢低买进,到星期三、星期四,最迟到星期五上午,逢高就卖了,不能贪婪。

3. 不能教条主义,要伺机而动

逢星期一股市有可能下跌,但不是一定下跌。"星期一现象"有一定的规律性,但也有不确定性。不能教条地、僵化地进行操作,要具体情况具体分析,灵活应对,既不放过机会,也不能盲目行事。

岁末年初机会多

从股市历史走势的规律进行分析,岁末年初也有意想不到的宝藏,年底买入的股票,大多在来年一二月时都能高价卖出。岁末年初之时会有这样好的时机是因为年底是过节时期,因此各家各户都不会将大量资金储入银行或购买股票。人们都担心年终市场会出现意想不到的事情,所以市场对未来往往信心不足,使得股票下跌,此时买股票是最划算的。

那么,在岁末年初这段时间里,投资者应该怎样把握市场机会,选择适当的投资选股策略呢?

从个股机会分析,每年的岁末年初时期都会诞生一批跨年度黑马,这种情况即使在前几年的弱市行情中也相当普遍。因此,在操作中,投资者重要的不是鉴别大盘的强弱,而是要选择能够走强的个股。根据往年的市场规律分析,岁末年初这段时间中,极有可能出现跨年度黑马的股票大致有三类,其中值得重点关注的是重组类的ST股和年报业绩预增股。

每逢年底,股市中最为热闹的当属围绕减亏、扭亏、摘帽、保牌而展开的重组概念股的炒作,因为一些ST上市公司连续出现亏损,面临退市。各方因为这一紧迫因素而降低了要价,从而使得年底之前上市公司重组速度明显加快,并因此给投资者带来一定的短线投资机会。与此同时,一些业绩预增股也会因为良好的基本面而受到欢迎,股价也出现强势上涨,年报预增行情也将由此展开。这两类个股在岁末年初阶段适宜重点关注。

除此之外,还要从盘面走势特征分析,关注异动股。

研判市场尤其是分析个股的机会,从技术到基本面乃至软件、模型等工具,时下有多种方式,但投资者在实际操作过程中往往有"只缘身在此山中"的感觉。其实,就实战而言,我们可以把握住一些重点个股波动中的异常轨迹,去伪存真,持续跟踪,选择好操作点,往往会有不错的收获。

在2007年年末和2008年的行情发展中,把握个股的中线趋势很重要,找到真正的操作点去发挥自身的优势进行适度超前的参与,更是投资者所需要的。其要点在于:成交量在阶段均量附近;个股必须基本面不错且有投资基金、创新券商理财账户介入;股价处于相对适中位置;市场整体处于强势上涨阶段中。

在这些要点中,第二点尤其重要。就目前的市场来说,由于处于岁末年初,恰恰是市场相对有活力的阶段,在价值的引导下,"对号入座"的个股会逐渐多起来。分析这类个股异动的原因,将有助于投资者更好地把握住投资机会。

近期大盘一度出现高位震荡,很多投资者颇为担心。基于岁末年初市场中存在的这些规律,投资者有必要树立"轻大盘、重个股"的投资理念,因为在年末行情的市场条件下,参与跨年度牛股比参与跨年度牛市更加重要。

短线套牢有应对

在股市上,被"套牢"已经不是什么新鲜的事,而是随时随处可见。所谓"套牢",指的是买进股票的成本已高出目前可以出售的价格。在瞬息万变的股票市场中,"套牢"在所难免,它也是一项必要的经验和教训。"套牢"的程度有轻重,"解套"的方法也有所不同。

1. 果断解套

如果你手中持有的股票本质不佳,发行公司的财务状况和盈利能力都不尽如人意,并且整体投资环境亦有趋向恶化的迹象,那么你就应该咬紧牙关,及早脱手,以求把损失降到最低。如果本身对得失看得很重,那么,"套牢"势必影响自己的情绪,整日寝食不安,真不如"壮士断腕",钱毕竟是身外之物。

2. 静观其变

如果你手中持有的股票本质不坏,公司的经营状况还能稳步上升,并且整体投资环境尚良好,股市走向仍未脱离"多头市场",那么,你大可不必只看眼前利益,应该稳坐"钓鱼台",静观其变,起码"不卖,不赔",总有一天会有股价回升的"解套"之时。

3. 分批"解套"

如果你手上持股"套牢"却又无法确定这种股的进一步走向,那么,你不妨"分批解套",即将"套牢"个股分批卖出;同时,另行补进其他强势股,尽量争取得失平衡。

总而言之,股市行情错综复杂,时机并非一律雷同,而是因人而异。投资是否成功,关键在于根据股市实情随机应变,灵活掌握,不能拘泥于现成的法则和传统的经验。

第 11 章

拉升行情不踏空

判断底部启动行情

即将底部启动行情的识别方法如下：

(1)股价离历史最低价不远(指近1年)，高位曾经放量，但后来一路盘跌，近两三个月忽然不再下跌，成交量比下跌时悄然放大，有时候甚至放大到下跌时的5~10倍，股价在此期间涨幅甚小，不到20%，5日和10日均线走得很平，30日均线也快到了，突然某天大涨一下，过后好几天都没动静，又几乎跌回原处，甚至于无量跌破平台，此时并无该股的重大利空，倒是那天大涨之后有某种利好传闻。走出低位平台放量，然后无量向下急跌的形态(跌的过程中大家都在赔钱，只是庄家赔小挣大，而且跌的量小于平台放量的10倍以上)，就表明该股离启动不远，不超过10天，此时果断介入，坐等抬轿，不亦乐乎！如果心里还不踏实，可继续观望至该股V形反转至平台处，不用放大量即轻松越过，到时再跟进也不迟，只不过是少赚15%~20%。

(2)股价处在高位或新高附近，然后长期横盘(横盘时大盘很可能阴跌不止)，此类股票

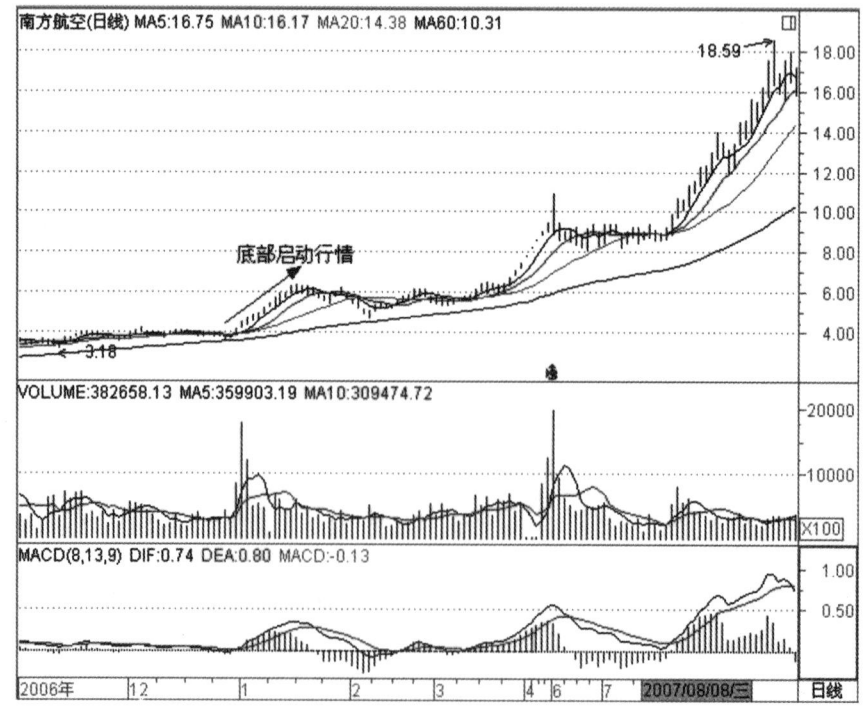

在创出此高价时成交量逐级放大,到了高位后却没有放过量,而且成交量日益递减,到横盘末期,日换手率竟在千分之一二,在盘中经常可见几百股就把股价上下打来打去几毛钱,此时千万不要以为庄家体力太差或庄家不存在了。实际上当时见庄家进场跟进的人大都忍受不了长期的折磨,要么平推,要么割肉走了,而后来的人见股价太高,都不敢介入。从图形上来说,短中期的均线都已走平,长期均线即将与短期均线碰撞,K线收出一串小十字星或下影线较长的"T"形,有时也出现大幅低开后又迅速拉回平台的情况,这就意味着这只股票即将启动,必然创出又一高点。

需要注意的是,这种股票有时有风险,就是临近年底或临近出报表时,庄家拉出一波天天放量的行情,其实是边打边退,K线图看着很漂亮,后来突然不放量了,一路阴跌,大家还以为是调整,死捂不放,或者还有个别股评家使劲推荐,公司的基本面也挺好,这都是配合庄家出货,所以这种股票一定要在成交量萎缩到极点时介入,一旦连着四五天放量推高,就不必去刀口舔血了。

如上页图,南方航空(600029)在经历长期下跌后到2006年有企稳横盘走势,期间成交量间歇性放大,5日、10日、20日和60日均线都走平,在2006年5月走出一波短暂上升行情后又无量向下跌回底部,极大地消耗了散户们的信心。其后又经历了3个月的横盘走势后,开始走出底部启动行情。

判断初升行情

短线交易者判断初升行情的重要预测公式和方法是:

第一,首先预测全天可能的成交量。公式是:(240分钟÷前市9:30到看盘时为止的分钟数)×已有成交量(成交股数)。使用这个公式时又要注意:往往时间越是靠前,离9:30越近,则越是偏大于当天实际成交量。一般采用前15分钟、30分钟、45分钟等三个时段的成交量,来预测全天的成交量。过早则失真,因为一般开盘不久成交偏大偏密集;过晚则失去了预测的意义。

第二,如果股价在形态上处于中低位,短线技术指标也处于中低位,则注意下列几种现象:如果当天量能预测结果明显大于昨天的量能,增量达到1倍以上,则出现增量资金的可能性较大;当天量能预测结果一般说来越大越好;可以在当天盘中逢回落尤其是逢大盘急跌的时候介入;如果股价离开阻力位较远,则可能当天涨幅较大;如果该股不管大盘当天的盘中涨跌,都在该股股价的小幅波动中横盘,一旦拉起,则拉起的瞬间,注意果断介入。尤其是:如果盘中出现连续大买单的话,股价拉升的时机也就到了。通过研判量能、股价同股指波动之间的关系、连续性大买单等三种情况,盘中是可以预知股票将要拉升的。综合上述,也即股价处于中低位、量能明显放大、连续出现大买单的股票有盘中拉升的机会。尤其是股价离重阻力位远的,可能出现较大的短线机会。

第三,如果股价处于阶段性的中高位,短线技术指标也处于中高位,尤其是股价离开前期高点等重要阻力位不远的话,则注意:量能明显放大,如果股价不涨反而走低的话,则是盘中需要高度警惕的信号,不排除有人大笔出货,这可以结合盘中有无大卖单研判;高位放出大量乃至天量的话,则即使还有涨升,也是余波。吃鱼如果没有吃到鱼头和鱼身,则鱼尾可以放弃不吃,鱼尾虽然可以吃,但毕竟肉少刺多。

判断主升行情

一轮行情中涨幅最大、上升持续时间最长的行情为主升浪行情,比较类似于波浪理论中的第3浪。主升浪行情往往是在大盘强势调整后迅速展开,它是一轮行情中投资者的主要获利阶段,参与主升浪行情必须要了解它的特征。

从技术指标角度分析,主升浪行情具有以下确认标准:

(1)主升浪行情启动时,多空指数BBI指标呈现金叉特征。BBI将由下向上突破EBBI指标。判断上穿有效性的标准要看BBI是从远低于EBBI的位置有力上穿的,还是BBI逐渐走高后与EBBI黏合过程中偶然高于EBBI的,如是后者,上穿无效。

(2)主升浪行情中的移动平均线呈现出多头排列。需要注意的是,移动平均线的参数需要重新设置,分别设置为3日、7日、13日、21日和54日,这些移动平均线与普通软件上常见的平均线相比,有更好的反应灵敏性和趋势确认性,而且由于使用的人少,不容易被庄家用于骗钱。

(3)在主升浪行情中,MACD指标具有明显的强势特征,DIF线始终处于MACD线之上,两条线常常以类似平行状态上升,即使大盘出现强势调整,DIF线也不会有效击穿MACD线。同时,MACD指标的红色柱状线也处于不断递增情形中。这时,可以确认主升浪行情正在迅速启动。

(4)随机指标KDJ反复在高位钝化。在平衡市或下跌趋势中,随机指标只要进入超卖区,就需要准备卖出;一旦出现高位钝化,就应坚决清仓出货。但是在主升浪行情中,随机指标的应用原则恰恰相反,当随机指标反复高位钝化时,投资者可以坚定持股,最大限度地获取主升浪的利润。而当随机指标进入超买区时,投资者就要警惕主升浪行情即将结束了。

判断上涨行情的真假

股价变动是通过涨跌来体现的。我们这里所说的涨跌,不是指每日涨一点或跌一点的小波动,而是指股价持续阶段波动或者日涨跌幅度很大的波动。在底部区域,一只股票成交量不能太少,特别是振幅不能太小,成交量少、振幅小的股票没有弹性,后市潜力可能不大。一只股票经常在涨幅排行榜前列出现,也经常在跌幅排行榜前列出现,敢涨也敢跌的股票才是好股票(以庄家没有赚过钱为前提),这样的股票以后可能成为大"黑马",值得重点关注。对待上涨,最关键的是要区分清楚股价是不是真的上涨。据经验得出以下结论:

(1)从来没有上涨过的,而且股票价格定位又不高的,真涨的可能性就大。

(2)股价离庄家成本不远的,上涨的概率很大。

(3)股价位置低,经过了充分盘整的,上涨的概率更大。

(4)没有消息,没有明显上涨理由的(主要指利好刺激),真涨的可能性很大,如果短期配合出利好消息的,则只是小涨一段。

(5)出现突发性利好而上涨的,上涨可能持续不了多久,已经涨幅巨大的,下跌不久就要来临。

(6)缺少成交量配合的上涨,真实程度不够(除非经过放巨量震荡整理后缩量上行,且控盘的庄股,此类股票以后不会太多)。

(7)没有气势的涨是虚涨(除非持续不断小阳上涨,且温和放量),上涨可能是假的。

(8)上涨过快的股票,除非经过长期的震荡整理,且量价配合理想,并刚刚进入庄家的拉升阶段,否则当心"震荡"或反转。快得很有"气势",可能是短跑黑马。

(9)慢涨盘面上经常有点"花招"又长期不涨、让人腻味的,股民不愿参与、没有持股信心的,股价位置不高,又经历了充分震荡、换手的,可能是大黑马。

(10)经过充分炒作累计上涨幅度巨大的股票,一旦开始下跌,其后可能有数次间歇性的上涨,尽管有时幅度还不小,但这仅仅是反弹而已,快跑为妙,千万不要抱有任何幻想。

对待涨跌都应该有一个清醒的认识,上涨不一定都是好事,顶部阶段的放量暴涨,下跌途中的单日放量突涨,以及平衡市和熊市中遇反弹时的大涨,可能都不是什么"福音"。因此对股价的涨跌,应辩证地看待。上涨蕴涵着的是风险,下跌孕育着的是机会。涨虽然是机会,但如果涨的不真实或涨的基础不牢靠,上涨的幅度过大、过急,则上涨就蕴涵着风险,并且伴随着上涨,下跌是迟早的事情,而下跌的机会则更大。首先,只涨不跌就积累了巨大的风险,涨幅越大则风险越大,而下跌可以化解风险。其次,经过下跌以后,上涨基础反倒是坚实的,并且下跌为上涨积累了能量。最后,股市是逐利的场所,下跌幅度越大,机会就明显越大(以不是熊市为前提),庄家就会入场,赚钱的机会就到了。

判断突破是否有效

从理论上讲,在上涨行情中,每一个未成交的委卖单都是阻力,在下跌行情中,每一个未成交的委买单都是支撑,只是阻力和支撑的力度大小不同而已。行情一旦突破成功,一般要惯性延续一段时间,股价的上升或下降都是需要推动力的,在行情发展过程中多少会遭遇到阻力,只是阻力有时大一些,有时小一些。散户是一个不团结的群体,其心态因人而异,每个人买卖股票都有自己的理由,在一般价位上的成交是随机和没有规律的,但一个善于分析总结的人会发现在某一些点位上,散户们会不约而同地在某一个价位排队等候买卖,仿佛在盘面上形成了一道人墙,较大程度地阻止行情的上涨或者较大程度地阻止行情的下跌,这些容易形成散户"不约而同"行为的价位,就是人们津津乐道和试图努力寻找的阻力位和支撑位,当然也是操盘手画图的依据,视"不约而同"的程度,阻力位和支撑位的作用也不同。以下是较有可能形成阻力位和支撑位的价格:

(1)在历史高位、历史低位附近。

(2)通道、箱体的上轨线和下轨线附近。

(3)黄金分割点。如0.382、0.618、0.5等。

(4)技术指标发出的买卖信号点。如金叉、死叉、顶背离、底背离等。

(5)近期(3个月内)形成的成交密集区,是较重要的阻力点、支撑位。

(6)重要的时间之窗(如8、13、21、34等)或者长假期(国庆、春节)前后。

(7)重要的整数关口(包括指数和股价的整数)。

除了上述几种情况外,突发性的新闻也会促使人们"不约而同"在某一个价位筑起一道

"人墙"。但是这种"不约而同"的程度有多大呢,换句话说,应当如何分析阻力位和支撑位的力度,从而判断这些点位是否被"突破"和"击穿"呢?限于篇幅,我们以第一种情况上涨过程中对历史高位处的真假突破为例进行分析。

可以设想某只股票的走势接近历史高位时,行情继续上攻,所遭遇到的"阻力"主要来自:一是底部买入的股票获利回吐的压力;二是前期高位被套盘的解套抛压。如果以前的历史高位形成时的成交量(换手率)小,则说明被套住的筹码不多,今次行情上攻的阻力主要来自底部获利筹码的抛压。根据庄股运行的规律,当股价运行到一定的高度时,散户手中的大部分筹码应当是被震仓出局了的,少数"死多头"散户手中的筹码并不会对行情造成太大的阻碍,因此这种情况下,前期历史高位就较容易被突破。如果以前的历史高位形成期间成交量十分巨大,在后继行情展开的过程中,高位套牢的大量筹码并未割肉(可用移动成本分析法观察散户的割肉情况),那么今次行情上攻的主要阻力则主要来自于解套盘的抛压,从人们的心理层面分析,大部分散户的解套意愿一定大于获利了结的意愿。在解套价位下,大部分的散户会"不约而同"地形成集体解套抛压,在这种情况下,行情的上攻就会遇到较大的阻力,这个历史高点较难被突破,投资者最好避开这堵"危墙",出局观望。

无论阻力大小,一旦真的被突破都会有大小不一的行情,但在许多情况下行情突破后散户一旦杀入,就会发觉股价不久又回到了原先的"阻力区"内再次徘徊不前,甚至掉头。庄家利用假突破诱多或诱空是常见的手法,就像足球场上的假动作,晃掉对方以后,才能长驱深入对方的禁区。

判断上涨气势强弱

气势指股价涨升的气概、势头,股票真正的上涨,一定是有气势的涨升,这是从盘面上区分股价上涨的真假、虚实以及判断庄家意图的参考依据。在目前情况下,炒股赚钱的机会只能存在于上涨之中,但是上涨有多涨少涨、真涨假涨以及上涨以后是继续上涨还是很快反转下跌的区别。股价上涨和拉升,没有气势不行,庄家做多的意愿需要通过上涨气势体现出来。因此,研判股价上涨的气势,有助于我们分清真涨和假涨、大涨和小涨以及躲避风险及时把握获利机会。其主要特征:

(1)股价上涨能持续扬升的,才具有投资价值,绝不是偶尔的异动。伴随股价上涨,成交量持续放大或者温和放大,不是偶然一两天的突放巨量。

(2)关键位置上涨有力度,突破时有力量,干脆利索而不拖泥带水。

(3)股价紧贴5日均线上行,走势坚挺,总体走势的角度大于45度。波段形状清楚,波段内5日均线是直线,不是弯弯的曲线。

(4)"阻力"和"压力"阻挡不了股价的持续上涨,庄家做多意愿坚决。

如果股价上涨没有气势只是虚张声势,意味着该股可能没有庄家,或者庄家的实力不够,或者个股的基本面不支持该股做多,庄家没有底气或胆量。没有气势的股票盘面死气沉沉,其特征为:上涨不够持续,股价偶尔突然大涨,成交量突然放大;股价走势疲软,总体走势平缓,角度低于30度;关键位置上涨无力,阻力、压力重重,庄家无做多意愿;每一个上涨波段以内,阴阳K线交错,波段形状不清晰,5日均线走平或是弯弯的曲线;个股走势明显弱于大盘。

如下图,斯米克(002162)股价从上市的当日创出了最高19.95元后开始一路下跌,最低跌到3.13元,而睿智远见的庄家早已埋伏其中。凭借迪斯尼独特题材,股价开始向上突破,连续出现5个涨停板,成交量也同步放大,一举突破前期高点和成交密集区,这与当时低迷的大势形成强烈的对比。从上涨气势看,甚为凶猛,股价不涨则已,一涨则气势磅礴,势如破竹。

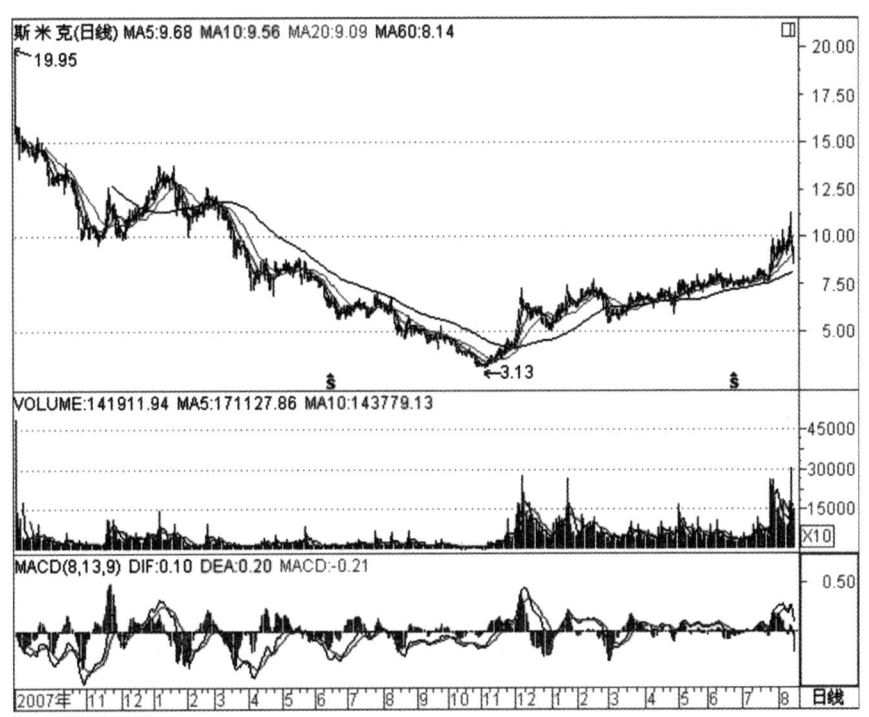

判断股价持续长短

庄家入驻某只股票后,涨升是必然的,也是最令人激动的时刻。此类股票几乎是每一个股民孜孜不倦的追求目标。前面说过,股价涨升要有气势,也就是说有气势的股票才能上涨,无气势的股票就不能指望它上涨。那么,股票的气势靠什么体现出来呢?靠持续,这是股价上涨的重要因素之一。庄家的做多意愿体现在持续的上涨之中,股票真正的上涨,一定要有持续的涨升,这也是从盘面上区分股价上涨的真假、虚实以及判断庄家意图的参考依据。在实盘中,有的股票能够持续升势,投资者有获利机会;有的股票持续性不强,如"见光死"股票,投资者跟进后即遭套牢。因此,研究股价上涨的持续性,可以提高投资者的看盘技能,把握获利机会。其主要特征如下:

(1)股价上涨必须是连贯性的,而不是一两天的短期上涨。

(2)股价上涨速度很快,在K线图上以长阳短阴、大涨小回、二阳一阴等方式,股价紧贴5日或10日均线快速上扬,角度大于45度。

(3)上涨要有一定的幅度,一般一个波段大于30%以上。在波段内,一般没有跳空缺口,股价呈小波段逐波上行,涨跌有序,买卖点明确。

(4)股价上涨是因为有人在刻意"拉动",是庄家的故意行为,具有明确的拉升目的和意图,如果仅仅是因为大家看好哄抢而上涨,则股价很快会归于沉寂。

(5)上涨中没有派发动作,这样的上涨是推升股价的一种方法,目的是为拉升服务,庄家通过盘中制造人气,吸引场外投资者介入,然后轻松推升股价。

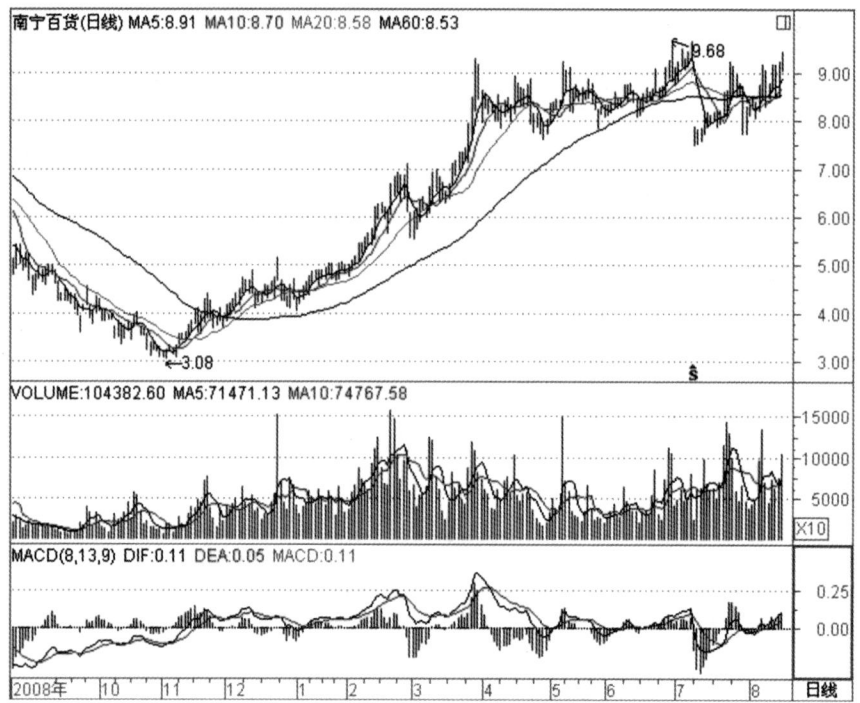

如上图,南宁百货(600712)庄家采用"下行式吸货路径"通吃筹码,在2008年11月将股价最低打压到3.08元(均为除权价),而后企稳回升,股价持续走强,成交量温和放出。股价大涨小回,K线长阳短阴,以小阴线或十字星代替洗盘调整,股价紧贴均线稳步拔高,在上涨行情中不留缺口,也不出现涨停板,股价保持在一个超过45度的上升通道之中。从盘面看,股价上涨有气势、有力度,在突破前期高点及成交密集区时,动作麻利,庄家做多意愿坚决,不受外界因素干扰。使该股迎来一轮大牛市行情,股价从3.08元左右开始,突破重重阻力,8个月时间上涨到了9.68元,累计涨幅超过300%,跟随者获利甚为丰富。

判断走势是否极端

股价顺着上涨或下跌的发展方向达到了极限端点,市场产生非理性操作阶段,演化为极端行情。极端行情在股市中经常出现,这就是人们常说的强者恒强、弱者恒弱、惯性上涨、惯性下跌等。股价上涨令人兴奋,特别是连续的上涨更是激起人们疯狂的追捧,市场交投极其活跃,此时投资者往往失去了理性;股价下跌叫人忧伤,特别是连续的下跌更是引发人们疯狂杀跌,市场交投极其低迷,此时投资者往往也失去了理性。在拉升阶段中的极端行情,有以下主要特征:

（1）股价上涨必须是连贯性的，而不是一两天的短期上涨，且涨得让人难以相信。越是让人害怕，股价越是上升。

（2）大多数技术指标失效，技术派高手无所适从。KDJ、RSl、DMl、W%R等技术指标严重钝化，MACD、WVAD、SRI等技术指标背离态势，BOLL、MIK等技术指标失去压力。只有VOL、OBV、SRAR等量价技术较为理想。

（3）成交量持续放大，而不是一两天的急剧放大，且量价配合理想。

（4）人气极其旺盛，交易所里人头攒动，新开户人数骤增；若是个股行情，则短期内股价大幅扬升，股票名称人人皆知，成为一时的明星股。

（5）极端行情的出现，往往是最后的疯狂，终点前的冲刺，股价很快见顶回落，股民应做好见好就收的准备。

拉升阶段坐轿策略

无论是什么样的庄家，在进场收集一定的筹码并经不同程度的洗盘(非必需的，可在拉升中完成)后，最终必然会将股价通过一定的手段拉升起来，以达到将来于高位派发获利的最终目的。具体到不同的庄家、不同的个股，其拉升手法也会有差异，拉升的幅度也难以准确把握。但是，由于这是庄家必须完成的一个关键阶段，综观中外，概莫能外。这也是一批短线交易者看准庄家，紧跟步伐，享受最高级别快乐的时光。

（1）估算庄家的拉升高度。在解释这个问题之前，必须区别不同类别庄家的获利要求：

①短线庄家的拉升由于收集的筹码比较小，一般都不会将股价拉得太高，通常在10%~20%，超过30%以上就要有个股的重大利好消息或大市的极力配合。

②中线庄家的拉升由于控盘高、时间长、投入多、成本高，拉升幅度显然要求大一些，一般在80%~100%，强庄股或潜力股超过200%、300%以上者不乏其例。

③长线庄家比中线庄家要求的利润更高，拉升幅度更大，但往往分为几个大波段操作，每一个波段的利润区都较大，一般涨幅都在100%以上。

庄家入驻一只股票之后，没有获利一般是不会撤退的。作为庄家一进一出之间没有30%的净利润，一般是不会干的。我们在第三章通过计算庄家的持仓成本，加上30%的净利润，再加上融资成本、交易成本、拉升成本、洗盘成本等因素，最后没有50%的利润空间，庄家是出不了局的，有了这个起码目标作为参考，我们就不会过早地跟庄家说"再见"了。

（2）在拉升初期时介入。此时介入几乎无需等待，马上就会有账面利润，这时跟进需要胆识，因为股价已脱离底部区域，并上升了一大截。跟进的价位以不超过庄家成本的30%为宜，较强的庄家，可以调高至50%。注意，这里指的是庄家的成本，而非股价在本轮的最低价位。此时跟进的重点就是，要准确判断究竟是拉升还是洗盘的继续。有时候，有的庄家实力不济，反复在50%的空间内做波段。此时，若误中奸计，没准会买到一个波段顶点。这就强调在拉升初期跟进时不宜过分追高的原因。

（3）在拉升中后期卖出。此时的典型特征是，股价上涨幅度越来越大，上升角度越来越陡，成交量越放越大，交易温度炙热。此时，大幅拉升阶段也就快结束了。因为买盘的后续资金一旦用完，卖压就会倾泻而下。此现象的出现表明涨势将尽，上升乏力，涨势力竭，有趋势反转之嫌。因此,该阶段后期的交易策略是坚决不进货,如果持筹在手,则应伺机出货。

(4)不同拉升手法采取不同操作策略。对于广大散户来说,最乐于持有的股票莫过于直拉式上升了。由于该类股票短期内涨幅巨大,且上升过程中一往无前的态势使得短线客轻易获利,极大地满足了大部分投资者急功近利的心态,深受散户的欢迎。在投机较强的个股上容易发现这类个股的走势,而随着市场的发展,部分主力已逐渐开始摒弃这种短线操作行为,逐渐采用长线投资策略。

对于台阶式拉升,一步一个台阶上升,每上升一个台阶,幅度都不会太大,30日、60日均线对股价的走势形成长期的依托,股价离移动平均线不远,很少形成加速走势,投资者在短期内获利有限,使庄家操作时上行压力不大。而一旦大盘不稳,该类股票回调也有限,在30日、60日均线处往往止跌。通常,这类个股很少居于市场的涨幅前列,基本上不为市场所关注,而成交量也不会呈现较明显的放大状态,经常以缩量的形式缓缓走高,在不知不觉之中完成了推高过程。

事实上,发现庄家不是最难的事情,敢于跟定庄家最终大赢出局才是最难的。特别是每日坚持看盘的朋友经受的考验更是无法用言语形容,买进之后担心庄家继续打压无钱补仓;庄家拉升之后随时又担心庄家洗盘,失去波段利润。跟庄是辛苦的,但是坚持用这种方法操作的朋友最终会获得成功。

区分拉升和试盘

拉升与试盘是两个截然不同的阶段(这里仅对向上试盘而言),但有时两者容易混淆,甚至倒置而为。当庄家试盘的时候误以为是拉升行情来临,从而大量追进,结果套牢于顶点,被庄家折磨得精疲力竭。当庄家真正拉升了,又误以为是庄家在试盘而已,于是微利出局,结果眼睁睁看着到嘴的肥肉被人叼走了,气得直跺脚。这里我们总结几点经验,以供参考:

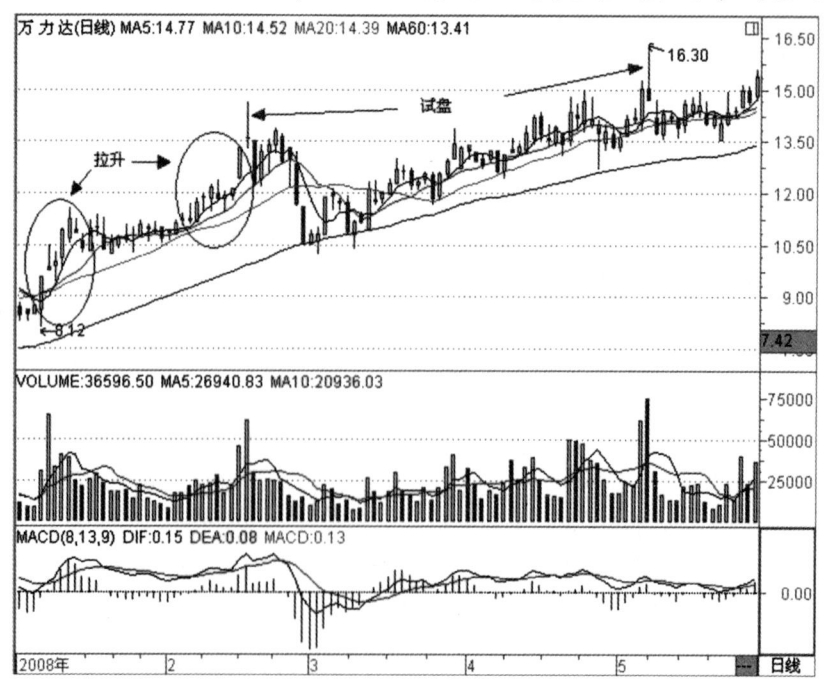

(1)维持时间不同。试盘时持续时间较短,甚至表现于几个小时。拉升时持续时间至少有三个交易日以上。

(2)K线形态不同。试盘时的K线上下影线较长,实体部分较短。拉升时上下影线较短,常出现光头光脚阳线,实体部分较长。

(3)成交量不同。试盘时成交量来势突然,持续时间较短,在盘面上经常出现单根孤孤单单的长红柱。拉升时呈有规律的放大态势,维持时间较长,在盘面上呈一片绯红。

(4)人气意愿不同。试盘时市场人气刚刚从恐慌中恢复过来,心存余悸,多空双方尚未完全形成一致看法。拉升时市场人气已经激活,赚钱心理趋热,交易所大厅里人头攒动,并出现追涨意愿。

(5)盘面形式不同。试盘时盘面震荡十分强烈,庄家刻意行为明显。拉升时尽管手法各异,但有规律地上行,以吸引更多的力量来抬轿。

(6)操作时机不同。试盘时主要技术指标转强信号不明显,甚至有的还处于下降通道或弱势格局之中,买入信号不强烈。拉升时主要技术指标已呈多头特征,做多态势明显,买入信号十分强烈。

如上页图,万方达(002180)在2009年1月的拉升行情中持续时间至少有3个交易日以上,K线的上下影线较短,实体部分较长,成交量呈有规律的放大态势,维持时间较长。而试盘动作表现的持续时间较短,仅1个交易日,试盘时的K线上下影线较长,实体部分较短,成交量来势突然,在盘面上出现单根孤孤单单的长柱。

区分初升和主升

股市扑朔迷离,庄家手法狡猾,散户难分难辨。在实战中,很多人不能辨别拉升与初升的不同,误将拉升当初升操作,结果只在大牛股身上抓了一撮牛毛,而袖手叹悔;或者误将初升当拉升对待,结果套牢在阶段性顶点,而对庄喊冤。那么,拉升与初升有什么区别呢?这里罗列几点仅供参考:

(1)初升时除少数强庄外,盘内不留任何跳空缺口。主升时除少数弱庄或控盘庄外,大多出现向上跳空缺口,且近日内不回补缺口。

(2)初升时多数股的移动平均线刚刚形成金叉或走平或抬头,买入信号初露端倪,但不强烈,BIAS指标值不大,相互间的差值也很少。主升时多数股的移动平均线已经完全构成多头排列,买入信号十分强烈,BIAS指标值不断加大,相互间的差值也随之增大。

(3)初升时股价刚刚脱离成本区不久,此前股价基本没有出现过涨升。主升时股价基本已经成功离开成本区,此前一般有过一段涨势,往往已经完成"空中加油"或震荡洗盘阶段。

(4)初升时市场人气刚刚从恐慌中恢复过来,余悸未尽,有"一朝被蛇咬,十年怕井绳"之惧,多空双方尚未完全形成一致看法。主升时市场人气已经激活,赚钱心理趋热,交易所大厅里人头攒动,并出现追涨意愿。

(5)初升时的成交量较为温和,属中等量。拉升时的成交量急剧放大,交投活跃,换手率高,且持续时间较长。

区分拉升和诱多

在股价上涨初期,诱多(也称多头陷阱)与上涨行情没有什么明显的区别,在实战中容易误判,所以也是庄家常用的操盘手法。多头陷阱与上涨行情的主要区别:

(1)位置不同。多头陷阱出现在股价的中、高位;而上涨行情则出现在股价的中、低位。

(2)阶段不同。多头陷阱出现在涨升行情的末期,股价有过较大的涨幅;而上涨行情则出现在涨升行情的初期,股价升幅不大。

(3)手法不同。真正多头陷阱来势凶猛,上行速度快,走势比较明显;而真正的上涨行情则在不知不觉中出现,股价慢慢脱离底部区域,直到最后才加速上涨。

(4)持续时间不同。多头陷阱持续时间短,很快回落并击穿起涨点;而上涨行情则持续时间较长,在回档时一般得到技术支撑。

把握拉升K线特征

拉升K线的盘口现象:

(1)开盘经常以涨停板开盘,且全天封盘不动,或连续大幅跳空高开,且跳空缺口近日不予回补,交易时股价节节拔高,直冲涨停价位附近,锁定盘中筹码,减少上行压力。

(2)盘中股价出现一波回探后,很快用大单买盘拉起,基本运行在前一日收盘价上方,当日完成震仓洗盘。

(3)收盘,股价往往以最高点或次高点收盘,上涨势头十分强劲。

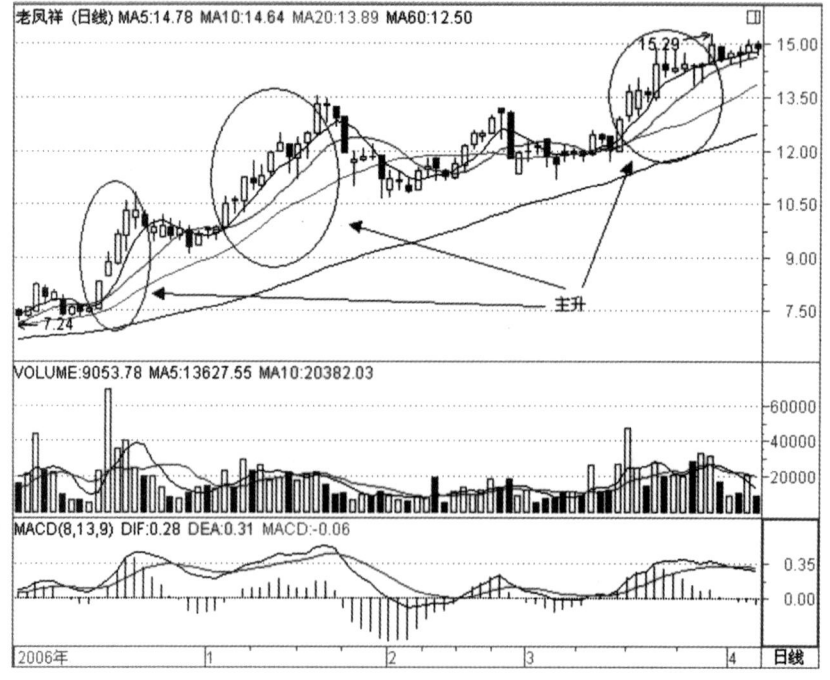

在拉升阶段中,庄家经常在中高价区连拉中、大阳线,阳线多于或长于阴线出现,日K线连续飘红收阳,且经常跳空高开形成上攻跳空缺口,且短期不予回补。股价拉升时,K线组合与均线系统呈现典型的多头排列。

根据K线理论分析,这阶段常见的K线组合形态有:大阳线、红三兵、上升三部曲、飞鸽归巢、锤头、身怀六甲、跳空缺口、"一"形、"T"形等。

如上页图,老凤祥(600612)在2006年12月的主升浪中K线特征表现为涨停封盘、跳空高开,不回补跳空缺口,几个交易日内连拉中、大阳线,日K线连续飘红收阳,股价节节拔高,强势形态一览无余。

把握拉升分时走势图特征

拉升时的盘口现象:

(1)在当日上攻时经常在买档和卖档位置上同时挂出大单子,成交量大幅放大,把买卖价位不断上推。个别股在分时曲线图上经常沿45度角的斜率上推。

(2)从分时走势看,在开盘后不久或收市前几分钟最易出现拉升现象。若在开盘后30分钟内即拉升至涨停,有利于庄家以较少的资金达到拉升的目的,如果离底部区域不远,一旦庄家拉升封涨停,会吸引场外短线资金介入,降低庄家拉升成本。这主要是因为中小散户在刚刚开盘时(和收盘前)并不知道自己所持的股票会上涨以及上涨多少,所以此时挂出的卖单减少。庄家在这两个时刻只需运用很少的资金就可将散户的抛单统统吃掉,从而轻易达到拉升效果。但在尾市时拉升经常有刻意成分,其目的主要是为了显示庄家的实力,吸引散户注意和跟风,或者是为了做K线(骗线)图和构筑(维系)良好的技术形态。

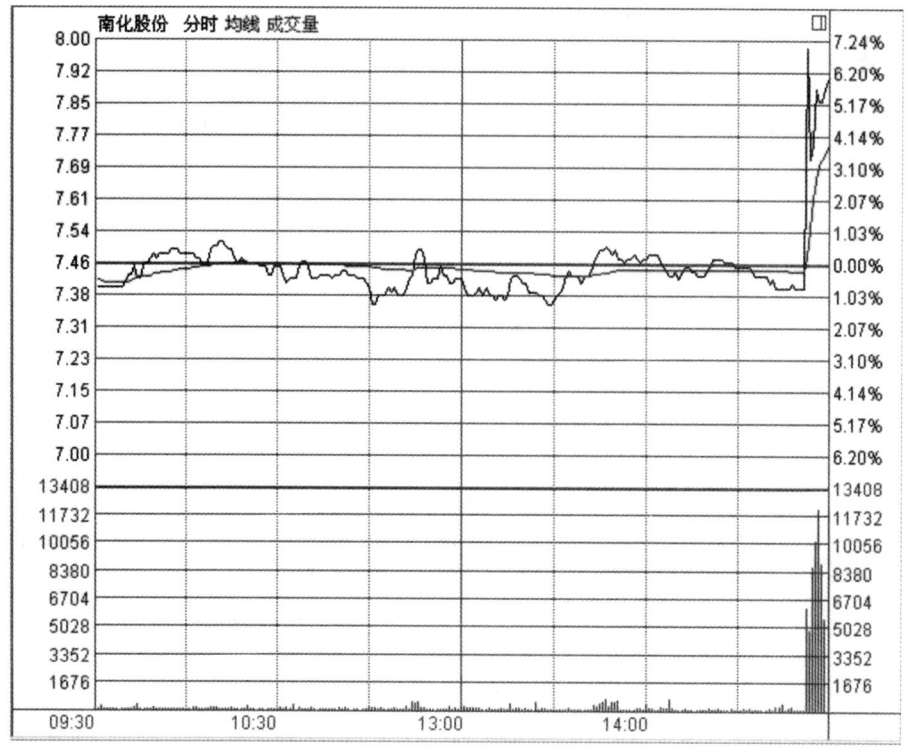

(3)实力强大的庄家在买档位置堆放巨大买单托盘,封死股价下跌空间,逼迫散户去帮助冲锋,要想买进只能在庄家前边排队,而庄家又会将买单再度提前,每一买价相差只有一两分。此时如果在底部股价刚启动上涨,可以追击介入。但有时是为了吸引场外跟风或减少抛压,有多头陷阱嫌疑,手法较陈旧。

(4)庄家在卖档位置上始终挂着巨大卖单,显示抛压似乎很沉重,但是股价却不明显下跌,从成交明细上看,大笔的直接卖出成交(内盘成交)并不多见,显示出并没有多少主动性砸盘的筹码,而且盘中成交又非常活跃。这时候就有问题了,大笔的卖单不可能是散户所挂,而作为庄家挂出的卖单只是出现在盘面上又不肯主动卖出去成交,股价也不下跌,这往往是别有用心的表现,这种情况下如果这只个股在底部的累计涨幅并不大的话,很可能是面临拉升的前兆。在盘中挂出大笔卖单的做法只不过是虚晃一枪,投资者盘面当中发现了这样的个股须仔细观察委托盘的变化情况,如果发现突然有大笔买单向上吃进或者盘面上的大笔压单突然被撤的话,则是短线介入的好时机。

如上页图,南化股份(600301)在2009年8月14日收盘前10分钟,庄家一改当天疲弱走势,放量上攻,将股价垂直拉高约7%,这是因为在这尾盘时刻只需运用很少的资金就可将散户的抛单统统吃掉,从而轻易达到拉升目的,能有效节省庄家成本。但在尾市时拉升一般带有显示成分,目的多为吸引散户注意和跟风。这种盘口现象应当警惕。

把握拉升指标特征

拉升时的指标特征:

(1)均线。在拉升过程中,均线呈典型的多头排列,5日、10日均线上升角度陡峭,收盘价维持在5日均线之上是大牛股的基本走势,即使偶然在某一天收盘跌破5日均线,也会在10

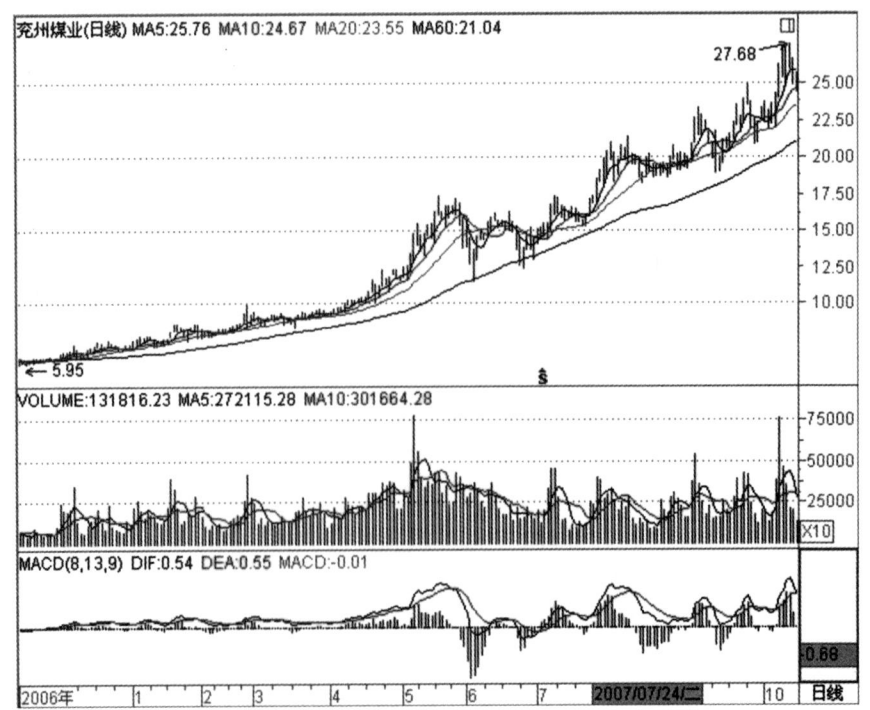

日均线处得到强大支持,并很快重返5日均线之上。5日、10日、30日、60日均线以多头排列的方式托着股价以流线型向上延伸。该阶段行情是最具有爆发力的主升段,获利快速,行情诱人,升幅可观,是投资者孜孜以求的目标。

(2)指标。MACD、DMl、RSI、OBV、BRAR、CR、VR、PSY、KDJ、W%R等主要技术指标处于明显的强势区,有些指标甚至在股价连续的大幅拉升下,在高位形成钝化。BIAS、36BIAS指标值增大,6日BIAS的值达到5%以上,12日BIAS的值达到10%以上,72日BIAS的值达到25%以上。

(3)成交量。持续稳步放大,呈现涨时放量、跌时缩量的特点,价量配合良好。

如上页图,兖州煤业(600188)在2007年的牛市行情中,5日、10日、30日、60日均线以多头排列的方式托着股价平缓向上延伸,股价基本围绕5日均线上行,上涨放量,下跌缩量,价量配合理想,是一段典型的主升浪行情。

把握拉升波浪特征

拉升阶段在波浪理论中,多出现在上升波浪中第3浪或第5浪之中。

第3浪是具有爆发力的上升浪,通常以延伸形式出现。其运行的时间和上升的幅度也是推动浪中最长的,其上升幅度是第1浪的1.618倍或2.618倍。第3浪中,成交量大增,沉寂底部的各种图表纷纷被突破,并以跳空的形式上升,投资大众失去的信心又重新找回。股市基本面各种利好不断、人气沸腾,外围资金在赚钱效应下不断加入股市并推动股价上升。

第5浪为继续上升的升浪。通常力度较弱,升幅小于第3浪,若第1、第3浪已升幅可观,第5浪很可能走出失败的形态,即其顶点不能超越第3浪的顶端。如果第1、第3浪升幅较少,第5浪也可能成为主升浪,其走势与通常理论中的第3浪相同。不管第5浪为主升浪、失败浪或一般升浪,人气都达到鼎盛,乐观情绪覆盖整个市场,只有少数先知先觉者于此离场。

第5浪通常与第1浪等长或上升目标是第1浪至第3浪升幅的0.618倍。若第5浪以倾斜三角形出现,则后市会急转直下,快速下跌至倾斜三角形的起点;若第5浪高点达不到第3浪高点,则形成双头形态。

把握拉升直线形态特征

拉升阶段的技术形态比较简单,常见的形态有直线形。

在拉升阶段,经常出现直线式拉升,这种形态在日K线和分时图上均能见到。在日K线中,庄家进入拉升角色后,连续以大阳线或"一"、"T"形出现,在日K线上呈现直线上升。在分时图中,股价呈直线上升,角度大于60度,有时股价在昨日收盘价附近甚至处于跌盘中,一口气把股价拉到涨停板位置。这两种走势形态,在大牛市中经常见到,在消息平静的情况下,某股第一次出现这种情况时可大胆跟进。

如下图,600562在2009年4月连续涨停行情第一日,股价在分时走势图中几乎以80度角上升,开盘后极短时间内封住涨停,其后的多个交易日内连续一字涨停,所以说,在股价第一次出现这种情况时是大胆跟进的机会。

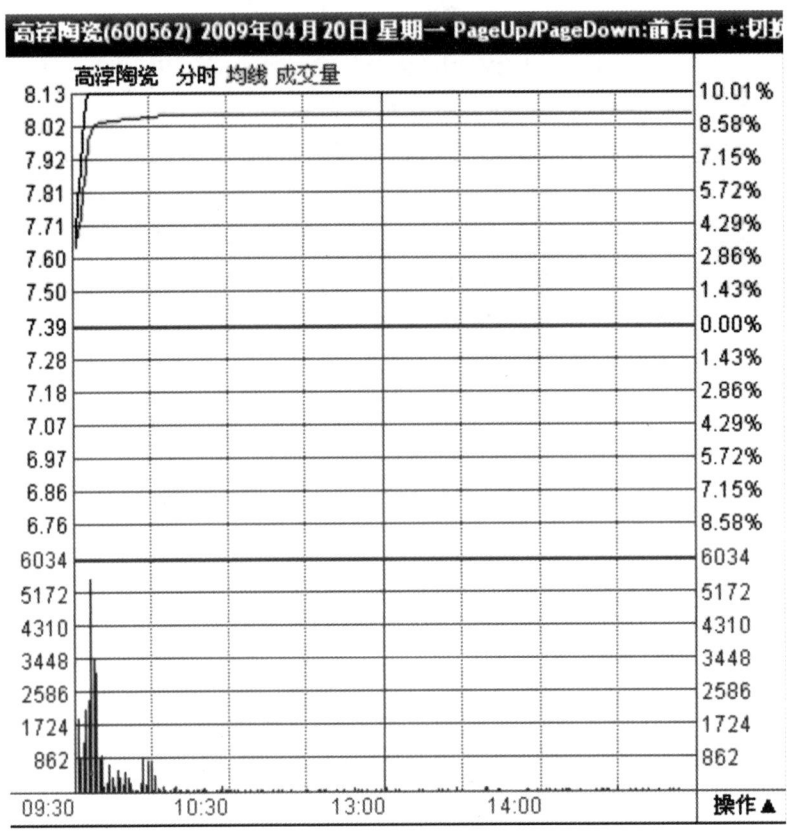

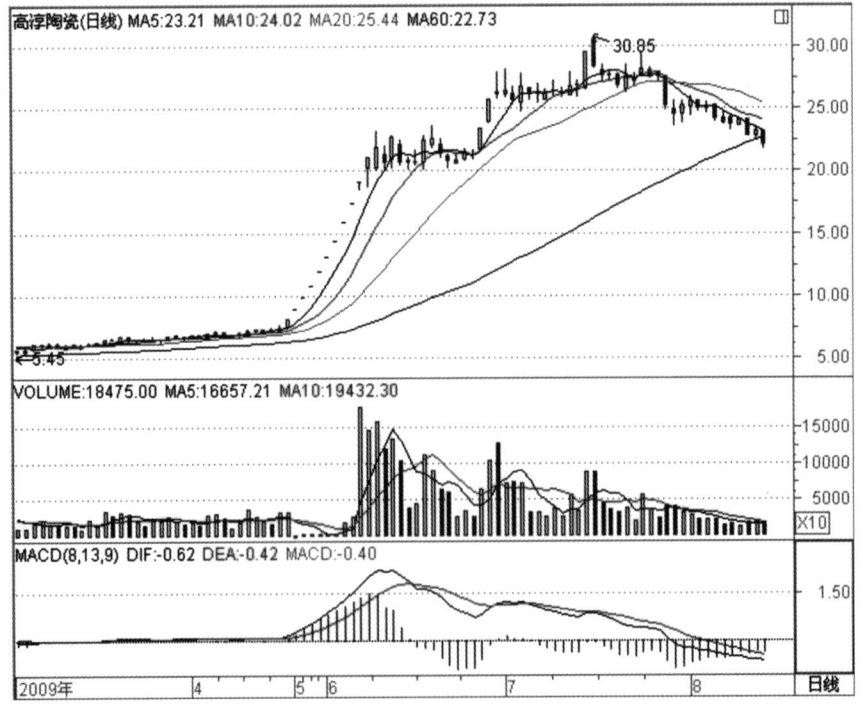

把握拉升价量关系特征

拉升时的价量关系特征有以下几种:

(1)价涨量增。股价上升而成交量比平时增加,为买盘积极的表现。一般而言,反映市场投资者买卖情绪高涨,属典型升市现象。若股价在升势初段或中段时间,出现价涨量增,反映庄家及散户竞相追涨吸纳,构成足够的上升动力,预示后市继续上升机会很大。

在涨势中,如果尾盘出现价增量增,是人气看多的征兆,也叫做尾盘抢盘。若5日BIAS小于+5时,投资者可大胆追涨,次日仍会高走。即便是5日BIAS大于+8时,这种盘面次日也会高开上冲,短线也有机会。

在上升盘局的后期,如果尾盘出现价增量增,大盘在尾盘突然发动攻势,此时若盘整时间不小于上升过程的时期,并且调整的深度未破25日均线时,是调整结束的迹象可进场。若调整时间大于上升时间,并且调整的深度过深时,这种抢尾盘多为庄家诱多表现,次日应清仓,这种走势多伴有顶部出现。

(2)价涨量平。股价上涨,成交量却与前几日差不多,反映庄家筹码锁定性好,上档压力轻,后市看高一线。如果价涨量平的现象是因为涨停板,股民无机会买货所致,翌日应该仍有高位可见,持股者不应急于出货。

如果在尾盘出现价增量平,这种现象对次日发展趋势有两种情况,若均线系统在形成多头排列初期,价增量平属于惜售现象,是买盘远大于卖盘的表现,可积极介入,一旦失去当日买入机会,可在次日介入,但不宜追涨。这主要是前日在尾盘拉升,成交量不能有效放大的条件下,次日多会出现高开上冲后再回调的走势,因此,在这种情况下可在回调中大胆介入。若均线系统形成多头排列末期,即周KDJ进入超买区,特别J值超出100时,尾盘出现价增量平纯属涨势高潮散民惜售,庄家借机拉高出货现象,此时,不可追进,也不必杀出,这种情况次日通常也会有高开冲高的过程,在此过程中派发手中的筹码。在上升趋势的中途盘局中,尾盘价增量平多为指数股所为,次日走势仍会牛皮盘整,不宜进出。

(3)价涨量缩。股价上升但成交量未能配合上升,反而减少,量价出现背离,此情况如出现在升势末期,表明后续能量不足,应谨慎持股。若价涨量缩的出现是因为涨停板所致,则升势仍可延续。

(4)价跌量平。股价下跌而成交量与平时相等,反映当时的升势并未出现重大变化,预料仍将沿原有趋势运作。换句话说,在上升趋势中,价跌量平只反映有部分散户沽货套利,主要大户仍未大幅抛售股票,只要跌幅不致太深,其升势仍可继续下去。

(5)尾盘急跌量大。这种情况称尾盘跳水,此种情况如果是发生在涨幅过大,即5日BIAS大于+8以上时,并且全天呈现一路下跌时的尾盘。应坚决离场,切忌摊薄操作及抢反弹,此种尾盘次日多为跳低开盘,并有可能形成顶部。若5日BIAS小于+3,并且全天盘面涨势较强,价量配合良好,仅在尾盘一刻钟出现急跌,往往是庄家进行尾盘洗盘动作,不宜贸然杀出,应耐心持股,次日再定进出,次日在没有利空的条件下,仍会高开高走。

在上升中途盘局中,尾盘出现价跌量增,不宜贸然抢进,次日多为平低开盘居多,是耐不住久盘的投资者出局的一种盘面表现。如果,该种盘面发生在10日均线处,或者跌破10日均线,且30日均线与10日均线相近时,当日的盘面有可能是上升盘局中的下跌转折点,投资者可弃股观望。若该走势虽然跌破10日均线或发生在10日均线处,而30日均线仍以原上升的角度上升时,此时,投资者可不出局,等待30日均线处的盘面表现再决定如何操作。

把握拉升速度特征

拉升时的速度特征有以下几种:

(1)拉升速度快,具有爆发性。个股在启动初期经常出现连续轧空的走势,同时随着行情的展开,成交量连续放大。对这类庄家而言,时间比资金更重要,而且闪电式的突击本性已经根深蒂固了,连续轧空就是这种操作行为的最好写照。因此庄家的拉升一般都是十分迅速的,因为毕竟适合于拉升的良机不多,庄家必须及时把握住这些时机,快速拉高,这样才能达到事半功倍的效果。同时,快速拉升产生的暴利效应,能够更好地起到诱惑的作用。

(2)短线庄家的拉升,最关键的就是借势。借大市反弹之势、借大市上升之势、借利好消息之势、借形态突破之势。借势拉高往往是一鼓作气的。短庄的拉高手法比较简单,以快、狠为主,有时快到让想追入的投资者不得不一次又一次地撤单将价位拉高。一般来说,短庄的拉高多出现在尾市,因为如果过早地拉升,极有可能面临着抛压砸盘的风险,而在尾市拉升,往往可以将投资者杀个措手不及,想买的买不着,想卖的又舍不得卖。个别凶狠的庄家,甚至将股价在大单封至涨停,让投资者只能望单兴叹。

(3)对倒拉抬。一边在上方堆积筹码,一边从下方不停往上拉升股价,促使股价快速上涨。对倒与对敲不同,对倒时可能大幅拉升股价,而对敲可能不拉升股价。另外,对敲的性质重股价的成交量,而对倒的性质在偏重成交量的同时偏重股价的涨势。

(4)个股行情一旦启动,其走势相对独立,上涨速度明显快于大盘或板块,而且多发生在大市比较乐观时。因为,此时大市表现出明显的多头特征,使股价的上升有很好的市场人气作为基础,可以使个股走出明显强于大盘的走势。很少选择大盘不明朗的时候发动进攻,但是如果发现个股在此时发动攻势,则一般隐藏有相应的题材或有可能是庄家在拉高建仓,未来的空间极其巨大。

(5)当庄家企图大幅拉抬股价的时候,将通过媒介或股评放出题材,散布种种朦胧利多消息,并联系大户助庄,同时制造大成交量和大手笔成交(也可制造异动,如一笔特高或特低的成交),以降低抛压和吸引买气,从而加速股价的上涨。

(6)这一阶段中后期的典型特征是,股价上涨幅度越来越大,角度越来越陡,速度越来越快,成交量愈放愈大。但涨幅大、角度陡、速度快、成交量大的股票,持续时间较短,股民应随时做好出局的准备。若成交量呈递减状态,那么,这类股票要么在高位横盘慢慢出货,要么利用除权使股价绝对值下降,再拉高或横盘出货。

把握拉升涨停板盘口特征

封住涨停板早,在封涨停板后抛盘立刻减少,成交量极度萎缩,且有巨大买单封住涨停板的股票具备延续上升的能力,可继续持有。相反,那些封涨停板较晚,封涨停板后又被巨大抛单打开的股票,其延续上升的能力则较弱。

对于连续封涨停板的股票,不仅要看封涨停板的早晚,封单的数量,更重要的是观察成交量的变化。只要成交量保持在一个相对萎缩状况,就可继续持有。因为在封涨停板的情况下,每一笔成交的手数均可视为空方的打压,多方在买一处巨大封单将所有的抛盘统吃。成交量的萎缩说明空方无力攻破多方的防线,多方占据了绝对优势,这样的股票就可继续持有。

随着涨停板次数的增加,股价大幅飙升获利盘越来越多,为空方积蓄了足够的做空能量。此时成交量若放大说明获利盘已涌出,空方对多方开始攻击,在盘面上表现为每一笔成交的手数较前突然增加且连续出现,买一处巨大封单快速减少,甚至将涨停板打开导致股价向下急挫。此时多方也会顽强抵抗放出巨大买单将股价重新拉回涨停板。若一天中涨停板几次被打开,同时伴随着成交量的不断放大,说明多方上攻之势已到强弩之末,应及时抛出持股获利了结。

对于涨停的股票不仅要判断其是否具备持续上升的能力,还要判断庄家的意图。如开盘不久就封住涨停,涨停后成交量急剧缩小,每笔成交手数仅几十手,在买一处有巨量封盘,看似一切正常。但在买二处也挂有大买单却耐人寻味。如果这只股票真的被市场看好,投资者追涨买进决不会为了"省"一分钱而在买一巨单之后去排队。那么买二处的买单就可能是庄家故意堆放的,其目的就是显示该股大受市场追捧的"火暴"场面,以吸引投资者跟风买进。这时,庄家在涨停板的位置采用不断撤下先前打入的买单,让出机会给排在后面追涨散户的买单,将股票卖给散户,同时(几乎在同一时间内)再重新输入买单以维持巨大的封盘量,继续吸引散户跟进。在价格一致时间优先的交易原则下,源源不断地将股票卖出。由此可判断该股强劲上涨趋势是虚假的,庄家要出货。

分析缩量和放量涨停

封死涨停板分为:缩量涨停和放量涨停两种。

1. 缩量涨停

股价的运动从盘中解释,即买卖力量的对比,如果预期较高,没有多空分歧,则形成无量空涨。缩量涨停有时说明市场抛压较轻或已控盘庄家拉抬轻松,有时也有股民看好后市而惜售的成分,往往容易形成连续涨停。但是如果是被爆炒过的大牛股,一旦进入下降通道,上方远离套牢密集区,下方远离庄家成本密集区,缩量涨停多为出货的中继形态,第二天大多低开低走,投资者要小心持股。

2. 放量涨停

尤其在前期小头部处的放量涨停,一方面说明庄家做多意愿坚决,并不惜解放所有的套牢盘以示其志在高远;另一方面也显示了庄家雄厚的资金量和强大的实力。只要未远离庄家成本密集区放量涨停往往会形成一波大行情。但比前一类可能上涨幅度要稍逊一筹,因为有一部分看空的抛出,但看多的更多,始终买盘庞大,拒绝开板。其原因:一是庄家有超凡实力;二是阶段性板块热炒;三是个股潜在重大利好;四是庄家融资期限较短,需速战速决。

无论是缩量涨停还是放量涨停，在其涨停后不出现大抛单就是好品种！只有在突破成交密集区和前期头部回抽(洗盘兼测支撑强度)确认时，一定要求缩量。尤其创新高后缩量说明满盘获利无抛压，洗不掉的是庄家筹码，为高控盘庄股。一个从未涨停过的股票很难想象能走多高。

如下图，泰豪科技(600590)在2009年1月6日和5月25日都拉出涨停板，所不同的是两个涨停板所处的价位和成交量均有很大差异。2009年1月6日的涨停板股价报收于6.03元，换手率为4.22%，5月25日的涨停板股价报收于14.18元，换手率为12.51%。综合几个月的走势图能看出，1月6日的涨停位启动行情，而5月25日的涨停板为出货行情。

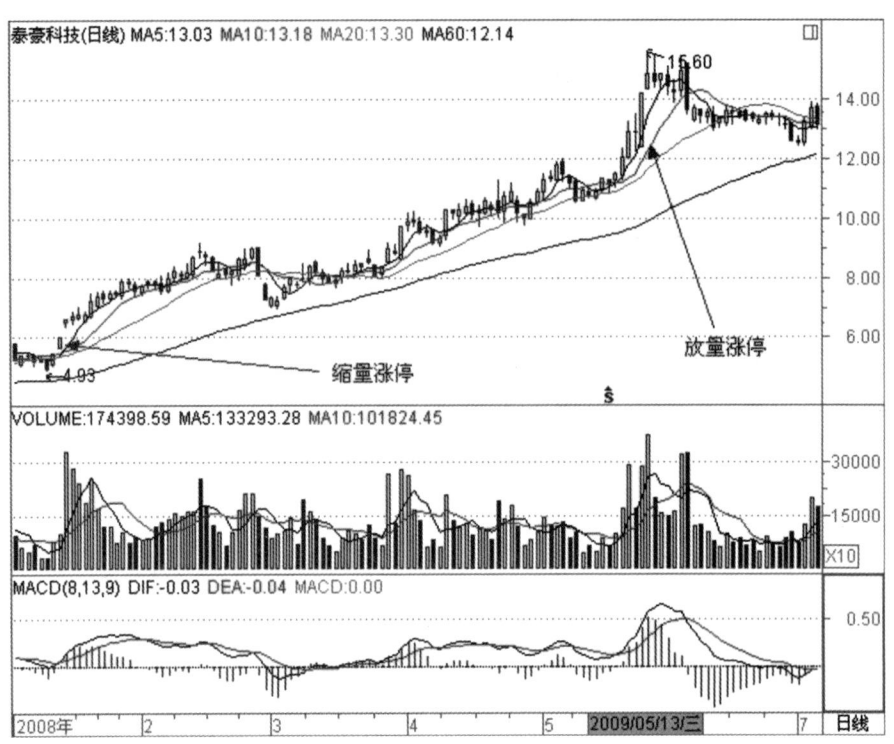

分析打开涨停板

打开涨停板分为：吃货型、洗盘型和出货型三种。作为股票投资者，应清醒地认识到涨停板打开的类型，从而进行适当的操作，获取短线的利润。

1. 吃货型

多数股价处于近日无多大涨幅的低位，大势较好。低迷市、盘整市则无需在此高位吃货，特点是刚封板时可能有大买单挂在买一等处，是庄家自己的，然后大单砸下，反正是对倒，肥水不流外人田，造成恐慌，诱人出货，庄家在吸货之后小手笔挂在买盘，反复震荡，有封不住的感觉。

2. 洗盘型

股价处于中位，有了一定的上涨幅度，为了提高市场成本，有时也为了高抛低吸，赚取差价,也会将自己的大买单砸漏或直接砸"非盘"(不是庄家自己的货),反复震荡,大势冷暖无所谓。

3. 出货型

股价已高,大势冷暖无所谓,因为越冷,越能吸引全场注意。此时买盘中就不能挂太多自己的了,因为是真出货。比如,挂在买一已有100万股,散户想买1万股,则排在101万股,当成交总数达到101万股时,散户才买进。但如果那100万股挂的买单有假,庄家撤掉90万股,那么总手在11万股时,散户就买进了。

需要注意的是:不要认为封涨停的庄家都是实力强大的,有时仅四两拨千斤而已,一天某股成交了200万股,并封涨停,可能庄家仅动用了20万股,甚至10万股。直拉升8、9个点,而未触及涨停,尤其是早盘开盘不久,庄家在吸引注意力跟风盘之后掉头向下,往往是诱多,应快跑。今天封死在涨停,第二天低开,还是出货,因为今天进去的,明日低开没获利,不情愿出,庄家要出在你前头,而今天没追进的,第二天以为捡了便宜,跟风盘较多。不光是涨停板,有些尾市打高的,也是为第二天低开便于出货。

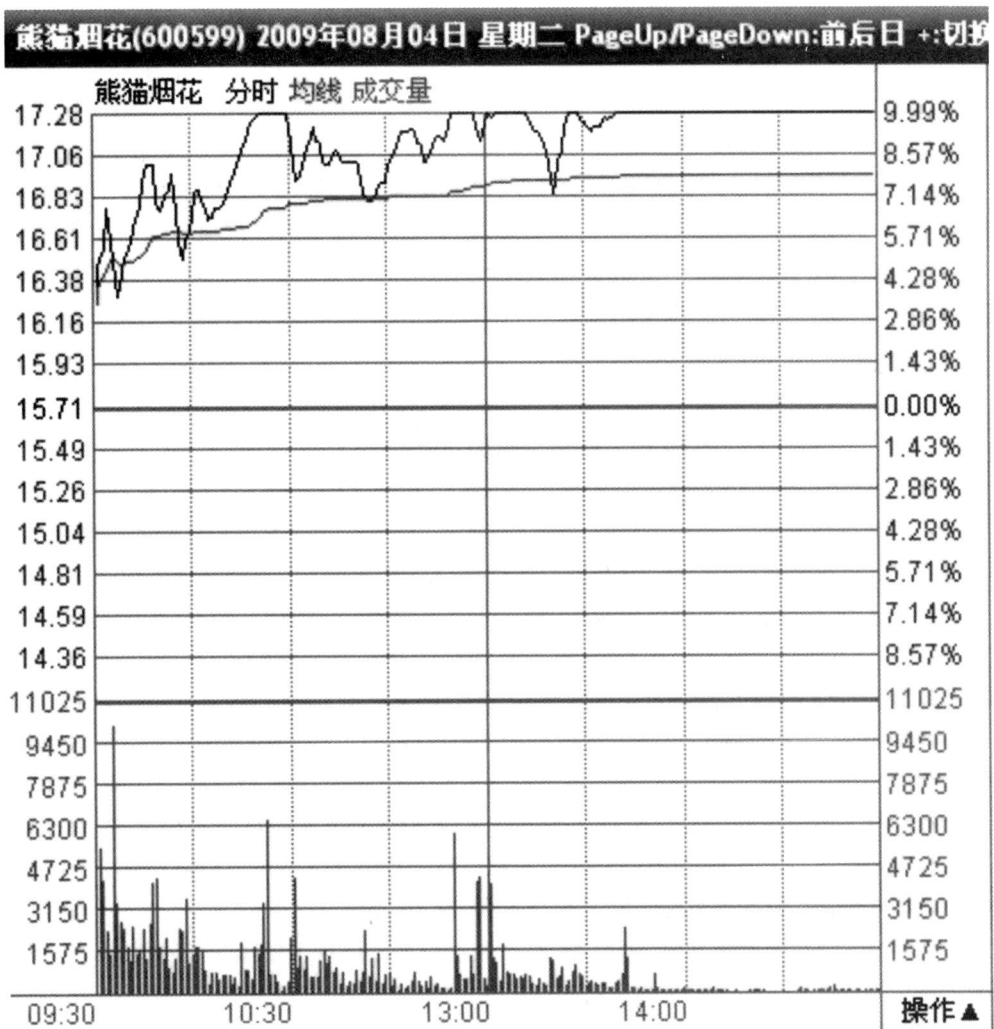

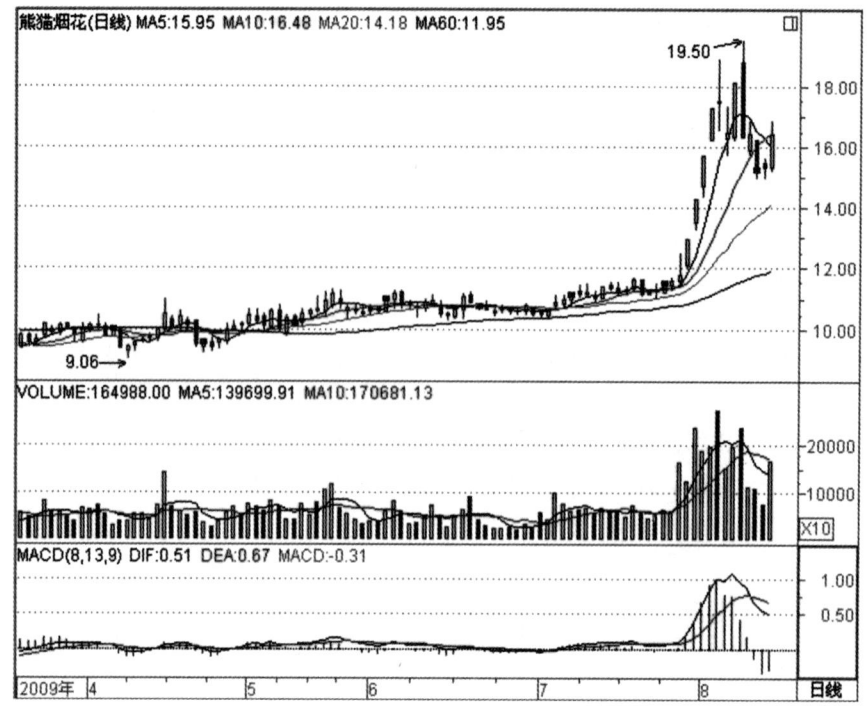

如上图,熊猫烟花(600599)在2009年8月4日拉出连续涨停后的第4个涨停板,随着涨停板次数的增加,股价大幅飙升获利盘越来越多,为空方积蓄了足够的反击做空能量。当天在盘面上拉升至涨停十分勉强,且时常有大单将涨停板打开导致股价向下急挫,这表明多方已是强弩之末,主力拉出这种类型的涨停板属于出货行情,短线交易者必须及时出局。

涨停又开板如何应对

利用涨停板进行交易,并不是只追逐涨停板本身,而是要把握涨停板后续的市场机会。如果短线交易者能够明白这一点,就知道即使是涨停板的地方一样也有机会。

通常而言,市场上会有两种涨停板:一种是开盘就涨停,短线交易者在开盘时没有介入机会;另一种是开盘后才封住涨停板的,就是前面所说的"拉高型涨停"。很显然,开盘即涨停的股票最有后续上涨的势头,但遗憾的是,因为不容易买到,很多短线交易者早早就放弃了对它们的跟踪,而把眼睛盯在那些市场跟风型的或散户抬高型的品种上,其结果自然不尽如人意。

但也有很多股票在涨停后一度打开涨停板的,这种现象常常令持股者惶恐不已,也令追买者犹豫不已。一般而言,主力看好的股票都会用大单封死涨停板,杜绝散户介入,但是为什么会有涨停板打开的现象呢?它究竟是机会还是陷阱?

这需要根据行情阶段来判断。通常情况下,个股强势涨停后再度打开涨停板,会有三种含义。

1. 涨停吸筹

在时间不够或者主力急于启动行情的情况下,部分主力往往会通过涨停板来吸收筹码。涨停板的出现,会极大地刺激已有的持股者,使其密切注意该股状况,一旦发现涨停封不主了,很多短线交易者就会迫不及待地抛出筹码,防止变盘。于是主力就可以利用这种心理和现象来收集筹码。如果该主力是超级短庄,那么只要当日抛盘不大,该股就有可能在第二日高开高走,完成主力快速出货的意图;如果当日抛盘过大,超过了超级短庄的预期,则该股有可能在第二日低开低走,但主力会立即斩仓出局;如果该主力是一般的短庄,则个股后期往往会出现几天的整理过程,以洗出当日的跟风者后再次上涨。一般而言,如果当日打开涨停板的次数不超过2次,并且再次封停板的时间短、封单大,那么次日的行情依然可以期待。否则,会消耗主力大量的资金,同时导致大量的散户跟风,且弱化强庄股的形象。

2. 强势洗盘

有些主力的控盘筹码已经比较多了,在强势拉升的前期,也往往会通过打开涨停板洗去意志不坚定的短线交易者,使其与新介入者交换筹码;对于超级短线的主力而言,这种情况也时有发生,因其没有多余的时间实施整理的过程;而对于处在第二个涨停板甚至第三个涨停板的个股而言,主力则更有可能通过该手段将前期的跟风获利盘清理出局。随着获利了结、落袋为安的短线交易者的出局,更多的新进者开始涌入,使个股在不断打开涨停板的同时也出现了巨大的成交量。这种洗盘的另一个优点是可以有效降低短线交易者对次日强势延续的预期,从而阻止已有散户的继续跟风行为。当然,当日新进的跟风数量只有主力知道,但这个数据将影响个股第二天的走势。一般而言,如果当日打开涨停板的次数不超过2次,并且再次封停的时间短、封单大,那么次日的行情依然可以期待。

3. 主力减仓

主力要减仓或出货,必须挑选交易火爆的日子才好进行,而涨停板日无疑是交易最活跃也最易吸引人气的时候。通过不断地打开涨停板,主力可以不断地进行减仓;而后又通过不断地封住涨停板,主力又可以继续吸引贪婪的短线交易者跟进。如果主力的筹码在当日无法出完,而后续大盘走势尚佳,则主力最后还是会封死涨停板,制造明日继续高涨的迹象,同时在明日继续震荡减仓,直至所有仓位全部被清理完毕;但如果主力急于出货,那么在大盘不理想的时候,则有可能上演"高台跳水"的现象,致使股价从+10%跌至-10%,同时第二天封死跌停板,将高位的散户远远抛在上面,为自己独家在股价中部出货制造便利。主力减仓通常发生在获利丰厚的时候,或者是对大盘后期走势担忧的时候,或者是自身资金吃紧的时候,这是短线交易者避免进入陷阱前需要考虑的问题。

在实际交易中,短线交易者要注意三个问题:

(1)如果是值得期待的涨停板,那么打开涨停板的次数不会超过2次,缺口也不会太深,时间也不会太长,因为市场一致看多的力量会导致涨停板再次被快速封死。

(2)如果是虚假的涨停板,即使有巨大的封停量,也会在某一大盘不济的时刻突然撤单,或者被更大的抛盘吞没,导致涨停板被迅速打开。所以,不要以为封停量大就高枕无忧。

(3)涨停板被打开的次数过多,通常是行情趋弱的征兆,或者是主力吸筹或整理的表现,至少不会是主力想快速拉升的迹象。所以,对于这样的涨停板,如果介入了要及时出局。

关注涨停板的机会和风险

涨停板交易是最为重要的短线交易方式,是无数短线主力和短线交易者的必争之地。

在诸多的股票交易书籍中,涨停板交易就是短线交易的代名词。所以,这里就涨停板交易作重点阐述,以使短线交易者理解短线交易的内涵和实质,以及主要的操作方式和获利方式。

涨/跌停板是沪深证券交易所规定的、股价在一个交易日中相对前一交易日收盘价的最大涨/跌幅度。具体规定:普通股票的涨/跌幅为10%,ST类股票的涨/跌幅为5%,新股上市首日涨/跌幅不受限制。涨/跌停板制度原是管理层为抑制过度交易和暴涨、暴跌而设置的,但现在却被主力操纵,以制造"短缺效应"或"恐慌效应",达到影响股价走势的目的。涨/跌停板的本质是多、空双方争斗白热化的表现,具有很强的助涨、助跌作用。在涨/跌停板表现出极端行情时,容易聚集市场人气,造就"强者恒强、弱者恒弱"的市场现象。

由于涨/跌停板特定的市场内涵和交易特性,使得涨/跌停板成为了主力控盘的有力武器。从建仓、拉升、洗盘和出货,几乎每一个坐庄环节都可以通过涨/跌停板来实现主力操纵市场的目的。但对于短线交易而言,涨/跌停板却具有无法抗拒的市场魅力,只有它才能在最短的时间内实现利润的最大化。自从中国股市实行涨/跌停板制度以来,几乎每一只股票都有过涨/跌停板的市场表现。即使是在股票跌停数量达到1 000家以上、上涨数量不到20只股票之时,涨停板个股依然存在。这说明涨/跌停板的市场机会无所不在,为短线交易者提供了大量的参考资料和相应的规律。

但是短线交易者要注意,涨/跌停板是一个特定的市场现象,其本身是趋势发展变化的必然结果,是市场历史趋势的延续,切不可仅仅以实时盘中涨/跌停板状态来孤立地看待涨/跌停板现象,也不可以涨/跌停板的市场结果来求证其发生的原因。

涨停板交易的机会有很多,但总体来说,主要表现为两个方面:

(1)从市场机会来说:

①在牛市中,涨停板的机会比较多。

②在熊市末端出现超低反弹时,涨停板的机会比较多。

③当板块集体走强时,涨停板的机会比较多。

④当某一具有重大影响的新概念刚开始出现时,涨停板的机会比较多。

(2)从个股阶段来说:

①趋势启动时有涨停板机会。

当个股经过长期整理后从底部突然展现拉升行情时,或者启动超跌反弹行情时,涨停板的机会比较多。但这种机会通常难以及时把握,而一旦能把握住,往往具有较好的收益。

②趋势进行中有涨停板机会。

当个股处于主升浪阶段时,涨停板的机会比较多,短线的收益比较大。一些超级强势股则更是会出现连续涨停的壮观景象,此阶段是涨停板操作的最佳时机。

③趋势末端也有涨停板机会。

趋势末端个股的表现不尽相同,有些个股在趋势的末端会做减速运行,有些个股却上演毁灭之前的最后疯狂。但总体来说,趋势末端的涨停板机会比较少,并且风险很大。

涨停板交易的风险主要体现在三个方面:

(1)即使是在行情启动初期买入,也有可能是买在了主力的试盘阶段,第二天很可能会被拖入继续调整的阶段,迫使亏损出局。

(2)即使是买在了行情的拉升阶段,也不一定就会立刻暴涨,后期个股可能会边洗边拉,缓步走高,而短线资金则必须接受资金使用效率低下的现实。

(3)如果不幸买在了行情趋势的末端,或错把末端趋势当作中部趋势来进行交易,有可

能当日即亏损20%,而次日可能根本无法出局,甚至3天亏损30%以上。

如何抓住拉高型涨停

在熊市或震荡市中,市场往往失去了方向感,但率先涨停的股票却可以明确告诉我们主流资金的最新动态和炒作方向。在大盘大幅下跌或横盘震荡期间,某些个股既然敢率先启动,则往往意味着主力资金有备而来,并且实力强大;主力既然选择了某种股票作为领涨品种,也就预示这类股票可能成为短期内的市场炒作热点,同时具有巨大的上涨空间。因此,追击涨停板,追击强势股,就成为了短线交易者的主要工作。

但短线交易的买点在哪里呢?从理论上说,短线交易的买点基本上有两种:一种是在开盘的一字形涨停处挂单买入,但买进股票的可能性很小;另一种是在拉高型涨停的股票中进行选择,在个股高开后拉阳线的过程中买入,这个买入的时间段比较长。

拉高型涨停股票的特征是:股票低开、平开或高开后,经主力拉升一度封到涨停板。尽管它们涨停的方式不尽相同,但基本上也只有两种表现方式:斜推式涨停和平台整理式涨停,其他样式都是由这两种方式演变的。

总体来说,拉高型涨停虽然属于强势的上涨行情,但是各个涨停的目的和意义是不一样的。对于拉高型涨停股票的操作总结如下:

(1)密切关注高开2%以上的个股。个股高开,很可能是想开盘就缩短同涨停板的差距,方便后期快速奔向涨停板;也是给抛盘者一个信号,提示其不要过早卖出,配合主力轻松拉升;也是给市场跟风者一个信号,拉动其一起奔向涨停。

(2)密切关注高开2%以上的个股。要快速浏览其K线图、均线图、成交量、买卖挂盘、流通盘、市盈率、首笔成交数据、板块性质、信息雷达等信息,同时迅速分析出股价的高、中、低位置,以及主力的意图和介入的报酬/风险比,判断哪一个最有可能迅速涨停并值得参与。

(3)不是什么拉高型涨停板都有机会介入的,几笔单子就使个股开盘涨停的情况防不胜防。出现这种情况后,短线交易者要调整心态,安心捕捉第二个涨停板。通常一只股票率先涨停后,马上就会有第二只涨停的股票出现。

(4)越早封住的涨停板越有力度。此类继续涨停的可能性很大,是主力准备好资金后精心策划的结果。但是介入难度也最大,要求短线交易者在熟悉该股的基础上做到手疾眼快,拉大委买差价。

(5)10时之后个股趋势会逐渐明朗,如果股价此时距涨停板还有5%的差距,即使是大角度的冲向涨停板,但只要有停歇,就往往会被抛盘压回来,除非几分钟内直接封到涨停板。

(6)对于10时之后出现的台阶式上涨行情,只要不是距离涨停板很近,就可以耐心等待,一直要等到出现爆发性的成交量并且股价开始创新高时才可进入,三个条件缺一不可。即:高涨幅+大角度+大成交量。但10时之后的个股涨跌,往往要看大盘和板块的"脸色"。

(7)当个股前期的平台整理得较为理想而又距离涨停板只有5%以内的空间时,在14:30之前都可以密切关注。这段时间内该股很可能冲涨停板,即使这是短线者抢盘的行为也不可怕。

(8)对于进行了平台整理之后冲击涨停板的个股,如果刚冲到涨停板处又马上滑下来了,要么是主力在出货,要么是卖压确实很大,多数情况下,该股后期难有很好的表现。如果是主力用涨停板吸筹,那么往往是先封住涨停板一段时间,而后再打开涨停板以制造恐慌情绪。

(9)对于斜推式涨停,如果不是距离涨停板很近的时候,是不会快速涨停的,这是主力强势吸筹的表现。虽然进入的机会有很多,但后续主力可能会反手洗盘,把当日跟风者洗出来。

(10)越晚封住的涨停板越没有价值,多数是市场跟风行为或是短线抢盘行为。如果主力见跟风势头好,愿意继续拉升,那么还可以做一段行情;如果不是,那么散户抬散户是没多大价值的。

(11)14:30之后的急涨行情不要轻易跟风,除非大盘在后半场出现了突发性的重大利好消息。如果是在这种情况下介入的话,第二日通常会有更多的后知后觉者来抬庄。

(12)对于9:40之前的快速拉升行情,少数是主力有备而来的结果,大部分则是主力试盘和诱多减仓的结果。主力有备而来,自然资金充裕,能成功封住涨停;但试盘的则一旦见势不好就会撒手走人;而诱多减仓的则更是直接滑落,快速下跌。10~11点是多数主力见大势而动的时间段,有经验、有魄力的主力往往在此间快速展开攻势,将大盘带到较为稳定的环境,此时追涨的风险较小,但必须能准确判断大盘走势将继续偏好。

注意,这里只列举了涨停成功的走势图,没有列举涨停失败的案例。这需要读者按照同样的思路自己去翻阅诸多个股走势图,获取更多的经验。但基本上来说,个股涨停失败要么是大盘不配合或板块不吸引人的原因,要么是主力诱多的手段或是主力试盘的结果,跟股价的高低位置密不可分。

如下图,太行水泥(600553)在2008年11月连续涨停行情第一日,该股高开3%后略作下探后强力拉起,股价在分时走势图中几乎以70度角上升,开盘后半小时内封住涨停,说明主力有备而来,其后的多个交易日内连续一字涨停,在这个案例中,要抓住拉高型涨停,就必须在股价未封住第一个涨停板时果断跟进。

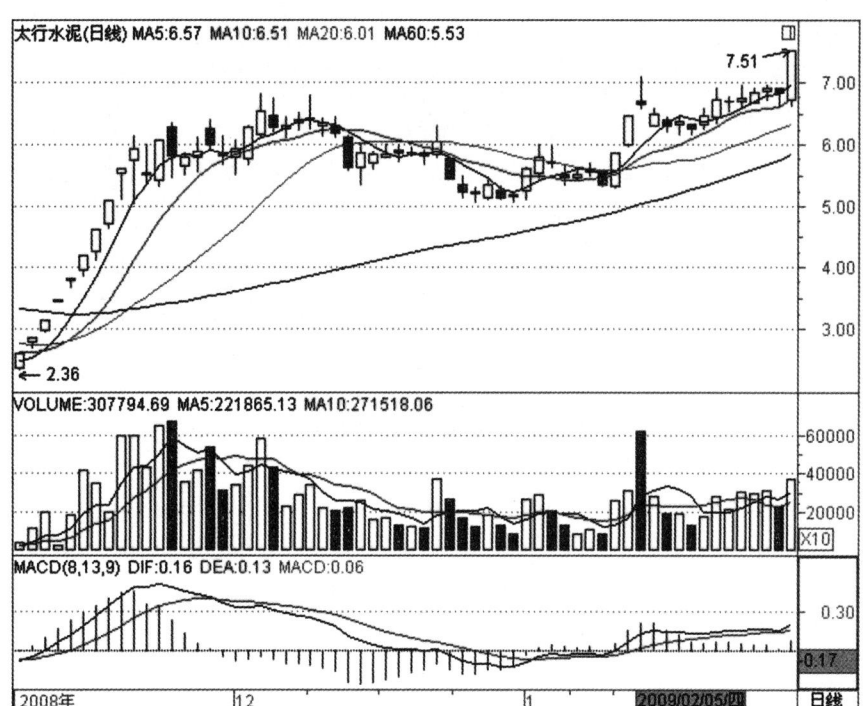

第 12 章

出货行情早逃顶

分析出货见顶征兆

当股价持续上升一段时间后,进入一个疯狂期,市场上的获利筹码越来越多,获利回吐性的抛盘会不断增加,就会遇到相反的力量,物极必反,股价回落,这时就形成头部。但在顶部形成之前,这种回吐所造成的股价回档的幅度是有限的。

在一个升势中,成交量的逐渐增长是很重要的,一旦成交量跟不上去则越来越多的获利盘就会被抛出,于是造成股价的回档整理,当这种回档在一定限度之内时,投资大众的心态仍能保持"逢低吸纳"的状态。如果股价出现较大的跌幅,就会唤醒一部分投资者的风险意识,使之产生获利平仓、落袋为安的想法,而这种想法又势必导致股价的进一步受压,从而唤醒更多的投资者,如此循环大众心态得以转变,大市即会见顶。

因此,时刻保持清醒,冷静地看待股价的波动,有助于及时看到即将见顶的征兆,从而避开风险,保住盈利。

根据操盘经验,升势即将见顶时的市场有以下特征。

1. 脱离价值

股价涨幅过大,个股股价翻倍,甚至达到十几倍、几十倍,价格明显脱离其内在价值,未来价值被严重透支,到了度的上极限区,有强烈的价值回归之势。成交量明显放大,甚至出现天量,但有个别个股成交量开始出现萎缩现象。有了这些现象,说明离头部不会太远了,散户的炒作思路应以出货和减仓为主。

2. K线大阴

在升势之中,市场上人气很旺,大家都不惜追高买入,一旦股价有回落稍显便宜,理所当然地会被抢购的入市者承接住。因此,升势在延续过程当中一般不会出现大的阴线,如果有一日K线图上出现较大的阴线,说明市场上的人心有变,买与卖的力量正在形成新的对比。所以,大阴线的出现预示着市场已好景不长了。

3. 振幅加大

股价大幅上下震荡,在升势顶部多空双方的正规力量相遇的区域里,看多者买入勇气未减,看空者忙于大量出货。因此必然造成股价上下剧烈波动,并且这种波动的高点和低点都不断降低,这种状态制造了许多很好的短线机会。但是,由于是在顶部区域,这类短线的风险性也应当重视。

4. 击穿支撑

重大支持位被打穿。一般来说,这里指的重大支持位是总升幅回落3.82%处的价位,只要这个重要位置被击穿,甚至只要日K线的下影线穿过此位,就足以说明市场上投资大众的信心已被动摇。因此,在大升、特升之后,只要股价有力量向下穿透支撑位,往往意味着走势已经出现问题了。

5. 目标达到

目标达到就是股价达到了坐庄目标价位,这一点应该属于庄家坐庄的商业秘密,一般投资者不可能知道,但投资者可以根据股价涨幅进行大致推断。简单地说,当我们买进一只股票后,用几种不同的分析测算方法获得的都是某一个点位的时候,那么在这个点位上就是目标价位。故当股价接近或超过所预测的目标位置时,就是庄家可能出货的时候了。

6. 该涨不涨

在技术面、基本面都向好的情况下,股价却不涨,这就是出货的前兆。而且,不管在什么情况下,只要是放量不涨,就基本可确认是庄家准备出货。但是,有时成交量减少也是股价近顶的明显表现,不过升势中的第二浪及第四浪调整也会出现成交量的大幅度减少。因此,成交量下降不是判断顶部形成的绝对依据,还要结合其他因素综合分析。

7. 消息增多

正道的消息增多,报刊、电视、广播和互联网上的消息多了,这时候就要准备出货。上涨过程中,媒体上一般见不到多少消息,但是如果正面的宣传开始增加,说明庄家已经萌生退意,要出货了。大多数股票的上涨是悄无声息的,让投资者莫名其妙,可是股价高高在上时却利好频传,比如重大资产重组或置换、优良的分配方案、业绩大幅增长或向高科技转型等闪亮登场。为什么呢?目的只有一个,配合庄家出货赚钱。此外,市场舆论出现较严重的分歧也是出货的市场征兆。市场舆论是投资者信心的反映,如果在对市场的信心上产生严重分歧,升势很难长时间维持下去。因此,舆论的严重分歧也是大市处于顶部区域的一大特征。

在实战中,如果有了这些征兆,一旦出现了股价跌破关键价位的,不管成交量是不是放大,都应该考虑出货。因为对很多庄家来说,出货的早期是不需要成交量的。

如下图,风神股份(600469)在2007年9月6日股价放巨量向上突破,理论上应有一段上涨行情出现。结果不涨,第二天股价从高位下来,随后果然连续暴跌。这就是形态上要求上涨,结果不涨,这些都是出货的前兆。

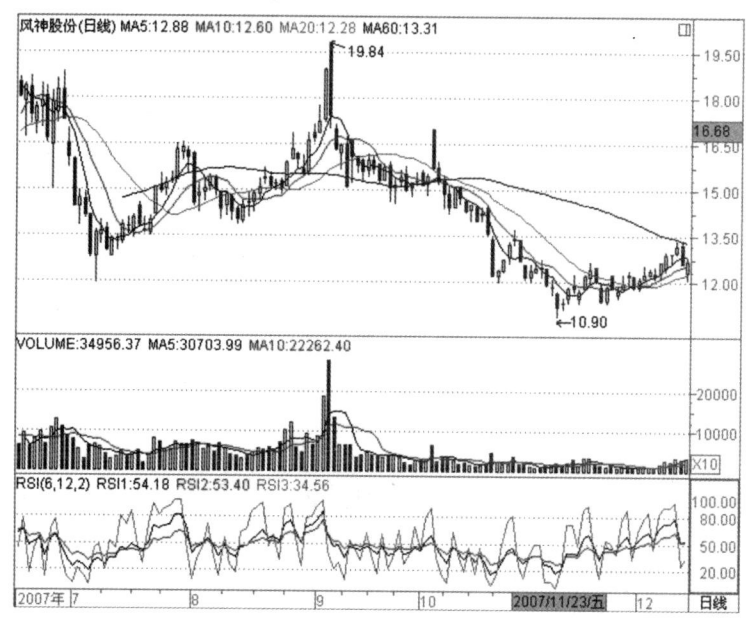

分析主力高位派发手段

高价位区域是庄家最理想的派发区,庄家将股价炒高后,极力营造乐观气氛,激发市场人气,趁着散户买盘的积极涌入,庄家不断地在暗中出货,使股价出现回落走势。然后,庄家停止沽售,反手做多,创造强势反弹行情,设计美丽的技术陷阱,市场仍维持十分乐观,诱导买盘介入,庄家从而可以在更高的价位继续进行派发。这时成交量大增,将大部分筹码在这一区域集中进行套现,交投十分活跃,形成成交密集区,并创下近期甚至是历史天量。当庄家基本完成派发任务后,股价步入下跌不归路,在日K线图上形成双顶形态。

庄家坐庄意图:由于股价的大幅上涨,散户沉浸在获利的喜悦之中,这时庄家悄然出货,使股价滞涨回落。当股价回落到一定位置时,庄家发现有不少买盘介入,就将股价重新拉起。这时散户发现股价再次拉升,而纷纷介入做多,由于买盘不断增加,盘面十分活跃,庄家的筹码就可以在高位得到兑现。

如下图,吉林森工(600189)股价经过大幅炒高后,人气完全被激活,庄家获利极其丰厚,这时庄家在高位放量出货,股价出现回落。不久,庄家又将股价迅速拉起并创出新高,随着跟风盘介入的增多,庄家借机在高位顺利出货。

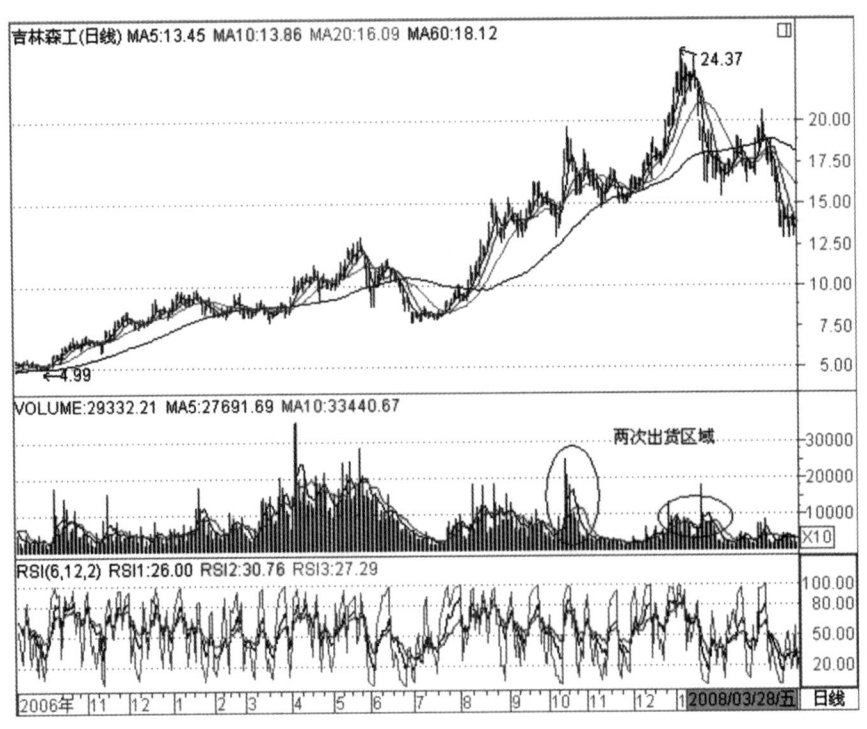

分析主力中位派发手段

中位派发阶段可以分为:峰前派发和峰后派发两种。

1. 峰前派发

庄家在拉升过程中,股价尚未见顶时就边拉边派。庄家比散户有优势得多,能体会到盘面的许多情况,当感觉到股价继续上行压力加重时,就随时进行派发,减轻仓位;或者股价将要达到目标价位时,就提前实施派发计划。因此,在技术上制造许多假象,如向上突破、放量阳线、黄金交叉等,股价并没有出现持续性上涨,只是保持盘面活跃和维持市场气氛而已。

由于庄家手中筹码相对比较集中,无法保证可以在高位全部派光,或者是由于市场不稳定的因素较多,使庄家有时无法完成预定的目标,因而庄家预先就在拉升过程中逐步减仓,以便在突发因素来袭时可以尽快将仓尾货尽数抛光,降低坐庄风险。

2. 峰后派发

庄家经过高位派发之后,手中仍有不少筹码,此时股价已下跌了一个或几个台阶,这时庄家会再度将形态做好,吸引在高位介入的投资者进行回补及场外资金入场。在技术上稳住重要的技术关口,一方面停止抛售;另一方面积极护盘,让投资者感到股价已经止跌,同时做出一些典型的箱形、圆弧形走势,误导投资者以为股价结束调整,即将展开又一轮升势,从而盲目杀入,使庄家的派发活动得以继续进行。

股价经过前面的大幅拉升,吸引了不少的跟风盘,市场人气较高,盘面较活跃。这时庄家停止拉升股价,悄悄向外出货,使股价出现回落。由于庄家掌握了大量的筹码,还没有全部派光,因此封堵股价大幅下跌,将股价维持在高位走势,构筑新的技术图形。许多散户以为技术形态完好而继续持股不动,或继续买进做多。庄家在散户不知不觉中,基本完成出货任务后,就放任股价下跌,使股价出现熊市走势。

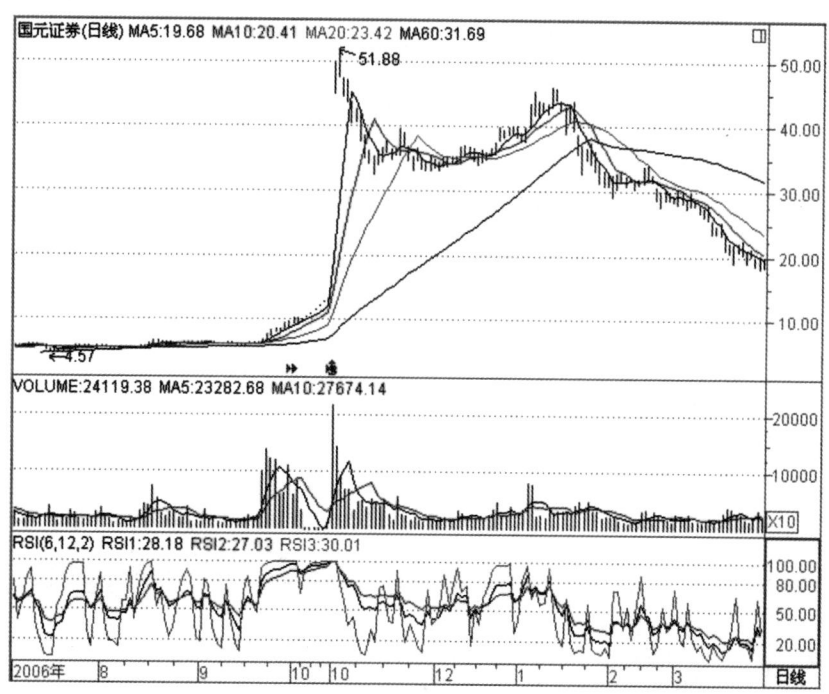

如上图,国元证券(000728)股价炒高后见顶回落,然后维持横盘走势,在技术上制造蓄势待发的假象,让散户积极介入,只要有接盘庄家就给货。当出货接近尾声时,便放弃护盘,甚至刻意向下砸盘,把散户套牢于高位之上。

分析主力低位派发手段

如果庄家手中的筹码非常集中,在进行了高位和中位两个阶段的派发之后,手中仍有一小部分筹码,这时由于庄家的预定目标已基本完成,获利非常丰厚,常常会将最后的一些仓底货不计成本地大甩卖,以求资金的尽快套现。

从盘面上看,出货特征十分明显,以大手笔的抛单明目张胆地显现,股价下跌的幅度非常快,有时甚至以跌停板的形式大肆贱卖。有时庄家利用手中最后的筹码极力压低股价,将股价打回原形,为下一次卷土重来作准备。

庄家拉高股价目的是想在高位出货,以使得利润最大化。那庄家为什么在低位派发呢?原因可能有:由于庄家实力不大,在高位难以维持股价走势,不得不将股价向下放;或者操盘手法粗鲁,在高位出货时,被散户察觉,惊动了散户,使散户先于庄家出局;或者因外部因素出现变化,导致股价下跌。需要说明的是,这里所讲的"低位",是相对当时股价所处的位置而言,当股价真正见底后,这个位置又是中高位。

如下图,广东鸿图(002101)在顶部完成峰后派发后,历经数浪下跌,股价已经跌得面目全非,从30.87元多一路下跌至13元多,跌幅超过50%,算是够惨的了。正当散户"逢低"介入时,庄家在此依然不停地往外发货,股价再从13元多开始下跌到5元多才企稳。真可谓"股价下跌没有底"。

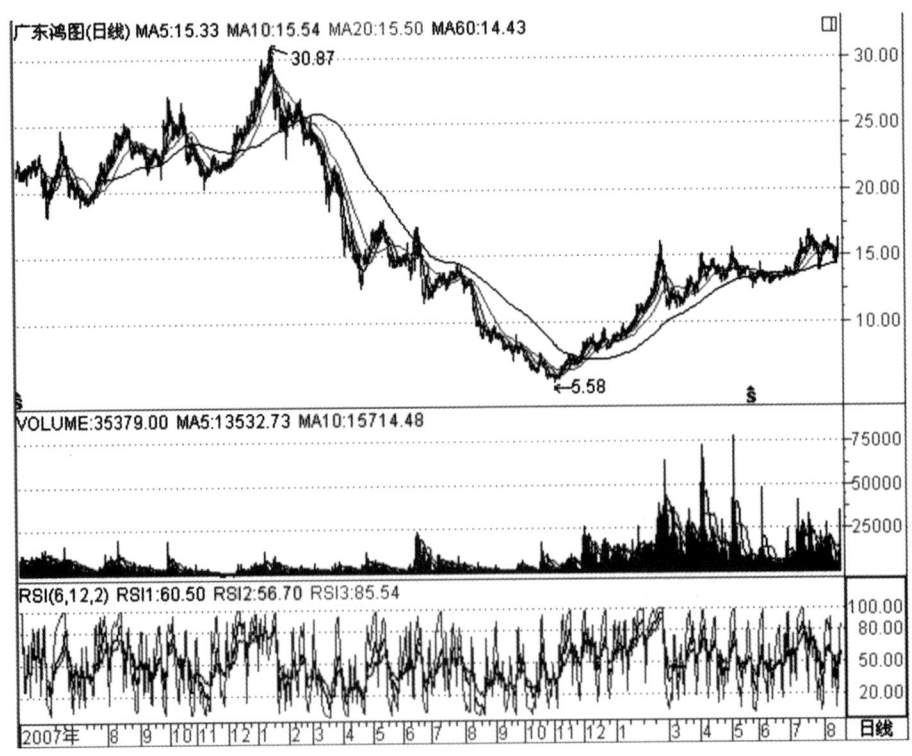

分析见顶日K线盘口特点

股价经过飙升行情后,继续上行遇到了巨大的阻力,同时也积累了丰厚的获利盘,股价就会见顶回落。常见的日K线盘口:开盘,经常以跌停板开盘,且全天封盘不动,或连续大幅跳空低开,且跳空缺口近日不予回补,交易时股价逐波走低,直冲跌停价位附近,盘中筹码松动,上行压力明显增大。盘中,股价出现一波上行后,很快就被卖盘压下,股价呈逐波下探之势,基本运行在前一日收盘价下方,股价反弹受当日均价压制明显。收盘,股价往往以最低点或次低点收盘,下跌势头十分强劲。日K线经常出现"一"形、"上"形或大阴线。庄家实力不大、控盘程度低的个股将快速脱离底部,步入下降通道;庄家实力强大、控盘程度高的个股,出现盘头走势,构成复合形头部。

分析出货分时走势图盘口特点

出货分时走势图盘口特点:

(1)化整为零。有耐心的庄家每次只卖2 000~8 000股,根本不超过1万股,几乎所有的软件都不会把这种小成交量统计成庄家出货。

(2)多卖少买。操盘手抛出99手,同时买进1手,在显示的时候,就是成交了100手,而且是按照买入价格成交,一般软件会统计成主动买入的量。这是庄家利用红箭头、绿箭头来蒙骗投资者。

(3)大幅砸低。庄家将股价砸低到一个低点,然后在此价位出货。如目前价格是11元,有的操盘手会突然用巨量将股价砸到10元,然后股价回稳再缓升,买进的人以为拣了便宜,没有买的人以为也可以拣便宜,所以积极在10元附近挂买入盘,然后操盘手可以再次卖出大量股票。由于股价是突然下跌的,所以买进的人多,操盘手可以出的货比较多,而且实际上10元就是他预定的出货价格。

(4)先吃后吐。操盘手先把股价拉高到目标利润线以上的5%~10%,而且在高位放出大量,并显示买盘量,多数人以为庄家在买进,风险不大,所以也跟风买进。然后,庄家开始出货,股价逐渐下跌。在这里,庄家在高位买进的可能确实是实盘,但随后他可以在目标出货价附近抛出很多货,这是很划算的。

(5)跌停打开。开盘以巨量直接封于跌停板,接着庄家用巨量买入,许多人一看股价即将打开跌停板,生怕买不到股票而纷纷跟进。这种方法的辨别就是:如果不是出货,股价常会立刻复原,你根本就不可能买进来。如果你居然在跌停板附近从容买进许多,以后可能就要吃不了兜着走了。

(6)涨停出货。庄家把股价拉升到涨停板附近,然后故意在涨停板上放几十万或者上百万自己的买单,等待追涨的人挂买单,有的时候还自己吃掉一些。当盘中堆积了许多散户的买单时,庄家把自己的买单逐渐撤掉,放在最下面(按照时间优先原则,先挂上去的先成交)。然后挂出卖单,将筹码一股脑儿塞给散户,如果没卖完,为引诱散户买盘,庄家再在涨停板价位处虚挂巨额买单,这样反复操作自然可以达到高价出货的目的。所以,如果一只股票在涨停板上的成交量比较大,就是出货的迹象。因此,散户千万不要盲目地追涨杀跌,以免上当。明智的做法是仔细观察盘口、涨跌停后是否迅速关门、成交量大小、换手率高低,然后再决定操作方向。

(7)买单推进。这是一种比较常见的盘口现象,操盘手在每一个买盘价位上挂几万甚至几十万的买盘,促使股价逐步上移,总会有沉不住气的人勇敢买进,其实上面的买盘都是庄家自己的,因为持仓者都想卖最高价格,所以,你如果买进来,那就离下跌差不多了。要注意:多数人认为大单推高是庄家拉高的方式,其实这是一种出货方式。

(8)尾市拉高。在分时图上,股价前市一直走势平淡,但在临收市前半小时或者更短的时间内,突然出现一波放量的急速拉升,在K线图上出现一根放量上涨的大阳线,而此时的大盘并无明显异动迹象。但第二天该股却出现低开低走,之后一连数个交易日也是呈现出明显的走弱迹象,令人费解。那么,这种走势的盘面意义究竟何在呢?

这种走势一般出现在大盘疲软的情况下,而且是在个股图形的中部或平台附近,这时的尾市拉高带有明显的欺骗性,往往是庄家出逃的前奏,拉高的主要目的是吸引跟风盘,随后不可避免地出现连续下跌。如果这种走势出现在个股的平台整理区域,后市极有可能出现平台破位下行的走势,持股者宜迅速止损出局。如果上述情形出现在图形的高位区域,是一个极其危险的信号,表明该股已经处在头部区域。

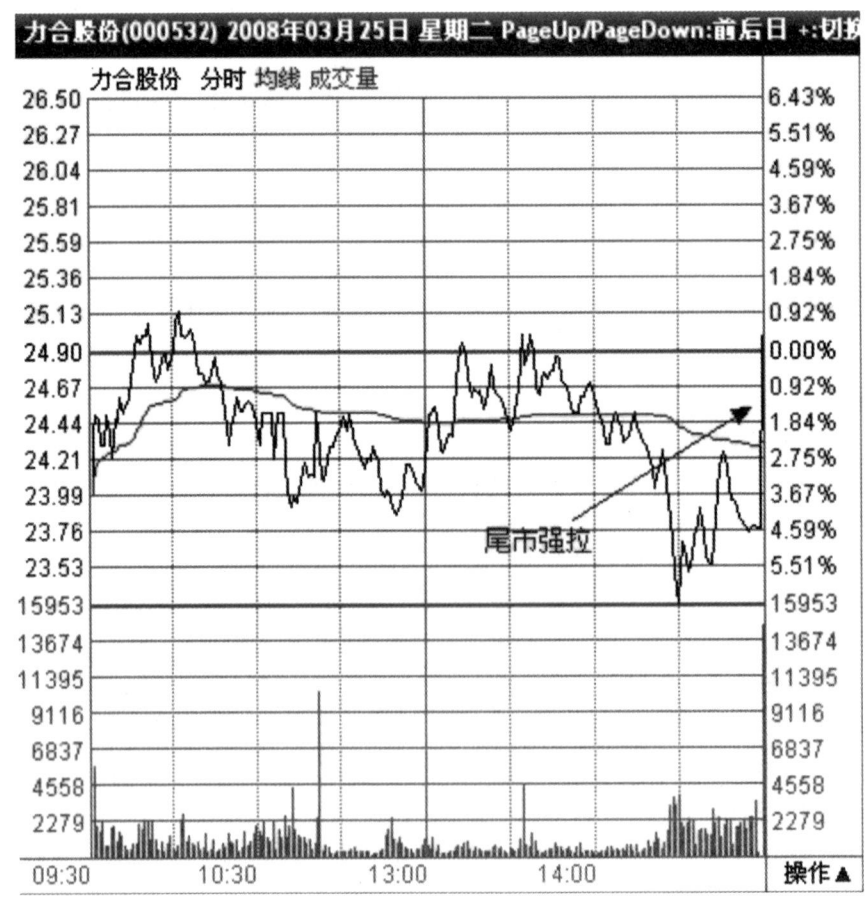

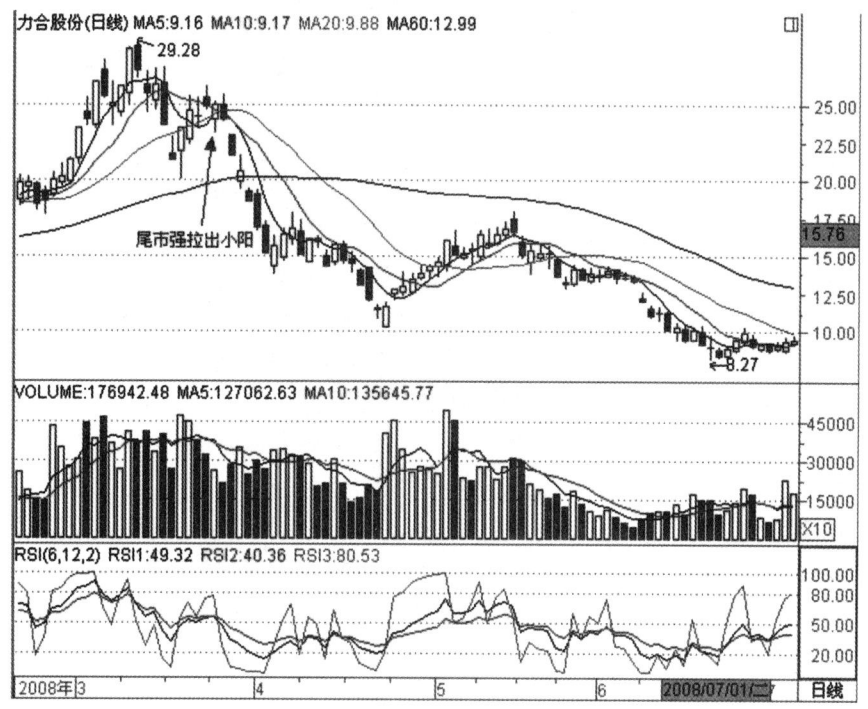

(9)买单托盘。在一些个股累计涨幅比较大的情况下,盘中的委托盘会出现另一种异常情况,开盘之后股价震荡下跌,当跌到一定幅度时在买档位置出现大笔买单,好像有庄家在吸纳,股价无法继续下跌。但在这个位置股价反弹时明显无量,而且从成交明细来看盘中主动抛盘(内盘成交)较多,而且股价重新下跌时抛盘踊跃。虽然在某一价位有强大的买盘托着,但股价总体呈下跌趋势,则很可能是庄家出货的先兆。原因很明显,如果只是护盘的话,就不应该在低位象征性地挂单,一面是买盘非常强大,一面是反弹无量,这本身就是矛盾的。所以投资者在盘中见到这种情况一定要小心为上,先出局了事。

如上图,力合股份(000532)在2008年3月12日摸上29元高位,其后开始出货,为了不使散户恐慌,主力在3月19日开始制造一个假反弹,假反弹行情中最后一天3月25日,主力在临近收盘最后1分钟将尾盘上拉4%,当日K线收出小阳。这种主力刻意做盘的动作暗示了出货意图。

分析见顶价量关系

尽管庄家出货手法多变,但总会在盘口出现一些现象。在价方面,股价先迅速下跌一个台阶,不给散户任何思考时间。质变之初力量较弱,常有反复。在量方面,从天量逐渐缩小,但总体规模仍是较大的。如果错过了大势提供的最佳出货时机,也会出现低量出货、自然出货,即有人买就出,能出多少是多少,在未达到出货的总量之前股价一般不会大幅下跌。如果在拉升末期见量太大,且升幅较高,也会出现出货量。量价方面要把握以下几点:

(1)价涨量增。股价经过一段长期升势后,突然爆发一轮急涨升势,成交量显著增大,然后股价又突然向下反转。表明庄家拉高股价借势大举沽货,短期慎防见顶,应考虑将获利货沽出。

如果在尾盘出现价增量增,在下跌的初期,一旦均线形成空头排列,这种价量俱增的尾盘少见,即使有也多为庄家拉高出货的行为,不宜追涨,如果这种尾盘发生在跌势末期,是反弹征兆,由于没有经过长期的横盘,这种反弹不宜看得太高。

如果在下降趋势的盘局中,尾盘出现价量俱增,要视30日均线的位置与角度,若30日均线走平,且与10日均线相距较近时,这种盘面表现多为结束调整信号,可介入,次日有望上攻均线。若30日均线尚未走平,这种尾盘可视为反弹行情,中线不宜进场。

(2)价跌量增。股价下跌而成交量增大,价量出现背离。此时有三种启示:

①若股价在跌势初段或下跌趋势中段,出现价跌量增,反映沽压沉重,后市仍看跌。

②若股价原先处于升势,突然止升下跌,而成交量有小幅度的增加,显示高位承接开始乏力,但这未构成股价立即转向的变化,故宜先行观望。

③若股价原先处于升势,突然止升下跌,且成交量大幅度增加,可视为大户出货的举动,后市看跌,持股者应趁最后机会先行沽货套利。

如果在尾盘出现价跌量增,投资者应视周RSI的位置而定,若周RSI未处低位,而跌势中尾盘出现价跌量增,仍是恐慌性抛盘,次日也必将低开盘,因此,不宜抢反弹,而应果断离场。若周RSI已进入超卖区,在尾盘无重大利空的条件下,价跌量增,有可能是庄家的诱空行为,一旦次日出现平开或高开的情况下,反弹有望展开,投资者可择机而入。

如果在下跌趋势的盘局中,尾盘出现价跌量增,该盘面如果发生在一个调整时间等于或大于下跌时的时间,要慎防诱空行为,不宜贸然杀出,应视次日的盘面变化再作抉择;若此种尾盘发生在一个调整时间小于下降时的时间,这种盘面多为弱市特征,次日继续下跌的概率极大,不宜抢进做反弹摊薄操作。

(3)价平量增。股价持平,涨跌幅很小,但成交量却突然增加。若股价上升已有一段时间,接近升势末段时,出现价平量增的现象,反映卖方为方便分批有秩序地沽货,将股价维持在稳定水平,无论如何,这都是代表沽压正增加的现象,预示股价将会有秩序地反复下跌。

(4)价涨量平。股价上涨,但成交量却与前几日差不多。如果股价原先以上涨居多,出现价涨量平,反映多空双方的力量已趋均等,多方再占不了上风,后市股价有可能会止涨下调,具转向意味。

如果在尾盘出现价增量平,这种情况多属庄家所为,无成交量的配合空头能量得不到释放,反弹必然受阻,次日很难挑战均线,一般而言,不参与这种弱反弹。

(5)价跌量平。股价下跌,而成交量与前几日差不多。在下跌趋势中,价跌量平表明有投资者分批离场的信号,下跌仍会持续下去。

如果在尾盘出现价跌量平,若均线系统刚形成空头排列初期,出现尾盘价跌量平,纯属买盘不济,投资者对后市信心不足的盘面表现,这种无量下跌不能单纯理解为惜售,反而,卖压得不到释放,会引起大跌发生。若股指出现连续下跌之后,而周KDJ进入了超卖区时,这种价跌量平多为惜售所致,此时,不宜恐慌抛出,而买入则要等待次日探底时择机而入。

(6)价平量平。股价的涨跌幅度很小,成交量与前几日差不多,反映多空双方受不明朗因素困扰,对后市走势不明,故作观望休息,一般散户在此阶段中不宜入市。

(7)价涨量缩。股价上升,但成交量未能配合上升,反而减少,量价出现背离。在升势的末段时(可以观察股价上涨的时间,股价累积升幅在50%以上等来判断),出现量价背离反映高位缺乏承接力,小心这是下跌先兆。

(8)价跌量缩。股价下跌,而成交量减少,这是大势趋弱、买盘欠积极表现,不宜在此阶段做买卖。若股价刚从高处下跌,成交量迅速减少,出现价跌量缩,反映庄家正悄悄地分批沽货。预期跌势正有秩序地展开,底部不容易得知,持股者宜沽货离场。

(9)价平量缩。股价升跌幅微小,且成交量减少。若股价涨幅已大,反映高位追货买盘不足,后市随时停止升势而转跌。

人气狂热多警惕

庄家吸货、拉升需要一定的时机和市场环境,同样,庄家出货更需要如此。庄家为了出货,必须制造一个狂热的市场气氛,才能实现派发的目的。它同样分为两种:

(1)大势火爆。此时人气聚集,交投活跃,证券交易大厅人头攒动,座无虚席,生怕买不到股票,市场出现白热化,甚至有的个股市达到疯狂境地。

(2)个股火爆。一般表现为局部或个股行情,多属非主流板块或主流板块中的部分个股,除基本面因素外,往往有主力资金关照。

如下图,芜湖港2005年下半年(600575)庄家在底部吸纳了大量的低价筹码后,股价一跃而起,突破了长达7个多月的横盘走势,股价节节拔高,连续涨停,与同期下跌的大盘相比,形成了鲜明的对照。由于盘势被彻底激活,顿时交投活跃起来,一时间"风光"出尽,成为两市少见的、人人关注的牛股,着实吸引不少跟庄者。然而,正当投资者狂热之际,庄家突然翻脸了。其后低开低走,连贯性冲高的动作也没有,随后几根阴线悬挂而下,弄得追随者措手不及,这便是庄家翻脸出货的经典之作。

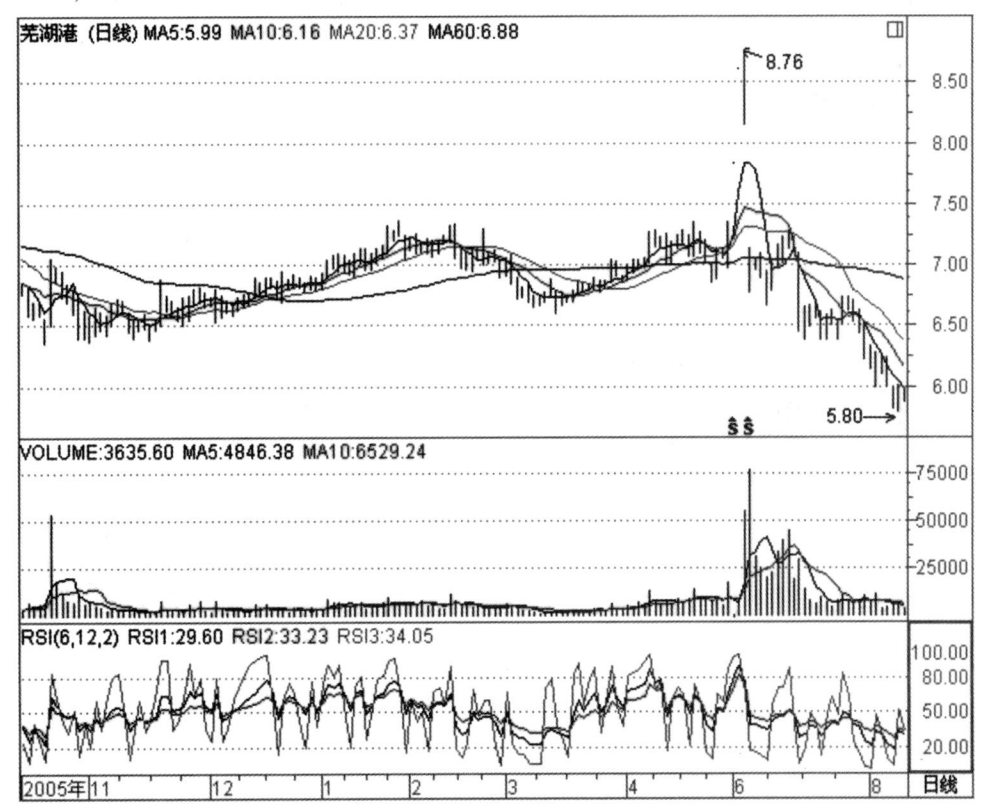

天量见天价

盘面上随着人气的狂热,出现能量剧增,这就是常说的"天量天价"。庄家只有在巨量的成交中"浑水摸鱼",无量的下跌多属洗盘或空头陷阱。它也分为两种:

(1)单日放天量。成交量原先保持温和状态,量价配合理想,股价节节攀升,某日盘中放出巨量,量价配合失衡,第二天缩量下跌,在成交量指标中出现"顶天立地"的长柱。

(2)多日放天量。股价长期运行在上升通道之中,成交量适中,量价配合理想,股价逐波上扬,气势如虹。不久,股价在高位持续多日放出天量(有时庄家为了做盘需要,也能作出量价配合的K线图形),很快股价反转向下。

如下图,凤凰光学(600071)股价从2007年9月高位下跌后,12月开始出现一波力度较大的反弹,反弹结束后在高位进行平台整理,之后股价再度上攻,成交量也比前期放大。此时,不少投资者以为主升浪行情开始了,股评家也出来煽风了,于是投资者大举介入。然而庄家却趁机出货,量价配合失衡,当日换手率达到9.36%,是前一交易日换手率的约4倍,出现"天量天价"的短期顶部。

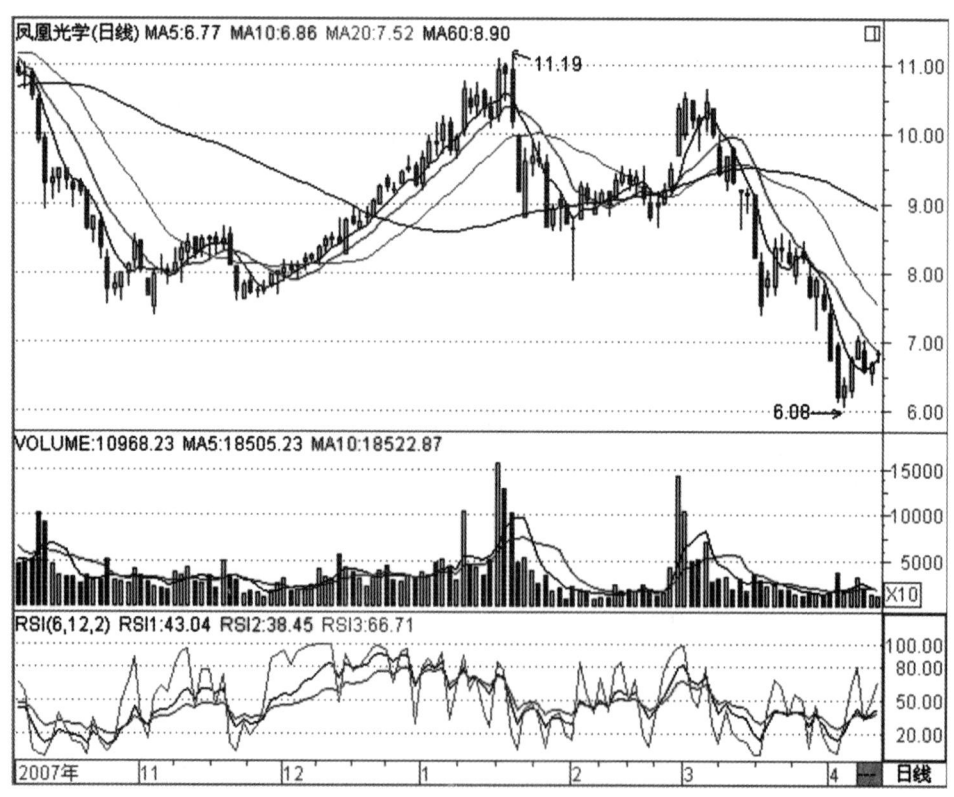

快速回落要离场

股价见顶后迅速脱离头部,形成加速下行之势,气势转弱。在实战中,有不少散户当股价在相对高位进行强势调整时不敢介入,担心股价炒高了会下跌,其实这是涨升的刚刚开始,偏偏在股价深幅回落走弱时介入,以为调整已到位,其实这是下跌途中的暂时停顿。这就是常说的"强者恒强,弱者恒弱",涨得让你不敢相信,跌得让你无法接受。在一轮行情中,会涨的股票是不会下跌的,会跌的股票是不会上涨的,这就要求散户懂得"弃弱从强"的道理。快速脱顶也有两种现象:

(1)单日脱顶。是指股价快速上冲后,当日就翻脸向下迅速脱离顶部。常见的有两种走势:一种是股价急速上冲后快速回落,当日K线上留下长上影线;一种是高开或涨停价位开盘后,股价快速回落(此种现象多属于阶段性头部)。

(2)多日脱顶。是指股价经过多个交易日的连续上扬后,快速翻脸向下迅速脱离顶部。往后的盘面就是涨小跌多,阴长阳短,行情步入漫漫熊市之路。

如下图,海印股份(600861)在底部完成双底形态后,股价向上突破,依托均线逐波盘升而上,走势十分坚挺,每一次回调都被重新拉起,给人以坚决做多的感觉,因此吸引不少追随者。之后股价放量上摸到25元后,庄家突然反手做空,股价迅速脱离顶部区域,并以大阴小阳的方式加速下跌,不给散户任何出逃的机会。

分析出货时指标特点

出货时指标特点：

(1)均线：当股价经过数浪上升，涨幅已大时，如5日均线从上向下穿过10日均线，形成死叉时，将显示头部已经形成。5日、10日、30日均线在高位出现死亡谷(死亡谷是指短期MA由上向下穿过中期MA，并继续向下穿过长期MA，随后中期MA也向下穿过长期MA，不久长期MA也出现下行，从而在顶部形成一个尖头向下的不规则三角形，这个三角形就叫死亡谷或死亡角)。60日均线走平或向下拐头，均构成中期转势信号。

(2)指标：周KDJ指标在80以上，形成死叉，日KDJ指标在高位严重钝化，通常是中期顶部和大顶的信号。10周RSI指标如运行到80以上，10日RSI指标严重超买并出现顶背离，预示着股指和股价进入极度超买状态，头部即将出现。TOW经过数浪上涨，在高位两平头、三平头或四平头翻绿时，是见顶信号。MACD指标在高位形成死叉、顶背离或M头时，红色柱状不能继续放大，并逐渐缩短时，绿柱出现并逐渐增长，头部已经形成。股价随BOLL通道上升较长时间，当股价向上越过BOLL上轨线后回落，下穿BOLL中轨线，随后又下穿BOLL下轨线时，上升通道拐头。一旦出现上述之一种信号时，则应果断卖出以避免造成利润的减少和不必要的损失。

(3)成交量：猛增至天量后，出现逐步萎缩，股价急速下跌。表明涨势将尽，上升乏力，盘面上随着人气的狂热，出现能量剧增，这就是常说的"天量天价"。它也分为两种：

①单日放天量。成交量原先保持温和状态，量价配合理想，股价节节攀升，某日盘中放出巨量，量价配合失衡，第二天缩量下跌，在成交量指标中出现"顶天立地"的长柱。

②多日放天量。股价长期运行在上升通道之中，成交量适中，量价配合理想，股价逐波上扬，气势如虹。不久，股价在高位持续多日放出天量(有时庄家为了做盘需要，也能作出量价配合的K线图形)，很快股价反转向下。

分析出货时K线组合特点

在出货阶段，K线组合在高位呈阴阳相间，或阴线出现次数增多，或在高位连续出现放量中、大阴线，或高位放量长上影线及缺口向上的十字星等，表明股价正在构筑头部，虽然此时买盘仍较旺盛，但已露疲弱之态，显示庄家已在派发离场，此时应果断出货。

庄家要撤退，总会在K线图上留下一些痕迹，若某股已有较大的涨幅，某天出现一根带长上影的K线，伴随着较大的成交量，此形态通常为庄家逃跑时来不及销毁的"痕迹"，股价短期将见顶，后市极有可能反复下挫。这种K线形态为一根K线(可为阳线亦可为阴线)，带着长长的上影线，同时伴随着较大的成交量，股价往往当日反转向下。此形态通常在升势末期出现，股价加速上扬之后出现跳空缺口，当日股价快速拔高之后直线下挫，留下长长的上影线。出现此形态的原因：

(1)主力诱多，早市先大幅拉高，吸引跟风盘涌入，待散户介入之后再反手做空，股价先升后跌。

(2)股价连续上升后获利盘丰厚,对后市看法出现分歧,多头阵营出现变化,短线客纷纷落袋为安,导致股价冲高回落,亦会留下长长的上影线。

投资者对带长上影的K线宜保持高度警觉,特别是大批股票同时出现该形态时,大盘见顶的可能性极大,出现带长上影K线的同时一般伴随较大的成交量,此为庄家出逃的"铁证",宜及时出局。

在出货阶段经常出现的K线组合形态有:墓碑形K线、反攻阳线、孕星线、穿头破脚、乌云盖顶、垂死十字、三只乌鸦、下跌三部曲、平顶、黄昏十字、吊颈、射击之星、顶部弃婴、大敌当前、顶部三星、跳空缺口等都是股价见顶的信号。

如何判断圆弧顶

圆形顶的特征及操作策略:

(1)圆形顶的形成是从上升趋势到下降趋势的转变过程在平缓、渐续中进行的,没有明显的头部感觉,这些顶部的地位都差不多,没有明显的主次区分。

这种形态在很大程度上是庄家炒作股市的产物,他们有足够的筹码,如果一下抛出太多,股价下跌太快,手里的货一下不能全出手,只能一点一点地往外抛,不断来回拉锯,直到手中股票接近抛完时,才会大幅度打压,一举把股价打压到很深的位置。

(2)在成交量上,一般两头多,中间少,即"大、小、大"。在初期,成交量较大;在顶部区域,接盘较少,成交量萎缩;在末期,沽压加大,成交量逐步增加,价格下跌幅度加大。但如果庄家在顶部出货较多,加上多头退缩向下突破时倒不一定要成交量放大。

(3)圆形顶是一种重要的反转形态,可以出现在大、中、小行情的局部高点,形成短期或长期顶部,圆形顶形成所需的时间越长,今后下跌的幅度就越大。

(4)在操作上,股价快速向下突破圆形顶形态时为最后出货时机。不过,如能观察到明显的圆形顶即将形成,仍以圆形顶的右边,即缓慢下跌时出货为佳。不要过早出货是为了防止形态有变而造成损失。

如何判断潜伏顶

潜伏顶主要是股价经过一段时间上升后,在某个变动不大的区域极缓慢而细微地变动,随着时间的延长几乎变成一条水平和直线,之后突然向下突破,形成潜伏顶。

潜伏顶的特征及操作策略:潜伏顶是一种反转形态,它的形成必须依赖于一个根本要点,即极度乐观的市场气氛。潜伏顶可以出现在大、中、小行情的局部高点,形成短期或长期顶部,图形大小决定于作用大小。潜伏顶的成交量较少,突破时成交量放大,且突破方向是向下的。它一般出现于绩优股的走势中,原因是这类股票持有者心态比较稳定,不急于改变看法,相反投机性高的垃圾股很少走出这种形态,因为持股者没有什么信心,一旦风吹草动即先行一步逃跑。

从实践来看,可以把潜伏顶理解成"平顶",即股价走了较长时间的平台之后向下突破,如果右边略有下沉,则可以按圆弧顶操作。投资者在股价突然出现向下突破时出货为好,这也是最后的时机。不要过早出货,以防形态有变而造成损失。

如何判断尖顶

尖形顶在中国股市中经常出现。代表的市场趋势的反转是突然的、剧烈的,几乎毫无先兆的情况下出现,并按新的趋势方向快速向下运动。它经常出现在股价一路持续上涨,很少调整或只有微小调整,且通常在股价持续上涨或跳空上涨市场中。它的形成有两个必要条件:

(1)股价运行在一个强劲的上升趋势之中。

(2)股价已有较大升幅。尖形顶形成时间一般较短,也难以判别,一旦形成,其杀伤力极大。操作策略如下:

①在股价上升途中次顶部依宝塔式地分批将手中股票卖出,以防不测。往往此时人气最旺,轧空愈烈,黑马狂奔,采取逢高减磅的策略较为稳妥。

②一旦见顶回落,应壮士断腕,忍痛了结。

因此,必须事先设立止损点,不抱侥幸心理,一旦见顶,坚决止损出局,保住可靠资金,以利再战。

如下图,漳州发展(000753)在经历了2006年的大牛市行情后于2007年5月上摸至11元,此时也达到了最高点,其后以剧烈的反转形态下跌,形成一个尖锐的倒V形顶。

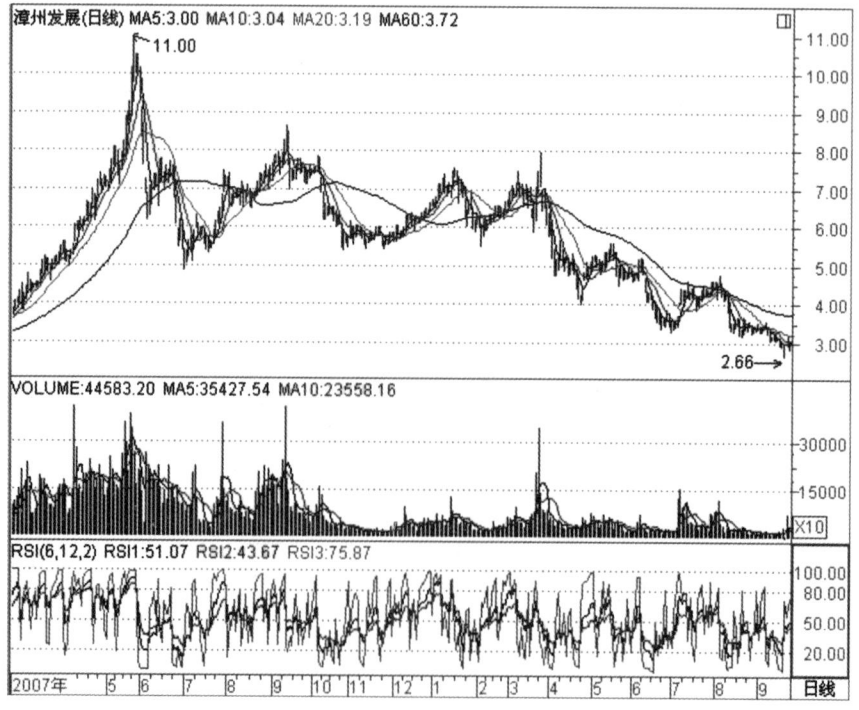

如何判断双重顶

双重顶又称M顶。一般出现在多头行情结束时,有时也会出现在上升趋势与下跌中间盘整阶段。一般来说,如果两峰顶出现时间(一般1个月左右)相距较远,则反转的可能性较大;反之,若相距较近,则属中段盘整的可能性较大,盘整完成后,仍将朝原方面继续前进。在出现左峰之前,股价距离起涨点往往已有了一段相当涨幅。右峰的价位并不一定与左峰相等,但相差不多。在成交量方面,通常右峰明显比左峰为少。

就庄股而言,庄家持筹多,大市在此期间总体向上,那么庄家可能分两次较大规模出货。因为筹码多,一次出不完,出得太低划不来。由于大市向上,上次出货被散户看成调整。因此,第二次花少量钱拉高时有散户愿意追高。第二次出货将出尽手中筹码,故到后期股价跌破颈线。

如何判断倒N顶

倒N形顶是双重顶的变异体。股价经过一轮持续性上升行情之后,先期低位持仓者开始沽货套利,股价回落,形成一个顶端,成交量逐步减少。当股价下跌至某一点位(支撑位或线)时,庄家停止打压出货,股价获得企稳。这时回补盘和短线盘介入,股价展开反弹行情,但成交量明显减少,股价很快回落,并轻松击穿前期低点,形成一个倒N形。我们对于一浪低于一浪的倒N形波,称其为下跌潮。一个下跌潮包含"下跌—上升—下跌",当股价向下跌破倒N形波的转折低点时,为一个完整的向下倒N形形态。一个大的倒N形波可以包括许多个小的倒N形波。

倒N形态的特征及操作策略:

(1)当股价向下突破颈线时,一般以收市价低于前一个低点超过3%以上,倒N形获得成功确认。有时突破后可能产生短暂的反抽,以收市价计,只要未突破颈线3日以上,仍可视为反抽之内,后市应看淡。股价在跌破前期低点时,无须有大成交量的配合。

(2)N形形成的时间长短尚无标准,一两日有之,几周、几月也有之。实盘中,形成时间短的,短期下跌力度却很强;形成时间长的,后市跌幅越大,利淡信号更为明显。

(3)量度跌幅:测出第一次反弹高点至颈线间的垂直距离,再从突破颈线点向下量出等倍距离,即为至少量度跌幅。一般情况,实际跌幅比量度出来的大得多。

(4)买卖策略:当股价突破颈线或回抽颈线成功时,持股者坚决抛出,持币者观望。

如何判断变异三重顶

通常,投资者对于传统的双重顶与三重顶比较熟悉,这里重点分析一下变异三重顶。推陈出新永远是市场的发展规则,我国股市经过多年的发展,出现了一些新的走势形态,变异三重顶作为对传统双重顶与三重顶的变异,仍是较明确的卖出信号。市场表现上,庄家经常制造再次上攻前期高点并突破的假象,以掩盖其真正出货和意图。产生这种情况的市场背景是,当市场较为狂热时,由于看好后市的投资者众多,庄家不急于出货,在高位缓慢派发。在第一次回落后,庄家利用市场的狂热气氛,再次向上推高股价造成第一次回落仅仅回调的假象,利用市场的惜售心态,使市场误以为有创新高的潜力,减轻推高时的压力,在推高过程中继续派发。如此震荡来回,使市场投资者以为震荡洗盘,麻痹了投资者的警觉性,而在派发接近尾声时,庄家由于持有的股票已经较少,没必要继续维持股票的良好走势形态,会加大抛售力度,在前期高位附近由于庄家不再继续托盘,抛压的加大使得股价直线下跌,变异三重顶形成了。

当然,变异三重顶出现也有一定的空间要求:

(1)股价已经积累了相当一段可观的涨幅。

(2)出现的三个高点有依次向上倾斜的特征,几乎成一直线,这样欺骗性比较强。

(3)形态完成时往往出现一根大阴线,完成变异三重顶的形态构筑过程,股价由此进入暴跌阶段。

如何判断头肩顶

头肩顶形态是股市最常见的形态,也是最为著名和最为可靠的趋势反转突破形态。

头肩顶形态的特征及操作策略:

(1)在成交量上,第二个峰(头)的成交量比左肩要小,最重要的成交量信号发生在第三

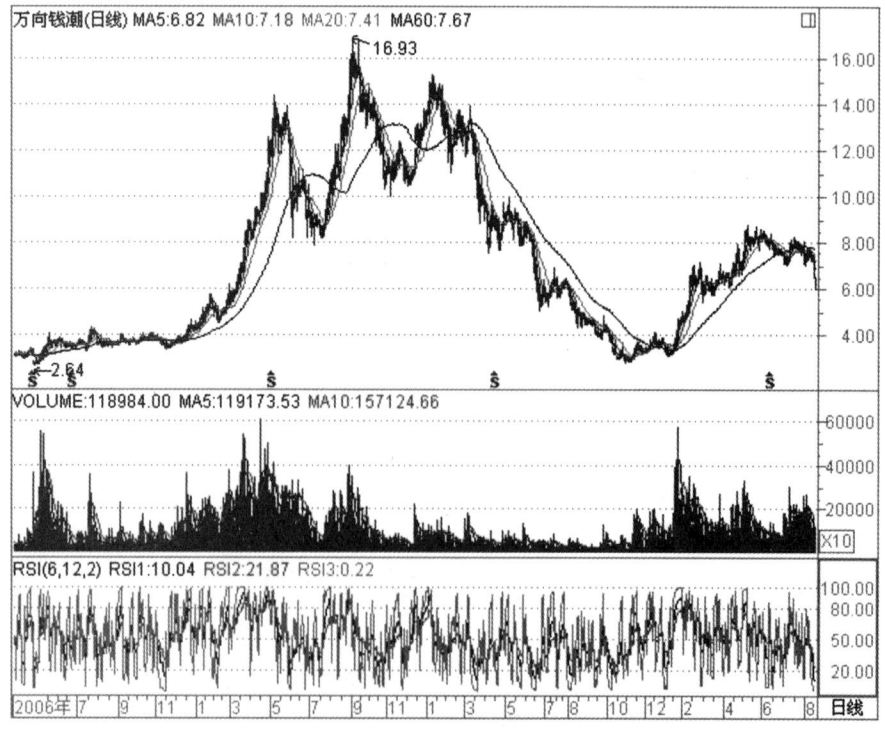

个峰点(右肩),此时的成交量比前两个峰处的成交量显著减少。当股价跌破颈线时,成交量增加。在股价反抽时,成交量又减少。然后,股价再度下跌,成交量也再度增加。

(2)量度跌幅有两种测算方法:一种是先量出从头到颈线的垂直距离,然后从突破点向下量出等倍距离,即为下跌的目标价位;另一种是先量出下降运作中第一浪的长度,然后从突破点向下量出等倍距离,即为下跌的目标价位。

操作策略:一般来说,短线投资者以右肩形成时出货为佳,头部出货当然最佳,但有可能在本不是头肩顶形态时少赚差价。中长线投资者应以大头肩顶形成,股价有效跌破颈线时出货为最后时机,如果预见到头肩顶将成,仍以左肩出货为佳。在形态已经形成、股价跌破颈线后又一次反弹至颈线附近时为最后清仓机会。

如上页图,万向钱潮(000559)在2007年的5·30暴跌行情中形成巨大头肩顶形态的左肩,2007年8月30日上摸至16.93元,形成头部后下跌,其后在2007年12月的反弹中形成右肩,这里的右肩是最后的逃命机会。

如何卖个短线好价钱

股谚云:"会买的是徒弟,会卖的才是师傅。"这里揭示了卖股票的学问和难度,那么股票应当在什么时候卖出为好?根据多年的操盘经验,采用以下办法可以帮助短线交易者将股价卖在相对高价位。

(1)股价从高位下来后出现反弹,如果连续三天未收复5日均线,稳妥的做法是先出来观望。或者,股价反弹未达前期最高点或成交无量达前期高点时,不宜留着该只股票。

(2) 股价破20日、60日均线或号称生命线的120日半年线、250日年线时,一般尚有8%~15%的跌幅,可以先退出来观望较妥。当然,如果资金不急着用的话,死顶也未尝不可,但要充分估计未来方方面面可能发生的变数。

(3)日K线图上突然出现大阴线并破重要平台时,不管第二天是否有反弹,都应该出掉手中的货。或者,股价上升较大空间后,日K线出现十字星或长上影线的倒锤形阳线或阴线时,是卖出股票的关键。上升一段时间后,日K线在高位出现十字星,反映买方与卖方力量相当,局面将由买方市场转为卖方市场,犹如开车遇到十字路口的红灯,反映市场将发生转折。股价大幅上升后,出现带长影线的倒锤形阴线,反映当日抛售者多,若当日成交量很大,更是见顶信号。许多个股形成高位十字星或倒锤形长上影阴线时,形成大头部的概率极大,应果断卖出。

(4)新股上市尽量在早上交易时间的10:30~11:20卖出,收益较为客观。

(5)重大节日前一个星期左右,开始调整手中的筹码,乃至清空股票,静待观望。

(6)雪崩式股票什么时候出来都是对的,大市持续下跌中,手中持有的股票不跌或微跌,一定要打起精神来,不要太过侥幸,先抛出来为好,像此类股票总有补跌赶底的时候。

(7)股价大幅上扬之后,持股者普遍获利,在上扬过程中一旦出现卖单很大,特别是主动性抛盘很大,反映庄家在抛售,这是卖出的强烈信号。尽管此时买入的投资者仍多,买入仍踊跃,这很容易迷惑看盘经验差的投资者。

(8)股价大幅上升后,成交量大幅放大,创出近期的最大值,是庄家出货的有力信号,是持股者卖出的关键,没有主力拉抬的股票难以上扬,仅靠广大中小散户很难推高股价的。上扬末期成交量创下天量,是形成大头部区域的先前信号。

(9)股价大幅上扬后,除权日前后是卖股票的关键时机。上市公司年终或中期实施送配方案,股价大幅上扬后,股权登记日前后或除权日前后,往往形成冲高出货的行情,一旦该日抛售股票连续出现十几万股的市况,应果断卖出,反映庄家出货,不宜久持该股。

追求短线交易的最高境界

短线交易有自身的缺陷——大资金进出不太方便,但对不足 1 000 万元资金的投资者而言,则基本没有什么交易障碍。中线交易也并不是没有缺点,一般中线交易者自身的风险意识比较弱,容易由浅套到深套——这与中线交易者期望值较高及看问题比较固执有关。其实,中线交易和短线交易成不成功都取决于投资者在各方面的造诣深浅。

短线交易的最大优点在于短线交易者的风险意识较强——股市一有风吹草动就立即平仓出来观望。

有人说,短线交易的最大风险源于追高操作。其实未必尽然。强者恒强是股市上的常态——无论是强势市场还是弱势市场都一样。把一些连续涨停的热点股龙头股与其他股票作过比较后得知,如果大盘出现大跌,前者跌一个点,后者至少要跌五个点。所以,追高这样的股票才是最安全的。

所以问题不在于追高,而在于不能乱追。短线交易的最高境界是空仓—空仓不仅可以回避市场下挫的风险,也可等到市场最强势的龙头股的出现。

第 3 篇

波段操作炼金术
——判别股价波动的大势

第13章

寻找上升浪

一山连两谷，右浪介入

"一山连两谷"是指股价跌到低位后，日K线在底部走出的W底形态(注意与K线图W底形态的区别)，该形态的两个低点，在移动平均线图上如同大山中的两个峡谷。该形态的中间突出部分，如同两峡谷中间的一座山峰，将峡谷与山峰联系在一起观看，就是一幅"两谷夹山"的风景画，这幅风景画在股市行情中是投资者的聚宝盆，经常使用它，财源就会滚滚来。

该形态是依据"两次探底"的原理来显示买入信号的。第一个峡谷(即左边低点)为一次触底，第二个峡谷(右边低点)为第二次触底，两次低点大致处在同一个水平线上，这是股价跌不下去的支撑位，也就是股价见底的迹象，此时进场，容易获利。

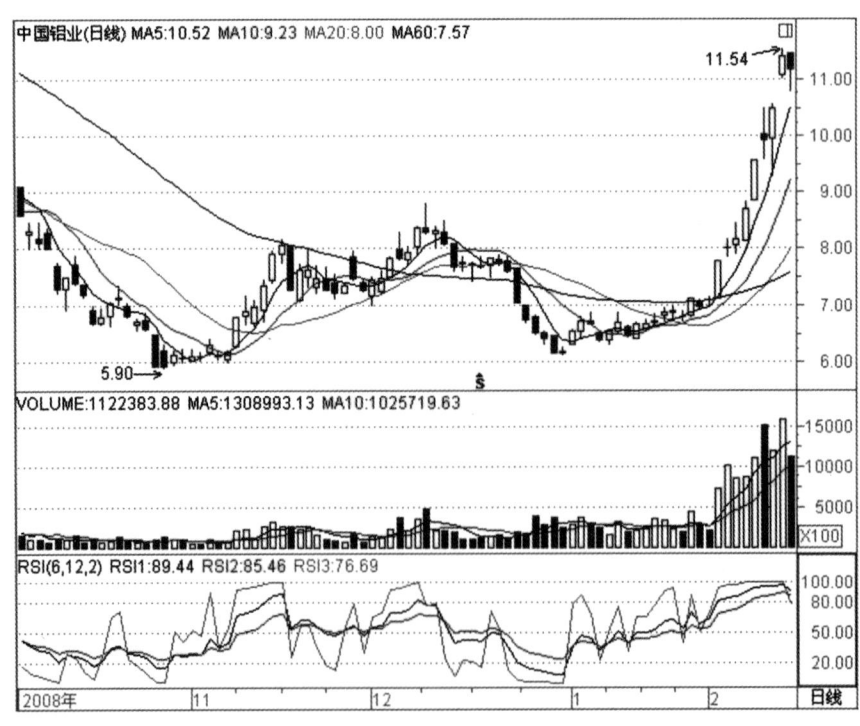

上图是中国铝业(601600)2008年10月中旬到2009年2月下旬的日线走势图，从图中可看出，该股在2008年10月至2009年2月期间，走出了一个十分完美的"一山连两谷"形态，该

形态的左谷底低点出现在2008的10月29日,当日的5日移动平均线低点为6.38元。右谷底出现2009年12月31日,当日的5日移动平均线低点为6.39元。如果在电脑屏幕上隐去均线,仅留K线系统,我们就能清楚地看到,该股恰似两个深深的山谷,挟持一座山峰,一个"一山连两谷"的形态跃然于屏幕上。这一形态告诉投资者,该股跌到底部了,已到了进场的时候,后市会有回报,不应错过这一买入机会。该股的后市走势作了有力的印证。自"一山连两谷"形态出现后,该股就奋力盘上,股价升幅接近100%。

芙蓉出水,低位介入

1. **图形特征**

(1)当股价长期在季均线之下滑跌,有一天突然放量冲过季均线并能收盘在季均线之上,这一根阳线称为出水芙蓉。

(2)当股价长期在季均线之下横向震荡,有一天突然放量冲过季均线并能收盘在季均线之上,这一根阳线也称为出水芙蓉。

(3)有时股价分几次上冲季均线,其中有一根阳线最终能站稳在季均线之上,这根阳线还称为出水芙蓉。

2. **市场意义**

(1)如果股价始终在季均线之下滑跌,则始终不会有向上攻击的爆发力。

(2)当股价放量切断季均线(或月均线)时,有可能成为向上转势的信号。

(3)如果股价能在季均线之上企稳,则转势向上的把握更大。

3. **操作方法**

(1)在出现出水芙蓉的图形后逢低买入。

(2)在出现出水芙蓉的图形的当天收盘前积极买入。

4. **举例说明**

如上图荣华实业(600311)在2008年11月7日开始放量上升,经过6个交易日的放量收集筹码,股价已运行到60日平均线边缘。2008年11月17日放量冲出均线系统,并在以后几个交易日的回档中,股价并未跌穿季平均线系统,由此确认11月17日的放量阳线有效站稳在季平均线系统之上,是典型的出水芙蓉。

重锤坠地,掀起波浪

股价经过较长时间的下跌后,在低位出现了一条大阴线,紧接着出现一条向下跳空开盘,并留有跳空缺口(实体之间的缺口也可)的星形小图线(不分阴阳),就称为"重锤坠地"。也就是说,该图线必须是在低价位出现,而且最后的两条图线必须是由一条大阴线和一条留有缺口的小星形线组成,因为小星形线形似一个带柄的铁锤,故名"重锤坠地"。该形态之所以显示见底信号,是因为股价经过长期下跌后,又出现一次急跌的走势,做空能量得到了充分的释放,获利盘几乎涤荡殆尽,套牢盘该跑的早已跑了,没有出逃的,已成"铁杆多头",不会轻易割肉斩仓。"重锤坠地"中的星形线,是卖压减轻、股价见底的迹象,先知先觉者往往利用这一形态,暗中收集廉价筹码,等到后市出现戏剧性的上涨行情、后知后觉者踊跃进场时,先知先觉者已获利颇丰,就可"落袋为安"了。

上图是广济药业(000952)2001年7月至2001年12月的日线走势图。图中显示,该股经过近一年的下跌后,于2001年10月15日至2001年10月19日期间,又连收5条下降的阴线,5条阴线的跌幅达7.07%,第二天(2001年10月22日)该股向下跳空0.36元开盘,收出一条带有上影线的星形小阳线(开盘价10.55元,最高价10.85元,最低价10.30元,收盘价10.60元),留下0.31

元的跳空缺口(实体之间的缺口),形成标准的"重锤坠地"形态,表明该股已跌到了底部,后市即将展开反弹行情,此时介入,会有可观的收益。该股的后市走势确实如此。自"重锤坠地"形态出现后,该股就强劲上扬,股价由2001年10月22日"重锤坠地"图线出现日的10.60元,上升到2001年10月24日的12.65元,升幅达19.34%。

均线烘托,上升浪开始

将日价格平均线参数设为:5日、10日、20日、60日、120日和240日,出现了5日、10日、20日、60日、120日价格平均线和240日价格平均线。简称"六线"。

当5日价格平均线上穿10日、20日价格平均线,10日价格平均线上穿20日价格平均线,称"月托"。

当10日价格平均线上穿20日、60日价格平均线,20日价格平均线上穿60日价格平均线,称"季托"。

当20日价格平均线上穿60日、120日价格平均线,60日价格平均线上穿120日价格平均线,称"半年托"。

当60日价格平均线上穿120日、240日价格平均线,120日价格平均线上穿240日价格平均线,称"年托"。

以上四个"托",简称"四托"。

在漫长的股价运行中,有时会出现"六线四托"形态,这是很难得的买入机会。此时买入,收益大、风险小。

如下图,中南建设(000961)在2008年11月时均线开始交织,从11月18日到12月1日,均线缓慢走平粘贴,自12月2日起出现"六线四托"的走势,此时可以果断买入,如果投资者耐心足够好的话,在2009年上半年可以享受惊人投资收益。

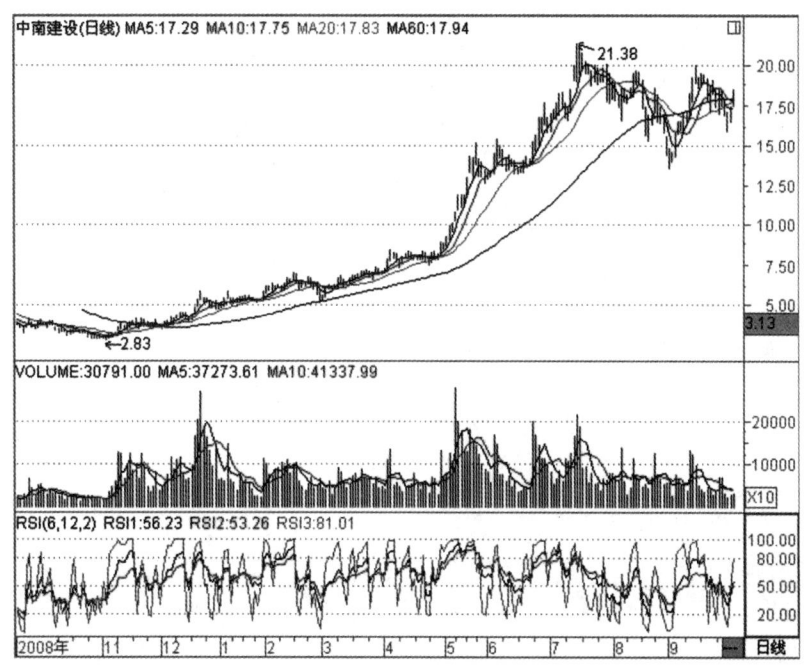

寻找浪底支撑位

所谓浪底支撑位,就是维持股价稳定,使其止跌力量的点位。当股价自高档下跌至支撑点时,由于技术上的种种原因,会有许多买盘在支撑点附近介入买进,促使股价止跌回稳,甚至反转上升。因此,在股价下跌,跌至支撑点所在时,为买进时机。

一般而言,构成股价支撑点的因素,大致有以下几种:

(1)移动平均线。

(2)上升趋势线。

(3)密集成交地带。

(4)股价前波上涨的起涨点。

(5)过去股价波动的最低价,或前波低价。

(6)股价大幅上涨后,下跌至前波涨幅的50%处(1/3处或2/3处也可能有支撑)。

(7)头肩顶与双重顶的颈线。

(8)多重底。

支撑与阻力,其实是相对的概念,在技术操作上也是这样。当股价下跌至支撑处,无法发生支撑的作用而跌破后,该支撑点反而就变成往后股价上涨时能阻力点,这是投资者在运用支撑与阻力概念时,所必须注意之处。

如下图所示,ST东北高(600003)2005年7月见底2.33元后开始上涨,底部不断抬高。将2.58元与首次回调的低点连线形成上升趋势线,在其后调整至该线的支撑处时均获得支撑并再度上行,而成为短线的买入时机,止损点可设在跌破支撑线之时。

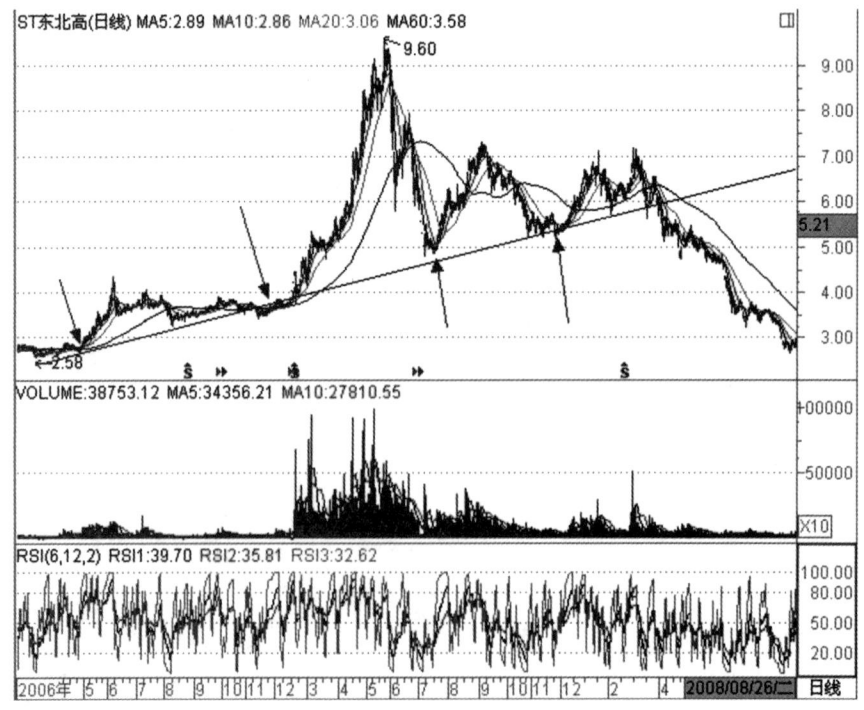

寻找稳健的盘升浪

盘升式方式在表现形式上不温不火,以缓慢上行的方式将股价推高,股价逐步脱离底部区域。在日K线图上,常常以两阳一阴、多阳少阴或长阳短阴交替上升,或连续小阳和十字星式上行,盘中出现的跳空缺口都将被回补,涨多跌少,循环攀升。成交量呈温和状态,偶尔有脉冲式放量出现。在形态循环间,前后循环有时会重合,即股价出现第一个循环以后,第二循环又回到了第一个循环的高点或起点位置。显示庄家控盘程度较高、资金实力强大、炒作风格稳健,后市将有较大的上升空间(但主升期往往出现在行情的中后期)。这种操作手法,一般是中、长线实力庄家控盘所为。

如下图,华夏银行(600015)由于庄家手中收集的筹码不充分,同时也为了收集到更多的低位筹码,庄家并没有急躁冒进、大幅拉升股价建仓,而是采取了阴阳相间的交替上行,这种看起来软弱无力实则后劲十足的形态,迷惑了大多数投资者,并持续诱导他们出局。常常出现,大阳线突破以后,第二天股价高开低走,收出了阴线,虽然盘中一度全数吞吃了突破长阳线,但收盘稳稳高居在阳线实体顶部,成交量大幅萎缩,表明庄家入多出少。有时股价低开高走,几乎完全光脚光头的大阳线强劲上攻,强势特征完全显露。有时一阴一阳、一阴两阳、一阴三阳、长阳短阴,循环而升。在阴阳互现的形成过程中,K线形态几乎无一例外呈现高开低走阴线,低开高走收阳线的规律,盘中不留任何不被回补的缺口,收盘股价几乎不出现二次循环中的重叠,阳线总是比阴线长。在成交量不断放大中,也出现对应的收阳线放量、收阴线缩量的规则,把庄家极为有序的耐心从盘面淋漓尽致地展露出来。

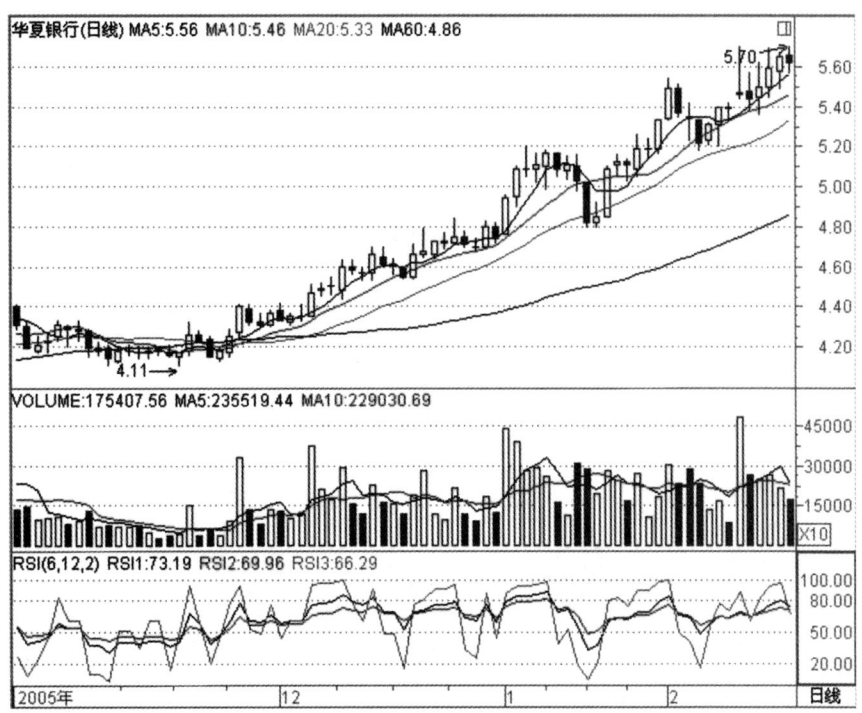

果断介入拉升主浪

这种方式比盘升式上涨凶猛得多。庄家在底部整理成功后,出现连续以中阳、大阳线往上拉升,股价明显脱离底部区域。在日K线图上,宛如一天天往上砌的"红砖墙",红霞漫天,势如破竹,当股价回调到均线附近时,会再度拉起,常有跳空缺口出现,成交量与先前相比有所放大。在当日分时走势图上,呈现低开高走、高开高走的方式,买档中常有大单出现,股价回调至当日均线附近时企稳向上,一波比一波高,有的强庄股干脆沿一条直线上升,不管风大浪急,我行我素。这种操作手法,大多是中、长线实力庄家控盘所为。

股价通过拉升表现,吸引市场注意力,博得场外资金进场拉抬股价,为庄家减轻拉升压力。但庄家又不会把股价拉得太高,因此将股价拉升到一段距离后,停止拉升动作,让股价有所回落,或放缓拉升速度,对盘中的浮动筹码进行清理,也即进行洗盘后再行拉升。

在股价成功脱离底部,出现明显的放量过程时跟庄进入。由于上涨速度较快,持续时间较短,当股价出现滞涨时短期退出,等待股价回落时择机重新买入。通常是以均线附近作为回落位置的介入点,具体方法是:第一次到达此位置时,可重仓或加仓买入;第二次到达此位置时,可适量买入;第三次以上到达此位置时,待股价回升时减仓或退出为好。另外,股价呈缩量回落时,买入较为理想。若放量下跌,可能短线抛压较重,回落幅度较深,后市股价回升的幅度也大打折扣。

如下图,宝钢股份(600019)庄家吸足筹码并经过充分整理后,开展初升行情走势,其中多以中、大阳线或涨停的方式出现,势头十分强劲。表明庄家实力强大,有备而来,炒作手法不可忽视。其后该股经过充分的洗盘后,爆发了一轮主升行情,股价涨了3倍以上,成为众人皆知的大黑马。

重视30度角的上升浪

沿30度角上升这种走势依托均线系统上行,不受大盘升跌影响,同时又受到了均线系统的制约,一旦距离均线较远时,会有集中抛盘出现,因此就形成了30度角上升形式。此盘口现象看起来庄家力量脆弱、控盘程度较低。正因为表面上有这些感觉,迷惑了不少投资者的眼睛,但到中后期均有快速拉升的动作。其实,这是长线实力庄家的一大策略,在一年半载后,当你站在高位俯视现在的股价时,大有"一览众山小"之感悟。

但如果低于30度的走势,又落后于大盘的涨幅,表明盘势过弱,多空双方的斗争与大势的上升不能统一,应引起注意。其原因可能是:①继续吸筹。②资金不足。③利空隐患。④无庄入驻等。

如下图,宏达股份(600331)在2005年6月开始阶段,股价上穿30日均线后,依托均线系统上行,不受大盘升跌影响,形成30度角上升形式。表明庄家实力强大,操作手法稳健,在行情进入中后期时,股价拔地而起,角度变得陡峭起来。整个行情延续1年多,股价涨幅超过5倍。

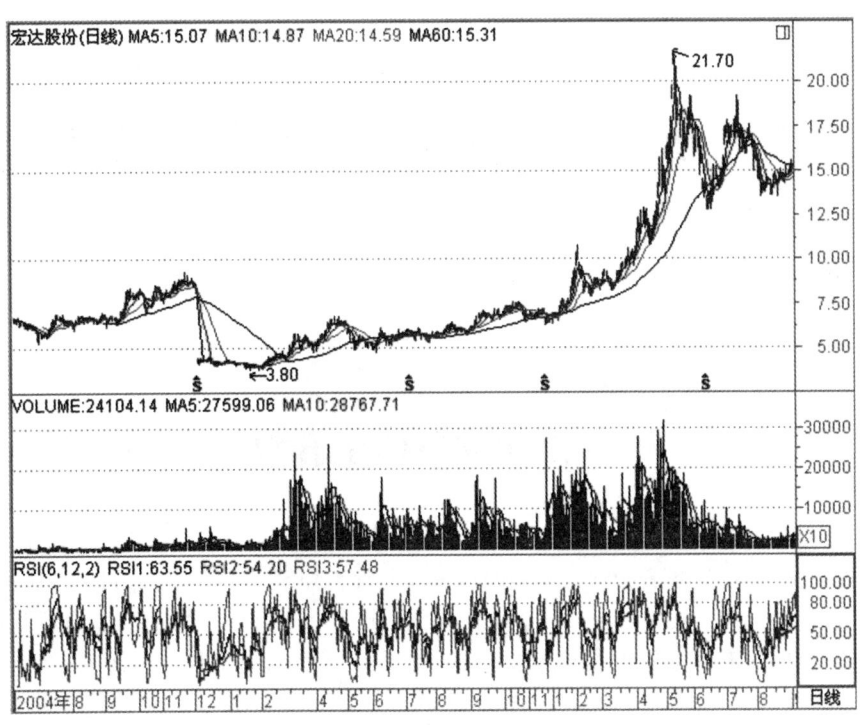

骑稳45度角的上升浪

沿45度角上升这种走势最强劲、最理想。经过仔细观察,不少大幅攀升的个股前期都在平缓的上升通道中运行一段时间,股价阴阳相间、交错上行,角度多为45度,成交量错落有致。这种形态通常是庄家控筹所为,由于庄家大规模介入,必然使股价重心逐渐上移,慢慢形成一条上升通道,且初涨期升势一般很缓慢,既可降低持筹成本,又不至于过早招人耳目。这类个股上升通道维持的时间越长,庄家准备工作越充分,日后的爆发力越大。

如下图,宏达股份(600331)股价在2008年11月见底后步入上升通道,角度约为45度左右上升,其间不理会大盘的走势。经过充分的准备工作,为该股日后惊人的表现埋下伏笔。行情延续了3多个月,涨幅接近3倍。

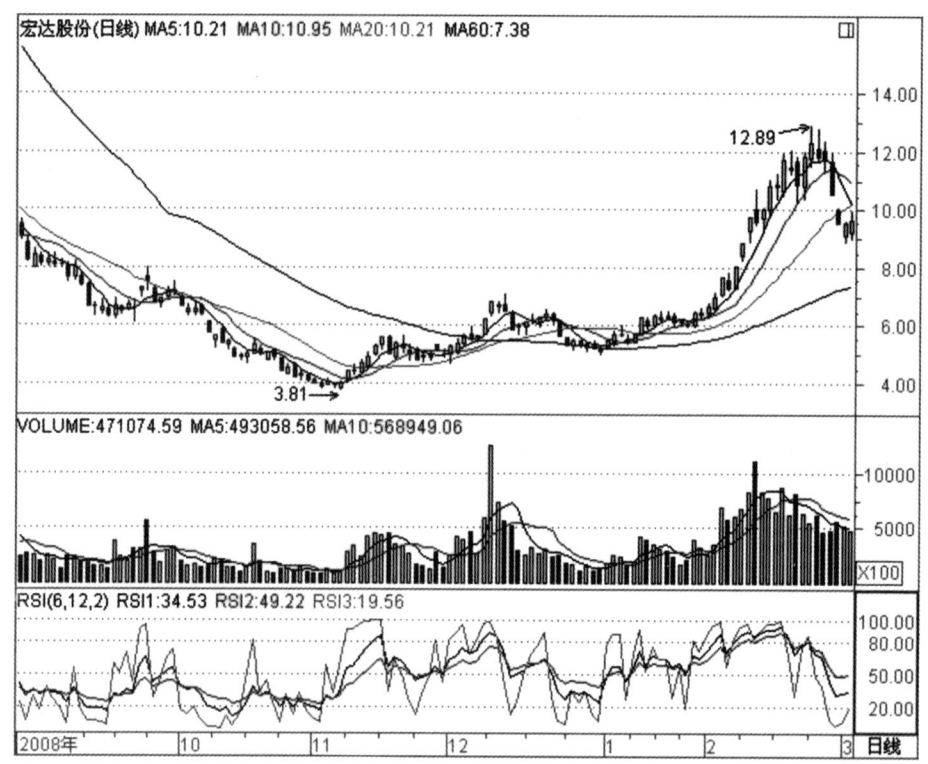

警惕60度角的上升浪

沿60度角上升这种走势往往预示股价背后隐藏着重大题材,加之庄家实力强大,坐庄手法凶悍怪异,令股价涨势如虹。这表明庄家在底部长期潜伏吃货后,达到了高度控盘,加上拉升之初大势、板块和人气等诸多因素的共同作用,产生了闪电式拉升。这种走势庄家短期消耗能量过大,需要换手休整后,再度上攻。

需要注意的是,如果升势超过60度以上,庄家短期用力过猛,必然产生强力回抽,建议逢高减磅,波段操作。

如下图,2008年年末,宏达股份(600331)庄家在底部经过长时间吸货后,沿60度角强劲上行。庄家坐庄手法如剑,气势如虹,但2次沿60度角上升后,短期力量消耗过猛,需要回调休整(见图中箭头所指),积蓄一定的能量或等待时机再度上攻,方能使行情持久延续。

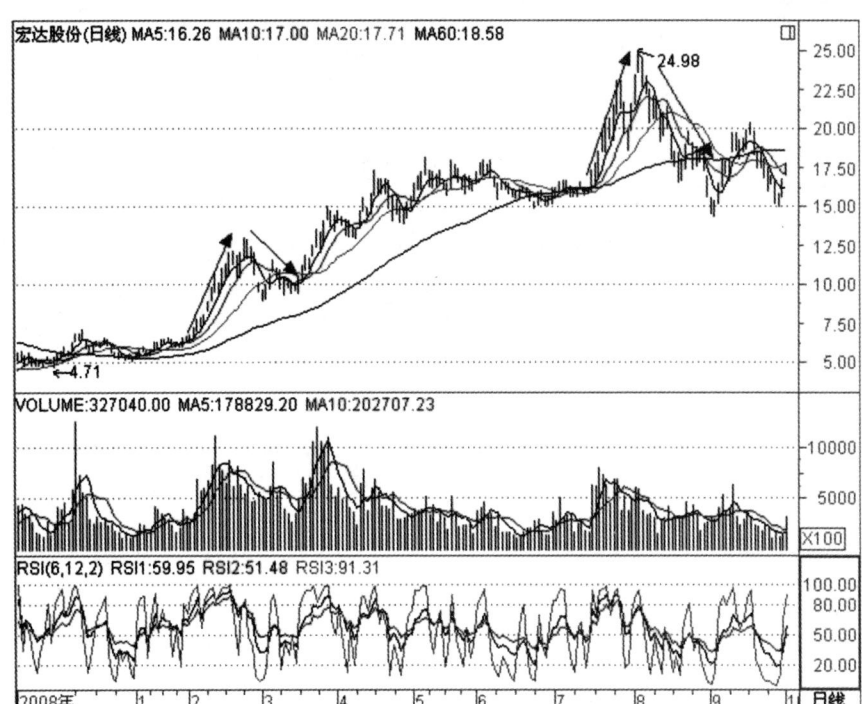

第14章

介入反弹浪

积极介入强势反弹浪

这种方式就是股价经过大幅操作或快速拉升后,涨幅十分巨大,庄家在高位派发筹码,造成股价见顶回落。由于庄家没有在高位集中派发完毕,股价下跌一定幅度后,出现强劲的反弹走势,上涨势头不亚于主升段的攻势,上涨高度可能到达顶部附近,甚至微创新高,成交量也未见萎缩,严格地说这种强势反弹还属于头部区域。通常在下跌行情开始后,出现的第一波反弹行情都属于强势反弹性质。

庄家通过强劲上攻势头,使散户产生强烈的追高欲望,从而协助庄家拉抬价格,促使庄家加快出货步伐。

散户持股者在股价反弹到前期高点附近,出现滞涨或收阴线时,卖出做空;持币者在股价深幅下跌后,出现放量上涨时,少量买进做多。

如上图,紫光股份(000938)就出现强势反弹走势。股价经过一波快速上涨行情后见顶回落,形成倒V形反转形态。在下跌过程中成交量大幅萎缩,说明庄家没有成功出逃。很快股价出现强劲反弹,上攻气势凶猛,成交量再次放大,反弹幅度也超过60%。

抢入井喷反弹浪

股价在回落中突然快速放量反弹,像平地竖立的旗杆,但涨势仅维持两三天甚至仅上涨一天就结束,来得急、去得快,其后股价继续回落或沿原趋势下跌。快速反弹的时间周期特别短,反弹在几天内快速完成,成交量也呈突然放大的态势,反弹的幅度不会太大。这种反弹在跌势初期出现的机会较多,回落中途也偶尔出现,回落后期则不太可能出现。

这种方式也可能是新的短庄介入,通过短期建仓,掌握了少量的筹码,然后运用少量的资金炒一把就走,不需要讲究什么方法和技巧。这种方式也可能是受某种突发性利好消息的刺激,而引发"井喷式"反弹行情。

庄家在高位没有完成全部出货任务,在股价下跌一定幅度后,突然放量向上腾空而起,散户以为新一轮行情产生而追涨买进,庄家自己则继续向外出货。若是新短庄则另有意图,即获取短期利润差额。

散户持股者在股价放量冲高回落,收阴线、长上影线、十字星时卖出。持币者可以在第一天放量拉高时少量跟进,若错过这个时机,则以观望为好,因为毕竟是反弹行情,不做也罢。

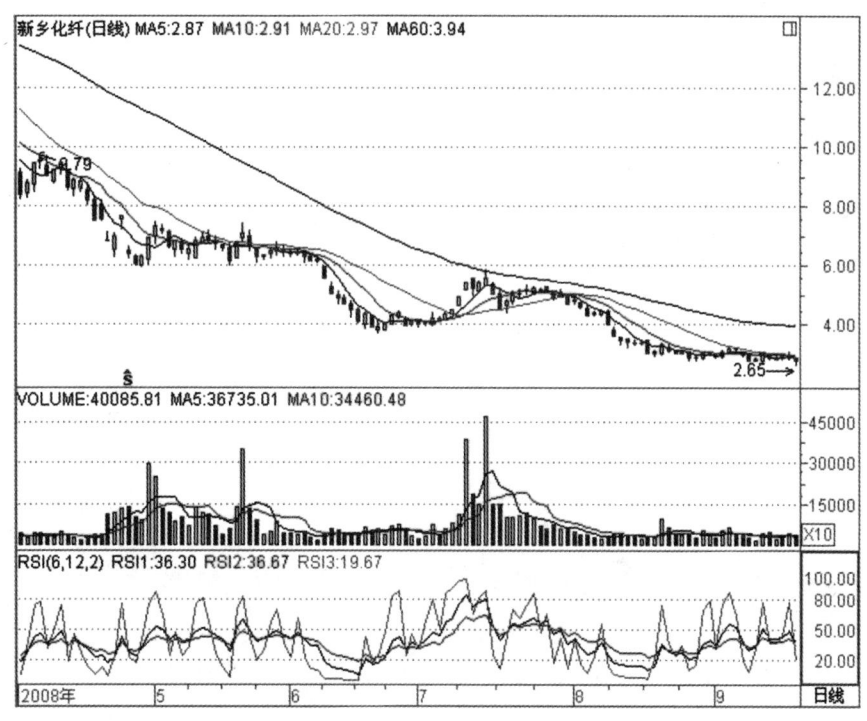

如下图,新乡化纤(000949)股价从高位一路下跌,股价跌幅约70%,此时开始出现连

续几天快速大幅反弹,成交量大幅放大,形成旗杆形状走势,反弹结束后股价继续沿原趋势下跌。

弱势反弹浪谨慎操作

　　弱势反弹通常是庄家在高位没有顺利完成派发任务所形成的一种走势。股价出现一轮下跌后,维持小幅震荡爬高或形成平台走势,成交量明显萎缩,庄家在此继续实施出货计划,然后恢复下跌趋势。股价涨幅很小,甚至没有什么涨幅,其实它是以平台代替反弹走势,因此也叫下跌中继平台,或叫出货平台。此种形式多数出现在市场极度弱势之中,在回落的中期出现的机会最多。

　　弱势反弹是庄家利用散户喜欢抢反弹心理所采取的一种操作方式。股价经过一轮下跌走势后,由于买盘的介入初步获得支撑,而这时庄家并没有全部完成派发任务,但又不想增加拉升成本,所以出现平台走势。这时散户以为庄家整理蓄势或酝酿反弹,而进场接走庄家的抛单。庄家将货出得差不多时,股价就出现向下破位走势。

　　散户先前在高位没有退出的散户,此时股价冲高时应离场。在股价接近均线,5日、10日、30日三条均线黏合后,股价出现向下突破时,坚决斩仓离场。此阶段成交量的大幅萎缩,表明没有得到场外资金的关照,持币者不宜过早介入。

　　如下图,同期的大盘受利好刺激反弹,而中国重汽(000951)却在以平台的方式完成反弹,反弹结束后沿原趋势下跌,表明庄家出货意愿十分强烈,散户应避免参与这类股票的反弹操作。

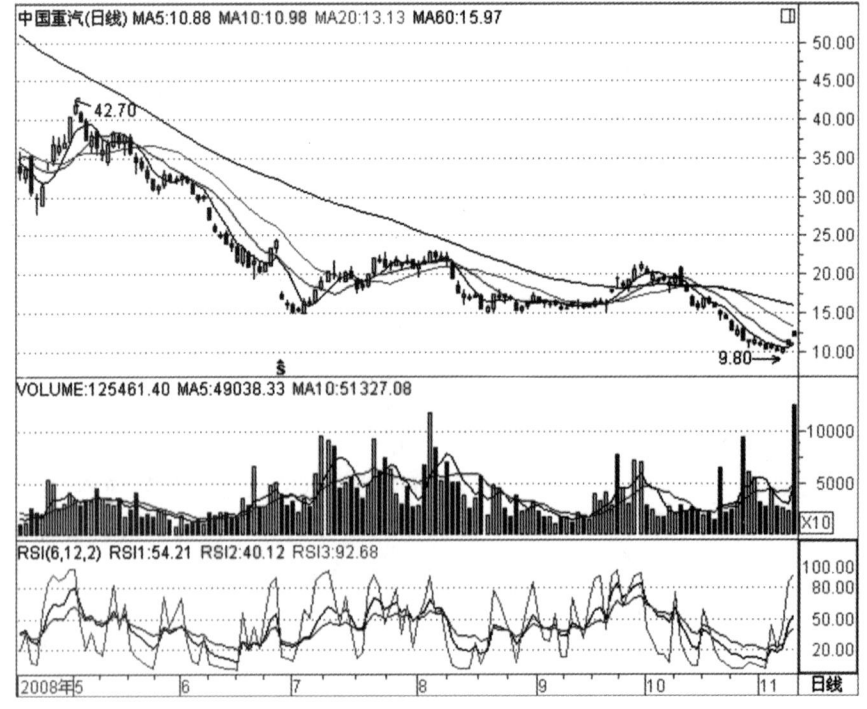

疲软反弹浪果断离场

这种反弹方式就是股价回落一定幅度后,受场外资金影响,或庄家继续完成出货的需要,股价企稳后不断以小幅震荡的方式向上反弹,股价在一个近似的上升通道里运行,反弹角度不大,走势形成25~45度的斜坡。反弹的总体幅度不大,但所需时间周期较长。与顶部巨大的成交量相比,这时成交量虽然有较大的减少,但仍然维持在一定的温和水平。在日K线图上,阴阳交替上升,小阴小阳为多,很少出现大阴大阳的现象。

由于庄家在高位没有全部撤退,当股价下跌一定幅度后,采取边反弹边出货的方法进行派发,慢速反弹持续时间长,出货时间充分,又不需要太大的拉升成本。

散户在股价出现大幅下跌后,可以用少量的资金做一些反弹行情,但利润要求不能太高,适可而止。在熊市时期,以悠闲的心态去炒股,养好精神,保持良好的平常心在牛市中发挥。

如下图,在广济药业(000952)的反弹行情中,股价以小幅攀升的方式碎步上行,出现斜坡形反弹走势,角度不大,持续时间超过1个月,此为慢速式反弹,反弹结束后股价再创新低。

出货反弹浪先走一步

由于庄家在顶部出货,震动了散户,引发股价出现较大幅度的下跌,等股价跌至庄家的目标利润线附近时,庄家利用一些其他形势的配合,如大势企稳等,主动组织反弹,从而达到充分出货的目的。如上升楔形、下降三角形、下降旗形和扩散三角形等,就是利用这种反弹形式完成的。

如下图,中通客车(000957)的庄家在下跌过程中悄然建仓后,出现一波较大幅度的拉升,到达目标价位后庄家开始派发筹码,股价回落。当股价下跌到成本线附近时,庄家为防止利润损失,遂组织强劲的反弹行情。由于庄家没有充分实现派发任务,其后在调整走势中,再次在此附近企稳反弹。

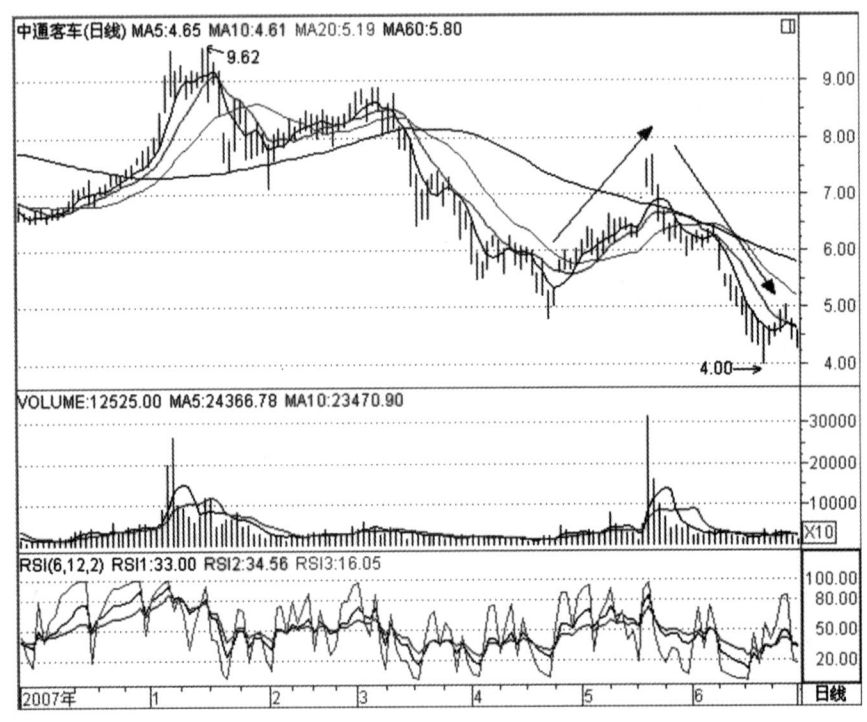

在支撑价位抢反弹

股价在回落中,受到技术支撑而引发的短暂反弹行情,如均线支撑、百分线支撑、黄金分割线支撑、成本支撑、心理趋势线支撑、成交密集区支撑、股价(指)整数支撑和前期低点支撑等,一般均会出现大小不等的技术性反弹。有时,股价在前期上涨时,盘中留下上涨跳空缺口,一般在股价回调到这个跳空缺口附近时,具有一定的支撑作用,也能引发一波短暂的反弹行情。技术支撑一般常与大势或板块的反弹同时出现,才更有确定意义。受均线支撑而反弹的,大多出现在跌势刚刚开始或跌势接近尾声之时,均线一般处于走平或微向上。

如下图,中海油服(601808)的股价经过一轮炒作后回落,当股价触及均线时企稳反弹。

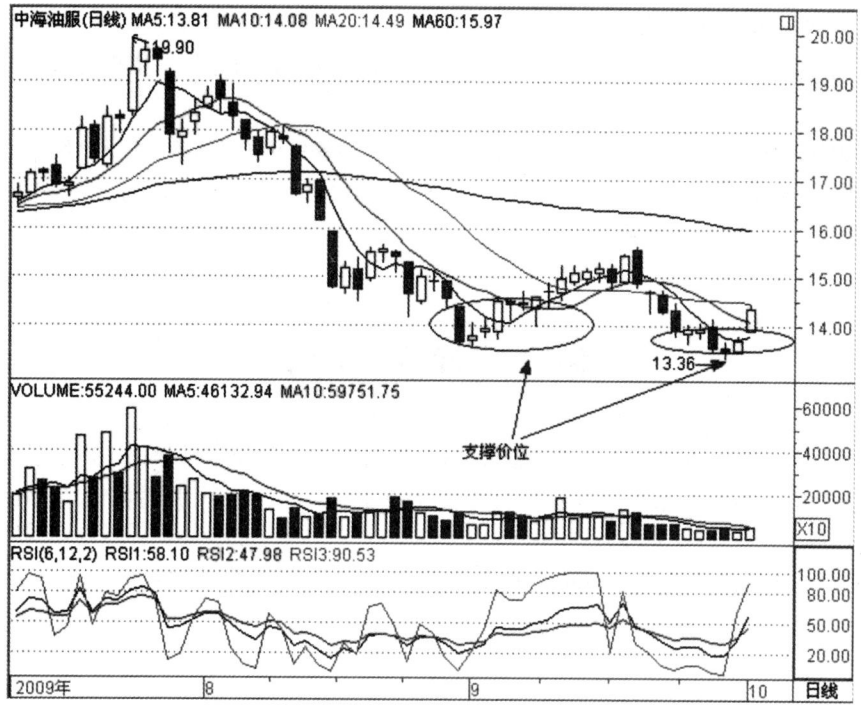

政策性反弹快进快出

在下跌过程中，遇到某种突发性利好而引起的短暂反弹行情即为政策性反弹。在现实

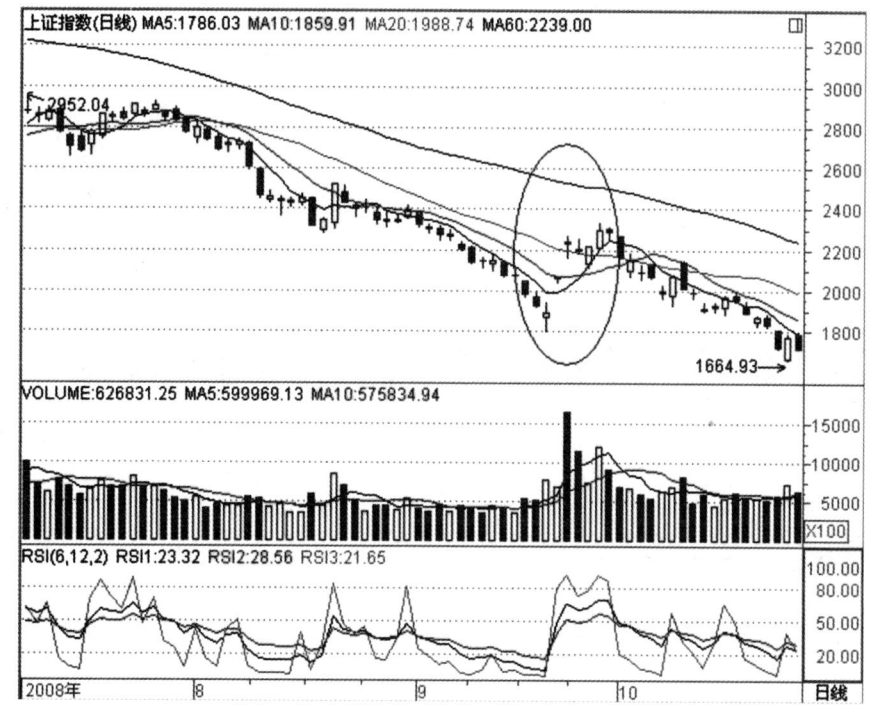

中,这类突然的出人意料的消息引起的反弹力度都不大。因为庄家对此没有进货的准备,在庄家没货的情况下的任何反弹都是形式上的表示。如果这一现象在庄家刚刚出完货的过程中出现,这只能给散户带来一次出货的机会。如果将此作为进货的依据,其结果是可想而知的。

如2008年9月19日,上证指数受国家首次单边征收印花税的利好消息影响,及美联储动用7 000亿美元救市的传闻,上证指数产生强劲的反弹行情(见上页图),当日股指暴涨170多点,两市股票几乎全线涨停。

超跌反弹浪力度大

股价经过一轮深幅下跌后,空方能量消耗过大,往往引起超跌反弹。当个股连续跌幅超过30%或50%以上时,一般会出现短期反弹(问题股除外)。一般来讲,跌幅越大,速度越急,反弹力度则越大。

如下图,东方热电(000958)的股价从最高价位一路下跌,跌幅超过60%,股价严重超跌,此时投资者纷纷逢低介入,产生报复性超跌反弹行情,短期涨幅较大。一轮超跌反弹不亚于一波中级行情的涨幅。

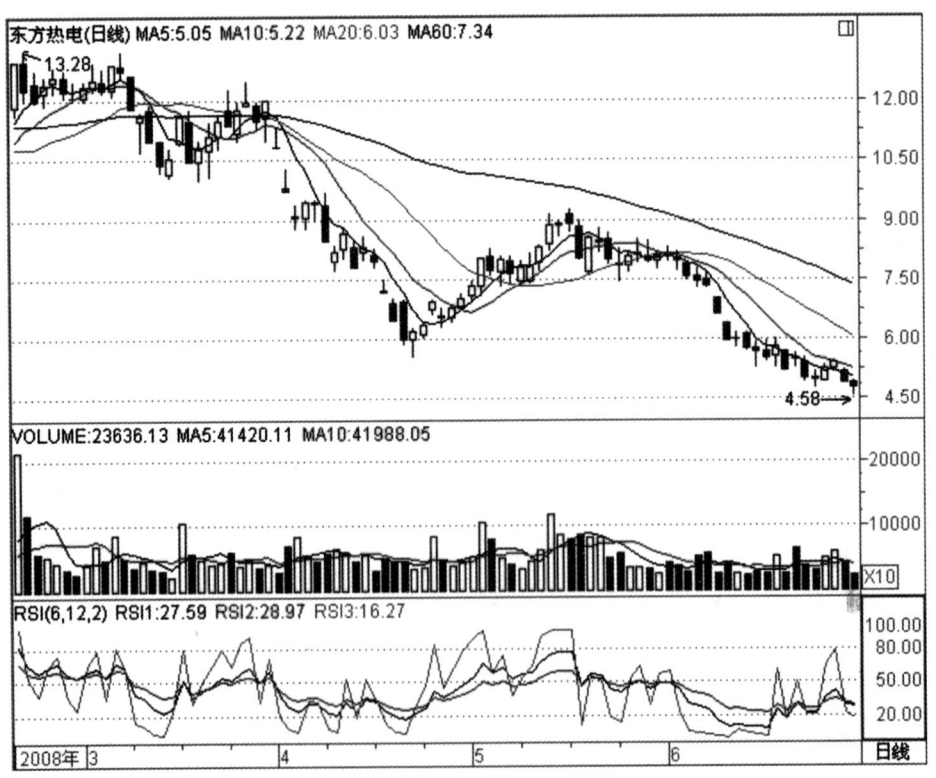

分析反弹浪时空特点

反弹的持续时间不长,远远短于一轮涨升行情。一般强势反弹所需时间在1个月左右,快速反弹1~2周,弱势反弹3~5天可能就结束。在反弹方式上,快速反弹的时间在7天左右,波段反弹的时间在5~10天,慢速反弹的时间可能在15天以上。此外,出货初期的反弹长于出货后期的反弹,且与庄家出货量有关,庄家出货量小则反弹期长,反之则短。

反弹空间就是庄家反弹所需要的幅度,反弹的幅度远较下跌幅度小,最高价多数不高于顶部的天价。股价可能发生反弹的位置,大致为股价原先上涨的0.809、0.618、0.5、0.382和0.191等位置,越是往后反弹发生的概率和幅度越大。通常,反弹到前期股价下跌幅度的0.809、0.618、0.5、0.382和0.191倍时即恢复下跌趋势,越是往前反弹到达的概率越小。

如下图,万向钱潮(000559)的股价上摸到16.93元后回落调整,直到最低下探到10元附近时,才产生强劲反弹行情。股价从10元上方开始反弹,最高到达15元,反弹持续时间为32天,反弹空间大约是前期股价下跌幅度的1/3左右。

判断反弹浪强弱

大家知道,抢反弹的风险很大,不少投资者就败在抢反弹上面。因此,如何有效控制风险,制定恰当的操作策略,就必须对反弹的力度作出准确的判断。具体可以从以下几个方面进行分析研判:

(1)是否有政策面和消息面的支持。如果有政策面和消息面的潜在利好配合支持,那么反弹力度和空间一般较大;否则,反弹仅仅只是盘中庄家的一种自救短暂反弹而已,力度和空间都较小。

(2)对下降趋势扭转的大小、级别需要作出准确的判断。如果是较长趋势、大周期趋势的扭转,则反弹的力度较强、空间较大;否则,应降低反弹力度和空间的预期。

(3)反弹时的位置。从浪形结构上分析,如果前面的循环浪形已告终结,目前是否正展开新的一轮循环的一浪推动或三浪推动?如果是,则反弹力度较强、空间较大。如果大盘仍运行在循环浪形的A浪或C浪延长之中,或者反弹已在第五浪上,那么反弹力度和空间的预测需要持谨慎、保守的态度。

(4)观察反弹过程中的价量配合情况,这是一个非常重要的指标。如果成交量能持续有效放大,表明有场外新增资金介入,对行情的延续和纵深发展极为有利,反弹力度较大,反弹空间可以看高一线;否则,如量能持续减少,应持谨慎、保守的态度。

强浪必须抓紧追

股票的主升强浪上涨具有惯性,多头行情确立之后,没有明确的信号表明它反转之前,股价将继续上涨,有时涨到不可相信的高度。在上升通道中的股票可追涨买入。

股价的上升通道有短期和中长期之分,我们这里讨论可追涨买入的是短期上升通道。

走短期上升通道的股票往往是市场热点龙头股,涨势如虹,基本没有调整或调整幅度很小,调整或在盘中完成,或调整3~5天且幅度不大。上升通道的下轨一般是3日均线、5日均线、9日均线、18日均线。一般而言,股价依托18日均线上扬就是运行在短期上升通道之中,有效跌破18日均线后不能再叫短期上升通道。

3日均线的重要作用对于个股,3日均线是飙升股、明星股和一般股票直线上升时的生命线,股价上升途中基本依托3日均线上扬,当股价离开3日均线超过2天,乖离率超过8%或10%的时候,第三天股价一般会出现调整,或走平或稍稍下探,时间不超过3个交易日,当股价靠近3日均线,乖离率调整到位的时候,股价再次上涨;对于大盘指数,当3日均线乖离率超过2.5%或3%的时候,指数会出现短期调整。

如果股价跌破3日均线调整,在3日均线下方调整3~5天或5~8天,股价重新站在3日均线上方,股价还会重拾升势。

在实战操作中,一要注意3日均线的运行方向,当3日均线向下的时候,一般不能买入;3日均线走平,最好是上扬的时候方表明短期强势,可做多买入。二要注意股价在3日均线处的进退支撑情况,如果多日(如3天)在3日均线处获得支撑,并有成交量的配合,支撑方属有效。

如下图,厦门信达(000701)在3日均线的支撑下稳步上扬,显示出主升浪的强势和持久,此时追入都将获利。

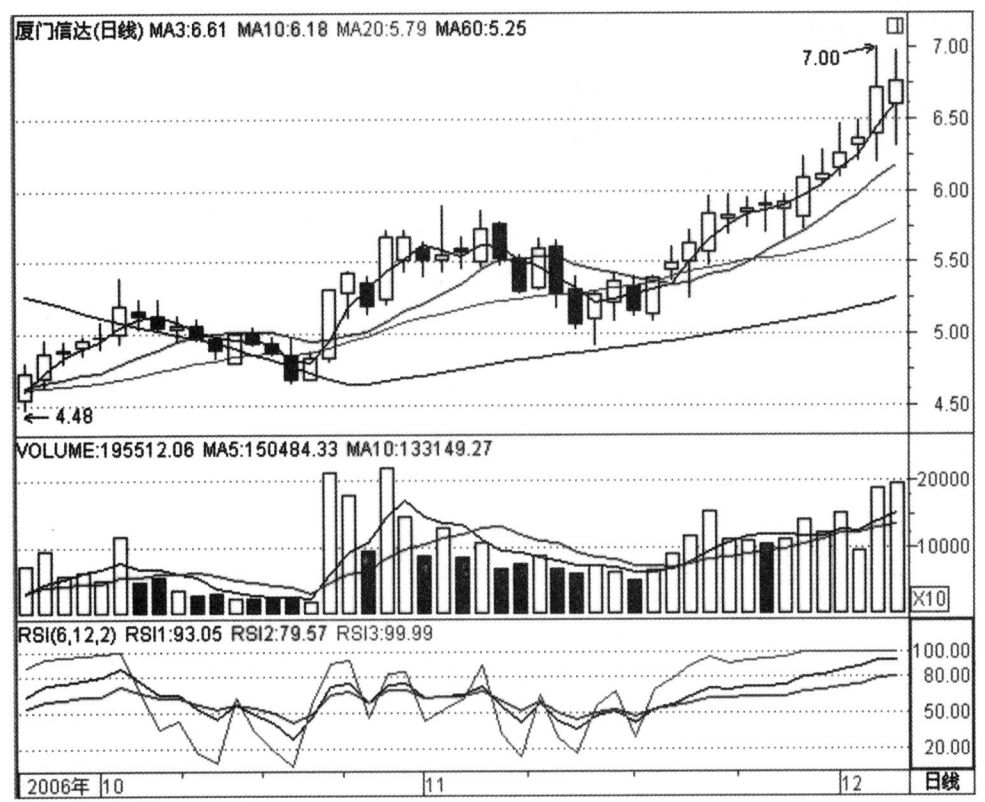

回调完毕必起浪

股价运行呈涨跌交替的特征,跌时孕育涨势。一轮多头行情中一般会出现三到四次比较大的回落整理,整理的末端恰恰是投资者回补的大好时机,因此,可在股价回调整理的末端提前埋伏买入,等待股价拉升。

那什么是股价整理的末端呢？成交量萎缩到极点,股价跌无可跌的时候,就是股价整理的末端。

当股价从高位开始回落之初,人们对股价反弹充满信心,市场气氛依然热烈,股价波动幅度在人们踊跃参与之下显得依然较大。但事实上,股价在震荡中正在逐渐下行。不用多久,人们发现这时的市场中很难赚到钱,甚至还常常亏钱,因此参与市场的兴趣逐渐减小。而参与的人越少,股价更加要向下跌,离场的人越来越多。然而,经过长时间的换手整理,大家的持股成本也逐渐降低,这时候股价下跌的动力越来越弱,因为想离场的人已经离场了,余下的人即使股价再跌也不肯斩仓。这样,股价不再下跌,成交量极为萎缩,成交量萎缩代表抛盘力量衰竭,抛盘力量衰竭才有止跌的可能。下跌走势之中,成交量必须逐渐缩小才有反弹的机会,但是,量缩之后还可能更缩,到底何时才是底部呢？只有等到量缩之后又量增的一天才能确认底部,所以,我们应重视量缩之后的量增,只有量增才反映出股票供求关系改变,只有成交量增大才可能使该股有上升的动能。

如下图,合肥三洋(600983)在2007年年底至2008年8月之间进行了几次大调整,而每次整理的末端恰恰是投资者回补的时机,投资者如果能在2008年2月初、4月初、6月底这几个调

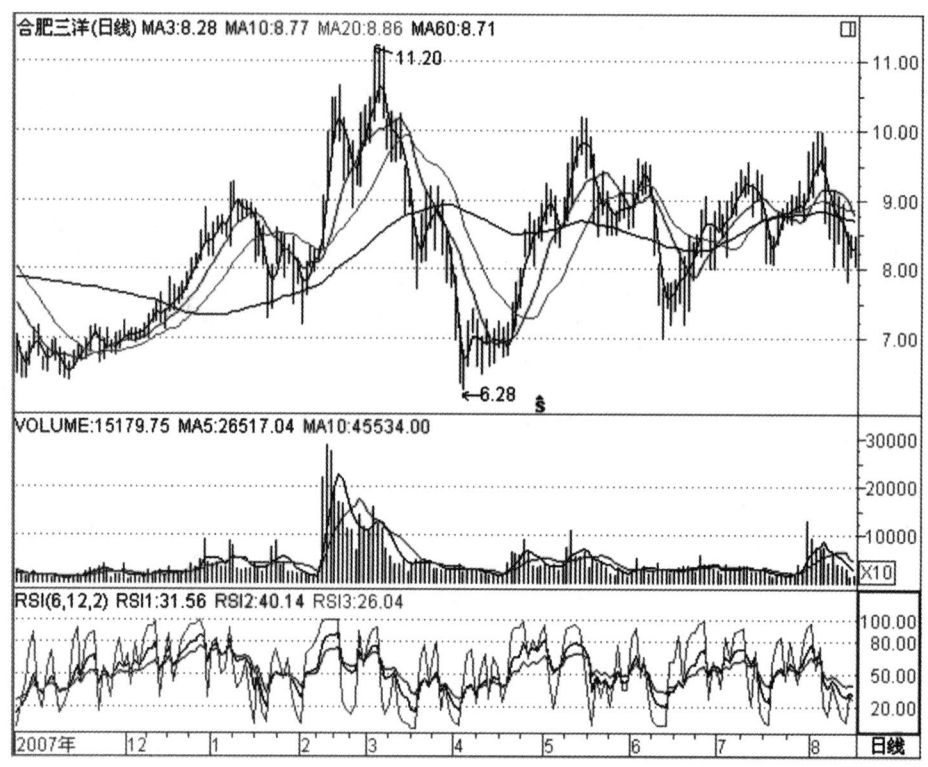

整末端介入,都能享受冲浪的快乐。

量能增大浪长久

庄家在拉升时,成交量大幅放大,一般从小到大呈递增态势,能量逐步得到聚集,交投活跃,表明有场外跟风资金入场(其中不乏有庄家对敲放量成分),在日K线上一片绯红,股价节节拔高;否则,低迷的市场容易被人遗忘,很难产生投资者的兴趣。如向上突破时,一般会出现放量过程,价升量增,量价配合恰当,才能被投资者看中。这是为什么呢?因为突破是为了引起市场的注意,引发买盘介入,这样庄家才轻松上轿或顺利派发。

同时,庄家拉升不仅需要一定的时机,而且还需要一定的市场环境才得以完成。大家知道,低迷的市场适合进货或洗盘,火爆的市场适合拉升或出货。所以,庄家在拉升或出货时,特意制造火爆市场,吸引场外投资者。

火爆市场分为两种:一种是大势火爆;另一种是个股火爆。大势火爆时,人气聚集,交投活跃,证券交易大厅人头涌动,市场出现白热化,甚至有的个股达到疯狂境地。个股火爆时,一般表现为局部或个股行情,多属非主流板块或主流板块中的部分个股,除基本面因素外,往往有主力资金关照。

比如,中国股市于2007年10月结束了牛市上升期后,市场步入漫长的熊市调整期,广大股民因此亏损累累,一时间证券市场几乎无人问津,人气到了冰点,甚至到了绝望境地。而在2008年10月28日,股市在1664点触底后,市场出现了量能增大的上升行情(见下图),由于成交量稳步放大,所以行情持续了半年多之久。

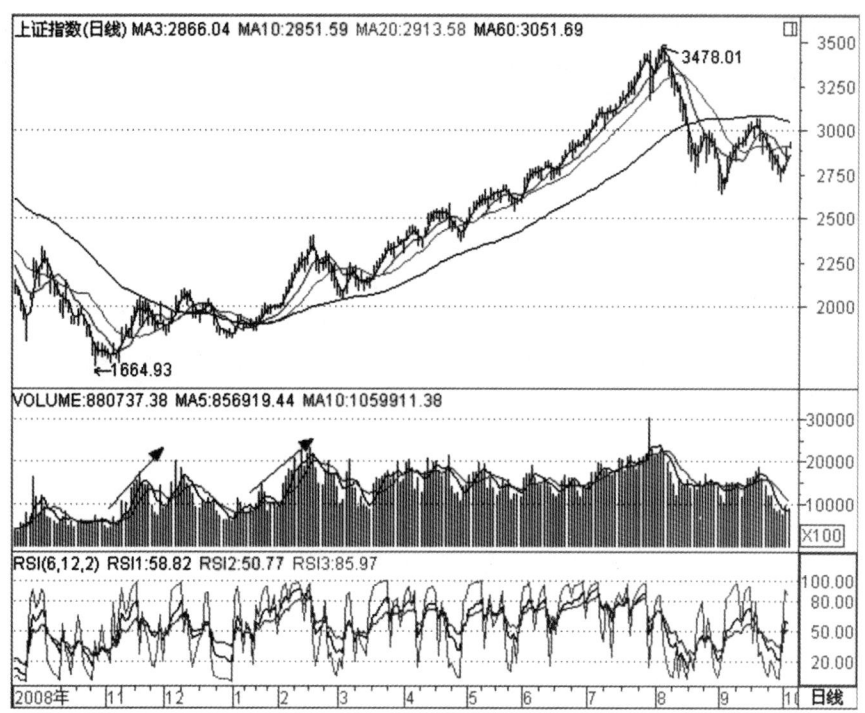

涨跌有序浪更高

在低迷的市场,股价往往是无序的波动,很难从技术面上去把握市场趋势。市场一旦进入拉升阶段,人气趋旺,往往出现有序波动,无论是日K线还是分时图上,股价逐波上行,高点一个比一个高,低点一个比一个低,这就是平常说的"涨跌有序"。可以用K线、波浪、趋势、

切线、指标和形态等技术分析工具研判市场趋势，寻觅其中的蛛丝马迹，找出一个合适的切入点大胆介入。但是，这需要有较深厚的看盘功夫，经验不足者，宁可多看少动，切勿盲目决断。

　　在此阶段中，庄家为了引起市场的注意，在盘面上出现一片绯红，至少要连续5天收阳，且股价都是上涨的真阳线，股市一片艳阳天。但有时庄家为了出货，特意制造好看的盘面，K线天天收红，股价也天天收高，庄家却在暗中悄悄出货。因此，投资者要加强对盘面的深入研究，认真辨别庄家的真假行为，以提高操作的成功率。

　　如上图，天威保变(600550)基本面优良，是沪深两市具有代表性的重组股。股价见底企稳后，逐波上扬，上升通道完整，操作脉络清晰，量价配合理想，走出了延续时间超长的牛市行情，涨幅也非常惊人，半年内股价涨幅超过400%。

第 15 章

识别浪潮中的骗线形态

识破假1浪

假1浪的初始非常像反弹浪,由于经历了下跌的痛苦,漫长的熊市尤其是C5浪破坏性的下跌,大家熊市思维未变,大多数人都认为是反弹,此时多空争论较大。投资者依旧是看空大势,稍有利润即获利了结,即所谓抄底者不能赚大钱就是第一浪,随后的第二浪回档比较深。第一浪是底部形态的一部分,上升幅度无法预测,且第一浪以5个子浪完成。

由于第一浪与反弹行情相似,因此庄家正利用这一特点大耍花样:一种是庄家为了吸货,获取散户手中低廉的筹码,在盘面上制造假的第一浪,这是反转;另一种是庄家为了出货,让散户入场接走盘中筹码,在盘面上制造假的第一浪,这是反弹。

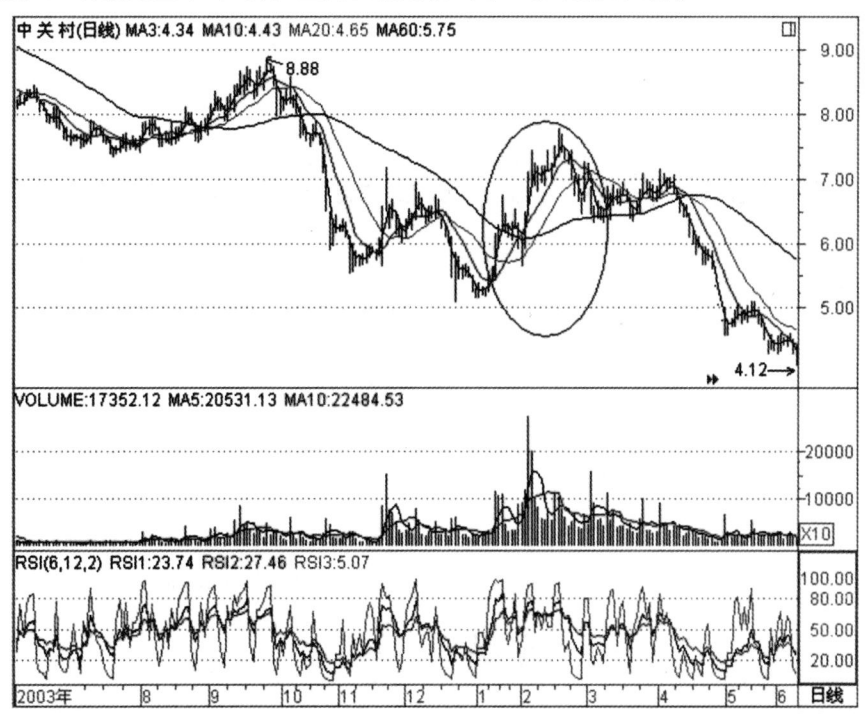

如上图,中关村(000931)的股价从高位经过多年的下跌后,出现一波上涨行情,K线连拉大阳,成交量大幅放大。此时,不少投资者和股评者认为,该股已经见底企稳,是上涨浪中的第一浪。因此在回调时大举介入,可是介入后被庄家折磨得十分难受。如果仔细分析一下就会发现:股价在上涨过程中,庄家在盘中放出大量,目的是引诱跟风者的注意,可是下跌调整中并没有大幅缩量,表明庄家出货十分坚决。因此,这个阶段的行情不能认为是第一浪,而是反弹行情,即前一大浪中的C浪后期,是庄家出货时的波动走势。

识破假2浪

假2浪是对第一浪升幅的调整,第二浪调整以A、B、C三浪运行,第二浪调整通常是第一浪的0.382、0.5倍和0.618倍,其成交量比第一浪明显萎缩,庄家诱空吸筹,惜售很明显,成交量明显减少。第二浪调整的形态直接决定后市的强弱,是研判后市走势的关键。

由于第一浪的性质所决定,庄家在第二浪调整时多以诱空试洗盘,此时可以起到四两拨千斤的效果,为庄家常用的伎俩。

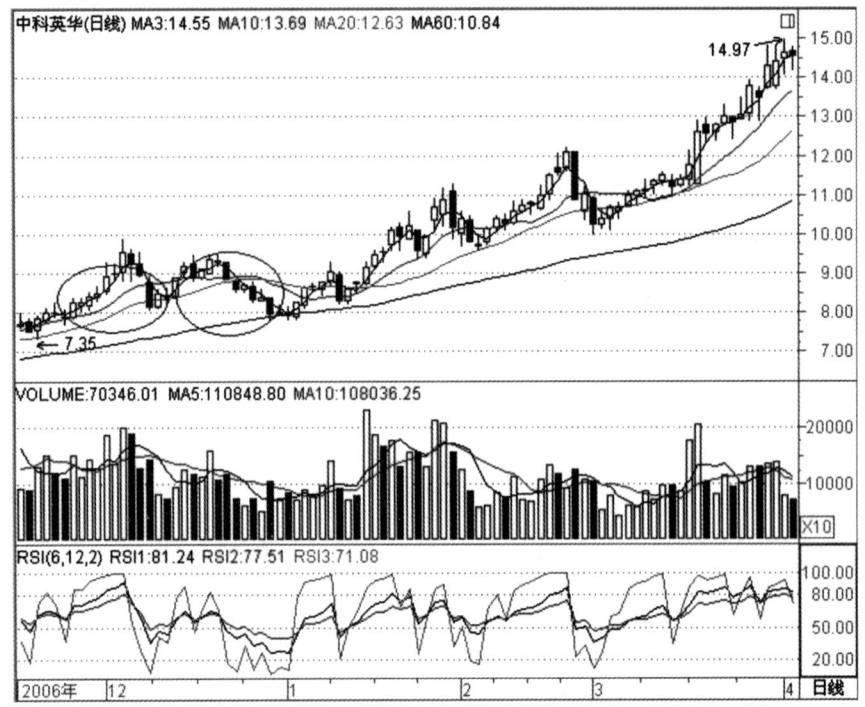

如上图,中科英华(600110)的股价经过充分的整理后,企稳上扬(第一浪),而后展开的第二浪调整中,庄家故意将股价跌破第一浪的低点(这从波浪理论上讲是不成立的),形成假的第二浪调整,在盘中造成恐慌气氛。正因为此洗盘较为彻底,为后来主升行情打下坚实的底部。

识破假3浪

假3浪是具有爆发力的上升浪,通常以延伸形态出现。其运行的时间和上升的幅度也是推动浪中最长的,其上升幅度是第一浪的1.618倍或2.618倍。在第三浪中,成交量大增,投资大众失去的信心重新找回;股市基本面各种利好不断、人气沸腾,外围资金在赚钱效应下不断加入股市并推动股价上升,在日K线图上经常出现跳空缺口,且不回补,指标经常出现超买钝化现象。由于第三浪具有爆炸性特征,因此常常被庄家用来虚张声势,制造假多市场,诱骗散户跟风。

如下图,海南椰岛(600238)的股价从2001年最高价17元左右开始下跌,最低跌到2.75元,跌幅十分之巨,之后股价顺势下探到3.13元后出现快速反弹走势(第一浪)。在高位经过第二浪的短暂调整后,股价再度放量涨停,第二日继续涨停,展开第三浪上涨之势头。按理说,第三浪是具有爆发力的上升浪。此时,投资者和股评者都认为,股价将展开主升浪行情,其上涨幅度在7~8元之间,获利空间较大。于是,投资者相继跟风而入,谁知庄家却在此作出假的第三浪上涨行情,股价最高仅上冲到6.22元,令投资者大失所望,个个套牢其中。

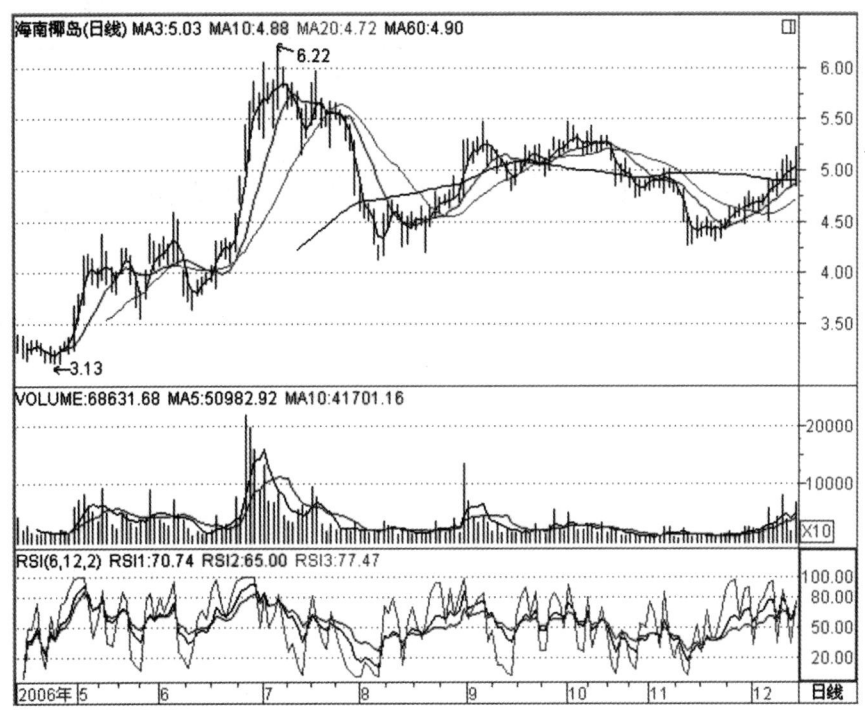

识破假4浪

经过第三浪的大幅上涨后,股价已经处于高位,先知先觉者获利丰厚而离场。此时多空双方分歧较大,多方吸货进场,空方派发离场,由此形成多空平衡。第四浪通常多以复杂三角形形态出现。第四浪和第二浪调整有很强的互换性,如第二浪以简单形态出现,第四浪调整就以复杂形态出现;反之亦然。时间也是这样,若第二浪调整时间过长,则第四浪时间比较短。第四浪跌幅通常是第三浪升幅的0.382倍,且第四浪浪底必定高于第一浪浪顶。由于受第三浪大幅上涨的诱惑或刺激,庄家在第四浪调整时多数是诱发市场做多,但也有诱发市场做空的。

如下图,风神股份(600469)的股价经过3浪上涨后回调,股价在调整到第三浪升幅的0.382倍左右和第一浪的高点附近,展开弱势反弹。而且该股第二浪是以简单形态出现的,根据波浪理论第四浪和第二浪有互换性的特点,该股第四浪调整应以复杂形态出现。因此有的投资者在这两个股位介入搏反弹,可是庄家在此做了一个假第四浪调整,结果被套牢其中。

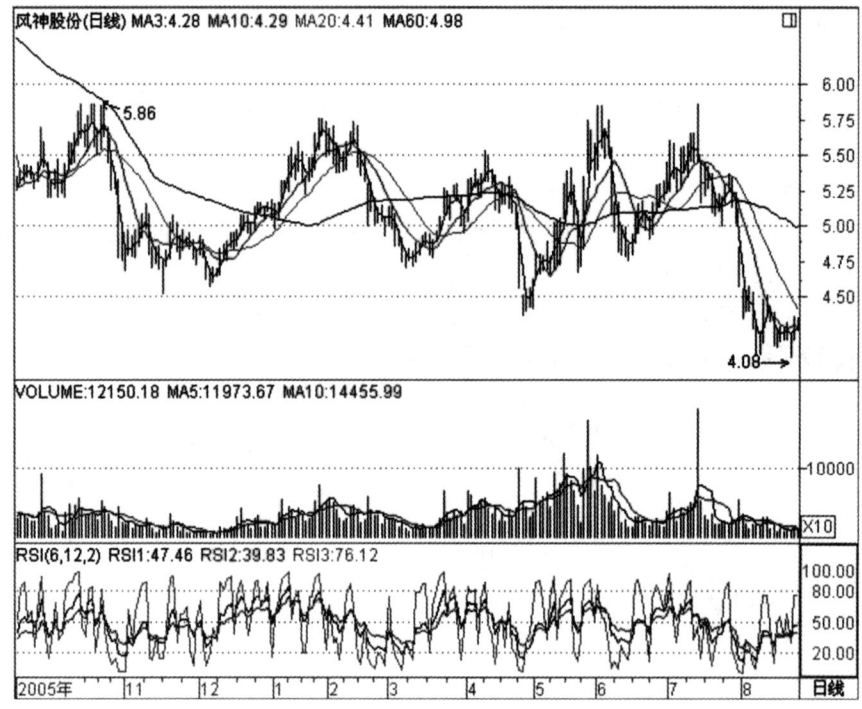

识破假5浪

假5浪上升中成交量减少、技术指标背离、绩优股和领头羊板块上升乏力、垃圾股鸡犬升天是第五浪的典型特征。第五浪通常与第一浪等长或上升目标是第一浪至第三浪的.618倍。

若第五浪以倾斜三角形出现,则后市会急转直下,快速下跌至倾斜三角形的起点;若第五浪高点达不到第三浪高点,则形成双头形态。由于第五浪后劲不足、力度有限,因此常常被庄家所利用。

如上图,风神股份(600469)的股价经过4浪运行后,展开5浪上升,可是当股价到达第三浪顶点附近时出现调整走势,使投资者产生第五浪后劲不足,力度有限的错觉,让场内投资者尽快离场。然而,庄家在此进行简单的调整后,于后展开主升段行情,使提前下轿的投资者捶胸顿足。

识破假A浪

A浪回档时震荡幅度加大,庄家出货坚决,成交量放大股价却下跌。如果A浪调整呈现3浪下跌,后市下跌力度较弱,接下去的B浪反弹会上升至A浪的起点或创新高。如果A浪是以5浪下跌走势,表明庄家对后市看淡,B浪反弹高度仅能到A浪跌幅的0.382、0.5或0.618倍,后市C浪将比较弱。A浪下跌的形态,往往是研判后市强弱的重要特征。庄家在此作假有两种现象:一种是诱多,A浪本是多翻空的大转变时期,但部分投资者以为股价升势尚未结束,认为是回档而介入遭受套牢;另一种是诱空,庄家完成了5浪走势后,造成出货假象,当投资者基本离场后,便发动更加强劲的主升行情。

如下图,青海华鼎(600243)的股价已经完成了5浪走势,本是庄家出货的时候。可是庄家在此制造了一个假5浪形态,待浮筹清洗干净后,再度发力向上创出新高点。之后回落(未破A浪底)再次把场内投资者赶出去之后,股价才进入拉升行情。

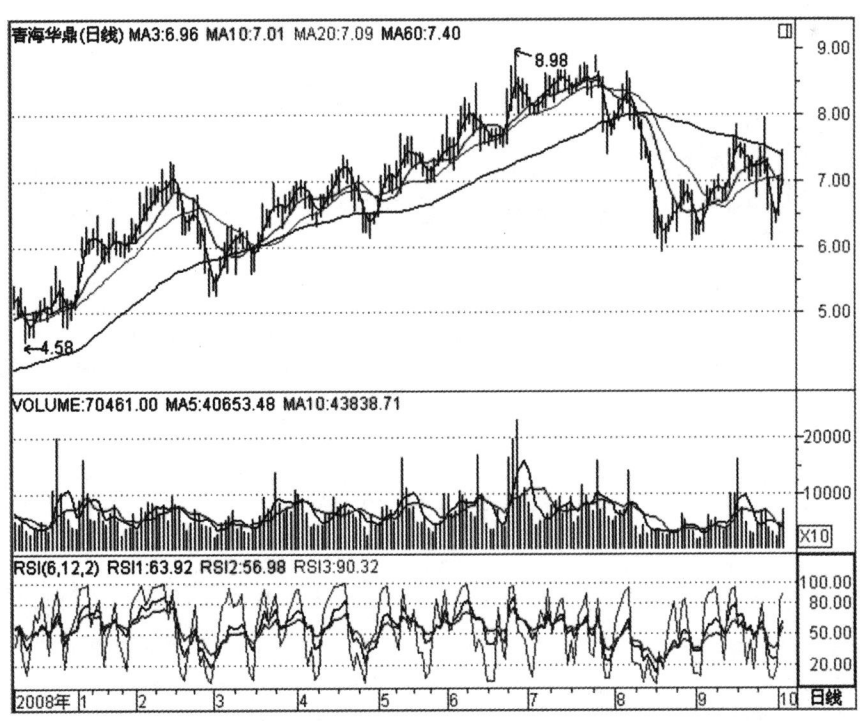

识破假B浪

B浪反弹一般以3浪形式出现,投资者往往误以为多头行情尚未结束,并对后市还抱有幻想,但此时成交量不大,价量已呈背离,一般人经常把第五浪与B浪弄混,而B浪反弹却是庄家最后的逃跑机会。庄家在此作假的方法主要是,让投资者误以为新的行情出现、误将反弹当成反转看待,纷纷介入而被套牢其中。

如下图,宇通客车(600066)的股价经过衰竭性5浪上涨后,步入A浪调整。当A浪调整结束,B浪反弹开始。这时,投资者误以为多头行情尚未结束,并对后市还抱有幻想,便纷纷介入做多。可是,B浪经过反弹后,展开C浪大调整。如果认真分析一下就会发现,此时成交量不大,价量已呈背离态势,不具备上涨条件。

识破假C浪

假C浪呈无量空跌的状态。庄家盘中砸盘明显,基本面及消息面利空频繁出现,利好消息往往成为庄家出货良机,市场人气涣散,资金不断抽离,所有股票全面下跌并出现恐慌性抛盘且破坏性极强,与3浪正好相反的是C浪必须以5个子浪的形态出现,C浪结束即是新的升浪开始。由于C浪具有很强的破坏性,所以庄家在此阶段极力营造恐慌盘面,以骗取散户手中的低廉筹码,为新的行情做好准备。

如下图,四川路桥(600039)的股价经过5浪上涨后见顶回落,步入A3浪调整。很快结束A浪调整期,开始B浪反弹。之后,B浪反弹结束,按常规的波浪理论来讲,应当是C浪调整开始。可是,庄家在此玩了一把假C浪调整,盘中没有出现明显的砸盘现象,表明庄家没有完全离场,且C浪调整的低点未破A浪的低点,市场依然处于强势之中。不久,技术派投资者把筹码抛空后,展开了一波新的上攻行情,股价翻了1倍多。

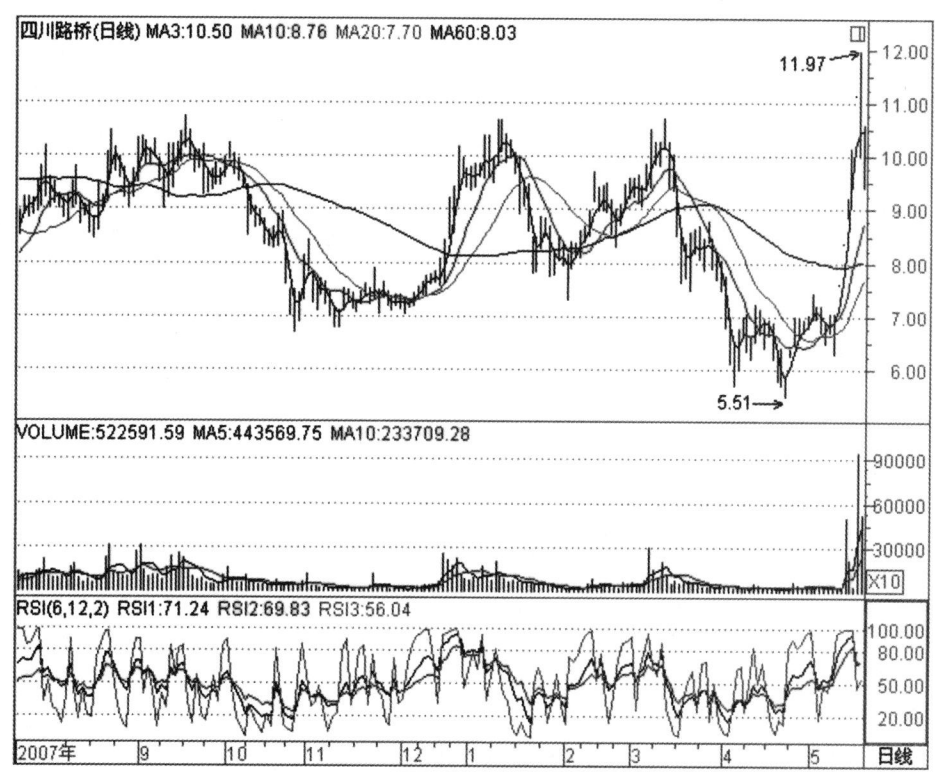

识别假位置信号

指标的相对位置高低可以提示买卖信号,尽管不同指标数值差别很大,但多数都会有一个大体上的或完全固定的波动区间。如随机指标KDJ、相对强弱指标RSI、趋向指标DMI、心理线PSY等指标均波动于0~100之间。当指标值小于一定数值时,为买入信号;当指标值大于一定数值时,为卖出信号。于是,庄家常利用技术指标的位置信号制造虚假图形来欺骗投资者。

如下图,欣网视讯(600403)的股价从5.16元开始展开一波强劲的上攻行情,股价涨幅接近1倍。其间,如果执行KDJ指标要求的"高于指标值80时卖出",那么即使是低位介入者,也只是获得蝇头小利,一大截利润失之于误判之中。同样,如果执行KDJ指标要求的"低于指标值20时买入",那么此时介入的投资者,就很难获得利润。这就要求投资者在使用技术指标时,一定要多项技术指标综合起来考虑,如果多项技术指标同时发出买卖信号时,其准确率就高。

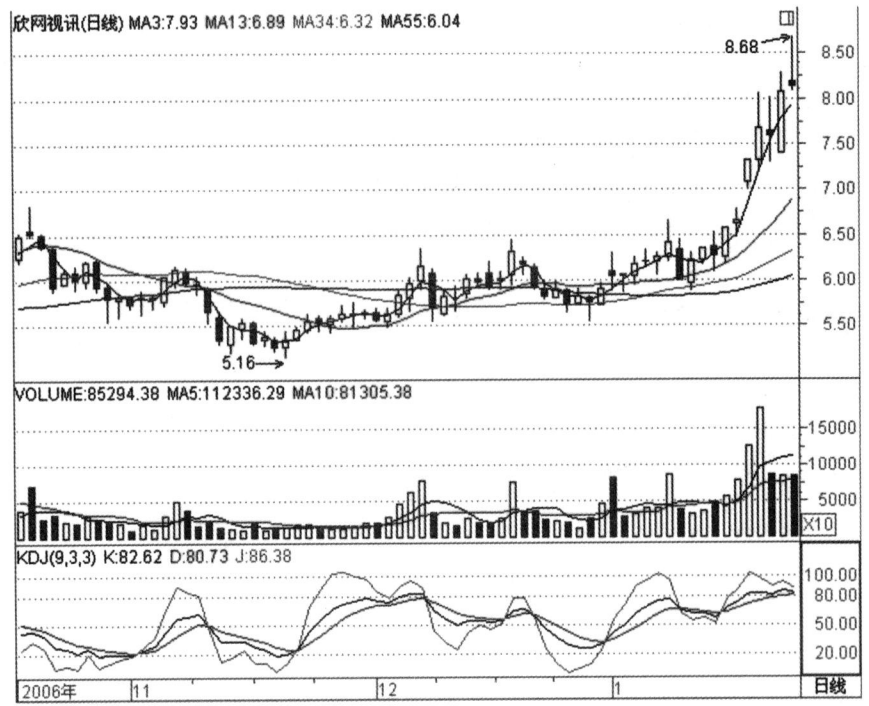

识别假方向信号

在指标图形中指标的方向向上为买入信号,指标的方向向下为卖出信号。方向信号出现在平衡位置不太可靠,只有出现在超买或超卖区较为可靠。如移动平均线MA、指数平滑异同移动平均线MACD、三重指数平滑移动平均线TRIX和平均线差指标DMA等指标均具有

方向指示性。当指标向上运行时,为买入信号;当指标向下运行时,为卖出信号。于是,庄家常利用技术指标的方向信号制造虚假图形来欺骗投资者。

如上图,国电南瑞(600406)受基本面影响,股价见顶后逐波回落,MACD指标在底部徘徊,不久MACD指标出现明显的上升走势,DIF线长时间站稳于MACD线之上,指标方向信号明确,而同期的股价却阴跌不止,两者形成底背离形态,通常讲这是典型的买入信号。谁知,股价并未出现上涨走势,只是受大盘利好消息刺激下,股价作了一次上冲动作,之后回落并连创新低。在这里,如果介入较早又未能及时止损,其损失更大。难怪有人感叹:懂技术者不如不懂技术者。

识别假突破信号

当指标突破重要阻力位或支撑位、历史成交密集区、重要中心平衡位置时,是重要的买卖信号。如麦克指标MIK、布林线BOLL、指数平滑异同移动平均线MACD、能量潮OBV、威廉变异离散量WVAD等指标均具有突破信号。当指标向上突破时,为买入信号;当指标向下突破时,为卖出信号。于是,庄家常利用技术指标的突破信号制造虚假图形来欺骗投资者。

如上图,国电南瑞(600406)股价向下跌破布林通道的中轨线,之后股价大部分时间都运行在中轨线下方,布林通道由宽变窄渐渐做收敛状整理,中轨线持续走平,股价维持在盘局走势。不久,股价放量向上突破盘整走势,收出一条光头光脚的中阳线。在布林线中,指标向上穿过中轨线后继续向上穿过上轨线,布林通道随之由窄相的收敛变为宽相的扩张,表明行情已经产生向上突破,力度已经由弱转强,应是跟进或追涨买入。可是不久,股价很快回落并击穿中轨线的支撑,从此结束了5浪上涨行情,庄家成功地戏弄了散户一把。股市谚语说,回拳是为了更好的出击。同样,上涨是为了更有力的下跌,庄家向上假突破就是如此。

识别假交叉信号

图形中出现多条指标线时,短期快速线由下向上穿过长期慢速线是黄金交叉,为买入信号;短期快速线由上向下穿过长期慢速线是死亡交叉,为卖出信号。如移动平均线MA、指数平滑异同移动平均线MACD、超买超卖指标OBOS、随机指标KDJ等指标均具有交叉信号。交叉信号只有出现在超买或超卖区时较为可靠。于是,庄家常利用技术指标的交叉信号制造虚假图形来欺骗投资者。

如下图,安泰集团(600408)的股价在高位经过长时间的震荡后,终于选择了向下调整。股价经过一轮下跌后逐步得到企稳迹象,这时,MACD指标中的DIF线在底部走平后开始向上金叉MACD线,随后MACD线也向上掉头,成交量也同步放出,构成标准的买入信号,因此有的投资者在此价位介入抢反弹。可是,随后的走势并不是投资者所想象的那样乐观,股价很快再次下跌,这时才明白原来是庄家特意打造的假金叉信号,使投资者上了一回当。不久,该指标再度在底部出现金叉,根据MACD指标"底部两次金叉大涨"的经典,该金叉着实吸引不少人的眼球,于是主动介入做多。然而这又是一个庄家精心编制的陷阱,股价不涨反跌并不断创新低,让投资者大失所望。

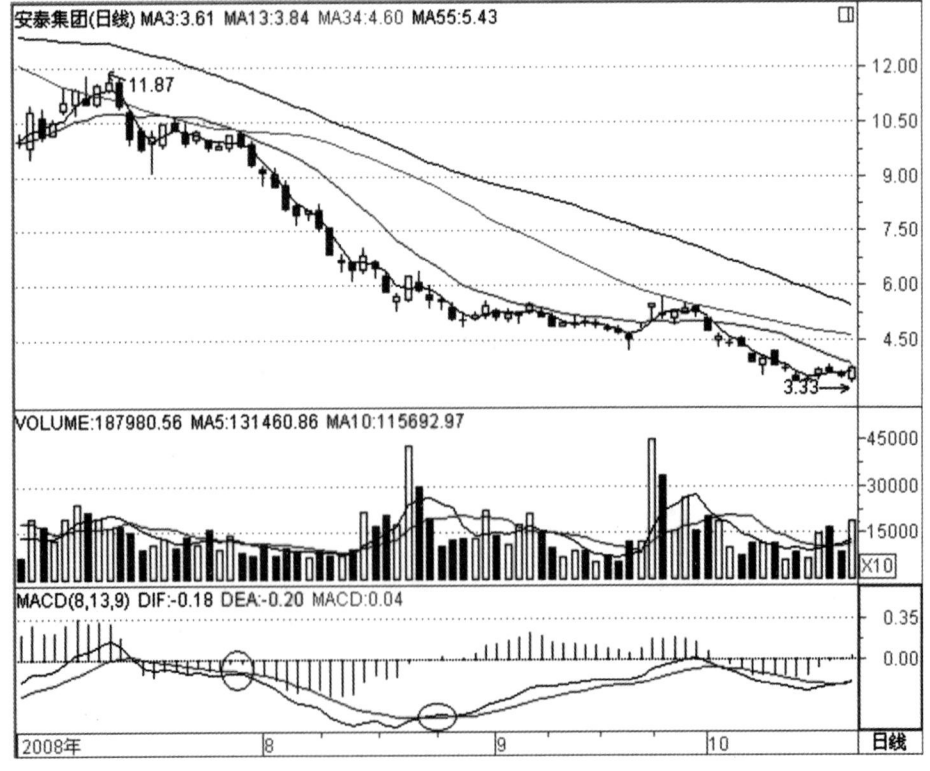

浪顶大阳需卖出

大阳线属于低开高走或平开高走的格局,本身具有强烈的向好信号。在盘中,在接近全天的最低开盘,然后一路狂奔,最终以全天的最高价或接近最高价收盘,其上下影线都较短,或者是光头光脚的大阳线。其市场意义:大阳线出现在市场的底部,尤其是出现在市场开始盘稳之后,往往会以强烈的冲击力突破某个长期压制价位上涨的阻力线。一般而言,大阳线吞没的日K线数量越多,说明反转的意义越大;大阳线一般会带来成交量成倍放大,市场能量的爆发让人感到涨势如虹。

大阳线的失败形态常见,很多追高套牢者发生在大阳线里。因此要注意:①大阳线出现在连续上涨过程的末段时,容易发生拉高出货的技术陷阱。②成交量剧烈放大的大阳线值得高度重视,通常是出货形态。通常换手率在10%以下属于较安全,超过30%应高度警惕。③突破前期高点的大阳线要注意是否属于假突破。如果突破高点时涨幅小于3%时,应考虑是否属于反跌形态。如果大阳线的上影线刺破高点,出现破高反跌的可能性极大。

如下图,中国海诚(002116)的股价展开一波上升浪后,成交量同步放大,在日K线上出现一根光头光脚的大阳线。这根放量大阳线本来具有加速上涨的势头,不料随后的走势却随即节节走低,形成了一个失败形态。这类失败情形多属庄家自救行为,或者是有庄家客串玩一把就走,无长庄打算。发现巨量长阳之后股价重陷跌势,应作趁高派发之操作计划。

浪底大阴可买入

市场在上升之中常常堆积了巨大的风险,当多方的力量不能有效推动股价进一步上扬时,股价容易快速回落。市场从来都是涨慢跌快,而且下跌可以不需要成交量放大的配合,特别是价格处于历史高位,涨不上去就会跌下来似乎是条规律。而且不跌则已,一跌惊人,大阴线常常对牛市构成极大的杀伤力,具有看空信号。其市场意义在于:大阴线出现显示一轮跌势已经开始,原有的上涨趋势已经发生逆转。大阴线吞没的日K线数量越多,说明反转的可能性越大,下跌的力量与长度成正比。

大阴线的出现常常会伴随放量,但成交量的放大与否同大阴线的向淡意义关系并不大,跌势之中的成交量没有涨势之中的成交量那么重要。大阴线也常常成为调整或洗盘的形态,具有陷阱的意味。通常出现在伸展处于快速、来不及进行认真整理的井喷行情之中,大阴线的出现不过是市场以同样剧烈的方式完成调整,并展开新一轮上涨行情的一种策略。

如下图,高新发展(000628)的股价见顶后,出现一波较大力度的杀跌,这天股价平开后,一路狂泻而下,一根大阴线打破了上升趋势线,后市理应看淡。可是,第二天股价微幅低开后,一路狂奔而上,当日巨量封于涨停,吞没了前一个交易日的大阴线,第二天股价继续涨停。大阴线由于具有强烈看空的意味,经常成为庄家震仓洗盘的工具。在股价大幅上涨之后进行洗盘换手,随后在第二波大幅拉升之前,庄家反手下打拉出一根大阴线,仿佛行情彻底结束,使散户落入庄家设置的陷阱之中。

警惕浪顶假红三兵

红三兵由三根阳线组成,每日收市价都高于前一天的收盘价,武士勇往直前的精神跃然纸上,市场趋升的形势明朗化,表示可能见底回升。红三兵一般出现在见底回升的初期,升幅不大,动作缓慢,但升势相当稳定。如果红三兵实体过长,短期指标有超买迹象,应引起注意。成交量无太多变化,但在随后的突破飙升时成交量会成倍放大。

假红三兵指的是出现失败形态,低位的红三兵可能是弱势反弹的一种表现形式,大阴线之后的红三兵要提防它演变为下降三角形或下降旗形。

如下图,中国中期(000996)的股价从37.77元上方见顶后一路向下阴跌,其间二次出现红三兵形态。红三兵构成了一轮弱势反弹行情的主体部分,随后的大阴线粉碎了红三兵的看涨意义。即使是最激进的投资者,在确认红三兵反弹失败后也应果断离场,不必恋战。

山腰浪假三只乌鸦不要怕

当市场还沉浸在乐观气氛时,三只乌鸦从头顶掠过,令人不寒而栗。三只乌鸦由三根阴线组成,是一种向淡信号。三根阴线相连,每天价格收低,表明多方体力不支。三只乌鸦也常常成为调整或洗盘的形态,具有陷阱的意味。通常在低位可能是整理吸货,在相对高位可能是强势洗盘,随后展开新一轮上涨行情。大阳线之后的三只乌鸦要注意它演变为上升三角形或上升旗形。

如下图,峨眉山A(000888)的股价从10.00元上方开始下跌,直到跌破4元后才有所回稳。此后经过短暂的横盘震荡走势后,出现三只乌鸦形态,阴线大小相当,股价一个比一个低,大有向下破位之势,成交量呈萎缩状态。不料随后止跌企稳,一根大阳线终止了乌鸦的不祥之兆,使图上的这三只乌鸦仅成为了一种调整形态。最终,一群喜鹊飞来赶走了三只乌鸦,市场一扫愁容迎来了艳阳天。

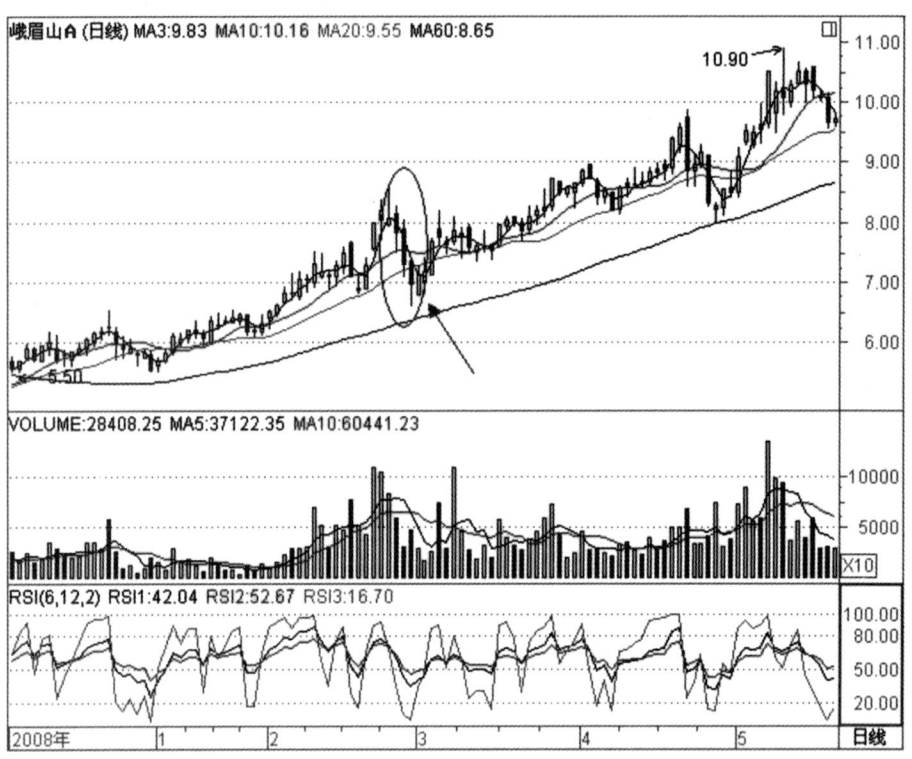

下坡浪假早晨之星是诱多

早晨之星是K线理论中重要的反转形态之一。在太阳尚未升起的时候,黎明前最黑暗的时刻,一颗明亮的星星在天边指引着那些走向光明的夜行人。早晨之星预示股价见底,后市看好。它由三根K线组成,第一天由于恐慌盘抛出而出现一根巨大的阴线,大势不妙。第二天跳空下行,但跌幅不大,实体部分较短,星线可阳可阴。第三天一根长阳线拔地而起,收复第一天的大部分失地,股价转危为安。早晨之星出现在长期下跌之后、暴跌之后、上升回调后的准确率较高。

早晨之星常常成为庄家刻意画线的形态,因此需多加留意:①在第三天拉阳线时,成交量没有放大。②第四天没有拉出阳线。③股价下跌超过第三天阳线实体的1/2处。如果出现其中之一种现象,则有可能构成假早晨之星;如果同时出现其中之两种以上现象,则假早晨之星确立。

如下图,广济药业(000952)的股价经过一波上涨后冲高回落,在下跌过程中出现两个非常标准的早晨之星形态。纯粹从走势图来看,如果早晨之星成立,股价应快速上涨,似乎庄家要再做一波。但后来股价的发展否定了这个具有强烈看涨意义的早晨之星,而是在收了一根阴线后,接着出现连续的下行走势,早晨之星被淹没在漫漫阴跌之中。很显然,这是一个多头陷阱,早晨之星形成之后没有出现持续的上升走势,也无成交量有效放出,多头应在股价跌破第三根阳线实体的1/2处止损。

假黄昏之星是洗盘

黄昏之星是K线理论中重要的反转形态之一。在太阳从西山之巅缓缓落下,预示黎明即将完结,人们要在黑暗前抓紧行动。黄昏之星预示股价见顶,后市看淡。黄昏之星与早晨之星的形态正好相反,第一天市场在一片狂欢之中步步走高,收出大阳线。第二天跳空冲高,但尾市回落,全天涨幅不大,实体部分较短,星线可阳可阴。第三天转头下跌,一根长阴线似乌云盖顶,抹去了第一天的大部分阳线,股价转强为弱。黄昏之星出现在长期上涨或暴涨之后,几乎可以肯定是反转信号。

黄昏之星常常成为庄家刻意画线的形态,因此需多加留意:①要认真分析行情性质,股价所处位置,防止被庄家洗盘所骗。②如果上影线较长并带有较大成交量应采取减仓观望。③如果股价涨幅很大,黄昏之星见顶的几率较大;如果股价涨幅不大,可以认定为回档整理或洗盘。在实战中,要结合这些盘面现象进行综合分析,以辨别真假黄昏之星。

如下图,广宇发展(000537)的股价见底反弹,经小幅反弹后开始调整,三个交易日构成一个非常标准的黄昏之星形态。这个形态预示反弹行情的结束,尤其是这天一根光头光脚的阴线,颇有几分恐怖色彩。谁知,黄昏之星出现后,股价调整幅度不大,第四天股价就结束调整。随后,股价继续攀升而上,倒扣金钟标准形态是一种难得一见的技术形态。

假身怀六甲仍需观望

身怀六甲由两根K线组成,第一日在上升行情中出现一根长阳线,或下跌行情中出现一根长阴线,第二日出现一根实体较小的K线,无论是阳是阴,好像长K线怀中的胎儿,被前一根较长的实体K线包围进去。身怀六甲形态的出现,一般预示着市场上升或下跌的力

量已趋衰竭,市场已有改变既有趋势的迹象。分析方法如下:①在涨势与跌势的后期须留意长阳线或长阴线之后的变化,身怀六甲会让人感到市场的暂时休整而不以为然,但转势也许就在眼前。②注意身怀六甲出现时的成交量变化,在放量之后,成交量突然大幅度萎缩,市场趋势改变的可能性甚大。③身怀六甲形态与其他一些主要的反转信号如十字星、大K线等相比,其反转信号要次要得多。

　　如上图,三力士(002224)在行情下跌过程中,出现了一个看涨的身怀六甲形态后,股价的确止跌,但随后股价的走势却并没有出现预期的上涨行情,而是陷入了横盘整理,不久跌破整理区域。身怀六甲在这里是以下跌抵抗形态的情形出现。操作中可以结合其他技术分析指标来判断身怀六甲形态的可靠程度。一旦发现该形态构成陷阱,应退出观望。

假乌云盖顶仍有涨

　　乌云盖顶形态一般由两根K线组成,第一根为阳线,第二根为阴线,发生在涨势之中,常被人误以为是市场的调整形态,所以其隐蔽性较好,翻脸之时出其不意。乌云盖顶在分析时应注意:①阴线应高开于阳线之上,但收盘价大幅回落,深入到阳线实体部分的一半之下,否则意义不大。跌幅越大,信号越强。②阴线在开盘后曾经上冲,但受阻后掉头向下,说明多头上攻无力,大势见顶迹象初露端倪。③阴线的成交量明显放大,说明庄家派发意愿强烈。④乌云盖顶为次要见顶信号,可靠性因出现的位置不同而不同。通常出现在反弹行情的顶部、涨幅超过50%或快速拉升之后的形态可靠性较高,而出现在突破颈线位之后、涨幅小于30%的行情中,属庄家洗盘的可能性大。

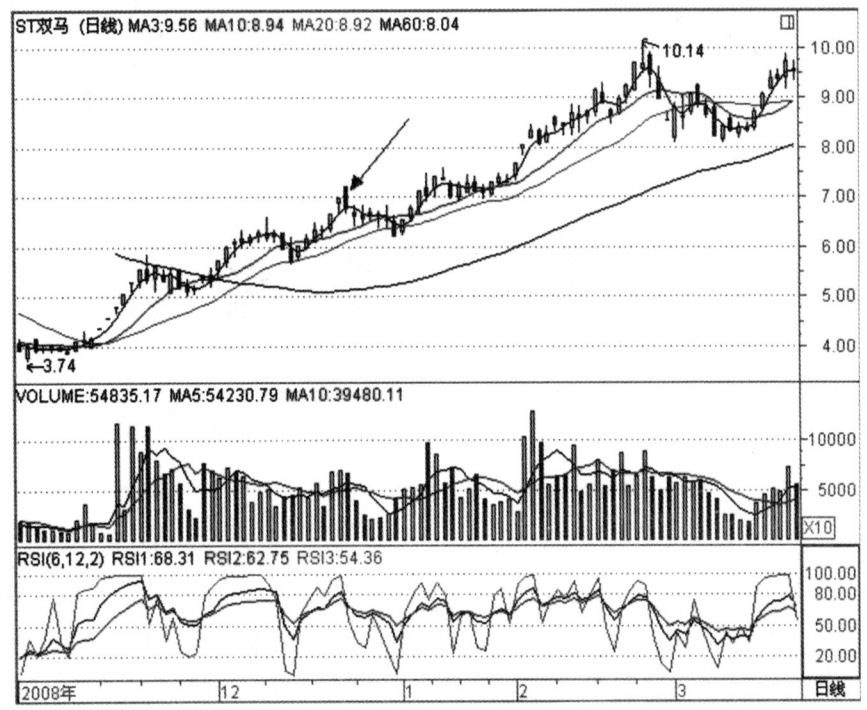

　　如上图,从市场当时的交易情形看,ST双马(000935)这个乌云盖顶形态是解套盘蜂拥而出的结果。但超级庄家顶住了这波抛压,继续逼空走势,终于使一个乌云盖顶的空头陷

阱充当了强势上升过程中的上涨急速调整。

假跳空缺口快见顶

跳空缺口是指股价向上或向下以跳空突破的方式脱离盘整区域的一种价格形态。根据跳空突破所处的位置和突破方向,可以分为向上跳空缺口和向下跳空缺口。操作中要把握以下要点:①向上跳空缺口突破前的整理形态应属强势整理,特征是成交量逐步递减,重要性短期均线如10日均线有支撑,显示市场浮筹逐步减少,持股成本日益垫高。②向上跳空缺口突破形态在横向整理突破后成交量应相应放大,股价流畅上升。③向下跳空缺口突破前的整理形态应属弱势整理,在横向整理期间应有相应的反弹过程,反弹的次数越多,向下突破的杀伤力越强,下跌的幅度越大。如果股价仅仅是低位横盘,向下跳空突破要慎防空头陷阱。④向下跳空缺口突破形态通常不需要成交量的配合。跳空缺口是一种很常见的、非常重要的价格行为,在技术上的含义通常都确定无疑,因而很适合被庄家利用吸货或出货,从而形成技术陷阱。庄家利用向上跳空缺口形态吸引散户追高,从而完成高位出货任务;利用向下跳空缺口形态迫使散户割肉,从而达到低位建仓目的。

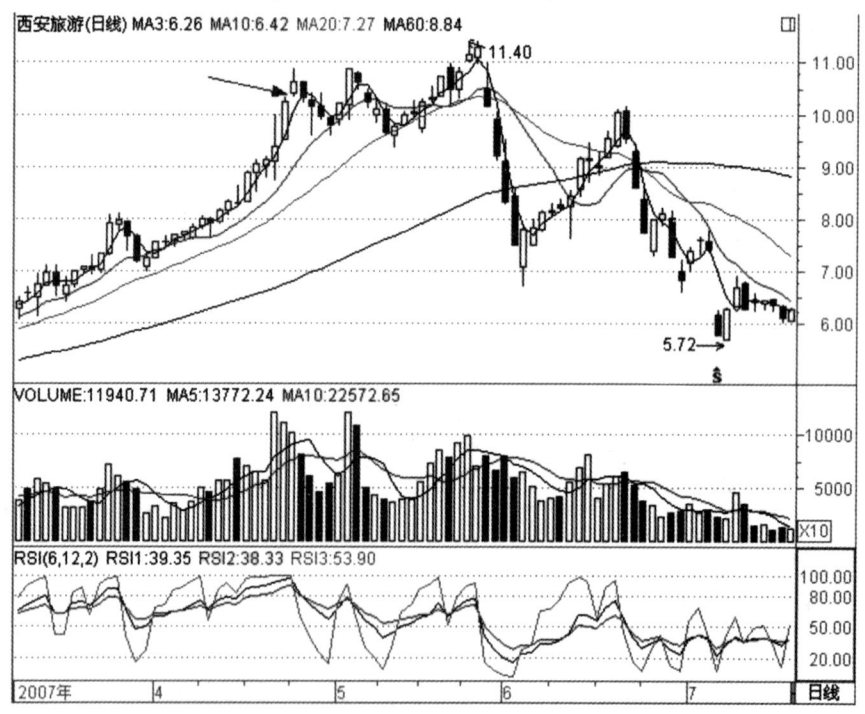

如上图,西安旅游(000610)的股价当日放量向上拉升,第二天跳空高开继续以巨量上扬,留下一个向上跳空缺口。通常该股后市看好,但并没有出现继续上攻的势头,而是在缺口上方开始了反复的震荡出货过程。在头部形成过程中,股价向下回调到缺口上方时,反弹仅仅到达前期高点附近即告结束,形成了小圆形头。然后股价下跌破位,结束了这轮多头行情,股价继续下跌并创出新低点。

第16章

判断上升浪的K线组合

四浪洗盘后期高

　　股价经过长期下跌后,多数投资者已处于亏损或绝望状态,庄家借着低迷的市场气氛和利空传闻再次震仓,经不住折腾的就认赔出局。当股价接近价值区域时买盘开始增多,股价借势强劲反弹,但越往上走抛压越重,亏损的想高抛低吸摊低成本,抄底的担心夜长梦多开始获利回吐。于是股价重新回到原来的起点。此时庄家又开始大量吃进,套牢盘也开始进行回补,众人拾柴火焰高,股价再次升了起来。庄家觉得这样一直拉抬下去对自己以后的出局很不利,便停止吸纳,在高位顺势派发一些低位捡来的筹码,于是股价拾级而下。庄家经过一段时间的低吸,浮筹已经不多,于是庄家缓慢地把股价继续推高。在股价的反复波动中庄家有滋有味地进行着高抛低吸,散户经不起如此折腾,便割肉认赔。短线客感到股价走势沉闷,无利可图也另攀高枝。四浪洗盘完成以后,为了震出那些最顽固的多头分子,在拉升前一般还会再来一次彻底地清洗。然后小幅推高股价,测试盘中抛压,只有当庄家认为浮筹不多时,才会选择拉抬时机。

如上页图所示,粤电力(000539)在四浪洗盘出现后股价走势比较强劲,因为它是在均线系统处于多头排列的情况下完成的。股价拔地而起以后,股价小幅推高,然后顺势回落,标志着"一浪洗盘"的完成;后在成交量的配合下,股价越过前期高点的出现,标志着"二浪洗盘"的完成;股价顺势回调后再次小幅推高,越过前期高点,"三浪洗盘"结束;股价经过整理再次向上攻击,但在前期高点附近股价就主动回撤,"四浪洗盘"完成。股价在20日均线处获得支撑后,开始携量上攻,当股价越过四浪洗盘的高点时应重仓出击。

在实战中,只要弄清楚四浪洗盘是股价的整理形态就可以了。这样,就可以避免过早地参与整理,当然,对于善于做波段的人来说,庄家为其提供了一个非常好的获利机会。

仙人指路后有浪

股价经过长期下跌以后,做空能量销声匿迹,只有萎缩的成交量在那里苟延残喘,多数人已对它不再留意。然而,在某一天,股价突然拔地而起,然后在人们的疑虑中封住涨停,庄家旨在快速拉离成本区。第二天开盘后,股价一路上升,然后顺势下滑,庄家刻意制造高位遇阻的假象,让场外资金不敢贸然跟进,叫短线客恐慌出局。这根带有明显冲高受阻痕迹的阴线或阳线,实际上是庄家的攻击性补仓,为进一步上攻而进行的最后掠夺。

如下图所示,云南白药(000538)在仙人指路出现以前,股价先有一个铺垫,小步攀高是庄家在积蓄能量,说明股价已进入一级战备状态,不规则的中阳崛起是发起攻击的信号。学会了识图,庄家的一举一动都在我们的监视之中。仙人指路通常出现在第一个涨停板之后,是庄家为了进一步加大收集力度刻意而为,并非冲高受阻。

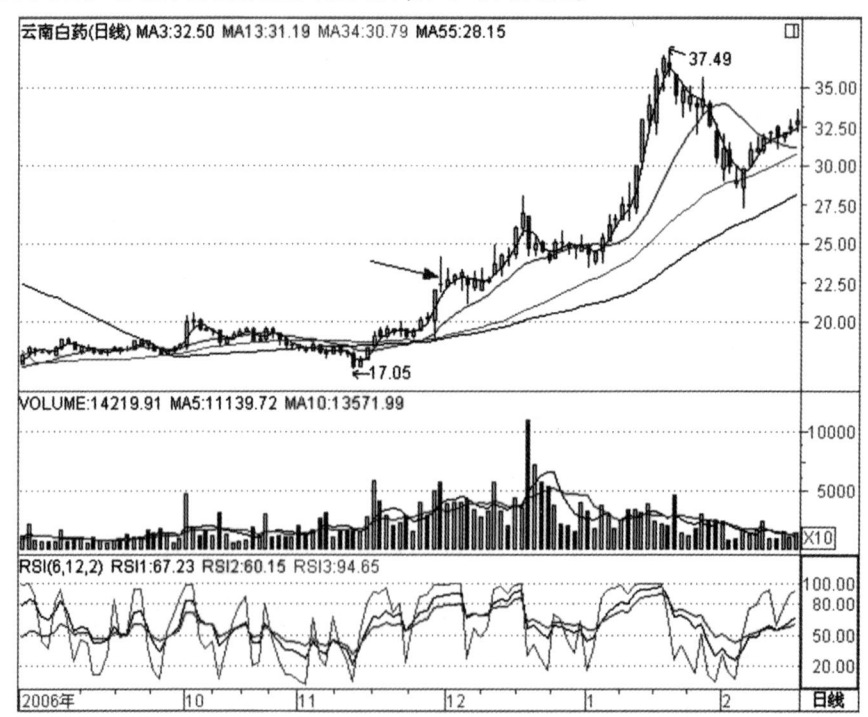

仙人指路出现以后,股价没有出现大幅上涨,但也没有大幅回落,而是沿着13日均线碎步挪移,这并非股价走势减弱,而是为了消化获利筹码而进行的强势整理,通过整理,垫高

市场平均持股成本,减轻未来阻力,股价的后期走势证明了这一点。

串阳介入踏主浪

在一个股价平台上,股价低开高走,持续拉出 5 根以上小阳线或星阳线,这是庄家为驱逐获利盘和限价收集而采取的一种强势整理,是股价即将拉升的显著标志。这种把股价平台上拉出的持续阳线称之为串阳。

股价经过一波拉升之后,盘中积累了一定数量的解套盘和获利盘,为了把这些筹码驱逐出去,庄家会不择手段地诱使这部分筹码出局,凶狠打压,又担心抛出的筹码捡不回来,于是庄家就控制着股价低开高走,故意制造一种走势疲软的假象。其实,这是庄家为混淆视听而精心设置的诱空骗线。串阳通常出现在小幅度推高之后,是拉升途中的整理蓄势,应密切关注,伺机进场,也可以等涨起来时追着买。

如下图所示,双环科技(000707)股价爬上55日均线,庄家拉出一组串阳继续整理蓄势,然后发力上攻,突破整理格局,走出一波凌厉的上攻行情。

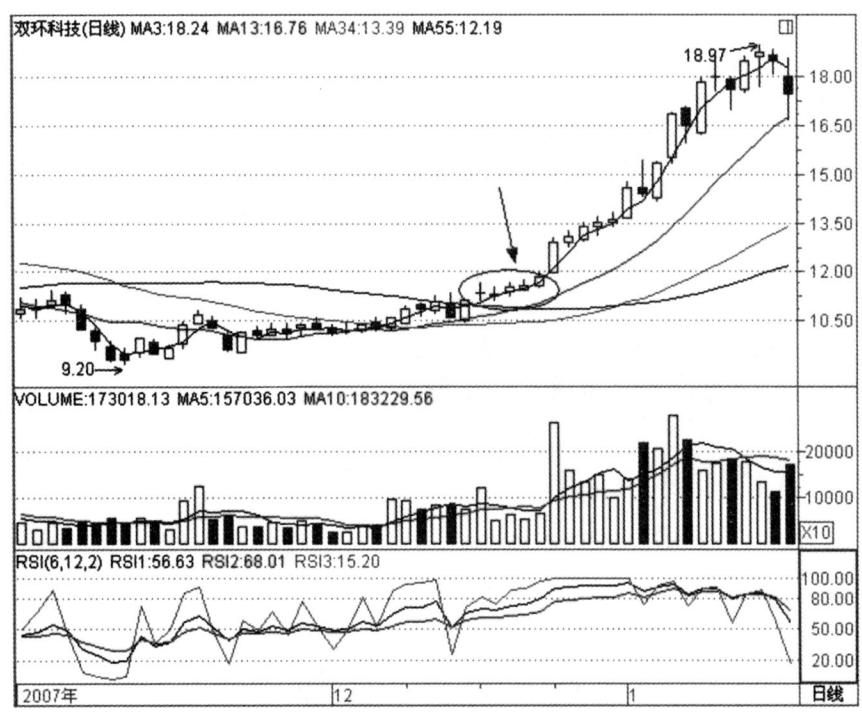

串阴洗盘不必恐惧

股价经过小幅拉升,然后在一个狭窄的股价平台上,高开低走,持续拉出 5 根以上缩量阴线,这是庄家为积累能量,刻意使用的一种清洗手段,旨在让持仓者心神不安,叫持币者不敢贸然进入。这种在狭小平台上持续拉出的一串阴线称之为"串阴"。

股价经过一波拉升之后,盘中积累了一定数量的解套盘和获利盘,为了把这些筹码驱逐出去,庄家会不择手段地诱使这部筹码出局,凶狠打压,又担心抛出的筹码捡不回来,于是庄家就控制着股价高开低走故意制造一种走势疲软的假象。其实,这是庄家为混淆视听而精心设置的诱空骗线。

如下图所示,世荣兆业(002016)在触底反弹出现以后,股价之所以没有上去,不是源于形态本身,而是因为10日均线没有走平。10日均线没走平,说明股价还有整理的必要。所以,在10日均线与30日均线之间,庄家用了一组串阴继续整理蓄势。

串阴的最后一根阴线开始缩量了,这是整理行将结束的信号,接下来的星阳线开始放量了,预示着股价该涨了,由于形态不够明显,因此只能轻仓试探。接下来,股价开始携量上攻,并一举突破串阴的整理高点,昨日进场的,开始加仓;昨日未进的,不能再错过时机。股价后来的走势就像冲天炮一样高举高打。三天后,股价跳空高开,震荡加剧,说明股价已到了阶段性顶部。

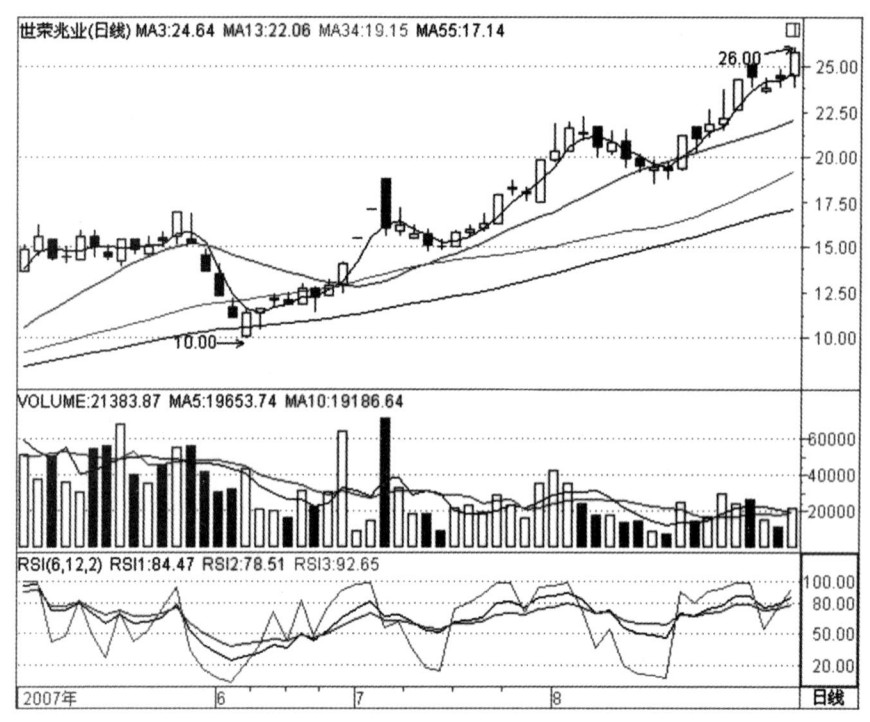

蚂蚁上树多参与

股价经过长期的缩量下跌以后,两条略微向右下倾斜的主均线相距很近或基本持平。13日均线由下跌开始走平,股价踏上13日均线后,以连续上攻的小阳线缓步盘升,把股价轻松地送上55日均线。这种几根持续上升的小阳线称之为蚂蚁上树。

由于股价的长期下跌,做空能量消耗殆尽,这时,庄家已建仓完毕,一旦大盘配合随时可能向上拉升。为了不引起市场注意,庄家仍在有计划地限价买入,一来测试一下盘面,二来做做拉升前的热身。因此,对于形成蚂蚁上树走势的个股要密切关注,一旦发现它放量上攻,应毫不犹豫进场参与。

如下图所示,百联股份(600631)在2007年7月股价封住了的下跌空间。但封住下跌空间并不意味着股价马上就涨。所以,并不大能介入抄底。因为股价的筑底是复杂的,我们不知道它在这里还要磨蹭多长时间。严格说来,股价在筑底过程中,如果没有中阳的出现,股价就没有底部可言,只有中阳出现以后,才表明股价的底部被探明。因此,抄底一定要谨慎。股价触底后,股价又窄幅整理了6个交易日,才迎来中阳的出现,于是,股价开始有了转机。接着,中阳把股价演变成了蚂蚁上树。蚂蚁上树表明有增量资金进场,跟随庄家一道行动,安全系数自然就会大得多。

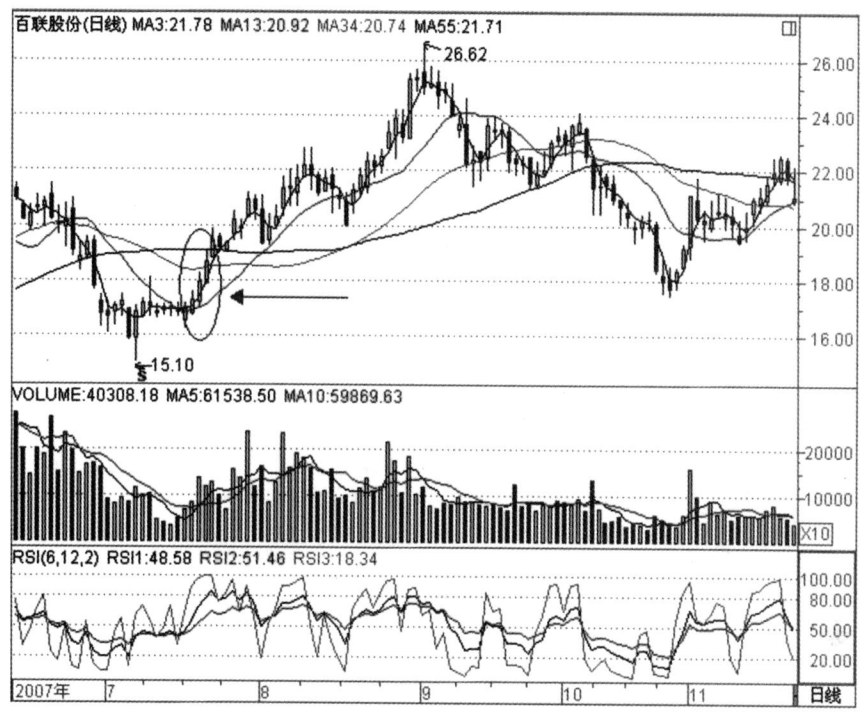

月季花开献主浪

股价经过长期下跌和充分整理以后,13日均线开始由下跌趋于走平,伴随着温和的成交量,股价碎步上移,并连续拉出12根小阳线,这是庄家拉高建仓时的盘面特征,是行情整装待发的信号。这种连续拉出的这12根阳线称之为"月季花开"。

庄家建仓一般都选择在市场低迷时,但在形势逼人的情况下,庄家也会选择拉高建仓,这种情况牛市里较为常见,熊市里拉高建仓的不多,因为拉高建仓意味着风险。此外,庄家之所以敢于拉高建仓,除了本身的实力以外,还有对大势的乐观估计。月季花开是行情整装待发的信号,应随时准备进场。

如下页图所示,小商品城(600415)的庄家开始建仓的时候,是悄悄进行的,阴阳相间的小阴小阳夹杂着不确定的星线,这是庄家进场吸纳时留下的盘面特征。后来,随着成交量的温和放大,庄家加快了收集步伐,特别是中阳的出现,充分暴露了庄家的意图。遇到这种情况就不必非等"月季花开"出现后再进场,主动介入是因为庄家的攻击提前了,这就是庄变我变,这种灵活机动的战略战术就叫"心随股走,及时跟变"。

在"月季花开"绽放的时候,均线互换也相继完成,拉升前的一切准备工作,庄家都在有条不紊地进行着。需要注意的是,形态完成以后,股价一般都会有一个回踩动作,经验丰富的会在股价回踩时小单低吸,然后等阳克阴形成以后再大单跟进。从图上可以看到,"月季花开"以后,庄家暗度陈仓进行回踩,第二天就强力把股价拉了起来。

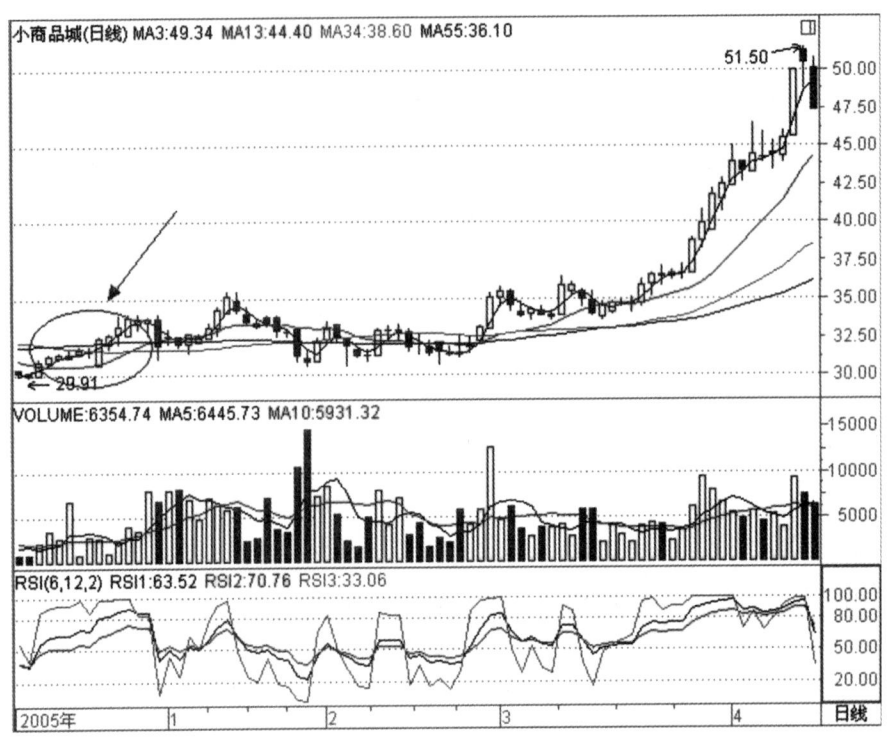

缩量阴线主力在

股价从前期的一个明显高点开始回落,在底部区域经过充分整理后,或采用"蚂蚁上树"方式小阳推进,或大步流星地放量拉升,股价有效突破55日均线后开始回落,但在55日均线附近获得支撑,如果K线收阴,回落的股价恰好落在13日均线与55日均线的结点处,"缩量点击"即告成立。这种落在均线结点处的这根缩量阴线称为"缩量点击"。

股价经过长期的下跌或充分调整以后,13日均线由下降趋于走平,表明股价有止跌的迹象,温和放大的成交量和已经上翘的13日均线,说明有增量资金进场收集筹码,同时还说明场内套牢盘此时已不再割肉,而且开始在低位补仓。股价突破55日均线以后,前期介入的短线客开始获利回吐,于是,股价冲高后顺势下滑,而萎缩的成交量表明大部分筹码已被庄家锁定。因此,股价在13日均线与55日均线的结点处获得支撑后仍将继续上行。

如下页图所示,华夏银行(600015)第一次探底企稳后,把股价送到13日均线附近,其后迎来了中阳和"缩量点击"出现,股价走势显得很有节奏,踏准这种节奏就会有一种悠然自得的感觉。股价在上涨或下跌的时候,庄家都会事先发出某种信号,在信号尚未出现之前不可盲动。跟着庄家走,如果只要手里有钱,就按捺不住买股的欲望,说明投资者缺乏一种足够的耐心。

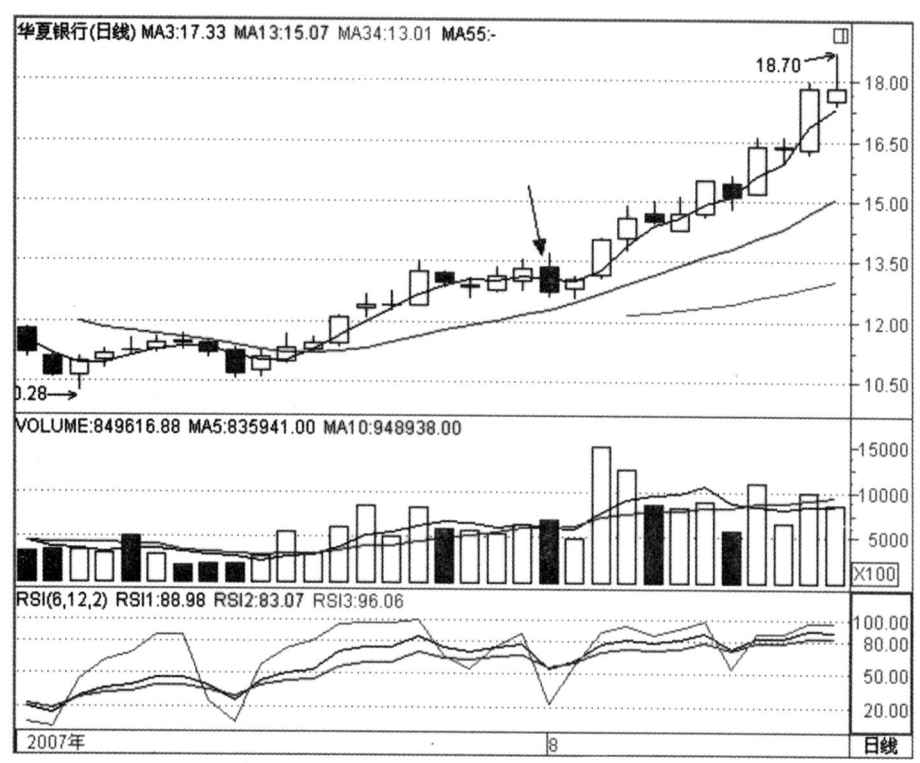

海底捞月股价升

随着股价的缩量回落,均线系统前段的多头排列正在被逐步瓦解,中、长期均线依然保持平行移动,13日均线相继向下突破中、长期均线之后,下跌趋势有所减缓,随着成交量的放大,股价缓步盘升,13日均线重新向上穿越55日均线,股价在短期内仍持续走高。这种13日均线下穿再上穿55日均线的过程称为"海底捞月"。

中、长期均线能够长时间保持平行移动,说明市场对目前的股价趋于认同,同时也封闭了股价在短期内的下跌空间。13日均线弱势下叉中长期均线并在其不远处做半弧状运动,显示上方抛压并不沉重,暗示回档幅度不会太深;而成交量的温和放大,反映了多方的做多欲望;13日均线重新上穿55日均线,表明有新的资金进场,均线系统有望迅速构成多头排列状态,从而支持股价继续上行。

如下页图所示,西藏矿业(000762)股价先有一小波拉升,为了驱逐获利盘和解套盘,股价顺势回落。庄家不惜打破55日均线,迫使那些对技术似懂非懂的人斩仓出局。萎缩的成交量,表明只是散户在抛。但股价究竟会跌到什么地方,除了庄家谁也不清楚,但可以通过技术形态判断股价的底部区域。一般说来,一只股票不管它调幅有多大,只要13日均线不走平,只要没有中阳线的出现,股价就没有底部可言。因此,盲目抄底是不明智的。

一阳探底机会多

股价经过一波下跌以后,突然跳空低开,然后快速上攻,形成低开高走的长阳线,这是股价转势的明显标志,是进场的好机会。这根低开高走的长阳线称为一阳探底。

股价大幅低开,旨在制造紧张气氛,让那些不明真相的人恐慌出局,庄家顺势收集一些廉价筹码。庄家派发通常选择在相对高位,除非极端意外;否则,没有一个庄家愿意把高位买的筹码又在低位卖出。

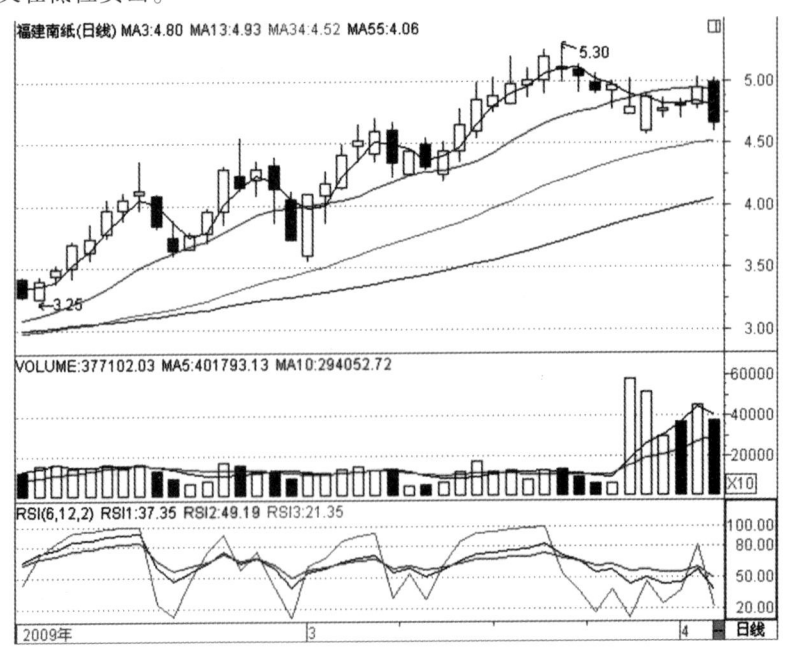

如上页图所示,福建南纸(600163)股价急速下跌,然后缓步攀升,再急速下跌,再快速反弹,这是形成一阳探底的大致进程。在股价的最底部,一根长阳线横空出世,股价从"疑无路"到"又一村",瞬间完成一个重大转折,让人们永远猜不准,这就是股市的魅力所在。但对于一个已经过了识图关的人来说,股价的异动还是可以发现的,然后根据形态出现的位置和市场意义作出及时、准确的判断。

一阳探底重在形态,对量的要求不是很高,所以说,一阳探底这根阳线不管有量还是无量,其市场意义都是见底回升,有量说明庄家收集力度大,后期走势较为明快;缩量说明庄家收集力度小,后期走势相对弱一些。投资者可以根据量能大小,合理布局资金。

一阳探底出现以后,股价一般会彻底改变过去的疲弱走势。

跳空低开见浪底

股价经过一波下跌以后,突然跳空低开,给人一种破位下行的错觉。其实,这并非不良征兆,而是股价见底的标志,是股价见底前的最后一跌。这根跳空低开的阴线或阳线称为"马失前蹄"。

股价经过一波大幅下跌之后,获利盘已被驱逐干净,套牢盘已被死死锁住,为了制造恐慌气氛,在下跌尾段,庄家刻意使股价低开低走,给人一种加速下跌的假象,诱使场内筹码恐慌出局,自己再趁机捡一些廉价筹码。在一般情况下,股价第二天就会止跌企稳,然后反转向上。

如上页图所示,成发科技(600391)经过一波下跌的股价突然跳空低开,然后加速下跌,其实,这是股价的最后一跌。"马失前蹄"的出现,表明股价见底了,跌不动了,它的启示是:有筹者无须再抛,无筹者小单跟进。"马失前蹄"出现以后,股价可能涨,也可能不涨,但创新低的可能性很小,喜欢抄底的可以在这里动手,但下手不必太狠,道理很简单,高于市场平均持股成本的事,庄家绝对不干。只有多数人的持股成本高于庄家,股价才能拉起来。

阳包阴底部企稳

股价从一个明显高点开始回落,成交量极度萎缩,13日均线跌势趋缓或开始走平,在下跌尾段,股价跳空低走,收平底或略带下影的阴线,但第二天股价止跌回升,表明股价下跌空间已被封住,这种出现在底部区域的两根并排阴阳K线称之为"日月合璧"。它是下跌行情中,股价见底反转的信号。

股价经过长期下跌,市场参与者已深度套牢,萎缩的成交量表明抛盘已近枯竭,套牢盘已不再割肉,下跌尾段股价跳空低走,这是股价的最后一跌,第二天止跌回升的阳线,表明下跌空间已被封住。有的个股经过一周或更长时间重复先前走势,进一步夯实底部。两根阴阳相间的K线在底部区域并排而立,犹如"日月合璧"筑成股价的坚实底部。它的出现,意味着股价的见底反转形态已经形成。

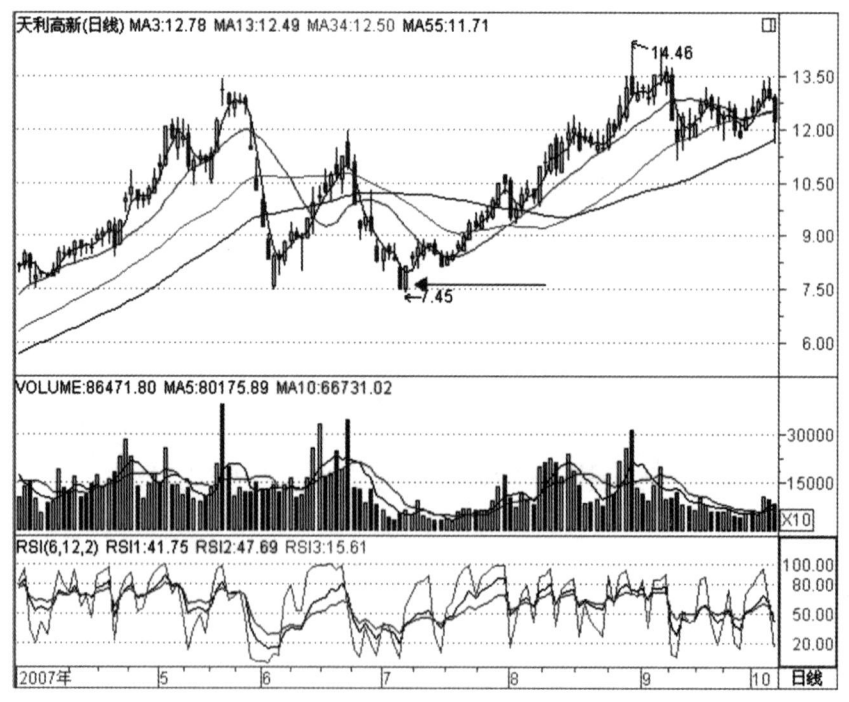

如上图所示,天利高新(600339)"马失前蹄"之后的这根阳线就叫"日月合璧",它的市场意义是:股价见底了。在这里适当跟进,一般都能买到股价的大底。遗憾的是,多数人不敢或已经没有资金去买了。这是因为,多数人不明白这阴阳组合的市场含义,少数知道含义的,由于高位深套已丧失进攻能力。"日月合璧"出现以后,股价站上了13日均线,"红杏出墙"的出现,又把股价送上了55日均线,中阳的出现,则引发一波像模像样的行情。

空方力竭做多后市

股价经过长期下跌,然后进行小平台整理,就在股价即将上摸13日均线的时候,股价反而选择了向下突破,呈带量加速之势,但这一根阴线留下长长的下影线,表明底部承接有力。第二天,股价低开低走,缩量不创新低,表明抛盘穷尽。这根躲在阴线下影线里面的小阴线称为"金屋藏娇"。"金屋藏娇"由两根K线组成,第一根阴线必须是在下跌的尾部出现,要求带量且留下长长的下影线,第二根阴线必须在前根阴线的下影线里面运行,要求缩量不创新低。

"金屋藏娇"一般出现在大盘跌到大多数人的心理都无法承受的时候,股市中人们纷纷割肉斩仓出局,"金屋藏娇"就悄悄出现了。当投资者觉得如果再不抛出手中的股票就血本无归的时候,去补点仓,或许正好就补在"金屋藏娇"这个股价的转折点上。

"金屋藏娇"虽然是个见底回升信号,但由于股价刚刚见底,能否成功,还需要第二天的阳线来确认,所以发现"金屋藏娇"这个形态以后,既不能太激动,也不能大笔买入,只允许轻仓试探。之所以这样,主要是为了防止庄家反手做空,稳妥的介入时机不是"金屋藏娇"出现当天,而是股价形成"阳克阴"之后。股价只有收复昨日失地,才表明庄家做多坚决。在"阳克阴"之后介入,就等于踩上了庄家给出的节奏,因而安全系数也相对大一些。

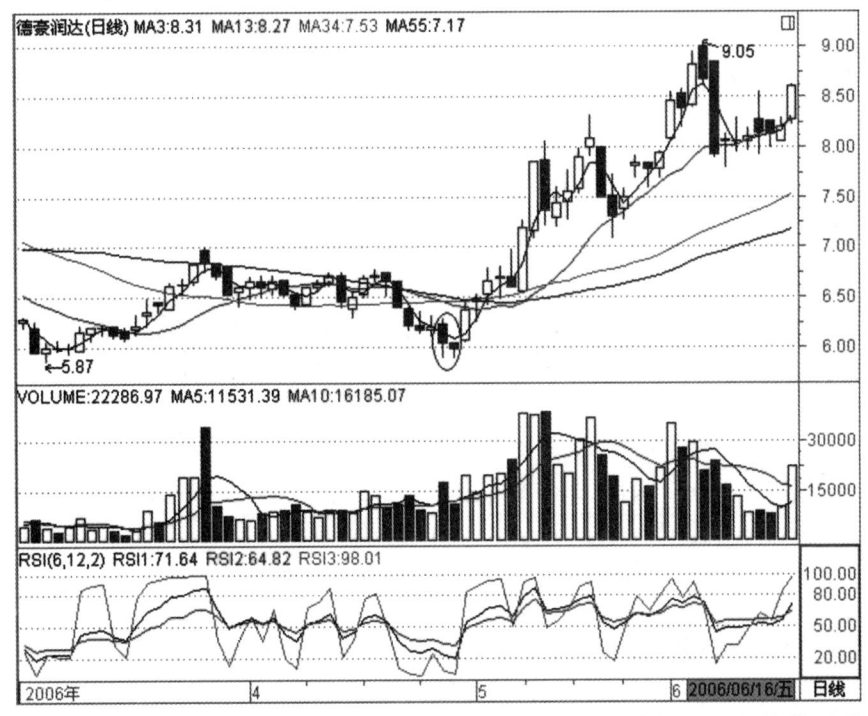

股价经过长期下跌以后,做空能量得到有效释放,于是股价在13日均线附近进行小平台整理,一些对技术一知半解的人开始进场抄底,庄家发现有人抄自己的后路,于是采用放量下跌手段,恐吓技术派止损出局。其实,这是股价的最后一跌,但越是最后,庄家打压越

凶。可庄家又担心抛出的筹码收不回来,于是在下跌尾段强行把股价拉回,这时,一些先知先觉者开始进场做试探性的吸纳。第二天,庄家故意使股价低开低走,动摇人们的持股信心,如果你害怕股价继续下跌,匆忙抛出,就正好中了庄家的计。"金屋藏娇"是一种非常典型的见底形态,在这个点位勇敢地吸纳,一般都能买在股价的相对底部。为了安全起见,最好等形态确认以后再进场,虽然价位稍高了一些,但安全却有了保障。

如上页图所示,德豪润达(002005)股价在拉升之前,庄家故意打压,构筑了一个小空头陷阱,不明真相的人往往会把股票扔到井底。

双蹄并进踏升浪

"DMI"的4条颜色不同的线犹如一匹马的四条腿,它的4个数值就像一匹马的4只蹄子,我们把+DI和-DI称为马的前蹄,把ADX和ADXR称为马的后蹄,当马的后蹄并拢在一起时,股价将随之出现一个马不停蹄的奔腾过程。这两个相等或基本相等的数值称为"双蹄并进"。

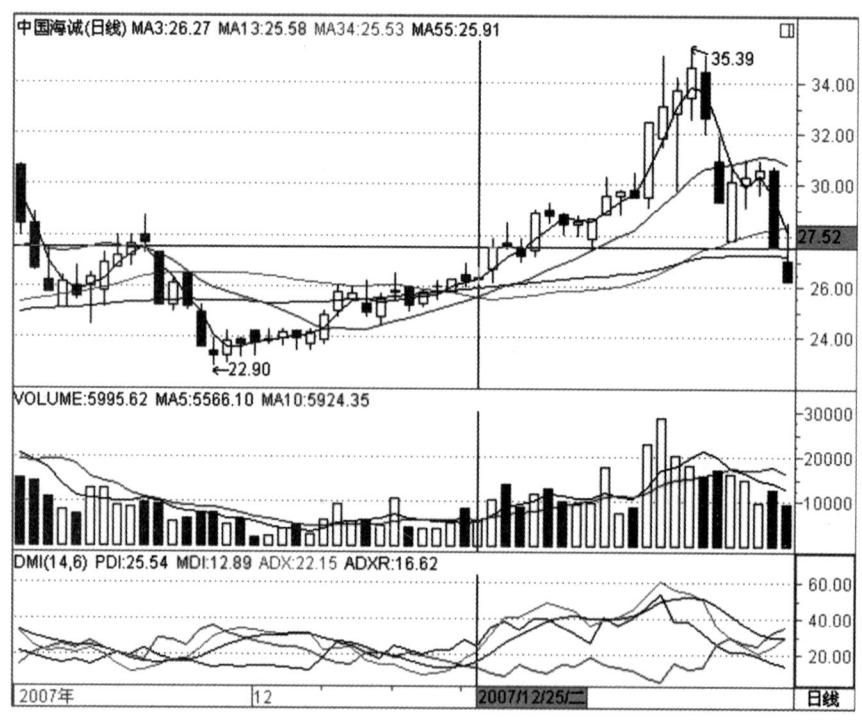

通过移动平均积累,以度量上升和下跌振幅在日间最大振幅的比重,从而揭示市场能量趋向;通过上升和下降动量的对比,测量市场供需程度,进而为判断市场状况提供量化依据。+DI上穿-DI表明有增量资金进场,但并不意味着股价会立即拉升。只有当ADX和ADXR两个数值相等或接近相等时,股价才有上涨之可能,如果有其他技术形态相配合,股价的上涨更可确认。这种以"双蹄并进"形式出现的个股,日后涨幅都很惊人。在这里按图索骥,一般都能如愿以偿。

如上页图所示,中国海诚(002116)股价在底部折腾够了,缓慢地一步一步往上挪,13日均线开始上穿34日均线。这个形态成功吗?下面用"双蹄并进"来给它把把脉,请看数值:ADX:21.61;ADXR:21.49,两个数值相差0.12,表明要跟进尚需"阳克阴"的确认。

第二天,股价开始携量上攻,说明交易系统给出的这个买点是真实的,大胆跟进不犹豫。股价走到前高点附近时主动回抽,由于股价离结点稍远,因此不宜加仓。那么应什么时候加仓呢?应在形成"阳克阴"之后。庄家震仓后开始向上发力,也许是庄家不想过早地引起市场的注意,也许是为了抖落前期整理平台上的筹码,庄家又洗盘均摊市场平均持股成本。遇到这种情况,仓位重的可在第一根阴线出现时减仓,然后再寻找低点把扔出去的再捡回来,功力不够的可卧倒不动,静待攻击时再加仓。对于慢牛攀升的个股来说,原则上不宜在盘中做差价,因为上升途中的回调幅度很小,弄不好,抛出的股票就可能捡不回来。

主浪打来步步高

股价经过长期下跌,成交量逐渐减少或极度萎缩,但从某一天起,成交量突然放大到尚未引人关注的程度,并且一连数天与日俱增,量区里的红柱体拾级而上,表明增量资金开始不露声色地进场吸纳,预示着股价拉升在即。量区里这几根拾级而上的红柱体称为"步步高"。

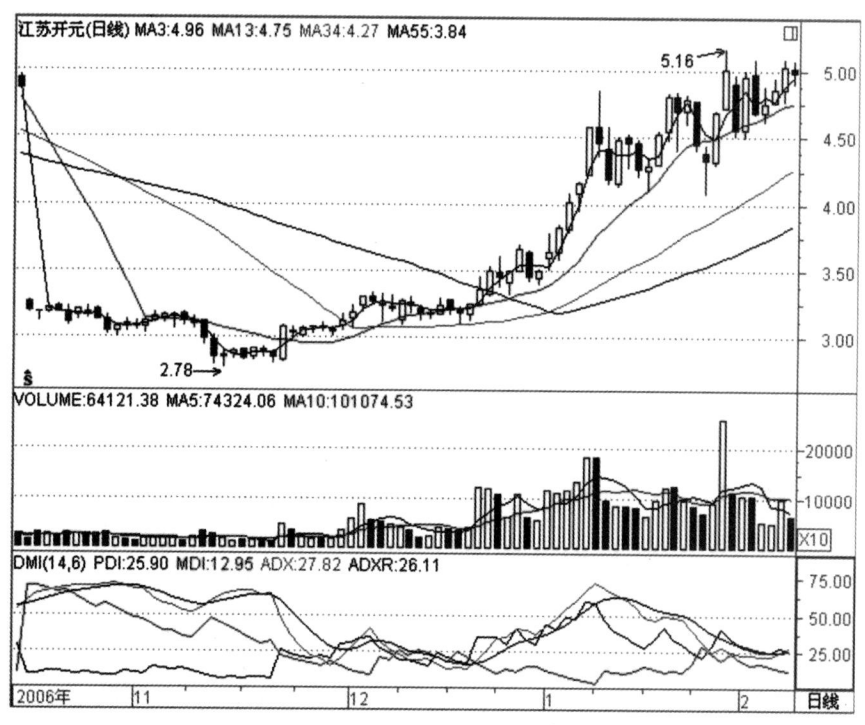

庄家吸货时,一般先要打破某个重要的技术支撑位,引蛇出洞,然后借着低迷的市场气氛和散户的失望心理悄然吸纳。在吸货尾段,由于浮筹稀少,而庄家还想吸得更多,于是,庄家一般会把股价慢慢推高,量区里的红柱体呈台阶式上升,但成交量的放大并不怎么使人

注意。"步步高"的出现,预示着股价的大幅拉升已指日可待了。

如上页图所示,江苏开元(600981)在"三线推进"的技术走势基本形成以后,庄家一开始还是悄悄吸纳,后来竟然明目张胆地大批收集,这是量区里的"步步高"所说明的。"步步高"是增量资金进场时留下的痕迹,庄家在相对底部放量收集,是为了在高位再把它倒腾出去。所以,复盘时发现"步步高"以后,第二天不妨择低跟进,然后紧紧捂住,一直捂到急拉阶段的到来,一直捂到明显的经典出局信号的出现。

四阳并列转势在即

股价经过长期下跌或横盘整理以后,均线系统由空头排列逐渐向一起收拢。此时,在13日均线附近,持续出现4根带有很小实体的阳星线,这是股价行将结束筑底,开始转势的强烈信号。从这里介入,一般都能买到相对低位,可轻仓试探。

股价只有经过惨烈的下跌,才具有吸纳和收集的价值。但股价的筑底过程是复杂的、折磨人的。因此,盲目抄底是不明智的,只有当股价波幅日益缩小,均线系统日趋收窄时,才预示着筑底过程行将结束。其明显标志是,在股价的底部区域或13日均线附近,连续出现4根带有很小实体的阳星线。

如下图所示,重庆啤酒(600132)走势图上四阳并列的出现,说明庄家的肆意撒野有所收敛,股价再创新低的可能性不大,但股价能不能涨,主要取决于后续量能的配合。一般讲,这些见底形态出现以后,股价在55日均线下方还要运行20个交易日左右,只有少数强势股在这些形态出现以后立即发动上攻。所以,低吸只能是小单。原则上讲,应多买55日均线以上的形态,因为,股价之所以能够站上55日均线,说明有主力资金在关照。

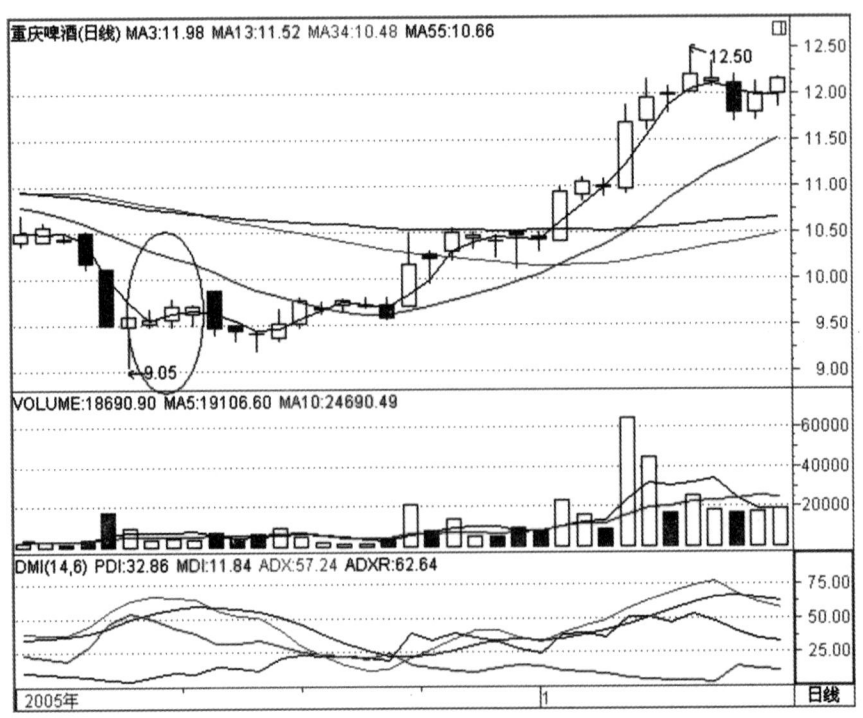

上升浪前震仓多

股价经过充分的整理,突然发力上攻,成交量急剧放大,当天以巨量中阳或大阳报收。第二天,股价平开低走或低开低走,给人以走软的假象。实际上是庄家在观察市场的抛压和跟风盘,是股价启动后的震仓,当天通常以缩量小阴小阳报收。依附在前一天阳线上端的小阴或小阳为洗盘震仓。这是拉升前的震仓,并非股价走软的信号。

股价的突然袭击,使人们生出各种各样的猜想和判断,先前跟进的包着一种小富即安的心理纷纷获利回吐,持币观望的看到有利可图也纷至沓来。股价当天以巨量中阳或大阳线报收(涨停板居多)。为了清洗获利筹码,第二天,股价平开低走主动示弱,故意给人造成一种草草收场的感觉,这也正是庄家所期望的。锐减的成交量,说明只是散户在抛。股价在此稍作停留,就会快速步入拉升通道。

如下图所示,宝新能源(000690)股价放量滞涨,但股价位置不高,所以不是庄家出货,仔细再瞅,原来是庄家利用震仓蓄势。已经进场的可持股过夜,尚未进场的无须再等了。

强势震仓的出现使得股价小幅推高,顺势回调的股价获得13日均线的支撑后继续上行,经过一波拉升之后的股价积累了大量的获利盘。问题是,这时候庄家也想兑现获利筹码怎么办?先做整理状,稳住场内筹码,然后突然跳空高开,吸引跟风盘。接下来的庄家借势,散户再不走就要吃亏了。

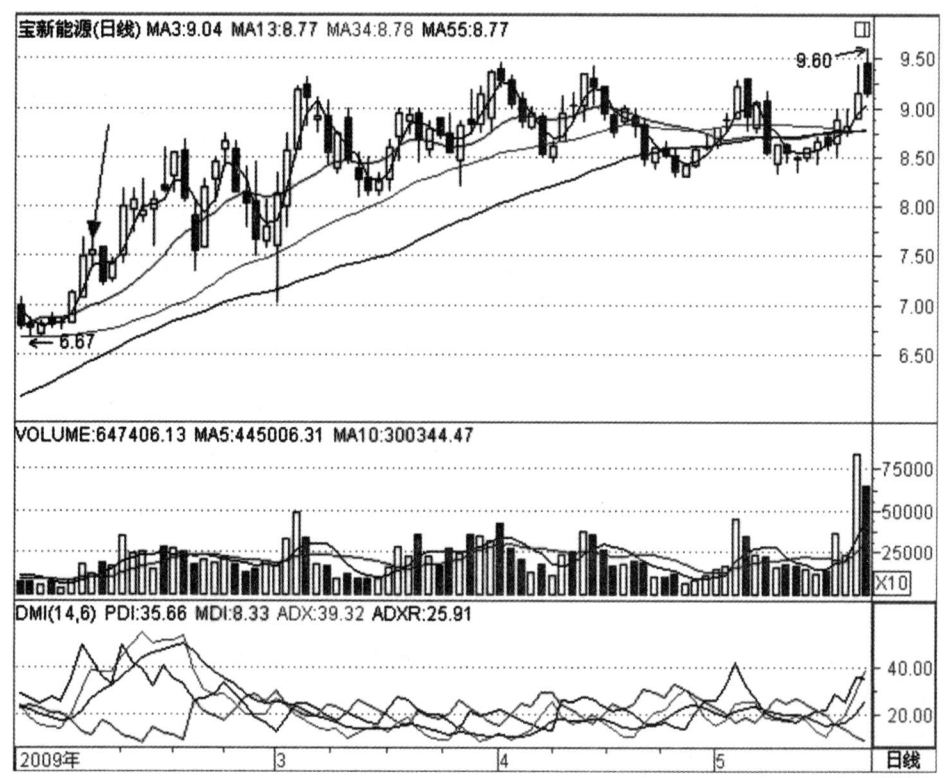

八阳报春后浪多

股价经过充分整理以后,伴随着温和的成交量,股价小幅推高并持续拉出8根小阳线(含星阳线),表明庄家依然在限价买入,预示庄家收集进入尾声,股价随时都可能揭竿而起,是股价行将拉升的信号。持续拉出的这8根小阳线称为"八阳报春"。

股价经过长期横盘整理以后,55日均线开始走平,13日均线开始翘头向上,这是增量资金进场吸纳的结果。为了不过早地引起人们的注意,股价在均线系统附近小幅推高,随着股价的回抽确认,上攻行情随时都可能展开。八阳报春是一个不错的进场机会。

如下图所示,中创信测(600485)走出八阳报春以后,股价一直沿着13日均线进行窄幅整理。后来,伴随着温和的成交量,股价持续拉出8根小阳线,八阳报春整理完毕,暗示股价的拉升已经不远了。盘中择低介入应是一个不错的选择。

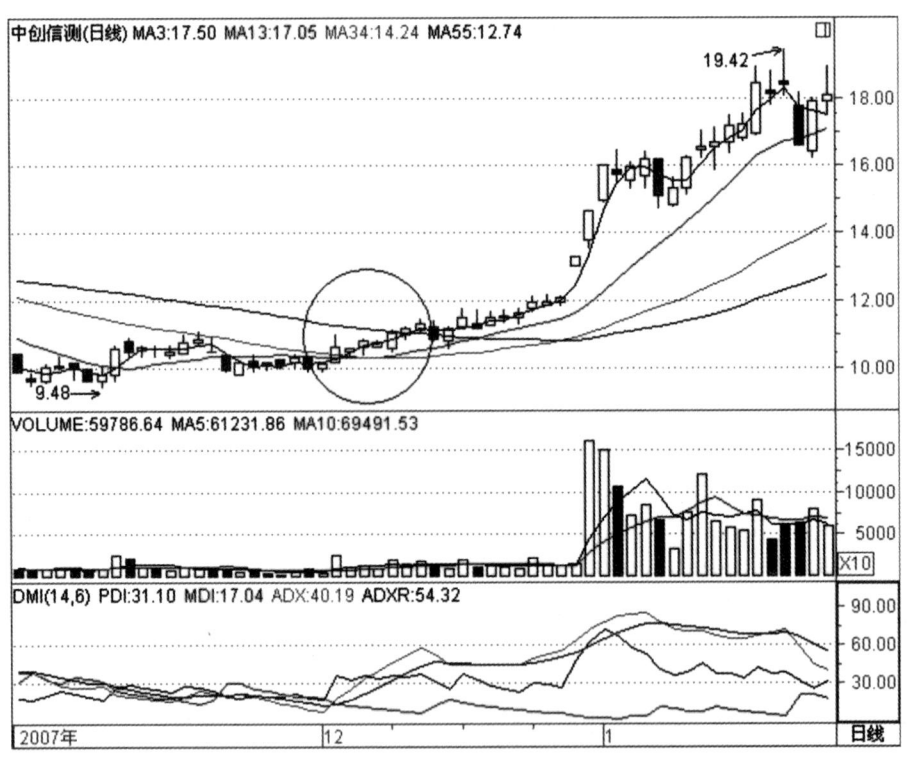

紧抓主浪攻击形态

股价经过长期下跌和反复筑底以后,13日均线开始由跌转平,然后由平转为起翘。随着成交量的温和放大,股价小幅向上推高,K线图上持续9根小阳线是庄家限价买入时留下的痕迹,这是股价即将大幅拉升的信号。

庄家吸完货以后,为了不过早地引起市场的注意,往往会采取限价买入的方式把股价小幅推高。当市场开始关注的时候,股价要么开始横盘,要么小幅下挫,等市场对它开始遗忘的时候,突然发动攻击。9根小阳是主动性买盘的最后收集形成的,是股价即将拉升的显著标志。

如下图所示,山东黄金(600547)在不规则地拉出中阳出现以后,股价有了小幅推高,然后沿着13日均线缩量爬行。在爬行过程中,股价又连续拉出9根小阳线,市场意义是整理蓄势,都是在为下一波拉升做准备。

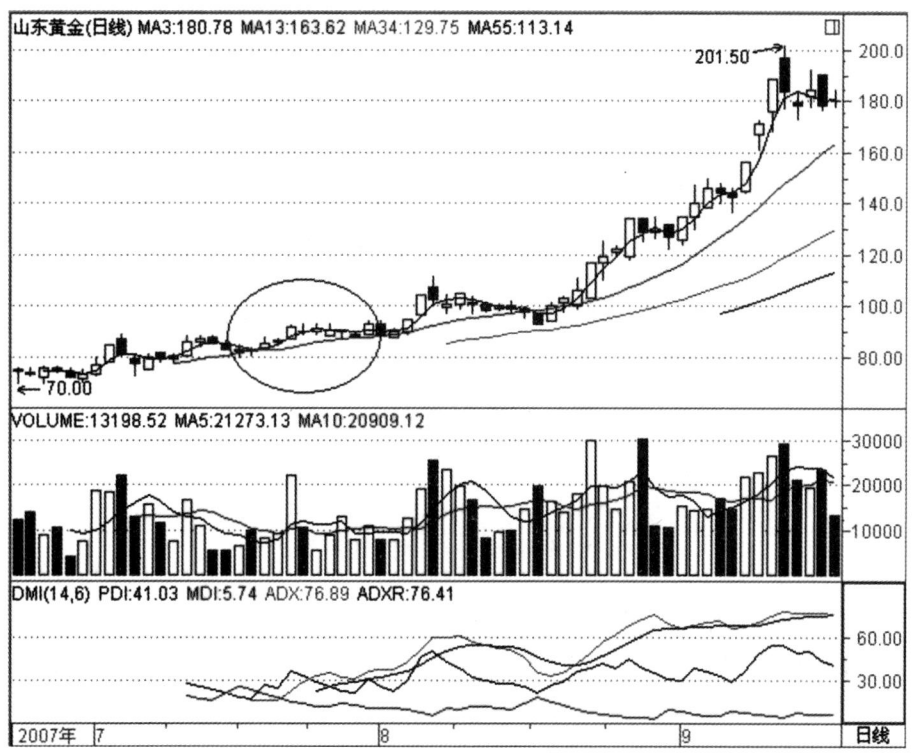

通常情况下,9根小阳都出现在股价的相对低位。出现在一波拉升之后,作为整理蓄势的还比较少见,所以当看到相对高的价位就不敢再跟了。其实这种担心是没有必要的,对于慢牛爬升的个股来说,只要不出现急拉行情就不算结束。对于任何个股来说,只要不出现明显的见顶形态,这一波行情就不能算走完。

大浪来前有预告

股价经过长期下跌和充分整理以后,13日均线由跌趋平,随着成交量的温和放大,股价依次向上推高,这是增量资金进场吸纳时留下的痕迹,是股价大涨的前兆。

股价经过下跌以后,该走的都走了,没走的早已失去了走的勇气。底部筹码,价值凸显。于是增量资金悄悄进场,由于买入量大,股价连续拉出10根中小阳线,这是股价大涨前的热身,是行情即将爆发的临界点。

如下页图所示,美都控股(600175)在K线图上走出10连阳,稍作洗盘后展开主升浪。

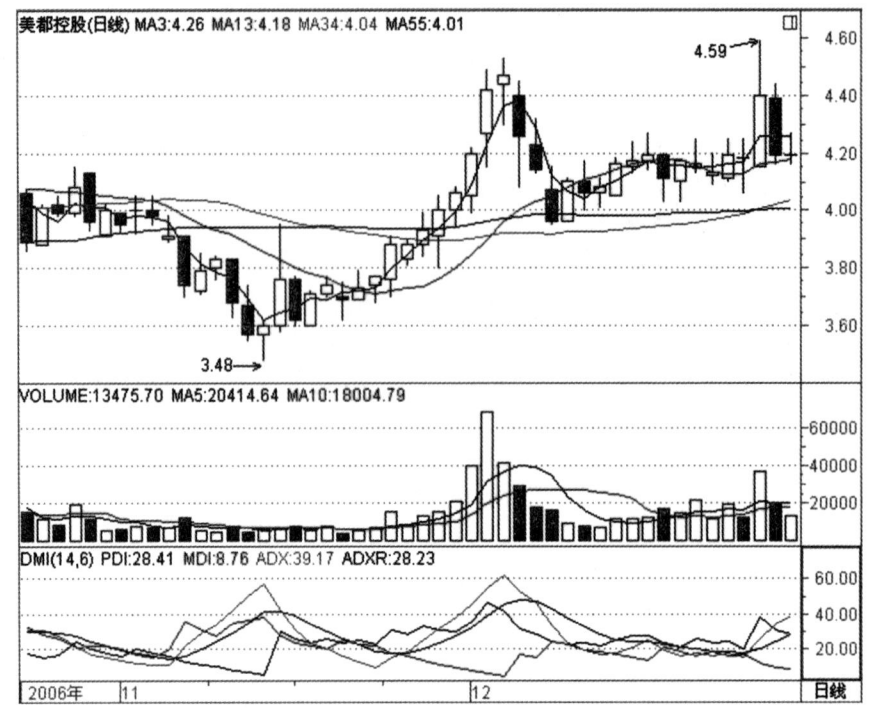

均线互换打开浪潮空间

股价从前期高点明显回落，34日均线顺势下穿55日均线，后在成交量的作用下，股价止跌企稳重返55日均线，34日均线顺势上穿55日均线。34日均线下穿55日均线再上穿55日

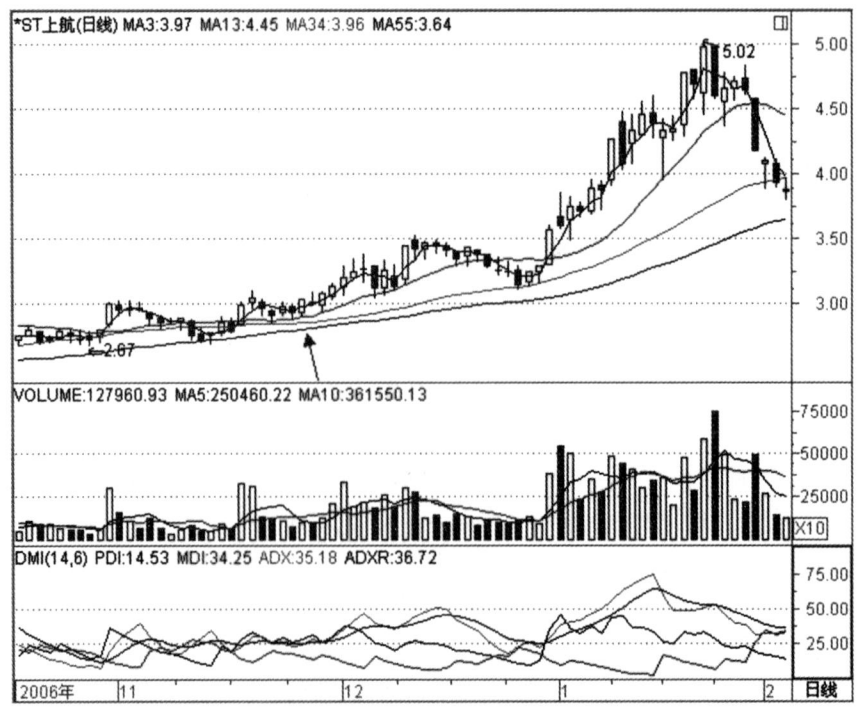

均线的过程称为"均线互换"。"均线互换"是股价上涨的必要条件,它的出现,标志着股价的上升空间已经被打开。

中、长期均线错位平行移动,说明空方抛盘枯竭,股价有趋强迹象,34日均线上穿55日均线,意味着股票求大于供。股价在3条均线附近窄幅震荡,表明庄家仍在限价建仓。"均线互换"的完成,标志着股价拉升前的最后一个环节业已完成,此后均线系统构成的多头排列,支持股价延续上行趋势,后市必有一波上攻行情。

如上页图所示,*ST上航(600591,现已终止上市)在"均线互换"完成之前,为了驱逐获利盘,股价顺势回落,但在13日均线附近获得有效支撑,伴随着成交量的不断放大,34日均线开始穿越55日均线,说明主力资金开始重新进场。而"均线互换"的完成,标志着庄家拉升前的一切准备工作已经就绪。根据13日均线的角度以及股价所处的位置,可以认定这个"均线互换"属于稳步盘升型的,因此,就可以着手进行资金布局了。

回踩均线是低吸良机

股价经过长期下跌或充分整理以后,13日均线开始由跌到平再到向上起翘,表明有增量资金在悄悄地买入,由于受到55日均线的反压,股价缓步爬上34日均线后顺势回落,但在13日均线和34日均线的结点处获得双重支撑,回落的股价正好落在结点处。

股价经过长期下跌或充分整理后,做空能量得到有效释放,随着时间的推移,成交量开始温和放大,13日均线由下降趋于走平,表明有增量资金悄悄进场建仓,暗示先知先觉者开始逢低吸纳,股价突破34日均线后受到55日均线的明显反压,于是短线客获利回吐,股价顺势回落,但在13日均线和34日均线的结点处获得双重支撑后仍会延续原来的升势。

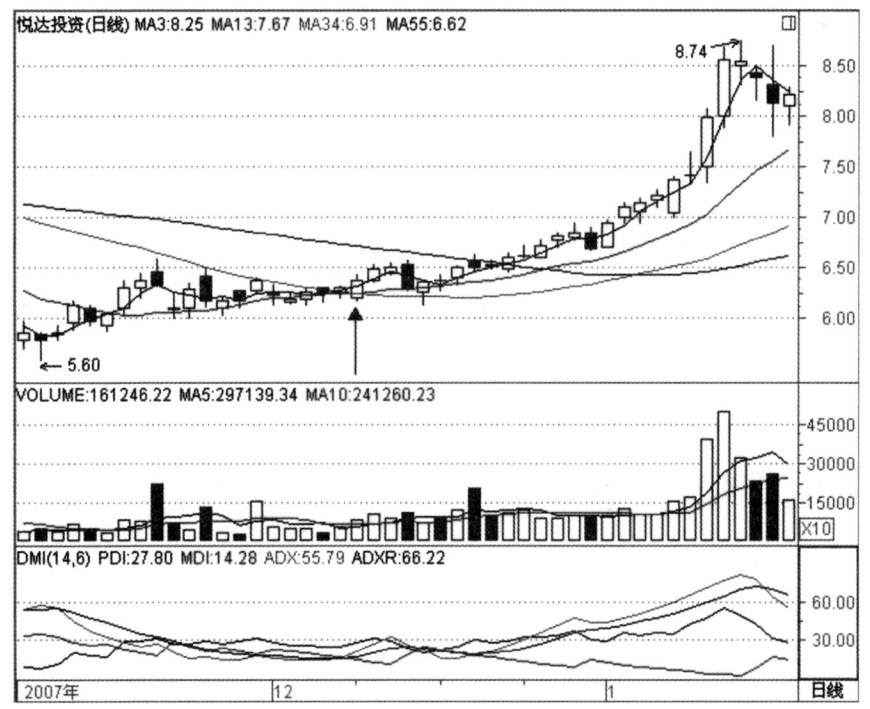

如上图所示,悦达投资(600805)股价在底部区域折腾了好长一阵,也没闹出什么动静,

直到13日均线上穿34日均线,回踩均线出来以后,股价才算有了真正的转机。

经过震仓才见彩虹

股价经过长期下跌以后,做空动能已不再嚣张,于是,股价在底部区域开始小幅震荡,随着成交量的温和放大,55日均线慢慢地被拉平,13日均线也开始翘头向上,股价底部不断上移,表明有增量资金在悄悄吸纳。很多黑马都是从这里脱颖而出的。13日均线由跌趋平再到穿越55日均线这个过程称为股价的强势震仓。只有当股价穿过强势震仓地带以后,才有可能走出一波像模像样的行情。

股价只有经过长期下跌和横盘整理,才会引起庄家的建仓兴趣,当庄家感到吸货困难时,就会不由自主地把股价小幅推高,可又担心引起别人的注意,于是股价开始小幅震荡,由于增量资金的介入,股价的底部开始不断上移,55日均线有逐渐走平的趋向,13日均线由平到翘,直至上穿55日均线,表明庄家已进入股价的强势震仓地带,行情随时都有可能爆发。强势震仓是股价异动的多发区,密切关注强势震仓,可大大提高资金的利用率。

一般而言,从走出中阳那天起,就视为股价进入强势震仓了,走出强势震仓,大约需要30个交易日左右,强势震仓的结束之日,就是13日均线上穿55日均线之时。

如下图所示,中创信测(600485)在强势震仓出现以前,股价低着头,当它走出强势震仓以后,股价一反常态,鼓足干劲往上涨。强势震仓是股价走势的分水岭,是判定股价走势强弱的标志。

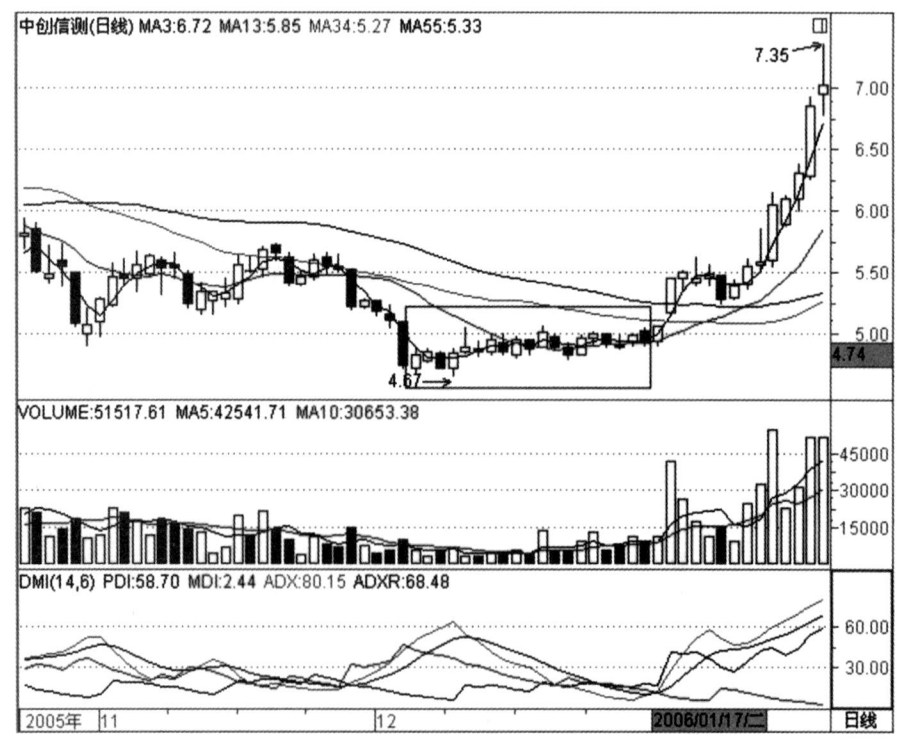

浪底捞金针

股价经过一波大幅下跌以后,又突然跳空低开,把股价打至很低,随后,股价迅速拉高,接近或超过昨天阴线的开盘价,且留下很长的下影线,这是一个转跌为升的见底信号,暗示底部承接有力,后市上升的可能性极大。底部区域这根带有长长下影线的阴线或阳线称为"浪底金针"。

股价经过一波急速下跌之后,获利盘早已退回了原来的利润,套牢盘正蹲在自己的股票下面生闷气,庄家为了再捡一些廉价筹码,刻意使股价低开低走,震慑恐慌盘出局,当庄家认为无筹可捡的时候,突然把股价迅速拉起。实际上,这是庄家精心设计的一个诱空骗局,遗憾的是多数人不识庐山真面目。

如下图所示,兆维科技(600658)股价经过快速下跌之后,继续低开低走,正当人们绝望之际,股价突然奇迹般地止跌了,然后又奇迹般地由阴线变成阳线,这种魔术般的变化,说明底部承接有力,这就是浪底金针给我们的启示。

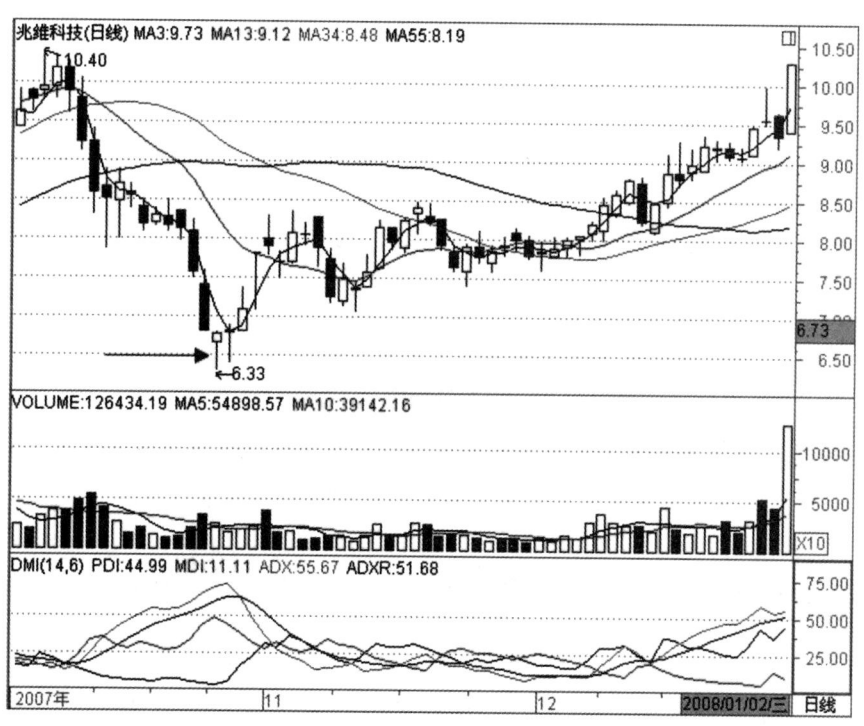

浪底金针出现以后,股价开始反弹,由于均线系统的制约,所以股价反弹高度有限,运用底部形态,注意快进快出,因为股价的筑底过程是漫长的,如果不及时获利了结,就失去了抄底的意义,重要的是影响了资金的运作效率。从图上可以看到,从浪底金针到中阳,股价运行了36个交易日,但获利幅度也就十几个点,而从中阳介入到高点抛出,仅用了12个交易日,上涨幅度却十分可观。提高资金利用率的最好方法,就是严格按形态进出;特别强调一点,实战中多用55日均线以上的形态,少用或不用55日均线以下的形态。

巨阳穿均线掀起大浪

股价经过下跌，长期在底部区域横盘整理，均线系统呈黏合状态或间距极小的多头或空头排列。突然在某一天，股价从55日均线上腾空而起，这是主力资金大规模进场的标志，是股价开始拉升的明确信号。这根从55日均线线上腾空而起的巨量阳线称为"穿线巨阳"。

股价经过反复整理，紊乱的均线系统为了一个共同的目标终于走到了一起。均线系统的黏合移动，表明市场持股成本基本趋于一致，说明该抛的都已抛了，不抛的已经丧失了做空的动能，庄家采取蘑菇战术，极富耐心地限价买入，让持股者因看不到希望而认赔出局，使场外资金感到无利可图而不愿进场。股价的窄幅波动，暗示庄家正在悄悄地进入前沿阵地，当庄家认为时机成熟时，就会发动突然袭击，迅速使股价脱离成本区，在携量攻击中完成最后的掠夺。穿线巨阳是经典攻击形态，在这里勇敢追涨，就等于买在了这波行情的起涨点上。

如下图所示，华工科技（000988）在穿线巨阳之前，股价的整理较为充分，所以当穿线巨阳出现以后，股价毫不惜力地猛打猛冲。穿线巨阳攻击力度强，进攻速度快，上涨幅度大，是实战中的首选。

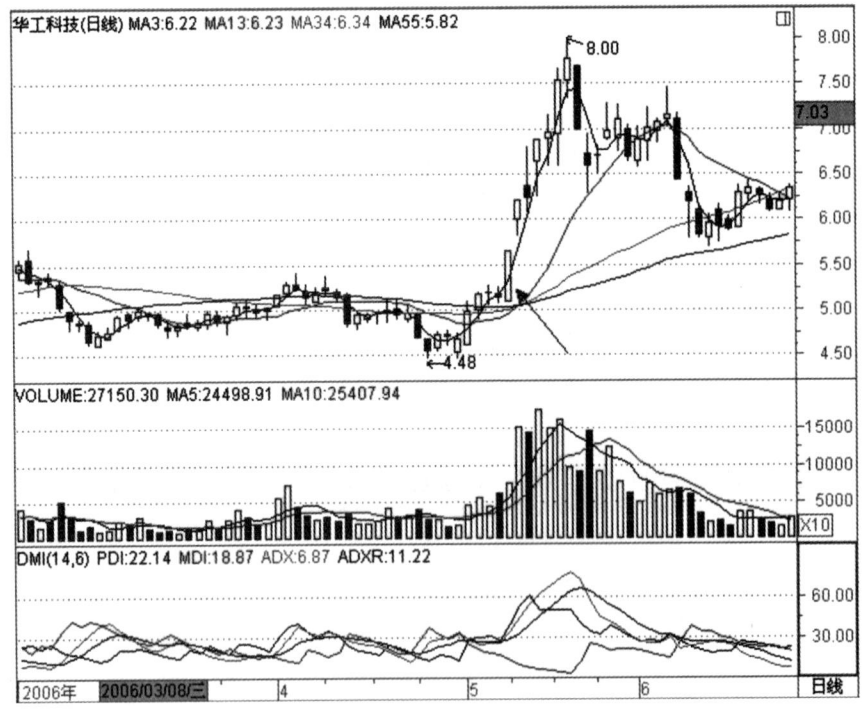

掌握浪前上攻形态

股价经过长期下跌或充分调整以后，55日均线基本处于水平状态，股价沿着13日均线爬至55日均线附近进行窄幅整理，在13日均线上穿55日均线之日，如果股价携量上攻，形态即告成立。

股价经过长期下跌或充分调整以后，13日均线由下跌趋于走平，表明股价有止跌企稳迹象；温和放大的成交量以及起翘的13日均线，表明有增量资金进场收集，同时表明前期的套牢盘此时已不再割肉，并且开始在低位补仓；股价虽然未能有效上穿55日均线，但在55日均线附近进行窄幅整理，说明大部分筹码已被庄家锁定；倘若庄家继续打压，抛出的筹码很可能收不回来，此时，庄家的唯一选择就是拉升。

如下图所示，东港股份(002117)在13日均线穿越55日均线的时候，上穿均线的阳线不请自到。这是一种巧合吗？不，而是规律使然。为什么上穿均线的阳线早不来，晚不来，偏偏在13日均线穿越55日均线的时候来？这本身已经说明了问题。我们知道，13日均线的每一次金叉穿越，都说明有一股增量资金在涌入，金叉上如有相应形态出现，更可暴露庄家的意图。一个形态的出现，意味着另一个形态的消失，而这个新形态就是股价质变的节点。

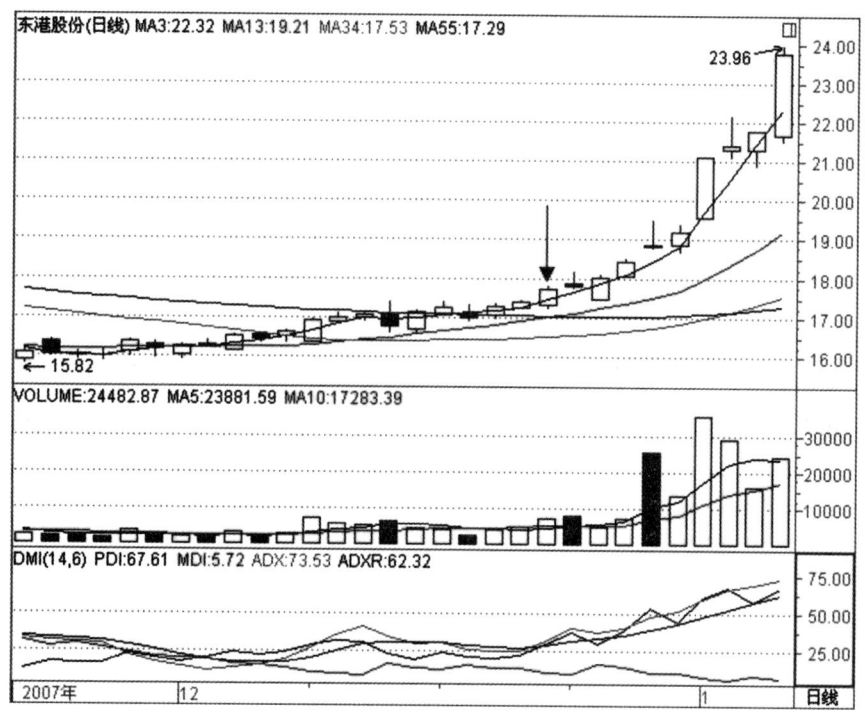

掌握洗盘完毕形态

股价在拉升途中，庄家经常采取意外的调整来清洗获利盘，但股价一般会在55日均线附近止跌企稳。洗盘末期K线组合由两根K线组成，第一根是多日回调后形成的中阴线，第二根是平开高走的覆盖第一根阴线的长阳线，这是庄家洗盘结束、新升浪开始的信号。

股价经过拉升，积累了一定的获利筹码，为了减轻未来的拉升阻力，庄家经常采用震仓手段驱逐获利盘，然而，庄家又不愿破坏自己的拉抬成果，因此，股价一般不破55日均线，就在人们普遍认为没有行情的时候，股价突然止跌回升，洗盘末期K线组合的出现标志着庄家洗盘的结束，新升浪的开始。

如下图所示,重庆啤酒(600132)洗盘末期K线组合出现以后,由于后续量能不足,股价只是象征性地敷衍一下,均线互换的完成,不但没有把股价托起来,反而使得庄家恼羞成怒,正当人们感到疑惑之际,股价在55日均线附近找到了支撑,这个支撑就是洗盘末期K线组合。由于这个阳线的量能不足,庄家仅仅把股价推上55日均线,然后在前高点附近进行震仓。第二天,股价低开高走,温和放量,第二个洗盘末期K线组合应运而生,说明调整结束,新升浪开始。洗盘末期K线组合是股价质变的节点,在这里适当跟进,一般都能买在股价起涨的临界点上。洗盘末期K线组合的第二天,股价携量上攻,一举突破近期整理平台,然后一路扬尘而去。

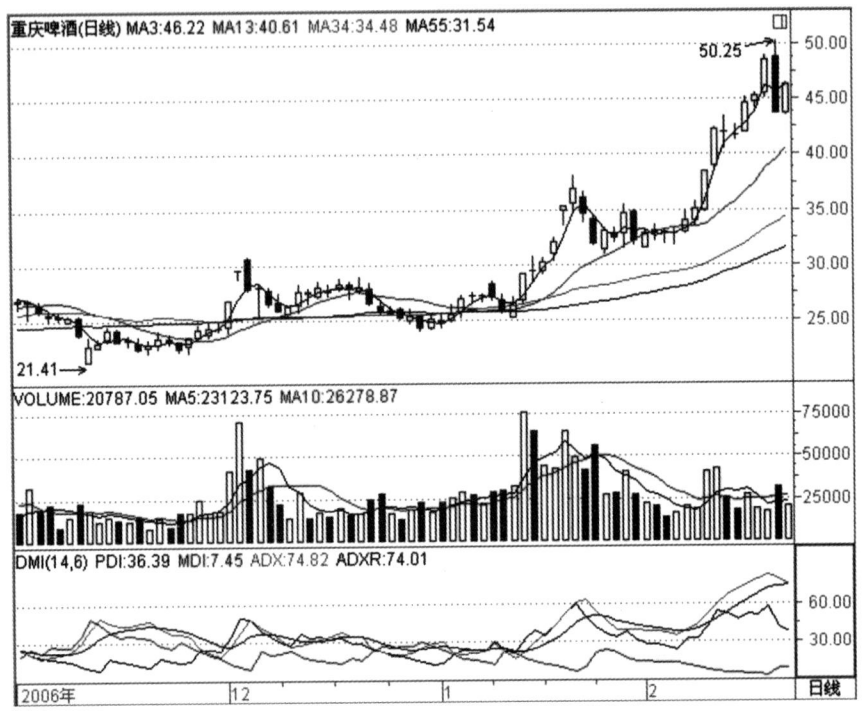

买在起浪点

股价经过长期下跌和充分整理以后,均线系统的下跌斜率开始趋缓并逐渐向一起靠拢,股价波幅日益收窄,在某一天,股价突然放量穿越所有均线,这是庄家展开大反攻的突出标志,是一次难得的进场良机。这根一举穿越所有均线的巨量阳线称为起浪点。

股价经过长期下跌以后,做空能量得到有效释放,成交量的日益萎缩,表明场内浮动筹码已经不多,随着时间的推移,成交量由小到大,表明有一股资金正在悄悄吸纳,而股价波幅的日益收窄,表明庄家的收集已进入尾声,如果有一天股价突然携量上攻,那一定是庄家大打出手了,快速跟进方显英雄本色。起浪点是股价起涨的临界点,从这个点位切入,一般都会获得一段可观的利润。

如下页图所示,亚通股份(600692)在起浪点出现以后,股价一改过去的疲弱走势,走上升途。

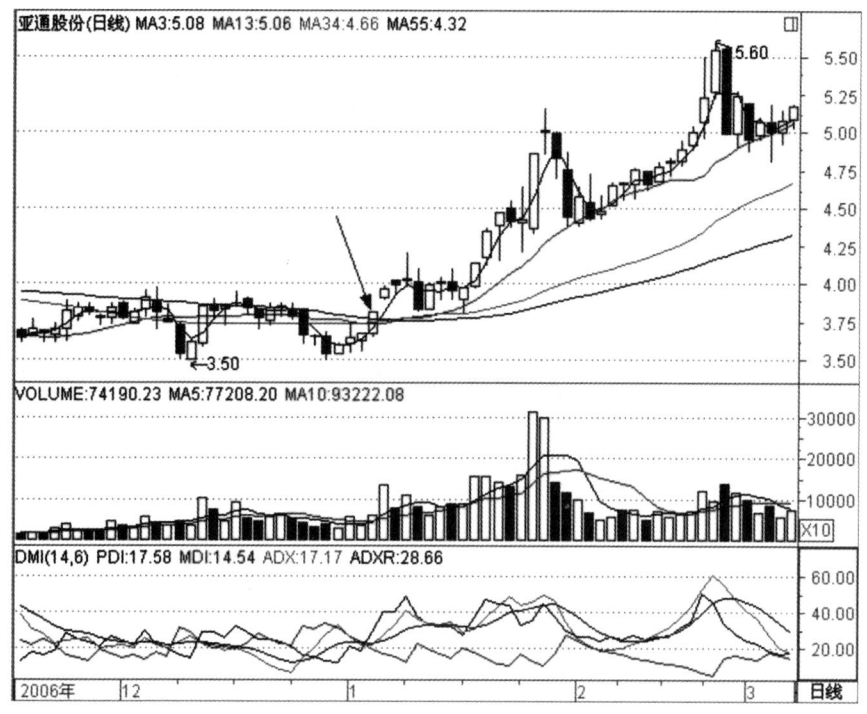

三线推进前途无量

　　股价长期在底部区域昏昏欲睡，均线系统呈黏合状态或间距极小的多头或空头排列，股价始终在三条均线附近小幅波动，时间一般持续半年左右。如果有一天，股价突然出现中

阳或从均线系统上突破,"三线推进"形态即告成立。"三线推进"是强势牛股的摇篮,须多加留意。中、长期均线长期水平移动,说明市场平均持股成本相当接近,多空双方力量基本趋于平衡,股价在相对底部围绕着13日均线上下小幅波动,说明庄家仍在有计划地耐心吸筹。低位横盘时间越长,庄家吸货越彻底,日后的涨幅也越惊人。"三线推进"是大黑马的摇篮,许多强势股都是从三线上冉冉升起或腾空而起的,投资者没有理由不去关注它。

如上页图所示,一汽轿车(000800)的股价经过长期横盘整理以后,三条均线靠得越来越近,预示股价近期会有突破,只是不知道其是向上突破还是向下突破,更不知道以什么方式突破。当收集型"揭竿而起"出现的时候,我们知道,股价终于要动了。一旦均线系统形成多头排列,"三线推进"的上攻序幕就算正式拉开。

一汽轿车在走牛之前,也就是说在"三线推进"形成之前,也曾经历了长时间风风雨雨的折磨,只要投资者把K线图压缩一下就会发现,庄家花了一年多的时间构筑了一个硕大的圆弧底。在这期间,庄家极有耐心地限价买入,他所忍受的折磨与痛苦一点也不比投资者少。

关注均线穿插位置

股价先有一波拉升,然后缩量回调,一般不破55日均线。在55日均线上,13日均线弱势下穿34日均线,随着股价的止跌企稳,13日均线又开始勾头向上二次穿越34日均线。在55日均线之上的13日均线下穿34日均线再上穿34日均线的过程称为"梅开二度"。

中、长期均线呈一定斜率向上爬升,说明股价仍处于强势状态。13日均线从前期高点缓缓滑落,预示盘中庄家暂时放弃拉抬,旨在消化获利筹码。13日均线弱势下穿34日均线以后,在离34日均线不远处做小半弧状运动,后在成交量的配合下,震荡盘升的股价强行提拉

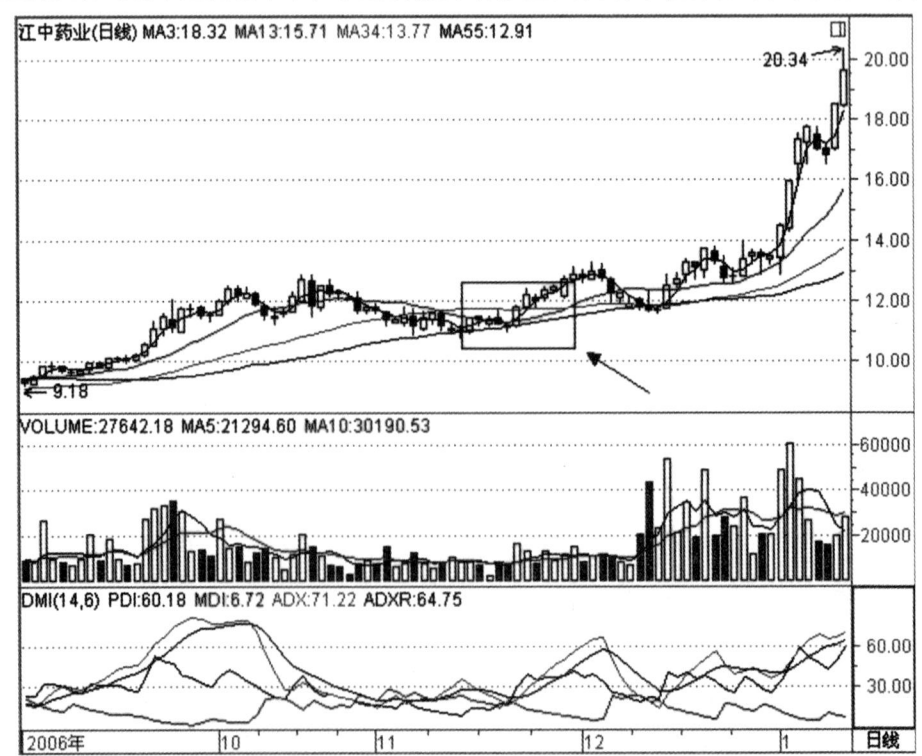

13日均线重新穿越34日均线,表明庄家拉升在即。

如上页图所示,江中药业(600750)走出"梅开二度"以后,前期整理充分的就直接迈上一个新台阶,然后再进行整理,前期整理不够充分的,"梅开二度"出现以后就进行小幅回调。在实战中一定要具体问题具体分析,但有一点是肯定的,只要有"梅开二度"出现,股价基本都会上涨,只是早涨或晚涨、大涨或小涨的问题,这里的关键是对进场时机的把握。

关注起浪吹号兵

均线系统呈典型的空头排列,股价长期下跌并远离长期均线,这时,13日均线由下降趋于走平,股价从下向上突破13日均线,并且在13日均线上企稳。这根站在13日均线上的阳线称为"起浪吹号兵"。

股价的连续下跌使空方能量得到了有效的释放,导致股价远离平均成本,由于股价有向平均成本靠拢的趋势,而且远离均线的幅度越大,其回归的可能性和扭转力度也就越大。13日均线一旦由趋平或向上起翘,股价自然就会沿着此趋势运行一段时间。

如下图所示,美尔雅(600107)在"起浪吹号兵"之前,先后出现过两个"马失前蹄"和一个"日月合璧",这些都是股价的见底形态。见底形态出现以后,股价可能涨,也可能不涨,但继续下跌的可能性较小。严格地讲,只有"起浪吹号兵"出现以后,才表明股价的底部被探明,才可以考虑适当跟进。

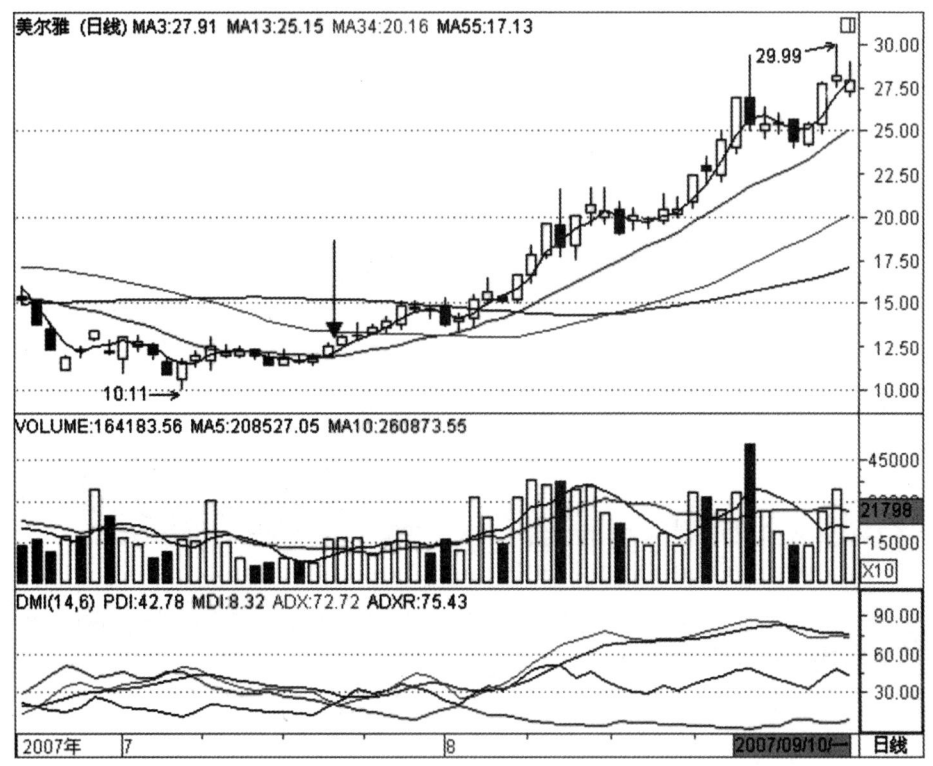

均线交织积蓄强势

股价先有一波拉升然后顺势回落,原有的多头均线系统遭到破坏,但主均线始终在右前方平行移动,后来经过股价的强行提带,13日均线由下向上,34日均线由上向下同时向55日均线靠拢。

当三条线交会在一起的时候,就会产生一种市场共振,表明股价拉升在即。这个结点对未来的股价有较强的支撑作用。三条均线交叉而成的结点称为均线交织。

庄家在建仓尾段,股价自然走高,为驱逐获利盘,庄家开始震仓,刚刚形成多头排列的均线系统被重新瓦解。庄家在完成上涨调整以后,重新把股价推高,于是,34日均线由上而下,13日均线由下而上缓慢地向55日均线靠拢,表明市场持股成本趋于一致,而三条均线的结点所形成的巨大凝聚力不仅对股价具有较强的支撑作用,并且为股价的未来上行积蓄了充分的能量。在这个点位切入,就买到了一波行情的起涨点。

如下图所示,桂林旅游(000978)在均线交织出现之前,中阳就已经发出了进场信号,先前没有进场的,3天后庄家又给了投资者一次机会。均线交织完成以后,股价开始发起攻击,但进展似乎并不顺利。股价每每艰难地攻下一个山头,都会主动退兵二十里,安营扎寨休息上一阵再发起新的攻击。这说明了什么?说明即使掌握一只股票的生杀大权的庄家也不会一味地蛮干,说明所有成功的道路都是曲折的。

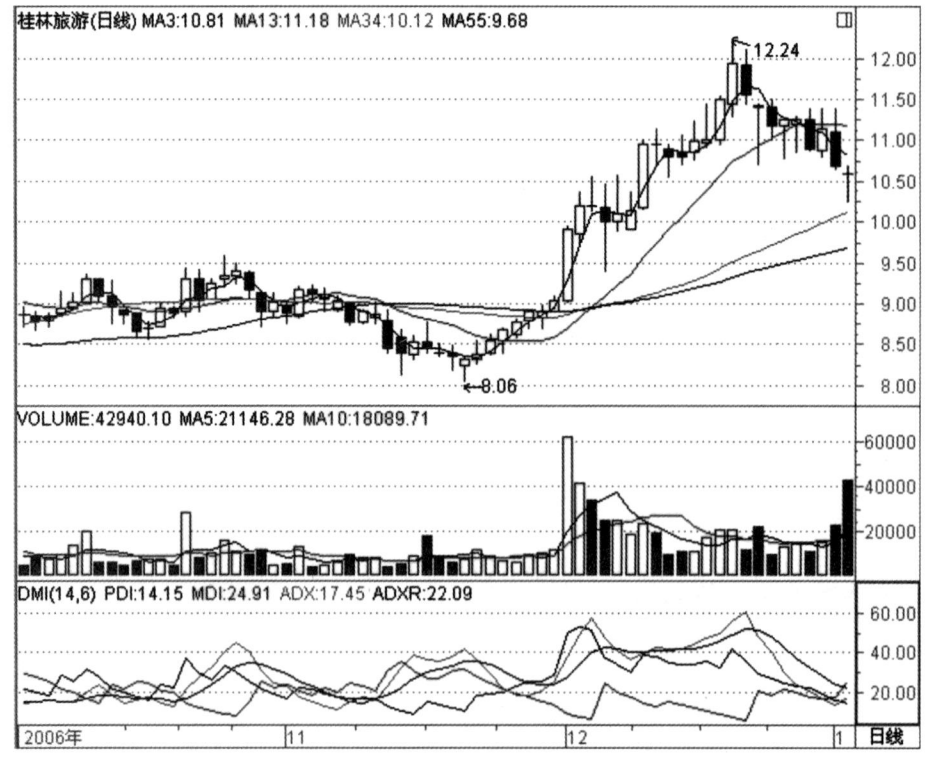

一阳二阴后浪多

股价经过长期下跌和充分整理以后,成交量开始温和放大,股价慢慢爬上55日均线,均线系统已呈多头排列,表明股价已进入上升通道,上升途中,庄家经常采用意外调整来清洗获利盘,这是股价上升过程中的暂时停顿,并非走软的迹象。

股价重新站上55日均线,说明有主力资金在运作,之所以不立即拉高,是为了消化获利盘,积蓄再度上攻的能量,但这种整理是温和的,不引人注目的。庄股爆发前一般都很平静,价格波动很小。

价值区的日趋收窄,是股价面临突破的征兆。阳线是试盘,阴线是震仓,这是较为经典的震仓手法,在拉升途中经常被庄家采用。"一阳二阴"振幅较大。只要投资者知道这种形态是震仓,不是出货就行了。

如下图所示,广州控股(600098)股价先有一波拉升,然后沿着13日均线进行窄幅整理,后在成交量的配合下,股价继续小幅推高,为了清理上升途中混进来的浮筹,庄家使用"一阳二阴"进行震仓,通过震仓,垫高市场的平均持股成本。规范的"一阳二阴"是一阴有量,二阴无量。一阴有量说明庄家在刻意打压,二阴无量说明只是散户在抛。如果一阴无量,二阴放量,暗示股价的整理仍将继续。标准的"一阳二阴"两根缩量阴线的最低点不会跌破前面那根阳线的开盘价。

空中加油必有新高

均线系统通常以完美的多头排列列示,股价沿着13日均线强劲盘升,在股价的持续拉升过程中,出现两根并排跳空上扬的阴线或阳线,这是拉升途中的洗盘换手,是股价加速上涨的信号,投资者不必惊慌,股价仍将持续原来的升势上扬。股价拉升过程中出现的这两根并排跳空阴线或阳线称为"空中加油"。

制造良好的技术形态是庄家的拿手好戏,为了吸引散户跟风,所有的庄家都会努力维持良好的技术形态,为了保住来之不易的拉抬成果,庄家一般都不采取激烈的洗盘方式,但为了消化获利盘,垫高市场的平均持股成本,庄家控制着股价洗而不跌,这是典型的向上洗盘,"空中加油"出现以后,股价将进入急拉阶段,同时也预示着股价已进入顶部区域。

如下图所示,南京港(002040)走出中阳等形态后不但没有使股价涨起来,反而使股价出现下挫之势。如果看山是山,就会被这种表象迷惑;如果把股价的走势联系起来看,看山就不是山。因为中阳出现以前,股价的整理是充分的,股价的回调是缩量的,有节制的。庄家这样做的目的是淡化人们对中阳的热情,淡忘对中阳的记忆。

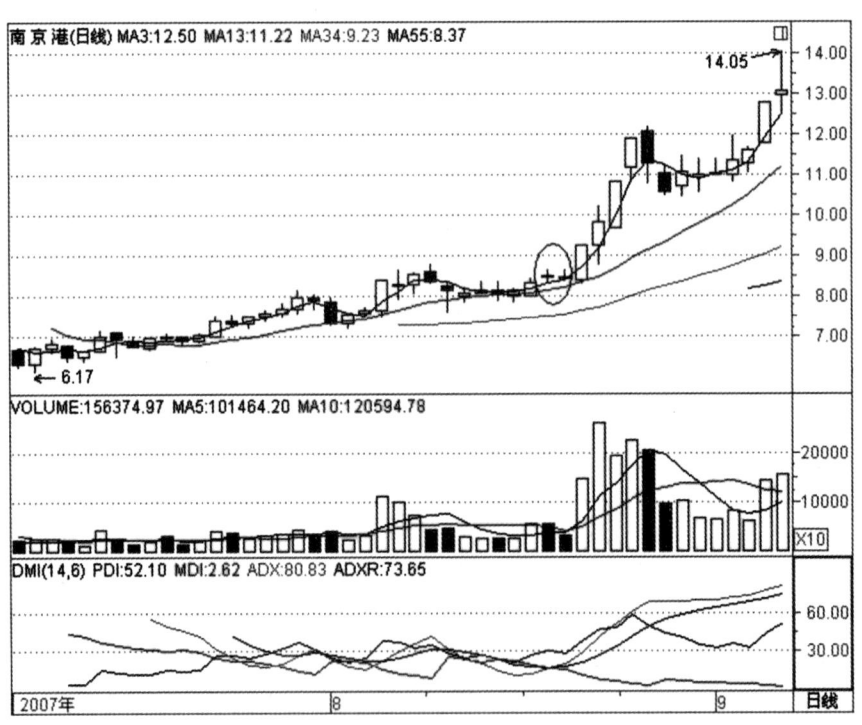

三剑客预示起浪在即

股价经过一波拉升,然后在一个狭小的股价平台里上蹿下跳,连续拉出三根高开低走的阴线,或低开高走的阳线,市场气氛极其恐怖,但股价一般都能在13日均线附近止跌企稳。股价平台上这三根持续阴线或阳线称为"三剑客"。

股价经过长期下跌或充分整理以后,庄家引领放量把股价温和推高。为消化获利盘,积蓄再度上升能量,庄家控制着股价在一个狭窄的整理平台上,刻意制造持续阴线,恐吓获利盘出局。这样既保住了原先的拉抬成果,又能达到清洗浮动筹码的目的。"三剑客"有阴阳之分,但市场意义并无太大差别。一般出现在股价的上涨途中,是庄家为减轻未来拉升阻力,垫高市场平均持股成本而采取的一种震仓手段。

如下图所示,西宁特钢(600117)的股价经过反复筑底终于迎来了"红杏出墙",说明股价的底部已被探明,股价站上了55日均线以后,庄家进行震仓。均线互换完成以后,股价开始加速上扬。上涨之前先挖坑,上涨之前先震仓,几乎成了庄家做盘的一种惯例,这种现象应该引起投资者足够的重视。

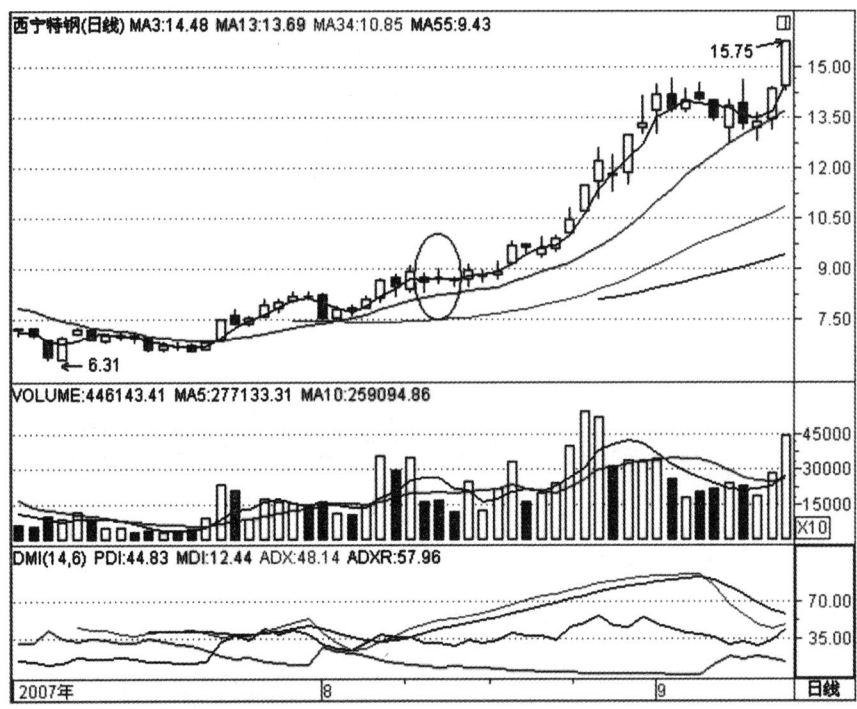

拿稳上升浪中的好股票

庄家在建仓过程中,股价有了一定的涨幅后,为了驱逐获利盘,减轻拉升时的阻力,庄家便开始洗盘,但又担心抛出的筹码收不回来,于是,股价在庄家的控制下高开低走,上蹿下跳,使人们在恐慌不安中抛出手中的筹码,庄家趁机接回一些散落的筹码,在人们的犹豫观望中股价或碎步盘升,或早地拔葱,使前期出局的人后悔不已。

这作为一种震仓手段,已被某些庄家采用。相对于传统的洗盘手法来说,这种手法显然温和了许多,而且它具有时间短、振幅小、见效快的特点,只是苦了那些不明真相的人。

这种手法出现的位置,通常有两种情况:一种出现在股价的底部区域,这是股价见底反转信号,并非庄家在洗盘。因为股价处于如此低位,获利盘早已被清洗干净,庄家根本没有再洗盘的必要。另一种出现在股价的半山腰,属于拉抬过程中的中继整理形态。如果出现在相对高位,那十之八九就是庄家精心设置的陷阱,在实战中要注意区分形态的位置。

如下图所示,焦作万方(000612)股价经过一波拉升,开始顺势回落,在55日均线附近获得支撑后又开始小幅推高,在推高过程中,13日均线完成了由下穿到上穿34日均线的过程。由于股价离结点较远,积累了一定的获利盘,庄家开始进行震仓,通过震仓完成筹码的充分换手。在实战中如发现这种情况,可小单参与,因为投资者不知道震仓之后会不会拉出阳克阴,因此绝对不能在震仓的最后一根阴线处重仓出击。如果第二天股价形成阳克阴,可适量加仓。

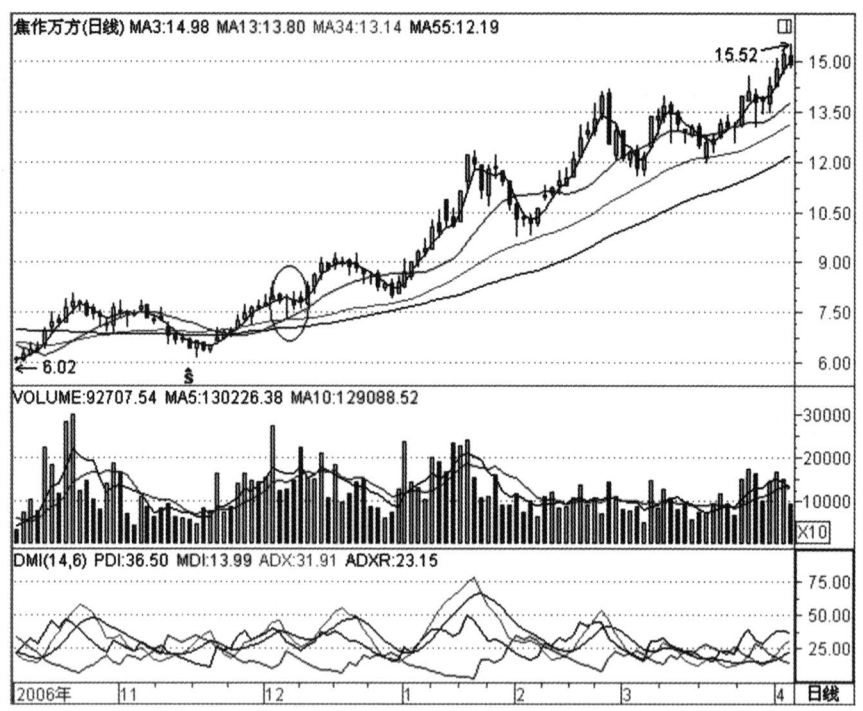

震仓的第二天,股价出现了阳线,但量能不够,暗示股价还有反复,应谨慎加仓。从后来的走势中可发现,股价经过小幅推高后又把股价打到震仓的原点,如果当时重仓出击就不可避免地参与盘整。顺势回落的股价在13日均线与55日均线之间完成的这个阳克阴。阳克阴是股价重新走强的标志,是一波行情的起涨临界点。

提防主力暗度陈仓

在拉升途中,股价莫名其妙地拉出一根缩量大阴线,但在第二天或第三天即止跌企稳,然后在成交量的配合下,股价重拾升势。这根缩量大阴线称为"暗度陈仓"。

股价经过拉升,盘中积累了一定的获利筹码,为减轻拉升阻力和以后能够顺利派发,庄家利用人们收阴线即跌的心理,刻意打压,于是,在上升途中庄家经常采用这种意外的调整来清洗获利盘,迫使人们在惊恐中落荒而逃,自己顺手再捡回一些散落的筹码。股价一般在第二天就能止跌回升。

如下页图所示,烽火通信(600498)股价爬上55日均线以后,多空双方互不相让,各有胜负。但是,在一个回合里谁会占上风,谁会处下风,图上显示得一清二楚。上涨时柔情似水,下跌时狂风暴雨,是股价行进过程中的显著特点。"暗度陈仓"通常出现在股价小幅推高之后,庄家经常采用这种意外调整来清洗获利盘。但每一次"暗度陈仓"的出现,都会把股价推上一个新的台阶。从图上不难看出,第一个"暗度陈仓"的出现,引得股价一路攀升,第二个"暗度陈仓"的出现,又使股价创出历史新高。

在股价的行进过程中,"暗度陈仓"经常被庄家使用,知道了形态的市场意义后,就可以跟着庄家不断地高抛低吸,体验一下做差价的乐趣。在实战中,要特别注意"暗度陈仓"出现的位置,留意"暗度陈仓"出现时成交量的变化。一般来讲,成交量越小,第二天止跌回升的概率越高;成交量越大,调整的时间就会越长。

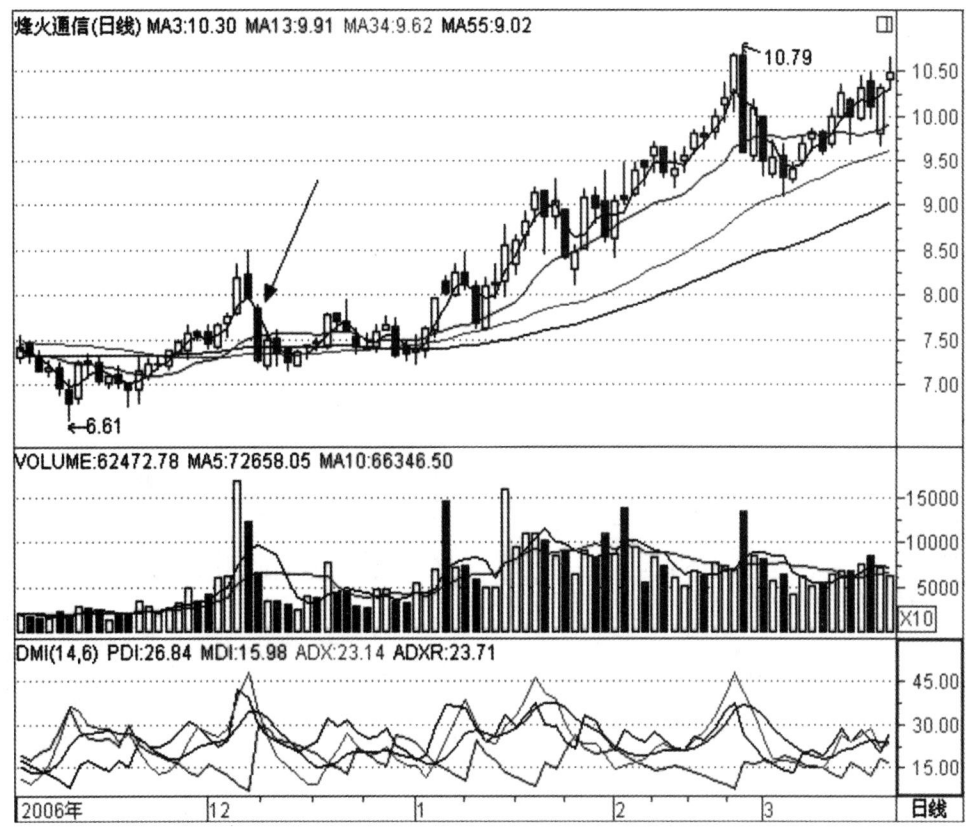

浪子回头金不换

均线系统的总趋势还保持完好,股价先有一小波拉升,然后顺势下滑,但在55日均线处获得有效支撑,后在成交量的推动下,股价重拾升势。均线系统之上的这几根连续阴线称为"浪子回头"。

中、长期均线依然坚挺向上,说明股价仍处在强势之中,庄家先是拉高股价,然后顺势打压,给人一种弃逃的假象,实际上,庄家利用连续下跌的阴线制造恐慌,引诱获利盘回吐,迫使短线客出局,借此达到洗盘的目的。从K线图上看,阴森的K线并未得到成交量的认可,而萎缩的成交量也反衬出"人造"的痕迹。庄家采取"浪子回头"进行洗盘,股价一般会在55日均线处获得强力支撑。

如下图所示,春晖股份(000976)股价爬上55日均线以后开始小幅推高,说明有增量资金进场,"均线互换"完成以后,表明股价的上升空间已经被打开,但股价的持续推高,也积累了一定的获利盘,如果不把这些筹码清洗出去,就会给未来的拉升制造很大的麻烦。于是,庄家开始用"浪子回头"进行清洗。遇到这种情况,先期介入的,应暂时出脱持股,然后耐心等待下一个买点的出现,持币观望的应密切关注股价的变化,然后在攻击形态出现时断然一击。

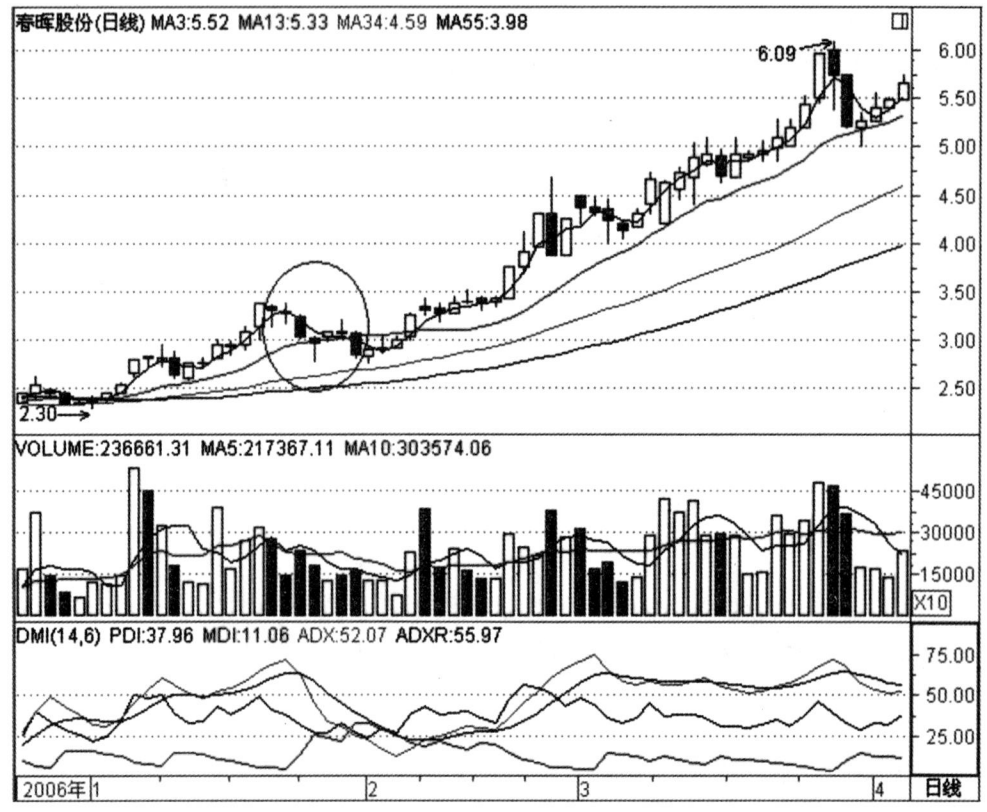

有人说,一旦错过最佳切入点位,以后就不知道该怎么办了。其实任何一只上升的股票都不会无休止地爬高,庄家经过一波拉升之后就会停下脚步,清洗一下获利盘,至于庄家清洗多长时间,股价调幅多大,投资者不晓得,但股价什么时候会涨,技术形态会在第一时间给投资者发出信号。

反向思维看洗盘

股价经过长期下跌或充分整理以后,突然在某一天走出中阳,表明主力资金大打出手,是行情的重大转折点。但第二天,股价又突然低开低走,给人一种形态失败的假象。其实,这是庄家刻意制造的恐慌,是为驱逐获利盘而使用的杀手锏,股价一般都会在第二天止跌企稳,重拾升势。躲在昨日阳线里面的这根缩量阴线称为"立竿见影"。

　　一般讲,中阳出现以后,股价往往会大幅攀升;但也有例外,有时候中阳的第二天,股价低开低走,开盘就给人们一个下马威,往往把人们弄得茫然不知所措。庄家的真实意图就是通过压价逼仓给人造成一种错觉和心理恐惧,然后让投资者作出错误的判断。看看递减的成交量,庄家意图就会昭然若揭,没有刚刚突破就出货的道理,那就只有一种解释,这是庄家为驱逐获利盘而精心制造的震仓。"立竿见影"是进场的良机,并非出局信号。有筹的暂时不动,无筹的轻仓试探。在多数情况下,"一阳穿三线"出现以后,股价一般会向上拉升,但也有个别庄家不按规则出牌。"一阳穿三线"的第二天,股价低开低走,给人一种形态失败的错觉,庄家的真实意图就是通过压价逼仓让人作出错误判断,然后导致错误操作。这就是"立竿见影"的市场意义。

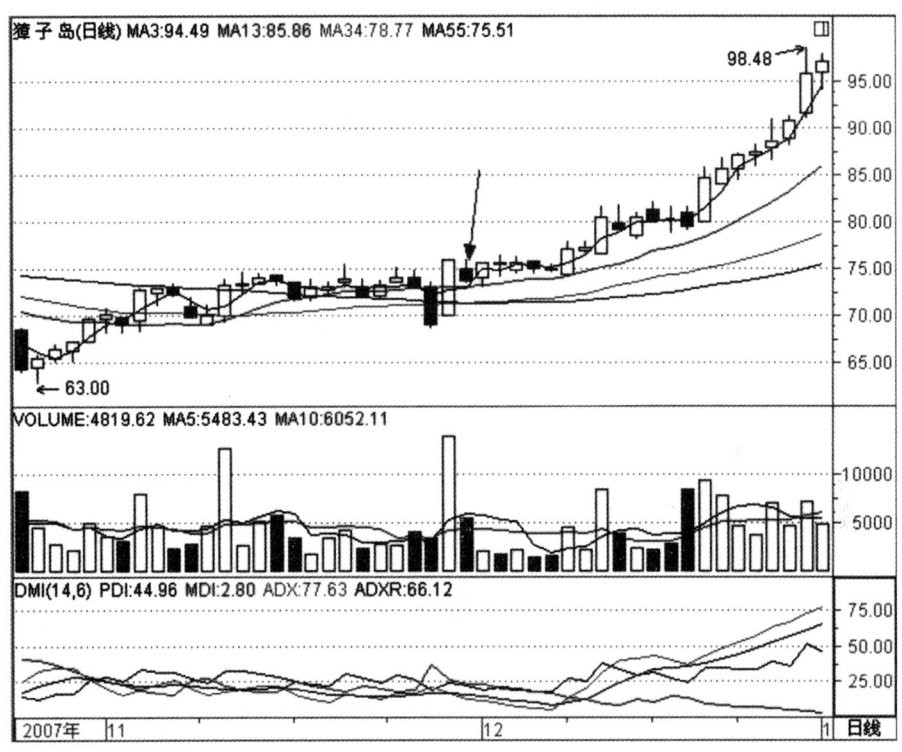

　　如上图所示,獐子岛(002069)走出"一阳穿三线"的第二天,股价没有向上拉升,而是低开低走,吓得躲在前一日阳线里面大气都不敢出,这根缩量阴线就是"立竿见影",庄家的意图是震仓,并非形态失败。"立竿见影"出现以后,股价小阴小阳,不露声色地在13日均线上方进行着窄幅整理,均线互换打开了股价的上升空间,一开始还不好意思涨,犹如小脚女人,一点一点往上挪,后来速度却愈发快了起来,这是股价行将暂时调整的信号,因为形态位置低,不能视为出货。

第17章

判断下跌浪的K线组合

高位一枝独秀要小心

股价经过上涨,在前期高点附近或绝对高位放量急拉,当天开盘后一路强攻,但留下长长的上影线,表明上攻受阻,抛压沉重,股价有调整要求。K线图上这根带有长长上影线的巨量长阳称为"一枝独秀"。

"一枝独秀"是庄家精心设置的诱多陷阱,这种利用对倒方式吸引跟风盘的做法很奏效,但庄家随后就会反手做空,甚至当天就会把跟风盘拴个结结实实。如果当天不慎落入庄家的圈套,第二天应在股价惯性冲高中抛出;否则,将遭深套,损失惨重。

股价经过持续上涨,积蓄了大量的做空能量,庄家为了顺利派发,不惜放量诱多,采用巨量对倒吸引买盘追涨,然后反手做空,庄家在高位与散户交换筹码以后,然后股价很快冲高回落,然后呈自由落体运动。

看盘经验不足的人很最容易被这种激烈的场面迷惑,有的甚至作出放量突破的误判。其实,这是庄家把筹码集中抛出。不到万不得已,没有任何一个庄家愿意拉高建仓。更何

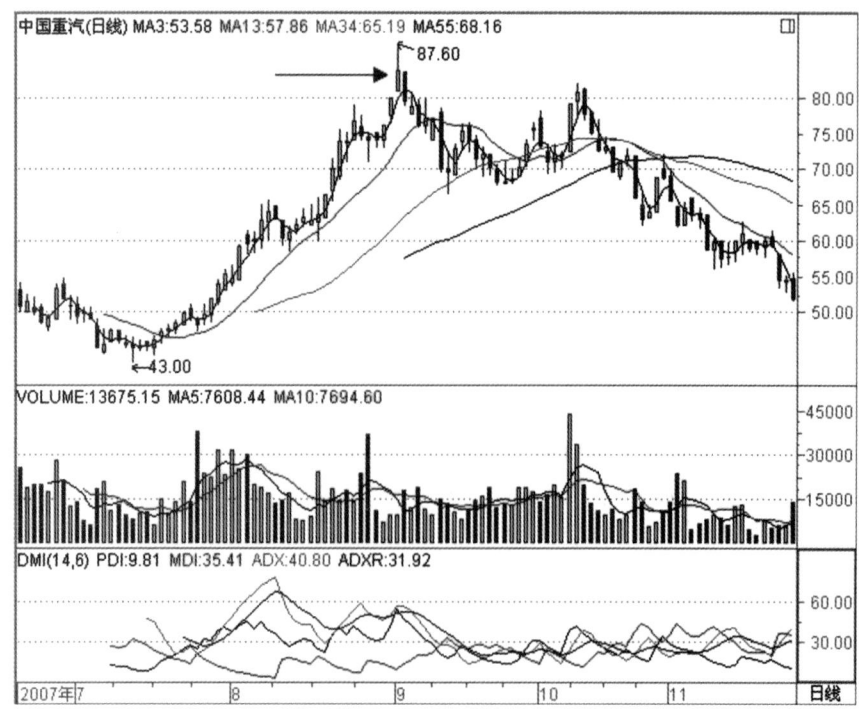

况,真正的放量突破,股价一般很少大幅回落,一般在阳线实体之上或阳线实体之内波动几天了事。凡是携量冲高后急速下跌的,说明庄家在放量诱多,股价短期内很难逾越"一枝独秀"形成的高点。

如上页图所示,中国重汽(000951)在拉升途中,庄家边震边洗,边拉边出,这一连串的动作庄家玩得得心应手,找不出丝毫破绽,操盘技艺已达到炉火纯青的地步。跟这样的庄家一道出征,需要胆大心细,反应敏捷,既要忍受庄家的喜怒无常,又要具备坚韧的相持性,不然就有被庄家震仓出局的可能。经验表明,越是在拉升途中穷折腾的,股价就越不是顶。

该股经过一波大幅拉升发出调整信号,"一枝独秀"继续发出调整信号。仓位重的在这里就应该主动减仓了。由于这个"一枝独秀"的量不是很大,股价很可能维持震荡派发,但表面上会给人整理的假象。接下来的跌幅不大,但成交量却毫不客气地放了出来,说明庄家依然在悄悄地派发。接下来的两根阳线也是出工不出力,暗示庄家搞的是虚浪拉升。

股价独上高楼需撤退

股价经过大幅扬升后,突然在某一天,股价跳空高开,且以涨停板开盘居多,然后逐波回落,主动性抛盘明显增多,表明庄家去意已决,盘中若涨时缩量、跌时增量,更是见顶信号,许多个股出现高位巨量阴线,十之八九会形成大头部,而且短期内不会再见到这根巨量阴线的高点。这根高位巨量阴线称为"独上高楼"。

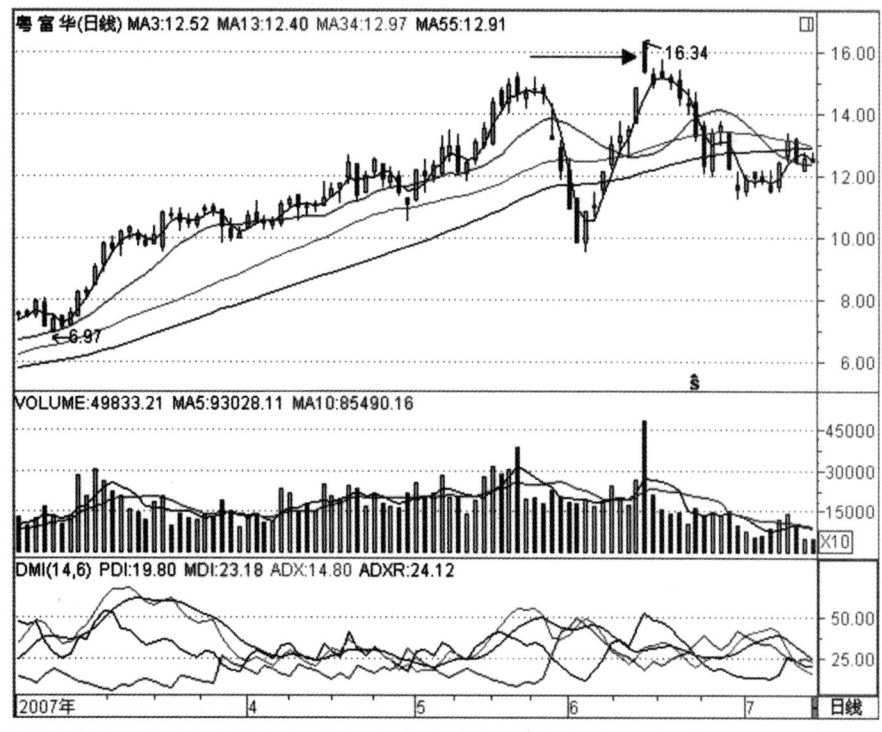

庄家出货大多选择在行情火暴时,股价在高价区震荡,甚至有利好消息配合,成交量持续放大,但升势却显得极为凝重,一旦股价跌穿下档支撑位,呈现涨时缩量、跌时增量,说明庄家正在派发。当庄家事先预知某股有重大利空或判断大盘后市向淡时,经常采用不限价

出局方式仓皇出逃,而K线图上留下的高开巨量阴线则是庄家集中派发的显著特征。

股价经过大幅上涨,庄家的作盘计划已基本实现,在对倒放量拉升时,庄家已派发了大部筹码,为了吸引买盘跟进,庄家继续放量诱多,在派发的尾段,往往以巨量涨停或接近涨停开盘,然后在盘中震荡出货。"独上高楼"是庄家集中派发时的显著特征,不可大意。

如上页图所示,粤富华(000507)该股的止跌点是不规则的阴阳K线组合,之所以说它不规则,是因为它出现的位置不对和阳线没有完全把前面的阴线吃掉,但只要形态出现了就应该引起密切关注。从图上我们看到,止跌点出现以后,股价展开一波急拉,在前高点附近,又以涨停板开盘,遗憾的是,股价逐波走低,直至收盘也没把股价收上去,其市场意义都是出货,在这种情况下,不管它是真是假,当某只个股有着潜在利好,庄家有意炒作时,一般会悄然建仓。而在大盘好转以后,如果庄家认为筹码还不够多时,有时也会把股价先拉起来,然后顺势下滑,故意做出一副冲高受阻状,此时别管有多少散落筹码,庄家都会照单全收。尽管我们知道这是庄家在压价逼仓,以后还会重拾升势,那也应在"独上高楼"出现时出脱持股,待股价调整到位后重新把筹码接回来。

涨幅过大见好就收

股价经过一波上涨之后,均线系统逐渐开始向上发散,这时先期买入的人们已有不同程度的获利,在赢利效应示范下,引来大量的跟风盘,殊不知,经过大幅拉升的股价,风险已开始悄悄地向投资者靠近。如何发现这种风险呢?当13日均线与55日均线的间距率大于10的时候,说明股价已进入顶部区域,如果又有相应的见顶形态出现,卖出信号则更可确认。这种态势称为"见好就收"。其计算公式为:

$$Y=(13日均线-55日均线)\div 13日均线\times 100\%$$

在股市里,投资者经常能听到"见好就收"这样的忠告,它告诉投资者有利就走,不要太贪。然而在具体操作中,投资者早把这话抛到了九霄云外,一心想着涨呀、涨呀,结果获利不会及时了结,最后就会不赢反亏。

由于我国股市没有做空机制,若想获利就只能做多。因此,投资者把精力和时间都用在找黑马和捂股方面上了,而对股票的下跌趋势认识不足,心理准备不够,更是缺乏必要的防范手段,面对股价的突然暴跌往往感到手足无措,恐惧中除了被动守仓,几乎想不出任何补救措施。

在高抛的问题上,除了技术形态以外,投资者能否借助其他指标更准确地判断卖出信号?回答是肯定的。"见好就收"就是用具体的数字解决高抛的问题。

均线原理告诉我们:均线黏合在一起的时候风险最小,因为这时候市场的平均持股成本基本趋于一致。均线间距越大,风险越大,因为这时候股价面临获利盘和解套盘的双重抛压。那么,均线间的距离多大才算大呢?实战表明,当13日均线与55日均线的间距率大于10的时候,表明股价已进入顶部区域,应格外小心;如果又有明显的出局形态,阶段性顶部即可确认,应随时准备离场。

如下页图所示,复星医药(600196)均线互换完成以后,均线系统形成多头排列,标志着股价的上升空间已经被打开,但由于股价离均线互换的结点较远,加上K线形态未到位,所以只能耐心等待股价止跌企稳后方可择低介入。均线互换以后,股价调整了4天,出现了阳克阴,股价小幅推高,顺势回落,在34日均线处获得支撑后进入急拉阶段,急拉后的股价使得均线开始向上发散,13日均线与55日均线的距离逐步加大,请看Y值:13日均线14.30,55日均线12.47,(14.30-12.47)÷14.30×100%=12.79%,大于10的Y值表明股价已进入顶部区域,如果有相应的技术形态出现,股价的见顶形态更可确认。其实,在"见好就收"出现前两天,已发出调整信号,只是当时的Y值尚未超过10%,墨守成规的人往往顾此失彼,注意了Y值,却忽略了形态。

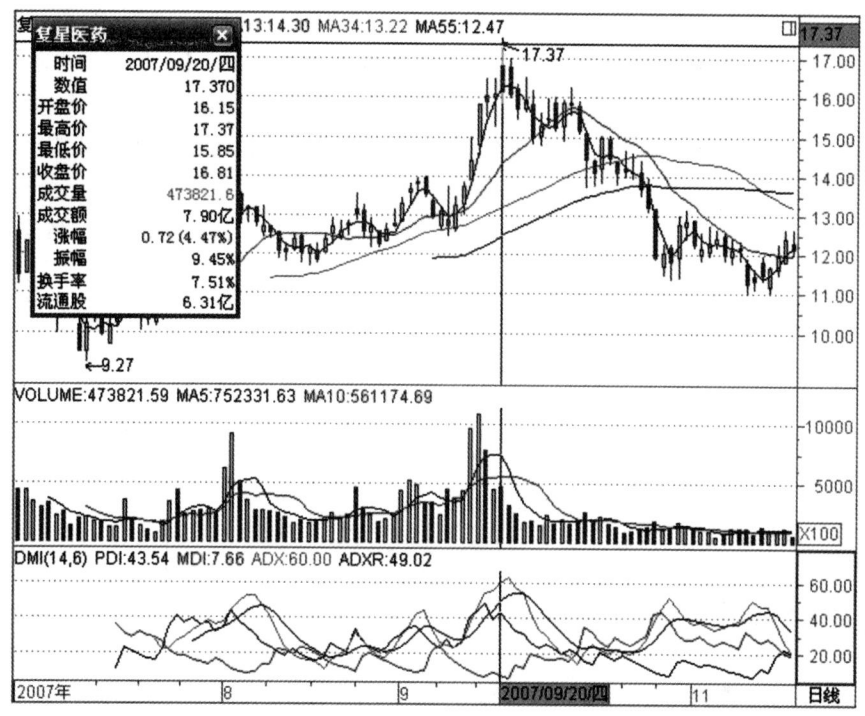

"见好就收"只是提示股价进入了顶部区域,但并不意味着要立即出局。卖出的依据是形态,Y值只是一个参照系数。在行情火暴时,Y值有时会超过20%,但只要不出现明确的顶部信号,依然可以持股待涨。

一般而言,在熊市Y值大于10,就预示着股价已经见顶,在牛市可适当放宽,放宽到没有明确的见顶信号不出局。炒股的根本是形态,量、价、线都是配合形态来使用的。

一剑封喉造就铁顶

股价经过一波拉升,突然携量上攻,股价呈加速上扬之势,但冲高回落后,出现放量滞涨,股价的上影线超出实体的5~10倍,这是较为经典的见顶形态,是清仓出局的好时机。这根带有超长上影线的巨量阴线或阳线(阴线居多)称为"一剑封喉"。

"上影线"是市场抛压的一种表现,也是庄家底气不足的真实写照(别有用心的除外)。在实际操作中,发现"一剑封喉"应毫不犹豫地抛出所持股票,无论在强市还是弱市,短期内股价一般不会再见到投资者当时抛出的价位。有些人害怕抛出后股价再涨起来,在这种情况下,应该看该股当天的放量情况,如果是巨量长阴且带有超长上影线,顶部就可进一步确认。那些封停后又被巨大抛压冲开的个股,只要图上出现"一剑封喉"的技术形态,立即出局避险，无论该股是从底部上攻还是正在持续拉升都是如此。如果投资者是中长期持股，在"一剑封喉"出现时，也应先出脱持股，然后再在相对低位把筹码接回来，这样既规避了风险，又多赚了股票。如果本身就是短线客，更应迅速撤离战场，投入新的战斗。

　　股价经过持续上扬，面临巨大获利盘和解套盘的双重抛压，庄家为了顺利出货，在拉升尾段，刻意放量诱多，吸引市场敢死队奋勇接盘，然后反手做空，股票在高位易手后，庄家放弃护盘，于是股价顺势而下。"一剑封喉"是庄家在出货时惯用的伎俩，在实战中必须引起高度重视。

　　如下图所示，西水股份(600291)经过一波大幅拉升之后，在相对高位又拉出涨停板，这是不祥之兆，涨停板的第二天发出调整信号，仓位重的即使不全清仓，也应作减仓处理。第三天股价平开高走，然后逐波回落，K线图上留下长长的上影线，这是冲高受阻、庄家开始阶段性派发留下的盘面痕迹。这时，不管该股以后还会不会涨，眼下先出局再说。只认指令是不够的，还要坚决执行指令。这样一来，就能够锁定利润，最大限度地回避市场风险。

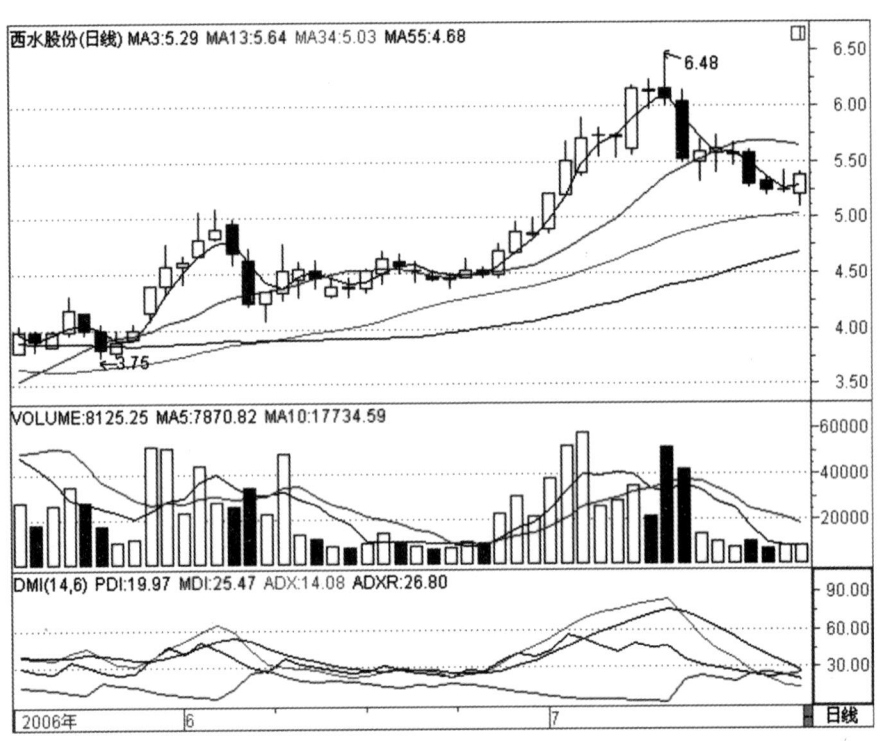

一箭穿心暴跌在即

　　股价在高价区震荡走低并破55日均线，中、长期均线由升趋平，13日均线开始下穿55日均线，表明庄家派发已进入尾声。股价在结点下方多以小阳报收，如果结点下方收阴线，说明该股已经没救了，更应该迅速离去。13日均线下穿55日均线的结点称为"一箭穿心"。

　　股价经过大幅拉升后，庄家就会伺机派发，由于仓位太重，不可能一次性地把筹码批发出去，于是就控制着股价在高位反复震荡。在派发的尾段，也就是在13日均线下穿55日均线的同时,庄家故意使K线收阳,进一步迷惑散户,碰上没风度的庄家,K线索性收阴。"一箭穿心"的出现,意味着一轮大的调整已经开始,这时候应不计成本地清仓离场,这样,尽管比前期出货多蒙受些损失,但可以保存有生力量。

如下图所示,华联股份(000882)的庄家还算仁义,"一箭穿心"以后还来了波小反弹。如果不领庄家的情赶紧逃命,接下来的日子纯属咎由自取。

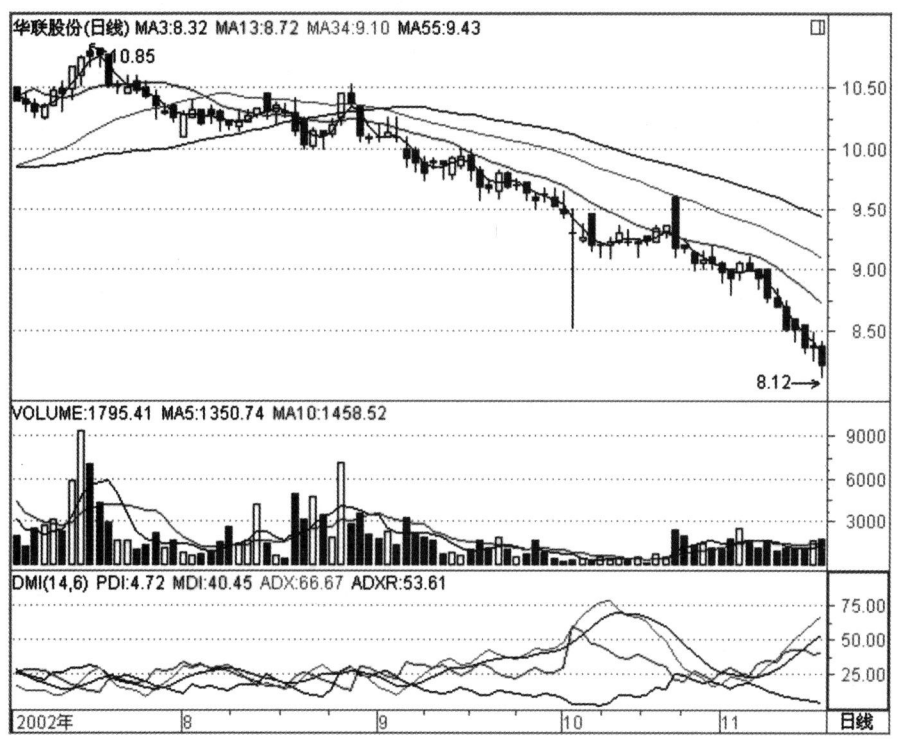

谨防主力明修栈道

股价经过一波大幅拉升之后,突然加速上攻,成交量急剧放大,多方力量显得极为强劲,股价当天通常以大阳线报收。这是庄家精心设置的诱多陷阱,在实战中应格外小心。这根巨量长阳线称为"明修栈道"。

股价扬升后,积累了一定的做空能量,为防止盈利盘获利回吐并吸引场外资金跟进,庄家刻意营造一种加速上扬的假象,引诱散户跟进,然后,在热烈的市场气氛中悄悄完成换手。这是庄家经常采用的一种出货方法,由于技术形态经过了精心包装,所以不易被人识破,因而上当的人很多。

如下页图所示,*ST三联(600898)的股价经过一波大幅下跌之后出现了见底信号。换言之,凡是在见底之前买进的统统被套。所以说,抄底要慢。底部出现以后,股价有了转机,先是爬上13日均线来了个中阳。中阳标志着股价的底部已被探明,于是股价朝着第二阶段出发,股价从55日均线上崛起以后,股价鼓足干劲,力争上游,然后在前高点附近拉出涨停板,给人一种势不可挡的假象。出现在初涨段的涨停板有实战价值,出现在大幅拉升之后的就是"明修栈道",是经典的诱多出局信号。

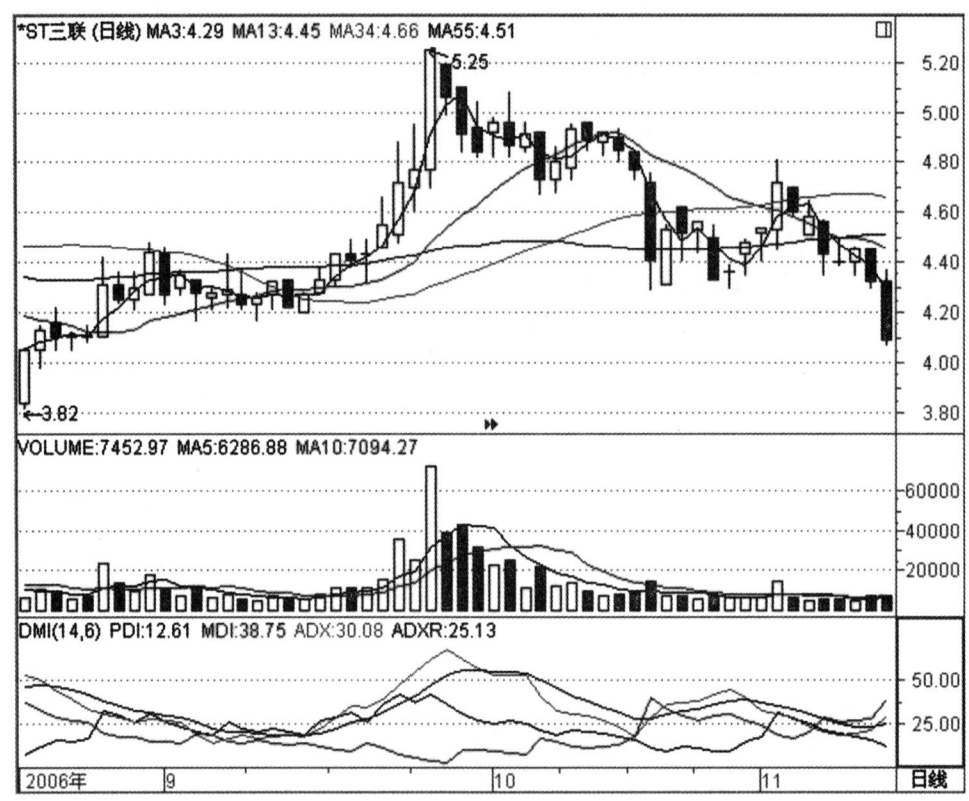

狗急跳墙预示跌浪在即

股价经过拉升进入急涨阶段,突然在某一天,股价大幅跳空高开,然后放量上攻滞涨。这是庄家为集中派发而精心设计的一个诱多陷阱,如果不知是计,接过来的很可能就是最后一棒。经过一波拉升之后,在高位留下向上跳空缺口的带量阳线或阴线称为"狗急跳墙"。

庄家在出货时往往会营造一种良好的市场氛围,使出一些怪招,"狗急跳墙"就是非常经典的一种。股价一旦进入急拉阶段,便意味着行情已经进入尾声,为了掩盖自己的真实意图,吸引跟风盘,庄家刻意使股价跳空,制造一种向上突破的假象,然后将筹码在高位易手。"狗急跳墙"是庄家集中派发时惯用的伎俩,是股价下跌的临界点。

如下页图所示,新五丰(600975)起涨前庄家又凶狠地打压了一次。但是随后股价又乖乖地爬上55日均线,然后在13日均线附近软磨硬泡,消极怠工。均线互换完成以后,情况就不一样了:股价一举突破整理格局,打开了股价的上升空间,股价自由自在地生长着。经过一波拉升后的股价,突然跳空高开,然后高举高打,直至把股价推到涨停板上。但不要让胜利冲昏了头,高位的跳空缺口是竭尽缺口,是股价的最后一涨,股价的最后一涨称为"狗急跳墙"。"狗急跳墙"是经典的出局信号,有筹的坚决清仓,无筹的坚决不进。

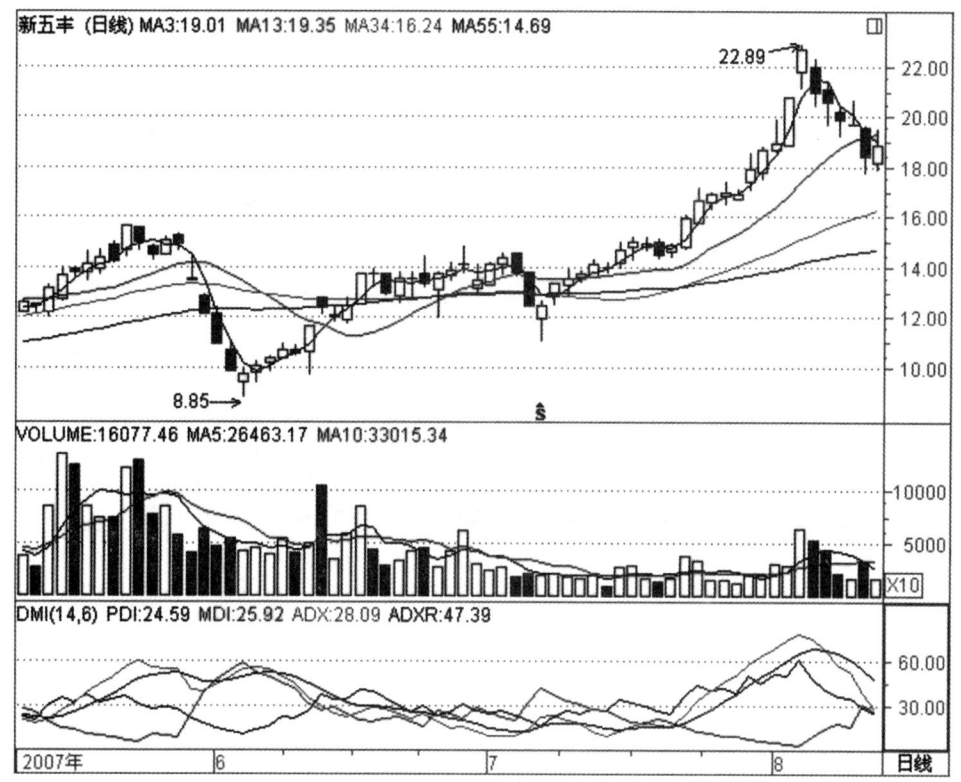

拖泥带水是假洗盘真下跌

股价经过大幅扬升,突然在某一天,跳空高开,以涨停板或接近涨停板开盘居多,然后逐波回落,主动性抛盘明显增多,表明庄家开始悄悄派发。由于庄家手中筹码太多,不可能一次派发出去,因此收盘前将股价强行拉起,以利于明天更好地派发,K线实体大多留下长长的下影线。这根带长下影线的阴线或阳线称为"拖泥带水"。

股价经过大幅拉升,庄家做盘计划已经实现,为了顺利出局,庄家往往采取边拉边派,然后在派发尾段实行清仓大甩卖。但为了掩人耳目,在收盘前强行将股价拉起,给人一种洗盘的假象。第二天,股价通常低开低走,开始是缓跌,然后逐渐加速,把套牢盘越锁越紧。

如下页图所示,杉杉股份(600884)在中阳出现以后,股价在13日均线上方一路小跑,可是后来就有点不走正道了。短暂回调以后,股价开始重上55日均线,回踩以后,股价依然延续原来升势,股价势如破竹,一举扫平前高点。创新高必回调,该股也不例外,所不同的是,庄家采取的不是向下洗,而是向上洗。这个洗盘K线如果出现在一波拉升以后,其性质就可定为出货,而它出现在刚刚突破以后,所以把它定为震仓性质,震仓K线出现的第二天,股价吃掉这根阴线,说明庄家强势调整已经结束。前期没有进场的,现在不能再错过这个稍纵即逝的机会了。

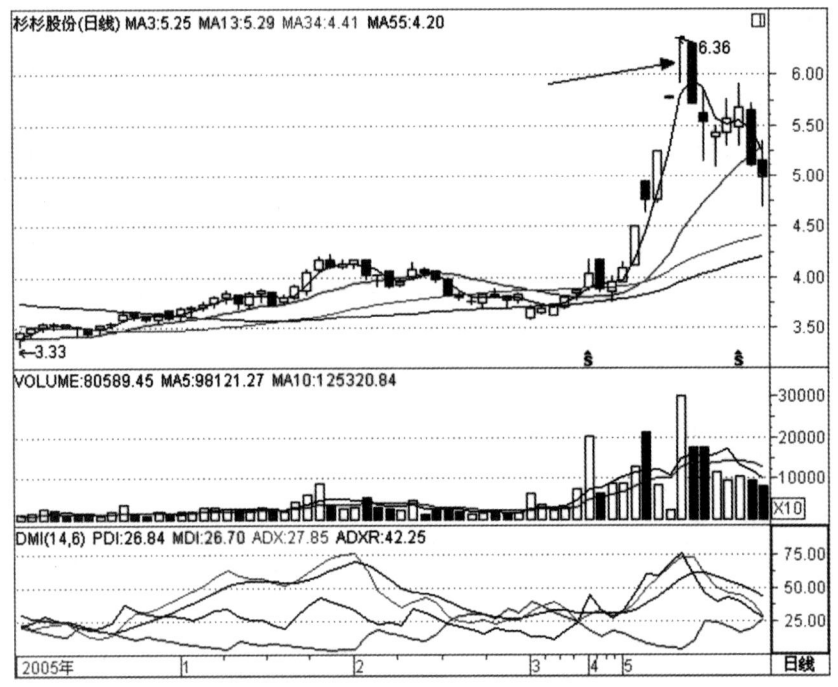

晨钟暮鼓是虚浪拉升

股价经过一波拉升以后,量能开始减弱,但股价依然创出了新高,表面上给人一种加速上扬的假象。其实,这是庄家刻意制造的一根诱多骗线,股价一般会在第二天反转向下。前面巨量阳柱后面的这根缩量阳柱称为"晨钟暮鼓"。

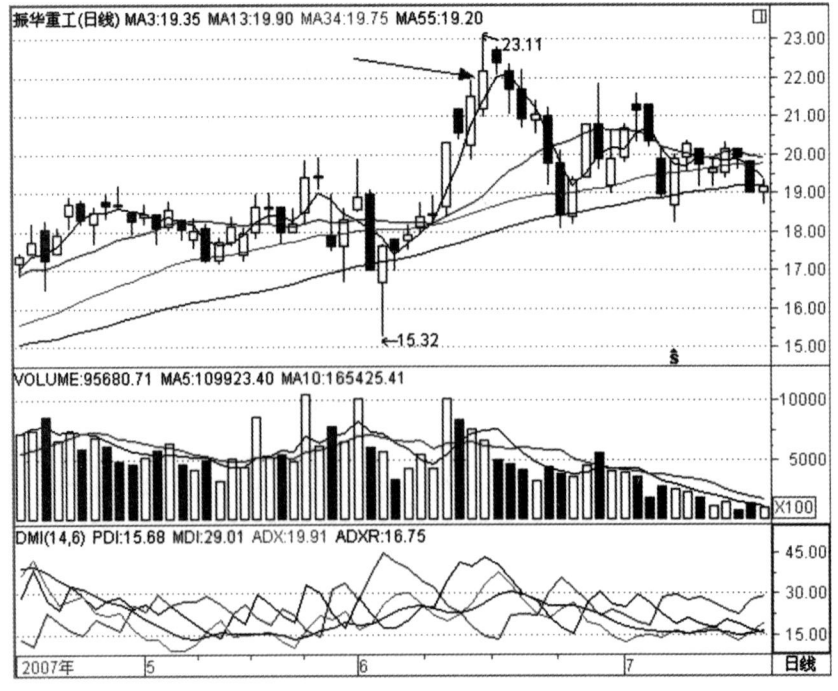

在拉升途中,庄家面临着获利盘和解套盘的双重抛压,为了稳住场内筹码,掩盖派发意图,精明的庄家都会采用技巧进行虚浪拉升,表面上极力制造一种做多氛围,暗地里却悄悄地将筹码易手,由于庄家是真减仓假拉升,所以成交量就会开始锐减,量区里的这根缩量阳柱就是庄家悄悄派发时留下的痕迹。

如上页图所示,振华重工(600320)"晨钟暮鼓"出现以后,股价就开始下跌。"晨钟暮鼓"是庄家派发时进行的虚浪拉升,是诱多陷阱和出局信号。场内的立即清仓,场外的死活不进。

从理论上讲,买卖股票重要的是看形态,与持仓成本没有太大关系。可是,人们在卖股票时,不是依据卖出信号,而是根据自己是否赢利来决定。如果不能保本,即使股价跌得再狠,他们也会无动于衷,结果越套越深,最后实在吃不住劲就挥刀开斩,结果把股票卖在了地板上。买在第一根阳线、卖在第一根阴线是最起码的操作准则。

笑里藏刀最后一浪

在人们的一片欢呼声中,股价节节上扬。在股价的上扬过程中,股价冲高受阻留下长长的上影线,第二天,股价依然高开高走,但始终冲不破昨日上影线的制约,说明庄家的拉升只是在虚张声势,预示调整在即,应主动跳出界外。躲在阳线上影线里面的这根缩量阳线称为"笑里藏刀"。

在资金推动型市场,若想把股价拉上去必须凭借实实在在的买进,增量资金一旦停止买入,股价就会自然滑落,但庄家会利用技巧把股价推高一至两天,但缺少量能支持的虚浪拉升,终究无法掩盖股价即将调整的意图,因为"笑里藏刀"的庄家已经露出了杀机。

如上页图所示,星马汽车(600375)在"笑里藏刀"出现以后,股价很快就走出大跌浪。

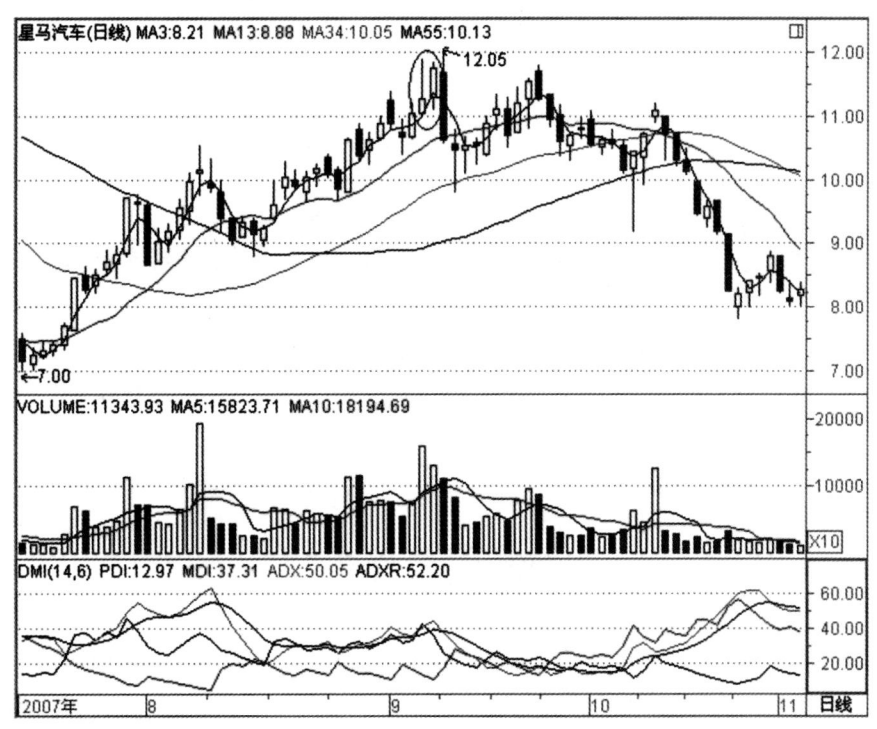

落井下石跌浪来临

股价经过一波拉升之后,庄家在高位进行集中派发。为了减少抛盘压力,第二天,股价往往会低开低走,给人一种整理的错觉,其实,庄家的本意就是先用这根低开阴线锁定套牢盘,然后再慢慢进行派发。集中派发后的这根低开低走的阴线称为"落井下石"。

股价在上涨末段,庄家通常都会进行一次集中派发,由于庄家持仓量甚多,不可能几天内将筹码全部派发出去。为了不引起市场的集中抛压,庄家会突然拉出一根低开阴线,旨在锁定场内筹码,然后再不慌不忙地派发。"落井下石"通常出现在集中派发之后,如果随后再出现进一步下跌,庄家的出货意图即可进一步确认。"落井下石"是股价暴跌的临界点。

如下图所示,马钢股份(600808)在"落井下石"之前,已经有过两次出局信号,一个是"一枝独秀",一个是"笑里藏刀"。俗话说,事不过三,庄家连续三天发出离场信号,给投资者非常富裕的出局时间。"落井下石"是股价暴跌的临界点,"落井下石"以后,股价的跌速将会逐渐加快。

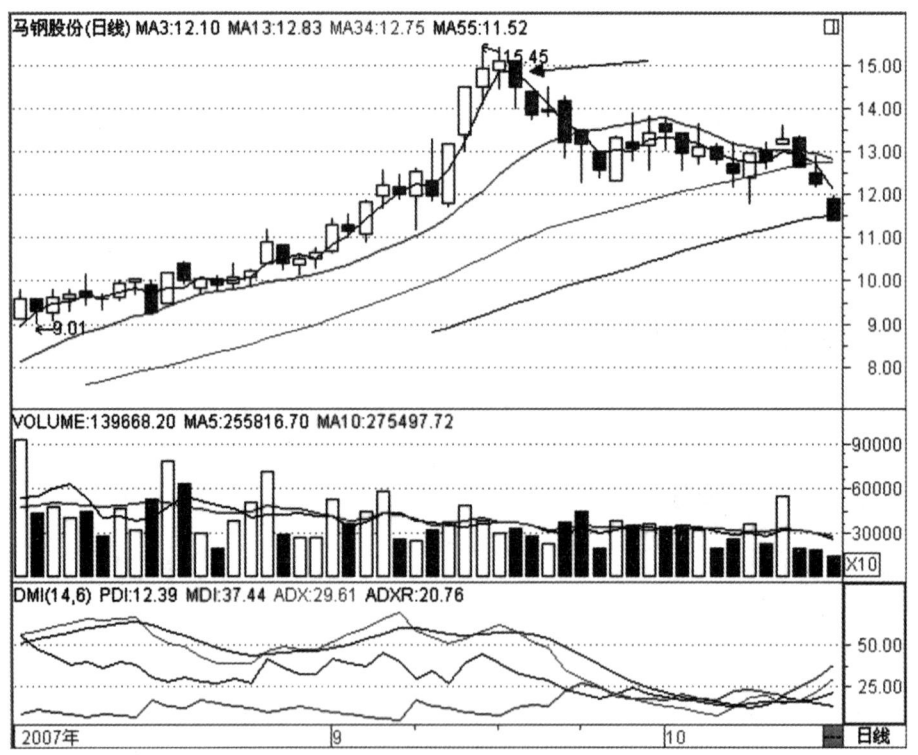

升浪减弱节外生枝

股价经过一波拉升之后,上攻动能开始减弱,获利盘伺机出逃,为营造良好的市场氛围,庄家通常会在最后一根阳线后面拉出一根与昨收盘相同或相近的星阳线或星阴线,这是股价即将调整的信号,应主动回避。经过一波拉升之后的阳线之后的这根星阳线或星阴线称为"节外生枝"。

股价经过一波上涨,庄家面临获利盘和解套盘的双重压力。为了垫高市场的平均持股成本,必须对筹码进行充分换手。但庄家又不想让别人识破意图,于是就作出一副强势整理的态势,引导市场进行换手。

如下图所示,中国铝业(601600)拉高建仓意味着巨大的风险,只要有可能谁也不愿这样做,但中国铝业的庄家拍着胸脯做了。需要注意的是,建完仓的庄家不会将股价继续推高,而是利用收集来的筹码反手做空,通过充分换手,垫高市场的平均持股成本。在下图上,"节外生枝"是庄家开始出货的标志。不管投资者是什么时候进来的,如果不在"节外生枝"出现时走人,庄家就会强制其接受套牢或割肉的结果。

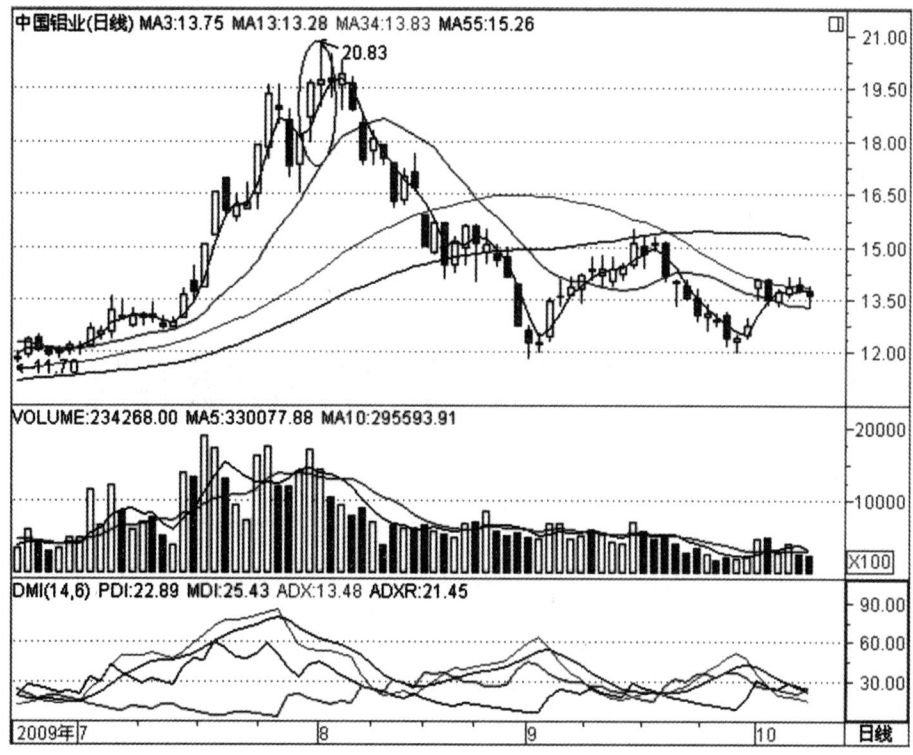

过河拆桥筹码抛出

股价经过一波拉升之后,庄家自然要变着法子兑现利润。由于持仓量巨大,不可能一次性全都派发出去,于是就将股价维持在高位,震荡出货。由于接盘越来越少,13日均线缓缓地由翘到平,回落的股价开始下穿13日均线,这是行情进入尾声,股价加速下跌的前兆,是出脱持股的好时机。这根在相对高位下穿13日均线的中阴线称为"过河拆桥"。

庄家拉升股价的目的,就是为了在高位把它派发出去。由于庄家持仓量太大,只能维持震荡派发格局,在派发尾段,庄家放弃护盘,股价先是慢慢回落,然后加速下跌。倘若"过河拆桥"出现在大幅拉升之后,性质多为派发;出现在小幅拉升之后则是洗盘的开始。无论哪一种情况,都是股价行将调整的信号,都应出脱持股或进行减仓操作。

如下图所示,中金黄金(600489)股价经过一波大幅拉升之后出现了"一剑封喉"。"一剑封喉"是股价下跌的临界点,在实战中遇到这种情况,应该在第一时间清仓出局。"一剑封喉"以后,股价一直维持高位震荡,这是庄家派发时留下的盘面痕迹,当庄家派发得差不多的时候,13日均线就会开始走软,股价就会跌破13日均线,这根下穿13日均线的阴线称为"过河拆桥"。"过河拆桥"是股价新一轮下跌的开始。如果投资者没有在"一剑封喉"出现时将股票抛出,在"过河拆桥"出现时,应不计成本地杀跌出局。

金蝉脱壳主力出逃

在上升行情中,尤其是在高价区,出现一根平开低走或低开低走的阴线,但不破昨日阳线,显示一开盘抛压涌现,股价反弹无力,这是庄家弃庄的信号。这根躲在阳线实体内的阴线称为"金蝉脱壳"。

股价经过大幅扬升,为吸引散户全面跟进,这时,庄家往往会一边放量对倒,一边暗中派发。在出货尾段,股价跳空低开报收中阴线,量不太明显,给人一种整理的假象。实际上,这是庄家利用旺盛的市场人气悄悄地把股票在高位易手,让人们在欢乐和期盼中死去。庄家出货完毕,股价就像断了线的珠子。

如下页图所示,中远航运(600428)在见顶的第二天,"金蝉脱壳"就出来了,表明该股的阶段性高点已经形成,但股价调整一段时间后又创出了新高,而且出现了第二个"金蝉脱壳"。在实战中,"金蝉脱壳"出现以后,股价很少有创出新高的。遇到这种情况,也应先出局,实在看好它,再找点位进去。

该股的涨跌在时间上和动作上都与大盘保持了惊人的一致。大盘涨它就涨,大盘跌它就跌,一切看着大盘的眼色行事。像这种唯命是从的跟屁虫,在股市里占有很大比重;只有少数个股另辟蹊径,走出独立行情。在表面看来,仿佛是齐涨共跌,其实个股中间早就出现了严重的两极分化。那些整理充分的、有着完美形态的个股不但涨幅大,而且持续时间长;而那些整理不够充分,形态上又有缺陷或什么形态也没有的,涨幅不但小,而且持续时间短。根据这种特点,在大盘反转向上时,应尽量选择那些形态完美的个股介入,因为有形态或形态完美的个股涨幅大,安全系数高。

多空歧见分道扬镳

股价经过一波拉升以后,开始在高位小幅震荡或横盘整理,13日均线由升趋平再到向下掉头,预示上攻能量消耗已尽,暗示庄家派发已进入尾声。此后的股价趋势将转向空方市场,主要任务是以下跌为主。13日均线下穿34日均线形成的结点称为"分道扬镳"。

庄家把股价拉到预期目标后就要开始派发,由于持仓量太重不可能一次把货出净,于是就在高位采取震荡出货,13日均线由升趋平,说明市场供求关系已发生变化,均线系统由携手并进演变为"分道扬镳",标志卖方市场已经形成,是减持股票的好时机。

如下页图所示,*ST东电(000585)股价经过一波拉升以后,庄家开始在高位震荡出货,在这中间,股价的单日见顶信号都非常明显,即使在离场信号出现当天没有及时抛出,以后还有出局机会,但需坚定抛出的决心。机会在哪里?均线系统开始"分道扬镳",即13日均线开始下穿34日均线的时候,不管股票收阴收阳,都是抛出的好机会。卖出点位给得非常明确具体。

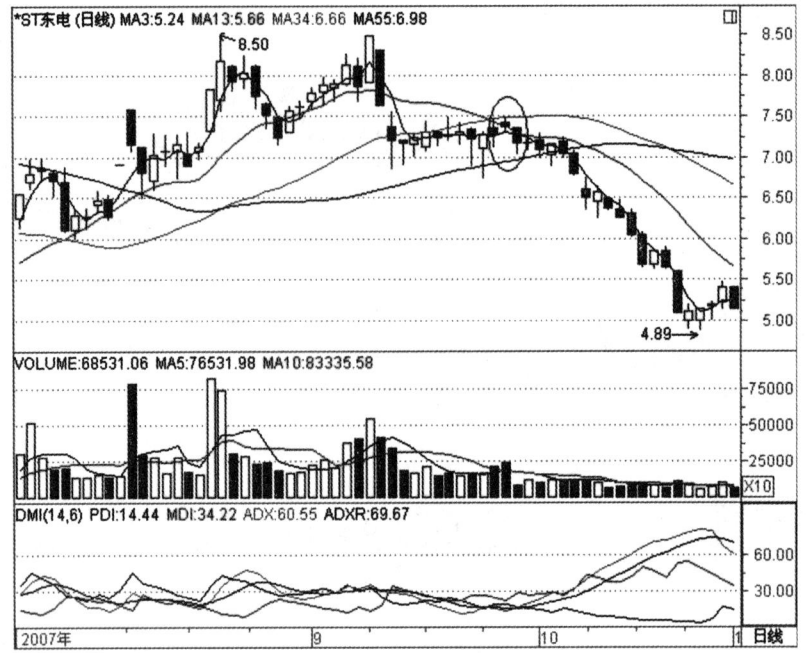

大跌之际突出重围

股价在高价区反复震荡,庄家于震荡中分批出货,55日均线由升趋平,13日均线、34日均线由上而下向55日均线靠拢,然后在某一天三条均线打成了死结,这是股价大跌的信号,应果断地清仓离场。三条均线形成的死结称为"突出重围"。

庄家拉升股价是为了派发,由于持仓量太重,无法一次把货出清,于是,庄家在顶部区域反复拉升。当股价回落太多时又须护盘,维持高位震荡格局。由于庄家是以派发为主,追高力量逐渐减弱,上方抛压沉重,派发尾段,庄家放弃护盘,三条均线形成死结,表明庄家派发完毕。股价最终盘整向下,然后呈阴跌走势。

如上页图所示,上海三毛(600689)庄家的派发是一个过程,因为庄家必须硬着头皮维持高位震荡格局,这就为投资者离场提供了非常从容的抛出时间。当庄家的派发进入尾声时,股价会逐渐走低,13日均线开始扭头向下,当三条均线在股价的下跌途中交汇在一起的时候,市场将会产生一种共振,此后,股价将会进入加速暴跌阶段。所以,发现三条均线打成死结的时候,要毫不犹豫地"突出重围"。

一阴破三线果断离场

股价经过一波上涨之后,13日均线由翘趋平,股价依次跌破13日均线和34日均线,然后在相对高位维持震荡格局,均线系统逐渐向一起靠拢,突然在某一天,股价跌破所有均线,这是股价暴跌的前兆。这根跌破所有均线的阴线称为"一阴破三线"。

股价经过一波拉升之后,做多能量逐渐减弱,表明庄家由多转空,13日均线由翘趋平,表明庄家在悄悄派发,而均线系统的日益收拢,说明庄家的派发已进入尾声,如果有一天股价跌破所有均线,即可认定是庄家的清仓大甩卖。急流勇退是最佳选择。"一阴破三线"是股价暴跌的临界点,切不可掉以轻心。

如下图所示,红豆股份(600400)庄家经过一段时间的震荡出货,股价最终还是选择了向下突破。"一阴破三线"是股价暴跌的临界点,是庄家清仓大甩卖的显著标志。"一阴破三线"之后,股价就像断了线的珠子,撒向人间都是愁。下跌途中的股价每次触摸13日均线,股价就会下跌一个新的台阶。因此说下跌途中的股价每次上摸13日均线都是一次难得的出局机会。

第 4 篇

趋势投资炼金术

——拜彼得·林奇为师

彼得·林奇其人其事

彼得·林奇是美国乃至全球首屈一指的投资专家。他对共同基金的贡献,就像乔丹对于篮球的贡献一样。他曾在麦哲伦公司担任总经理,在短短的13年间,他使该公司的资产高达140亿美元,并使该基金成为世界上最成功的基金之一。

这样骄人的业绩是许多基金经理都望尘莫及的,美国《时代》杂志称彼得·林奇是"第一理财家",更有人赞誉林奇为"股票投资领域中的最成功者"、"一位超级投资巨星"。

彼得·林奇也由此成为美国纽约华尔街上家喻户晓的人物。彼得·林奇的成功在于他对股票独特的投资理念和技巧。本书作者仔细研读了彼得·林奇的著作,并结合自己在中国证券市场多年的实战和研究经验对林奇的投资理念进行了深入注解。在系统归纳和总结的基础上,作者详细阐述了彼得·林奇的股票投资方法和理论以及这些理论、技巧在中国证券市场的应用,尤其针对个人投资者的投资实践进行了深入探讨。对于广大从事证券投资的读者来说,本书具有较大的参考价值,同时对开拓投资者视野、提升投资者修养会有所帮助。只要用心对股票做一点点研究,普通投资者也能成为股票投资专家,并且在选股方面做出像专家一样出色的成绩。

投资机会随处可见。只要你和彼得·林奇一样仔细观察一下商业的发展趋势,留心一下周围的世界——比如从购物中心到自己工作的地方,你就可以比专业分析人员更早地发现那些潜在的、会大获成功的公司。书中撇开复杂的理论陈述、枯燥的技术分析,用非常通俗、生动的语言,描述了彼得·林奇的股市实战经历和选股原则,并为国内散户投资者提炼了一些非常实用的启示。读者会在饶有趣味的阅读中,不知不觉获得教益。

第 18 章

寻找沙漠之花

关注身边小事

信息对于投资者来说，就如水对于鱼一样重要。许多投资者成功的方法就是对有关信息的敏感和及时掌握。在收集到大量信息以后，投资者经过整理和分析可以判断出这些信息可能对投资市场产生的影响。

我们经常抱怨没有时间和精力去了解上市公司，从而失去投资的最好时机。其实，最可靠的投资机会就在我们身边，我们可以从生活小区开始找，从熟悉的购物中心找，或者从工作领域中找，从这些地方得到的消息都是我们熟悉而可靠的信息。

如果你是某公司的销售员，你很清楚如果公司上市后是否会受到更多投资者的关注，因为你很了解公司上市前的内部情况。相应的，会计、管理者、行政人员、法律顾问、供货商、合作伙伴、顾客甚至清洁工都会察觉到公司的潜力。

与此同时，你感觉购买保险时保险的价格在上升，这是一个保险行业转好的信号，也许应该考虑购买一些保险公司的股票，或者供应商感觉到原材料的价格持续上升，那么原材料的经营企业也是不错的考虑对象。

可见，投资机会无处不在，它经常出现在我们周围。林奇和他的家人以及一些朋友开的沃尔沃汽车让他发现了沃尔沃公司股票；他的孩子、公司系统管理员对苹果电脑的喜爱让他买入了苹果电脑股票；从事丧葬行业的SCI公司是他的一位同事在旅行途中发现的，这只毫不知名的公司股票后来的涨幅惊人；他的妻子对Leggs公司的超级赞赏让他找到了一只上涨3倍以上的股票。

发现美容小店(Body Shop)的过程也是一个范例。那是圣诞节前，林奇带着女儿去柏林顿购物中心采购礼品，一进门孩子们就直奔这家小店。这家小店卖的产品很独特，比如香蕉和草莓制成的浴液、蜂蜡染眉毛油、水果味唇膏、胡萝卜保湿膏、兰花油洗面奶、麦粥摩擦膏、海底泥香波等。虽然林奇并不欣赏这些产品，却被顾客盈门的景象所感染，他发现这家小店的销售额接近于大商场的1/3。于是他想到了公司分析师曾推荐过这家公司的股票，还想到了公司有位女同事斯蒂芬森放弃了高薪职位自己出钱开了一家美容小店，并发现她就是这家门店的老板。

林奇从经纪公司的分析报告以及与斯蒂芬森的交流中了解到，这家英国公司由一位家庭主妇发起，1984年发行股票并在伦敦挂牌，很快发展成专营水果护肤品的国际特许连锁企业。公司产品成功的秘诀在于采用天然原料，卖点是健康而不是美丽，产品价格比折扣店贵，却比专卖店便宜，因此其每平方英尺营业面积销售额在加拿大是零售店里最高的。斯蒂芬森的经验是经营这样的连锁店当年就可盈利，因此她打算再开一家新店，为此公司董事长特地从英国赶来考察，说明公司对业务扩张的审慎态度。林奇的结论是，这家公司的统一经营模式、扩展计划、资产负债等情况良好，年增长率25%~30%，是一家质地优良的好公司。

大多数人都不善于抓住身边看得见、摸得着的投资机会，例如，医生明明知道哪家药厂的药最好，但他不一定去买这家医药公司的股票；银行家深知哪家银行最具竞争力，却未必会去买它的股票。实际上，只要学会以投资者的眼光来看世界，就会发现到处都是潜在的投资机会。

林奇的投资经验就验证了眼光的重要性。林奇有个很经典的做法，从同行或上下游关系中由此及彼发现好股票。林奇曾接待过简贝尔营销公司（一家珠宝供应商）的高管，他们在描述公司业务时，谈到了他们的客户——许多折扣店旺盛的销售。林奇由此要求公司的分析师对这些折扣店作专题研究。研究表明，这些公司IPO（首次公开募股）后备受冷遇，可谓物美价廉，林奇果然在这些股票上赚了钱，有的翻了三倍。

但林奇最有特色的选股方法是他自创的投资策略——漫步购物中心。具体说，就是在距林奇所住的麻本海德镇25英里的柏林顿购物中心漫步。这个柏林顿购物中心在林奇看来像是一个美国老式城镇的中心，有池塘、公园、大树。池塘的对面是一字排开的四家商场，池塘边的两层商业大厦分布着160多家独立的商店。这样大而全的购物中心全美有450座，在林奇看来是发掘好股票的金矿。林奇在逛购物中心时一路看到的有家居超市、雷米特、盖普、沃尔玛等零售企业，这些企业的有些股票从1986~1991年涨了50倍；"电器小屋"1970~1982年涨了100倍；连锁店"我们是玩具"的股价则从25美分涨至36美元；莱维兹家具涨了100倍；林奇的女儿喜欢的"碧加"饮料，其股票1991年在加拿大挂牌，股价一年内从3美元涨到26.75美元。

在林奇看来，这些各有特色的零售企业适应了美国后工业时代的生活潮流而夺得市场先机，寻找这些企业最好的线索，就是它们聚集的购物中心。在这里，你可以就近观察它们的产品与顾客，可以感受它们的市场脉动。

林奇认为，对于投资者来说，利用自己的生活常识，仔细观察日常生活中的各种产品，选择那些生产自己相当了解的产品的公司股票，是成功投资的最好出发点。从日常生活受到消费者欢迎的产品中，发现有良好发展前景的公司，是成功投资的第一步。散户战胜专业投资者的捷径就是从最普通的生活常识出发，寻找那些投资专家们根本不会注意的无名却发展迅速的高成长公司股票。在每个行业、每个地区，观察力敏锐的投资者可能在投资专家之前很早就已经发现了高成长的企业。

找准安全边际

林奇认为：长期而言，一家公司业绩表现肯定与其股价表现是完全相关的。弄清楚短期内股票的投资安全边际和长期业绩表现，是投资赚钱的关键。耐心持有，终有回报。

对投资者而言，表现最好的公司来自拥有知名品牌的日常消费品行业和制药行业。西格尔通过对1957~2003年标准普尔500指数成分股的数据分析，找出了长期投资中成为赢家的三个部门，它们是卫生保健部门、日常消费品部门和能源部门。前两者占据了标准普尔

500指数20家最佳幸存公司90%的名额。

寻找伟大公司,首先要理解投资者收益的基本原理。西格尔得出的投资者收益的基本原理:股票的长期收益并不依赖于实际的利润增长情况,而是取决于实际的利润增长与投资者预期的利润增长之间存在的差异。投资者对于增长的不懈追求——寻找激动人心的高新技术、购买热门股票、追逐扩张产业、投资于快速发展的国家,常常带给投资者糟糕的回报(西格尔教授称之为"增长率陷阱")。显然,增长率陷阱是投资者通向投资成功之路上最难逾越的一道障碍。

大部分表现最好的公司特征:
(1)略高于平均水平的市盈率。
(2)与平均水平持平的股利率。
(3)远高于平均水平的长期利润增长率。

表现最好的股票名单中找不到科技或电信类公司的名字。

投资市盈率最低的、增长预期较温和的股票的投资组合,远远强过投资高价格、高预期股票的投资组合。

准备好为好股票掏钱,不过要记住没有什么东西值得"在任何价格下买入"。

所以,增长率并不能单独决定一只股票长期收益的高低,只有当增长率超过投资者对股价过于乐观的预期时,高收益率才能实现。根据这个原理,只要真实的利润增长率超过了市场预期的水平,投资者就能赢得高额收益。

投资者对增长率的期望都体现在股票价格之中,市盈率是衡量市场预期水平的最好指标。高市盈率意味着投资者预期该公司的利润增长率会高于市场平均水平。

不管泡沫是否存在,定价永远是重要的。那些为了追求增长率舍得付出任何代价的人,最终将会被市场狠狠地惩罚。定价如此重要的原因之一是它影响到股利的再投资。股利的再投资是长期股票投资获利的关键因素。股利的再投资策略将会是你的"熊市保护伞"和牛市中的"收益加速器"。

总之,价值投资如果只用一个词来描述其精髓,那就是"安全边际"这个词。而西格尔教授的忠告"定价永远是重要的",正好说明了"投资者的未来"用历史数据验证了价值投资的精髓。

展开实地调研

林奇试图从一家公司发生重大变化时及早掌握信息,从而决定是否投资于这只股票。

一般来说,从一家公司发生变化到这种变化反映到股价上来,往往有1个月到3年的间隔。林奇希望抢在人先,利用这个间隙做买卖。林奇除了经常找所投资的公司经理通话以外(这要比财务报告出来后再分析,在时间上更有利),另外一项为大多数优秀的投资者所欣赏的策略就是询问管理人员对竞争对手的看法。如果某公司管理人员对竞争对手进行严厉批评,那并没有什么太多的参考价值;然而,如果管理人员对竞争对手赞誉有加,那就值得注意了,林奇说不定会投资该公司的竞争对手,因为没有人比竞争对手更了解一家公司,它得为创设新产品、占领市场份额与这家公司天天斗争。有一次林奇访问联合旅社,他被公司管理人员对他们的竞争对手拉克塔汽车旅馆所怀有的尊敬深深触动,第二天,他就迫不及待地与拉克塔汽车旅馆的高级管理层通了电话,过了不久他又亲自前去造访,然后在3周的时间里,他把麦哲伦基金总资本的3%投资于该公司。

向公司经理们打听他的公司以外的情况还有另外一个意想不到的收获:关于它的供应商或消费者的投资观念。例如,建筑工人们认为销售比通常认识的行情要好,这就会促使林奇开始考虑森林产品、水泥、石膏或其他建筑材料。不过,林奇同时也指出,跟你交谈的人对行情真正了解的程度深浅将产生不同的结果。如果一家钢铁公司的老板说将迅速改善工厂的状况,这是个可靠的信息。但如果他说纤维光学业务将有重大进展,那你最好应当到相关业内人士那里寻求证实。然而很奇怪的是,投资者们很容易地就被并不掌握真正秘密的不同产业的头面人物所引诱。

林奇当然也要阅读大量的研究报告,但仅仅只是纸面上的东西是不足以让他信服的,通常只有亲自走访过的公司,才会有机会纳入他的投资视野。身为手握巨资的基金经理,林奇一直马不停蹄地奔波于各家上市公司之间,他每月至少要走访40~50家上市公司。他认为亲自造访一些自己认为值得花时间实地考察的公司,能为他的投资决策提供真实可靠的第一手信息材料。

在《战胜华尔街》一书中,林奇提到,1982年在回答电视台主持人什么是他"成功的秘密"时曾说,"我每年要访问200家以上的公司和阅读700份年度报告"。不管怎样,数量够惊人的。林奇不仅调研美国的上市公司,而且还到海外去寻找好股票,他曾坦承,"除了约翰·坦普,我是第一个重仓持有国外股票的国内基金经理"。在1985年9月中旬的一次国际调研活动中,林奇花了3周时间调研了23家上市公司,收获颇大。他在瑞典去了该国最大的公司沃尔沃,而瑞典唯一的一个研究沃尔沃汽车的分析员竟然没有去过该公司。当时,沃尔沃的股价是4美元,而沃尔沃每股现金已高达4美元。林奇的妻子卡罗琳也到了欧洲,但他俩却不能同去威尼斯,因为那儿找不到一家值得拜访的上市公司。林奇的痴迷劲可想而知。

结婚20年,林奇只度过两个专门假期。他曾对约翰·雷恩回忆是如何度假的:"我去日本,花了五天的时间考察公司;在中国香港见到卡罗琳,于是我们在中国逗留了两三天;然后我考察曼谷的公司,又在曼谷观光;接着我飞往英格兰,在那里花了三四天考察公司。那是一段美好的时光。"卡罗琳肯定不会认为那是"一段美好的时光"。

林奇通常一天要接到几十位经纪人的电话,每10个电话中他大约要回复2个,但一般只交谈90秒钟,而且还好几次提示一点关键性的问题。

他和他的研究助手每个月要对将近2 000个公司做一遍检查,假定每个电话5分钟,这就需要每周花上40个小时。

给目标公司打电话

在给公司打电话之前,林奇建议投资者提前准备好自己要问的,没有必要一开始就问:"为什么你们公司的股票在下跌?"一上来就问为什么股票会下跌,马上会让对方认为你不过是一个初入股市的菜鸟而已,根本不值得认真对待,随随便便敷衍一下就行了。因为在大多数情况下,上市公司自己也根本不知道为什么它们的股票会下跌。

谈论公司收益是一个很好的话题,但是由于某些原因,直接向公司询问"你们公司未来收益是多少"就像一个陌生人问你的年薪是多少一样很不礼貌,要想让对方容易接受,就得问得委婉巧妙:"华尔街对贵公司明年的收益预测是多少呢?"

众所周知,公司未来的收益很难预测,即使是分析师们的预测,差别也很大,就连公司自己也不能确定它们未来的收益到底会是多少。宝洁公司(P&G)的工作人员可能会对公司的未来收益十分清楚,因为这家公司生产82种不同的产品,使用100多种不同的商标,并在107个不同的国家进行销售,因此公司的收益比较稳定,容易预测。但是雷诺兹金属公司(Reynolds Metals)的工作人员却很难告诉你公司未来的收益可能是多少,因为公司的未来收益高低全部取决于铝价的高低。如果你向费尔普斯·道奇公司(Phelps Dodge)询问明年收益是多少,费尔普斯·道奇的工作人员马上会反过来问你未来铝的价格是多少。

你从投资者关系部门挖掘信息的正确方法,是谈谈你对公司未来发展前景的估计,探询一下公司对你所做预测的反应如何,这些推理和预测是否合理,这些预测实现的把握有多大。如果你想知道泰胃美是否会对美国史克公司的盈利产生重大影响,那么公司可以告诉你这种影响有多大,而且他们还会为你提供泰胃美的最新销售数据。

固特异轮胎真的需求火暴,都要排队等上两个月吗?轮胎的价格真的像你根据当地销售情况所做的判断那样上涨了吗?今年有多少家 Taco Bell 连锁店正在建设之中?百威啤酒公司的市场份额又增加了多少?伯利恒钢铁公司是在以满负荷生产吗?公司自己对下属有线电视资产的市场价值估计是多少呢?如果你已经清晰地了解了公司未来发展的主线,你就会知道应该重点关注哪些关键问题。

如果你一开始询问一个你已经做了一番研究的问题,那么沟通效果就更好了,比如:"我从上年的年报中看到贵公司减少了5亿美元的债务,那么你们未来的债务削减计划是什么呢?"这肯定会比你问"你们对于债务未来有什么打算"让他们更加认真严肃地予以回答。

即使你对公司的发展并不清楚,你也可以通过询问两个一般性的问题来得到一些消息"今年公司发展有哪些有利因素"和"今年公司发展面临哪些不利因素"。他们可能会告诉你一家位于佐治亚州的上年亏损1 000万美元的工厂现在已经关闭,或者一家不再生产的分公司被廉价卖掉变现,他们也可能会告诉你一些最近投放的新产品使公司增长率提高。1987年,Sterling 药品公司(Sterling Drug)的投资者关系部门可能会告诉你最近有关阿司匹林的大量报道是否刺激了公司的销售增长。

你也会从公司听到一些不利消息,比如,劳动力成本增加,公司主要产品市场需求下降,出现了一个新的竞争对手,或者美元贬值或升值使公司利润波动,等等。如果你正在交流的是一家服装制造公司,你可能发现今年推出的服装系列并不好卖,仓库里已经堆满了存货。

最后,你可以大致总结一下交谈中获得的信息。大多数情况下,你得知的一些信息只是进一步证明你的猜测是正确的,特别是当你对这家公司的业务十分了解时通常会如此。但是偶尔你也会得知一些事先意想不到的信息,公司的实际情况比原先更好或者更差。如果你正在买卖这家公司的股票,那么这些意外的消息对你的投资决策是非常有价值的。

在林奇进行研究分析的过程中,他发现大约每十个电话中会有一个电话让他得知一些非同一般的信息。如果林奇同一家很不景气的公司人员通电话,那么十次中有九次所得到的详细信息进一步证实了公司仍然很不景气,但是到了第十次,会得知一些新的迹象表明公司前景开始乐观,而这些信息并非普遍为人所知。对于那些经营良好的公司来说,这个比例同样适用,但与打电话给那些不景气的公司的结果正好相反,你得到的意外往往是坏消息。

听取专业人士意见

林奇一年要听取大约上百个经纪人的意见，每天根据助手的信息提示就一定的主题与经纪人进行沟通。投资者也一样在各种媒体上看到或听到很多专家或经纪人的意见，这些专家包括投资经理、投资顾问、经济学家以及政府官员。林奇对从这个渠道来的信息采取了一种客观的态度。

作为一般投资者，需要注意的是，若听取基金经理或其他专家的意见，并不代表着一定要采纳。听取与相信并不等同，也不矛盾。有时，基金经理出于某些方面的考虑，可能依靠也可能不采用他个人所收集的信息，这取决于他个人的行为将如何反映其所获得的个人信息。还有，当投资者和基金经理交流的时候，他们给予的信息的质量与其他级别的内部人员给予的信息的质量是无法比较的。所以我们应该区别对待信息的可靠性和有效性。

受过良好的财经专业训练的专业人士在很多方面要显得比个人投资者更加专业，但是个人投资者在某一方面也会显得更加专业，这是由他的职业、家庭所带来的优势。投资者为了挑选想要投资的股票，会深入研究上市公司的内部信息，挖掘其内在价值，这样就不会轻易盲从或者误判别人的建议，掌握信息是为了更好地自我决策。

很多基金经理借助媒体来宣讲自己的业绩，也使得不少投资者以为跟着这些"大师"就可以实现自己的投资梦了。可是往往结果是投资者交了一笔咨询费用后还要承受巨大的亏损。不要说这些"黑嘴"性质的股评，就是对一些正式的研究机构的研究报告也要仔细分析，找出有效信息。很多研究报告的作者并不是非常认真地撰写报告，即使他是实地去考察了，许多信息也并没有在报告中反映出来，其中的原因投资者不必追究，但是投资者要做到的是认真分析、客观评价。

阅读财务报表

林奇经常看公司的年度财务报告，从中关注几个关键的数字：销售利润率、市盈率、现金状况、债务结构、债务状况、股息以及股息的支付、账面价值、现金流量、存货、增长率、税后利润、每股净资产、净资产收益率和每股税后盈利，这些财会知识在一般的专业书上都有。了解一些基本情况，确信该公司有发展前途就足够了，不必钻进一大堆财务报表中。林奇提醒大家，不注意这些数字是不明智的，但是过分拘泥于数字分析，掉进数字陷阱里不能自拔也同样是愚蠢的，甚至是危险的。

林奇对如何阅读公司的财务报告有其独特的看法："无数财务报告的命运是送进废纸篓，这并不足为怪。封面和彩色页张上的东西还可以看懂，但却无大价值。后面所附的数字犹如天书，但又相当重要。不过，有个办法可以只花几分钟就从财务报告上得到有用的信息，直接找到资产负债表。"林奇认为，通过公司的资产和负债可以了解该公司的发展或衰退情况，其财务地位的强弱等，有助于投资者分析该公司股票每股值多少现金之类的问题。

对于账面价值，林奇认为有一种理论是极为错误的，那就是如果账面价值为每股20美元,而实际售价只有每股10美元,那么投资者就以便宜一半的价钱买到了想要的股票。这种理论的错误之处在于标出的账面价值常常与股票的实际价值毫无关系。账面价值常常大大超过或低于股票的实际价值。例如,1976年年末,阿兰伍德钢铁公司标明的账面价值为3 200万美元,即40美元一股。尽管如此,该公司在6个月后还是破产了。其原因在于该公司更新了一套炼钢设备,该设备的账面价值为3 000万美元,但由于计划不周,操作上又出了差错,结果毫无用处。为了偿还部分债务,该公司以约500万美元的价格把轧钢板机卖给了卢肯斯公司,工厂的其他部分则几乎没有卖多少钱。

在资产负债表中,在负债很多的情况下,超值资产就更加不可靠。假定说一家公司的资产为4亿美元,负债为3亿美元,结果账面价值是正1亿美元。谁能确保负债部分的数字是实实在在的呢?假如4亿美元的资产在破产拍卖中只能卖得2亿美元,那么实际上账面价值就是负1亿美元。公司不仅一钱不值,还倒欠不少。投资者在按账面价值购买一种期货时,必须对这些创值(扣除了股权资产成本的利润)到底值多少有一个详细的了解。

账面价值常常超出实际价值,同样,它也常常低于实际价值。林奇认为这正是投资者挖掘隐蔽性资产,从而赚大钱的地方。

对于那些拥有诸如工地、木材、石油和稀有金属等自然资源的公司来说,这些资产只有一部分真实价值登记在账面上。例如,一家铁路公司HS公司在1988年把130公里长的铁路用地卖给了佛罗里达州,当时,这块土地的账面价值几乎为零,而铁轨的价值却达1 100万美元。在这笔交易中,HS公司除保留其在非高峰时期使用这条铁路的权利外,还获得了2.64亿美元的完税后收入。

又如,某家石油公司或炼油厂的存货已在地下保存了40年,但存货的价格还是按老罗斯福执政时计算的。若仅从资产负债表上看,它的资产价值可能并不高。但是若从石油的现值来看,其创值已远远超过所有期货的现价。它们完全可以废弃炼油厂,卖掉石油,从而给期货持有者带来一笔巨大的财富。而且卖石油是毫不费事的,它不像卖衣服,因为没有人会在乎这些石油是今年开采的还是上年开采的,也没有人在乎石油的颜色是紫红的还是洋红的。

20世纪60年代以后,许多公司都大大抬高自己的资产,商誉作为公司的一项资产,常常使公司产生隐蔽性资产。例如,波士顿的第五频道电视台在首次获得营业执照时,它很可能为获得必要的证件而支付25 000美元,建电视塔可能花了100万美元,播音室可能又花了100万~200万美元。该电视台创业时的全部家当在账面上可能只值250万美元,而且这250万美元还在不断贬值,到电视台出售时,售价却高达4.5亿美元,其出售前的隐蔽性资产高达4.475亿美元,甚至高于4.475亿美元。而作为买方,在其新的账簿上,就产生了4.475亿美元的商誉。按照当时的美国会计准则的规定,商誉应在一定的期限内被摊销掉。这样,随着商誉的摊销,又会产生新的隐蔽性资产。又如,可口可乐装瓶厂是可口可乐公司创建的,它在账面上的商誉价值为1万亿美元,这个1万亿美元代表了除去工厂、存货和设备价值以外的装瓶特许权的费用,它实际上是经营特权的无形价值。按美国当时的会计准则,可口可乐装瓶厂必须在开始经营起的4年内全部摊销完,而事实上这个经营特权的价值每年都在上涨。由于要支付这笔商誉价值,可口可乐装瓶厂的盈利受到严重影响。以1987年为例,该公司上报的盈利为每股63美分,但实际上另有50美分被用来偿付商誉了。不仅可口可乐装瓶厂取得了比账面上好得多的成就,而且其隐蔽性资产每天都在增长。

当一家公司拥有另一家公司的股票时,其中也有隐蔽的资产。雷蒙德工业公司和油田电信服务公司的情况就是如此。雷蒙德公司的股票售价为12美元1股,而每1股都代表了电信公司价值18美元的股票。所以,投资者每买一股雷蒙德公司的股票就等于得到电信公司一股价值18美元的股票,增值了6美元。

另外,对于可能复苏型企业来说,减税是最好的隐蔽资产。由于实行损失账目结转,当佩思中央公司破产后,留有巨额的税收损失可供结转。一旦佩思中央公司从破产中摆脱出来,即使它开始盈利,其中数百万美元的利润也不用缴税。由于当时的公司所得税的税率为50%,这使佩思中央公司一开始复苏,就占有了50%的优势。佩思中央公司的复苏使它的股价从1979年每股5美元上涨到1985年的每股29美元。投资于佩思中央公司的投资者将因此而获得500%多的利润。

林奇认为,市场总是存在着盲点,投资者可以以最低的风险去实现预期的利润。投资者应保持足够的耐心和敏锐的分析能力不断地发掘市场所存在的盲点,市场盲点一旦被整个市场所认同先迈一步的投资者将会获得可喜的回报。

把握时机,及时、适时交易,一直都是投资的关键。对于交易者,尤其是保证金交易者来说,如果他在股市运行相反方向被套时间太长将会被淘汰出局。除了选择具有投资价值的股票进行投资以外,投资者还应把握最佳时机将股票卖出。至于什么时机卖股票,林奇认为有两种情况:一是公司的业务从根本上恶化;二是股价已上升过高,超过了其自身价值。这时应毫不犹豫地迅速将这类股票卖掉。

与传统的长期投资模式不同,林奇并不是在熟知了公司的内部管理信息后才去投资,他不太担忧公司管理方面的问题。在他看来,尽管管理在公司中相当重要,但在许多时候,公司的利润稳步上升并不是管理所致,而是由于公司所从事的行业本身的声誉所致。如福特哈佛公司,回收废纸并制造新纸,在纸业市场上占统治地位;国际服务公司,作为一家殡葬屋连锁公司,稳定地购买新居住区现存最好的殡葬屋;邓金·唐纳兹,在自己简单的业务里不断发展;等等。一家公司所拥有的某种独一无二的特征可以使其在市场占有较大的份额,保证其利润的稳步上升,在某种程度上可以减少人们对该公司管理方面的担忧。林奇之所以对高技术公司不感兴趣,是因为林奇认为那些高技术公司难以让人理解,即便它们中的一些公司可能不错,但如果你不真正了解它们,它们也不会让你受益。当然,林奇也并不否认有些分析家正在试图了解这些问题,但这些人通常都是专业人士。

跟着你的嘴投资

受益于20世纪50年代和70年代两次婴儿潮,80年代美国曾迎来快餐业的蓬勃发展。在林奇研究的餐饮股中很多股票能和当时的"漂亮50"一争高下,其中Shoney的股票上涨了168倍,Bob Evans Farms上涨了83倍,而我们非常熟悉的麦当劳上涨了400倍。

林奇非常幽默地说过,只要你在上述的股票上投资1万美元,即把钱投到你的嘴巴所到之处,那么到了20世纪80年代末,你的身价就至少为200万美元以上了。这就是林奇餐饮业投资法则——跟着你的嘴投资。

为什么对餐饮业的投资最本质的是要看消费者的嘴呢?这是因为消费终端在你的嘴上,而消费者的口味和习惯一直在变化,如果一家餐饮企业能够树立消费者永久的口味和习惯,并且能够不断推陈出新,那么这家企业就能够长时间地增长,就如麦当劳和肯德基;

如果一家餐饮企业无法满足顾客的口味要求,而且无法配合消费者的饮食习惯,那么这家餐饮企业可能面临困境。这就是为什么20世纪80年代末到90年代是美国快餐业的黄金时期,因为在70年代婴儿潮时出生的人群在那个时候开始获得驾照,并逐步习惯开车驶向购买外卖的午餐店。这种习惯的改变使很多传统的餐厅陷入了困境。

Chili's和Fuddrucker's是两家专营汉堡包的公司,他们都是在得克萨斯开始营业的,都以美味的碎肉夹饼而闻名,然而这两家公司中一家获得了财富,一家却没有。问题就在于当汉堡已经不再流行的时候,Chili's开始不断丰富自己的产品;而Fuddrucker's却仍然坚持以汉堡为主,并且过快地扩张,最终陷入了困境。所以迎合口味的变化,关注消费者的嘴,可以算作是餐饮企业的制胜法宝。

根据美国餐饮业的发展路径,中国经历了20世纪70年代到80年代生育高峰期后,餐饮业必将迎来很快的发展。原因在于那个时代出生的独生子女的饮食习惯开始跟之前的人群发生很大的变化,在这个时期只要餐饮企业迎合了他们的消费口味和习惯,就比较容易获得市场成功,在未来的10年中中国资本市场也会有更多的餐饮上市公司。

不盲从理论和预测

林奇对理论家和预言家历来异常反感。理论家总是喜欢高谈阔论股票市场如何如何,林奇却认为股市中总存在着各种各样意想不到的风险,常常令人捉摸不透,如果一味听信股市理论家和预言家的意见,而缺乏自己的分析判断,多数结果是投资失误。这是他经过亲身体验而得到的一个教训。1977年,他刚开始掌管麦哲伦基金不久,即以每股26美元的价格买进华纳公司股票。而当他向一位跟踪分析华纳公司股票行情的技术分析家咨询华纳公司股票的走势时,这位专家指出华纳公司的股票已经"极度超值"。当时,林奇并不相信,一笑而过。

6个月后,华纳公司的股票上涨到了32美元,林奇开始有些担忧,但经过调查,发现华纳公司运行良好,于是林奇选择继续持股待涨。不久,华纳公司的股票上升到了38美元,这时,林奇开始对股市行情分析专家的建议做出反应,认为38美元肯定是超值的顶峰,于是将手中所持有的华纳公司股票悉数抛出。然而,此后华纳公司股票价格一路攀升,最后竟涨到180美元以上。对此,林奇懊悔不已,从而导致他丧失了对那些高谈阔论的股市评论专家的信任,以后只坚信自己的分析判断。美国有数以万计的专家天天在研究指数的变化,但林奇认定这些专家们不能预测到任何东西。

由于从某些方面看,股市与整个经济的情况是相互联系的,所以许多经济学家希望通过对通货膨胀和经济衰退、景气和破产、利率变动方向进行分析来预测股市的变动,甚至有些人提出"每五年出现一次衰退"的理论。林奇虽然相信利率和股市之间确实存在着微妙的相互联系,但却不相信谁能准确地提前说明利率的变化方向,他甚至认为"每五年出现一次衰退"的理论是无稽之谈。常常是只有到了事发后,大家才能看到一些事情的真相,许多人都是事后诸葛亮。因此,林奇提醒投资者:"不要轻信经纪人公司的推荐,甚至连你最信任的金融通讯杂志上最新推出的'至少不会损失'的建议也别接受,请只相信你自己的研究。"

在选股上下工夫

在早期,由于麦哲伦基金面临投资者大量的赎回压力,林奇不得不频繁买卖股票以应对投资者赎回的压力,但这只是林奇基金生涯的准备阶段,这或许锻炼了林奇的选股感觉。林奇选股的灵活性只是表象,他的基础是勤奋地考察和研究公司。如果没有勤奋,他买卖股票的灵活性将成为他的灾难,而不是他的骄人业绩。他自己说:"我的选股方法是艺术、科学加调查研究,20年来始终未变。"所谓科学,就是要看财务报表,要作数量分析。艺术则是需要一种只可意会不可言传的灵感。这两个方面在选股时都很重要,但过于强调任何一个方面都是非常危险的。数学分析也好、艺术灵感也好,最终还是要到上市公司去实地调查,要跟其管理层交流、对话,才可以真正懂得这个公司,才可以决定是否对其投资。

选股是一件非常艰苦的工作,"寻找值得投资的好股票,就像在石头下面找小虫子一样。翻开10块石头,可能只会找到一只,翻开20块石头可能找到两只。"而林奇每年要翻开几千块石头,以找到足够的小虫子,满足麦哲伦基金庞大的胃口。林奇的勤奋是有数据可查的,一年要走访500~600家公司,每天6点就去办公室,晚上7点多才回家,路上的时间都是在阅读。每天午餐时都跟某家公司在洽谈。在平常陪妻儿购物时也在考察公司,在和妻子度假之时,也是随时在做公司调研。"1980年我总共拜访了214家上市公司,1982年增加到330家,1983年再增加到489家,1984年略减到411家,1985年又增加到463家,1986年更是增加到570家。"如此的辛勤劳动,岂能说林奇只是靠灵感、靠表面的频繁换股的灵活性获得投资成功呢!

寻找沙漠之花

寻找沙漠之花需要投资者独具慧眼,林奇投资的班达格公司就是经典案例。班达格公司从事旧轮胎翻新业务,而且公司地处穷乡僻壤,所以华尔街的股票分析师很少去调研,在他投资之前的15年里只有三个分析师追踪过这家公司。班达格公司管理风格非常朴实,专注于成本节约,它在其他人认为无利可图的行业中寻找到了与众不同的利基市场,形成独特的竞争优势。当时美国每年卡车和客车轮胎翻新的需求约为1 200万个,其中班达格的市场份额达到500万个。班达格公司自1975年以来,股息持续提高,盈利每年增长17%。尽管收益持续增长,班达格公司的股价在1987年股市大崩盘和海湾战争期间也曾两次暴跌。华尔街的这种过度反应,为林奇创造了逢低买入的好机会。两次暴跌之后,股价不但全部恢复到以前的水平,而且后来涨幅巨大。

用沙漠之花来形容上述这类公司非常贴切,由于低迷的行业环境使得幸存下来的公司具备顽强的生命力,而且由于市场份额的扩大而具备了一定的垄断性。所以从美国这么长时间的证券历史来看,不管多少次的崩盘和暴跌,只要按照价值理念来选股,从长期来看,其投资收益将远远大于其他投资方式。

挖掘公司的成长业绩

林奇是善于挖掘"业绩"的投资者。即每只股票的选择都建立在对公司成长前景的良好期望上。这个期望来自于公司的"业绩"——公司计划做什么或者准备做什么,来达到所期望的结果。

对公司越熟悉,就能更好地理解其经营情况和所处的竞争环境,找到一个能够实现好"业绩"公司的几率就越大。因此林奇强烈提倡投资于你所熟悉的,或者其产品和服务你能够理解的公司。应该在投资过程中,将你作为一个消费者、业余爱好者以及专业人士的三方面知识很好地平衡结合起来。

林奇不提倡将投资者局限于某一类型的股票,相反,他的"业绩"方式是鼓励投资于那些有多种理由能达到良好预期的公司。通常他倾向于一些小型的、适度快速成长的、定价合理的公司。

投资之前应进行研究。林奇发现许多人买股票只凭借预感或是小道消息,而不做任何研究。例如,将大量时间耗费在寻找市场上最好的咖啡生产商,然后在纸上计算谁的股票价格最便宜。

林奇认为最好的选股工具是我们的眼睛、耳朵和常识。林奇很自豪地表示,他的很多关于股票的绝妙主意是在逛杂货铺,或者和家人朋友闲聊时产生的。由此可见,每个人都具备这样的能力。我们可以通过看电视,阅读报纸杂志,或者收听广播得出第一手分析资料,我们身边就存在各种上市公司提供的产品和服务,如果这些产品和服务能够吸引你,那么提供它们的上市公司也会进入你的视野。对于大多数没有行业背景的个人投资者而言,最容易熟悉的股票就是那些消费类或与之相关的上市公司股票。

事实上,在中国有接近一半的上市公司处在房地产、零售、食品饮料、医药、家电、轿车、服装等终端消费领域,个人投资者可以很容易地接触大量相关资讯,甚至是这些产品和服务的消费者或体验者,可以获得最直接的判断,找到绝好的投资机会。

观察目标公司员工行为

对于一般投资者来说,有一种正大光明却比内幕消息更为准确可靠的方法,那就是观察公司员工买入自己的公司股票及公司回购自身股票的行动。这种行动,代表公司员工、公司本身对未来充满信心,他们对公司有着最内部的消息,最直接、最全部的理解,其买入行动是一个非常积极的信号。

林奇认为,公司回购自身股票是对公司未来充满信心的重要表现,而且回购股票长期而言会提高股票的价值。"一家公司回报投资者最简单、最好的方法就是回购自己流通在外的股票。如果一家公司对自己未来的发展充满自信,它为什么不可以也像投资者那样向自己的公司股票进行投资呢?从长期来看,回购股票只会对投资者有利。"

林奇认为,如果公司的普通员工也在积极购买本公司的股票,那就是一个非常重要的买入信号。"没有什么样的内幕消息能比公司的职员正在购买本公司的股票更能证明一只股票的价值。"一个年薪2万美元的普通员工,却用1万美元买入本公司的股票,这肯定是一次对其本人来说有重大意义的投资行动。但林奇认为内部人员购买本公司股票的原因只有一个,即他们认为股票的价格被低估了,并且最终会上涨。

分析市盈率

市盈率指标是估值的基础,但林奇的实践经验却告诫投资者,可能是因为这些指标太容易获得,账面价值经常会出现高估或者低估公司真实价值的情况。

稳定缓慢增长型公司的市盈率大约为7~8倍;中速增长型公司约为10.14倍;快速增长型公司约为14~20倍,甚至更高一点;周期性公司在比较繁荣的顶峰时约有3~4倍,萧条时约有7~8倍。当然,这个参数需要根据利率的情况进行一定的调整,如果市场利率很低,这个参数可以调高一些;反之则调低。

许多投资者通过对不同行业之间、同一行业不同公司之间的市盈率比较,寻找市盈率偏低的股票,从中获取超额投资利润。但林奇提醒我们,低市盈率股票并非就一定值得投资。"一些投资者认为不管什么股票只要它的市盈率低就应该买下来。但是这种投资策略对我来说没有什么意义。我们不应该拿苹果与橘子相比。因此能够衡量道氏化学公司股票价值的市盈率并不一定适合沃尔玛。"

只考虑市盈率当然很片面,但市盈率毕竟是一个非常容易得到的数据,在正确运用时对分析股票也有相当大的用途,因此,你不能对其不理不睬,而是要合理分析。

对市盈率进行分析时,需要注意以下几点:

(1)每股收益的质量难以保证。每股收益容易受到管理层的会计操纵。人为扩大或降低每股收益。

(2)每股收益波动性很大。对于周期性公司,在经济衰退时其市盈率反而处于最高点,在经济繁荣的时候会处于最低点。

(3)收益为负值时,市盈率没有意义。

(4)市盈率的合理倍数很难确定。

(5)不要过于相信专家对公司收益的预测。

(6)低市盈率股票并不一定值得购买。

(7)千万不要购买市盈率特别高的股票。

(8)市盈率与增长率进行比较可以分析股票是否高估。一般来说如果市盈率只有增长率的一半,那么这家公司就非常不错了。如果市盈率是增长率的两倍,那么这家公司就相对要差些了。

林奇也会用每股账面资产与股价进行比较,但他很清楚这样做有潜在风险。"每股账面价值经常与公司的实际增长没有什么关系,它经常严重高估或者低估了公司的真实增长情况。"林奇提醒我们,当你为了账面价值而购买一只股票时,你必须仔细考虑一下那些资产都是些什么,到底真实的市场价值是多少。在分析公司资产时,林奇十分强调库存现金。如果库存现金数额巨大,就必须根据库存现金对其股价进行调整后,再计算市盈率。如果不考虑数额很大的库存现金的话,那么我们就会低估公司股票的价值。

林奇也会找到一些收益适中却非常值得投资的公司，这主要是因为它的自由现金流。通常这种公司都拥有一大笔旧设备的折旧，而这些旧设备短期内不会被淘汰。这种公司在改革的过程中还可以继续享受税收减免待遇（设备的折旧费用是免税的）。这些折旧使公司的自由现金流远远大于报表上的现金流，容易使一般投资者低估其股价。但林奇对现金流量的定义非常严格，"如果你根据现金流来购买股票的话，请确信这个现金流指的是自由现金流。自由现金流，是指在正常资本投资支出之后留下的现金。这是一笔只进不出的现金。"

努力避免重大损失

林奇认为，投资者在选择投资时应避免重大损失而不是所有损失。许多投资者对此常常存在着一定的误解。当他们看到股票以低价买进、高价卖出时，他们认为从他们所获得的收益中支付出去一部分，作为信托公司的报酬是合理的，而一旦有一次所购入的股票价格下跌，他们就拒绝接受，不愿付给信托公司任何报酬。林奇指出，那是一种自毁前程的反应，那将导致信托公司不再冒任何风险。没有风险就不会有好的收益，他说："如果你有5种股票，3种下跌75%，一种上涨了10倍，一种上涨了29%，那么这5种股票仍然会令你干得很出色。因为这么去做，你在上涨10倍的这种股票上已赚足了钱，远远抵销了你那些下跌50%、5%甚至90%的股票所带来的损失。"

一位杰出的投资家必须具有超人的胆识和气魄，林奇喜欢令投资大众焦虑不安的市场。在他看来，市场上所流传的各种各样的担心，如担心暴跌、担心臭氧层、担心新总裁、担心干旱等并不表明市场情况很糟糕；相反，当各种消息看起来很可怕之时，正是在市场上赚大钱的好时机。林奇曾经不顾他所观察到的不利的工业形势，买下一系列半导体公司的股票。他说："如果我是正确的，那我可以赚400%，如果我错了，我可能损失60%。多好的差额！只要这么去做，你有可能赚20倍，而你充其量损失100%。这一点大众并不理解。"

林奇不太相信接管与杠杆收购，他曾尝试接管过几家公司，但最后大多以失败而告终。这些经历使他认识到不可太相信所得到的内部消息，因为许多所谓的内部消息都是错的，这常常令人做出错误的决策，付出了许多，结果却一无所得。同时，这些经历也促使林奇放弃了对杠杆收购的分析，因为他认为杠杆收购会妨碍投资大众全力参加衰落后的复苏。

林奇指出，许多投资者对市盈率的分析存在着很大的误区，认为以较高市盈率出售的公司比以较低市盈率出售的公司更易下跌。其实事实并非如此。如果一家公司呈高速增长，即使它以较高的市盈率出售，投资者仍能比购买市盈率较低、增长速度较慢的公司股票赚取更多的钱。

林奇把股市作为他任意驰骋的竞技场，他所取得的非凡业绩使他成为世界上薪酬最高的有价证券投资雇员之一。伟大的成功通常总是需要执著的投入。不管某一项事业是否值得献身，如果你尚未达到非常热爱它的程度，你就难以取得伟大的成就。正如一句古老的法国格言所说，"精神的欢乐会释放能量"，由技巧带来的欢乐就是林奇的秘密。

进行投资组合

"那些赔钱的股票让我注意到很重要的一点,即你没有必要在所选择的每一只个股上都赚钱。依照我个人的经验,在我们所构造的资产组合中如果有60%的个股能够赚钱,这就是一个令人非常满意的资产组合了。"

将1 000美元投资于一只业绩很差的股票,最坏的情况也就是损失1 000美元。而将1 000美元投资于一只行情不错的股票,也许几年之后投资者可以赚到10 000美元、15 000美元,甚至20 000美元。投资者只要挑选到少数几只业绩非常好的股票,就可以获得一生的投资成功,他们从这几只业绩不错的股票上赚到的钱会远远超过在那些比较差的股票上遭受的损失。

长期以来一直存在集中投资与分散投资两种完全对立的投资组合管理观点,林奇却并不偏执于某一种组合模式:"寻找一种固定的组合模式不是投资的关键,投资的关键在于根据实际情况来分析某只股票的优势在哪里。"

林奇认为,确定投资的前提是研究分析股票价格是否合理:"假设你做了正确的研究并且买了价格合理的股票,这样你就已经在一定程度上使你的风险最小化了。"相反如果购买了一只价格高估的股票就是一件不幸的事。因为即使这个公司取得了很好的业绩,投资者仍然难以从中赚钱。

林奇认为,应该尽可能集中投资优秀企业的好股票,而不能单纯为了实现多元化投资的目标而选择自己不了解的股票。投资者应该尽可能多地持有下列公司的股票:一是你对该公司有一定的了解;二是你通过研究发现这家公司拥有良好的发展前景。投资者应该根据自己的研究判断来决定投资组合持有股票的种类和数量。

但林奇同时也认为,为了避免一些不可预见的风险发生,只投资于一只股票是不安全的,一个小的资产组合中应含有3~10只股票较为适宜,这样既可以分散风险,又有可能产生更多收益。

(1)如果你希望寻求"10倍股"(ten bagger),那么你拥有的股票越多,在这些股票中出现"10倍股"的可能性就越大。

(2)拥有的股票越多,资产组合调整的弹性就越大,这是林奇投资策略的一个重要组成部分。有些人认为,林奇的投资成功在于其只投资于增长型股票,其实林奇投资于增长型股票的资金从未超过基金资产的30%~40%,余下部分被分别地投资于其他类型的股票以分散风险。"尽管我拥有1 400只股票,但我的一半资产投资于100只股票,2/3投资于200只股票,1%的资金分散投资于500只定期调整的次优股。我一直在找寻各个领域的最有价值的股票,却并不执著于某一类型的股票。"

(3)选择中小型的成长股股票是林奇的投资策略之一。增长理所当然是一家公司首要的优势,成长股股票在林奇的投资组合中占最大的比例,其中中小型的成长股更是林奇的偏爱。因为在林奇看来,中小型公司股价增值比大公司容易,一个投资组合里只要有一二家股票的收益率极高,即使其他的赔本,也不会影响整个投资组合的成绩。不过,林奇在考察一家公司的成长性时,对单位增长的关注甚至超过了利润增长,因为高利润可能是由于物价的上涨,也可能是由于巧妙的买进造成的。林奇不断追求的是实际单位销售量的增长数目。他曾向投资者建议:"赚钱的最好方法便是将钱投入一家近几年内一直都出现盈余,而且将不断成长的小公司。"

(4)选择业务简简单单的公司的股票是林奇的又一投资策略。一般的投资者喜欢竞争激烈的行业内有着出色管理的高科技业务公司的股票,如宝洁公司、3M公司、德州仪器、道化学公司、摩托罗拉公司等。经过数十年的成功奋斗,它们已经形成了有效率的队伍来利用机会、争夺市场,并通过创制新产品来推动增长。毫无疑问,你真希望自祖辈起就持有这些公司的股票。但在林奇看来,作为投资者不需要固守任何美妙的东西,只需要一个以低价出售、经营业绩尚可,而且股价回升时不至于分崩离析的公司就行。

(5)最恐怖的"馅饼"之一就是购买了一家振奋人心的公司的股票却没有获利。以前,林奇曾看上这类公司,是因为他的消息来源(通常很可靠)低声告诉他:"我有一家很好的公司,但规模太小,不适合基金投资,不过你可以考虑自己投资。"当然,伴随着可靠资讯的,常常是一些动人的情报,但林奇无论是在阿尔汉市纳矿业公司上,还是在美国太阳王等公司上都无一例外地赔了钱。

林奇认为,在选择分散投资的对象时应考虑下列因素:

增长缓慢型股票是低风险、低收益的股票;大笨象型股票是低风险、中等收益的股票;如果你确信了资产的价值,资产富余型股票是低风险、高收益的股票;周期型股票取决于投资者对周期的预期准确程度,可能是低风险、高收益,也可能是高风险、低收益。同时,10倍收益率股票易于从快速增长型或转型困境型股票中获得,这两种类型的股票都属于既是高风险又是高收益类型的股票,越是有潜力增长的股票越有可能下跌。

林奇认为,在投资组合管理中,要不断地复查自己的股票,同时仔细观察股市动态,根据公司及股市的变化对股票进行适当调整。

相信长期投资

林奇曾说过:"不考虑那些偶然因素,股票的表现在10~20年的时间里是可以预见的,至于想知道它们是否在今后两三年内走高或者走低,不如掷个硬币看看。"林奇从不去考虑所谓买入时点或试图预测经济走势,只要所投资的公司基本面没有发生实质性改变,他就不会卖出股票。

事实上,林奇曾对寻找买入时点是否是有效的投资策略做过研究。根据其研究结果,如果一名投资者在1965~1995年这30年中每年投资1 000美元,但很"不幸",赶在每年的高点建仓,那么这30年的投资回报年复合增长率为10.6%。如果另一名投资者在同样时间段内"有幸"在每年的最低点建仓1 000美元,那么他将在30年中获得11.7%的投资回报年复合增长率。

可见,即便是在最糟糕的时点买入股票,在30年的时间里,第一位投资者每年的回报率只比第二位投资者少1.1个百分点。这个结果让林奇相信费心去捕捉买点是没必要的。如果一个公司很强,它就能挣越来越多的钱并让自己的股票价值不断提升。因此,林奇的投资工作就变得很单纯,去寻找伟大的公司,并且长期持有。

这些伟大的公司股票指的是那种股价可以翻10倍的股票,而实现这样的惊人回报首先要做到的就是长期持有,即便它很快就涨了40%甚至100%也不考虑卖出。但大多数投资者包括许多基金经理在内却在卖出或减少持有可以继续盈利的股票，反而对亏损的股票不断增仓，期望能拉低成本，这种行为被林奇戏称为"拔走鲜花却给杂草施肥"，林奇不仅是一个股票投资者，更多的时候，他把投资变成了生活的一部分。投资在他看来，是一门艺术，当你对它忠诚的时候，它才会对你忠诚。

耐心是决定因素

林奇是长期投资的信奉者："我对长期投资的兴趣无人能及。但是正如圣经中所说，鼓吹要比实践容易得多。"

林奇非常反对短线交易："指望依靠短线投资赚钱谋生就像依靠赛车、赌牌谋生一样机会非常渺茫。事实上，我把短线投资看作是在家里玩的卡西诺纸牌游戏。在家里玩卡西诺纸牌游戏的缺点是要做大量的记录工作。如果你在股市上每天交易20次，那么一年下来要交易5 000次，而且所有的交易情况都必须记录下来，然后做成报表向美国国税局进行纳税申报。因此，短线交易只不过是一个养活了一大批会计人员的游戏。"

林奇曾经说过，"买一些有盈余成长潜力的公司股票，而且除非有很好的理由，千万不要轻易卖出。其中股价下挫永远都不是一个好理由。"要像对待婚姻一样押上你对股票的忠诚度，"如果你精于选股，但却是个机会主义者，最后充其量你也只是一个平庸的投资者。"虽然崩盘或回档谁也无法避免，就像美国北方人无法避免大冰雪一样。"人们在预防空头所受到的损失，比空头真正莅临时受的损失来得更多。"林奇这个观点也许出乎大多数人的意料。原因是为了预防空头时段，投资者往往错失多头股市的机会。有数据为证：在1954年以来的40多年里，如果你能完全投资股市，年均回报率为11.5%，但是如果你在这40年里的40个涨幅最大的月份中没有投入股市，投资回报率就只剩下2.7%了，差距甚大。还有一个统计数字也会让波段高手们泄气：假设你的运气很差，自1970年以来每次都买在年度最高点，则你的年平均回报率只有8.5%；而如果你抓波段的功力很高，每年都买在股市的最低点，则回报率为10.1%。最能干及最差劲的投资者相差也不过1.6%。这个统计数字告诉使世人：抓波段操作并非真正的赢家，真正的赢家是从头到尾投资在股市，并且投资在具有成长性的企业里。请记住："股票投资和减肥一样，决定最终结果的是耐心，而不是头脑。"

寻找蓝筹股

蓝筹股的特点是：投资报酬率相当优厚稳定，股价波幅变动不大，当多方市场来临时，它不会首当其冲而使股价上涨。经常发生的情况是其他股票已经连续上涨一截，蓝筹股才缓慢攀升；而当空方市场到来，投机股率先崩溃，其他股票大幅滑落时，蓝筹股往往仍能坚守阵地，不至于在原先的价位上过分滑降。蓝筹股通常具有良好的抗跌性，在行情好转后则有良好的复原能力和升涨能力。因而，蓝筹股常常成为市场追捧的对象，在市道低迷时购入此类股票，不失为稳定获利的一种选择。

1. 选择真正的蓝筹股

蓝筹股的弱点在于其经过反复炒作后,其上涨幅度已大,必须经过适当的强势整理,才能重新聚集新的上攻动能,否则,勉强拉升必将过度消耗其上升能量。投资者要选择真正的蓝筹股进行操作,这样才能够获取利润。参与蓝筹股行情,必须把握好以下投资要领:

(1)蓝筹股的业绩评判标准。最常见的评价标准是通过市盈率、净资产收益率、每股收益的多少这3个指标进行衡量。蓝筹股的市盈率要保持在20倍左右或少于20倍;其净资产收益率每年至少要保持在6%~10%。每股收益多少才算是蓝筹股,这没有具体的衡量标准,需要就个股情况具体分析,因为,每只股票的股本结构大小不一,净资产高低也不同。

(2)蓝筹股的业绩持久性。蓝筹股不仅要有良好的业绩,更要能长久保持,至于蓝筹股业绩是否能持久,关键在于该上市公司的业绩是否具备较强的稳定性和可持续发展能力,这种能力主要依赖于上市公司的品牌优势、技术优势和规模优势。

(3)蓝筹股的利润构成。要观察上市公司业绩增长是真正来源于主营业务收入的增加还是来自于偶然性收入,如补贴收入、营业外收入、债务重组利得、因会计政策变更或会计差错更正而调整的利润、发行新股冻结资金的利息等。投资者需要注意,有的上市公司利用关联交易调节利润,甚至是直接变卖家产,更有极少部分上市公司通过财务上的技术处理,给业绩注入水分,因此,投资者在选择蓝筹股时要仔细分析,避免选择这样的公司。

(4)蓝筹股的现金流量。要分析上市公司现金流量表,选择现金流入大于现金流出的公司。

(5)蓝筹股的成长性。只有成长性好的股票才能给投资者带来丰厚的利润,投资者应该选择成长性好的蓝筹股。上市公司是否具有成长性,可以通过对该公司所处行业是属于夕阳产业还是朝阳产业、公司募集资金的投资方向和效果、产品的科技含量如何、人才资源的配置和企业的核心竞争力等多方面来进行综合分析。

(6)蓝筹类上市公司的回报情况。真正的蓝筹股不仅要有良好的业绩和回报能力,还要愿意对持股的投资者付出这份回报。

(7)蓝筹股的投资价值。蓝筹股具有业绩优良、市盈率较低、上市公司基本面情况向好等特点,这样才有一定的投资炒作价值;具有股价偏低、未来有较大上升潜力等特点,这样的蓝筹股才能够为投资者带来丰厚的利润。

(8)蓝筹股的市场风险。目前,价值投资的理念已经深入人心,蓝筹股的投资风险也随之浮现出来,一些投资者开始盲目追涨蓝筹股。事实上,价值投资是一个长期的过程,当蓝筹股受到市场过度追捧、股价高涨时,就会出现价值高估的风险。

(9)蓝筹股的股本。投资者在选择蓝筹股时一定要考虑股本,股本过大的蓝筹股可能不是最佳的选择。这是因为,权重股的起落对指数的升跌影响过大,在管理层不希望上涨过快的时候,主流资金不太可能在权重股上大做文章,最多也只是采用轮动性、进二退一式的运作模式。当然,如果两市重新出现"二八"现象的话,权重股的表现会相对出色一些。相反,比较股本相对小些的二线蓝筹,这类股既能继续做多,又能避开政策的压力。

(10)蓝筹股的题材。产业升级、产业并购是我国未来几年经济转型与发展的最大特点。在这一过程中,管理层做大做强央企的大思路将保持不变。在未来一段时间内将掀起并购重组的大潮,这对于蓝筹股来说无疑是最有魅力的炒作催化剂。

2. 蓝筹股的操作

蓝筹股是股票市场中最有影响力和号召力的领头板块。作为市场中的一种炒作题材,蓝筹股无疑是得到投资者广泛认同和积极追捧的。蓝筹股的投资技巧，关键在于把握好蓝筹股的波动节奏，其波动节奏包括三个方面：

(1) 市场整体运行趋势的节奏。蓝筹股行情和大盘的走势之间存在着密切的相关性，当市场趋势向好时，蓝筹股往往会不失时机地表现一番。但由于蓝筹股通常流通盘较大，介入的主流资金规模较大，蓝筹股行情往往具有一定的惯性特征。因此，当大势刚刚出现调整时，蓝筹股往往仍能暂时表现出一定的强势，随着调整行情的进一步发展，蓝筹股也会逐渐转入调整。投资者需要根据蓝筹股的这种惯性特征，在行情转弱的过程中，及时果断地获利了结。

(2) 蓝筹股整体板块的节奏。目前中国股市中的蓝筹股大多只是绩优股和大盘股，炒作题材的成分相对较大，参与蓝筹股行情，采用长时间的捂股不动的操作方式是非常被动的，蓝筹股同市场中的其他热点一样有着涨跌起落，投资者需要根据蓝筹股整体板块的涨跌节奏进行波段操作。

(3) 蓝筹股内部板块轮动的节奏。由于蓝筹股的板块容量较大，目前归属于蓝筹股旗下的个股数量大约在百只左右，并已经细分为多个板块，包括钢铁、石化、医药、科技、汽车、金融、能源等，投资者需要借助蓝筹股中不同的细分板块的轮动特点，把握蓝筹股内部板块轮动的节奏，顺势而为地在不同板块之间实施套利操作。

蓝筹股是值得长期投资的优良品种，因为蓝筹企业发展的稳定性好，投资蓝筹企业也就能够获得比较稳定的收益。而从2006年6月份开始的蓝筹回归，为A股市场注入了新的活力，也为蓝筹基金提供了新的投资机会。基于对蓝筹股的长期看好，一些基金公司相继推出了专门投资蓝筹股票的基金。这些基金将通过投资业绩优良、发展稳定，在行业内拥有支配性地位、分红稳定的蓝筹上市公司的股票，追求稳定分红和基金资产的长期稳定增长。

事实上，在中国，蓝筹企业已成为市场的中流砥柱。以中证100指数的权重股为例，该指数成分股的股票数量只占整个市场的7%，但总市值却超过60%，利润总额超过80%；而且整个蓝筹企业的分红更稳定，很多大型企业包括宝钢、上海机场、长江电力、贵州茅台等都有非常明确的分红计划和承诺。因此可以认为，只要把握住蓝筹股中的优质品种，也就把握住了整个A股市场的投资机会。

不预测短期行情

林奇认为"股价"既是投资者最容易找到的信息，也是最没有价值的信息。

他同时注意到，由于有了短线投资者和一些专业的对冲基金管理人员，使得现在股票的换手率变得异常迅速，短期交易已经充斥整个市场，并对市场行情产生了重大影响，造成了市场的更大波动。

但林奇并不赞同这种操作："公司收益迟早会影响到证券投资的成败，而今天、明天或者未来一周的股价波动只会分散投资者的注意力。"

从长期投资的角度来看，短期市场的震荡不过是长期行情的一个很小的变动而已。因此在股市长期格局没有变化的情况下，对于投资者而言，关键是选择风格稳定、信誉良好的上市公司，以及适合自己风险偏好的股票，并坚持长期投资。

忽视震荡,坚定持有

面对大幅震荡或股市调整该怎么办,这似乎是投资者永恒的困惑。林奇的意见是:"如果你不能比较好地预计到股市调整的到来,那么就坚定地持有。"美国历史上曾经发生过多次严重的股灾,哪怕投资者一次也没有避开这些股灾,长期投资的结果也远远强于撤出股票投资。在市场震荡的时期,大家需要克服的是恐惧,并以理性的态度面对。当然,也要切记一个前提,用不影响个人、家庭正常财务状况的资金来进行投资,或者说,控制好投资理财的比例。

林奇认为,"理论上讲,股票市场上的每个行业都会有轮到它表现的时候。"因此在适当的时机投资,尤其是关注那些已经处于衰退谷底,开始显示复苏迹象的行业,将有可能获得更加可观的收益。"

在股市看到很多投资者有种错误的投资理念,那就是手里拽着几只或十几只股票,他们却不知在这动荡的股市中要守好几只乃至十几只个股不亏是非常困难的,更不要说赚钱了,可以这样说,大盘在向好时你的个股也许有几只赚钱,但你的看盘经验和能力有限,如果发生突然变盘,你很难在短时间了结所有手中的股票。其实投资者完全可以把有限的精力放在那一两只个股上,对它进行细心观察,符合买点就买,不符合就再重新等待机会,总之只要大盘不是太恶劣,一天之中有很多个股会像春笋一样冒出来。

设定理性预期

林奇曾经说过"投资股市绝不是为了赚一次钱,而是要持续赚钱。如果想靠一'博'而发财,你大可离开股市,去赌场好了"。具体操作长期投资时可以参考以下几点:

个人投资者经常犯的一个错误就是误将风险当成预期收益,比如,在过去的十多年里,多数中国投资者被国内股市快速的波动频率和巨大的波幅所吸引。而且,这些缺乏基础金融知识的投资者只是将注意力集中在股市向上的波动上,最后栽倒在股市向下的波动里也就不足为奇了。这里我们讨论的是规避了非系统风险的整体市场的收益风险特征,而那些每天沉溺于证券营业部或者网上交易终端屏幕前的股民还要因为投资组合不够多样化而面临额外的非系统风险。

梦想通过股票市场每隔一两年将自己的财富翻番的投资者们,绝对有必要对自己投资股票的收益和风险预期朝着理性和现实的方向修正。只有理性预期的人才能以平常心态坚持长期投资,从而成为股票市场的真正受益者。

一般地,相对于债券等其他资产来说长期预期收益率越高,投资者配置在股票中的资金就应该越多。但是,仅仅明确了股市的长期收益和风险特征并不足以让我们决定投资在股市中的具体资金额度。投资者还需结合目前财务状况和未来资金需求确定投资的期限、要求的最低回报率以及可承受的最高风险,进而确定用于股票的资金配置比例和投资方法。

尽管现代投资组合理论上要求我们以实现整体资产的总收益最大化为投资管理目标，但是，行为上我们每一个人都将自己不同数额的资金存入具有不同用途的账户中，并对该部分资金有着不同的投资期限、收益要求和风险承受能力。例如，我们为子女设立的大学学费储蓄账户的投资期限和要求的回报基本固定，但是承受本金下跌风险的能力极低，因此也许根本就不能被投资在股票市场上。同样，用于退休目的的储蓄也必须视账户所有人的财富水平、当前收入、生活方式、退休生活规划等方面的要求来决定投资于股市的比例。

无论市场多么狂热，身边有多少人最近在股市中赚了多少钱，也不管有多少机构投资者的多少专家呼喊"十年牛市正刚起步"，世界上没有只涨不跌的单边市场。一旦股票市场转向下跌，就必然有人因为流动性需求等原因遭受巨大损失。所以，准备新参与股票市场或者加大参与度的投资者们尤其应该仔细审视自己的投资目标、投资期限和风险承受能力，以免成为股市向下波动的下一个反面教材。

利用周期，顺时而动

有耐心的投资者往往能成为最成功的投资者。长期投资则是这一类人偏爱的投资类型。在股市中进行长期投资，把握市场长期走势是非常必要的。用经济周期的规律来寻找其中的契机无疑是个好方法。

比选股更重要的是耐心持股。在这方面，林奇在投资生涯的初期有切肤之痛。他很早就发现了家得宝建材公司，当时股价只有25美分，他买进持有1年后就卖掉了，15年后上涨了260倍。同样的股票还有阿尔伯逊、联邦快递，都因为没有耐心持股而错失几十倍几百倍的收益。由于有了早期的教训，林奇在后来的投资生涯中，一旦找到好公司都是长期耐心持有。

长期投资往往是成功投资者偏爱的投资类型。长期投资不能单纯地理解为"买入后静等"，长期投资需要将经济周期等因素考虑进来。经济周期分为4个阶段：复苏期或成长期，通胀期，减缓期，衰退期。

1. 利用规律

在复苏期，政府一般会加息或维持不变；在通胀期，政府一般都会大幅度加息；在减缓期，政府则会减息或维持不变；在衰退期，政府则都会大幅度减息。

在复苏期中，由于整个社会刚刚走出衰退的阴霾，经济还很脆弱，政府不敢大幅度加息。此时，政府加息的幅度通常跟不上公司利润的增长，于是就会出现越加息股市越走强的情形。

在通胀期间，虽然政府扩大了加息的幅度，但因为经济对加息的反应有个滞后效应，即利息的变化不是马上起作用的，通常根据当时经济的强度，会有几个月到1年不等的反应期。此时就可能会出现利息上升，股市同时也走强的现象。

在减缓期中也有类似的效应，因为经济刚刚经历了通胀期，政府不敢大幅度减息。此时，减息的幅度跟不上公司利润的减缓，于是就会出现越减息股市越走低的情形。

在衰退期间，虽然政府加大了减息的幅度，但由于经济对于减息的滞后效应，导致了利息降低，股市同时也走低的现象。

不难看出，利率的滞后效应使得股市的走势与经济周期在某种程度上出现了一致的情形。政府总是不希望看到这种情况,因为它给经济预测和政策实施效果带来许多不利影响。美联储前主席格林斯潘在任职期间就一直致力于经济预测和消除这种利率的滞后效应,以求经济的平稳增长。

2. 长期投资适时而动

一般来讲,买股的最好时间是经济衰退期的后期和复苏期的前期,即所谓的长期投资要逆势而非追涨。许多市场经验也表明长期投资要逆势。

2000年中期,美国科技股泡沫破灭。当时美国的GDP为4.8%,隔夜拆借利率为6.5%。随后,GDP很快就一路下滑到2001年第四季度的0.2%。美联储开始紧迫着骤然降温的经济大幅度减息。然而,美联储怎么做都阻挡不了经济的降温之势,它怎么减息,股市就怎么跌。标普500从2000年6月的1454点跌到了2003年2月的最低点841点,随后开始回升。事实上,美国经济在2002年期间已经开始有所回升了,但美联储为了保住革命果实,让经济能够回升到历史的平均水平4%,因而继续减息到2003年。可见,经济衰退期的后期和复苏期的前期是买股的最佳时机。

尽管很多人认为,我国股市是政策性市场,许多经济分析难以适用。但事实上,经济规律无处不在。无论政策合理与否,经济分析都可以发现投资机会,只是落脚点不同而已。而且,不合理的政策反而使市场里有更多的套利机会。比如人民币被低估就是由于我国政府长期不合理的汇率管制制度而造成的。贸易顺差的飙升,外商固定资产投资,以及投机资金的如潮涌入都说明人民币被低估了。美国华尔街的业内人士大都认为,赌人民币升值是个风险很小的投资,虽然它并不是无风险套利。

可见,用经济周期的规律来寻找股市长期投资的机会不失为一个好方法。要注意的是:耐心的投资者是最好的投资者。当资金充裕时,不要马上跳进市场,而是必须保持头脑清醒,先看看目前市场正处在经济周期的哪个阶段,然后再开始选股。通常,最好时机是衰退期的后期和复苏期的前期,其次是复苏期和通胀期的前期。由于股市走势比经济周期要超前一些,所以通胀期的后期应开始抛售股票,此时就不是买股的时机了。

第 19 章

给自己一个买入的理由

从公开媒体找信息

信息的重要性是不言而喻的,不重视信息的收集和筛选的投资决策无异于赌博。作为普通的投资者,信息的收集和筛选是进行交易的基础工作,正确全面的信息毫无疑问也是投资决策的基础。

如果希望及时深入了解基金的信息,投资者可以关注《中国证券报》《上海证券报》、《证券时报》等专业财经媒体,这些媒体对基金净值公布、基金发售和分红、基金优惠活动、基金公司的投资策略、基金经理的投资风格、市场的投资环境分析等都会有详细及时的报道。综合性的都市媒体一般每周有一天设专版报道证券类的新闻和知识,基金往往也是这一版面报道的重要内容。基金公司也经常会在上面做一个知识性的连载,经常留意会有不少收获。

另外,网络信息包罗万象,基金、股票也是近年各大网站转载、讨论的热门话题。在众多网络报道中,有些网站对基金、股票的报道比较系统全面,信息更新也比较及时,基民和股民可以特别关注。例如,对投资感兴趣的投资者常去浏览专业的财经网站会收获不少。还有著名的门户网站,都开通了投资频道,汇集了众多的投资知识和最新资讯。

目前,各大基金公司都有自己的网站,对公司背景、旗下基金产品、基金业绩表现和最新的市场观点等都有详细系统的报道。许多基金公司还把公司网站作为基金知识普及和与投资者交流的平台,提供很多实用的基金投资知识。

长期投资组合多元化

林奇素以选股灵活出名,有"股票多情种"的美称,他买卖过的股票有15 000多只,给巴伦周刊推荐股票时,动辄几百只甚至上千只,似乎没有林奇看不上的股票。特别是在他基金经理生涯的起初阶段,换股频繁,买进卖出像走马灯似的,跟今日中国普通股民没有什么两样。奇怪的是,他成功了,而很多像他一样频繁买卖股票的人,多数是只赔不赚。

理论上,充分多样化要求投资者将资金按市值构成比例分散在全球所有股市上的所有股票上。这对于绝大多数的投资者来说显然是不现实的,也是不能接受的。投资顾问实践界的建议是个人投资者将股票投资资金分成大小两部分,较大的一部分被称作核心组合

(core portfolio),主要投资于那些在国民经济中占有举足轻重地位的大市值股票以抗拒下跌风险;金额较小的那一部分被称作外围组合(satellite portfolio),主要被用来投资那些可能带来意外惊喜或者超额利润的中小型公司股票以满足投资者的风险偏好。在投资方式上,核心组合主要以指数或增强型指数类的被动投资策略为主,而外围组合则主要采用主动投资策略。

在银行、保险、能源、电信等产业领域里的大型国有上市企业逐步控制国内股票市场的总市值的大环境下,这种"核心——外围"投资组合方式是值得国内的个人投资者们借鉴的。我们不妨将主要的资金投资在那些控制着国民经济命脉,垄断着行业经营权或者占有大部分国家经济资源的企业上,将少部分资金用来交易,满足自己展示"炒股天才"的虚荣心。

股票的长期收益率相对于短期政府债券而言存在着巨大的优越性,这就是股票的内在风险溢价特性。而且,如果投资期限足够长的话,股票投资只有溢价,几乎没有风险。根据先锋基金(Vanguard)研究部门2006年发表的一份报告,投资者如果在1926~2005年间的任何一年投资以标准普尔500综合指数代表的美国股票并持有10年的话,他只在1926~1936年间遭遇负的回报。同样,堪萨斯城联邦储蓄银行对1926~2002年间债券和股票的研究(Shen2005)发现,如果投资者能够持有股票至少28年,他的投资回报肯定优于同等期限的债券。

由于股票最终必然反映出人类经济增长的成就,因此,期限极长的股票投资应该也是必然赚钱的。这就意味着投资者不仅要长期投资,而且要坚持在这一长时期里定期投入更多的资金。以中国的A股市场为例,如果一个投资者从1993年12月31日起坚持每个月底投资100元在道·琼斯中国指数上的话,到2006年11月底他15 500元的投资将变成21 703元。由于缺乏统计,我们无从知道同时期内在各证券营业部交易大厅盯着大屏幕的散户们和享受特殊包间服务的大户们的具体投资绩效。但是,如果股市真如目前市场所预期的那样还有"黄金十年",定期投资能够让大多数的投资者以一个平静的心态参与股市并分享其长期回报。

运用逆向思维

股票市场的一大特点就在于除了资金以外没有任何其他的门槛,而且确有一些既无投资知识又无操作经验的人成了幸运儿。这就导致了股市的另一个鲜明特点,即宣称自己是股市专家连资金的门槛都不必要。因此,市场中充斥着带着不同面具的所谓专家们,尤其是当市场处在极端状态时,这些专家的数量还会急剧攀升。如何区分专家和忽悠者是全球投资者正面临着的一项巨大挑战。唯一的应对之策在于投资者加强对基础金融知识的学习,提高自我保护意识,避免成为不当操作建议的受害者。

林奇认为股票市场是一个"零和"游戏场,即在一定时间段里所有投资者的回报总和等于该期股市指数的回报。但投资实务界的警言是,对所有投资者而言,股票投资实际上是一场"负和"游戏,因为投资者还需要承担股票市场的监管维持成本、交易成本、投资管理及市场营销等费用。所以,投资者在决定听取专家建议时必须仔细审视可能带来的成本。

林奇建议股票投资者不仅可以对大多数的专家看法置之不理,甚至可以运用逆向思维来增加自己的收益。比如,多数的专家在股市下跌时建议投资者卖出头寸,而在股市上涨时建议投资者加码。如果反其道而行之，在股市下跌时买进更多，而在上升时拒绝加码，投资者的收益将要好得多。

寻找股价转折点

林奇不在乎股票是上涨还是下降，他认为投资的关键在于抓住转折点。不能仅仅因为某种股票下降就购买（即所谓的最低点购买），也许某种股票3个月前是60美元，而现在只值20美元，甚至10美元。投资的唯一依据是根据公司的真正价值而不是最近的股市行情做出判断。在林奇看来，在一家公司财务状况好转前的一瞬间进行投资，等到转折真正开始，再增加投资，无疑是最佳的选择。

林奇通常选择下列四种类型的股票进行投资：

(1)成长股，林奇谋求能够获得200%~300%的收益。

(2)股票价格明显低于实际价值的价值股，他希望从中迅速赚取1/3左右的收益，然后立即转移资金。

(3)绩优股，带有防御性，经得起经济不景气的打击。

(4)特殊情况及萧条的周期性股票。

在某种程度上林奇也认为，某种股票价格便宜要比关于市场明年如何运作的流行看法真实可靠得多。尤其当许多股票价格便宜，或者大多数股票便宜时，在一位没有经验的投资人看来，整个市场都将面临价格下跌。而机遇往往与他的想法相反。

在任何一张既有股票价格走势线又有收益线的股票走势图上，投资者都会看到这种股票价格走势与收益走势基本相符的情形。林奇这样总结股票价格波动的规律：

"股票的价格线与收益线的变动趋势是相关的，如果股票价格线的波动偏离了收益线，它迟早还会恢复到与收益线的变动相关的趋势上。人们可能会关心日本人在做什么、韩国人在做什么，但是最终决定股票涨跌情况的还是收益。人们可能会判断出市场上股票短时间的波动情况，但从长期来看股票的波动情况还是取决于公司的收益。"

例如，道氏化学公司1971~1975年和1985~1988年间收益增加时股票价格随之上涨。在这两个时期之间，也就是从1975~1985年，道氏化学公司的收益波动很大，同时股票价格的波动也很大。

1958~1972年间，雅芳公司收益持续上涨，股价也相应从3美元上涨到惊人的140美元。尽管大家对这只股票普遍看好，但相对于收益来说股价明显太高了。1973年公司收益大跌，让投资者幻想破灭，股价也随之大跌。

林奇认为，选择买入股票的最佳时机的前提是发现被市场低估的股票："事实上，买入股票的最佳时机总是在当你自己确信发现了价位合适的股票的时候，正如在商场中发现了一件价位适宜的商品一样。"

林奇从多年投资经验中发现最佳交易时机可能出现在以下两种特定时期：

第一种时机是出现在年底。股价下跌最严重的时期总是出现在1年中的10~12月之间，这并非偶然，因为经纪人和投资者往往为了年底消费，愿意低价卖出股票。机构投资者同样喜欢在年底清除一些亏损的股票以便调整未来的证券组合。所有这些抛售行为将导致股价下跌，对于价位较低的股票影响更加严重。

第二种时机出现在每隔几年市场便会出现的崩盘、回落、狂跌时期。在这些令人惊慌的时期，如果投资者有足够的勇气在内心喊着"卖出"时仍镇静地买入，就会抓住那些曾认为不会再出现的良机。对于那些经营良好而且盈利可观的公司股票，在市场崩溃时期反而是良好的投资时机。

给自己一个买入的理由

找到一个好的公司，我们的投资战略还只成功了一半，如何以一个合理的价格买进，是成功的另一半。林奇在评定股票价值时，对公司盈利水平和资产评估两方面都很关注。盈利评估集中于考察企业未来获取收益的能力。期望收益越高，公司价值越大，盈利能力的增强意味着股票价格的上扬。资产评估在决定一个公司资产重组过程中非常有指导意义。

与以巴菲特为代表的着眼于实值股和成长股的长期投资家不同，林奇属于典型的现代派投资家。现代派投资家是不管什么种类的证券，实值股也好、成长股也好、绩优股也好，只要是有利可图就买，一旦证券价格超过其价值就卖。

林奇做股票生意从来不靠市场预测，不迷信技术分析，不做期货期权交易，不做空头买卖。他总说："多辛苦一点，你将会得到丰厚的报偿。"林奇的调查研究不仅仅限于枯燥的报表数字，对于他来讲，在逛街购物时也要随处留心新事物，以期发现新的投资对象。

某次，他从朋友那里听到关于某玩具公司的讨论，便决定到销售这个玩具的商店看看。他询问顾客是否喜欢这个玩具商店，几乎所有人都说他们是回头客。亲身经历而不是道听途说最终使林奇相信了这家公司，果敢地买进这公司股票。而另外一次，在买进拉昆塔公司的股票之前，他在这家公司办的汽车旅馆里足足住了3夜。

林奇看报纸时不但注意好消息，而且还特别关注坏消息。林奇说他选购的许多股票常常是先从12美元一股下跌到每股6元，然后再上升到30美元，而对此投资者应该有思想准备。投资者如果对于某个企业特别了解，特别喜欢，那么在市场下跌时反而应该多投一些。在没有发现能吸引你的公司之前，干脆把钱存入银行，或者买一些国债。

林奇认为投资成功的关键是思想开阔，不怀偏见，尽可能多研究些企业。他认为多数投资者的头脑都不够灵活，思想不够开通，偏见太多，偏重某些行业，而忽视另一些行业。殊不知行行出状元，每个行业都有杰出的公司。

林奇的成功之处在于他是一个实践家，而不是一个理论家，因此，他不太在意对宏观因素的分析，也不关注所谓的技术分析，而是强调基础分析，强调对某一行业、某一公司做具体分析，从中寻找能涨10倍的聚财机会。这才是他成功的经验。

他总是在不停地寻找投资的机会。当一家面临破产的公司有新产品或者营业额比上年好，或者某项政策对企业有利，他也会去购买这家企业的股票。如果总的趋势对这一行业有利，他不会像巴菲特那样只买好的，而是买一批能从中受益的公司的股票，也许是几家，也许会多达十几家。他并不一定要对一个公司进行全面深入的调查分析以后才会买它的股票，他关键是先要看好这一行业。林奇也不限于某类股票或行业，成长股、实值股可以，金融业、制造业也行。他要的是一个好的投资组合，以分散那些非系统风险，在控制风险的前提下达到期限收益的最大化。因为，他认为如果投资集中于某种单一类型的股票，当这类股票价格大涨以后，投资者如果不卖掉，就会失去赚钱的机会。但如果去投资自己不太熟悉的行业,往往又容易出问题。因此,林奇十分注意他的资产灵活性和多元化,主张以投资组合来分散投资风险。

林奇经常改变他投资的方向,就像赛艇比赛一样见风使舵。他自称,如果购买的股票在3个月以后仍有1/4值得保留的话,那就很满意了。

林奇所投资的1 400多家公司中,全美最大的100家企业占其投入资金的一半,其次的100家企业占17%。他每天要卖掉5 000万美元的股票,又买进也许大赔钱也许大赚钱的5 000万美元股票。

当他发现手中持有的某些公司股票稍稍超过其应有的价值时,他就会立刻卖掉。而市场上的某些股票稍稍低于其应有的价值时,他就会马上购进。他总是在毫不犹豫地追求哪怕是很小的差价。

企业会发生变化,竞争局面会发生变化,工厂也可能出现问题,企业环境会变,国家政策也会改变。一旦情况改变,就要采取行动。即使企业本身没有什么变化,股价变了也会促使林奇采取行动。如果林奇买了一家公司的股票,希望升值却没有升,他会立即将它卖掉。

林奇注重的是企业的根本业务,而对宏观经济的预测,利率的变动等并不关心。他宁可投资一家不受人欢迎的业内经营有方的企业,也不投资一家热门企业。他认为:"越是热门的行业,竞争越激烈,结果人人都赚不到钱。"

正是林奇大胆而稳健的操作,使麦哲伦基金保持了极高的收益率。1990年,功成名就的林奇退休了。在他管理麦哲伦基金的13年里,年平均复利报酬率达29%,投资收益率高达29倍。

捕捉时机

价值投资者指望着市场的估值能力出现偏差,在市场出错的时候买入,然后等着市场自己来承认错误,这就是所谓价值投资的定义,不精确但是很实用。这里面存在一个有趣的悖论:只有市场神经错乱的时候,他们才有买入机会;可是他们却在盼着市场纠正自己的错误,以便卖出。从全局来看,如果市场一直都错误下去,或者是从来不出错,该怎么办呢?

能否提供一种有效的方式,让大家能够准确地指出,市场在什么时候是错误的?在股价暴跌、年末等几种时期,股价出错的可能性是不是最高?市盈率低的股票是否就是好的投资对象?如果30~50倍的PE(私募股权投资)属于泡沫,那么类似于中国股市这种常年运行在此水平上的市场,是不是压根就没有价值投资的容身之所呢?

林奇认为现代投资理论的那一套关于市场有效率、股价反映一切信息的观点是荒唐的。林奇所取得的非凡成就在很大程度上得益于对格兰姆投资方法的运用。

林奇注重对公司隐蔽性资产的挖掘。他认为在金属和石油业、报业、电视台、药业等行业,甚至有时在亏损的公司中,都有隐蔽的资产。这些隐蔽性资产存在的形式多种多样,可能是一笔现金,也可能是房地产或者是税收优惠等等。1976年年末,沙石滩公司股本规模为170万股,每股为14.5美元,整个公司的价值仅为2 500万美元。过了不到3年的时间(1979年5月),20世纪福克斯影片公司以7 200万美元买下了沙石滩公司,沙石滩公司的股价随之涨到了每股425美元。而20世纪福克斯影片公司在买下沙石滩公司后的第二天,就把该公司的砾石场以3 000万美元的价格卖出。砾石场只是沙石滩公司诸项资产中的一项,换句话说,仅砾石场这一项资产的价格就超出了1976年投资者买下整个公司所需的资金。所以，公司属下的砾石场周围的地产、德尔蒙特森林和蒙特雷半岛的2 700公顷的土地上1 300年的树木、一家旅馆、两个高尔夫球场等就成了白送上门的财富。

资产与机会处处皆是，投资者尽可以从买卖拥有隐蔽性资产的公司股票上获得巨大收益。可是为什么许多投资者未能将资金投资于这类股票呢？林奇解释说，这些投资者不能做到这一点是因为在他们与这些能涨10倍的股票之间存在着极多的障碍。

按现行的体制，只有当某种股票在股市上为多数大金融公司所认可，并且已被华尔街知名的分析家（即对各行各业、各公司进行追踪研究的人员）列入购买推荐单里以后，这种股票才对买卖股票的大多数人具有吸引力。众人都等待着别人先迈第一步，这常常会耽误投资良机。当这些投资者都准备购买时，该股票已涨了很多，5倍或者10倍。

林奇把上述这种状况称为"华尔街滞后现象"。林奇最得意的投资——国际服务公司，就是一个比较典型的例子。国际服务公司是1969年上市的。在其后10年间，虽然该公司曾尽力想引起华尔街的注意，但是却没有一位股市分析人员对这家公司给予稍微的注意。直到1980年，史密斯——巴奈投资公司才发现了它，并对它进行了研究预测。

在史密斯——巴奈股票公司的研究报告中指出，对丧葬服务业的服务需求决定于一个无可争辩的事实：人人会死。根据美国人口普查局收集的资料显示，死亡人数不断上升，丧葬业很明显属于增长型行业。作为该行业最大的公司——国际服务公司，当时经营着189家殡仪馆，每家殡仪馆的年均收入达55万美元，为全国平均水平的3倍。此外，该公司还首创了预约丧葬服务，顾客可在丧葬服务提供之前预先付款，这些"超前需要"销售有两大好处：

(1)他们能保证业务量的持续稳定以及未来收益的增长。
(2)预付款会有利息，成为公司收益的主要来源。

在前10年中，国际服务公司的营业额及其股票的每股收益均按15%以上的比率增长。史密斯——巴奈公司的报告还预测国际服务公司未来增长至少保持同等水平，特别是由于国际服务公司的管理层已决定增加市场的占有额。

的确，如果投资者在1983年以每股12美元买进国际服务公司的股票，而在1987年以每股30美元卖出，投资者可以使自己的钱翻1倍多，但假如投资者早在1978年就买进该公司的股票，那么他的钱会涨40倍。但是华尔街却在相当长的时期内忽视了国际服务公司。这主要是因为，按照华尔街的标准，殡仪服务业既不是耐用消费，也不是一般服务业，所以无法归类到任何一个部门。完全依赖于华尔街知名分析家推荐股票，坐等现成的投资者毫无疑问失去了赚大钱的好机会。

关注股价的合理性

人们买迪斯尼、锐步，或任何其他公开发行公司的股票，和投资摇滚乐团的目的相同，都是期望这些公司的盈余能增长，而且这个盈余能反映在股价上，可以赚取股价上扬的资本利得。

股价与企业的盈余能力息息相关，这个简单的问题常被忽视，甚至连老练的投资者也无法幸免。由于股价本身有涨跌的循环，专看股价报价系统的投资者，他们看股价的涨跌，就像赏鸟的人观看同类鸟聚集的习性一样，他们研究交易模式，画出股价上下曲线走势图，试着去洞悉什么时候应该买卖某些公司的股票。事实上，投资者不需要这么大费周折，注意力应该是放在了解公司的基本面及获利展望上。如果盈余持续增长，则股价注定将继续上扬，它可能不会立刻上扬，但终究是上涨的趋势；而假如盈余下降，则股价下跌将是必然，盈余衰退使该公司的投资价值下降，就像摇滚乐团失去其群众魅力、唱片滞销，其投资价值将下降一样。

在未来几年内盈余是否继续增长，是选股时的重要参考指标。在过去，股票的长期投资年平均获利率是8%。这是因为，公司平均每年增加8%的盈余，但在一般状况下，会再加上3%的股利配发。根据这个假设前提，当投资于绩效好的公司时，投资胜算将很高，当然，这些公司有些会让投资者获利，有些却不尽然，但平均来说，它们的盈余每年将成长8%，加上发放3%的股利，所以，你将得到年报酬11%的获利。

股价本身并不能明白地指出你的投资是否正确。你可能听某些人说："我不投资IBM股票，因为100美元一股股价太贵了。"其实他们可能付不起100美元去投资一股IBM股票，但事实上，一股100美元的成本，跟IBM股价是否太贵根本无关，就像一辆15万美元的蓝博基尼跑车，对大部分的人来说太贵，但是对这辆名车本身来说并不贵。相同的，100美元一股IBM股票可能太贵，也可能不贵，这完全取决于IBM公司的盈余。

如果IBM今年每股盈余是10美元，也就是你用10倍的盈余——每股100美元去购买IBM股票，其市盈率即是10倍，这样的市盈率在今天的市场上是相对便宜的。而从另一角度来说，如果每股盈余只有1美元，则你就付出比盈余高出100倍的价格去买IBM股票，此时，其市盈率是100倍，100美元一股的股价就太贵了。

如果你将一大堆公司的股价加总，再除他们的盈余，你会得到一个平均的市盈率。在华尔街，道·琼斯工业指数（Dow Jones Industrials）、标准普尔500指数（S&P500）及其他类似指数，都有其平均市盈率，而这就是市盈率或者是现在市场的价值。

市盈率是一个值得了解的有用的选股工具，因为这个数据显示出，在一段时间内，投资者所认为值得投资的企业盈余。当市场上下震荡起伏，其震荡幅度应该在10~20倍之间，而美国股票市场的市盈率在1995年是16倍，这表示一般的股票并不算便宜，但也没有贵得离谱。

任何公司，不论是私人企业还是公营事业，可能属于一个股东或者是上百万股东共同拥有，其经营目的都是为了一个单纯的原因——赚取利润。利润也就是收入减掉开销后所剩余的盈利金额，是属于全体股东所有，不论是通用电器（General Electric）、百事可乐（Pepsi）、玛维尔喜剧（Marvel Comics），或只是你利用周末在路边帮人洗车，你并不会不求报酬地拎着水桶、捏着满是肥皂泡沫的海绵站在路边，只是为了喜欢洗车，或在盛夏用水管冲车子图个清凉，就算如此，也不代表你不希望有报酬。

同样，投资者也不会只是希望参加股东会，或收到公司所寄的年报而拥有股票，他们去买股票，都是希望所投资的公司能赚钱，并能因此分配到公司的盈利。

林奇有些直觉很深刻。有一次，林奇到一家名为Tandon的热门软件公司去，见到一位投资者关系办公室的人员，他来公司的时间不长，却持有公司股票和期权的市值达2 000万美元。一位普通工作人员因公司变得如此富有，让林奇顿生警觉。Tandon股价已上涨了8倍，市盈率极高，若再涨一倍，他的资产不是变成了4 000万美元？林奇果断地拒绝了购买Tandon的建议，后来，Tandon公司股价从35美元跌到1美元多。

所以说，要认清一点，公司的盈利不一定能让股东受惠。一般来说，一个公司的盈余增长越快，就有越多的投资者愿意付出比较高的成本去投资它。那就是为什么看起来发展前景十足的新公司，市盈率常常高达20倍甚至更高的原因，投资者对这类公司常常抱着高获利的预期，因此愿意付较高的成本持有该公司股票；相反的，成熟公司一般市盈率在10~15倍左右，因为这些公司的盈余成长较缓慢，且他们一般不会做风险高、获利高的投资。

有些公司的盈余增长稳定，属于增长型公司；有些公司的盈余随着景气程度而起伏，属景气循环类，如汽车、钢铁、重工业。景气循环类型公司的市盈率比增长型公司要低，因为其营业状况并不稳定，第二年可以赚多少完全视景气而定，但这却是很难估计的。

不过，即使公司赚钱，也不代表股东一定能得实惠，公司通常会采用下列三种方式来处置这些钱：

(1)将这些钱用来再投资，比如开更多的店、兴建新的工厂，使盈余成长比以前更快。长期而言，这对所有的股东绝对有利。一个快速成长的公司可让股东投资的每一元钱有20%的获利，这个投资将比把钱存在银行里的利润要高出很多。

(2)公司也可把钱浪费在购买公司用私家飞机、为高级主管办公室内的浴室铺设大理石、增加高级主管的薪水或以高价购并另一家公司等足以使公司经营费用增加一倍的若干事情上，这些不必要的花费都会对原来正确的投资造成伤害。

(3)公司也可用这笔钱在市场上买回自己的股票。公司从市场买回股票后，市场上流动的筹码将减少，股价遂借此推升上扬，尤其是，如果该公司是在股价较低时买进自家股票，对投资者来说更是好事。

运用鸡尾酒会理论

作为一代投资大师，林奇经常应邀去发表演讲，每次都听者如潮。每次演讲完毕，在自由提问的时间里，总有人问林奇股票的行情，或者目前的股票旺市能否继续保持并进一步发展。针对这些问题，林奇所总结出来的关于股市预测的"鸡尾酒会理论"可谓深得人情事理之精妙。

"鸡尾酒会理论"是林奇在家里举办鸡尾酒会，天长日久，通过与来宾的交往闲谈而悟出来的，这种理论实际上更应该称作"经验"，源自生活、通俗浅显，却很有效用。林奇这样形容他的"鸡尾酒会理论"：

"当某一股票市场一度看跌，而同时又无预期其会看涨时，纵使股市略有上升，人们也不愿谈论股票问题，我们称这一时期为第一阶段。在这一阶段，如果有人慢慢地走过来，问我从事何种职业，而我回答说'我从事共同基金的管理工作'，来人会客气地点一下头，然后扭头离去。假如他没有走。他会迅速地转移话题，讲凯尔特人玩的游戏，即将到来的大选，或者干脆说天气。过一会儿，他会转到牙科医生那儿，说说牙床充血什么的。当有10个人都情愿与牙医聊聊牙齿保健，而不愿与管理共同基金的人谈股票时，股市就可能涨。在第二阶段，在我向搭讪者说明我的职业后，他可能会和我交谈长一点，聊一点股票风险等话题。人们仍不大愿谈股票，此间股市已从第一阶段上涨了15%，但无人给予重视。到了第三阶段，股市已上涨了30%，这时多数的鸡尾酒会参加者都不再理睬牙医，整个晚会都围着我转。不断有喜形于色的人拉我到一边，向我询问该买什么股票，就连牙医也会向我提出同类问题，参加酒会的人都在某种股票上投入了钱，他们都兴致勃勃地议论股市上已经出现令人期待的情况。在第四阶段，人们又围在我身边，这次是他们建议我应当买什么股票，向我推荐三四种股票。随后几天，我在报纸上按图搜索，发现他们推荐的股票都已经涨过了。当邻居也建议我买什么股票，而我也有意听从时，正是股市已达到峰顶、下跌就要来临的准确信号。"

"鸡尾酒会理论"并不是放之四海而皆准的理论，林奇也提醒人们对这种理论的态度应当是各取所需，切忌迷信盲从。

在特定情况下卖出

林奇说："我投资组合中最好的公司往往是购股三五年才利润大增，而不是在三五个星期之后。"

不断地翻检手中所持有的证券，不仅和林奇须鲸般的投资方式有关，而且和企业不断变化的经营环境有关。须鲸是一种海洋生物，它不是采取有针对性的捕食方式，而是先不加选择地、快速地吞食数以千百万计的微小海洋生物，然后，通过鲸须选择很少的精华部分留下来，其余的杂质则全部排除出去。什么时候卖股票，林奇认为有两种情况：一是公司业务从根本上恶化了；二是股价上升过高，超过了盈利的增长。这时卖掉它以后再买另一种股票可以获得更高的收益率。

林奇在感觉到投资良机时，也像须鲸一样，先买一大批股票，然后经过仔细研究，最终选择一小部分优异的股票留下来，继续持有，其余的则全部卖出。但即使这些留下来的股票，也会由于公司经营情况的改变而使该公司的股价发生变化，如该公司所处的行业竞争加剧，面临新产品的挑战，公司本身的管理出现问题，凡此种种都会引起该公司股价的下跌。一旦情况有变，就要采取行动。即使企业本身没有什么变化，股价的骤然反常变动也会促使林奇采取行动。

从价格反常的情况中寻求获利是许多投资者的共识。在证券投资单上，不论是上市公司，还是非上市公司，任何时候都有一些股票因价格到达某一高位而应该出售，一些股票因价格跌至某一低位而适于购进。投资者通过对这些股票的买进、卖出、再买进、再卖出，周而复始，不断地从中获取收益，积累财富。但是，林奇与大多数投资者最大的不同在于，大多数的投资者最多同时经营一二十种股票，而林奇却好似市场的创造者，他同时经营着1 400多种证券，并且时常翻新。

如A公司股票每股20美元，B公司股票每股30美元，他会先以20美元的价位买入A公司股票，当A公司股票上涨到每股30美元时，把A公司股票卖掉。也许那时B公司股票已下跌至每股20美元，然后，他再购买每股20美元的B公司股票。几股小利润汇集在一起会构成一笔巨大的收益。林奇是一个相对价值论者，而不是最大价值论者，他喜欢积少成多，他从不拒绝追求哪怕是很少的利润。同时，林奇喜欢每天做一些小决定，而不是每年做几个大决定。他觉得每天做一些小决定所发生的错误损失，要比一下子做几个大决定所发生的错误损失少得多。换句话说，一年作出几百个决定，这样即使你错了也不会太离谱。根据平均利润法则，只要你比普通的投资者优秀，你肯定能准确无误地前进。林奇同时也指出："当然错了的时候，你必须得知道，然后卖出去。"

好股未必贵

林奇语录:"几乎所有连锁店、速食店、主要制造商或具有知名产品的上市公司,你都可以成为他们的股东,而且所费不多。"

在社会中常常有很多人在说,炒股炒成了股东是一种悲哀。可是当拿到便宜的好股票时的那种心情是无法用言语描述的。比如说,当拿了旅游类上市公司的股票,而旅游一直旺盛,或者是拿了家电类上市公司的股票,该公司产品的销售一直居于市场的领先地位时,我们心里会想:"又有这么多的利润可以进行分配了。"这是一种投资的心态,而这种心态的根源在于当人们遇到了便宜的好股票时乐意投资买入并持有它,成为它的股东。

投资已经逐渐成为了我们生活的一环,而且是很重要的一环。在资本市场向好,上市公司愈加规范的今天,通过成为上市公司股东的方式,无论是大股东或小股东,都是享受国民经济快速发展和上市公司业绩增长的最好的方法。而这对于上市公司来说也是有益的。正如林奇所表述的一样:"当一家公司发行股票后,它用投资者的钱来增设商店、盖新工厂,或改良产品,使他们能卖更多的产品给更多的顾客赚取利润。当这家公司越来越茁壮兴盛,它的股票也就变得更有价值,投资者会因此得到不错的回报。"

在林奇的眼里,通过投资上市公司的股票可以获得更大的收益,关键是处理好前期选择股票的问题。因为很多股票是投资者买得起的。投资者用买1个空调3 000元,在2006年6月份的时候买300股美的公司(000527)的股票;用买长虹最新款彩电15 000元,可以在2006年6月份买5 000股四川长虹(600839)的股票。到了2007年,成为股东的投资者则可能分别能赚取另外3个空调和1个彩电。但是如果最初把这些钱投到产品上去的话,现在依然是1个空调和1个彩电,这还不考虑跌价的因素。综合来看,如果投资者拿着这些钱去买了这些公司的股票而没有买它们的产品,并且成为其股东,那么现在至少是可以多买几件产品了,这当然也包括了产品降价的问题,最直观的现象是通过投资个人投资者的收益增长了。

也许有的人现在会想到,我不买的话怎么支持上市公司的业绩呢;都投资去了,谁去买产品呢?这不是问题,也许是因为列举的例子有点特殊,有时候消费的延迟并不代表不购买公司的产品。其实投资后获得收益的增长不是可以购买更多的产品吗?同时这里的投资并不代表着不消费,消费者的延迟消费可以带来更多更好的消费感受。更何况延迟消费与浪费和炫耀相比,那么前者就更加具有吸引力了。这也提醒我们一点,一些不必要的消费经常会造成无端的浪费乃至损失,更进一步,因为错失了投资机会,这种损失将被放大。

作为整个社会循环发展的基础环节,投资者可以是国家、企业或者个人。当投资显得不是那么昂贵和高深的时候,个人投资者参与市场也会为自身带来投资的乐趣,当对一家公司非常熟悉的时候,再经过审慎的选择和耐心地等待恰当的时机,积累更多的钱去购买它的股票往往会带来让人惊喜的回报。一些质地很好的公司股票价格不一定就贵得让投资者买不起,很多时候反而非常便宜,投资者也没有必要认为那些价格高高在上的股票就是好股票。

多做幕后功课

正如林奇在《战胜华尔街》中说过的一样，投资不是一门精确的科学，无论多么用功，不论对公司的了解程度到了多深，投资的未来仍然具有不确定性。明天的投资结果如何，今天只能给出一个猜测的结果。针对这个问题，个人投资者现在要做的就是不要盲目地猜测，而是要有把握地猜测。为了避免更大的风险，首先注意的就是不要以太高的价格买入；其次更多的是事先和事中分析相关坏消息或好消息可能给公司造成的影响；再次是每次投资的进出需要有一个规划和步骤；最后要有一个充分的研究过程。只有这样才能在投资过程中降低我们个人投资在风险控制方面的不足。

在投资的过程中，如何发挥好自身灵活自由的优点是取得成功的必要条件。林奇是顶尖的投资专家，掌握了股票市场的专业知识，具有敏锐超然的市场意识，大多数投资者无法达到他的境界，其中也包括绝大多数的专业投资机构。个人投资者，无论是新股民还是老股民，都应该客观地认识到这个距离，在投资时应该从我国的实际情况出发，结合林奇的投资思想，在投资股票前一定要问问买这个股票的理由和自己对这个上市公司的熟悉程度，最起码要知道以下几个问题：

(1)年增长率、盈利预测、产品和服务、市场等，能不能经常看到？
(2)值钱的东西，可以估计出来吗？
(3)现在股价高吗？不高的话已经涨跌多少了？
(4)自己喜欢这个上市公司吗？

当回答了这些问题后再去判断买或不买，不要片面听信电视里股评家的话，应多关注正规渠道的信息和公司公告。

林奇在他的书中为入门投资者提出了自己的建议。刚入门的投资者在买入股票的时候可能有不同的标准，比如飞镖选股、听别人的小道消息、经纪人的推荐、专家意见以及自己研究。以他的观点毫无疑问是支持最后一种观点的，尽管这是需要积累的一个过程，但投资者即使是在没有老师的情况下，也可以通过自我训练和模拟投资来达到投资的更高境界。其实这也是个人灵活性和自由度的一个体现。

投资工具要用活

无论哪个国家的股市，在幼稚期的发展阶段，对于投资策略的选择一般是时机决策胜于工具品种决策。而一旦进入成熟期，工具品种决策就比时机决策更重要！处于转型期的中国股市，虽然时机决策仍必不可少，但是工具品种决策能力对个人投资绩效的影响将越来越大。

1. 五种类别投资工具

(1)储蓄。包括活期存款、货币基金、国库券，以及定期存单等。这些都属于短期投资工具，优点是非常安全，缺点是回报率非常低，有时候所拿到的利息不足以弥补通货膨胀所带来的损失。

(2)把钱投资在收藏品上。比如古董、邮票、旧币、书画等等。收藏是一门非常专精的学问,一般人难以做好。另外,收藏最怕天灾人祸,比如失窃、火灾。对于有心收藏的人来说,务必要明白的一点:买一辆新车绝对不是投资。

(3)投资在不动产上。房屋是最佳的投资工具。相对其他投资工具来说,有两大优点无人能及:一是你自己可以住在里面;二是房子在你进住的同时还能增值,不管你是不是借钱买来的。

(4)购买债券。事实上,债券就是借条。基本上,债券和国库券、定期存单差不多。

(5)购买股票。股票是除了房屋之外,所有投资工具中的最佳选择。因此,在你决定进行股票投资之前,应该先购买一套房屋;其次,当你决定选择股票而不是债券投资,你就踏出了成功的第一步。当然,这是指你是一个长期投资者,并且跟定了股票。

根据林奇的统计,在这五种投资工具中,长期而言,股票的报酬率是最有利的。这里所说的长期投资,是指20年以上的投资年限,也就是说你的钱可以在股市上放置20年而不着急他用。因此,林奇建议:"如果你的钱在未来1年、3年或者5年内可能抽出作他用,那么你一开始就不应该投资股票。因为没有人能预测股市未来几年内的走势,如果你刚好碰上股市的回档整理或者熊市,那么你的股票投资很可能是赔钱的。"

林奇说:"虽然专家们反复强调要从长远考虑,但是每一次市场波动时投资者所看到的千篇一律的评论使得他们不得不把注意力集中到短线操作上。如果投资者能不理会针对最近股市波动所作的陈腐评论,而是像查看汽车里的汽油那样每隔一段时间查看一次股票的价格,他们可能会更轻松地作出决定。公司收益迟早会影响到证券投资的成败,而今天、明天或者未来一周的股价波动只会分散投资者的注意力。"

这些话都是成功投资的真谛,却总是被大众投资者忽略或者轻视。

在美国股市,一只股票上涨100倍(微软),甚至480倍(思科公司),都是有可能的。因此,只要你抓住其中的一只,你所获得的收益就足以抵消那些在差股上所遭受的损失。林奇虽然错过了这些上百倍涨幅的股票(因为他不了解网络和电脑),但是在他掌管麦哲伦基金的13年里,他抓住了一些上涨10倍、20倍的股票,他在这些股票上获得的收益远远高于在其他股票上失误造成的损失,因此他最终成功了。

在中国股市,好像还没有出现过上涨百倍的股票,但是出现过上涨10倍的股票,在几年时间里上涨一两倍的股票也不罕见。

可以相信,随着我国经济产业结构的调整以及股市制度建设的逐步完善,今后我国股市中也会出现涨幅几十倍甚至上百倍的股票。

2. 如何辨认出涨幅很大的股票

(1)必须会辨别股票质地的好坏,也就是选股的功夫。因为股票具有跌幅有限(跌到零为极限)而涨幅无限(相对而言)的特点,所以,林奇说:"在资产组合中如果有60%的个股能够赚钱,就是一个令人非常满意的资产组合了。"

(2)必须是长期投资。股价不可能是直线上涨(比如上海机场从3.79元涨到16元就用了6年时间),如果你熬不住中途的颠簸而出局,可能就会出现"差之毫厘,谬以千里"的结果,如林奇所言:"即使你卖出了股票避开了股市下跌的行情,你也不一定能在下一轮的股市上涨行情中及时入市。"即使入市,也不一定买回你曾经卖出的股票。

在对股市的长期趋势判断上,林奇是一个不折不扣的"死多头"。他做股票不靠市场预测,不迷信技术分析,不做期货期权交易,不做空头买卖。和巴菲特一样,他奉行的是价值投资哲学,"要投资于企业,而不要投机于股市"。

林奇认为:"股市的基本走势一直是在往上涨。"美国股市的历史告诉我们,市价的回落(下降10%或者更多)每隔几年就会发生一次,熊市行情(下降20%或者更多)每隔6年就会出现一次,而市场崩溃的行情(下降30%或者更多)从1929~1932年的大崩溃之后出现过5次。但是自从第二次世界大战以来,公司利润已经上涨了55倍,同时整个股市的市值也上涨了60倍。其间发生过4次战争、9次经济衰退、换了8位总统,并且有一位总统遭到弹劾,但这一切都未能改变股市不断上涨这一事实。

"股市的基本走势一直是在往上涨。"这才是股市的大趋势。每当悲观失望、信念动摇的时候,看看上面的话,或许会对自己有所帮助。

另外,这就是为什么世界上多数一流的投资大师们都拒绝做空的根本原因:做空意味着在和大趋势作对。

"在20世纪70年代早期,那时也是当小公司的股价徘徊不前时,大公司的股价却在持续上扬。然而在1973~1974年的熊市时期,50家一流公司的股价竟下跌了50%~80%。但是,如果你拥有这50家公司的股票并且25年来大多数股票你都没有卖掉(最好是你处在一个渺无人烟的荒岛上,永远没有收音机、电视机或者杂志之类的媒体告诉你应该卖掉这些股票),那么到了20世纪90年代中期,这50家一流公司的资产增长速度超过了1974年以来道·琼斯指数和标准普尔500指数上涨的速度。即使是以1972年最高价位买的这50家公司的股票,你仍会大赚一笔。"

投资与投机相结合

在资本市场上,最难区分的概念恐怕非投资和投机莫属了。投资和投机的界限已经变得越来越模糊。人们似乎已不太看重投资与投机的区别,在许多情况下,投资和投机两个概念经常是互相换用。林奇在投资与投机之间也有独特的理解。

林奇是与巴菲特、索罗斯齐名的世界级投资大师,他对投资基金的贡献就像乔丹对篮球的贡献,他把基金管理提升到一个新的境界,将选股升华成一门艺术。林奇认为,股市的下跌对投资者来说是最佳投资机会的开始。

1. 如何面对股市的下跌行情

(1)不要恐慌而全部低价抛出(在股市崩溃或股价出现暴跌行情中大量"割肉"会让投资者置身于另一种危险——踏空,即在股市飞涨的时候手中没有股票)。

(2)对持有的好公司股票要有坚守的勇气。

(3)要敢于趁低买入好公司的股票。

针对股市上一些流行的说法,林奇持批评态度,他认为这些说法虽符合大众心理,但却是最愚蠢、危险的说法。

2. 大众心理

(1)"既然股价已经跌了那么多,不可能再往下跌了。"

林奇:股价的底线是零,零以上都存在下跌的可能。

(2)"黎明之前总是最黑暗的。"

林奇:大自然是如此,股市并非如此,最黑暗的时候并不意味着黎明即将来临;同样,你也不能信奉"冬天来了,春天还会远吗"。

(3)"等它回升到10美元时就抛出。"

林奇:股票操作贵在根据情况伺机而变,守株待兔式的刻板操作绝非制胜之道,许多人正是在自己划定的框框里失败的。

这几点可以称得上是投资经典智慧,投资者一定要深刻理解其中的道理,更重要的是要在实战操作中予以贯彻执行,用大师的智慧武装自己。

坚持自己的买卖标准

大牛盛市更需理性投资,真正成功投资者都是坚持独立的买卖标准,不被所谓热点所惑。巴菲特是这样,林奇亦如此。

林奇在选择投资行业的时候,总喜欢低迷行业而不是热门行业,原因在于低迷行业成长缓慢,经营不善的弱者一个接一个被淘汰出局,幸存者的市场份额就会随之逐步扩大。一个公司能够在一个陷入停滞的市场上不断争取到更大的市场份额,远远胜过另一个公司在一个增长迅速的市场中费尽气力才能保住日渐萎缩的市场份额。

由于低迷的行业环境使得幸存下来的公司具备顽强的生命力,而且由于市场份额的扩大而具备了一定的垄断性。这样的公司同样也符合巴菲特的核心竞争力和成长性原理。

林奇对于这些低迷行业中的优秀公司总结了几个共同特征:

(1)公司以低成本著称。

(2)管理层节约得像个吝啬鬼。

(3)公司尽量避免借债。

(4)拒绝将公司内部划分成白领和蓝领的等级制度。

(5)公司员工待遇相当不错,持有公司股份,能够分享公司成长创造的财富。

他们从大公司忽略的市场中找到利基市场,形成独占性的垄断优势,因此这些企业虽处在低迷的行业中,却能快速增长,增长速度比许多热门的快速增长行业中的公司还要快。

留心身边的金矿

零售业是基金的宠爱之一,虽然机构投资者善于用非常精密的财务分析来选择成长性的零售业公司,但林奇却告诉普通投资者逛街同样能够很准确地选到成长性优异的零售业品种,而且在林奇的实践性投资中,通过逛街选股的方法确实寻觅到了大牛股。

林奇通过研究发现许多股价涨幅最大的大牛股,往往就来自数以百万消费者经常光顾的商场,包括家得宝、盖普服饰和沃尔玛。只要在1986年投资上述的公司,持有5年到1991年年底就会上升5倍的市值。中国正在处于一个由外需向内需转变的过程中,不仅是现在境内股市已有的零售业公司,今后在境内上市的零售业公司中也非常可能出现具备高成长性的公司,因为这一阶段的中国零售业公司正处在发展到加速发展的过程,再度产生类似苏宁、大商等零售业大牛股概率仍然很高。

对于 Lebitz 家具公司，林奇从头到尾看到其股票上涨100倍的全过程。这样的零售连锁公司让人知道虽然并不是所有的零售公司都能取得成功，但至少我们都可以很容易地在购物的同时观察它们的发展进程。当你耐心观察一家零售连锁店，看它首先在某一个地区获得成功后，然后开始向全国扩张，并且用事实证明在其他地区同样能够复制原来的成功，这时候投资也不迟。苏宁上市之初就是像 Lebitz 家具公司那样，我们普通投资者在其刚上市的时候无法看清其未来的发展状况，但只要发现它之后在全国的扩张成功就应该可以肯定它的模式是成功的。

普通投资者可以通过这种方法去寻找未来的金矿，毕竟中国股市黄金十年，机会将很多，关键是掌握方法，不要让机遇从您的指间溜走。天上虽然不会掉馅饼，但机遇向来会青睐勤奋者。

在利空下寻宝

境内大盘自冲过 6100 点之后经历了一个相对较长又比较剧烈的调整，其中有流动性短暂不足的影响，也有境外股市动荡的影响。但投资者不必过多地担心，如果一个股市平静如水又如何能在其中获利呢？如果股市一直上涨，从价值理论上讲就无法很容易地买到被低估的股票。

很多投资大师每逢遇到调整和股市大跌都会特别的亢奋，因为这时候他们就可以像秃鹫一样俯瞰满地的尸体寻找食物。林奇说过，要想在股市中超越别人，就得有胆量为人所不能为，要善于从利空中寻宝。

当然利空中寻宝同样需要投资者用价值理念来分析，需要经过一段时间的观察和研究上市公司。林奇的麦哲伦基金曾经买过 Pierl 公司。这家公司主要从事房屋装饰品的销售，在20世纪70年代就是牛气冲天的超级大牛股，但到了1987年大崩盘的时候，股价从原来的14美元惨跌到只有4美元，后来股价又回到12美元，海湾战争时期股价又一次暴跌，跌到只有3美元。但林奇再次关注这只股票的时候，它的股价已经反弹到10美元，后又调整到7美元。而此时市场对于房地产市场的悲观情绪一度泛滥，使得本来就处于低位的房地产指数再次遭遇下跌。Pierl 公司因此进入调整。林奇此时两度去该公司调研发现，这家公司在外部环境非常困难的情况下仍然盈利，而且每年新开25~40家分店。虽然在经济衰退打击最严重的地区单店收入有所减少，但全美其他地区实现了增长；虽然存货有所增加，但是为新开店铺备货所用。所有表面不利现象通过这样的研究分析已经无法掩盖这家公司的高成长性，而所有的一切就只等房地产行业的复苏，果然这只股票在经济复苏的环境下再次牛气冲天。

从林奇的案例中我们可以发现，由于经济周期的变化，股市的大部分股票都会随着上涨或下跌，其中很多股票还会被退市，这些在境内股市短短的历史中已经屡见不鲜了。那么怎样通过价值分析来降低风险获利呢？就要通过反经济周期的操作方式，在利空的环境下寻宝，而寻宝就要靠投资者对于上市公司的认真研究。如果一家公司在经济环境不好的情况下还能够增长，那么在经济复苏的周期中必然会成为大牛股。

目前全球十大市值公司，境内大盘蓝筹股已占了半壁江山，此时再度深挖蓝筹股的价值,已不合时宜,蓝筹股需要的是通过产业购并来夯实估值;借鉴林奇利空寻宝经验,应该在股价经历充分调整的中小市值成长股中进行价值挖掘。

玩熟周期股票

周期型股票是价值分析中比较特殊的品种,其特殊性在于:对于大多数股票而言低市盈率是好事,但周期型股票并非如此。当周期型股票业绩极佳市盈率锐减时,这可能暗示着公司业绩已进入景气度高潮,此时糊涂的投资者可能还在选择买入并持有,但聪明的投资者却选择卖出;反之,对于大多数股票而言,高市盈率是坏事,但对周期型股票而言却是好事,当周期型股票业绩连续数年极差时,将是极佳的买入良机。最典型的周期型股票是资源股。

林奇投资铜矿股"费尔普斯——道奇"即为经典。投资周期型股票并不是产业景气度低迷就能买入。在很多情况下,周期型股票很难抗御产业寒冬的考验,在产业景气复苏前就已死去了。因此林奇在考虑介入"费尔普斯——道奇"时,首先研究股价,1991年时股价已从每股39美元高点回落到每股26美元,同期每股利润也下降了50%;其次也是最重要的价值研判依据,是公司的资产负债率是否稳健到足以抵御产业寒冬,当时"费尔普斯——道奇"拥有净资产16.8亿美元,但只有3.18亿美元总负债。显然,无论铜价如何波动,公司也不会破产。随后,林奇又对公司隐藏的客观资产、资本支出、技术改造等各项成本因素进行计算。最终,果断决定在业绩滑坡之际投资"费尔普斯——道奇"。在1992年之后铜价逐步回升时,林奇所做的便是耐心地持有。

冷看热门股

出于对财富的渴望,一些投资者喜欢赚快钱。据深交所统计数据显示,超过半数的中小投资者持股时间不足3个月。若要在此短时间内获得较好收益,唯有追逐热门行业的热门股这条捷径。但林奇的投资法则中,有一种股票是他绝对避而不买的,即最热门行业中的最热门股票。

林奇曾以道指"漂亮30"中的施乐公司为例,这是20世纪60年代最热门的股票,其明星地位不亚于今天的谷歌公司。施乐公司从上游至下游控制了整个复印行业。1972年施乐股价达到170美元时,分析师们仍认为施乐公司能持续保持高增长。然而,佳能、IBM、柯达等近20家公司也介入了复印行业,施乐公司面临竞争则试图用多元化规避风险。结果,施乐公司多元化经营并不成功,股价下跌了84%,而其他公司也好不了多少。时至今日,复印行业已发展成为规模庞大的行业,需求旺盛,但复印行业股票却未再度走俏。

类似的案例在境内股市也曾反复演绎。最初,股市中最热门的股票曾诞生在家电板块中,四川长虹、厦新电子、深康佳、江苏春兰都曾是绩优蓝筹股典范,如今王者却不再归来。而在新千年之初,网络概念股西风东渐,海虹控股、综艺股份股价也曾一飞冲天,但其后股价也经历了漫漫下跌的价值回归长路。最近的案例是赴海外上市的网游股和海归的中石油,巨人网络叫好不叫座,上市不久股价即跌穿了招股价,而中石油A股则股价一步到位,开盘价即为最高价,两者共同的特点是上市前投资者皆期望值过高。

缘何热门股总令投资者一相情愿?林奇的观点是:当热门股股价过快上涨后,公司基本面的实质性内容将像空气一样稀薄,所以热门股下跌的速度和上涨的速度会一样快;而且热门股往往是舆论关注的焦点,投资者还会禁不住强大社会压力而买入,这在新涉市投资者中尤为明显。

股市中冷热门转换亦讲究"凡物皆有度"。有鉴于此,投资者在进行考虑选股策略时亦要"少追涨、勿杀跌",股价陡峭直上时,应该谨慎对待;而即使当股价已所谓充分调整后,则也不能人云亦云。以中石油为例,只要国际油价拐点未出现,股价已至强支撑区域;再以中国远洋为例,在基本面不变前提下,40元的股价必定比68元的价格具备安全边际。所谓逆向思维是指股价偏冷时要善于挖掘价值,而股价沸腾时要懂得远离喧哗。

第20章

不以买菜心态投资

不以买菜心态投资

投资者结构中有很大一块比重是由家庭主妇组成的,境内外股市皆如此,俗称"太太炒股团"。据海外数据统计:牛市中"太太炒股团"整体盈利状况要优于其他投资者群体。但太太们投资精明之余亦有软肋,喜欢货比三家讲究价廉物美,以买菜的心态选股,结果熊市来临更易吃套。

林奇绝对不买那些被吹捧成"下一个麦当劳、下一个英特尔、下一个IBM、下一个迪斯尼"之类的股票。林奇解释道:"就我个人经验而言,被吹捧成'下一个'的公司几乎从来都不会真正成为它的楷模那样卓越非凡的明星——不管是百老汇、图书畅销书排行榜、全美篮球联赛还是华尔街都不例外。"林奇不会因贪图便宜而购买被吹捧成所谓"下一个"的公司,其经验仍然源自生活,他告诫投资者:"想一想何时看到过第一名被淘汰出局而第二名却安然无恙的情况呢?在股票上也存在着类似的情况。"

林奇投资时代的典型案例:美国 Circuit City 公司成为一家成功的电器零售商之后,出现了一系列被称作是"下一个 Circuit City"的公司,虽然 Circuit City 的股票1984年上市之后暴涨了4倍,但是所有被称为"下一个 Circuit City"的公司股票市值都比最初上市时下跌了59%~96%。类似案例境内公司在海外上市时也出现过,例如:海外上市的网游股风光不再,巨人网络虽然业绩出色,但公司股票却叫好不叫座,股价表现再难演绎盛大网络曾经的辉煌。

另外,2007年境内股市投资中最典型案例,则是中国船舶和中船股份。中国船舶借助饱满的业务订单和大股东注资,从戴着ST帽子的绩差股演变为"股市第一贵"的蓝筹股。买不起股价昂贵的中国船舶,很多投资者只能退而求其次,购买同属中船集团旗下的中船股份,好比买菜时买不起大黄鱼只能购买小黄鱼。但殊不知,股票定价是由估值决定的,散户在60元高价勇敢买入中船股份时,机构却在逢高减磅。细心的投资者应该关注到:中船股份在被市场追捧为下一个中国船舶时,中国船舶股价已被高估并呈现出明显的滞涨迹象,而中船股份短期也表现不佳,这就是以买菜心态选股的最大风险之所在。

选择适合自己的基金

在投资中,林奇一直坚持适合自己的投资方式。对于一般投资者,我们在学习林奇投资方式的同时,也要根据自己的实际情况,选择适合自己的基金。

股票型基金是典型的风险投资工具,其最主要的特点是高风险、高回报。股票投资需要投入大量的时间和精力来研究宏观经济、行业趋势及公司状况,对专业性要求较高,普通投资者缺乏相应的专业知识,又没有大量的时间和精力对此进行分析,无法把握金融工具的风险和收益,很难盈利,甚至有可能连本金都全军覆没。在选择基金时,林奇认为,应看基金的投资目标、市场情况、认购渠道是否与个人目标相符。

1. 投资目标

每个人因年龄、收入、家庭状况的不同而具有不同的投资目标。家庭作为一个基本的消费单位,理财也要科学、合理安排。把全家整个经济开支划分为五类不同的基金,可以帮助家庭理财。

(1)家庭生活基金。如果家庭每月收入相对稳定,于是将这笔固定收入的40%作为家庭生活基金,主要用于吃、穿、住等日常基本生活开支,并设小账本加以明细记录。此项基金必不可少,应该充分保证其比例和质量。

(2)家庭文化基金。以家庭固定收入的10%作为家庭文化基金,主要用于家庭成员的体育、娱乐和文化等方面的消费。这也是很好的智力投资,若个人收入增加,扩大到15%最好。

(3)家庭建设基金。以家庭固定收入的20%作为家庭建设基金,主要用于购置一些耐用消费品(即所谓的大件)和为未来购买房屋、装修作经济准备。这项基金根据实际情况灵活安排,也可作为储蓄。

(4)家庭投资基金。以家庭固定收入的20%作为投资基金较为科学,可用作储蓄,或购买债券、基金、股票、邮币卡及艺术品等。当然,此项基金的投入,要与个人所掌握的金融知识、兴趣爱好以及风险承受能力等要素相结合,慎重选择,避免损失。

(5)家庭亲情基金。这是根据自己的实际情况制定出来的一项基金,比如用于赡养生活在农村、没有经济来源的双亲以及照顾尚未经济独立的弟弟、妹妹。此项基金约占家庭固定收入的10%,当然这需要事先与每个家庭成员协商好(尤其是自己的爱人),这项基金的比例可根据每个家庭的实际情况加以调整。

2. 市场情况

"要在市场中准确地踩点入市,比在空中接住一把正在落下的飞刀更难。"华尔街投资者如是说。

(1)股市虽动荡但基金很抢手。听说买基金的人都挣钱了,而且收益率还很高。错过了2006年行情的投资者,手里有点闲钱,不想再让钱生钱的好机会从身边溜走。虽然2007年春节过后,股市一直起伏动荡,但浇灭不了人们买基金的热情,为一只新发行的基金,有半夜起床上网烧坏内存条的认购者,也有一大早就去银行门口排队却空手而归的老太太。

(2)不懂选时也无妨。对于新手,他们可以选择一种完全不选时的投资方法——基金定投,这能让不擅长选择的基民们轻松获取稍高于市场平均水平的收益。基金定投是分批买入的特殊形式,每月固定的时间以固定金额投资指定的开放式基金。国外往往以定投方式投资基金作为子女教育或养老的准备,在较长的时间周期里,每个月固定的某一天不可能总是净值最高,也不可能总是净值最低。由于投资固定金额,所以当净值高时买到的份额就少,而净值低时买到的份额就多,在投资过程中自动起到逢高减筹、逢低加码的作用,自然降低投资成本,化解波动,以获取长期稳定的回报。

(3)考虑赎回可遵循原则。有些非理性投资者,往往容易出现"涨时追,跌时抛"的习惯,其实这是投资领域最忌讳的。2007年春节过后,股市跌停了几次,就有新手感到不能承受,投进去的钱在一点点缩水。更有甚者,干脆去银行赎回。这样一来,不仅没赚到利润,还搭进去了认购的手续费。

赎回基金也应该有纪律性,除非个人买入的原因消失了。比如,投资基金是因为有一年以上不用的闲钱,那么应该在这笔闲钱需要被使用前两个月开始考虑赎回,原则是在市场上涨时赎回,而不是下跌时赎回。再或者,投资基金时所雇的优秀的投资团队发生了根本性变化,那么也可以考虑赎回;如果经过一年以上时间,对选出的团队进行了考核,其在同类型基金中排名落后在前20%之外,就像考试在80分以下,选择考虑把它淘汰也没错。但如果这些都没发生,对一个投资能力被认可的投资团队,个人手中的资金又没有流动性需求,同时看好中国经济的未来发展,哪有什么理由要赎回?换句话说,用时间去烫平投资收益的波动性才是智者的选择。

3. 认购渠道

目前基金销售主要有三个渠道,即基金公司直销中心、银行代销网点、证券公司代销网点。各个渠道认购基金的优缺点如下:

(1)基金公司直销中心。优点是可以通过网上交易实现开户、认(申)购、赎回等手续办理,享受交易手续费优惠,不受时间地点的限制;缺点是客户需要购买多家基金公司产品的时候需要在多家基金公司办理相关手续,投资管理比较复杂。另外,需要投资者有相应的设备和上网条件,具备一定的网络知识和运用能力。

(2)银行网点代销。优点是银行网点众多,投资者存取款方便;缺点是每个银行网点代销的基金公司产品有限,一般以新基金为主;投资者办理手续需要往返网点。

(3)证券公司代销。优点是证券公司一般都代销大多数基金公司产品,可选择面较广泛,证券公司客户经理具备专业投资能力,能够提供良好的分析建议,通过证券公司网上交易、电话委托可以实现基金的各种交易手续,资金存取通过银证转账进行,可以将证券、基金等多种产品结合在一个账户管理;缺点是证券公司网点较银行网点少,首次办理业务需要到证券公司网点办理。

三种渠道的优缺点各异,个人投资者要根据自身特点选择合适的渠道:

(1)对于有较强专业能力(能对基金产品分析、能上网办理业务)的投资者来说,选择基金公司直销是比较好的选择,只要自己精力足够,可以通过产品分析比较以及网上交易,自己进行基金的投资管理。

(2)对于年纪稍大的中老年基金投资者来说,比较适合银行网点及身边的证券公司网点,利用银行网点众多的便利性完成基金投资,或者依靠证券公司客户经理的建议通过柜台等方式选择合适的基金购买。

(3)对于工薪阶层或年轻白领来说,更加适合通过证券公司网点实现一站式管理,通过一个账户实现多重投资产品的管理,利用网上交易或者电话委托进行操作,辅助以证券公司的专业化建议来提高基金投资收益水平。

选准基金公司和基金经理

目前市场上有很多不同类型的基金,令投资者眼花缭乱,而投资者如何在风云万变的市场上选择适合自己的"理财专家"呢？

由于不同的基金在投资对象、投资策略等方面存在许多的差异，因此要正确地选择好的基金公司确实需要一些技巧。有关专家认为，从目前各家基金公司公布的年报看，不同的基金管理公司的投资收益和管理能力明显出现了差异，因此，投资者在购买基金时要树立一个理念，买基金就是买一家优秀的基金管理公司。

至于如何选择好的基金公司，林奇认为，可以考虑以下几个方面的因素。

1. 选择具有良好品牌形象和信誉的公司

除了基金管理的专业和知识能力外，基金公司最大的资产就是诚信。投资者愿意将钱交给基金公司管理，必定是在对方值得信赖的前提下展开的。具有良好信誉的基金公司不但对投资者深怀责任感、信守经营承诺，也在内部治理和风险控制方面有严格规范的操作准则。

如果一个基金公司不以投资者的利益为首要前提，没有良好的操守和专业能力，那么往往会危及到投资者的权益，无法获取投资者的长期信任。媒体报道的内部关联交易、人为操控业绩等负面事件，就反映了个别公司内部控制不佳的水平和信誉情况。

因此，良好的品牌形象和信誉是投资者衡量基金公司的最基本条件之一。

2. 选择产品种类丰富的基金公司

一家公司如果有比较完整的产品线，投资者就可以在其中选择适合自己的组合，也能够在市场变换时适时地调整自己的投资。例如，市场预期上升时，投资者可以选择股票型基金获取高额回报；而市场景气下滑时，投资者则可以选择转换基金，改而投资固定收益等更为低风险的产品。

另外，由于同一家基金公司间的基金转换只需要支付较低的转换费用，可以节约交易成本。当然，这也并不是说，产品较少的公司不值得选择，或许这些公司发展的时间并不太长，产品还在完善过程中。

3. 选择风格如一、业绩稳健的基金公司

每个人都希望自己投资到业绩最好的基金，但如果只追求短期的业绩而忽略了中长期的表现，则可能会出现与自己预期相反的结果。在选择基金公司的时候，要对其旗下的业绩作出中、长期的业绩比较，看看这支基金能否超越业绩基准或同类型的产品。此外，也要看看这只基金的投资风格是否始终如一。不断变换投资风格的产品，与其发行当初给出的投资理念等不相符合，往往具有较多的不确定性和不稳定性。只有稳健的操作和风格才能为客户带来稳健的长期收益。

4. 选择提供完善、高质量服务的公司

基金公司应该具备全方位整体服务的能力，这也是考量一家基金公司整体实力的基本条件。其中包括：客户服务中心、网络交易查询系统、机构理财专户服务、投资者教育，等等。这样，投资者不但可以随时取得所需要的投资咨询，也能从投资理财的活动中积累更多的投资经验和能力。

5. 选择资产规模大、研究能力强的公司

资产规模大表明公司的实力强和投资者的信任程度高，而随着全球投资化时代的来临，资产全球布局已经成为掌握投资先机、分散风险、提高获利能力的关键。由于各个市场相互影响的关联程度越来越高，因此，要想正确地把握趋势，有很强跨国研究能力的公司将会占很大的先机。

6. 选择有优秀经理的基金公司

林奇认为,市场中存在着两类公司:一类是人见人爱同时也早已家喻户晓的大公司,如可口可乐等,其股价很少急升暴跌。大部分投资机构由于不肯冒险,一般都长期埋首研究并持有这些热门蓝筹股。这些投资机构的经理只能算作庸才。另一类是乏人介绍而无人问津的公司,股价长期牛皮。而这些不见经传的公司往往比那些人见人爱的股票更具赚钱潜质,能够发现其中的瑰宝,并抢在其他基金经理之前不动声色慢慢吸纳的才算得上是优秀的基金经理。

林奇还认为,从一个企业发生变化到这种变化反映到股价上来,往往有一个月到一年的间隔。应该抢在他人之前先掌握信息,及时做出买或卖的决策。他每年和数以百计的公司首脑通电话,亲自访问那些他认为值得投资的公司,即使规模非常小。而那些平庸的基金经理则常常要等到上市公司财务报告出来后再作分析判断,必然使自己处于十分被动和不利的地位。

关于基金经理日常行为的情况我们根本无从了解,又如何对其进行有效甄别和判断呢?其实,只要你认真研读基金的报告,就会发现基金经理的主要投资理念和行为都通过其持有的十大重仓股折射出来了。

如果其持有的皆为人见人爱的蓝筹股,再通过对比以前的持股情况,发现其通常都是在这些股票已经成为家喻户晓的大热门之后才买进的,买进后也没有根据大势变化进行调整,这样的基金经理无疑是只会随大流的庸才,就是对基民不负责任的懒家伙。

反之,如果你在十大重仓股中发现了那种由以往既不引人注目更无人问津的冷门骤然成为市场热门的公司,并通过对比以往持股情况和查看该上市公司信息公告,以及基金净值前后的变化,证实是在其成为市场热门之前即已大量持有,而且在股价出现透支前又在十大重仓股名单中消失的,那么,管理这只基金的经理极有可能就是养基族梦寐以求的理财专家。

透视基金投资方向

当前那些著名的投资者中,林奇的名声几乎无人能敌。这不仅仅在于他的投资方式成功地通过了实践的检验,而且他坚定地认为,个人投资者在运用他的投资方法时,较华尔街和大户投资者更具独特优势,个人投资者因为不受政府政策及短期行为的影响,其方法更加灵活。投资之前,投资者一定要对投资对象作全方位的了解,不仅要了解自己已经熟悉的方面,更重要的是透视平时没有注意到但又对投资成败起到关键作用的因素。在选择基金之前,要练就一双火眼金睛,透视基金的方方面面,辨别出哪个基金才是自己的最优选择。

一般情况下,普通投资者对基金公司、基金经理以及基金类别较为关注,而对基金的投资方向不够重视,很多投资者甚至根本不清楚自己的基金最终到底奔赴何方,更不用说对投资行业进行细致的了解了。实际上,基金的投资方向是基金能否盈利的重要因素。选定了投资方向,如同是选择了投资的前进路线,才能保证基金拥有在未来的运作中获得良好收益的前提。在一定市场的大环境下,具有行业优势的公司比普通公司更能获利丰厚。一旦选错了方向,即使是实力雄厚的基金公司加上优秀的基金经理的搭配,仍然难以保证能够在惊涛骇浪的市场中有所收获。

不同行业在一定经济周期阶段有不同的表现,股票价格也会随行业变化而发生相应变化,这是以基本面为依据进行行业配置的基金进行投资选择的重要依据。

在高通胀时期,由于资金链条的压力以及商品价格的上涨将给企业带来一定的成本压力。此时,处于产业链下游成本转移能力较弱并且缺乏自主定价能力的企业的盈利能力将受到较大影响,而掌握上游资源优势的资源类企业则拥有更多的自主定价能力,这在很大程度上保证了盈利能力,而企业的盈利能力是企业市值的重要基础和保障。

由此不难看出,基金投资方向是其盈利的关键,基金投资者要想获得良好的收益,就要选择具有良好增长潜力的行业。在当前通货膨胀压力依然存在、市场未来预期尚不明确的市场环境中,选择投资能源类行业的基金有望获得良好的收益。

把握基金赎回时机

有些非理性投资者,往往容易出现涨时追、跌时抛的习惯,这是投资领域最忌讳的。1987年美国股市大崩盘时,林奇管理着100多亿美元的麦哲伦基金,一天之内基金资产净值损失了18%,损失高达20亿美元。林奇是如何应对的呢?林奇和国内所有开放式基金经理一样,只有一个选择——抛售股票。为了应付巨额基金赎回,林奇不得不把不卖的股票都卖了。而作为普通投资者,应把握基金赎回的时机。

只有卖出基金实现收益,才是衡量投资基金业绩的硬道理。卖出基金与卖出股票的道理相同,卖完之后也许还有更高的价格(净值),要想准确算出卖出的最佳时机,不是一件容易的事情。但是,只要遵循几个常见的原则,可以找出相对接近最佳时机的时机,实现较好的收益。

1. 投资基金要卖在行情高涨之时,买在行情低迷之时

在当前资本市场还不是一个有效市场的条件下,股票市场并不能很好地反映经济的景气循环周期,准确判断行情还比较困难。但是,也应该看到,随着近几年基金所崇尚和坚持的价值投资理念逐步被接受,加之国内资本市场的制度变革和国际化的影响,我国股票市场的有效性正逐步增强。人们判断和考察股票市场的走势以及选择个股的标准正逐步趋于统一,在相同或者相近指标基础上所作出的判断具有很高的趋同性。

一般情况下,经济景气循环的高低对股市会产生很大的影响,在宏观经济景气度很高的情况下,股票市场行情也随之高涨,因为市场总是公布最好的消息,上市公司业绩也会很好,股民的热情也随之高涨,成交量频创新高,这个时候就是卖出股票或者基金的最佳时点。相反,当经济景气循环落入低谷,宏观经济指标低下,上市公司业绩不理想,基民信心低落,股票市场行情也随之跌落,但此时正是买入基金的最佳时点。然而,大多数的投资者通常在行情低迷时由于承受不了压力,卖出手中的股票或基金,而在行情高涨时,凭着高涨的热情,跟着大家一起买入股票或基金。

2. 考虑基金的费率规定,选择合适的赎回时机

基金管理人在募集基金时,为了吸引更多的投资者,鼓励投资者更长期地持有所投资的基金,针对不同的基金持有时间设立不同的赎回费率。比如,有些基金在持有满半年或1年后,赎回费率减半或者全免等。所以在选择赎回时,要清楚相关赎回费率的规定。

3. 基金业绩明显不佳之时，要勇于转换其他基金

基金投资操作不同于一般的股票投资，更加倾向于长期性的投资，投资者可以容忍短期的绩效不佳，比如连续的3个月或是半年，但是如果等到1年以后基金的业绩仍然没有起色，就要毫不犹豫地割肉卖掉，转换为历史业绩优秀、表现比较稳定的其他基金。尽管基金的历史业绩并不代表未来，但是一般来说，基金业绩稳定性还是值得期待的。

4. 发现基金管理人的操作有问题时，应该毫不犹豫地赎回

基金管理人和基民之间由于各自追求不同的利益，将会不可避免地导致基金管理人的"道德风险"问题。投资者如果发现自己投资的基金被管理人当作利益输送的工具，换句话说，管理人为了给特定人谋取利益，牺牲投资者的权益，应该立即卖掉该基金，不必再寄予任何期待。

投资前想想20条忠告

林奇是华尔街著名投资公司麦哲伦公司的总经理。上任几年间他便将公司资产由2 000万美元增长至90亿美元，《时代》周刊称他为"第一理财家"，《幸福》杂志则赞誉他为"股票投资领域的最成功者……一位超级投资巨星"。他在投资理念上有自己独到的见解，对投资者在作出投资决定前有20条忠告：

(1) 不要相信各种理论。多少世纪以前，人们听到公鸡叫后太阳升起，于是认为太阳之所以升起是由于公鸡打鸣。如今华尔街每天为解释股市上涨的原因而生产的大量新论点，总让人困惑不已。比如，某一会议赢得大酒杯奖啦、日本人不高兴啦、某种趋势线被阻断啦。"每当我听到此类理论，我总是想起那打鸣的公鸡。"林奇打趣地说。

(2) 不要相信专家的意见。专家们不能预测到任何东西。虽然利率和股市之间确实存在着微妙的相互联系，我却不信谁能用金融规律来提前说明利率的变化方向。

(3) 不要相信数学分析。"股票投资是一门艺术，而不是一门科学。"对于那些受到呆板的数量分析训练的人，处处都会遇到不利因素，如果可以通过数学分析来确定选择什么样的股票的话，还不如用电脑算命。选择股票的决策不是通过数学做出的，你在股市上需要的全部数学知识是你上小学四年级就学会了的。

(4) 不要相信投资天赋。在股票选择方面，没有世袭的技巧。尽管许多人认为别人生来就是股票投资者，而把自己的失利归咎为悲剧性的天生缺陷。林奇的成长历程说明，事实并非如此。在他的摇篮上并没有吊着股票行情收录机，长乳牙时也没有咬过股市交易记录单，这与人们所传贝利婴儿时期就会反弹足球的早慧截然相反。

(5) 你的投资才能不是来源于华尔街的专家，你本身就具有这种才能。如果你运用你的才能，投资你所熟悉的公司或行业，你就能超过专家。

(6) 每只股票后面都有一家公司，了解公司在干什么！你得了解你拥有的股票和你为什么拥有它。"这只股票一定要涨"的说法并不可靠。

(7) 拥有股票就像养孩子一样，不要养得太多而管不过来。业余选股者大约有时间跟踪8~12个公司，在有条件买卖股票时，同一时间的投资组合不要超过5家公司。

(8) 当你读不懂某一公司的财务情况时，不要投资。股市最大的亏损源于投资了在资产负债方面很糟糕的公司。先看资产负债表，搞清该公司是否有偿债能力，然后再投钱冒险。

(9) 避开热门行业里的热门股票。被冷落、不再增长的行业里的好公司总会是大赢家。

(10) 对于小公司，最好等到它们盈利后再投资。

(11) 公司经营的成功往往几个月，甚至几年，都和它的股票的成功不同步。从长远看，它们百分之百相关。这种不一致才是赚钱的关键，耐心和拥有成功的公司，终将得到厚报。

(12) 如果你投资1 000美元于一只股票，你最多损失1 000美元，而且如果你有耐心的话，你还有等到赚10 000美元的机会。一般人可以集中投资于几个好的公司，基金管理人却不得不分散投资。股票的只数太多，你就会失去集中的优势，几只大赚的股票就足以使投资生涯有价值了。

(13) 在全国的每一行业和地区，仔细观察的业余投资者都可以在职业投资者之前发现有增长前景的公司。

(14) 股市下跌就像科罗拉多一月的暴风雪一样平常，如果你有准备，它并不能伤害你。下跌正是好机会，去捡那些慌忙逃离风暴的投资者丢下的廉价货。

(15) 每人都有炒股赚钱的脑力，但不是每人都有这样的胆量。如果你动不动就闻风出逃，你不要碰股票，也不要买股票基金。

(16) 事情是担心不完的。避开周末悲观，也不要理会股评人士大胆的最新预测。卖股票是因为该公司的基本面变坏，而不是因为天要塌下来。

(17) 没有人能预测利率、经济或股市未来的走向，抛开这样的预测，注意观察你已投资的公司究竟在发生什么事。

(18) 你拥有优质公司的股份时，时间站在你的一边。你可以等待，即使你在前5年没买沃玛特，在下一个5年里，它仍然是很好的股票。当你买的是期权时，时间却站在了你的对面。

(19) 如果你有买股票的胆量，但却没有时间也不想做家庭作业，你就投资证券互助基金好了。当然，这也要分散投资。你应该买几只不同的基金，它们的经理追求不同的投资风格：价值型、小型公司、大型公司等。投资六只相同风格的基金不叫分散投资。

(20) 资本利得税惩罚的是那些频繁换基金的人。当你投资的一只或几只基金表现良好时，不要随意抛弃它们，要抓住它们不放。

选准困境反转型公司

困境反转型公司是那种已经受到严重打击而一蹶不振并且几乎要按照法律规定申请破产保护的公司。它们既不属于缓慢增长型公司，也不是业务将会复苏的周期型公司，它们有着可能导致公司灭亡的致命伤。投资者对它们的发展都非常绝望，认为它们永远也不可能东山再起了，然而它们中的一些实力派最后却总能摇晃着挺过去，并在短短的时间内恢复发展，创造一个惊天神话。

林奇把困境反转型公司分为五种类型：

(1) "出资挽救我们否则后果自负"类型。林奇认为它们复苏的全部希望都寄托在政府财政和政策支持上，如果政府能提供及时足够的帮助，股票再次升值是指日可待的。

(2) "谁会想到"类型。最有名的例子就是肯·爱迪生公司，它的股票曾从12美元很快下跌到几乎2美元，这实在是出乎投资者意料之外，令人痛心疾首的悲惨之事。然而不久之后，肯·爱迪生公司的股票竟然又强力反弹起来,一下子从2美元上涨到53美元之多。毫无疑问,这次上涨又造就了一大批富翁,他们谈到此事,也只有幸运地感叹:"谁又曾料到呢!"

(3)"问题没有我们预料的那么严重"类型。最有名的例子就是三里岛核电厂,该公司曾在发生过一次核泄漏事件之后而陷入困境,这令许多投资者都闻之丧胆。然而林奇则认为"问题没有我们预料的那么严重",依然选择购买三里岛核电厂的控股公司通用公共事业公司股票。过了几年,通用公共事业公司决定重新启用另一个核反应堆,这样一来,林奇所购买的股票就开始上涨。林奇的投资也因此狂赚不已。

(4)"破产母公司中含有经营良好的子公司"类型。当洲际百货公司经营不善面临破产之时,其一家子公司美国玩具反斗城公司发展势头依然良好,所以当它独立地从母公司分离出来后,其股票价格在短短的时间内上涨了近60倍,这几乎是不可思议的事。

(5)"进行重整使股东价值最大化"类型。比如固特异公司减少了石油业务,卖掉了一些发展缓慢的子公司,并把经营重心重新转向自己最擅长的轮胎制造业务,于是就获得了意想不到的新生,公司股票也得到了相应的增长。

至于年均收益增长率低于GNP增长速度的公司、收益趋势下降的公司、收益波动频繁的公司和年均收益增长速度太快的公司,都不是可投资的对象。前两者显而易见,而后者则由于增长太快风险必然非常高,而且你也很难期望30%以上的收益增长速度能保持3年以上,更不用说10年。

困境反转型公司的股价往往能够非常迅速地收复失地,这已经为许多此类公司的情况所证明。投资困境反转型公司股票的最大好处在于在所有类型的股票中,这类股票的上涨和下跌与整个股票市场涨跌的关联程度最小。尽管并非所有的困境反转型公司股票都能够困境反转,但偶然几次的成功使得投资这类公司的股票在整体上投资回报非常丰厚。买入的时机合适能给你带来几倍的回报,因此在市场低迷的时候可以重点关注这类公司。

这类公司的复苏一般会经历四个阶段:灾难当头、危机管理、财务稳定、最终复苏,买入的时机可以选择在第二阶段第一条好新闻传出来的时候,也可以选择第三个阶段。投资于有问题的公用事业类公司的业绩要好于一般的问题公司,原因在于公用事业类公司是受到政府管制的,政府很难真的让它们破产。

我们主要从以下几个方面来关注公司:

(1)公司拥有现金和债务的数量。如苹果计算机公司有2亿美元现金,身处危机之中时并无债务,于是你可推断该公司不会破产。

(2)债务结构。不能有太多那种一旦公司出现问题就立刻会被追回的债务。例如国际收割机公司,现名内维斯达尔公司,是使投资者失望的可能复苏企业,因为公司印发了几百万张新股票售出以换取资本。结果公司是复苏了,但其股票未复苏,所以投资者的希望又破灭了。

(3)在解决困难时公司最多能在赔本的状态下坚持经营的时间;能否依靠债权人摆脱破产危机,在破产的威胁面前债权人是否会让步或者出面支援;如果这家公司破产能给股东留下点什么;公司打算怎样转型,是否已经关掉或者出售那些赔钱的子公司,这么做是否会给公司的收益带来很大的变化。得克萨斯仪器公司是可能复苏型企业的又一典型例子。1983年10月该公司宣布它将撤出家用计算机行业(又是一个对手如林的热门行业),仅在1983年里,该公司家用计算机部门就损失了5亿美元。这一决定也是为了降低损失,但也意味着公司会集中精力发展其拳头产品——半导体和国防工业用品。宣布这一决定的第二天,其股票就从101美元上涨到124美元,4个月后又上涨到176美元。

(4)产品是否又成了抢手货;成本是否得以降低,如果降低了成本,产生的效果是什么。如克莱斯勒公司关闭了一些工厂,大大降低了成本。该公司还让一些企业生产过去由自己生产的许多部件,并因此节省了一大笔资金,它从一个高成本汽车生产公司变成了一个低成本汽车生产公司。

不要因恐慌而割肉

中国股市从2007年10月的最高点6124点,到2008年10月跌到1664点,跌幅超过70%。有很多人惊呼,熊市来了!有很多人预言,中国股市要崩盘了,赶紧割肉吧。真的会崩盘吗?林奇用历史数据告诉我们,崩盘是不可能的,根本没有必要急于割肉。

在美国股市股票投资收益率战胜其他投资品种的这70年间,曾经发生过40次超过10%的大跌。其中,又有13次属于令人恐怖的暴跌,跌幅超过33%。期间还经历了有史以来最大的暴跌,即1929~1933年的股市大崩盘。

在这40次暴跌中,即使你提前预测到了其中的39次,并且在暴跌前卖掉了所有股票,最后也会后悔万分。因为即使是跌幅最大的那次股灾,股价最终也涨回来了,而且涨得更高。

中国股市从1990年诞生到2008年的18年间,一共发生过4次跌幅超过50%的大调整。第一次是从1992年5月最高的1429点,到11月最低跌到386点,半年跌幅超过73%。但到1993年2月最高涨到1558点,不到4个月不仅收复失地,而且创出新高。第二次是从1993年5月最高的1380点,到1994年7月最低325点,15个月跌幅超过76.5%。但到1997年5月最高涨到1510点,大盘从此持续上涨,一直上涨到2001年6月的最高点2245点。第三次是从2001年6月的最高点2245点,到2005年6月最低的998点,4年跌幅超过55%。但到2006年12月底,市场收盘于2675点,而且大盘从此持续上涨,一直上涨到2007年10月的最高点6 124点。第四次是从2007年10月的最高点6 124点,到2008年10月的1 664点,11个月的跌幅达到71%。

每次暴跌过半,都有人预测股市要崩溃了,但是事后证明,尽管上证指数暴跌一半甚至2/3,也并非像人们预料的那样股市末日来临,它也不过是一次正常的股市调整而已。股市最终还会涨回来,而且会涨得更高。

既然股市最终会涨回来,何必恐慌得割肉呢?即使股市单日大跌,让你对后市感到惊恐不安,你也不必在这一天甚至也不必在第二天把股票抛出。你可以在大跌后分期分批逐步减持你的股票投资组合,从而最终取得比那些由于恐慌全部抛出的投资者更高的投资回报。

不要轻易退出

股市大跌,是应该减仓甚至退出股市,还是应该继续长期持有?林奇的回答是:要想在股市中赚大钱,关键是不要被吓出去。

投资成功,必须有坚定的信心。股市再跌,也要坚定长期持有,绝不轻易退出。

坚定的信心来自于两个方面:

一是相信经济会持续增长。林奇认为,投资者必须对国民经济有充分的信心,坚信股市会随着经济增长而持续增长。我们要始终相信中国经济会继续稳定发展下去,相信上市公司会继续为股东赚钱,新的公司会一批又一批地出现,取代那些失去活力的老公司。

二是相信股市波动的历史规律,即所有的大跌都会过去,股市永远会涨得更高。每当林奇对当前的股市大局感到忧虑和失望时,他就会努力让自己关注于"更大的大局",以坚定自己长期持有的决心。

林奇所谓"更大的大局",是以更长更远的眼光来看股市。历史长期统计数据告诉我们,在1927~1997年这70年里,美国股市平均每年的投资收益率为11%。尽管20世纪以来发生了各种大大小小的灾难,曾经有成千上万种理由预测世界末日将要来临,但是投资股票仍然要比投资债券的收益率高一倍以上。

想想看,尽管中国股市也经历了4次跌幅过半的大调整,但只要你一直持有,从1990年年底中国股市最初的100点到2007年10月最高的6124点,18年你会赚到61倍。

股市下跌没什么好惊讶的,这种事情总是一次又一次发生,就像东北的寒冬一次又一次来临一样。巴菲特和林奇这些投资大师经常提醒投资者,股市大回调不可避免,总会发生的,千万不要恐慌。

如果你投资到股市里的钱是再套也没关系,根本不影响未来正常生活的闲钱,那就长期放在股市里好了。相信历史规律,股市早晚会涨回来,而且会涨得更高。

不要盲目抄底

历史告诉我们,股市大跌其实是好事,因为它让我们又有一次好机会,能以很低的价格买入那些很优秀的公司股票。

成功的选股者和股市下跌的关系,就像我国北方的居民和寒冷天气的关系一样。你知道股市大跌总会发生,就会为安然度过股市大跌做好事前准备。如果你看好的股票随其他股票一起大跌了,你就会迅速抓住机会,趁低更多地买入。

但需要指出的是,抄底买入并不是我们想象的那么简单。林奇说,想要抄底买入一只下跌的股票,就如同想要抓住一把下跌的刀子,有可能不但抄不到底,还会连你的老底都输个精光。因为你错认为已到底部,其实根本不是底部,甚至离真正的底部还远着呢。通常来说,更稳妥的办法是,等刀落到地上后,扎进地里,晃来晃去一阵后停止不动了,这时再抓起这把刀子也不迟。

即使投资者已经研究得非常清楚,也难以在最低价位抄底买入。通常股市在重新上涨之前都会震荡整理,这个震荡整理期可能会长达1~3年,甚至更长。

如果你对一家公司的股票感兴趣,你应该找到一个更加充分的买入理由,而不是因为这只股票已经下跌这么多了,看起来可能会反弹。你买入的更好理由应该是,你发现公司的业务继续强劲上升,公司的盈利大幅反转,你分析了公司财务报表后发现公司的市盈率明显偏低。

说起来很简单:"下次股市大跌的时候,我一定不会恐慌,我要趁机逢低买入一些超跌的好股票。"但是做起来并不简单。因为每一次危机看起来都好像要比上一次更严重,在股市大跌中要想做到置之不理反而逆市买入很难。

避免由于过于悲观而被吓得抛出股票的最简单、最实用的办法就是：每个月定期定额买入股票，或者买入基金。如果你在股市大跌的气氛中非常恐慌，请牢记林奇的三个忠告：缓割肉，长持有，慎抄底。

第 5 篇

价值投资炼金术

——拜沃伦·巴菲特为师

沃伦·巴菲特其人其事

　　沃伦·巴菲特(Warren Buffett)1930年8月30日出生在美国内布拉斯加州的奥马哈市。他从小就极具投资意识,1941年,11岁的巴菲特购买了平生第一只股票。1947年,巴菲特进入宾夕法尼亚大学攻读财务和商业管理。两年后,巴菲特考入哥伦比亚大学金融系,拜师于著名投资理论学家本杰明·格雷厄姆。1956年,他回到家乡创办"巴菲特有限公司"。1964年,巴菲特的个人财富达到400万美元,而此时他掌管的资金已高达2 200万美元。1965年,35岁的巴菲特收购了一家名为伯克希尔——哈撒韦的纺织企业,1994年年底已发展成拥有230亿美元的伯克希尔工业王国,由一家纺纱厂变成巴菲特庞大的投资金融集团。他的股票在30年间上涨了2 000倍,而标准普尔500指数内的股票平均才上涨了近50倍。多年来,在《福布斯》一年一度的全球富豪榜上,巴菲特一直稳居前三名。

　　沃伦·巴菲特被世人誉为股神,他所创造的种种奇迹,在投资界被传为佳话。毫不夸张地说,他是当今世界最为精明的股市投资者。他那独特、深刻但又易于理解和操作的投资智慧和哲学已成为全球股票投资者的"圣经"!

　　本篇的全部内容就是围绕巴菲特的投资理念展开。在阐述股神巴菲特全新的投资理论或策略的同时,结合大量投资界案例加以分析,极具可读性。此外,巴菲特精辟而深刻的言论,也会在瞬间激发读者的灵感,让人从中受益。本书认为巴菲特的成功既不是因为他的绝顶聪明,也不是因为运气好,而是因为借助、利用了社会发展、社会进步的必然,坐收时代发展的渔翁之利。没有任何秘诀,没有任何复杂的技巧,巴菲特成功的方法极其的简单,极其的易理解,因此,巴菲特的成功可以被任何普通人学习、复制、利用。

　　本篇剖析了巴菲特取得成功的根本理念,对普通投资者如何学习、借鉴巴菲特的成功经验进行了全面阐述!和股市巨子沃伦·巴菲特共进一顿午餐,要价多少?在Ebay网站拍卖的结果是上百万美金!要聆听他对投资的谆谆教诲,不必高价上网竞标;要习得他的理财诀窍,只消把本书带回家。

第 21 章

投资前先衡量成功因素

认识企业的内在价值

巴菲特的老师格雷厄姆认为,股票是具有"内在价值"的,巴菲特则很好地继承并完善了这一观点。他认为,"内在价值是一个非常重要的概念,它为评估投资和企业的相对吸引力提供了唯一的逻辑手段。内在价值可以简单地定义如下:它是一家企业在其余下的生命中可以产生的现金流量的贴现值。"投资股票就是因为它具有内在价值,所以才值得投资。

巴菲特在40多年的股票投资活动中,十分重视考察企业的内在价值。他确信,由于市场的非理性行为,某些股票的内在价值有时会被市场低估或高估,而股票的合理价值,最终会在市场中得到体现,这样买入内在价值被市场低估的公司的股票,投资者就可以安全地获利。

巴菲特一般根据企业的内在价值评估和把握公司状况,并判断其未来境况是否光明远大。巴菲特考虑持有吉列公司的普通股的时候,吉列公司各项财务指标,包括权益资本收益率和税前盈余率,都在不断提高。而且,吉列有提高产品价格的能力,这保证了其权益资本收益率高于平均水准,公司的商誉也会随着产品价格不断提高。公司的高层管理者一直在尽力减少吉列公司的长期债务,努力提高公司股票的内在价值。这些都表明吉列股票值得购买,但巴菲特还要考虑吉列公司当前股票价格是否被高估。

1990年年底,吉列的股东收益为2.75亿美元。从1987~1990年,吉列的股东收益率每年以16%的速度增长。尽管4年的时间还不能充分判断公司是否具有长期成长性,但仍可作为一种参考的依据。1991年,巴菲特评价吉列公司和可口可乐公司时说:"吉列公司和可口可乐公司是世界上最好的两个公司。我们坚信在未来的时间里,他们的收入将以更强劲的速度增长。"

1991年美国政府发行的30年期债券到期收益率为8.65%,巴菲特为保守起见,以9%的折现率对吉列公司进行了估价,发现吉列公司收入的未来成长率完全可以超过折现率。假设吉列在10年内收入以年均15%的速度增长,10年后再以较低的5%成长率增长,那么以9%的折现率来折现吉列公司20世纪90年代的股东收益,吉列公司内在价值约为160亿美元。如果把吉列未来10年成长率下调至12%,公司内在价值则约为126亿美元,若下调至10%则约为100亿美元。即使成长率下降到7%,公司内在价值仍达85亿美元。由此可知,吉列内在价值符合投资条件。

由于吉列公司良好的管理水平,巴菲特对该公司的持续发展前景有很大的信心,在他40多年的投资生涯中,始终不遗余力地考察和研究企业的内在价值。为此,他也获得了极高的投资收益率。

巴菲特认为,评估股票内在价值的最大难题,在于它必须根据公司未来的业务发展情况来进行,而未来业务发展具有动态性、不确定性,而且预测时间又长,所以很难精确。从这个角度看,内在价值的评估既是一门科学,也是一种艺术。而且它只能是一种估计值,不可能非常精确。但是,大致准确的价值评估所构成的区间范围,对股票投资决策仍然能起到应有作用。

被低估的股票才值得买

巴菲特认为,购买被市场忽视的股票往往能够获利。他特别擅长寻找价值被低估的股票,持有或者参与经营,然后等待股票价值上升。

巴菲特认为,人虽然不能预测股市波动,但却能够很直观地看出股票价格的高低。投资人可以从一堆低价股当中挖掘,或从大盘在高点时所忽略的股票中找出价值被低估的股票。价值被低估的企业成为"特别情况"类股的时候,也是股价到最低点,并且风险性很大的时候,企业的股价所以下挫至低价位,通常和公司营运或财务陷入危机有很大的关系。但此时,股价往往远低于该公司的资产价值。因此,虽然经营状况比较糟糕,仍不失为较好的投资目标。

1956年,制造农用设备的丹普斯特·米尔制造公司的账面价值高达每股72美元,而巴菲特买进这只股票的价格只有18美元。显而易见,巴菲特觉得投资这样的股票没有任何风险。而这种投资方法,正是巴菲特一贯使用的价值投资法。

巴菲特合伙公司的一位股东在解释这项投资时说,所有针对这家农用设备制造商的收购行为,都是按照以下原则进行的:先按照其账面价值的1/4收购;再清算账面价值的实际剩余部分,用于其他投资;最后把核心业务纳入母公司。1956年后的5年时间里,巴菲特不断买进这家公司的股票,直至收购这家公司。由于这家公司是该市最大的企业,该市为巴菲特收购这家公司股权提供不少的便利。这使得巴菲特合伙公司的净资产就从初建时的10万美元迅速增长到2 600万美元。

1962年,巴菲特收购了伯克希尔公司,当时伯克希尔公司每股价值为16美元,而买进这家公司股票的价格却为7.6美元,这同样符合他买进被低估的股票的观点。巴菲特从中获益颇多。

所以,巴菲特经常自豪地告诉别人:"我们欢迎市场下跌,因为它使我们能以新的、令人感到恐慌的便宜价格买到更多的股票。"他觉得当股价跌到"非常有吸引力"时,精心挑选出被"市场先生"看扁了的股票买入,剩下的事情就只是等待价格上涨获得收益了。

站在购买公司的角度考虑问题

巴菲特认为,股票并非一个抽象的东西,投资人买入的股票,决定其价值的不是市场,也不是宏观经济,而是公司的经营情况。巴菲特说:"在投资中,我们把自己看成是公司分析师,而不是市场分析师,也不是宏观经济分析师,甚至也不是证券分析师。……最终,我们的经济命运将取决于所拥有的公司的经济命运,无论我们的所有权是部分的还是全部的。"

"在我购买一只股票的时候,我会像购买整个公司那样去考虑,就像我沿着大街找到一家可以收购的商店一样。如果我想收购一家商店,我会了解这条大街上的每一家商店,了解每一家商店的所有方面。我可以根据沃尔特·迪斯尼在1966年上半年的股票市场价格分析公司的价值。当时的股票价格是每股53美元,这个价格还是比较高的。但是,想到可以买到整个公司,而《白雪公主》等其他动画片的票房收入就值很多,所以说,这点代价也就不足挂齿了。这样,就拥有了迪斯尼乐园和沃尔特·迪斯尼电影公司这样的合作伙伴。"

巴菲特在选股的时候,总是先要考虑所选择公司的管理状况、金融业绩以及现行的股票价格。这样做的目的就是寻求购买潜在价值被大打折扣的股票,这类股票的特点是价格与收益比率较低及股息收益较高,或者是账面价值与实际价值比率较低。很多投资者认为增值与成长之间的关系是对立的,应该在两者中取其一。巴菲特认为增值与成长是相吻合的。他说:"将'增值'股与'成长'股严格区分开的整个做法都是无稽之谈。这种做法为那些已退休的基金管理者空谈投资方法并以此收取费用大开方便之门,也为投资顾问的彼此区分大开方便之门。但是就我来说,所有聪明的投资都应是增值投资。"要进行增值投资,就必须关注企业是否具有持续的竞争优势。

巴菲特一直以来都很关注公司的持续竞争优势。2000年4月在伯克希尔公司股东大会上,巴菲特在回答一个关于竞争优势问题时指出,企业持续竞争优势的分析和判断是投资中最重要的。

巴菲特说:"长期的可持续竞争优势是任何企业经营的核心。这正是投资的关键所在。理解这一点的最佳途径是研究分析那些已经取得长期的可持续竞争优势的企业。对于投资来说,关键不是确定某个产业对社会的影响力有多大,或者这个产业将会增长多少,而是要确定所选择的每一家企业的竞争优势,而且更重要的是确定这种优势的持续性。那些所提供的产品或服务具有很强竞争优势的企业能为投资者带来满意的回报。"

巴菲特曾经对一些学生描述自己分析公司竞争优势的方法:"一段时间内,我会选择某一个行业,对其中几家公司进行深入研究。我不会听从任何关于这个行业的言论,我努力进行独立思考,然后找出答案。……比如我挑选的是一家保险公司或一家纸业公司,我就会这样想象:如果我继承了这家公司,而且它将是我永远持有的财产,那么我将如何管理这家公司?我应该考虑哪些因素的影响?我需要担心什么?谁是我的竞争对手?谁是我的客户?我将走出办公室与客户谈话,从这些谈话中会发现,这家企业与其他企业相比,具有哪些优势与劣势。如果进行了如此的分析,肯定会比管理层更加了解这家公司。"

巴菲特将竞争优势壁垒比喻为保护企业的护城河,强大的竞争优势像护城河保护着企业的超额盈利能力:"我们喜欢拥有这样的护城河,河里游满了鲨鱼和鳄鱼,足以抵挡外来的闯入者——有成千上万想夺走我们市场的竞争者。我们认为护城河是不可跨越的,并且每一年我们都让管理者进一步加宽护城河,即使这样做不能提高当年的盈利。"

巴菲特在伯克希尔公司1993年的年报中称可口可乐和吉列是拥有持续竞争优势企业的典范:"它们在近年来不断地增加全球市场的占有率、品牌的巨大吸引力、产品的出众性与销售渠道的强大实力,使得它们拥有超强的竞争力,就像是在它们的经济城堡外形成了一条护城河。相比之下,一般的公司每天都在没有任何保障的情况下浴血奋战。"

只有可长期持续的竞争优势才能为公司创造良好的长期发展前景,也才能成就基业常青的优秀公司。巴菲特从1977年就确立了这一选股原则,至今不变。

"我们的重点在于试图寻找到那些在未来10年,或者15年,或者20年后,企业经营情况是可以预测的企业。"巴菲特最渴望的企业竞争优势持续性是那种未来"注定必然如此"的竞争优势。巴菲特同时也告诉我们,即使他寻觅一生,也只能发现很少"注定必然如此"的公司,所以我们在确认一家企业是否优秀之前,一定要十分慎重再慎重。

巴菲特一再强调:"投资人必须了解一些公司,包括一些产业,否则就根本没有所谓的长期投资策略。"投资人到底要了解公司的什么呢?他的经历告诉我们应该去尽可能多地了解企业的业务经营情况,即企业的业务是否长期稳定?企业的业务是否具有经济特许权,现在是否具有强大的竞争优势?

由于巴菲特进行长期投资,所以他非常重视企业是否可以长期稳定的发展,并且能保持良好的长期发展前景。企业的长期稳定和发展前景取决于许多不确定性因素,分析判断起来非常困难。巴菲特为了提高对企业长期发展前景的准确性,在选股时严格要求被投资公司必须有着长期稳定的经营历史,这样他才能够据此分析并确信公司有着良好的发展前景,公司未来能继续长期稳定经营,继续为股东创造价值。

许多公司管理层与投资者希望公司开拓新业务,形成新的增长点。而巴菲特却认为公司应该保持稳定的业绩,在原有的业务上做大做强,使竞争优势长期持续。因此巴菲特最喜欢投资的是那些经营状况不太可能发生重大变化的公司和产业。

许多投资者非常喜欢投资于正在进行或是即将进行重组的公司股票,他们认为这些公司有可能会"咸鱼大翻身",股价会有巨大的增长。针对这种状况,巴菲特在伯克希尔公司1980年的年报中指出:在过去的年报中我们曾谈到购买和经营咸鱼翻身类型公司的结果常常让人大失所望。这些年我们大约先后接触了数十个产业中数百家具有"咸鱼翻身"可能性的公司,不管是作为当事人还是旁观者,我们持续追踪着这些公司的业绩并与原来的预期比较。我们的结论是除了极少数例外,大多数都失败了。既然只有很少企业可以咸鱼大翻身,那么投资人最好还是避开这些"鱼",只去追求好的企业。

巴菲特认为企业具有长期持续竞争力的根本原因在于"经济特许权"。一项经济特许权的形成,来自于具有以下特征的一种产品或服务:①顾客需要或者希望得到的;②被顾客认定为找不到类似的替代品;③不受价格上的管制。这三个特点的存在优势,将会体现为一个公司能够对自己所提供的产品或服务进行主动提价,从而赚取更高的资本报酬率。不仅如此,经济特许权还能够容忍不当的管理,能力差的经理人虽然会降低企业的获利能力,但是并不会对它造成致命的伤害。相对而言,一般企业想要获取超额利润只有两种途径:成为低成本运营商,或是使所提供的产品或服务供不应求。关于第一种途径,尽管通过卓越的管理,一家公司可以长期维持低成本运营,但即便如此,还是会面临竞争对手攻击的可能性。第二种途径供不应求的情况通常持续不了多久。而且与经济特许权企业不同的是,一般企业会因为管理不善而倒闭。

根据《财富》杂志1988年出版的投资人手册,在全美500大制造企业与500大服务企业中,只有6家公司过去10年的股东权益报酬率超过30%,最高的一家也只有40.2%。在1977~1986年间,总计1 000家企业中只有25家能够达到业绩优异的双重标准。这些企业出售的产品大多和10年前基本上完全相同,但是其良好的经营记录证实:相当强大的经济特许权,或者专注于一个遥遥领先的核心业务,往往是形成非常出众的竞争优势的根本所在。

要了解企业还需要去衡量企业的管理,这比衡量企业的财务业绩难度更大。巴菲特在投资之前,都要花时间对管理进行评估,这是因为它会对今后的金融业绩给出早期的警告信号。如果你对管理层的所言所为进行仔细观察,就会发现衡量他们工作价值的线索。这种对管理工作的衡量,比出现在之后公司财务报告中或报纸金融版中对公司管理的衡量要早得多。

跟踪追寻过去几年的年度报告,你会逐渐对公司的管理历史有所感知。你还可以通过媒体了解所持股的公司。留意管理人员所说的话以及其他人对管理人员的评论文章。如果你注意到公司总裁最近发表了演讲或作了报告,你应从投资关系部门拿到演讲稿并仔细阅读。上网搜寻公司的网站并获取最新的消息。

总之,通过一切办法了解管理层。重要的一点是,不要忘记评估管理。信息掌握得越多,获取的线索越多,你就越能准确而容易地评估管理。你了解的信息最终都会影响到你的股价,所以你必须提前了解这些信息。

巴菲特认为在进行投资时,先要精确评估企业的内在价值。那么,投资者应该怎样正确理解这句话呢?

通常情况下,巴菲特把一家公司的价值分为市场价值、账面价值、内在价值。市场价值就是在股票市场上每一股股票的价格;账面价值是指企业财务报表所呈现的净值;内在价值则是投资人花再多力气也要判定出来的公司的真正价值。因为内在价值可能比市场价值要高,也可能比账面价值还低,但是巴菲特认为,只有判定这家公司的内在价值,投资人才能决定该不该买进这家公司的股票。

问题是怎么精确地评估一家公司的内在价值呢?巴菲特认为先决条件是要"远离市场的干扰",而评估的方法主要有三种:一是盈利能力分析;二是成长性分析;三是净资产分析。

盈利能力分析是衡量内在价值的首要标准。它是从公司的损益表出发,认为内在价值就是现有收益经过适当调整后得到的价值,它等于公司资产的重置成本。这种盈利能力价值也就是公司资产加上公司特许经营权带来的竞争优势。特许经营权包括先进的管理或政府的特别许可等,也许它不如纯粹的竞争优势持久,因而对这一条价值的估计不如对资产价值的估计可靠。这里最为关键的是对现有收益的调整,主要应当包括纠正对会计概念的错误理解,解决折旧、摊销与恢复年初资产水平再投资的差异,经济周期及其他暂时因素等。通常会出现三种情况:一是公司的盈利能力价值远远低于资产的重置价值;二是两者基本相等;三是计算正确的盈利能力价值明显高于资产的重置成本。显然,应选择第三种,但是公司的竞争优势究竟有多大、能够维持多久是判断的关键。

成长性分析是最有必要也是最难估计的一种方法,特别是预测未来很长一段时间的增长率就更难。而且,在很多情况下,公司销售率和利润率的增长并不影响公司的内在价值,因为成长性更多地体现在应收账款、存货和设施设备的增加上面,这些将会增加负债或者减少留存收益,减少可用于分配的现金数量,从而降低公司价值。

净资产分析是其中最为直观和简单的方法。假设企业在自由进出、没有竞争优势的条件下,资产价值就是公司的内在价值,因而可以从企业的资产负债表着手,分析企业的资产状况,而后挖掘出公司的内在价值。净资产法有时又被称为清算法,是指变卖企业所有资产,扣掉负债之后的净值。这种方法的特点是假设企业不再存活,不考虑企业未来的盈利状况,通常就将流动资产的净值作为清算价值的粗略估计。运用这种方法,投资人能买到流动资产比流动负债及长期负债的总和多1/3的公司,肯定会大赚一笔的。

买入有发展前景企业的股票

费合尔认为,某些具有独特财务状况的公司拥有某种潜力价值,即使某公司持续以低于它实质的价值来出售股票,如果该公司的获利能够得到不断改善,股票价格就能上升。巴菲特对这个观点也提出了自己的看法,他认为,一个杰出有潜力的企业的经济状况是完全不同于那些一般企业的,如果能买到某家杰出企业,相对于一流企业的静态价值,杰出企业会有扩张价值,其扩张价值最终会使股市带动股票价格。

在巴菲特的财富经历中,他的伯克希尔公司购并了不少有潜力的企业。巴菲特从1982年起在伯克希尔年报中多次公开声明他购并企业的六条基本标准:一是公司规模较大,至少有500万美元的税后利润;二是有持续稳定的盈利能力;三是公司在少量举债或不举债情况下有良好的权益收益率水平;四是良好的管理;五是简单易懂的业务;六是清楚的出售价格。

1972年,巴菲特购买了喜诗糖果公司。该公司每年以每磅1.95美元的价格卖出1 600万磅的糖果,获得400万美元的税前利润。巴菲特买它花了2 500万美元,是因为他觉得这家公司有一种未被开发出来的定价魔力,每磅1.95美元的糖果可以很容易地以每磅2.25美元的价钱卖出去。每磅30美分的涨价,1 600万磅就可以额外收入480万美元,所以2 500万美元的购买价还是划算的。

巴菲特在这件事上从未雇过咨询师,因为他知道每个加州人心中对喜诗糖果都有一些特殊的印象,他们认同这个牌子的糖。巴菲特说:"我们在1972年买下的喜诗糖果,从那之后,我们每年都在12月26日,圣诞节后的第一天,就开始涨价。圣诞节期间我们卖了很多糖。第一年,我们卖了3 000万磅糖果,一磅赚2美元,总共赚了6 000万美元。10年后,我们会赚得更多。在那6 000万美元收入中,5 500万美元是在圣诞节前3周赚的。这确实是一桩好生意。"

巴菲特购买企业与购买股票的标准是一致的,即遵循成长型价值投资。也许有人会问,小投资者手中的资金有限,接受的信息量有限,甚至能够投入的时间也有限,怎么可能像巴菲特那样购买并拥有企业呢?巴菲特给出了答案,他说:"当我还在经营自己的合伙人企业时,我曾经对自己做过的所有的大宗交易与小宗交易做过一次回顾性的研究。我发现在大宗交易上的成绩要远远好于在小宗交易上的成绩。这个现象不难理解,因为我们在进行每一项大宗投资之前,都会去考察很多东西,对企业的了解也因此更为透彻,而在进行小的投资决策前,我们的表现则显得粗心大意。"

投资者可能投资金额并不多,也不好效仿巴菲特购买企业的方法,但是可以从这种方法中借鉴经验:重视企业潜在的价值。其实,小投资者拥有巴菲特没有的自由优势,拥有更广泛的选择股票的自由。此外,在购买股票时的操作也简单得多,不需要同别人谈判,"市场先生"每天都会给你一个报价,你只需要考虑一个问题——企业与价格。

做符合商业意义的投资

究竟该如何去投资,很多投资者并没有深入地研究过这个问题。他们只是机械地买卖

手中的股票而很少对持有股票的企业进行全面考察。而投资大师巴菲特却不这样,他认为把投资当成经营企业是最佳的投资方式,因为一只普通股票代表着拥有该企业部分的经营权。所以,在选择投资哪一个企业和了解该企业值多少钱时,应将这些放入企业前景的标准中考察。他建议投资者要停止思考股市本身的问题,而应多思考当自己拥有这些上市公司时所需面临的经济问题。一个优秀的投资者,应执著于企业远景的选股智慧,并从别人的愚蠢行为中获利。换句话说,其他人无知的恐惧与贪婪,正是你利用他们犯错的机会获利的源泉。

同时,巴菲特忠告投资者并非只要全部信守规律就可以获利,而必须参考选择债券时所运用的"反向艺术",去了解哪些该买与哪些不该买。他关于企业前景投资的事情,都与华尔街的说法差别很大;采取聪明的企业经营想法投资股票,将发现最蠢的事就是拥有一只股票然后期待它下周股价会上扬,其实等待市场走低而不是走高,才可能让你买到想要的上市公司股票;在超级市场的购物过程可以对你的投资理念有很大的启示;你会改变看法,从原先认定买了股票后就期待未来6个月会有25%获利的看法,改变成参与企业部分投资的心理,期待未来5~10年,每年维持15%或更好的复利报酬率,开始把股票当做债券,思考不同的利率状况;你将了解分散投资是某些人用来保护他们选错标的投资方式,并不是因为他们对投资有所领悟;你会发现很多投资者都非常乐观,但是没有一个在财务投资上获利丰硕。

巴菲特的投资理念是透过商业意义,以比较低的价位购买优秀的企业的股票。在巴菲特看来,所谓合乎商业意义即投资时担负最低的风险获得最高的年复利报酬率。巴菲特比华尔街其他经理人成功的几率高很多的原因,就是他像企业家一样追求长期利润,而他们则偏重短期获利。

伯克希尔公司的一个股东就曾经这样评价巴菲特:"对于他来讲,最典型的例子就是从价钱只有1美元的购买中获取2美元的收益。巴菲特教导我们,'在价值的计算过程中,增长一直是不可忽略的组成部分,它构成了一个变量,这个变量的重要性是很微妙的,它介于微不足道到不容忽视之间。'看一看可口可乐公司全球性的发展就知道了。伯克希尔公司在20世纪80年代就买下了可口可乐公司,当时可口可乐公司的高盈利率收入所得仅仅是现在的一个零头。"

巴菲特不仅依照企业的内资价值来投资,而且他还对一个公司的资产负债表感兴趣,同时还对一些基本原理和一个公司的增长前景、竞争能力感兴趣。如果你要投资某个企业,就要看该企业的账目及获利状况,如果企业获利不错,就再衡量该店的获利是否持续稳定,或是大起大落。如果该店获利持续稳定,就去估计它的预期报酬率,然后再货比三家,以确认它是否是相对较好的投资对象。一旦确认就该马上行动。

如果巴菲特决定全部或部分入主企业投资时,他还会问自己这样的问题:这个企业预计能赚多少钱,而卖价又是多少?并且将这个答案作为他投资的基础。

巴菲特认为投资公司有两种选择:一是经由配发股利方式发放现金,二是透过再投资方式发放股票股利,而后者将增加公司的隐藏价值。巴菲特说,从长期来看,这个隐藏价值会导致股价上扬。这个观点与大部分华尔街的专家不同,他们不认同未到手的盈余。在20世纪80年代早期他拥有的股票中,如伯克希尔公司每股股价500美元,不久之后每股股价就高达4.5万美元,而该公司仍未配发任何股利。股价的增加来自于企业隐藏价值的提升。获利高的伯克希尔公司,其隐藏价值的提升来自于巴菲特保留盈余转入再投资该公司。

巴菲特的这些经验告诉投资者,即使是个人少量资金的投资,也应该有企业经营的思维。看准了就要坚持,因为任何一只股票投资都不会一帆风顺,关键是研究的投入,事先要把功课做扎实。

关注持续性获利行业

选择持续性获利行业是巴菲特投资哲学中的一条。怎样选择持续性获利行业呢?它包含了两方面的内容:一是选择具有持久竞争优势的公司,持久的竞争力是获利的保证;二是选择管理水平良好的公司,管理水平直接影响公司的竞争力和获利能力。

巴菲特在1979年购买了美国通用食品公司的股票,当时每股价格是37美元,一共购买了400万股。他之所以看中该公司的股票,就是因为这个公司有着高额利润,从该公司的经营历史来看,其利润每年以8.7%的速度递增。巴菲特的判断是对的,该公司1978年每股利润是4.65美元;1979年,其股票每股利润出现巨额增长,高达12美元;到1984年,公司每股利润涨到6.96美元。这段时间内,通用食品公司的股票的价格也一直上涨,1984年的股价达到54美元。巴菲特看中的这类高成长、高回报的公司也得到其他投资者的认同。1985年,菲利普·莫里斯公司看到通用食品公司的投资价值,以每股120美元的价格从巴菲特手中购买了其全部股票。巴菲特因此大赚一笔,其投资年平均收益率达到21%。

巴菲特对其他公司股票的投资也与此类似,他十分注重公司的行业是否具有消费垄断优势,因为垄断就意味着一种潜在的竞争力。巴菲特根据长期投资得出结论,有两种公司最值得投资。一是具有持久竞争优势的品牌公司,这些公司以生产品牌产品为主,消费者因为认同其品牌,在通常情况下都会选择购买其产品,这样产品就会具有消费垄断优势,这类公司就会具有持久的竞争优势。即使在经济不景气的情况下,因为消费者对其产品的信赖,这类公司的获利也不会遭受很大影响,从而能给投资者带来长久稳定的收益。二是最有效率的公司。在同一行业的所有企业中,如果某一公司的管理人员注重管理效益,节约管理成本,能以最低成本很好地运作公司,这类公司就值得投资。许多公司之所以能成为品牌公司,就是因为它能以最低最省的成本运作公司,即便在经济不景气的情况下,较低的运行成本也能保障一定数量的利润,这样也能保证投资者的利益。

巴菲特进行投资的时候,很重视企业的管理水平,有时甚至超过了对公司可测算价值的重视。例如,美国的著名品牌公司——可口可乐公司,自公司创立以来,一直能够持续发展。但在20世纪70年代初,由于董事长保尔·奥斯汀的无能,导致该公司管理混乱,投资频频失误,员工人心涣散,税前收益逐年下降,公司的发展不容乐观。80年代初,奥斯汀被迫辞职,格伊祖塔担任公司董事长。格伊祖塔有着杰出的领导才能,他上任后大力提高可口可乐公司的管理水平,削减各项开支,取消各种与本行业无关的投资,制订新的发展计划。可口可乐公司在格伊祖塔的领导下,不久又焕发出勃勃生机,公司的股票价格也逐年走高。1988年,巴菲特出巨资投资该公司股票时,该公司的股票市价已比1980年增长4倍。因此,从当时看,巴菲特是在"追高买进",是很不明智的做法,而当时华尔街的证券分析家们也否定巴菲特的这一举动。事后,巴菲特就此事接受美国《机构》杂志采访时认为,他这次花巨资购买可口可乐公司的股票,是因为他信任罗伯托·格伊祖塔的管理才能。可见,巴菲特十分重视可口可乐公司的管理水平和领导者才能,在他的公司内在价值分析方法中,对管理水平的考核已被提高到相当重要的地位。

巴菲特在1988~1989年购买的10.2亿美元可口可乐公司股票,到1996年市值已达71亿美元。短短7年时间,便为巴菲特赚进60亿美元的财富。而可口可乐公司在格伊祖塔的领导下,股票的市场价值已从1980年的41亿美元增长至1996年的1 150.7亿美元,仅次于通用汽车的1 373.4亿美元。这同样也证明了公司的管理水平和领导者的才能在公司的投资价值中占据着重要的地位。

在巴菲特的其他投资活动中,有时他的行为会表现得"出人意料"。例如按巴菲特以往测算公司内在价值的方法,当时大都会——美国广播公司股票的市场价格,已超出了该公司内在价值的30%,也就是说,巴菲特是以高过该公司合理价位的30%购买了这家公司的股票。但是,巴菲特购买大都会——美国广播公司股票的目的,与以往的投资目的不同。因为这一次,巴菲特是十分欣赏该公司的董事长穆菲的管理才能和其良好的人格,才以较高的价格购买大都会——美国广播公司股票的。

巴菲特认为,大都会广播公司兼并美国广播公司后,新的大都会——美国广播公司在穆菲的领导下,股东年收益绝不是一般兼并后两者年收益"1+1=2"的效益,而将是"1+1>2"的效益。巴菲特对穆菲非常信任,甚至在他开始投资大都会公司时,就把自己在该公司之后11年的股票投票权都委托给了穆菲。

合并后的大都会——美国广播公司的效益,印证了巴菲特事前预计的"1+1>2",取得了令人意想不到的良好收益。而大都会——美国广播公司的股价也节节攀升,巴菲特1985年购进的5.1亿美元该公司的股票,至1989年市值已达16.9亿美元。

巴菲特在择股时,除了要明确该公司的内在价值是否被市场低估、公司是否具有良好的管理水平这两个要素外,还要确认该公司是否具有可持续发展的能力。这也是巴菲特持有股票的公司所必不可少的一个要素。

投资前先衡量成功因素

在实行价值投资的时候,要关注影响企业内在价值的因素,即企业管理层和企业的财务与市场,并且从这两方面来衡量企业的价值。

巴菲特指出,衡量一项投资是否成功,有关管理层方面的两条是应该被牢记的:一是管理层能够得到肯定的评估,其中不仅包括了企业实现其全部潜能的能力,也包括其明智地使用其现金流通量的能力;二是管理层是能够被充分信赖的,他们能真正地为投资者的利益着想,与股东保持着畅通的沟通渠道,使收益能够从企业转入到投资者手中,而不是被他们收入自己的囊中。

巴菲特在选择投资之前,十分重视考察企业的经营管理者的素质。在自己的旗舰公司——伯克希尔·哈撒韦投资股份公司中,他的最高奖赏就是使经理成为企业的股东,让他把企业看作是自己的企业。这样,经理们就不会忘记自己的首要目标——增加股东权益的价值。巴菲特认为,一个企业经理应当严格履行自己的职责,全面如实地向股东报告企业的经营状况,对股东的利益高度负责。要收购或投资一家企业,巴菲特首先对企业管理者的素质进行全面考察。他考察企业管理者的时候,非常注重管理者是否具有独立经营能力而不受所谓惯例的驱使;以及是否能够理性决策,使企业沿着正确的经营路线不断发展。

管理经营者的理性行为主要体现在驾驭公司资金上。经营企业最重要的管理行为是"怎么分配资金"。从企业的长远发展来看,资金的分配和使用决定了股东投资的价值。比如,如何分配公司盈余就是关系到企业发展的重大问题。是将盈余继续用于投资,还是当作红利分配给股东?这种选择中就体现着管理者的逻辑判断和理性分析能力,涉及公司发展的阶段和方向问题。

　　在巴菲特看来,那些出色的经营者对自己的企业都有着极为深厚的感情。讨厌那些只想自己赚钱而置股东的利益于不顾的企业经营者,这些人一方面告诉股东股票发行价是不适当的;另一方面却用自己手中的特权将股票以低价卖给自己的熟人。这样最终让企业及其所有人蒙受巨大损失。

　　因此巴菲特认为对管理层的考察具有举足轻重的作用。他说:"我总是把自己看作是一个统筹全局的人,如果管理层也能像我那样从全局着眼来制定和实施政策,那它就是我喜欢的管理层。"巴菲特建议投资者要认真考察管理层的所作所为,并从中发掘出对自己有用的信息。如何衡量一个企业的经营者,巴菲特提出了坦白、独立性原则。作为管理者一定要善于坦白,因为世界上没有不犯错的人,他们可能有比其他人更多的犯错的"机会"。巴菲特认为,那些有勇气与股民讨论公司失败之处的管理者是非常难能可贵的,因为大多数管理者都报喜不报忧。他说:"我告诉为我们公司工作的每个人,只要做成功两件事就可以了,一是像业主那样思考,二是立刻告诉股东坏消息。"

　　经营者要具有独立性,要能抵制机构的强迫命令。巴菲特告诫投资者,要躲开那些有从众心理的公司管理者,虽然他们具有丰富的经验与专业知识,但却往往犯一些"低级错误"。正如巴菲特所指出的那样,管理者的这种做法源于"机构强迫命令"的力量,这种力量让管理者失去客观的判断能力,而一味去模仿别人的做法,有时甚至连他们自己也知道这种行为是很不理智的。巴菲特认为,独立性是管理者最为重要的素质之一,这样才能让企业少受其他因素的干扰。

　　巴菲特认为在一个企业拥有好的管理层后,还应该去评估企业的财务与市场,这样才能确保价值投资的成功实现。在过去的几十年里,巴菲特鲜有失败的投资,但在这伟大成绩的背后,其所用的方法却是极为简单的。他的投资原则是选择公司、公司的管理状况、金融业绩以及现行价格。那些对投资者具有吸引力的企业所拥有的共同特征就是:高额利润,且能为投资者带来高收益。在巴菲特看来,投资者在购买股票前,要先考察企业的财务状况。

　　巴菲特常常对他的股东们说,绝对不要投资财务报表难以看懂的企业。他认为:"如果我看不懂某家企业的财务报表,就表示该企业的管理层不希望我看懂,如果管理层不希望我看懂,那其中就有不好的地方。"

　　巴菲特所能接受的企业财务原则是:报表的制作注重权益回报而不是每股收益;合理地计算"股东收益";追求高利率,公司每保留1美元都要保证创造1美元的市值。这就是评估企业财务状况的基本原则。一个企业的财务报表在真实可信的前提下,从以上几个方面就可以判断它是否优良,是否是值得投资的好公司。

　　企业的市场原则与其经营理念关系紧密,对投资者而言更是具有重要的意义。投资者在购买股票时,必须重视企业的市场原则:企业的估价应为多少;企业是否会被大打折扣以便低值买进;关注企业的市场占有率及一些潜在的竞争力;产品价格下降及需求减少可能对企业利润产生的影响程度;企业开展多种经营的能力。

普通投资者在实际操作中,经常被资本、现金流、附加值等众多术语搞糊涂,很少去关注企业的财务报告,去研究企业的市场原则。他们更愿意听从股评家的建议,如在哪个价位买入哪只股票,多少天后再将其抛售。巴菲特对投资者的这种盲从心理有着非常深刻的洞悉。巴菲特告诫投资者,投资的关键是你要保持独立的思考。

放长线才能钓大鱼

巴菲特认为一个成功的投资者"一生不必做许多投资决定,只要做几次对的就行了"。巴菲特常常嘲笑自己是个"又懒、又笨"的人,这么多年来,他选股和买股的动作不多,卖股的动作更少,多年的投资生涯,他只做过12个正确的投资决策,但这已足够让他成为最伟大的投资者了。

巴菲持在11岁时便开始投资,用积存下来的零用钱买了3只城市服务公司的股票,不久股价升了,他急忙抛出,赚了5美元。但该股后来不断上涨,使巴菲特后悔不已。这次深刻的教训让巴菲特明白,投资者如果对某只股票有信心,不管买后是涨还是跌,都要坚持到底,选择长线投资。这个信条成为日后巴菲特的投资思想之一。

巴菲特深信,即使是小钱,只要看准好公司,长期投资也能发大财。他说:"我偏爱的持股期限是永远。"这就是为什么他敢说10美分也能成为1亿美元的开始的缘故。

巴菲特有一句名言:"短线而言,股票市场是投票机,人气旺的股票走高;但是长线来看,股票市场是体重计,本质好的股票不会寂寞。"他将华盛顿邮报、吉列、大都会——美国广播公司和可口可乐公司列为永久持股,宣称:"不管市场如何高估它们的价值,我都不会卖出。"

事实证明,巴菲特永久持有绩优股的获利相当丰厚。根据伯克希尔公司2001年的财务报表来看,巴菲特投资华盛顿邮报28年,赚了82倍;投资美国运通公司赚了3.68倍;投资吉列公司赚了4.43倍。

综观巴菲特所执管的伯克希尔公司投资项目中,可口可乐公司和吉列公司一直是他们长线持有的投资项目。用巴菲特的话说:"我们很少关心几年内这些公司的股票成交量。我们在意的是公司的长远进步,而并非依据短期股票的增值来衡量业绩。如果我们对此抱有坚定的长线投资信念,短期价格对我们便失去了意义,除非它们提供增加公司所有权的机会。"

巴菲特确定长线投资的股票,所获得的收益率都远远超出同一时期的标准普尔500指数和道·琼斯指数的增长率。

巴菲特成功的投资经验提示我们,一个理性的投资者要想获得较高的收益率,就必须坚持长期持有的原则,短期行为是不明智的。

确实,投资应该是一项长期的行为,短期的交易意味着你离失败不远。这是因为短期交易的费用如果合计起来,包括税收和佣金,会使投资业绩大打折扣。如果交易很频繁,随着时间的推移,不断支付的佣金和其他费用是复合增长的。因此,巴菲特认为频繁交易对投资者没有多大好处,只是证券商多得利而已。对于长期持有者来说,交易的次数少,能使交易佣金等交易成本在投资总额中所占的比重很少。

必须耐心再多一点

巴菲特一贯坚持长期持股的投资策略,他认为:

"投资的一切在于,在适当的时机挑选好的股票之后,只要它们的情况良好就一直持有。"

"我最喜欢持有一只股票的时间期限是:永远。"

"如果你不愿意拥有一只股票10年,那就不要考虑拥有它10分钟。"

"投资股票很简单。你所需要做的,就是要以低于其内在价值的价格买入一企业的股票,同时确信这家企业拥有最正直和最能干的管理层。然后,你永远持有这些股票就可以了。"

"投资的一切秘诀在于,在适当的时机挑选好的股票之后,只要它们的情况良好就一直持有。"

许多人认为长期投资非常困难,还是让巴菲特告诉他们如何做吧。巴菲特2001年7月21日在西雅图俱乐部的演讲中说:"我从不认为长期投资非常困难……你持有一只股票,而且从不卖出,这就是长期投资。"

"我和查理都希望长期持有我们的股票。事实上,我们希望与我们持有的股票白头偕老。我们喜欢购买企业。我们不喜欢出售,我们希望与企业终生相伴。"

"1988年,我们大笔买进联邦家庭贷款抵押公司与可口可乐公司,我们准备长期持有。事实上,当我们持有这些优秀企业的股票时,我们最喜欢的持有期限是永远。许多投资人在公司表现良好时急着想要卖出股票以兑现盈利,却紧紧抱着那些业绩令人失望的公司股票不放手,我们的做法与他们恰恰相反。彼得·林奇曾恰如其分地形容这种行为是'铲除鲜花却浇灌野草'。"

"许多人投资股市,对股票并没有做过深入的研究,他们往往本末倒置,抱着一种急于让自己手中的股票变成钱,在他们看来,这样才是真正赚到了钱,岂不知他们的做法是'捡了芝麻,丢了西瓜'。"

不做轻率投资决定

股市上的风险很大,稍不谨慎,就有可能倾家荡产,血本无归,这就要求每一个投资人,入市之前一定要采取谨慎的态度。

股市里有一条不言自明的规则:每个投资人必须自己承担投资的风险。这是全世界投资册子里都写明的,只是没有引起一些投资人的重视而已。巴菲特认为,自己当自己的基金经理,和选择自己喜欢的优秀公司,都是非常重要的。因为,投资者拿钱出来投资是想要致富,而不是想在股市中寻找刺激。

巴菲特提供了一个不管经济好坏都会为你赚钱的投资之道:买入不管经济好坏都能赚大钱的企业。既然企业赚钱,投资者当然也就跟着赚钱了。伯克希尔公司多年来的投资成就,摆在我们眼前就说明了这个道理。

很大一部分投资者借由分散风险的做法来自我保障,以防因为欠缺足够的智慧和专长,把巨额资金投注在少数的企业上而受到伤害。所以他们把资本分配在不同种类的投资上,借此达成避险的目的。虽然巴菲特认为分散投资风险是必要的,但是如果把它当做投资的主旨就是不正确的。投资时只执著于分散风险,以至于握有一堆不同种类的股票,却对所投资的企业少有了解,这实在是很盲目。

巴菲特受凯恩斯的影响,也采取集中投资的策略,这种精简措施就是只投资在少数他非常了解的企业的股票上,而且长期持有。巴菲特降低风险的策略就是小心谨慎地把资金分配在想要投资的股票上。他认为最重要的是:要投资哪些股票以及以何种价位买进以降低风险。也就是说,以合理的价位买进那些经营卓著的公司的股票,减少发生损失的几率。巴菲特常说,如果有一个人在一生中,被限定只能作出10种投资的决策,那么他出错的次数一定比较少,因为他此时更会审慎地考虑各项投资,方才作出决策。

这样决策所选定的股票,经过长期持有,会有很好的收益。所以,巴菲特告诫那些想长期投资的投资人,决不要随随便便投资,投资和持有时要谨慎。

大巧若拙少交易

巴菲特认为企业能够产生出高于平均水准的经济效益,并且管理层是诚实和可靠的,就可以选择买进这家企业的股票。这种思想导致了他不怎么对市场的敏感度与热点有兴趣,并且使自己的节奏与整个华尔街相反。华尔街很多人持股时间很短,巴菲特则认为自己拥有股票的最佳期限是"永远"。

有人认为巴菲特的投资策略太过保守,巴菲特却说:"按兵不动其实是最好的策略,我们不会因为其他券商或者联邦储蓄贴现利率的小小改变,或者是哪位在华尔街颇有威望的人士的看法而改变我们既定的操作思路,去购入我们不看好的企业或是抛出一个非常有利可图的企业。我们拥有只有少数人才能得到的最优秀企业的股票,因此我们是不会改变战术的。"

其实在进行投资时,巴菲特的态度是非常明确的:永远不卖掉自己拥有的出色的企业,毫不犹豫地将一般的企业抛售,不管是买进还是卖出都不要频繁交易。投资者不要羡慕那些频繁交易者,虽然他们买进卖出的,看上去似乎还不错,但是做一个设想后,你就会发现其中的不同。如果两个人同时花相同的钱购买了同一只股票,而且这是一只成长型企业的股票,有良好的发展前景。就在他们持股的一段时间后,股价上涨了5%。其中一个人非常相信企业的未来发展前景,他认为即使目前股价上涨缓慢,甚至可能还会下跌,但只要企业没有发生变化,它的股票就值得长期拥有。抱着这种心态,他的投资管理会很轻松,他不会每天关注收盘价,也不在意交易量,只需每季度看看企业公布的财务报告。另一个人则不这样做,当股价上涨了一段时间后,他决定将它们变现,因为相较于其他疯涨的股票,这只股票的上涨比较缓慢。在变现之后,他又去追逐那些能获得更多收益的股票。经过多次的买空卖空,他在这只股票上赚的钱,可能又在那只股票上亏损了。而且这种投资策略会使他失去良好的心态,变得急功近利,失去理性的判断力。

频繁交易是不少投资者在股市中失败的原因。在股市里由于急功近利的心态的驱使,频繁交易是广泛存在的，很多投资人都有这样的经历，为了快速赚钱，在短时间内加快了交易的速度，但最后的结果是股票越来越多，但账户里的资金却越来越少。之所以频繁交易会导致失败，是因为股票的短期走势有一定的随机性和不确定性，投资者在操作和判断上存在很大的失误率；频繁的交易对人心态的负面影响很大，容易引起判断和操作的失误；频繁交易增加了交易成本；频繁交易很容易使股票的品种数增多，从而增加了操作的难度。

有人说过，巴菲特在投资领域的行动就像无尾熊一样迟缓。实际上，这正是长线投资的鲜明特点之一。由于投资经常在价格上落后于股市，其衡量股票买入时机的最关键因素乃是企业的内在价值，与市场形形色色的其他信息不同，它的变化是缓慢的。而投资者所做出的每一步行动，也都建立在长期的战略眼光之上，而非立足于短期行情需要。

频频换手失误多

在实际操作中，许多投资者会频频换手。这是因为投资者对市场寄予了过多地关注，出现对市场反应过度的现象，结果是一有风吹草动，便迫不及待地行动——不是急着买进，就是急着卖出。事实上，人们对股市的跌涨并非没有思想准备，问题在于到底有多少人能做到眼看着自己的资金在一天天缩水而保持镇定自若？巴菲特认为，成功投资者必备的一种素质就是从资金到心理上，都能为市场的波动做好准备。不仅要从理智上接受市场可能出现的任何变化，同时还要保持理性与独立的判断，这样就不会无所适从。事实上，如果投资者坚持自己当初的投资是正确的，就不必理会市场的任何变化，并保持应有的从容态度。正如格雷厄姆所说的："一个真正的投资家极少被迫出售其股票，而且他们拥有在任何时候都能对当时的市场情况置之不理的心态。"

一个理智投资者应该对市场的任何变化都能做到处变不惊。如果投资者面对市场波动，总是感到惊慌失措甚至弃股而逃。这种脆弱的心理会让你时刻关注别人的行动与看法，总是担心错过什么，这是投资者的致命弱点。投资者不仅不能从投资中获得巨大的利润，甚至连本金也可能因不良心态而损失惨重。

在一些经纪人的投资报告中，常常会出现这样的话："经济形势良好，因此应该购买股票。"这种说法好像很有道理，可事实上却行不通。经济形势的变化难以预料，各种不确定因素随时都有可能干扰预测结果的准确性。这样做的结果是，你只能永远跟在别人的后面，而你希望的收益也将一次次化为泡影。这可能就是所有投资者最容易犯、也最难以改正的一个缺点。所以，将自己的输赢寄托在分析师身上，而没有了自己的判断，是非常不可取的。

与那些对市场信息过度敏感的人有所不同的是，有些投资者一旦选择了股票，便放心地长期持有，他们并不过度关注股价每天的变化，从而也就免于遭受由于别人的判断失误所带来的痛苦。

对于投资者来说，最大的收益并不是在频频换手中得来的，而在于把握好股票的买进卖出的时机。对此，费合尔认为，投资者购买股票的最佳时机是在某个前景看好、具有投资价值的新企业刚开始启动时购买。一般来说，企业的新产品刚刚开始上市时，需要有一个打开销路的困难时期。此时，大多数投资者对其信心不足，股价处于相对低位，就可以大胆出手。

另外，投资者在市场出现波动时便迫不及待地卖出股票，等到股价跌至更低的时候再重新买入。这种方式似乎很合理,不过在实际操作中,往往会错过股票反弹的最好时机,再加上投资者必须支付更多的所得税费,以至于整个交易成本都会增加。对此,费合尔认为,如果投资者在选择股票时,从一开始就对企业有着较为全面的认识,并对其未来的发展有合理的展望,便大可不必为了获得那一点点的波动差价而费心了。

第 22 章

长期持有不等于永远持有

寻找三类股票

仔细分析研究巴菲特长期持有的股票后,可以把它们分为三大类,即获利能力强的企业的股票、成长型股票、具有差异化优势的公司的股票。

巴菲特不以股价上涨或下跌的幅度作为判断持有或卖出股票的标准,他的投资决策取决于企业的经营绩效。他判断持有还是卖出的唯一标准是公司是否具有持续获利能力。既然是否长期持有股票是由能否持续获利决定,那么衡量公司持续获利能力的主要指标是什么呢?

巴菲特认为最佳的衡量指标是透明盈利。透明盈利是报告营业利润加上公司的留存收益,再减去这些留存收益分配时应缴纳的税款。要计算透明盈利,投资人应该确定投资组合中每只股票相应的可分配收益,然后算出总和。每个投资人的目标,应该是建立一个投资组合,计算它在10年左右将能带来最高的预计透明盈利。这样的方式将会迫使投资人思考企业长期远景而不是短期的股价表现,进行这种思考有助于改善自己的投资绩效。就长期而言,投资决策还取决于公司未来的获利能力。如果企业的获利能力短期内发生暂时性变化,但并不影响其长期获利能力,投资者就应继续持有;但如果公司长期获利能力发生根本性变化,投资者就应毫不迟疑地卖出。

巴菲特在进行长期投资时,除了买进获利能力强的股票外,还喜欢购买成长型的股票。这是因为成长型的股票,因其公司的成长性良好,将来会获得较高的回报率。成长型公司的主营业务收入和净利润的增长态势通常处于高速扩张之中,并且多送红股少分现金,这样既保证有充足的资金投入运营,又使业绩的递增速度追上股本规模的高速扩张。而且在多次大面积送配股之后,其含金量和每股收益却不会因此稀释。所以长期投资这样的企业,必然会获得丰厚的盈利,这样不仅可以保证本金的安全,而且还会给投资者带来不菲的收益。

巴菲特在买入股票时非常注重公司的差异化竞争优势。因为在他看来,这种优势是别人难以模仿的,如果该公司管理层在业务经营和资本配置方面都比较好的话,长期持有这样的股票是最好的投资方式。

巴菲特投资于政府雇员保险公司时,就是看中了该公司的差异化竞争优势。该公司是美国第七大汽车保险商,主要为政府雇员、军人等顾客提供汽车、住房、财产保险服务。他们的保险销售方式很特别,其他保险公司都是通过代理商卖保险,他们则主要采取直销方式,把保险单直接寄到客户家里,这样不但可以加强与客户之间的直接联系,而且节省了成本。

1975年，政府雇员保险公司亏损高达1.26亿美元，公司因此出现了严重的财务困难，濒临破产。巴菲特通过对这家公司的了解，发现政府雇员保险公司虽然财务出现严重的问题，但是它的竞争优势依然存在。所以巴菲特相信，在这个时候进行投资，将来一定会有丰厚的回报。

1976年，巴菲特买进政府雇员保险公司大量股票。不久，政府雇员保险公司发行了7 600万美元的可转换优先股，巴菲特购买近200万股，相当于其发行总量的25%。到1980年年末，伯克希尔公司所拥有的这些股票市值已经达到1.05亿美元，股价翻了一番。而仅1980年一年，政府雇员保险公司年收入7.05亿美元，净利润6 000万美元，伯克希尔公司从中分得利润2 000万美元。

后来，政府雇员保险公司的经营业绩完全证明了巴菲特当时的想法。1983~1992年的10年时间里，政府雇员保险公司由于采取直销策略，公司费用与保险费收入的比例为3:20，只有全行业平均水平的一半，从而奠定了它的平均税前经营利润率在同行业中的领先地位，而且一直是最稳定的。随之而来的是，政府雇员保险公司的股票市值从1980年的2.96亿美元上升到1992年的46亿美元。

长期持有靠恒心

巴菲特的成功使他成为一个令人敬仰的人士，他成功的最大原因就是他的恒心。从他1956年合伙成立一个投资公司以来，美国的股市长期来说就是一个牛市，许多人沉不住气，把股票卖了，可是巴菲特却持有股票后十几年不动。他的方法就是在股票低于实际价值时买入，坚决持有至价值被发现，在超过其内在价值时，他才会抛出。1969年美国股市太热，巴菲特找不到好的投资机会，于是卖掉了累积了13年的股票。

至1973年股市低落时，巴菲特又重新买入1 060万美元的华盛顿邮报股票，到1989年已增至48 600万美元；在1974年，他以4 500万美元买入的政府雇员保险公司，至1989年已值14亿美元。巴菲特20多年来的平均收益率为29%，正是这样高的收益率使他成为一代股神。

巴菲特认为，一个投资者要想取得成功，就必须有恒心。在他看来，恒心是成为一个成功的投资者应该具有的重要素质，认为只有恒心持股，才有机会在等待中获得超出一般指数的成绩。

巴菲特经常说，只要他对某只股票满意，他就去买下并长期持有，即使交易所关门10年也无所谓。持股10年，大多数投资者是很难做到的。因为在这漫长的时间里，利率、经济景气指数及公司的管理层都有可能发生很大的变化，促使股价剧烈波动。股价的波动对大多数投资者而言，将会严重地刺激他们的神经，使他们的信心和恒心受到挑战，往往为了阻止进一步损失卖出股票。

对集中投资者来说，恒心是必备的素质，要想得到超出市场平均值的回报，就更需要加倍的恒心与智慧来应对由股价波动所带来的影响。如果有像巴菲特一样的恒心，能长期坚持下来，一定会获得丰厚回报。因为股市中，成功总是青睐有恒心的人。

长期持有不等于永远持有

巴菲特一生的经验就是长期持有一只股票数年甚至数十年，这样的收益率远远高于短线买卖数百只股票。巴菲特之所以决心长期持股不动，关键在于他对长期投资更成功有着巨大的信心，而且这种信心建立在理性分析的基础上。对于投资者来说，一时的暴利并不代表他长期的盈利，而经常的微利却可以转化成长期的巨大收益。但是，巴菲特所说的长期持有，并非永远持有。

1984年的时候，巴菲特开始买入大都会——美国广播公司的股票，后来又大量增持。他在这时还对外部公开声明，要永久持有大都会——美国广播公司的股票。但是，他并没有那样做，在他持股10年之后，大都会——美国广播公司被迪斯尼公司收购。巴菲特于1年之后，全部抛出了自己手中的大都会——美国广播公司的股票。

2003年，巴菲特又看中了中石油。他说："读了这家公司的年报之后就买进了，这是我持有的第一只中国股票，也是到目前为止最新的一只。这家公司的石油产量占全球的3%，这是很大的数量。中石油的市值相当于艾克森美孚的80%。去年中石油的盈利为120亿美元，在世界500强公司的排行榜上只有5个公司获得了这么多利润。当我们买这个公司的股票时，它的市值为350亿美元，所以我们是以相当于去年盈利的3倍价钱买入的。中石油没有使用那些财务杠杆。它派发盈利的45%作为股息。所以基于我们的购买成本，我们获得了15%的现金股息收益率。"

巴菲特根据中石油稳定的现金股息收益率就作出了价值判断，能够稳定地获得15%的投资收益率，他认为中石油股票可以长期持有，于是他开始购买中石油的股票。从2003年4月开始，巴菲特通过伯克希尔公司不断增持中石油的股票。至4月24日，巴菲特共持有中石油23.38亿股，占中石油全部发行的H股股本的13.35%，总投资4.88亿美元。到2007年，随着油价突破70美元每桶，巴菲特根据市场这一变化，改变了自己原来的想法，他售出了手上的中石油股票。

所以说，巴菲特所说的长期持有并非是说要永久持有，因为在持有的过程中，可以不断观察和了解公司的发展状况，以决定持股的期限。所以有些暂时持有的股票很有可能会变成长期持有的股票，而原来长期持有的股票也可能会被沽出。

取前人之长

1998年5月，67岁的巴菲特在华盛顿大学商学院与学生对话时说："成功就是获得了你想得到的东西，而幸福就是追求你想得到的东西。当你们走出校门时，我建议你们去为敬仰的人做事，这样你将来就会像他们一样。"这段话可以说是他自己的切身体会。

巴菲特在内布拉斯加州大学读书时，读到了格雷厄姆所著的《聪明的投资者》一书，非常推崇。师从格雷厄姆成为他的最大愿望。大学一毕业，他便来到纽约，进入格雷厄姆任教的哥伦比亚大学商学院，向格雷厄姆求教。

格雷厄姆深谙投资理论的精髓，强调对一系列企业实质投资价值了解的重要性。他告诉巴菲特,投资者的注意力不要老是放在行情显示屏幕上,而应放到发行股票的公司那里。投资者应该了解的是公司的盈利情况、资产负债情况、公司的未来发展前景等,只有通过上述分析,才能发现或计算出一只股票存在的真正价值。他认为市场不可能在任何时候都能对股票的真正价值作出合理的估价,投资者之所以能够在股票市场上获利,关键在于他们发现并买进了低于其真正价值的股票。当市场最终发现其投资价值后,这只股票的价格也就会上升。

格雷厄姆"严禁损失"的投资哲学,便成了日后巴菲特奉行的圭臬。巴菲特进而将其概括为两条法则:第一条是不许失败,第二条是永远记住第一条法则。

格雷厄姆的研究领域以分析公司资料和年报见长,但对企业的类型和特质却很少关心。费合尔的方法学弥补了这一不足,他主张投资于成长率高于平均水准、利润相对成长以及拥有卓越管理阶层的企业,应尽可能地获取企业的第一手资讯。

巴菲特的高明之处在于他吸收了格雷厄姆和费合尔的理论精髓,而不是仅仅停留在老师的理论上,而且将其发扬光大。他认为要想进行成功的投资,就必须了解准备投资的对象的基本情况。他常说:"股票市场就像上帝一样,它只帮助那些自助者。对于那些连自己在做什么都不知道的人,股市是不会原谅他的。"

建立自己的交易观

巴菲特的交易观包括了格雷厄姆的安全边际与费合尔的基本面深入研究。他遵循价值投资而非投机的理念,坚定地长期持有,加上其本人特有的忍耐力,从而成了一代投资大师。

巴菲特的交易观主要包括如下。

1. 不被情绪所左右

长期以来,有效市场理论已被人们广为接受,在人们心目中的地位可谓根深蒂固。巴菲特对此显得不屑一顾。他说:"当人们贪婪或恐惧的时候,他们时常会以愚蠢的价格买进或卖出股票。"

2. 认识市场

投资者的心理有一个为市场出现不可避免的上下波动做好准备的过程。不仅要从理智上知道市场即将下挫,而且从心理上要镇定自若,从容应对。巴菲特认为一个真正的投资家极少被迫出售其股票,而且在其他任何时候他都有对目前市场报价置之不理的理由。

3. 投资者如何能保护自己

可以肯定的一件事:当某事与金钱和投资相关时,人经常会判断失误。所以这时候需要理智,从理智的角度考虑哪些是真正控制股权的因素。利用这双重分析来投资决策:首先考虑预期和概率;然后仔细评估心理因素的影响。

4. 选择最值得投资的行业

真正决定投资成败的是公司未来的表现:因为投资的业绩是在未来确定的,所以行业的性质比管理人的素质更重要。观察消费者动态:成功的投资者具有无以比拟的稳定心态,密切关注消费者市场动向。不做不熟的,不做不懂的,只做简单易懂、行业性质明确、有稳定收益、业绩可以预期的股票。

巴菲特认为要投资股票市场，就要认识股票在投资理财中的优势，这些优势主要表现为：

(1)有可能获得较高的风险投资收益。如果投资者选准了股票，并且能够在市场的周期性低点买入，那么，投资者就有可能获得高额的投资收益。

(2)选择有发展潜力的股票，可以获得长期、稳定、高额的投资收益。当然，要获得这样的投资收益，其前提条件是：证券市场必须是健全的、规范的投资市场。虽然这个市场允许投机，但不应是一个完完全全的投机市场。

(3)操作简便、套现容易。无论是大宗交易，还是小额交易，都无须以现金交割的方式完成，提高了交易的安全性。

充分认识风险

巴菲特说，股市中的风险无时不在。但是不要畏惧风险，毕竟它是可以防范和控制的。要应对风险，最需要做的就是认识风险、了解风险。总体来说，股票市场上存在着三类风险：

第一类是市场价格波动风险。无论是在成熟的股票市场，还是在新兴的股票市场，股票价格都总在频繁波动，这是股市的基本特征，不可避免。美国股市曾经遭遇"黑色星期一"，投资者这一天的损失就高达数千亿美元。

第二类是上市公司经营风险。股票价格与上市公司的经营业绩密切相关，而上市公司未来的经营状况总有些不确定性。每年有许多上市公司因各种原因出现亏损，这些公司公布业绩后，股票价格随后就下跌。

第三类是政策风险。国家有关部门出台或调整一些直接与股市相关的法规、政策，对股市会产生影响，有时甚至是巨大的波动。有时候，相关部门出台一些经济调整政策，虽然不是直接针对股票市场的，但也会对股票市场产生影响，如利率的调整、汇率体制改革、产业政策或区域发展政策的变化等。

巴菲特说："投资的关键在于懂得怎样自救。"而要有自救的能力，必须在开始的时候就考虑周全些、谨慎些，不要一下子把全部资金投入进去，手头应经常留有数量较大的备用资金。巴菲特的经验就是："如果经济状况欠佳，那么，第一步要减少投入，但不要收回资金。可以先投石问路。当重新投入时，一开始投入数量要小。"因为他认为，慎重总有好处，因为没有谁一下子就能看清股市的真正走向。5分钟前还在大幅上扬的股票，5分钟后立即狂跌的事时常发生，根本无法一眼准确地断定这种变化的转折点。所以，在大规模投资之前，必须先试探一下，心里有底后再逐渐加大投资。

巴菲特认为，慎重不是保守，更不是胆小，而是一种修养，一种策略，一种准备。鲁莽与错误相伴，慎重与正确相随。要减少投资损失，慎重投入总是对的。

不要指望投机暴富

巴菲特是一个投资天才，他有一种独特的禀赋，这也是许多人无法学习到的。他对股票的态度可以归结为耐心和热爱。人们一直在琢磨怎么样才能尽快地致富，他们认为股市是产生神话的地方,梦想"一夜暴富",抱着这样心态入市的股民不在少数。从这个角度而言,巴菲特的投资理念和方法是与多数人的某些天性相悖的。他用一生的时间累积财富,认为自己并没有一夜暴富的本领。想要在股市赚钱,必须做到心平气和。你一定要明白自己现在有什么,自己正在做什么。如果追求的目标不切实际,希望自己所投资的股票一天一个涨停,一个月翻上几番,到头来不但赚不了钱,反而会导致不必要的损失。因为具有这种投资心态的人,在投资实践上很难做到理性的投资。

暴富心理导致"贪心"。这些人买入股票后,一旦股价上涨,他们对股价的期望也随之水涨船高,涨了1元想2元,到了2元盼4元。对上市公司股价上涨期望"泡沫"的不断滋生、膨胀,会使相当一部分投资者或是成了高位追涨的牺牲品,或是错过了宝贵的卖出时机。同样,股价下跌,一些人总希望产生反弹,一旦市场果真反弹,不切实际的主观幻想会重新涌现,"估计还会再涨吧!""是不是牛市又来临了呢?"抱着这种想法自然不愿平仓出场,最后,等待股价两次下跌后才在恐惧心理的作用下被迫割肉出局。

暴富心理导致性情浮躁。由于买入股票后,希望股价出现大涨,一旦事与愿违,股价不涨反降,即使是一个小幅度的回档,也会心神不宁、焦急万分,无奈之际,常常是慌不择路,仓皇出逃。如此没有耐心,轻率决策,频繁进出,只能给券商"打工",根本赚不到钱。

暴富心理导致"赌博"。这在投资上的一个重要表现就是在大盘或个股的走势还不明朗,或在企业基本面的变化尚未明显改观之前,仅凭借自己的猜测,就轻易买进或卖出,企图靠碰碰运气发上一笔。投资者若抱着赌博心理而进入股市买卖股票,无疑是走向失败的开始。在股票市场行情不断下跌中,遭受惨重损失的往往都是这种人。因为这种人在股市中获利后,多半会被胜利冲昏了头脑,像赌棍一样不断加注,直到输光为止,而在股市中失利后,他们往往又会不惜背水一战,把身家全部投入,孤注一掷。结果,往往是股价一天天下跌,眼看着自己的钱一天天减少,损失惨重。

摒弃外界干扰

巴菲特很少关注经济消息,他说:"即使是美联储主席悄悄地告诉我今后两年的经济政策,那也不会改变我的投资策略。"此话足见巴菲特在股票投资时对经济信息的漠视程度。

1989年,投资大师彼得·林奇应邀访问巴菲特在奥马哈城的总部时,发现在巴菲特的办公总部里竟没有一台股票行情机,也没有一台能查阅信息的计算机,彼得·林奇对巴菲特投资股市却真正远离股市行情的做法感到十分惊讶。

巴菲特的这些做法令广大投资者难以理解,然而,在40多年的投资活动中,尽管巴菲特对经济信息十分漠视,也不理会股市行情的变化,但他的投资收益率依然比谁都高。对此,巴菲特曾经解释说:"正如谁也没有办法准确预测经济的趋势一样,也没有人能够预测股市的走势,投资者若对经济状况和股市走势先做预测,然后再去购买符合这种预测的股票,便是愚蠢的做法,因为此时的投资者只有对经济和股市行情的猜测碰巧正确时才会有较好的收益。"因此,巴菲特喜欢购买那些盈利能力不受经济变化影响的公司的股票。巴菲特的投资历程证明,他所长线投资的公司,都是一些在不同的经济环境下皆能获利的公司,既然持有这样优秀的公司的股票,又何必每天都去关注股市行情的变化和经济消息呢?

巴菲特认为市场上流传的分散投资或者多元化投资是人们为了掩饰自己的愚蠢所采

取的行为。在这一点上,巴菲特的老师格雷厄姆的观点与此正相反,他要求投资组合中必须有上百种股票,目的是为了预防某些企业或股票不获利的可能性发生。巴菲特曾经一度采纳了格雷厄姆的观点,但他后来发现,这种投资方式常常令人左支右绌,照顾不过来,于是他转向了费合尔和芒格的理论。费合尔认为,投资者为了防范风险,而将鸡蛋分散在许多篮子里,结果是许多篮子里装的全是破鸡蛋。因为精力有限照顾不周,导致鸡蛋被打破。所以多元化的投资理论并不适用。

之后,巴菲特就开始了自己的集中投资战略。他领导的伯克希尔公司,其投资被配置在上市公司股票、未上市经营公司的控制性私人资本、债券、商品、外汇等多种资产上。尽管巴菲特将约84%的上市公司股票投资配置集中在约10只股票上,但是全部约30只股票的投资组合价值只占全部投资组合的30%左右。在投资行业的选择上,巴菲特往往是选择一些资源垄断性行业进行投资。从巴菲特的投资构成来看,道路、桥梁、煤炭、电力等资源垄断企业占了相当大的份额。如巴菲特2001年上半年大量吃进中石油股票就是这种投资战略的充分体现。

从表面上看,集中投资的战略似乎违背了多样化投资分散风险的一般性认识。不过,巴菲特对投资者提出了这样的忠告:"成功的投资者有时需要有所不为。"他认为,"不要把所有鸡蛋放在同一个篮子里"的投资理论是错误的。对于分散投资,他说:"分散投资是无知者的自我保护法,对于那些明白自己在干什么的人来说,分散投资是没什么意义的。"

关于集中投资,巴菲特认为:当遇到比较好的市场机会时,唯一理智的做法是大举投资或集中投资。一个人一生中真正值得投资的股票也就四五只,一旦发现了,就要集中资金大量买入。手中的股票控制在5只以内,还便于跟踪。如果投资者的组合太过分散,这样反而会分身无暇,弄巧成拙。

忽视短期波动

巴菲特特别注意两点:一是买什么股票,二是以什么价格买入。

巴菲特的投资是以价值为导向,只注重股票的内在价值,对于股市短期内的涨跌变化不甚关注,他的大部分精力和资本用在寻找并投资好的企业上。他认为,一个好的企业一方面要有长期发展的基础和潜力;另一方面必须有为股东的长期利益着想的管理层。这个管理层需要由负责任的人员组成,并在企业里占有一定的股份。巴菲特从不追逐市场对某个企业的估价,也不因为一个企业的股票在短期内会大涨就去跟进。相反,他会竭力回避被市场高估价值的企业。一旦投资于一家自己中意的企业,他就会长期持有其股票。这家企业的长期成长会给他的投资带来良好的回报。

在股市上,如果要效仿巴菲特,不理会短期内股市的涨跌变化,首先就得像巴菲特那样买入值得长期持有的优质股票,如果买入了一只前途渺茫的劣质股票,是无法叫人高枕无忧的。那么首先应该解决的问题就是买什么样的股票。总的原则是这样的,只有有持久竞争优势的公司才能够以垄断者的地位来获利。其竞争优势越持久,所创造的获利能力就越强大,正是这一点使巴菲特确认这样的公司会渡过任何难关,并使沉沦的股价向上提升。一般说来,企业的持久竞争优势可以表现为两个重要方面:一是低成本的持久性;二是品牌优势的持久性。

必须注意的一点是,优质公司的股票其价格常常没有大变动,投资者不能只注意到它是优质公司就不顾一切地买进。买入价格常常决定报酬率的高低,所以要获得高出平常的报酬率,就得用较低的价格买进优质公司的股票。不然,高进高出,等于白费力气。所以,买入时机是投资制胜的关键。股票价格是动态的,处于不断变化之中,质地优良的公司股票尽管很难有超乎寻常的低价位,但当意外情况发生时也会有令人惊喜的低价位。如果买入价格合适,就会有可观的收益和报酬率。

长期持有并管理手中的股票,耐心等待企业的成长。巴菲特坚守自己一贯的长期投资理念,凭着内在价值高于市面价值的投资理论选择投资对象,当公司股价被市场严重低估时大量买进,然后一路持有。如今,巴菲特持有美国运通、可口可乐、迪斯尼、吉列、麦当劳及花旗银行等许多大公司的大量股票。数十年之间股市风起云涌,跌宕起伏,但巴菲特几十年如一日地持有自己选定的投资对象的股票。当有人问及他死后对其所投资的公司会有什么影响时,巴菲特调侃地说:"可口可乐短期内的销售量可能会暴增,因为我打算在陪葬的飞机里装满可口可乐。"这很形象地阐释了他的投资理念。或许是因为投资的原因,巴菲特对可口可乐情有独钟,他的夫人苏珊亦曾调侃道:"巴菲特的血管里流的不是血而是可乐。"与自己选择的投资对象生死相伴的人,是不会在乎股票的短期涨跌变化的。他曾经劝告那些渴望一夜暴富的投资者:指望你买进的股票立刻上涨是不现实的,最好的方法就是在适合的价位买进自己中意的股票,然后静静地等待它上涨,达到自己的预期目标。

投资股市大可不必每日盯着股价波动,毕竟上市公司的股价波动与公司经营无关。买进后可选择远离股市,免受市场上盲目情绪的影响,而干扰自己的计划。

正确评估企业未来

巴菲特认为,长期而言股票的价值会主导股票的价格走势。价值与股价现在的变动无关,垃圾股可能与绩优股一样上涨5点,但经过长时期的价格变动,绩优股会逐渐反映出其投资价值,而垃圾股可能最后沦为赌场计分板或者股东追逐投票权的参考依据。

在1994年伯克希尔公司的年报中,巴菲特花了好几页的篇幅解释其追求内在价值的过程。就像一般投资人所预期的,巴菲特会固定报告公司的每股账面价值。他说:"就像我们不断告诉各位,内在价值才是重点所在,有一些事情是无法逐条说明,但却必须列入考虑范围内的。"然后他继续指出,"我们把内在价值定义为,可以从企业未来营运中拿回来的折扣现金价值。"虽然巴菲特不讳言,随着外在利率的变动,企业未来的现金流量也必须做修正,这种主观认定的内在价值也因此会有所变动。

巴菲特以1986年购并的斯科特·费泽公司为例。购并当年,斯科特·费泽公司的账面价值是1.726亿美元,巴菲特出价3.152亿美元,足足比账面价值多了1.426亿美元。1986~1994年,斯科特·费泽的总盈余一共是5 540万美元,而巴菲特分得的股利则一共是6.34亿美元。配息之所以高于盈余是因为该公司握有多余的现金,或说是保留盈余,这些全回归到股东——巴菲特的伯克希尔公司手中。

这样算来,使得伯克希尔公司(巴菲特持有超过60%股份)的总投资额在3年之内增值达3倍。伯克希尔现在仍然是斯科特·费泽的股东,后者的账面价值仍然与购并当时相同;迄1994年止,伯克希尔公司单单配股所得就超过当初购并费用的两倍。

巴菲特认为,用价格作为衡量业绩的唯一指数是愚蠢的。然而大多数投资者确实是这样做的,他们都对价格缺乏清醒的认识。如果某种股票的价格上涨了,他们就认为有利好消息;如果股价下跌了,就认为有利空消息。他们会采取相应的行动。但是这种根据股价的上下波动进行投资的策略是不明智的。

另外还有一种愚蠢的习惯,即以短期的价格衡量业绩。巴菲特认为,大多数投资者不仅衡量业绩的依据(价格)是错误的,而且他们对业绩衡量得太快,也太频繁。如果他们对所看到的数字不满意,他们马上就换股。

这种双重式的愚蠢——以价格为衡量依据,以及短期的炒作心态——是一种不健康的投资方式。正是这种不健康的心态导致某些人每天都关注股市行情,并经常性地给证券代理商打电话,这些号码均设置在快速拨号的功能上。这也是为什么那些负责几十亿美元投资的机构券商们,随时准备得到指示,即刻买卖的原因。同样出于这种原因,共同基金的券商们总是快速更换他们的证券投资组合——他们认为这就是他们的工作。

巴菲特认为就长期而言,股票的价格应该近似于企业价值的改变,就短期而言,价格能大幅度地在公司的实质价值上下盘旋,这是受企业成长之外的因素所左右。问题仍然在于大多数的投资人使用短期价格变化,以精确计量他们的投资方法成功或失败。但是这些短期的价格变化,对于预测企业的经济价值变动毫无帮助,反而对于预测其他投资人的行为较有帮助。

巴菲特认为,使用短期价格来判断一家公司的成功与否是愚蠢的。取而代之的是,他要被投资公司向他报告因经济实力成长所获得的价值。一年一次,他固定检查几个变数:

(1)初始的股东权益报酬率。
(2)营运毛利、负债水准与资本支出需求的变化。
(3)该公司的现金产生能力。

如果这些经济上的指标正在进展,那么长期下来,结果会反映在股价上。短期之内,股价所发生的变化是暂时的。

将经济上的指标当作绩效考量的标准,其困难点在于这个绩效评估方法,不是习惯上的用法。委托人和投资专家同样被价格起伏牵着鼻子走。每天股票市场报道价格的变化,委托人的会计报表反映每个月的价格变化,而投资专家的绩效又以价格的变化每季被评估。要解决这些矛盾,可能就在于运用巴菲特不透明盈余的概念。如果投资人使用不透明盈余来评估他们的投资组合的绩效,也许那种仅是追逐价格起伏的不合理行为可以被调整过来。

不要企图预测市场

巴菲特只相信自己对企业价值的判断,而不去预测市场,也不相信别人对市场的预测。他在2002年投资中石油时,所罗门、美邦等投资银行正建议沽出中石油,但他没有相信。结果巴菲特成功了。

巴菲特坚持说,人们永远不可能预测市场。他建议投资人应该用精力去研究和展望其所投资的企业,而不应该去预测市场。他说:"我从来没有见过能够预测市场走势的人。"

其实早在1966年时,巴菲特就曾经说:"我从来不对股票市场走势和经济周期进行预测。如果你(他的合作者)认为宏观经济预测对于投资非常关键,或者你认为我必须能够胜任这种预测工作,那么你根本就没有必要参加我们的合伙公司。"

几十年后的2001年,巴菲特对媒体说:"过去,我对预测市场的短期波动并不擅长,当然现在我同样也不擅长。事实上,我对未来6个月、1年、2年后股市的走势一无所知。"他说:"在投资中,我们把自己看成是公司分析师,而不是市场分析师,也不是宏观经济分析师,甚至也不是证券分析师。"他还说:"查理和我从来不关心股市的走势,因为这毫无必要,也许这还会妨碍我们作出正确的选择。""最终,我们的经济命运将取决于我们所拥有的公司的经济命运。"

众多的投资人总是痴迷于对股市走势的预测,著名经济学家凯恩斯说过:"不要试图估计股市的走势,而应集中精力了解你熟悉的企业。"现实中,在铺天盖地的股评中,股评家经常在不了解被投资企业的情况下大谈股价的走势。对此,巴菲特建议投资人千万不要相信股评家,他说:"投资人期望经纪人会告诉自己在未来两个月内如何通过股指期货、期权、股票来赚钱,这完全是一种幻想。如果能够实现的话,他们根本不会告诉投资人,自己早就赚得荷包鼓鼓的了。"

格雷厄姆说:股市上最大的敌人是你自己,如果在股市中无法控制自己的情绪,即使有再强的分析能力,也难获胜。

股票市场上,可以说处处是敌人。只有在大市一路狂升,凡买股票者人人赚钱,或大市一路狂跌,凡买股票者人人亏本,这时才会大家同坐一条船。不过,即使如此,市场仍然会有买家和卖家,买家和卖家是根本对立的。

但无论股票市场上有多少人对立,投资人最大的敌人仍然是自己。投资人往往都是因为过于贪婪,以致投机过度而遭损失。相反,也有投资人过于保守而错过了极多的投资机会。没有人会强迫你买什么股种,也不会有人强迫你一定是看好或是看淡。你是你自己的主人。但不少投资人买卖时,大市向好,他偏偏要卖出,大市向淡,他偏偏要买入。所受的损失其实是自己造成的,与他人无关。

尤其是一些投资人,听到一些小道消息说某某股票的行情好,就莽撞入市并大量买入。之后证明这些消息都是假的,损失不可避免,谁之过?当然是投资人自己的过错,怪不得别人,只能怪自己轻信人言。又有的投资人经过分析之后,认为市势会有大升或大跌。如果他带着自己的分析去买卖,之后可能真的赚大钱。但这位投资人若是不自信,则可能使他错失一次赚大钱的良机。投资失败,我们应该怪谁?当然是自己,怪自己不自信,当断不断。与其分析和我们对立的投资人的心态,他们的资金流向、投资技巧和买卖原因,我们倒不如先分析一下自己。分析一下自己为什么会遭受损失,为什么会错失机会,为什么看错,为什么轻信小道消息,为什么不肯止损,为什么买入一些垃圾股票等无数的问题。要在股票市场击倒你的对手,你一定要先学习如何战胜自己。

买股票要找买点

股票买卖时机是指买卖股票比较合适的时间。它既可以是一个时间"点",也可以是一个时间"段"。对于短期股票投资而言,"点"的意义显得重要,而对中长期股票投资而言,"段"的意义则更为重要。

巴菲特认为股票投资选择所要面对的两个重要问题：一是选择投资的股票，即"选股"。二是选择股票买卖的时机，即"选时"。选准股票是股票投资能否成功的先决条件，而选择适宜的股票买卖时机是股票投资能否成功的关键，投资者应给予高度的重视。如果投资时机选择不对，就是选中了优质股票，也可能由于整个大势的疲软而举步维艰，甚至下跌，造成投资损失；或者可能卖出时机未到，贸然卖出股票，而该股票却在卖出之后，才开始大幅上涨，使得投资收益大大减少。所以，有人说，选股是从小处着手，选时是从大处着眼。

在选择股票买卖时机的时候，是有一些基本的原则和方法要遵循的。

1. 股票的买卖原则

股票买卖时机的选择要因人而异，不可千篇一律，资金的多少，心理素质的优劣，短期投资还是中长期投资等差异使买卖时机有所不同。为了更好地把握买卖时机，应注意以下原则：

(1)长期股票投资买卖时机选择的原则。经济发展有四个过程：复苏、繁荣、衰退、萧条。人们称之为景气循环或商业循环。股市受经济的影响，股价走势也有回头上涨阶段、涨势明显(加速)阶段、涨势停顿阶段、回头下跌阶段、跌势加快阶段、跌势缓和阶段等(或者说，起步、繁荣、滑落、盘旋等)不同阶段构成的周期性变化，人们称之为股价循环。长期股票投资买入时机宜选择在经济周期的萧条末期，股价循环的跌势缓和期；长期投资的卖出时机应选择在经济周期的繁荣阶段的末期，股价循环的涨势停顿期。

(2)中期股票投资买卖时机选择的原则。巴菲特认为，中期股票投资应该在股市长期上涨趋势确定的条件下进行波段式操作，并且宜在中期上涨趋势中，避开中期调整阶段。

(3)短期股票投资买卖时机选择的原则。巴菲特认为，短期股票投资应该在股市长期涨势和中期涨势确立的条件下进行。买卖时机应把握在中期涨势的初期和中期，而在后期应减少操作。

2. 股票买卖的方法

股票买卖的方法按买卖的次数分，可分为一次买卖法、多次买卖法或分批买卖法。买卖方法的选择亦无定论，视具体情况而定。一般而言，短期投资主要是采取一次买卖法；中长期投资主要采用分批买卖法。

股市受战争、政治及一些意外因素影响比较大，但这些因素对股市的影响不是长期的。在和平时期，内在时机是占重要地位的。股市上有句谚语："不要告诉我什么价位买，只要告诉我买卖的时机，就会赚大钱。"因此对于股票投资者来说选择买入时机是一个关键。买入时机因投资时期长短、资金多少等因素有所不同，但也仍然可以找到规律。一般而言，只要下列情况出现就是最佳买入时机：

(1)当有坏消息传来时，由于人的本性，通常股价下跌得比较厉害，是买进的良好时机。

(2)当股市下跌一段时间后，长期处于低潮阶段，但已无太大下跌之势，而成交量突然增加时，是逢低买进的最好时段。

(3)当股市处于盘整阶段，不少股票均有明显的高档压力点及低档支撑点可寻求，在股价不能突破支撑线时购进，在压力线价位卖出，可赚短线之利。

(4)当企业投入大量资金用于扩大规模时，企业利润下降，同时项目建设中不可避免地会有问题发生，从而导致很多投资者对该股票兴趣减弱，股价下跌，这是购进这一股票的良好时机。

(5)当资本密集型企业采用了先进生产技术，生产率大大提高，从而利润大大提高的时候,是购买该公司股票的有效时机。

选择好的时机买进股票难,但在好的时机卖出股票更难,这与"创业难,守业更难"的艰辛很相似。卖出股票必须掌握一定的技巧,否则不仅不能赚钱,可能还无法脱手。一般而言,下列情况出现就到了最佳抛售时机:

(1)当买进股票一周后,价格上涨了50%以上,此时出售,投资收益率远高于存款利率,应当机立断,该出手时就出手。

(2)遇到长期上涨的行情,要适可而止,切莫贪心,赚一倍即出手。

(3)遇到突然涨价的股票,并且涨幅较大,应立即脱手。在这种情况下,股价很可能受大户操纵,若不及时出售,一旦大户抛售完手中股票,再想卖出就困难了。

(4)当股价上涨后,行情平稳之际宜卖出股票;成交量由增转减时,宜卖出股票。

(5)当创出新高后,在某个交易日价格下跌,且比前交易日收盘价低的时候,该交易日的全天股价波幅必定要大于上个交易日的波幅的时候。

对于持续稳健上升的优质股,出现以下情况时应卖出股票:在过去一年中股份企业中无人增购本企业股份,企业利润增长率与销售利润率明显下降,靠缩减开支维持盈利,且企业目前又没有开发出有市场前景的新产品。

对于发展缓慢型股票,出现以下情况,应出售股票:企业连续两年销售不景气,产品库存量大,资金周转缓慢,兼并亏损企业而使自身资金长期被占用,并在短期内无法使兼并企业扭亏为盈,股价上涨30%以上或在大户操纵下股价上涨10%以上。

对于复苏上涨型股票,当其发行企业已成为众所周知的发展型企业,人们纷纷购买其股票时,是卖出的好时机。

巴菲特认为,在股票市场大赚的投资者,往往是那些比别人先行一步愿意花时间对目标公司进行深入了解的人,当别人纷纷抛售时,他却坚定信心买进股票。如果有必要的话,他们甚至准备好在2~3年甚至更长时间内持有股票,直到投资者蜂拥而入将该股票价格拉上来为止。对于那些成长型公司来说,不管经济形势发生了什么变化,它们都必须年复一年、季复一季地将其收益率稳定保持在15%或更高的水平上以满足投资分析家的期望,并随之提高其股票的价格。

投资股票成功的关键在于不被市场的短期波动所迷惑,心里清楚整个经济大势的走向。如果政府设定的经济预警指数已经向下反转,通货膨胀和利率同时攀升,那么投资者或许就得到了一个清晰的指向,那就是经济萧条将要来临。这对股票市场来说就不是一个利好消息,这时是投资者卖出股票的最好时机。在经济萧条的末期,投资者可以把在股票市场上卖出股票赚来的钱重新以较低的价格买回股票。

学 会 止 损

成功的投资者,十分留意怎样将自己的知识应用在炒股中。有的人很有学问,知识面很广,你问他的问题,他都能回答,但是有学问的人并不一定是最聪明的人。很多有学问的人缺少对事物的综合判断能力,在如万花筒似的股票市场中,他们的学问就无从发挥了。世界上大多数学有专长的经济学家、金融学家,虽然拥有足够关于股市的知识,但十有八九都不能在股市中赚到钱。其原因多数是对股市知识的综合判断力的缺乏。巴菲特的成功就得益于他对股市有很强的综合判断力，能有效地防止和避免亏损。他的以下经验可以帮助你提高自己的综合判断力，阻止本金亏损。

1. 依仗顺势

当股市走势良好时，宜做多头交易，较差时则做空头交易。但顺势投资必须注意一点：时刻关注股价上升或下降是否已达顶峰或低谷，如果确信真的已达此点，那么就应与"顺势"的做法相反，这样投资者便可以出其不意而获先见之"利"。投资者在采用顺势投资法时应注意两点：一是否真涨或真跌；二是否已到转折点。

2. 多头降低成本、保存实力

多头降低成本、保存实力就是投资者在股价上涨时先卖出自己持有的股票，等价位有所下降后再补回来的一种投机技巧。这种操作方法被称为"拔档子"，它的好处在于可以在短时间内挣得差价，使投资者的资金实现一个小小的积累。

如此操作的目的有两个：一是行情看涨卖出、回落后补进；二是行情看跌卖出、再跌后买进。前者是多头推进股价上升时转为空头，希望股价下降再做多头；后者是被套的多头或败阵的多头趁股价尚未太低抛出，待再降后买回。

3. 保本投资

保本投资主要用于经济下滑、通货膨胀、行情不明时。保本即投资者不想亏掉最后可获得的利益。这个"本"比投资者的预期报酬要低得多，但最重要的不会伤到本金。

4. 摊平投资与上档加码

摊平投资就是投资者买进某只股票后发现该股票在持续下跌，那么，在降到一定程度后再买进一批，这样总平均买价就比第一次购买时的买价低。上档加码指在买进股票后，股价上升了，可再加码买进一些，以使股数增加，从而增加利润。

上档加码与摊平投资的一个共同的特点是：不要把资金一次投入，而是将资金分批投入，稳扎稳打。

5. "反气势"投资

在股市中，首先应确认无特别事件影响大势环境时，可采用"反气势"的操作法，即当人气正旺、舆论一致看好时果断出售，反之果断买进，且越涨越卖，越跌越买。

"反气势"方法在运用时必须结合基本条件。例如，当股市长期低迷、刚开始放量高涨时，你只能追涨；而长期高涨，则开始放量下跌时，你只能杀跌。否则，运用"反气势"不仅不盈利，反而会增加亏损。

发现有损失，让损失停下来，这在股市中是不容易办到的。炒股是用钱赚钱的行业。一旦本金亏光，无论明天你见到多么好的投资机会，你只能旁观，无法参与。巴菲特提出的首要建议就是尽量保住你的本金。而做到保本的办法就是快速止损和一次别注入太多。

由于股票的运动没有定规，你不入场就不能赚钱，而入场就有可能赔钱，亏钱割肉止损是很难的事，有句俗语：不会割肉的股民，就不是成熟的股民。一般情况下，亏损10%~15%就要止损出局，寻找其他机会。

使股民大亏本金的通常有以下几个原因。

1. 不及时止损

投资者必备的基本素质不是头脑聪明、思维敏锐，而是要有止损的勇气。很多人不是不懂这个道理，而是不忍心下手。但是，在股市中绝对要有停损点，因为你绝不可能知道这只股票会跌多深。

2. 总想追求利润最大化

很多人都认识到高抛低吸、滚动操作可获比较大的利润,也决心这么做。可是长时间却没滚动起来,原因就是抛出后没有耐心静等其回落,便经不住诱惑又想先去抓热点,结果适得其反。不少人在股市呈现明显的波动期,总抱着侥幸心理以为可以逆势走强,天天保持满仓。本想提高资金利用率,可往往一买就套——不止损——深度套牢。究其原因就是想追求利润最大化,但结果是损失惨重。

3. 轻信他人

很多投资者通过学习,也掌握了很多分析方法和技巧,有一定的分析水平。可当自己精心研究了一只股票,只要听旁边的股民说这只股票不好,就立即放弃买入。有的人还看别人买什么,自己也就跟着买。这样大多情况下只能亏本。

从错误投资中学习

巴菲特说:"投资人并不需要做对很多事情,重要的是要能不犯重大的过错。"综观巴菲特几十年的投资生涯,没有出现过很大的亏损,但这并不是说他的投资就没有失败过。巴菲特之所以能在投资界取得好成绩,只是因为他成功的投资比不成功的投资要多一些,他犯的错误比别人少一些。

在关注巴菲特成功的同时,切不可忽略他曾经经历过的失败。那些失败的经历不光对他本人有着重要的意义,对其他投资者也有借鉴作用。巴菲特曾经承认自己做下六项失败的投资:

(1)1965年,他投资买下伯克希尔纺织公司,后来因为来自外部的竞争压力较大,纺织工厂在20年后关闭,所以他建议人们不要投资不具长期持久性竞争优势的企业。

(2)1989年,巴菲特以3.58亿美元投资美国航空公司优先股。可是,后来随着航空业的不景气,股价一路下滑,他的投资也受到损失,为此他懊恼不已。有一次,有人问他如何看待发明飞机的莱特兄弟,他回答说应该有人把他们打下来。在这件事中,他得到了一个教训:不要投资不景气的产业。

(3)1993年,巴菲特以4.2亿美元买下DeX制鞋公司,不过他是以伯克希尔海瑟威公司的股票来代替现金。而随着该公司股价上涨,如今他用来购买这家制鞋公司的股票价值20亿美元。在这件事中,他总结出的经验教训是:不要以股票代替现金进行投资。

(4)1964年,巴菲特以1 300万美元买下当时陷入丑闻的美国运通5%的股权,后来获得一些利润后就卖出了,如果他坚持持有20多年,他当时买进的美国运通股票价值将超过20亿美元。所以,他建议人们不要太快卖出自己的股票。

(5)巴菲特曾经收购过一家百货商店,最后证明这是一项失败的投资。因为在现实中许多经营了很多年、业绩良好的零售企业会在一夜之间关门,就连巴菲特对此也感到难以理解。巴菲特在零售业上的失败投资,使他从未在这个领域赚到过钱,所以他建议别人不要投资零售业。

(6)巴菲特投资世界百科全书公司。不久,世界百科全书公司因为受到新的信息技术的巨大影响,利润直线下滑。尽管巴菲特想尽办法,仍然没有明显成效。由于互联网和电子出版的兴起,对纸制的世界百科全书产生巨大影响,加之巴菲特没有对产业内的公司长期竞争力作出基本的判断,所以他的这次投资遭受重大损失。他总结的经验教训是:投资者不要投资产业结构稳定性不强的企业,要进行投资必须充分考虑技术的影响,否则就会遭到失败。

巴菲特凭借自己的经验还告诉人们,投资以下两类企业也可能导致不成功:

一类是过分依赖研究的企业。许多高技术企业以研发出新产品来维持竞争优势,如果它们没有新产品就会失去竞争力。华尔街的投资者普遍看好如IBM、微软这样研发新产品、每年花在研发上的费用高达数十亿美元的高科技企业。巴菲特非常理解研发工作在这些企业中的地位,认为这的确是企业保持活力的关键所在。巴菲特可能也正因为它们过于依赖研发,所以对这类企业不是很感兴趣。

另一类是管理层不诚实的企业。对于那些有意隐瞒企业的真实情况的管理层,巴菲特是决不会和他们做生意的。因为他们总是隐瞒不好的消息,但是这些消息迟早会被披露出来,这样就很容易引起股票市场发生很大的震荡,导致投资风险增大。在巴菲特看来,管理层的不诚实是可耻的,即使企业存在重大隐患,管理层犯了重大的失误,也应当诚实地将其披露出来。可是,我们在大多数报表中看到的似乎都是乐观的好消息,这样会导致投资者的行为受到误导,投资的安全性受到威胁。

巴菲特说:"对于我的每一个错误,我总是要求自己能作出解释。"人们在投资领域的行为,常常比在其他领域更容易犯错。不过,在面对错误时,需要做的是能真正找到错误的原因,然后重新进行投资,这样才能避免再犯错,投资安全性也会提高。

买价必须合理

巴菲特之所以投资成功首要的一点就是:他必须以合理的价格购买,同时所购企业必须符合他的期望。巴菲特认为,选购企业时不但要辨认出可以赚得高于平均收益的公司,还应该在价格远低于其实质价值时购买这些企业。巴菲特教导投资者,只有在价格与价值之间的差异高过安全边际的时候才能购进企业或股票。

安全边际的原则有两方面的作用。首先,使投资者避免受到价格上的风险。如果巴菲特所计算的企业价值,只是略微地高于它的每股价格,则他不会购买该股票;他的推论是,如果公司的实质价值因为他错估未来的现金流量而下降,股票价格终究也会下跌,甚至低于他购买的价钱。但是,如果存在于购买价格与公司实质价值之间的差价足够大,则实质价值下跌的风险也就比较低。巴菲特如果以实质价值的7.5折购买一家公司,但随后该公司的价值下跌了10%,他最初的购买价格仍然会为他带来适当的报酬率。

其次,安全边际原则也提供了一些机会,使投资者可能获得极佳的股票报酬率。如果能够正确地辨别出一个拥有高报酬率的公司,长期之后该公司的股价将会稳定地攀升,反映在它的报酬率上。股东权益报酬率持续维持在15%的公司,它股价的上涨程度将会超过股东权益报酬率10%的公司。如果巴菲特能够以低于实质价值的价格收购一家优秀的企业,伯克希尔公司将会在市场价格进行修正的时候,额外地大赚一笔。巴菲特说:"交易市场就像上帝一样帮助那些自助者。但是和上帝不同的是,交易市场不会原谅那些不知道自己在做什么的人。"

巴菲特在他几十年的投资活动中,还非常重视企业的长远发展,他的每一次投资都是胸有成竹的。正是他的理性、成熟与睿智,成就了他的财富传奇。

第 23 章

集中持有优秀公司股票

把鸡蛋放在一个篮子里

　　巴菲特的核心投资策略是什么呢？对他有所了解的人，大概第一反应就把这个问题和集中投资联系在一起了。确实，"巴菲特式"投资策略以一句话加以总结，那就是集中投资。集中投资是一种极为简单的策略，是一种有别于活跃派的资产投资组合。虽然如此，它却可以击败指数基金，为巴菲特带来数百亿的财富。

　　很多投资者都意识到了股票投资具有很大的风险性，所以他们极力分散投资风险。他们认为应该把鸡蛋放在不同的篮子里，这样才安全。而巴菲特却有着自己独到的见解：他认为一个人的精力是有限的，应该把鸡蛋放在一个篮子里，然后小心地看护好。就股票而言，购买自己不熟悉的股票以分散风险的想法是不明智的，倒不如将全部资金集中在自己熟悉和了解的股票上，这样就可以集中精力和时间照管好自己的资金，正如他所讲的："我们的投资仅集中在几家杰出的公司上，我们是集中投资者。"

　　巴菲特的绝大多数资产都是从为数不多的几只股票上获得的，他反对分散投资，他认为："分散投资是无知者的自我保护法，但对于那些明白自己在干什么的人来说，分散投资是没有什么意义的。""市场就像上帝，只帮助那些努力的人。""但与上帝不同的是，市场不会宽恕那些不清楚自己在干什么的人。"

　　尽管巴菲特的老师格雷厄姆的投资策略要求投资组合必须由百种以上的股票构成，尽管巴菲特曾经一度采纳了格雷厄姆的观点，但他后来发现，自己就像是拥有一座"动物园"，而不是股票的多样化组合。巴菲特因此转向了费合尔和芒格的理论，并且认为，他必须比格雷厄姆更了解他所投资的这些企业。

　　费合尔认为，投资者为了避免将所有的鸡蛋放在一个篮子里，而把鸡蛋分在很多不同的篮子里，最后的结果是许多篮子里装的全是破碎的鸡蛋，而且投资者也不可能照顾所有篮子的全部鸡蛋。他认为，由于许多投资者太迷信多样化投资理论，结果对自己所投资的企业一无所知，或者知之甚少。

　　后来，巴菲特信奉集中资产组合的理论，他只持有几个企业的股票，而这几个企业他都有一定的了解，而且持有股票的时间也很长。巴菲特相信，他正是利用这样一种认真负责的精神来考虑投资于什么企业和以什么价格投资这两个问题，从而降低了投资风险。也就是说，这个投资策略使得他仅仅投资于一些价钱合适的优秀企业，这样可以减少遭受损失的危险。

实际上，巴菲特还深受英国经济学家凯恩斯的影响。凯恩斯在投资领域有许多杰出的见解。他曾经说过，他的大部分资产都投在几种他可以算出投资价值的企业证券上。

巴菲特从经验中发现，本质优良、经营得当的企业通常股票股价都较高。而一旦见到价格低廉的绩优股票，他会毫不犹豫地大量收购。而且他的收购行为完全不受经济景气及市场悲观气氛的影响。只要他相信这项投资是绝对具有吸引力的，他就会大胆购买。巴菲特的这种集中投资的策略，使他获益甚丰。

放弃多元化手段

巴菲特投资时奉行的是"少而精"的投资原则，主张只投资于自己真正熟悉的几家公司。他不主张投资组合的多元化。他认为投资多元化是投资者对所投资对象不甚了解，不得已的一种应付性的保护措施。巴菲特的这种投资观念来源于费合尔，他很早就已经阅读了费合尔的著述。

费合尔是著名的集中证券投资家，他说自己宁愿投资于几家非常了解的杰出公司，也不愿投资于众多他不了解的公司。因为分散投资于众多的公司，虽然分散了风险，但是同时也分摊了利益。费合尔认为：如果购买了太多的股票，我们根本没有精力和时间去充分地认识和研究这些股票。投资人的风险在于：他们对比较熟悉的公司的投资显得太少，而对陌生的公司投资的又太多了。依照费合尔的理论，贸然买进一家未经透彻了解的公司，可能要比有限的投资组合承受更大的风险。

宏观经济学家凯恩斯的理论对巴菲特也可谓是影响深远，他也赞赏"少而精"的选股策略。凯恩斯在1934年给朋友的信中指出："随着时间的流逝，我越来越相信正确的投资方法是将大笔的钱投入到一个自己认为了解以及完全信任的企业中。认为每个人可以通过将资金分散在大量他一无所知或毫无信心的企业就可以限制风险是完全错误的……一个人的知识与经验绝对是有限的，因此，在任何给定的时间里，我很少能够同时在市场上发现超过3家可深具信心的企业。"

不论是费合尔还是凯恩斯，他们都主张舍弃投资多元化的做法。而巴菲特从他们两个人身上汲取营养并灵活运用，从进入投资界开始，他便一直坚持"少而精"的选股思想。巴菲特曾多次强调："多元化投资就像诺亚方舟一般，每种动物带2只上船，结果最后变成了一个动物园。这样投资的风险虽然降低了，但收益率也同时降低了，这不是最佳的投资策略。"

集中持有优秀公司股票

巴菲特把投资股市的620亿美元集中在45只股票上，而他的投资战略甚至比这个数字更激进。在他的投资组合中，10只股票占了投资总量的90%。有股票分析师就对此这样评价："这符合巴菲特的投资理念。不要犹豫不定，为什么不把钱投资到你最看好的对象上呢？"

巴菲特对投资者提出过这样的忠告："投资人切记一定要好好地把握好自己手中的股票，应该坚持长期持有的原则而不应朝三暮四地今天看好这只股票，明天又看上了另一只股票,接着就是不停地买进和卖出,这种做法是很不理智的。"他认为:"只要投资者确信找到了自己最了解、风险最小、最优秀的公司,尽可以做大胆的决策。如果你是一位学有专长的投资者,能够了解企业的经济状况,并能够发现5~10家具有长期竞争优势且股票价格合理的公司。传统的分散投资对你来说就毫无意义,那样做反而会损害你的投资成果并增加投资风险。"

而增加投资成果、缩小投资风险的最好方法就是优化投资组合。为了优化投资组合,伯克希尔公司第一个大量收购的是华盛顿邮报公司的股票。1973年,巴菲特在该公司投资了1 000万美元;到1977年,增加到3 000万美元。巴菲特认为广告、新闻、出版事业有利可图,所以于1986年又大规模地投资大都会——美国广播公司。

1987年,伯克希尔公司的持股总值超过20亿美元。可令人惊奇的是这20亿美元的天文数字股票仅出自于对3家公司的投资,即价值10亿美元的大都会——美国广播公司、7.5亿美元的GEICO公司、3.23亿美元的华盛顿邮报公司。这实在是天下奇闻!世上再没有第二个人像他这样,把20亿美元的投资全部集中在3种股票上。

1988年,巴菲特又打了一个漂亮仗。他先是出色地收购了1 400万美元股价的可口可乐股票。年底,他在可口可乐公司的投资高达5.92亿美元。次年,又增加了900多万股折股权,使得伯克希尔公司在可口可乐公司的投资超过了10亿美元。这个果敢的行动给巴菲特带来了高额利润。到1989年年底,伯克希尔公司在可口可乐公司的未实现收益高达7.8亿美元。

巴菲特之所以能够成功地管理伯克希尔公司的投资组合,主要是他能以不变应万变。当大多数投资人都难抵诱惑,并不断在股市中抢进抢出时,巴菲特却很理智地静观,以静制动。当他在纽约工作的时候,总有人跑来跟他讨论股市的行情、买哪家公司股票赚钱等等。每当这时,巴菲特都能保持一颗冷静的头脑,并作出自己的正确判断。他认为,投资人总是想买进更多的股票,却不愿耐心等一家真正值得投资的好公司,这种每天抢进抢出的策略绝不是聪明的方法。

巴菲特常讲,买进一家顶尖企业的股票然后持有,要比一天到晚在那些不怎么样的股票里忙得晕头转向容易得多。巴菲特只对那些优良的股票感兴趣,而对那些业绩不佳、只依靠股市的涨跌来运作的公司嗤之以鼻。有许多投资人一天不买卖就浑身难受,而巴菲特却可以一年都不去动手中的股票。他说:"近乎怠惰地按兵不动,正是我们一贯的投资风格。"

事实证明,巴菲特的成功主要是建立在几次成功的大宗投资上。因此他告诫人们:为了避免风险而获得更多的收益,优化投资组合是必需的。

投资组合保险自欺欺人

在20世纪80年代,很多投资者都沉迷于一个名为"投资组合保险"的投资策略。这个投资策略是将投资组合的项目,永远在高风险资产和低风险资产之间保持平衡,以确保收益不会低于某一个预定的最低标准。当投资者所持有的投资组合价值减少的时候,就是因为把资金从高风险的资产(股票)转移到低风险的资产(债券或现金)。相反,在所持有的投资组合价值上涨的时候,则是因为将资金从风险较低的资产转移到较高风险的资产。因为要在个别有价证券间转移数以百万计的大量资金并不容易,所以投资者转而以股票指数期货作为保障他们投资有价证券的方法。

巴菲特对这种分散风险的做法非常反感。他认为，当你不知道自己在做什么时，那才是风险。

对于一个理性的投资人而言，选择那些优秀的公司，舍弃那些不良的公司几乎就是一件顺理成章的事情。

巴菲特担心，没有经验的投资者会在购买期货时，存有大捞一笔的想法。他表示，由于购买期货所需的保证金不高，常会引来一些赌徒般的投资者，希望能在短期内获取暴利。这种抢短线的心理，正是低价股票、赌场赌博以及彩券促销者一直能够生存的原因。为了避免大家被"投资组合保险"的谬误误导，巴菲特要求投资者试着去了解这样一个思考模式：一个农场主在买进农场之后，因为发现附近农田的价格下跌，于是又卖掉土地。这就如同一个投资者仅仅因为最近的一个成交下跌而出售他的股票，或因上一个成交价上扬而买进股票。试想，即使购下了整个股市里的所有公司股票，也不能够逃出"股灾"的冲击，难道买下几百种股票，就能做得到吗？

现实中很多投资者为了规避风险，都采取购买多种股票的做法，以为这样才"保险"。在巴菲特看来，这种做法是极不明智的。他以他的成功经验告诫我们不要试图盲目分散风险。

集中投资优秀公司

巴菲特对投资人提出了这样的忠告："如果你对投资略知一二，并能去了解企业的经营状况，那么选5~10家价格合理且具长期竞争优势的公司。传统意义上的多元化投资对你就毫无意义了。"巴菲特与其他投资者唯一的不同之处，在于他能从成千上万家公司中找到几个优秀的，并获得高于一般水平的投资回报率的企业。

投资领域充满了变数。如何从那些令人眼花缭乱的数字与信息中找到真正能给你带来收益的股票，是所有投资者最为关心的问题。虽然巴菲特一再声称自己的投资毫无秘密可言，但人们只会将他的说法当成是自谦之词。事实上，巴菲特的投资策略的确没有什么秘密可言。

巴菲特认为，每只股票的背后，都有其所代表的企业、管理者、产品与市场，所以投资者决不能在毫不了解企业的情况下就匆忙做出决定。这样做的结果极其危险。因此，他说："在对某个股票做出评估前，一定得首先了解这家企业。"

巴菲特说："投资者应该对企业的过去、现状及未来的发展具有全面的了解，只有这样，才能尽可能减少犯错误的机会。如果你准备买入IBM的股票，你至少应该知道这家企业刚开始是生产计算机打孔卡片的，然后是磁带，接下来进入了计算机领域。虽然它在大型计算机方面一直处于领先的地位，可在个人计算机方面也一度被对手超过……唯有了解企业的历史，才有助于你对企业的未来发展作出更为客观的评价。"

"对于专业财务人员作出的报告，普通投资者往往心存畏惧，面对各种庞杂的信息，他们不知该从何下手。不管这些报告写得多么复杂，你需要特别注意的一点就是企业的利润必须是现金利润，这一点是很容易做到的。"

另外，巴菲特认为：企业的经营者必须是精明的团队，唯有如此才能达到管理的目的。而且，企业需要通过制度来保证其安全有效地运转。事实上，如果一个企业由天才来经营是非常危险的。任何一个经营者都应该、而且必须想到自己下台几年后企业的发展，而那些仅凭意气行事的天才不太可能会这样做。

与此类似的是，企业所有者的意图是靠企业管理者的经营活动来贯彻的。如果企业经营者违背了股东的意愿，人们很快就会觉察出来。如果这种情况发生，那么对于投资者来说，最好的选择就是远离它。巴菲特认为，作为一个经营者，应当把股东看作是合作者，而不是对手。

巴菲特不喜欢那些看上去只赚不赔的大企业或是似乎很有发展前景的企业，虽然人们普遍认为那些大企业具有巨大的收益增长能力。但在巴菲特看来："只有在对企业的盈利能力非常确知的情况下，我才会行动。"

巴菲特很清楚这样一个事实：企业只要存货少，资产周转率就高。企业必须拥有少量的强制性的资本投资，虽然有不少高成长的企业在其发展过程中需要投入大量的资本，但是这对广大的股东来说并非好事，因为高回报是由资产的高速周转而得来的。巴菲特眼中最好的企业，其成长性一定是鹤立鸡群的，而且只需少量的资本投入。这种企业往往有着更大的发展空间。

对投资者来说，所寻找的不光是一只能赚钱的股票，同时也是一家真正能让你放心、具有潜质的企业。只要抓住了这些基本要件，你就可以像巴菲特那样"将手插在口袋里，过着一种非常简单的生活"。

抓到好牌下大注

由于集中投资的股票数目很少，所以在应用中最关键的环节是概率估计及集中投资比例决策。一旦判断失误，则很容易造成巨大的亏损。巴菲特充分认识到这一点，他坚持投资成功的前提是寻找到了概率估计的确定性。

"我把确定性看得非常重……只要找到确定性，那些关于风险因素的所有考虑就无关大局了。你之所以会冒重大风险，是因为你没有考虑好确定性。但以占其价值的一部分的价格来买入证券并非冒风险。"

"未来永远是不确定的。在大家普遍看好时，你只能花高价从市场买入股票。所以，不确定性实际上反而是长期价值者的朋友。"

"巨大的投资机会来自优秀的公司被不寻常的环境所困，这时会导致这些公司的股票被低估。"

简单地说，你具有很高的盈利概率，而且别人不敢和你在相同的方向下注，这时你下大赌注才可以赢大钱。查理·芒格形象地把集中投资比喻为"当成功概率最高时下大赌注"。他说："人类并没有被赋予随时随地感知一切、了解一切的天赋。但是人类如果努力去了解，努力去感知，通过筛选众多的机会，就一定能找到一个不错的机遇。而且聪明的人会在世界提供给他这一机遇时下大赌注。当成功概率很高时，他们会下大赌注，而其余的时间他们则按兵不动，事情就这么简单。"关于集中投资时的概率计算，巴菲特采用的方法是用亏损的概率乘以可能亏损的数量，再用盈利概率乘以可以盈利的数量，最后用后者减去前者。

巴菲特说："对于每一笔投资，你都应当有勇气和信心将你净资产的10%以上投入。"他所说的理想投资组合应不超过10种股，因为每种个股的投资都在10%，但是集中投资并不是把自己的资本平摊在10家好股上面这么简单。尽管在集中投资中所有的股都是高概率事件股,但总有些股不可避免地高于其他股,这就需要"当牌局形势对我们绝对有利时,下大赌注"。芒格解释这句话为:"从玩扑克牌中你就知道,当握有一手对你非常有利的牌时,你必须下大赌注。"

当巴菲特在1963年购买美国运通股时,他已经运用了这一法则。在20世纪50年代到60年代,巴菲特作为合伙人服务于一家位于内布拉斯加州奥马哈的有限投资合伙公司。这个合伙企业使他可以在获利机会上升时,将股资的大部分投入进去。到1963年这个机会来了。由于提诺·德·安吉利牌色拉油丑闻,人们认为美国运通公司对成百万的伪造仓储发票负有责任,公司的股价从65美元直落到35美元。当时巴菲特却借机将自己公司资产的40%共计1 300万美元投在了这只股票上,占当时运通股的5%。在其后的两年里,运通股票翻了三番,巴菲特所在的合伙公司赚取了2 000万美元的利润。

所谓艺高人胆大,巴菲特敢于下大赌注,绝对不是头脑昏昏莽撞行事。巴菲特曾经说:"慎重总是有好处的,因为没有谁能一下子就看清楚股市的真正走向。5分钟前还大幅上扬的股票,5分钟后也有可能会立即狂跌,你根本无法准确地判断出这个变化的转折点。所以,在进行任何大规模投资之前,必须先试探一下,心里有底后再逐渐加大投资。"从这句话中我们可以看出,他是一个头脑清醒的、理性的投资家。他是对行情走势"心中有数"后,才下大赌注的。

对于自己的每一次动作,巴菲特都是心中有数。但是,许多投资者往往在不了解股票的情况下,听信一些所谓的内幕消息,认为可以大赚一笔的机会到了,于是把资本当做赌注压到股票上,这种盲目的冒险往往带来不良的后果——钱没赚到本儿却折了。所以,在学习巴菲特"下大赌注"的投资策略时,我们先来听听他的看法:"每一个投资者都应当具备如何经营企业的知识,同时也要读得懂企业的财务会计报表,另外,还需要某种对投资这个游戏的痴迷以及适当的品格特征。这些东西比起智商更为重要,因为他们会增进你独立思考的能力,使你能清醒地面对在投资市场上常见的那种会传染的歇斯底里。"

谨慎控制持有数量

巴菲特一直将自己的投资方略归纳为集中投资,实行"少而精"的投资策略。那么他在实践中是怎样运用这一策略的呢?那就是:选择少数几种能够在长期的市场波动中产生高于平均收益的股票,将手里的大部分资本投向它们。一旦选定,则不论股市的短期价格如何波动,都坚持持股。到底买多少种股票才算是集中持股呢?通过对巴菲特的研究,其答案是买5~10只,甚至更少的股票,并且将注意力集中在它们上面。巴菲特认为,投资股票的数量绝不要超过15只,这是一个上限,超过这个数,就不能算是集中投资了。

对于普通的投资者来说,集中投资于少数几只股票意义更大,资金少的投资者,最好不要搞分散投资。否则,会因投资分散,收益被亏损明显消耗。更主要的是,股票数量过多,投资者无法精心照顾。人的精力是有限的,用同样的时间和精力研究3家公司和研究20家公司,其深度和收获肯定是不同的。如果投资者持有太多的股票,势必对对应的上市公司的情况一知半解,而且会把成本统计、组合设计搞得很复杂。一般的投资者购买3~4只股票就完全可以了。在投资时,通过对公司的分析,确实认为股票具有投资价值并能获得较大的投资收益,就可以把资金投向这1只或几只股票。

远离几类企业

巴菲特的投资策略以一句话加以总结,那就是集中投资战略。他认为自己的投资方略没有什么神秘的地方,但是要真正成为一个成功的集中投资者,就需下一番工夫来好好学习。

大多数投资者喜欢探听各种小道消息和内幕,但却没有耐心去读一下那些通过正规渠道发布的企业的年度报告。巴菲特的经验告诉人们,不要花大把的时间与别人谈论市场走势,而要多花点时间阅读一下你拥有的公司发布的最新资料。巴菲特忠告那些对集中投资有兴趣的投资者:认真细致地研究企业,因为拥有一家企业的股票,就意味着你得比较精通这家企业和它所在的行业;将股票看成是企业所有权的一部分,而且要一直坚持这一观点,否则你千万不要进入股市;切记永远不要举债来进行集中投资,债务所带来的压力会使你缺乏经受市场考验的承受力,一旦债权人突然要求提前还款,将给你带来巨大的损失;不要试图在短期操作中运用集中投资,你至少应当在某只股票上花5年或者是更长的时间。

在实行集中投资战略时,要注重投资的安全性,所以在投资时必须注意规避一些不宜投资的企业。通过对巴菲特投资经历的研究,可以总结出他进行集中投资时,避免投资的几类企业:

(1)无稳定现金分配的公司。稳定的现金分配说明公司能稳定经营,并业绩真实。造假的公司只能造出账面利润而不能造出现金,所以他们只能送转股分配而不能通过现金分配。

(2)不诚信的公司,其中包括大股东掏空上市公司、虚假陈述、隐瞒应当披露的信息、内幕交易、提供虚假会计信息等等。

(3)5年内业绩有大幅波动的公司。公司业绩大幅波动说明公司经营不稳定,风险较高。要考察公司的稳定性,5年时间是必需的。

(4)整体行业不景气的公司。整个行业不景气,上市公司的经营和业绩就会受到影响。

(5)母公司经营不善的集团公司。如果集团公司经营不善,那么上市公司的经营能力也会受到很大的影响,而且掏空上市公司的危险性也会上升。

(6)没有主要业务,或者主业不突出,搞多元化经营的公司。

(7)业绩平平或比较差的,不断被公众和媒体质疑的,并且庄股、累计涨幅巨大的公司。

(8)企业规模过小的上市公司。小规模的上市公司很难产生规模效应,并且经营成本高、抗风险能力弱。

深入了解企业情况

巴菲特认为,企业应该有正直和诚实的经营者。其行为必须符合受托人的身份,这是非常重要的。巴菲特相信,如果想明白经营者的意图,唯一的方法,就是观察他们如何与股东沟通。所有的企业,不管是好是坏,都会经过一段不可避免的困难时期。一般而言,当企业营运状况不错的时候,经营者会畅所欲言;但是当企业走下坡时,他们会开诚布公地谈论公司的困难或是沉默不语吗?巴菲特的结论是:经营者对企业困境的反应,可以看出他的经营态度。

巴菲特认为,要使一个企业成功,经营者必须与全体员工发展良好的工作关系。他的观点是,员工应当从内心认为他们的公司是最好的工作地方。提拔员工时,应该让他们觉得升迁是基于个人的能力而非偏爱。巴菲特检视公司的特点,经营层面的特质,以及与其他同业公司比较的结果。在这个探索中,巴菲特试图循着某种线索,以引导他了解一家公司与其他竞争者相对的优越性。巴菲特宣称,仅仅阅读一家公司的财务报告,并不足以判断是否应对该公司进行投资。审慎投资的基本步骤,是尽可能地从熟悉该公司的人那里,获取第一手资讯。巴菲特会尝试询问所有可问的问题,他称这个随机的询问为"闲言碎语"。如今,我们可以称它为企业的"葡萄藤"网络。巴菲特认为,"闲言碎语"能提供线索给投资人,有利于他们找出绝佳的投资。

巴菲特去拜访企业的顾客和企业本身。他寻找曾经为该公司工作的员工和顾问。巴菲特与大学里的科学研究者、政府员工和商业机构的主管会面,他也访谈竞争业者。虽然主管们有时可能不愿透露太多,但是巴菲特表示,他们从不缺乏对竞争对手的批评。产业里的每个公司的真实状况,或多或少可以从与公司有往来的人士中得到。

大多数的投资人不愿意像巴菲特那样花大量的时间与精力,去了解某家公司。发展"葡萄藤"状的网络,并且安排面谈是需要时间的;而为每一家公司重复建立"葡萄藤"状的网络,更是件费力的工作。所以,巴菲特借减少手上持有的公司的数量,以减轻自己的工作量。依照巴菲特的观点,他宁愿只拥有少数几家优秀的公司,也不要好几家平庸无奇的公司。一般而言,他的投资组合少于10个公司,而且时常是3~4个公司即占去他投资组合的75%。

不 熟 不 投

巴菲特投资成功的一个重要因素是:他从不买自己不熟悉的股票。如果他不太了解某公司的财务状况、经营状况、管理人员的基本情况,即便是被人描述得天花乱坠,巴菲特也从不感兴趣,更不会去涉足。巴菲特的忠告是:"投资必须坚持理性的原则,如果你不了解它,就不要行动。"他认为,一个人的精力是比较有限的,股市上的股票则数以千计,不同的企业从事着完全不相干的业务,我们不可能对这些业务都熟悉和了解。不如将我们有限的精力集中在我们熟悉的领域内,尽可能多地了解这些企业的情况,这有利于我们的投资决策。

巴菲特对具有潜质的优秀公司非常青睐,一旦他以合理的价格买到了他认为具有持久竞争优势、能够为他带来丰厚回报的公司,就不会随随便便卖掉它们。他所购买的公司都是自己非常熟悉的公司,不了解、不熟悉、不能一目了然的公司,从不轻易去购买。巴菲特长期持有的8家著名公司的股票分别是可口可乐、吉列、美国运通、富国银行、联邦住宅贷款抵押公司、迪斯尼、麦当劳、华盛顿邮报。从中你会发现每家都是家喻户晓的全球著名企业,而且持有时间很长,多数都在5年以上。可口可乐是全球最大的饮料公司,几乎在全世界的每一个角落都出售可口可乐,每一个运动场的小摊上、加油站的小柜台上、电影院、超级市场、饭店旅馆、酒吧宾馆等各式各样、大大小小的柜台上都可以见到可口可乐的影子。吉列则是全球便利刮胡刀市场上最具影响力的产品,世界上所有长胡须的男人以及他们身边的女人都会知道吉列刮胡刀,尽管全世界生产刮胡刀的企业数以万计,但全世界将近60%使用刮胡刀的男人都会选择吉列这个品牌。因此,巴菲特投巨资于吉列公司,并持有该公司的股票至今,他说:"每当我在入睡之前,想起明天会有25亿位男士必须剃须时,我就会忍不住感到高兴。吉列刀片已经有100多年历史,全世界的男人每年要消耗200亿~210亿片刀片,其中30%就是吉列生产的,而60%的市场销售额属于吉列公司。在某些国家,吉列公司刀片的市场占有率甚至达到了90%。"

美国运通银行的旅行支票和运通卡是跨国旅行的必备工具;富国银行是美国十大银行之一,拥有加州最大的商业不动产市场;联邦住宅贷款抵押公司是美国两个最大的住宅贷款业者之一;购并大都会——美国广播公司之后,迪斯尼成为全球第一大传播与娱乐公司;麦当劳是全球第一大速食业者;华盛顿邮报亦是美国最受尊敬的报社之一,在民众生活中影响巨大。由此可以看出巴菲特所持股票的原因:他最为看重的公司或企业都是与大众日常生活紧密联系在一起的,这些公司的产品简单而容易了解,毫无神秘和复杂可言。这就印证了巴菲特崇尚简单、拒斥复杂的投资理念。

巴菲特绝不投资自己不了解的、或是在"能力范围"之外的公司。在巴菲特看来,任何投资者只要花时间对某个行业或是某个公司切身地参与或是切实地做一些调查研究,都能够获得相关资料,从而了解某些行业或自己感兴趣的企业,扩大自己的"能力范围"。巴菲特有一句很经典的话:"一个人一生中不需要正确很多次,只要在极为紧要或关键的时候做出正确的判断和决策就行了。"在其40年的投资生涯中,12次正确的判断决定了他的成功,为他带来了巨额的财富。

第 24 章

不要害怕短期失利

理性投资更长久

巴菲特崇尚理性的投资观念,他避开了科技股的大调整风险,并且获得了很大的收益。他的老师格雷厄姆曾经提出了以净资产价值、低市盈率为标准的投资方法,并且应用利率来衡量价格的高低。

格雷厄姆发现一个数学的评价公式,即企业的中心价值应满足三个标准:

(1)10倍以下的市盈率,一年以上的盈利为分母。

(2)个股价格相当于历史最高价的一半,即股价从最高价回调了一半。

(3)股价不高于每股净资产。

格雷厄姆的投资学说是基于稳健投资的原则之上的,而他把稳健投资的精髓提炼为"安全边际",他认为,一旦股票的价格低于其实质价值,那么,这只股票就存在一个安全边际。可以说巴菲特正是从中汲取了营养。

对于所有包含预测成分的指标,巴菲特都不认为那是投资的基础。因为对于公司经营的预期总是由于其易变性而难于达成,一旦乐观的情绪占主导,价格就会远高于其价值,随之而进行的操作就成为典型的投机行为。而且投资人过度预估这些捉摸不定的东西时,通常会带来具有风险的思考模式。例如,一家公司预计未来盈余丰厚,投资者就会以高价去购买,这样,股价很容易偏离其实质价值,并不断扩大,而一旦盈余的预期未能达成,投资者面临的风险就相当高了。

这种稳健做法,在一些时候也会错过机会,在科技股的投机狂潮中,存在大量的暴富机会,最典型的如美国在线,在不到9年的时间,该公司股价最高时上涨了3.47万倍,投入1万变成3.47亿的天文数字。假如巴菲特在1999年投身于科技股的革命大潮,然后又在2000年3月份后重新拾起原来的传统绩优股,那会创造十分辉煌的业绩。但这仅仅是个假设,巴菲特不会这样做,因为巴菲特不是神而是一个杰出的投资家,正因为他的稳健才衬托出他与众不同的胆识,才会有今天成为世界首富的辉煌。

巴菲特坚信凡是泡沫最终都会破灭,不管是新经济还是旧经济,公司的持久盈利是第一位的。巴菲特用事实证明了一个道理:只有理性投资者才能"活"得长久。

不因为便宜而买入

巴菲特说:"你买一种股票时,不应因为这种股票便宜而购买,而应该因为你很了解它而购买。"

巴菲特认为普通投资人可以按常识判断来战胜股市和共同基金,也就是说要善于从平凡中发现奇迹,他自己往往会从日常生活中得到有价值的信息。他特别留意妻子和3个儿女的购物习惯。1971年的一天,妻子买回"莱格斯"牌紧身衣,他就从中发现了一桩大有赚头的买卖。在他的组织下,公司当即买下了生产这种紧身衣的汉斯公司的股票。不久,股票价格竟升到原来价格的6倍。

有12个大众观点被巴菲特形容为"愚蠢而危险",包括"已经下跌很多的股票不会再下跌了"、"屡创新高的股票不会再上涨了",等等。巴菲特认为,实际上你不可能预料到什么时候是谷底,而如果是个好公司,即使股票价格已经高涨也不必抛售。事实上,他从未进行过短期的风险投资,只要他所投资的企业仍然保持活力,他就把股票紧紧抓住不放。同样,一旦股票表现出下跌的预兆,他会不断到上市公司,视察一番,分析判断后也可能毫不犹豫地赶快脱手。在股市上,他的一举一动经常成为一些股票投资者预测股市变化的"晴雨表"。

巴菲特认为,盈利是一个公司的最终目的,不过股价是由华尔街的预期所引导的,价格过高的增长型股票具有双倍的风险,如果他们的盈利猛然下跌,股价就会跌向谷底,即使盈利增加,股价也有可能下降。当你为了股票的增值付出太高的代价时,风险和效益之间就不成比例了。

巴菲特总结出对下面几种企业的投资一般不会成功。

(1)与农场有关的企业。它们有很长的生产周期,而且不得不为那些老是没有现金的农场主提供资金。有可能会看到一些账面利润,但在纳税后,最后得到的只是一堆令人头疼的应收账款。

(2)长期服务契约。交了很少的保费,却要为之提供很长时间的保险,这对保险公司来说是致命的。

(3)过分依赖于研究的企业。如果一个企业不得不长期依靠大量的资金投入,才能保持它的领先地位,这是一种软弱的表现,而不是强大。

(4)企业管理层不诚实的企业。

(5)连锁型企业。那些以几何级数增长,但需要越来越多现金的企业。

(6)零售业(包括邮票销售业)。那是巴菲特从未赚到过钱的领域。

(7)"把自己都押上"的企业。就像洛克希德公司,他们不得不周期性地把公司抵押出去,以维持业务。

(8)负债型企业。一座没有抵押出去的房子,显然比一座已经抵押出去的房子更值钱。

但是如同巴菲特这样理智的人不多,大多数股民进入股市的目的就是为了赚钱,所以置身于股市之中,只要有便宜就占。但是,股市中确实有些便宜还是不能占的。虽然这便宜本身或许能给人带来收益的,如某些热门品种,但是投资者不可能把握每一次市场机会,所以这样的投资是很危险的,轻者将会蚀本,重者则会因为贪小便宜而吃大亏。

投资前必须深入分析

巴菲特提醒投资者应注意从股票投资分析中来掌握股价走势的重要性。所谓股票投资分析，就是股票投资者对股票市场所反映的各种资讯进行收集、整理、综合等工作，借以了解和预测股票价格的走势，进而作出相应的投资策略，以降低风险和获取较高的收益。股票投资分析的主要内容包括股价基本因素分析和技术因素分析，因为这两方面都包含了广泛的内容。

巴菲特认为进行股票投资分析的理由在于如下几点：

(1)股票属于风险性资产，其风险由投资者自负，所以每一个投资者在走每一步的时候都应谨慎。高收益伴随的是高风险，在从事股票投资时，为了争取尽可能大的收益，并把可能的风险降到最低限度，首先我们要做的就是认真进行股票投资分析。这样在买卖过程中，我们才会有信心，使我们预见到可能发生的风险，及时避开隐蔽的陷阱，确保我们投资行动的安全。

(2)股票投资是一种智慧型投资。长期投资者要注重基本方法，短期投资者则要注重技术分析。而要在股市上进行投资，更是一种需要高超智慧与勇气的举动，其前提是看准了时机再去投资。而时机的把握需要投资者综合运用自己的知识、理论、技术以及方法详尽周密地分析，进行科学的决策，以获得有保障的投资收益。这与盲目的、碰运气的赌博性投资行为有根本的区别。

(3)从事股票投资要量力而行，适可而止。要时刻保持冷静的头脑，坚决杜绝贪念。投资者在进行股票投资分析时往往会受到资讯不足、分析工具不全、个人分析能力有限等问题的制约。因此，投资者除自行分析外，还应参考外界力量对股票投资所作的分析，以作出正确的判断。由于股票投资分析是一个复杂的过程，考虑问题时就需要我们从全局的角度出发，第一步就是要对整个国民经济的运作，包括生产、流通、服务等各个部门作出详细的分析，以便了解国民经济各部门、各地区所处的增长阶段与其发展趋势，进而具体到成千上万个企业，了解它们在经济大环境下和所属行业的特色下所从事的具体经济活动。接下来，对发行股票的企业进行分析。

因为股票是由不同的企业发行的，每个企业各有特点，要了解它，就应从股票发行企业的经济状况和财务状况入手，综合考察它的资本情况、技术实力、获益多寡、偿债能力、成长潜力等，从而对股票发行企业作出恰如其分的判断与评价。

(4)结合分析其股票本身的历史走势，看它的市场价格变动与企业财务状况相关联的特点及变化轨迹，股票交易量和股票价格变动、市场价格变动的对应关系，并运用各种分析的结果预测股票未来变化的特点及走势。然后还得对股票市场状况进行分析。

一个股市的状况和国民经济现状可能都是好的，但某种股票的市场价格可能反而下降；相反，国民经济的基本状况可能并不好，但整个股票市场却可能很兴旺。总体来说，股票市场作为一个整体，其行为可能与基本投资分析所期望的不一样。有些投资者往往偏爱某些行业中的某些股票，不愿意投资到另一些行业中的某些股票，这种情况可能会与市场趋势和整个国民经济发展情况背道而驰。但这种行为通常是短期现象，投资者不应对其中可能产生的损失过度反应。同时，股票市场是变化无常的，对于一些技术上的问题，投资者的普遍投资心态及投资方法等都会引起股市的周期性波动，从而使有些股票的波动比市场大一些，有些比市场小一些，不过市场作为一个整体，对每种股票价格的变动承担主要责任，以及产生决定性的影响。因此，有必要把个别股票的预测与整个股市的预测联系起来，互相对照，以提高个别股票价格预测的准确性。

分析自己的风险偏好

在股票市场上，通常有不少投资者埋怨自己买错了一些股票。他们解释之所以买这些股票是因为分析员或者朋友给他们的建议，说是必赢的，所以就大量买入。但他们后来才发现，这些股票涨跌的幅度之大，风险之高，是他们从来没有想象过的。当价位下跌时，可能是一路狂跌，不免让人心惊肉跳。他们买了不该买的股票，原因就在于误信人言。

投资者应该明白，股市中的某些股票不适合他们投资，所以，必须慎重选择适合的股票。在进入股票市场买卖之前，你就应该考虑一下，什么股票可以买，什么股票你不应该买。考虑的依据是你的个人性格取向。不过，巴菲特建议投资者可以适当做一些和个人性格反方向的投资，以保持相对的平衡。

1. 风险爱好人士

通常这类投资人比较喜欢冒险，一般会买卖一些概念股、低价股、认证股之类。他们对大蓝筹股可能没有什么兴趣，嫌其升跌较慢。这类投资人也较喜欢利用"T+0"去做短线买卖，极短时间内就胜负分明。他们还喜欢到处打探消息，如果有什么朋友给他们提供所谓必赚的消息，他们都愿意冒风险，甚至大手买入。而这些消息，可能是关于一些不知名的股票，公司怎样运作，做什么生意，投资人都可能没有兴趣去了解，只要知道有内部消息就急切地买入，希望大笔赚钱。

按照规律，任何事都是过犹不及。过于草率和莽撞，在股市上就会承担极大的风险。这类投资人也有赚大钱的，但这都是极少数人。暴富骤贫一般人是很难经受得住的。所以，巴菲特忠告这种类型的投资者，应该将部分资金作一些比较稳当的投资。如买一些超级大蓝筹股票，不要将所有资金都用来炒作。炒作的风险实在太大，有时一个风浪躲避不及，就会全军覆灭。这类投资者有点像赌徒，但投资并不是赌博，而是一种理性的行为，既需要冒险精神，也需要冷静分析。

2. 风险厌恶人士

这类投资者一贯以稳健作为自己的投资原则，他们永远不会买卖一些不明来历的股票，也不敢炒短线，只是买入优质股票作长线投资。

巴菲特建议投资者应坚持自己投资的原则，不要买卖风险高、价格涨幅太大的股票。这些股票并不适合这类投资者的性格。如果听信其他人的所谓内部消息，买入一些事实上高风险的股票，事后追悔莫及，就很不值得。所以，巴菲特忠告，如果你是保守的投资人，就一定要拿定主意，不去随便听任何人的消息和建议，只买卖最稳健的股票，并以长线投资作为出发点，不去短炒，不去买卖认股证、期指、低价股和一些不明来历的股票。

投资并不会因为性格保守而失败，它最忌讳的就是没有自己的立场，盲目地听信他人之言，这样遭到失败是不可避免的。

保持清醒头脑

无论你选择什么方式进行投资,都是一场与市场的博弈。

可能你已经与市场数次交手,现在开始明白,投资并不像钓鱼那么简单。你已经认识到,在投资的时候,如果一笔生意听起来好得令人难以置信,那它就真的不值得你信。如果你曾经是一名失败的投资者,也不必缩手缩脚地不敢向前。关键的一点是,你必须面对现实,重新调整你的投资计划,否则你将再次尝到失败的苦果。

下面是巴菲特提出的投资策略,可帮助你保持清醒的头脑,作出正确的投资判断:

(1)投资不是十几个人的足球游戏,而是投资者一个人的游戏,投资者必须自己作出判断与抉择。想投资,那就自己好好地研究所要进行的交易。

(2)不要期望过高。期望越大,失望也越高。当然,投资者期望自己投入的本金每天能翻一倍,作为梦想这无可厚非。但必须清醒地认识到这仅仅是一个梦想。记住,如果年平均回报率能达到10%,就是非常成功的投资了。

(3)不要被虚涨的股票所迷惑。切记,公司的股票同公司是有区别的,有时候股票只是一家公司不真实的影子而已。所以应该多多学习这方面的知识,不断地掌握新的投资技巧。

(4)不要低估风险。风险值得每一个投资者投入足够的重视。一个重要的原则就是,在选择一项投资之前,不要先问"我能赚多少",而要先问"我最多能亏多少"。

(5)在不知道自己该买哪一只股票或者为什么要买这只股票的时候,坚决不要买。这一点尤其重要,必须先把事情搞懂再作决定。

(6)投资的前提就是一定要保本,当投资者把目光投向一些目前正在走向衰败的公司的时候,就是一个危险的开始,这点尤其应注意。

(7)不要轻信那些债务大于资本的公司。有些公司通过发行股票或借贷来支付股东红利,但是他们最终会陷入困境。

(8)应该"把鸡蛋放在一个篮子里然后小心地看好它"。那种把资金投入到多家公司以此来试图分散风险的做法是不正确的。

(9)不要忘记,除了盈利以外,没有任何其他标准可以用来衡量一个公司的好坏。无论分析专家和公司怎样说,记住这条规则,盈利就是盈利,这是唯一的标准。

(10)如果投资者对一只股票产生了怀疑,不要再坚持,及早放弃。

跟上形势变化

巴菲特曾说自己有85%投资策略来自于老师格雷厄姆。但是他在具体的实践中,发展和改变了老师的价值投资策略,他抛弃了其中一些不符合新情况的思路。他说:"我逐渐发展了他的思想,以适应新的变化。"

从开始涉足投资行业至今,巴菲特一直在寻求改变。多年来,他在应用价值投资策略方面的思路也在不断地改变。随着运作的资金量越来越大,他认为先前那种运作资金的方式

已经不适用了。他说:"当初在格雷厄姆的公司工作时,由于资金数目比较小,我们常常用一张纸,将与某家公司有关的一切数字都记下来。如果我们碰到了在账面价值、营运资金、收益方面都合格的公司,我们就把它买下来,这种方法很简单。可是这种方法现在显然已经行不通了,我们得寻找其他的途径,我们必须学习如何在未来赢得可以稳定增长的现金流。"

在20世纪六七十年代,工业主要以制造业为主,衡量企业的主要标准是账面价值。投资者只要科学地分析企业的财务与管理,他就能以账面上的数字来考察企业。可是,后来随着科技的不断发展,服务与信息经济的不断发展,传统的那种简单衡量企业账面价值的手段已经不适应新的情况了。对巴菲特来讲,虽然他对新技术企业兴趣不大,但他不是一个故步自封,拒绝新事物的人。相反,他是一个乐于改变的人,他一直在与时代一起进步,他的投资理念也随着经济的变化而改变。

在1999年科技网络股风靡全球之时,巴菲特选择了回避,继续专注于自己的传统行业投资。不久,科技股的泡沫破灭了,众多投资者因此倾家荡产。事实证明巴菲特当时的选择是明智的。但是时过境迁,进入2005年之后,巴菲特也开始投资科技股。他旗下的伯克希尔公司表示其拥有160万股WT通信公司和87.9万股Level3通信公司的股票,另外他的公司在亚马逊网站上的投资也获得了盈利。

在回答为什么购买科技股的时候,巴菲特说:"我总是尽可能地跟踪那些我明白运作情况的股票,就像亚马逊。我的意思是说,我能够明白亚马逊这样的企业在经营上的利弊从而准确分析投资的回报。更重要的是,亚马逊这样的股票一年前或一年半以前的价格比现在低得多,所以当时我就明确意识到这样的企业不仅能够生存下去而且还会获得高速发展。"

投资行业并没有亘古不变的法则与真理,伟大的投资家是愿意不断改变自己的投资理念与投资方法,以适应变化。事实上,那些在几十年前适用性强的理念与方法,在新的时代里可能已经不再适用了,聪明的投资者应根据新情况改变投资理念与方法。

寻找消费垄断企业

选择股票是取得投资成功的开始,也是最为重要的一步,选股要有战略眼光,善于发现"地下的黄金"。如果第一步迈不开,走不好,成功就无从谈起。巴菲特投资的成功就在于能够准确选择投资对象。

巴菲特选择投资对象的时候特别注重公司的业务种类,对那些从事具有消费垄断性业务的公司情有独钟,他认为这类公司相对于从事普通业务的公司更具有获利潜力和发展前景。这类企业即便是在经济不景气的情况下也由于其所从事的业务具有消费垄断性,而不会对其获利能力有很大的影响,也就是说,这类企业的获利在任何情况下都比从事普通业务而不具有消费垄断的公司要稳定得多、有保障得多,投资于这类企业风险较小,获利有保障。

20世纪40年代后期,约翰·霍普金斯大学的劳伦斯·布鲁伯格在论文中指出消费垄断型企业的投资价值。通过对消费垄断型企业和普通企业的比较,布鲁伯格认为,企业便利的地理位置、服务热情周到的雇员、便捷的送货服务、令人满意的产品品质等因素令消费者信赖,从而产生一种心理状态——商誉意识。消费者的商誉意识会带来消费垄断。商誉意识虽然只是一种消费心理状态,但作为一种无形资产却具有巨大的潜在价值。它常常驱使消费者对某些商品产生一种信任,只购买某几种甚至某一种商品。这样就会给企业带来惊喜:更高的权益收益率、利润的增长、良好的业绩等等,此类公司的股票自然会受到追加,股价也会随之上涨。这类公司即使在经济不景气的情况下也会有突出的表现。对于这一观点巴菲特非常赞同,并在投资过程中坚持运用。巴菲特的投资组合中几乎数十年不变的8家公司的股票在巴菲特眼中都具有消费垄断,在消费者心中都是具有长久吸引力的消费品牌,能够使消费者产生"商誉意识"。

如何检验某个企业是否存在消费垄断呢,是否足以使消费者心中产生"商誉意识"?巴菲特借助布鲁伯格的理论,发明了一种方法。他设计的问题是:如果你有几十亿资金和在全国50名顶尖经理中任意挑选的权利,你能开创一个企业并且成功地与目标企业竞争吗?如果答案是否定的,那么这个企业就具有某种类型的消费垄断,是一个消费垄断型企业。对于自己选定的投资企业,巴菲特常常引以为豪。"别的企业能和华尔街日报竞争吗?你可能耗尽了心思,花费了几十亿资金,但你仍不能减少它的读者人数!没有人能创办一个口香糖公司能和箭牌公司相对抗!到目前为止,也没有哪一种碳酸饮料能和可口可乐抗衡!"他说,"同样的情况还有万宝路香烟,很难想象一个抽惯了万宝路香烟的人会转向其他品牌的香烟。"

布鲁伯格认为,消费垄断型企业能够具有很高的利润,其原因就是这类企业不必高度依赖于对土地、厂房、设备的投资。其他普通公司则正好相反。消费垄断型公司的财富主要以无形资产的形式存在。比如可口可乐的配方、万宝路的品牌等,都是价值巨大的财富。

这种情形在商业贸易史上一直存在,如早期英国冶铁业的消费垄断,托马斯·爱迪生创建的美国通用电气公司,其影响遍及全球。巴菲特十分看好这种有着广泛发展前景的公司,选择这类公司他是胸有成竹的。

慎重看待高新技术企业

在巴菲特的投资策略里,有一条重要的原则,即投资自己所了解的企业。他常常告诫投资者,如果不了解这个企业,就不要去购买它的股票。

一般说来,巴菲特只投资自己熟悉的两种企业。一种是能够提供重复性服务的传播事业,这些企业所提供的服务是所有企业都必需的。无论是大企业还是小企业,它们都必须让消费者认识自己的产品与服务,所以它们不得不花高额的广告费以求能打开销路。由于企业的这种支出是必需的,所以,那些提供这类服务的行业势必从中获得高额的营业额及利润。另一种是能够提供一般大众与企业持续需要的重复性消费的企业。巴菲特投资的企业,如吉列、华盛顿邮报、中石油等,无疑都符合他的这一选股原则。

在巴菲特的投资组合里,我们很容易看出他对网络科技股总是避而远之,唯青睐那些传统意义上的、为他所了解的盈利前景较为明朗的企业,如保险、食品、消费品、电器、广告传媒及金融业。当全世界都在为网络科技股疯狂的时候,巴菲特仍旧不为所动,坚持着自己的阵地,显得是那样固执。

巴菲特对自己不了解的高技术公司不感兴趣。尽管巴菲特与比尔·盖茨是一对极好的朋友,巴菲特还是盖茨婚礼的证婚人,盖茨还对他很有耐心地讲述自己的企业,但这都没能成为他投资微软的理由。巴菲特曾经说:"我很崇拜比尔·盖茨,但我不会买微软的股票,因为我不知道10年后世界将是怎样的。我不想参与到这些别人拥有绝对优势的游戏中去。或许我可以用我所有的时间去思考一下明年的科技发展,但我不可能成为我们国家分析这类企业的行家里手。我连第100位、第1 000位、10 000位的专家都轮不上。也许很多人都会分析这类公司,但我不会。"

巴菲特一向在投资方面极为自信,可在面对高技术企业时,他表现得过于"谦逊"。在科技股炙手可热的时间里,巴菲特因为不懂而没有去参与,我们可以将他的这种表现看成是理性而聪明的表现。巴菲特的商业老搭档查理·芒格为他的这一策略进行了很好的解释,他说:"每个人都应当找到自己的长处,然后再运用这种优势。如果你试图在你最差的方面获取成功,我敢肯定,你的事业将会一团糟。"在解释为什么巴菲特和伯克希尔公司不去买进科技股时,他说:"我们没有涉足高科技企业,是因为我们缺乏涉足这个领域的能力。我们的优势在于很了解非科技股,而其他股我们不了解,所以我们只愿意与那些我们了解的公司打交道。"

1999年,在网络股已经逐渐失去了往日的热度的时候,巴菲特决定投资高科技公司——美国第一数据公司。第一数据公司的业务是提供信用卡支付处理及电子商务线上交易系统服务,它和雅虎、戴尔等高技术公司有密切的业务联系。与当时其他正在亏本运营的网络公司不同的是,第一数据公司已经有了很大的销售额与利润。当时,很多人都惊叹巴菲特要大举进军科技股。巴菲特一方面宣称自己对科技股不感兴趣;另一方面还是购买了科技公司的股票,这两方面并不矛盾,如果我们能将问题看得更为深入一些,就会发现巴菲特作为一个理性的投资家,他不会因为企业的名称或是产品与高技术有关便将其排斥在考虑之外,无论是哪一种类型的股票,只要符合了他的投资标准,他就会去投资并且长期持股。

由于投资所散发出来的巨大利益诱惑,许多人都乐此不疲。可是,在投资领域中,却只有很少的人取得成功,这是因为他们没有像巴菲特那样"永远不要做自己不懂的事情",太多的人是凭借着头脑中的想象去贸然投资。

理性配置资本

巴菲特在近几十年的投资生涯中,取得了举世无双的投资收益,他的投资方法,如理性投资、关注上市公司的管理水平和上市公司的持续发展能力等给我们留下了很多有益的启示。那么巴菲特的投资方法是不是也完全适用于中国呢?因为美国的股票市场与中国的股票市场相比,具有很大的差异,学习巴菲特的投资方法是不能生搬硬套的,要做到具体情况具体分析地加以灵活运用。总之,巴菲特的投资方法对我国的股票投资者来说还是有着良好的借鉴作用的。

巴菲特从多年投资经验中总结出,资本配置对企业和投资管理有着重要的作用,资本配置能力是管理层最重要的能力。资本配置能力体现在管理层如何明智地决策,把大量资本投资于未来长期推动股东价值增长最大化的项目。可以说,资本配置上的远见,决定了公司未来发展的远景。

巴菲特对管理层的资本配置能力非常重视,当他买入一家公司股票时,他会对这家公司20年的经营历史进行追踪,甚至追溯到公司有经营记录可查的早期,他尤其注意检查目标公司现任管理层任职期间资本配置的过往记录。他说："我们从来不看什么公司战略规划，我们关注而且非常深入分析的是公司资本配置决策的历史记录。"

巴菲特凭借多年的投资经验发现，大部分管理层最缺乏的是资本配置决策能力。他认为公司管理层资本配置的基本准则是促进每股内在价值增长的重要因素。

巴菲特的观点与资本市场的普遍认识大不相同。人们普遍认为股票市场是短视的——股市系统性地高估公司的短期收益而低估公司的长期盈利能力。因此许多上市公司削减资本支出和研究开发费用以实现短期利润最大化，希望借此推动股价上涨。

但是许多研究成果证明巴菲特是正确的，股票市场绝对不是短视，恰恰相反，股票市场同样非常看重公司管理层的资本配置能力，也非常关注公司的资本性支出，并且会对进行长期战略性资本投资来提升股东价值这一策略做出积极的反应。

在一项受到高度好评的针对几百家美国上市公司战略性资本支出投资决策的股市反应的调查研究中，将那些发布兼并、增加研究开发费用、开发新产品、扩张和现代化的资本性支出公告发布后，股票市场会对此做出积极的反应，股票价格会显著上涨。

在多年的商业实践中，巴菲特发现那些正派、能干、经验丰富的经理人却并不能理性地进行资本配置决策，他们无法摆脱一种机构强制力的巨大影响。正因为如此，他们不会得到巴菲特的青睐，巴菲特是不会向这样的公司投资的。

巴菲特是世界上最出色的资本配置专家。他在集团公司中的主要作用之一，就在于对旗下企业做出最妥善的资本配置，使其在充分信赖和长期无虞的资本押注之下，有充分发展的空间。随着资本押注企业的不断成长，巴菲特的身价不断提升。

伯克希尔公司的发展壮大主要靠的不是炒股，而是增添新企业。1965年，巴菲特买下了伯克希尔纺织公司，当时看起来还算不错，但20年以后，巴菲特不得不承认这项投资是失败的，于是他在1985年停止了纺织业务。但是在这20年中，他没有拘泥于纺织业，而一直致力于收购，他有时把一家公司整个买下，有时他也会购买一部分股权。在过去的40多年中，巴菲特把伯克希尔公司从一家纺织公司发展成涵盖保险、金融服务、航空服务、制鞋、钢铁、家具等多种行业的综合性公司。仅在2000年，他就买下了8家公司，并且都是全资收购。这些收购的完成，使得伯克希尔公司的员工也翻了一番，2000年的总收入达300亿美元。该公司第一次进入以收入计算的"财富500强企业"的前50位之列。

然而，巴菲特从未把跻身"财富500强企业"当作目标，他的思路与大多数公司主管是完全不同的。他并不关注本公司的股价情况。有时，他可能连本公司股价是多少都说不出来。他也不追求协同效应，他喜欢的是买入资质良好而价值被低估的公司或股票，做长线投资。从这个意义上来说，他实际上是一个企业家，所不同的是他买了之后就完全放手，交由能干的人去经营管理。作为一个投资者，他把巨额的资金大部分集中在三四只股票上。

敢于借鸡生蛋

巴菲特认为最高明的赚钱手段，就是所谓"借鸡生蛋"。他自己正是这样的人，他能够用别人的钱来投资企业。

1956年，巴菲特辞别老师格雷厄姆，返回自己的家乡奥马哈，准备大展宏图，拥有真正属于自己的公司。当时，他没有多少钱，主要是在亲朋好友的财力支持下开始投资事业。在创业初期,由7个合伙人共同出资10.5万美元,其中巴菲特投资1万美元。以后的13年,巴菲特的资金以每年29.5%的速度向上增长。在合伙期间内,巴菲特不只买下较冷门的股票,也尽量地保持对许多公营企业和私人企业的兴趣。

1962年,他开始大胆购买伯克希尔纺织公司的股票。随着投资人的陆续加入,越来越多的合伙关系也跟着建立起来。到了1963年,巴菲特决定重组合伙关系,使公司成为一个合伙体。到1965年之前,巴菲特的合伙体的资产已达到2 600万美元。1969年时,巴菲特的持股已经成长到2 500万美元,这使他足以控制伯克希尔公司。

在20世纪70年代,巴菲特买下了3家保险公司,且购并了其他5家保险公司。今天,在产业保险业界中,伯克希尔公司的投资组合净值已仅次于美国州农公司,排名第二。巴菲特不在意伯克希尔的投资承保保额的大小。在任何年度,他愿意承保保额为前一年的5倍,或只有1/5的保单。

伯克希尔公司以控股公司而闻名于世。除保险公司之外,伯克希尔公司还拥有报纸、家具、糖果、珠宝、百科全书出版社、真空吸尘器以及制造和销售服务的公司。这使巴菲特很快积累了除保险、股票之外的其他经验。毫无疑问,巴菲特是一个善于学习、敢于开拓进取的人,他的极高的投资天赋再加上他的谦虚谨慎不断学习的能力,使他拥有超乎寻常的投资智慧,形成了独具魅力的投资风格,并获得极大成功。

识别股市陷阱

巴菲特说,当今股票市场风云变幻,潮起潮落,投资者要擦亮自己的双眼,分辨清各种股票。他指出,一名成功的投资者关键是要能识别造市陷阱。

造市是指某些股市大户或做手人为制造股市行情,使行情或升或跌,从中牟取暴利。美国历史上有一个著名的密西西比股市操纵案。18世纪初,约翰·肖成立了密西西比公司。成立之初,以每股500法郎发行了1亿法郎股票。但股市不看好密西西比公司,股价迅速跌至每股300法郎。这时约翰·肖公布:他将以每股500法郎价格收回自己公司的股票。于是股市哗然,投资者认为,只要以低于每股500法郎价格购进密西西比则可获利,于是股市上该种股票迅速成为抢购对象,股价迅速提升至接近每股500法郎的水平。这时,约翰·肖又买通政府,宣布获得一系列贸易特权,并许诺借给政府15亿法郎,并且宣布投资者可分期付款购买该种股票。这样,密西西比股价飞涨,后来竟涨至每股1.8万法郎,而约翰·肖通过制造假象获得的暴利则为天文数字。后来密西西比股价狂跌,投资者损失惨重。

由此可以看出,造市是股市中最可怕、最险恶的陷阱,也是投资者最应提防的股市陷阱。巴菲特在股市中摸索并且总结出造市的做法:一是对销,所谓对销,是指分别持有两个公司股票的大户互相购买对方手中股票,使这两种股票价格同时上涨,然后伺机抛售,大获其利;二是虚抛,所谓虚抛,是指最后一笔交易的买方与卖方为同一个人,这样抬高股价,然后伺机抛售;三是相配,所谓相配,是指一个交易者分别委托两个经纪人,按其限价由一方买进而由另一方卖出,以操纵市价;四是大进大出,大进大出或大出大进是股市大户的最常用手法,一些人利用自己的雄厚实力,在短期内大量买进,以刺激股价上涨,或是在短期内大量抛售,使股价下跌。

巴菲特精于投资分析,他对辨别股市陷阱有自己的一套方法。首先就是判断大户是否在造市。如果平日成交量不多的股票,突然大量被买进,可能是大户开始吃货;出现大笔股票转账,并且转至同一证券商,说明大户开始吐款吸票;股价虽然偏低,但每天均以最高价收盘,说明大户正压价吸股。出现这三种情况,说明大户开始买进,巴菲特会加倍小心。如果成交量突然猛升、股价突然上升、平均每笔成交量数额很大、证券商接受的低价买进委托数量较大,则说明大户开始操纵股市。如果在利多消息出现时,成交量突然大增;股票涨到相当高时,成交量突然大增;大户频频将股票让出;大户接二连三宣称某种股票利多但自己不再大量买进,则说明大户开始卖出。

出现这种状况,就意味着股价暴跌很快就会成为现实。所以,巴菲特从来不跟从大户,也不顺势坐轿,从而避免了跌入大户造市的陷阱,给自己的财富带来损害。

不要害怕短期失利

2007年,全球股市波动,后市难以捉摸,巴菲特抛售中石油的股票。但中石油股价却节节向上,令他少赚158亿元。巴菲特指出,在4年前看中石油的公司报告时,已估计中石油很有增长潜力。他认为,中石油当时的市值虽小,但公司无论在业务、公司管理及资本等方面均表现很好。于是巴菲特让旗下的投资旗舰巴郡公司在2003年以平均价约1.68元购入中石油23.38亿股H股股份。2007年7月12日中石油报收12.28元,巴菲特让公司开始沽清所持有的中石油股份。巴郡公司在7月12日开始分批减持后,中石油的股价却节节上升,到2007年10月22日,中石油市价为每股18.92元。这时候,巴菲特也只好承认"遗憾过早沽出股票"。

巴菲特这次的遗憾也在于他怕股市出现震荡,输掉前面赚到的财富。但是在股市越怕输反而会输,这主要有以下几个原因:

(1)在股市怕输就不能够很好地把握机会。股票市场有时会出现一些黄金投资机会,譬如大股灾之后,这时市场已经低到无可再低,但怕输的投资人却因为股灾的可怕而不敢入市,不能够把握良机,将来入市的市价一定会较高,失去了大好的赚钱机会。

(2)买卖资金很多都来之不易。这些钱可能是急用,所以不容许有失误。但越是急用的钱,往往越难以之来赚钱。俗语讲"财不入急门"是有道理的。越是心急,投资的策略就会越混乱,想从市场中赚钱,机会一定会较低。

(3)怕输的心态在很多时候会表现在明明是很好的投资机会,却很快就收场,所谓"赚就赚颗糖",多数投资人都是这类人。他们虽然看中,但因为怕看中的利润很快就在股票市场消失,怕这些利润溜走,所以赚到一点,就迫不及待地卖出,以为真正入口袋的才算是利润。

(4)投资人因为有怕输的心理,所以很多时候他们在看盘的过程中,都会抱着一种侥幸的心理。他们认为,说不定过些时候,价位会向他们预期的方向走呢!现在亏了,不如多等一会,看是否有扭转的余地?怕输的心态使这些投资人,不肯真正地面对现实。不肯输,往往会输得更多。

(5)如果怕输,就会犹豫不决,做不到当机立断,过于瞻前顾后,无论是入市还是离市,都可能错过最好的时机。

尽管巴菲特在中石油上算是小"输"了一把,但是他表示在适当的时候,他还是会再购买中石油的股票的。从中也可以看出他对投资的心态——不怕输。

不怕输的心态,可以使投资人在买卖时,思路更清晰,心理没有负担。没有了思想上的束缚,心灵自然会更加明澈,思路会更正确,这样在股票市场输钱的机会相对就较少。

远离各种"美丽"消息

巴菲特指出,内幕消息炒股是一种严重的违法行为,是摆在普通投资公众面前的巨大陷阱。

内幕消息炒股是指某些投资者依靠从内幕人士处获得的消息,买进或卖出证券,从而获利。而内幕人士是指公司的经营者(包括董事长、董事、总经理与高级职员)及其他与公司经营有密切联系、能准确获知公司业务与财务情况的人。

巴菲特认为,股市强调机会平等、平等竞争;他还说过,快捷、准确的信息是股市赢家的法宝。内幕消息炒股实质上就是通过不正当途径提前获得有关信息,这样就使那些没有获得信息的投资公众处于不平等的信息闭塞状态,从而使他们蒙受了相应的损失。

股市中各种信息弥漫,其中有真实的信息,也有虚假的信息。有一些心怀叵测的人则利用虚假信息炒股,从而牟取暴利。除了怀有阴谋者制造的虚假信息外,主要还有如下几种情况:

(1)发行公司制造假信息。发行公司制造虚假信息的方式有两种:一种是虚报公司经营业绩,伪造财务报表;另一种则是隐瞒一些交易信息,例如隐瞒公司新产品开发失败、市场上出现更强大竞争对手等情况。

(2)大户散布谣言。例如,有人散布谣言说,A公司与B公司将合并,于是投资者纷纷抢购被合并公司的股票。

对此,巴菲特指出,要避开虚假信息这口股市陷阱,唯一的方法是冷静分析所得信息的真实性。当听到一则未经证实的信息后,应该采取措施辨明真伪。可以立即向上市公司求证市场所传播的信息是否确实。如果上市公司的答案是否定的或不明确的,那么最好不要买进或卖出。还可以立即向证券主管机关、证券交易所或与各种投资咨询机构求证市场所传播的信息是否确实后再做决定。

《K线点金一本通》
58.00元　16开

《炒股知识小百科》
58.00元　16开

《股市炼金术大全集》

58.00 元　16 开

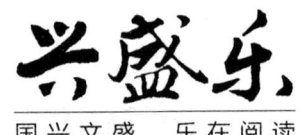